丰南年鉴 2017

唐山市丰南区人民政府　主办

丰南区地方志办公室　编

方志出版社
Publishing House of Local Records

图书在版编目（CIP）数据

丰南年鉴．2017/ 丰南区地方志办公室编．
-- 北京：方志出版社，2017.12
ISBN 978-7-5144-2885-8
Ⅰ．①丰… Ⅱ．①丰… Ⅲ．①区（城市）- 唐山 -2017- 年鉴
Ⅳ．① Z522.23
中国版本图书馆 CIP 数据核字（2017）第 321966 号

丰南年鉴（2017）

编　　者： 丰南区地方志办公室
责任编辑： 刘　珊

出 版 人： 冀祥德
出 版 者： 方志出版社
地址：北京市朝阳区潘家园东里 9 号（国家方志馆 4 层）
邮编：100021
网址：http://www.fzph.org
发　　行： 方志出版社图书经销中心
电话：（010）67110500
经　　销： 各地新华书店
排　　版： 唐山市丰南区立田制版厂
印　　刷： 天津长荣健豪云印刷科技有限公司

开　　本： 889×1194　1/16
印　　张： 22
字　　数： 836 千
版　　次： 2017 年 12 月第 1 版　　2017 年 12 月第 1 次印刷
印　　数： 001 ～ 600 册

ISBN 978-7-5144-2885-8　　**定　　价：** 120.00 元

《丰南年鉴》主审

《丰南年鉴》编辑部

编辑说明

一、《唐山市丰南区年鉴》是唐山市丰南区人民政府主办的年刊，全面、真实、系统记述全区自然、政治、经济、文化和社会方面的基本情况，逐年编纂出版，在全国公开发行。

二、本年鉴采用分类编纂法，分为类目、分目、条目三个层次，部分篇内增加子目，有目录、索引两种检索方式，条目为基础叙述单元。

三、本年鉴资料由承编单位指定专人撰写，经单位主要领导审定批准。部分篇目参考《今日丰南》内容，照片由《今日丰南》报社、文广新局等单位及丰南摄影家协会提供。

四、本年鉴使用数字原则上以丰南区统计局公布的数字为准，统计局不掌握的，采用各单位提供的数字。

五、本卷为2017年卷，主要记述2016年唐山市丰南区各方面基本情况，客观反映各行各业发展变化，取得的成就和遇到的新情况、新问题等，为未来发展提供借鉴，为各级领导决策提供依据，为各界人士了解丰南区提供最新信息，为史志编修积累资料。

六、本卷前设特载、大事记和总述，其后为政治、经济、文化、社会等部，卷末设附录，辑录重要文件。

七、本年鉴为唐山市丰南区首部年鉴，部分内容适当向上延伸。

经济建设

Jing Ji Jian She

2016 年 11 月 11 日，唐山市丰南区（北京）招商推介会暨签约仪式在北京市唐山大厦举行。集中签约 15 个招商引资项目，计划总投资 186.7 亿元。 李福政 摄

2016 年 11 月 2 日，区政府与河北新华联合冶金控股集团有限公司在丰南临港经济开发区建设 800 万吨精品钢铁项目在唐山国丰维景国际大酒店举行项目签约仪式 李福政 摄

洁城废物处置项目预计工程总投资为 20000 万元，拟建年处理能力 5.8 万 t 危废处理项目，计划使用年限为 20 年。

10 月 10 日全市项目调度。 李福政 摄

唐山市丰南区对外开放推进会议

2016 年 11 月 5 日，唐山港丰南港区项目正式开工。基础设施建设计划投资 150 亿元，主港区规划建设 2 万吨级至 10 万吨级泊位 79 余个，年吞吐能力可以达到 1.3 亿吨。　李福政　摄

化解过剩产能集中行动唐山市现场会在丰南区召开，国丰北区拆除 3 座 450 立方米高炉和 2 座 50 吨、1 座 40 吨转炉。　李福政　摄

唐山凯伦建材新材料科技有限公司防水材料华北生产基地项目位于丰南临港经济开发区，占地 100 亩，项目投资 3 亿元。建成后年实现销售收入 8.5 亿元，利税 1 亿元。

唐山宝铁煤化工有限公司新建项目开工

唐山惠达卫浴股份有限公司拥有资产 32.6 亿元，员工 1 万余人，2016 年生产卫生瓷 750 万件，完成产值 20.2 亿元，出口创汇 1.1 亿美元，上缴税金 3 亿元。成为全国最大卫生陶瓷生产企业。

唐山凯业科技有限公司建设智能交通设施研发生产中心项目总投资 2.5 亿元，占地 100 亩，全部建成投产后将成为我国北方地区智能交通的科研中心和最大的生产基地，年可实现销售收入 5 亿元，利税 1.1 亿元。

唐山瑞丰钢铁（集团）有限公司投资 3 亿元建设环保原料场工程，项目建成后，可大幅度降低周围环境降尘量，对促进厂区周边生态环境的改善起到积极作用。

通达商城位于丰南最繁华商业区——文化大街，地理位置优越。市场总建筑面积 30000 平方米，是丰南地区目前最大的商业综合体。

“国盛商贸城”建设集批发、零售、展示交易等功能于一体，具有强大的辐射的大型现代化的主题购物中心。

省级农业龙头企业唐山市施尔得肉制品有限公司

通威渔光一体智能高效水产科技园区计划占地 10000 亩，投资 30 亿元，建设集光伏发电、水产研发、智能养殖、体验观光、水产品加工为一体的示范园区。

大新庄镇滩沟村棚菜种植　　高国昌　摄

海上增殖放流

罗非鱼养殖项目实验成功

聚鑫育苗基地

钱营镇后打弓庄举办青椒展示大赛。　陆建玲 摄

农作物病虫害统防统治

麦田机械化收割　高国昌摄

紫雁庄园被评为唐山市乡村旅游示范点
并在“寻找河北最美乡村休闲游”活动中，获得第六名的良好成绩。

区农牧局科技人员指导东田庄乡棚室蘑菇生产

天津食品集团利民调料有限公司（唐山公司）调料生产线项目计划投资 1.7 亿元，项目建成后，年可生产各种调料 3.09 万吨，年销售收入 3.7 亿元。

鑫湖生态园被评为“中国乡村旅游金牌农家乐”，鑫湖生态园负责人张鑫，被评为全国乡村旅游致富带头人。图为著名小品演员孙涛在鑫湖生态园采摘草莓。

唐山亦丰农业科技邮箱公司生产的礼品蔬菜

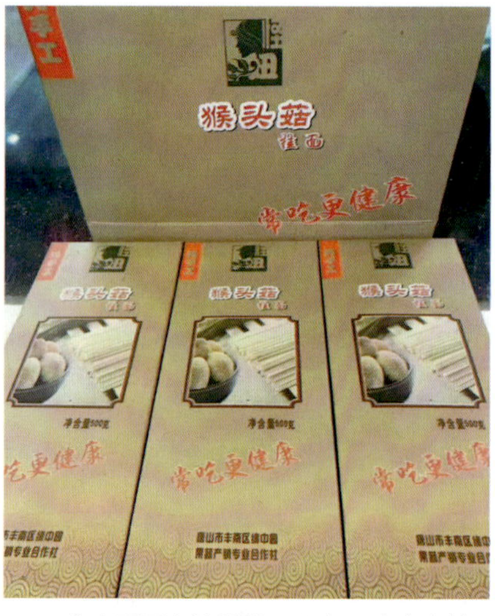

唐丰颐园占地面积 150 亩，建有高档日光温室 20 栋；园区已先后开发牛奶香菇、猴头菇、松茸香菇、北虫草等多个名优品种。

唐山市丰南区白龙面粉有限公司拥有国内最先进的 PLC 控制系统和国内一流磨粉机、高方筛等设备，生产技术和能力位居唐山市面粉加工企业之首，获得河北省名牌产品称号。

唐山东方雨虹防水技术有限责任公司防水材料生产基地项目计划总投资 12 亿元，占地 274.47 亩，建成投产后，年可实现销售收入 20 亿元、税收 1.85 亿元。在防水材料领域达到工艺装备世界一流、产能亚洲一流、产品质量国内一流，单体规模国内第一的水平。

东华发电厂项目正在紧张施工中

唐山国丰钢铁有限公司总资产 158 亿元，从业人员 8400 人，是集烧结、炼铁、炼钢、轧钢于一体大型钢铁联合企业。2016 年，铁、钢、材产量分别为 638 万吨、690 万吨、680 万吨，完成产值 178 亿元，上缴税金 5.7 亿元，利润 8.3 亿元

瑞丰钢铁 2×80MW 高温超高压煤气发电工程投资 30550.24 万元，投入使用后年新增供电量为 4.6937×108kWh；年均新增利润总额为 12500.34 万元。

举办第五届道德模范评选

5.12“护士节”对区级优秀护士进行表彰

2017 年 4 月 17 日上午，丰南区司法局联合岔河镇政府、区检察院、区交警队及岔河派出所在岔河中学举办了“中小学校园安全法律知识讲座”。

承办第 13 届全国初中女子篮球赛

南孙庄新民居一期 67 栋住宅楼主楼于 2016 年 10 月底竣工，内装修正在收尾，外网、小区内道路、电力正在进行施工。

2016 年，联通丰南公司将联通总部第二大云计算基地落户丰南，联通总部在三年内总投资 5 亿元建设数据机房

建党 95 周年大合唱

机器人足球项目在全国总决赛中夺冠

丰南区检察院开展保护自然环境专题法治宣传

丰南区与中国联通唐山分公司签订“智慧城市”战略合作协议及“智慧政法”合作协议

市民广场的善行功德榜

2016年12月4日禁毒办”国家宪法日“大型宣传活动

庆祝26届教师节

政务中心服务大厅

征兵宣传日

应急演练

世园会卫生监督保障

药王寺举办佛像开光庆典暨万佛药师琉璃塔奠基法会

丰南区第一中学全景

和谐社区　　薄绍岭　摄

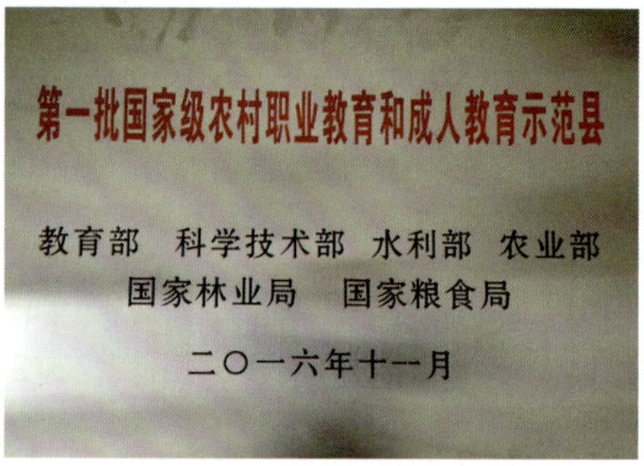
第一批国家级农村职业教育和成人教育示范县

教育部　科学技术部　水利部　农业部
国家林业局　国家粮食局

二〇一六年十一月

首批国家农村职成教育示范县牌匾

残疾人拉花制作比赛

丰南分公司开得中邮人寿唐山首单

团区委举办关爱留守儿童主题活动

2016 05 01 凌晨全区第一张营改增发票在国丰维景国际大酒店成功开具

对学校卫生进行专项检查

名校长张玉莲亲自指导青年教师过关课

丰南区举办“做文明丰南人·我为创城做贡献”主题演讲比赛

春联书画展

生态文明建设

Sheng Tai Wen Ming Jian She

春游惠丰湖

共建美丽家园　高国昌摄

多功能大厅内

惠丰湖喷泉　李墨非 摄

黄各庄惠达公园 班静

惠达小区

煤河两岸

惠丰湖霞光　李秀清　摄

雨后新城　李秀清摄

西葛镇西尖坨村幼儿园　吕恩章

新城区夜景 王瑾　摄

运河唐人街　刘国生　摄

小岔河村水上大厅夜景

重忆峥嵘岁月——革命老人孙志芳回乡参观党史陈列室

美丽乡村建设重点村——大齐各庄镇大长春村新建村民中心

居家养老服务中心

王丽珠《乐在其中》

丰南城区青年路

黄各庄小城镇

丰南城区青年路

唐人街

惠丰湖全景　　刘晓冬 摄

绿化家园　　高国昌摄

林业局开展保护野生动物宣传　（王瑾）

美丽乡村——钱营镇刘庄子

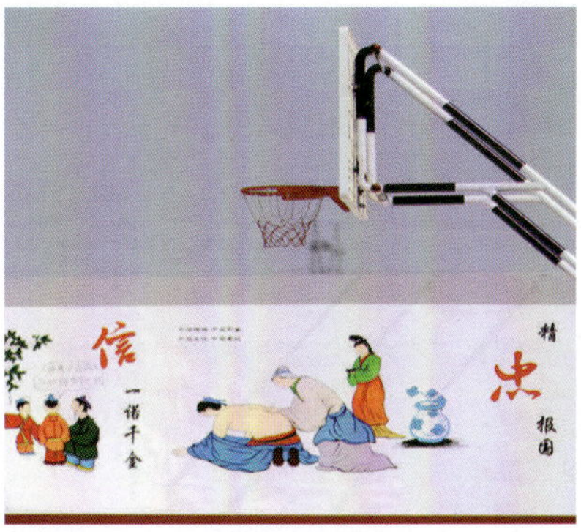

吕恩章《忠信》

美景如画——王丽珠摄

家在花园中（王丽珠）

文化建设

Wen Hua Jian She

“梦回红楼”纪念曹雪芹诞辰音乐会

2016 春晚

2016 春晚

百花歌舞团参加首届
《滦河杯微电影节》闭幕式

2016 春晚

丰南文化馆举行广场舞培训

2016 年 6 月 3 日，丰南百花艺术团在 2016 年世界园艺博览会上的演出

古稀老人显神手　　高日新摄

欢乐元宵猜谜现场

当代青年水墨画家巡展

评剧名家名段

捷安特杯’自行车公路赛暨全民健身骑行嘉年华活动

“与爱同行”丰南区纪念抗震 40 周年专场演出

获奖队伍

清雅韵律八月绽放

魔豆城儿童体验中心

荣盛发展斥巨资打造星幻港主题乐园

庙会

开展阳光体育活动

在运河唐人街举办了八点商贸“酒篓子杯”2016 年丰南区第二届半程马拉松赛，有来自全市近 450 人参加。

在惠丰湖畔举办了以“跑出快乐、跑出健康、跑出友谊”为主题的第二届“唐山城市乐跑赛”

周智慧大海艺术作品展

吴长庆 民族舞庆盛世

少儿借阅部

图书馆流动服务备受农村孩子欢迎

第十二届青年歌手大奖赛

百花艺术团参加第三十三届
百花电影节颁奖典礼演出

2016 年，丰南文化馆原创舞蹈《家有惠丰湖》

参见央视首届合唱大赛获“青年组”金奖

参加中央电视台《歌声万里行》节目录制（丰南渔民号子 ）

刘亦敏

词曲作者，中国音乐家协会会员，中国音乐文学会会员。为电视剧《左手亲情右手爱》创作片尾曲《邂逅》，为央视少儿频道元旦特别节目“阳光梦想”创作主题曲《阳光梦想》，为电影《守梦者》创作主题曲《坚守梦想》。《慢一点，小心点》入选中央电视台国际频道2012年“亲情中华”春节联欢晚会；此外，歌曲《好男人》《七年六班》《幸福时光》《秋水伊人》《水弄堂》等多首歌曲在中央电视台播出。

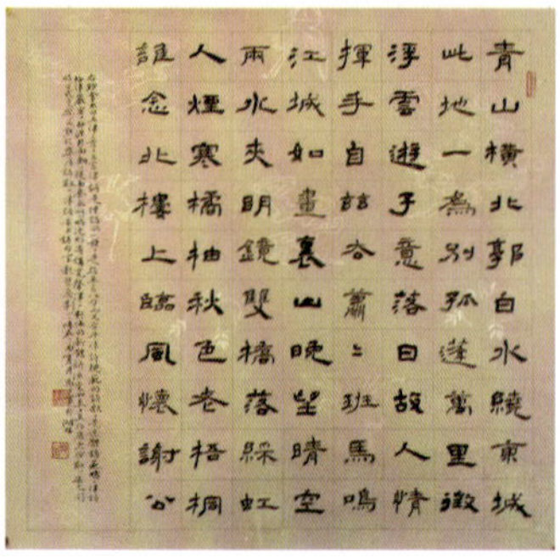

马立宽

1974年出生于丰南区，河北滦师美术专业毕业，一直从事美术和书法教学。2014年，在中国书法家协会培训中心教学成果展及河北省第三届隶书展中获奖。2015年，在河北省首届群众书法大赛中获奖。2016年入展号称史上最严格的书法大展——第八届中国书坛新人新作展。

么东光

笔名：寒雨，中共党员，唐山市丰南区卫计局职工。现为中国新闻漫画研究会理事、河北省美术家协会会员、河北省美术家协会漫画艺委会副主任、丰南区漫画家协会主席，被誉为“华夏廉政漫画第一人”。几年来，先后在全国中央、国家、省市级报刊和上百家网络媒体发表漫画作品两千余幅。漫画《无奈的选择》和《两只乌鸦相互揭黑》，分别获得第十九届和二十一届中国新闻奖新闻奖新闻漫画奖铜奖。2016年漫画作品《关爱空巢老人》获得第十五届中国人口文化奖美术类三等奖。

王俊标

王俊标，供职于唐山市丰南区文化馆。河北省美术家协会会员，唐山市丰南区美术家协会主席。书画作品多次参加国家、省级书画展览、比赛，并在《中国书画报》《国画家》《书画名家》《中国元素》《书法报》等专业刊物上发表。2016年，作品《暖阳》参加“世园梦，盛唐情——全国书画名家邀请展”，《海在远方》等作品参加深圳举办的“时代丹青——当代工笔绘画展”，《红云》等作品参加在河南举办的“中国当代工笔名家邀请展”在北京举办“可寻心迹——王俊标工笔作品展”

特载

大事记

丰南概况

中共丰南区委员会

唐山市丰南区人民代表大会

唐山市丰南区人民政府

政协唐山市丰南区委员会

社会团体

军 事

政 法

城乡建设. 环境保护

交通·邮电

经济开发区·港口

综合管理

财政·税务

农 业

工业・建筑业

商贸・服务业

科学技术

教 育

文化·旅游·体育

卫 生

社会生活

乡镇街道

表彰·奖励

文献辑存

附 录

政　府　工　作　报　告

——2016 年 3 月 1 日在唐山市丰南区第五届人民代表大会第六次会议上

丰南区人民政府区长　艾 春

区长艾春在五届人大六次会议上做政府工作报告　李福政 摄

一、“十二五”时期和 2015 年工作回顾

过去的五年，是我区发展进程中极具挑战、极不寻常的五年。五年来，全区上下在市委、市政府和区委的坚强领导下，坚持稳中求进工作总基调，积极应对和化解各种困难挑战，全力以赴稳增长、调结构、促改革、治污染、惠民生，顺利完成各项目标任务，为全面建成小康社会打下了坚实基础。

——综合经济实力明显增强。地区生产总值由 2010 年的 453.6 亿元增加到 2015 年的 613.5 亿元，年均增长 9.2%；人均生产总值达到 11.6 万元，年均增长 8.8%。一般公共预算收入由 15.8 亿元增加到 29.1 亿元，年均增长 12.9%，占全部财政收入比重由 37.3% 提高到 57.2%。固定资产投资累计完成 1318.4 亿元，其中 2015 年完成 353 亿元，年均增长 20.7%。规模以上工业增加值达到 346 亿元，年均增长 11%。社会消费品零售总额达到 173.5 亿元，年均增长 13.5%。

——经济转型升级取得重大进展。“一港三区”成为项目聚集和转型升级的主战场，丰南港区正式列入唐山港总体规划，三个开发区新增入区企业 59 家、累计达到 244 家。工业企业在困境中发展壮大，国丰钢铁、瑞丰钢铁、惠达卫浴、华通线缆等一批支柱企业竞争力不断提升，装备制造业产值占全部工业比重由 8.3% 提高到 26.9%，渤海钢铁项目经过不懈跑办获得省发改委备案手续，并被列入《河北省钢铁产业结构调整方案》重点项目；3 家企业在上海股交中心成功挂牌；培育中国驰名商标 3 个、河北省名牌产品 20 个。旅游业从无到有，产业链条逐步形成。服务业增加值达到 195 亿元，比 2010 年增长 55.1%。农业产业化经营率达到 69.5%，比 2010 年提高 4.5 个百分点。

——改革开放跨入新阶段。各项改革不断深化，区政府机构改革全面完成，实行了全口径预算管理，建立了“四个清单”制度，全部取消非行政许可审批和行政监管事项，行政审批事项减少 51%，基层医改成效显著、服务水平较快提升，土地承包经营权、宅基地确权登记颁证等农业农村改革扎实推进。新一轮大开放格局初步形成，构建了完善的招商网络和创业服务平台，五年累计实际利用外资 10 亿美元，始终位居全市首位，到位市外资金 475.6 亿元，实现出口创汇 26.8 亿美元。

——城乡建设全面提档提质。主城区建成区面积达到 36.8 平方千米，比 2010 年拓展 23.3 平方千米，11 个城中村改造顺利完成，西城区现代城市功能日益完善。唐曹公路改建、汇通路北伸等一批重点交通项目建成投用，城乡交通环境明显改善。南孙庄滨河小镇已具雏形，黄各庄、小集、钱营等重点小城镇功能品位迅速提升，建成美丽乡村重点村 180 个。全区常住人口城镇化率达到 54.25%，比 2010 年提高 2.25 个百分点。

——生态环境质量逐步改善。坚持压能、减煤、治企、控车、降尘、增绿等多措并举，累计压减炼铁产能 50 万吨、炼钢产能 580 万吨、水泥产能 200 万吨，淘汰、改造燃煤锅炉 644 台，淘汰黄标车 5456 辆，关停取缔各类违规企业 221 家，完成造林 5513.33 公顷。2015 年 $PM_{2.5}$ 平均浓度比 2013 年下降 23.8%，空气质量明显好转。

——人民生活水平较快提高。城乡居民人均可支配收入分别达到 31695 元和 13582 元，年均增长 9.5% 和 11.8%。累计新增城镇就业 36700 多人，城镇登记失业率始终控制在 3% 以内；新农合、城镇居民医疗和城乡居民基本养老保险参保率分别达到 98%、99% 和 98%；建成廉租住房 288 套；城乡低保标准分别比 2010 年提高 61.3% 和 104%。社会事业全面进步，各类教育均衡协调发展，基本医疗、公共卫生、公共文化和便民服务体系覆盖城乡，人口计生工作始终位居省、市前列。精神文明建设深入推进。广播电视、邮政通信、金融保险、民族宗教、外事侨务、爱国卫生、防灾减灾、妇女儿童、老龄、残疾人、气象、人防、法制、档案、国土、审计、统计、地方志、民兵预备役和国防动员等各项工作也都取得了新成绩。

——社会治理水平显著提升。严格落实安全生产责任制，五年内未发生重大安全生产和食品药品安全事故。深化人民调解"两化"工作，在全市率先成立"个人调解工作室"，实现重点领域矛盾调处全覆盖。加强社会治安立体化防控体系建设，镇、村两级视频监控联网运行，连续两年保持无命案。深入开展"六无"村居创建活动，创建率达到 56%。全力抓好重大敏感时期信访安保维稳工作，全区持续保持了政治安定、社会稳定。

各位代表，刚刚过去的 2015 年，面对经济下行、产能压减、环保治理等多重压力，我们坚持以"三严三实"专题教育为动力，进一步转变思路、创新务实，经济社会发展继续保持了稳中有进、稳中向好的态势。全区地区生产总值比上年增长 6.2%，固定资产投资增长 14%，一般公共预算收入增长 12.6%，城乡居民人均可支配收入分别增长 8.6% 和 8.5%，社会消费品零售总额增长 9.7%，实际利用外资 1.85 亿美元，出口创汇 7 亿美元。重点抓了以下六项工作：

一是全力推进招商引资和项目建设。深入开展"招商引资引智突破年"活动，成功举办"第五届中国电子高峰论坛"等高规格经贸活动，开展小团组招商、定点招商 700 余批次，签约合作项目 105 个，计划总投资 514.3 亿元。实行区领导分包项目和联系企业等推进机制，争取用地指标 1285.7 亩，协调信贷融资 159.6 亿元，争取上级专项资金 9.6 亿元，为 11 家企业配置电力资源 23.3 万千伏安，有力保障了项目建设和企业发展需要。全年实施投资千万元以上项目 181 个，累计完成固定资产投资 242.7 亿元，在全市两次项目观摩综合测评中均居第二位。

二是加快推动产业结构调整。坚持"改造老的"和"发展新的"并重，实施瑞丰精密冷轧、惠达精品木门等工业技改项目 128 个，完成投资 186 亿元；实施东方雨虹防水材料、凯业智慧交通等新兴产业项目 20 个，完成投资 34.2 亿元。坚持以新业态、新模式引领服务业发展，实施双赢物流、中进汽贸城等重点项目 37 个，完成投资 40.2 亿元。坚持以规模化、特色化、科技化为主导，实施投资 1000 万元以上农业产业化重点项目 27 个，我区被评为全国休闲农业与乡村旅游示范县区。

三是着力推动创新发展。制定出台《鼓励大众创新创业的政策措施》《产业投资引导基金管理暂行办法》《加快推进企业挂牌上市工作的实施意见》等激励政策和措施，激发全社会创新创业热情。全年新登记市场主体 4507 家，其中规模以上企业 25 家、小微企业 965 家；培育高新技术企业 4 家、科技型中小企业 100 家；惠达卫浴在主板上市获得中国证监会受理批复确认函；以 PPP 模式成功引入总投资 139 亿元的葛洲坝集团基础设施和棚户区改造项目。

四是统筹推进城乡一体化发展。按照全域城镇化的理念，高标准编制了全区战略规划、镇村空间规划、黑沿子滨海新城和 8 个乡镇总体规划。投资 21 亿元实施市政设施、住宅小区等工程 21 项，全面启动新一轮城市搬迁改造，西城区棚户区改造一期征收工作圆满完成。安排专项资金 4000 万元用于美丽乡村建设。创新推进村务工作规范化，建成精品村 4 个、乡镇示范村 30 个和标准村 171 个。

五是倾力保障和改善民生。在财政收支矛盾突出的情况下，投入民生和社会事业资金 27.7 亿元，比上年增长 32.5%，占一般公共预算支出的 67.6%。全年安排失业和下岗人员就业 1974 人，深入开展清理拖欠农民工工资专项行动，全力维护职工利益。实施了区医院、民政事业服务中心、农村困难群众危房改造等一批民生工程，年初确定的 10 件实事按时办结。强力推进环保治理专项行动，重度污染以上天数比上年减少 34 天。

六是切实加强政府自身建设。认真践行"三严三实"，严格落实"八项规定"，持续整治"四风"，深入开展解放思想大讨论和政府系统"爱唐山、做贡献，爱丰南、讲奉献，爱岗位、比进位"主题实践活动，干部作风和精神面貌进一步转变。修订完善区政府工作规则和议事决策规则，建立政府法律顾问聘任制度，设立政务工作微信群，政府工作效率和执行力明显提升。自觉接受区人大的法律监督、工作监督和区政协的民主监督，全年承办人大代表建议和政协委员提案 249 件，全部按时办结。

各位代表，回顾五年的发展历程，我们遇到的困难前所未有，取得的成绩来之不易，这是市委、市政府和区委正确领导的结果，是全区广大干部群众团结奋斗、共同努力的结果。在此，我代表区人民政府，向全区人民，向人大代表、政协委员、各民主党派、工商联、无党派人士，向驻丰南人民解放军、武警官兵，向关心支持丰南发展的各友好单位和各界朋友，致以崇高的敬意和衷心的感谢！

在肯定成绩的同时，我们也清醒看到经济社会发展中存在的问题。主要表现在：经济下行压力依然较大，企业运行质量不高，特别是钢铁行业仍未走出低谷；改革创新仍显滞后，开放程度不高，科技创新能力不强，转型升级任务艰巨且尤为迫切；大气污染防治任重道远，环保治理还需付出更大努力；财政收支矛盾异常突出，偿债和预算平衡的压力加大；民生改善还有薄弱环节，社会治理、基本公共服务水平有待进一步提升；部分政府工作人员素质能力与经济发展新常态的要求还不相适应，个别单位为政不廉、懒政怠政现象依然存在。对这些问题，我们一定用新的发展理念和改革创新的办法有效加以解决。

二、“十三五”时期工作思路和目标任务

“十三五”是全面建成小康社会的决胜阶段，也是加快建设经济强区、美丽丰南的关键时期。根据区委《关于制定国民经济和社会发展第十三个五年规划的建议》，“十三五”时期全区国民经济和社会发展的总体思路是：全面贯彻落实党的十八大和十八届三中、四中、五中全会精神，以邓小平理论、“三个代表”重要思想和科学发展观为指导，深入贯彻习近平总书记系列重要讲话精神，牢固树立和落实创新、协调、绿色、开放、共享的发展理念，牢牢把握“协同发展、转型升级、又好又快”的工作主基调，坚守发展、生态、民生三条底线，坚持稳中求进，坚持以提高发展质量和效益为中心，坚持新型工业化、信息化、城镇化和农业现代化四化同步，着力深化供给侧结构性改革，统筹推进经济、政治、文化、社会和生态文明建设，确保如期全面建成小康社会，加快建设“实力更强、产业更优、环境更美、百姓更富”的新丰南。

统筹考虑贯彻五大发展理念和我区发展潜力、后发优势及发展需要，“十三五”时期主要目标共设定 23 项，其中约束性指标 9 项、预期性指标 14 项。总体目标为“一个确保、三个领先、两个翻番、一个全面建成”，即：确保经济发展保持中高速，地区生产总值年均增长 7%，固定资产投资年均增长 15%；转型发展成效、质量效益提升幅度、空气质量改善程度全市领先，一般公共预算收入年均增长 10%；地区生产总值和城乡居民人均可支配收入分别比 2010 年翻一番以上；到 2020 年如期全面建成小康社会。重点抓好六大任务：

（一）始终把转型作为主攻方向，引领经济发展迈上新台阶。坚定不移推动工业强区战略，坚持“加减乘除”并举，通过产能压减、整合重组、装备升级、链条延伸、产品研发、品牌打造等途径，做精做优“六大基地”；通过内激外引、结大联强等途径，打造一批战略性新兴产业集群，争取增加值年均增长 20% 以上。实施服务业振兴赶超计划，大力发展旅游和文化产业，到 2020 年三产增加值比重达到 35% 以上。加快推进农业现代化，使农业成为富民强区的重要经济板块，到 2020 年农业产业化经营率达到 75.5%。

（二）始终把创新作为第一动力，争取发展动能转换新进展。深入实施创新驱动发展战略，积极搭建创新平台，完善人才引进机制，实施一批重大科技项目，为转型升级提供科技支撑。全面深化行政管理、财税、投融资等各领域改革，推动大众创业、万众创新。到 2020 年，全社会研发经费支出占地区生产总值比重达到 2% 以上，科技型中小企业达到 400 家、上市企业达到 10 家以上。

（三）始终把协调作为内在要求，开创全面发展新局面。借力京津冀协同发展和唐山城市南拓等契机，着力在协调推进中增创发展优势。加快构建大交通网络，力促丰南港区 2017 年通航，实施一批连接京津冀一体化交通路网的道路工程。统筹沿海、城市、农村三大经济板块，构建多点发力、多元支撑的发展格局。统筹城乡发展，到 2020 年常住人口、户籍人口城镇化率分别达到 60% 以上和 45% 左右，美丽乡村建设实现全覆盖。

（四）始终把绿色作为基本保障，迈出生态文明建设新步伐。牢固树立“绿水青山就是金山银山”的基本理念，加快建设资源节约型和环境友好型社会。全面开展大气、水、土壤污染综合防治，大力发展循环经济，加强自然生态修复保护。到 2020 年林木覆盖率达到 19.6%。严守资源消耗上限、环境质量底线和生态保护红线，建立完善最严格的生态环境保护机制，促进环境质量实现根本改善，努力让群众期盼的蓝天常在、碧水长流成为现实。

（五）始终把开放作为必由之路，构筑合作发展新格局。坚持对外开放与对内开放相结合，依托京津唐、依托环渤海，建立完善全方位、多层次的开放体系。精准打造开放合作平台，加快开发区扩区和配套设施提升，优化发展软环境，有效承接产业转移，利用市外资金力争年均增长 20% 以上。推进对外贸易优化升级，加强特色出口基地建设，提高出口产品质量和档次，扩大对外贸易规模，出口创汇年均增长 6% 以上。

（六）始终把共享作为根本目的，实现民生改善新提升。更加注重机会公平、民生保障，持续加大民生投入，全面提升基本公共服务和社会保障水平。积极促进创业就业，到 2020 年，城乡居民人均可支配收入分别突破 44400 元和 19000 元。统筹推进教育、医疗、文体、社保、民政等各项社会事业发展，每年为群众办一批实事好事，努力把丰南建成充满人文关怀、令人向往的幸福城市。

各位代表，“十三五”宏伟蓝图已经绘就，目标催人、愿景美好。只要我们在挑战面前不认输、不服输，在机遇面前不懈怠、不松手，坚定必胜信念、勇于拼搏进取，万众一心、

励精图治，就一定能够实现全面建成小康社会的奋斗目标，一定能够再创丰南发展新辉煌！

三、2016 年工作安排

今年是全面建成小康社会决胜阶段的开局之年，是京津冀协同发展的关键之年，也是推进结构性改革的攻坚之年。根据区委三届七次全会精神，按照“确保主要经济指标平稳较快增长、确保发展质量和效益加快提升”的思路，今年全区经济社会发展的主要预期目标是：地区生产总值增长 5% 以上，一般公共预算收入增长 10.7%，固定资产投资增长 12%，社会消费品零售总额增长 10%。实际利用外资 5000 万美元，出口创汇 6 亿美元。单位生产总值能耗下降率、主要污染物削减量完成市达目标。城乡居民人均可支配收入均增长 7%。城镇登记失业率控制在 3.5% 以内。常住人口和户籍人口城镇化率分别提高 1 和 0.7 个百分点。

做好今年政府工作，按照区委确定的“转变观念、精准发力、合力攻坚、逆势突破”的总基调，必须做到四个坚持：一是坚持以新理念主动适应引领新常态。坚决摒弃传统发展理念、思维定势和路径依赖，深化对“三期叠加”和速度变化、结构优化、动力转换新特征的认识理解，解决好“对新常态怎么看”“新常态下怎么干”的问题，遵循大逻辑、顺应大趋势，把“速度情结”“换挡焦虑”转化为务实举措，打一场经济转型发展翻身仗。二是坚持以主动作为抢抓重大历史机遇。积极应对京津冀协同发展、“一带一路”、环渤海地区合作发展带来的重大机遇和各地竞争挑战，以世园会举办为契机，以拼抢的意识和干劲抓实抓牢机遇，全面对接、精准对接，把比较优势转化为发展优势；深入研究中央实施的“五大政策”和省市一系列政策措施，加大跑办力度，向政策要动力、用政策促发展。三是坚持以供给侧结构性改革加快推动发展质量和效益提升。按照中央确定的“去产能、去库存、去杠杆、降成本、补短板”五大任务，更加注重加强供给侧结构性改革，全力推进技术、产品、业态创新，尤其在处置停产半停产企业、化解过剩产能和房地产库存等方面下功夫，有效解决产品供大于求、供不适需的问题，实现由低水平供给向高水平供给转变，加快推动经济向中高端发展。四是坚持以又好又快发展推动爬坡过坎。把发展作为解决一切问题的基础和关键，以“五大发展理念”为引领，坚持速度、质量、效益相统一，统筹把握去产能与稳增长、稳增长与调结构两个平衡点，既注重既有企业技改升级、提质增效，更注重培育新的增长点、做大经济总量，打好经济下行阻击战和转型升级攻坚战。

按照上述思路、目标和要求，重点抓好八个方面的工作：

（一）突出港口拉动，着力在园区建设上实现突破。以港区建设全面启动为新的起点，迅速掀起“一港三区”开发建设新高潮，带动全区经济发展摆脱困境、逆势崛起。

全力推进港区开发建设。在区财政安排启动资金 1.5 亿元的基础上，加大融资力度，力促 2 万吨级航道和防波堤、河口码头区护岸等起步工程 3 月底前开工建设。积极与市铁路办等单位对接，加快疏港支线铁路项目前期工作。大力开展码头招商，争取业主码头与基础设施建设同步实施。探索推进与大型港口集团的互惠互利合作，促进港区又好又快发展。

加快推动沿海经济崛起。按照港区城一体化发展的思路，提速临港经济开发区和黑沿子滨海新城建设。临港经济开发区，以打造京津产业转移承载地和环渤海地区新型工业化基地为目标，大规模实施基础设施建设，完善银行、超市等服务设施；黑沿子滨海新城，结合遵曹公路占地征拆，启动一期搬迁改造，加快生产和生活服务设施建设，使沿海地区尽快成为宜居宜业、活力迸发的发展高地。

全面推进园区开发建设。以基础设施大建设促进产业项目大聚集，实现园区发展提质提速。临港经济开发区，加快完善第一起步区西扩区配套设施，启动占地 11.67 平方千米的第二起步区、4.8 平方千米的化工产业园区开发建设，实现扩区增容；丰南经济开发区，谋划启动扩区工程；小集经济开发区，加快于唐线改扩建、污水处理厂中水回用等工程建设。着力促进产业聚集，临港、丰南、小集三个开发区落地亿元以上产业项目分别不少于 20 个、8 个和 5 个；丰南、小集两个开发区固定资产投资、主营业务收入和税收等主要指标增长 20% 以上，临港经济开发区达到 25% 以上。

创新园区发展机制。建立完善促进开发区深化改革加快发展的政策措施，创新人事管理机制，加强招商专业人才引进和队伍建设，探索建立与职务晋升、个人收入挂钩的绩效管理制度，激发全体干部职工招商引资的热情和干劲。

（二）突出质量效益，着力在经济转型升级上实现突破。把经济提质增效升级作为首要任务，准确把握新常态下经济发展的政策导向，扩大有效投资，优化产业结构，加快构建低碳绿色循环发展的现代产业体系。

集中精力推进项目建设。把项目建设作为稳增长、调结构的根本途径，坚持一二三产业项目一起上、大中小项目一齐抓，年内实施 1000 万元以上产业项目 200 个，其中亿元以上项目 100 个，力促 80 个项目建成投产。继续实施重点项目领导分包责任制，建立项目建设动态分段奖励政策，调动广大机关干部招商引资的积极性。积极组织银企有效对接，加大耕地占补平衡和用地指标跑办力度，加快丰南 500 千伏等 4 座变电站建设，有效破解项目建设瓶颈制约。

提高传统工业产业层次。坚持扶优劣汰，通过“减负瘦身”、“强身健体”，再造工业转型发展新优势。用足用好国家出台的去产能扶持政策，采取盘活挖潜、腾笼换凤等措施，让停产半停产企业焕发生机。抓住国家推进结构性改革的时机，强化市场导向，支持企业加强新产品研发和产业链延伸，重点抓好渤海钢铁、瑞丰精密冷轧二期、国丰冷轧彩涂板、惠达卫浴技改四期、梦牌精品陶瓷等 58 个项目建设，推动“六大基地”向高端化发展。年内完成工业技改投资 200 亿元以上，新增规模以上工业企业 15 家，规模以上工业增加值增长 5.8% 以上。

推动新兴产业倍增发展。更加注重培育战略性新兴产业，使产业交替、动力转换更加平稳、更加有效。规划建设高端装备制造、陶瓷卫浴、精品家居、新型材料、节能环保、电子信息等特色园区，从信贷融资、财政支持、人才引进、土地使用、创业培训等方面加大扶持力度，促进新兴产业向规模化、集群化发展。突出抓好总投资 45.5 亿元的凯伦防水材料、银贝壳网络游戏研发基地等 22 个项目建设，尽快把新兴产业培育成全区经济发展的顶梁柱。

大力发展现代服务业。充分发挥临港近城的区位优势，推动服务业拓展业态、做大规模。启动临港物流产业聚集区开发建设，拉动现代物流业做大做强。积极培育进出口贸易平台和产业基地，新增对外贸易经营者企业 8 家。围绕服务实体经济，积极发展融资租赁、股权投资、互联网金融等金融服务业。加快发展速递物流业。鼓励社会资本投资文化、体育、养老等服务业。利用“互联网 +”改造提升传统商贸业，实现与电子商务融合发展。

提升企业生产经营水平。加强企业制度、经营管理和商业模式创新，提高全要素生产率。全面开展对标行动，在区内外选树一批标杆企业，从设备工艺、产品定位、市场开拓、内部管理等方面，对标看齐，推动企业提质增效。深入实施名牌战略，支持瑞丰钢铁、梦牌瓷业、正元管业、鼎新蔬菜等企业争创中国驰名商标，力争新增河北著名商标 2 个、河北名牌产品 7 个以上。加快推进企业挂牌上市，在完成海森电子在新三板上市的基础上，力争惠达卫浴在主板，唐鸿重工、华通线缆、华熠化工等企业在新三板上市。

（三）突出改革创新，着力在发展动力转换上实现突破。把改革创新作为适应新常态、实现又好又快发展的必然选择，着力破除阻碍发展的体制机制，激活市场主体，加快培育新的发展动能。

深入推进重点领域改革。深化行政管理体制改革。坚持“放管服”相结合，严格落实“四个清单”制度，进一步精简办事程序，加快推进网上审批，提高办事效率。深化财政金融改革。健全完善现代财政制度，积极化解政府存量债务。做强做实建投和融投公司，充分发挥产业投资引导基金的撬动作用，助力基础设施和重大项目建设。创新金融产品，优化金融环境，金融机构存贷比力争达到 60%。深化社会事业改革。借鉴京津先进理念，创新教育教学和医疗服务管理模式，加快推进区级公立医院改革，完成公务用车制度改革，扩大政府向社会力量购买服务范围，提升公共服务水平。

全方位扩大有效招商。打好“沿海”、“京津”两张牌，充分发挥“三个中心”和四个驻外招商处的作用，坚持一二三产业并重、引资引智引技引管理并举，创新招商方式，提高招商实效。以更大的魄力推进开放招商。大力弘扬丰南人在改革开放初期的招商精神，教育引导全民思进思变思发展，敢于走出去、敢于接触各界朋友，用逢山开路的闯劲、钉钉子的钻劲和锲而不舍的韧劲，在历史转折关键时期再掀招商引资新高潮。以精准的定位开展有效对接。紧盯京津、长三角、珠三角等重点区域，特别是北京产业转移、区域总部外迁、部分教育医疗服务分流等非首都功能疏解项目，千方百计把更多的项目和人才、技术拉到丰南落户。以标准化的管理提升招商档次。围绕客商接待、交流洽谈、项目签约以及政策宣传等各方面各环节，制定完善工作标准和流程，按规则、按程序办事，提高招商工作效率。以严格的责任激发招商动力。进一步完善招商目标责任制，强化激励约束，年内力争引进市外资金 130 亿元以上。

全面推进大众创业、万众创新。着力激发全民创业精神和创新基因，依靠创新创业聚集要素、培育动力。突出企业主体作用。支持中小企业发展，鼓励企业加大研发投入，年内培育国家级高新技术企业 2 家、科技型中小企业 50 家，新建省级工程技术研究中心 1 家、市级 2 家，发明创造增长 15% 以上。大力推进协同创新。盯住京津科技成果转化，加大科技招商力度，打造京津创新成果转化产业基地。年内引进高新技术产业及产学研合作项目 20 个，新建校企共建研发机构 3 家以上。优化创新创业环境。设立 500 万元创业扶持资金和 500 万元人才开发专项资金，积极培育众创空间和创新创业孵化基地，支持中小企业信贷融资，加快引进一批高端人才和创新创业团队，鼓励引导丰南籍在外企业家回乡创业。健全完善人才培养机制，加强企业“三支人才队伍”建设和企业家学习培训，增强创新创业意识和能力。年内新登记市场主体 3000 家以上。

（四）突出四城齐抓，着力在全域城镇化上实现突破。围绕靓丽繁华宜居和谐的目标，加快提升城市建设管理水平，全面融入对接世园会，努力走出一条具有丰南特色的新型全域城镇化道路。

坚持规划引领。按照“一主两副带多星”的发展框架，编制西城区棚户区改造区域、国丰北区和贝钢区域、城南现代商贸示范区开发建设规划，完成南孙庄滨河小镇、黑沿子滨海新城和所有乡镇总体规划编制，修改完善土地利用总体规划。加强城市设计和单体建筑规划，让每一处建筑都彰显特色、体现内涵。强化规划实施的监督检查，坚决杜绝建设的随意性。

提升城镇功能。坚持以人为核心，把握好生产空间、生活空间、生态空间的内在联系，提高城镇发展的宜居性。投资 2.76 亿元，实施唐胥路维修、老旧小区集中供热改造、龙泉河两岸绿化等市政及绿化工程 22 项。高标准完成老 205 国道改造绿化、大型绿雕等工程，谋划实施连接南湖公园的道路工程，实现与世园会无缝对接。积极稳妥推进西城区棚户区和丰南礼堂等区域改造，拓展城市发展空间。加快推进南孙庄滨河小镇建设，6 月底前一期工程达到搬迁条件。借势唐山城市南拓，实施重点小城镇扩容升级攻坚行动，黄各庄镇，以打造唐山中心城市卫星城镇为目标，加快镇区改造和新民居等工程建设；小集镇，依托工业园区发展，高标准规划建设商业街区和住宅小区，打造连接唐山市区与曹妃甸区的重要节点城镇；钱营镇，加快推进岭上村等压煤村搬迁，打造唐山中心城区周边的“微中心”；其它乡镇因地制宜，建设各具特色的小城镇。

繁荣城市经济。按照产城教融合发展的思路，依托唐山打造京津冀区域中心城市，坚持差异竞争、错位发展，加速聚集城市经济优质产业。以丰南经济开发区、创新创业孵化中心为平台，着力培育高新技术产业和金融服务、网络信息、电子商务等新兴产业。借势世园会等重大活动的带动效应，加快推进唐津运河文化产业园开发建设，大力发展旅游、商贸购物和健康养老产业，突出抓好荣大摩尔广场等项目建设，力促东方神龙乐园彩虹乐园、水公园和荣盛未来城等项目在世园会期间开业。以药王寺、唐人大舞台、惠丰农业园区、紫天鹅庄等景点为平台，组织开展系列文化活动，打造以运河唐人街景区为中心的旅游线路，唱响全国休闲农业与乡村旅游示范县区品牌。引进知名房地产开发公司激活房地产市场，以价格差优势吸引居住人口，打通供需通道，实现房地产业健康发展。大力发展楼宇经济和总部经济，支持大型商务楼宇建设。谋划建设一所具备国际标准的足球学校，积极引进京津教育、医疗和文化资源，吸引人口聚集，促进城市健康快速发展。

完善城市管理。探索实施户籍制度和居住证制度改革，推进社保、医疗、就学等公共服务均等化，促进农业转移人口进城落户。调整优化城乡公交路线，方便群众出行。加强城市社区管理，探索推进城中村“村改居”工作。加快“智慧丰南”建设，健全城市管理规章制度，全面推行数字化、网格化城管模式，实现管理的精细化、精准化，让城市始终保持干净、整洁、靓丽、有序的良好形象。

（五）突出补齐短板，着力在城乡协调发展上实现突破。进一步完善强农惠农富农政策，更加注重农业农村工作，厚植重农氛围和农业农村发展优势，加快缩小城乡差距。区财政安排资金2.5亿元用于农业结构调整和农村基础设施建设。

加快现代农业发展。强化工业理念和市场思维，着力推动粮经饲统筹、农林牧渔结合、种养加一体、一二三产业融合发展。构筑现代农业产业体系。重点抓好优质粮棉油、无公害蔬菜、安全畜牧养殖、水产健康养殖、休闲观光农业等五大产业发展，调整优化产业结构。建设高标准现代农业园区。重点抓好东部万亩设施蔬菜、西部休闲农业与乡村旅游、南部智能高效水产养殖、中部都市生态农业四大园区建设，大力发展高效、优质、生态、品牌农业。推进农业产业链整合和价值链提升。按照“龙头企业＋合作社＋农户”的发展模式，挖掘农业内部潜力，让农民共享产业融合发展的增值收益。重点抓好通威集团“渔光一体”、正大百万头生猪产业化、天津利民调料、聚鑫现代农业物流中心等项目建设，支持既有企业扩大生产规模，每个乡镇至少实施1个投资千万元以上农业产业化项目，年内新发展市级以上农业产业化龙头企业4家以上。发展多种形式适度规模经营。加快培育新型职业农民和新型农业经营主体，发展家庭农场12个、专业大户35户、农民合作社5家以上。完善农业服务体系。创新金融、科技等惠农支农方式，加快“好乡亲365”农村电子商务工程建设，实施“互联网＋现代农业”行动，有效解决资金、技术、销售等问题，促进农业持续增效、农民较快增收。

加快美丽乡村建设。坚持因地制宜、分类推进，打造各具魅力的特色乡村。加强重点村重点片区创建。围绕“四美五改”和12个专项行动，突出抓好43个省级重点村和钱营镇、大齐各庄镇市级重点片区建设。加强农村环境卫生管理。投资560万元更新乡镇垃圾清运设备，建设3座生活垃圾中转站，全面完成农村厕所改造任务，加大村庄环卫保洁倒逼督查力度，实现农村环境卫生明显改善。加强农业基础设施建设。重点抓好投资1.07亿元的地下水超采综合治理、投资1600万元的国管泵站维修养护和乡镇小型水利工程等项目建设，解决15个村、1万人的饮水安全问题。加强乡村文化建设。充分挖掘地域文化和民风民俗，在公共服务设施建设中体现独特文化符号，让群众在积极参与教育培训和文化活动中提升素质、勤劳致富。

加快农业农村体制机制创新。积极推进农村集体经济股份制改造试点工作，探索农村集体经济发展壮大的新路径。完成剩余40%土地承包经营权确权颁证工作。完善区农村产权流转交易中心建设，规范流转交易行为。扎实推进村务工作规范化，巩固达标创建村成果，实施30%的村达标创建，其它村择项创建、逐步规范，以村务规范化提升乡村治理水平。

（六）突出环保治理，着力在生态文明建设上实现突破。以保障世园会期间空气质量为契机，科学防控、精准治污、严格监管，努力让全区人民对政府环保工作的满意程度明显提高。

强化重点行业领域污染治理。强力推进主要污染物减排和大气污染防治工程建设，重点抓好钢铁企业除尘设施升级、烧结机脱硫改造等治污减排项目，全面完成钢铁、焦化重点企业封闭料仓建设。继续加大燃煤污染治理力度，全部淘汰10蒸吨及以下燃煤锅炉，推广农村高效清洁炉具1万台。大力实施清洁生产，完成百威啤酒等6家重点企业清洁生产审核工作。

加强点面源污染综合治理。全面彻底取缔非法经营砂石料厂，合法经营单位实现砂石料进棚进仓。全面禁止露天烧烤和秸秆垃圾焚烧，餐饮饭店全部安装高效油烟净化装置。完成家具制造等行业挥发性有机物污染治理。加强建筑工地、渣土运输管理，严格落实道路机械化清扫、高密度洒水等措施，控制扬尘污染。

深入推进水和土壤污染防治。全面落实水污染防治“国十条”和“省五十条”，加大各类污水排放治理力度，严格落实集中饮用水水源地保护管理措施，加强境内河流水质监测分析，严厉打击污水直排行为，严防水污染事件发生。全面开展土壤调查，实行分类管控，引导农民使用有机肥，逐步改善土壤环境质量。继续实施绿化攻坚行动，年内完成造林3.05万亩，林木覆盖率达到17.2%。

加大执法监管力度。严格落实环境保护“党政同责”、“一岗双责”，进一步完善网格化监管体系，实现层层监管、时时监控、综合管控。认真落实建设项目“三同时”制度，坚决遏制新污染源产生。建立完善环保、公安双重管理的执法体制，依法严厉打击环境违法行为，决不姑息、决不手软。

（七）突出民生所需，着力在持续增进人民福祉上实现突破。按照保基本、兜底线、促提升的要求，以更大的责任抓好民生改善，年内区财政安排民生和社会事业资金28

亿元。

全力确保就业稳定。深入实施就业优先战略，积极推进创业带动就业，统筹做好高校毕业生、农村转移劳动力和退伍军人就业。认真落实援企稳岗等扶持政策，充分做好停产企业和压减产能职工分流安置工作。年内新增城镇就业7100人，转移农村劳动力4400人，安排困难人员和下岗人员就业700人以上。

持续提高社会保障水平。实施全民参保登记计划，加快实现城乡基本养老、医疗保险人员全覆盖。进一步扩大企业社保覆盖面，努力实现应保尽保。严格落实各项优抚政策，提高困难群众重特大疾病医疗救助标准，加大临时救助力度，保障困难群众基本生活。

大力发展各项社会事业。努力办好群众满意的教育。以打造“全省领先、全国一流”教育品牌为目标，统筹各类教育优质均衡发展。投资3.57亿元实施区二中迁建、西城区幼儿园等校舍建设项目7个，加强与京津名校的交流合作，创新职业教育人才培养模式，实施名师、名校、名校长工程，推进高效课堂建设，提高教育教学质量。全面提升医疗卫生服务水平。搬迁区医院，探索推进区域医联体试点工作，充实城乡医疗队伍，加强医务人员交流培训，努力为群众提供方便快捷、较高水平的医疗服务。深入实施文化惠民和全民健身工程。完成区体育馆改造和区游泳馆建设，广泛开展城乡文体活动，丰富群众文化生活。加快提升全民素质。深入推进全民素质培育工程，深化全国文明城市创建，广泛开展“善行河北·德化丰南”等主题实践活动，弘扬正能量，提升软实力。坚持计划生育基本国策，落实好全面放开二胎政策。加强国防动员和民兵预备役建设，全面做好民族宗教、外事侨务、广播电视、妇女儿童、老区建设、防震减灾、气象、档案、地方志等工作。

今年，我们将继续为群众办好十件实事。一是投资380万元，对119户农村困难群众住房进行新建或维修改造；二是投资2261万元，实施城区旧住宅小区居民楼房节能改造5万平方米；三是继续提高城乡低保标准；四是完善残疾人社会保障体系，为纳入最低生活保障的残疾人每人每月发放55元生活补贴，为重度残疾人每人每月发放50元护理补贴；五是投资3766万元发展节水灌溉4.1万亩；六是安排资金5000万元用于美丽乡村建设；七是投资850万元实施邱柳线大修工程；八是投资370万元新建区急救中心；九是投资805万元建设小集二级消防站；十是投资1亿元实施农村电商服务平台建设。对于上述十件实事，我们一定高质量完成。

（八）突出风险防范，着力在维护社会安定和谐上实现突破。强化忧患意识、责任意识和底线思维，加强动态监测和实时预警，有效防范和化解各类风险隐患，维护社会安全稳定和公平正义。

强化安全生产监管。坚持“党政同责、一岗双责、齐抓共管、失职追责”，持续开展安全隐患排查整治和“打非治违”专项行动，加强安全监管规范化和专业救援队伍建设，坚决杜绝重大安全事故发生。加强食品药品安全监管，深入开展食品安全城市创建，依法打击制售假冒伪劣食品药品行为。继续开展道路交通安全整治行动，努力遏制重大事故、减少一般事故。

完善公共安全防范体系。严格落实重大决策社会稳定风险评估机制，从源头上减少社会矛盾发生。建立完善政府性债务风险预警和应急处置机制，严防财政金融风险发生。健全完善各类应急处突预案，增强突发公共事件应急预警和防控能力。积极应对社会流动性加剧、网络传播等带来的新挑战，强化正面宣传引导，加强流动人口和特殊人群服务管理，有效预防和减少犯罪行为发生。

妥善化解群众矛盾纠纷。创新群众工作方法，建立群众工作中心，畅通民意诉求表达渠道。依法维护信访秩序，严格信访责任，确保群众反映的问题件件有回应、有结果。完善“三位一体”大调解工作体系，提高运用法治方式化解矛盾、维护稳定的能力。加强劳动保障监察，严厉惩治拖欠农民工工资行为。广泛宣传金融和理财知识，严厉打击非法集资等金融违法行为。高度关注企业停产等群体性事件隐患和苗头，有效遏制群体性事件发生。

深化平安丰南创建。全面加强社会治安综合治理，启动城乡智慧网格建设，提升社会服务管理水平。健全社会治安立体化防控体系，全面推行“视频+实兵”社会化大巡控模式，依法严厉打击和有效预防各类违法犯罪活动。加强普法宣传教育，增强全民法治意识。继续深入开展基层平安创建活动，“六无”村（居）创建率力争达到65%以上。

四、全面加强政府自身建设

新常态新任务对政府工作提出了新的更高要求。我们将认真践行“三严三实”，以新理念新状态新作风总揽政府自身建设、推动政府工作开展。

大力解放思想、更新观念，提高推动创新发展的能力。把解放思想作为破解一切难题的“总开关”，深入学习贯彻习近平总书记系列重要讲话精神，用科学理论武装头脑、指导实践。坚决破除制约发展的思想障碍，积极探索新常态下做好经济工作的方式方法。坚持问题导向，注重调查研究，着力解决好改革发展中的重点难点问题，不断开创各项事业发展新局面。

强化责任担当、务实苦干，凝心聚力谋事干事干成事。时刻牢记责任和使命，把全部心思和精力投入到干事创业上来。继续深化“爱唐山、做贡献，爱丰南、讲奉献，爱岗位、比进位”主题实践活动，唱响“实干兴区”主旋律，让夙兴夜寐、激情工作成为政府系统运转常态。按照“四个干”机制完善工作制度，以奔跑的状态抓落实，努力推动各项工作增比进位。

加快转变职能、优化服务，打造良好发展环境。始终把服务发展、服务群众作为最高追求，强化公共服务、市场监管、社会治理、环境保护等职责。加强机关作风整顿，严肃整治慵懒散拖、推诿扯皮等不作为慢作为问题，从严惩处破坏发展环境的行为，提高行政服务效能。坚持经常深入基层，千方百计帮助企业和群众排忧解难。

坚持依法行政、从严治政，加快法治丰南建设。自觉接受人大、政协和社会各界监督，认真执行区人大及其常委会的决议决定。带头学法遵法守法用法，把“依法依规、集体决策、终身负责”贯穿履职尽责全过程。深化政务公开，强化重点领域、关键环节的行政监察和审计监督。坚决纠正占地征收、工程建设、行政执法等领域损害群众利益的不正之风，维护群众合法权益。

严守纪律规矩、勤政廉政，营造风清气正的政治环境。始终把纪律和规矩挺在前面，从严落实中央“八项规定”，坚决纠正“四风”。严格落实廉政建设责任制，严守《中国共产党廉洁自律准则》和《中国共产党纪律处分条例》，深入推进反腐倡廉建设。牢固树立过“紧日子”思想，厉行节约，勤俭办一切事情，最大限度压减行政成本。加大违纪违法案件查办力度，严肃查处发生在群众身边的腐败问题，做到有腐必惩、有贪必肃，实现干部清正、政府清廉、政治清明。

各位代表，适应新常态、实现新发展、再创新辉煌，我们面临的任务艰巨而繁重，肩负的责任重大而光荣。让我们更加紧密地团结在以习近平同志为总书记的党中央周围，在区委的坚强领导下，在区人大、区政协的监督支持下，紧紧依靠全区人民，锐意进取、奋发作为，为加快建设经济强区美丽丰南、全面建成小康社会而努力奋斗！

【附注】

《政府工作报告》相关问题说明和名词解释

一、相关问题说明

1. 关于2015年地区生产总值总量与增长率。2015年全区地区生产总值为预计数。根据国家统计局规定，地区生产总值总量按当年市场价格计算，但其增速按扣除价格变动因素的可比价格计算（以2010年价格为基准）。按当年市场价格计算，2015年我区地区生产总值为613.5亿元，比2014年的641.7亿元略有降低；按可比价格计算，2015年我区地区生产总值为704.5亿元，比2014年的663.1亿元增长6.2%。

2. 关于“十三五”时期地区生产总值和固定资产投资指标增速。“十三五”时期地区生产总值和固定资产投资增速分别设定为7%和15%，其中2016年为5%以上和12%，两项指标增长前低后高。主要基于以下考虑：一是今年经济形势更加严峻复杂，下行压力依然较大。企稳回升的基础还不稳固，传统产业效益下滑，尤其是作为支柱的钢铁产业仍未扭亏为盈，同时新兴产业还处于成长阶段，没有形成新的经济增长点。特别是贯彻落实中央供给侧结构性改革和“去产能、去库存、去杠杆、降成本、补短板”五大任务，我区由于产业结构偏重，在短期内经济发展所受冲击较大。二是“十三五”时期经济发展将呈厚积薄发之势。随着丰南港区建成通航和三个经济开发区扩区及基础设施完善提升，通过加大招商引资力度，承载项目的空间和潜力将充分释放，极大促进产业聚集和转型发展，“十三五”后期全区经济总量和发展质量将加快提升。

3. 关于主要指标增速下调。区委三届七次全会提出2016年地区生产总值和固定资产投资增速分别为6.2%和14%，政府工作报告中调整为5%以上和12%。主要是区委全会提出的预期目标是初步的，政府工作报告中确定的指标参照市里指标增速（市政府工作报告提出两项指标增速分别为5%和10%以上），结合丰南实际，进行了适度调整，同时也是为结构调整留足更大空间，符合全会决策部署。

4. 关于实际利用外资。近年来，我区实际利用外资主要靠国丰公司港中旅增资、未分配利润转股、港中旅借款等支撑，2015年实际利用外资入统数为1.85亿美元，比上年下降28.5%，其中港中旅利润再投资和国丰公司向港中旅借款1.07亿美元，占57.8%。2016年，因港中旅从国丰公司退股，国丰公司不再有外资注入，因此实际利用外资指标确定为5000万美元。

5. 关于出口创汇。我区出口行业主要包括钢铁、陶瓷、装备制造、化工和食品等，2015年实现出口创汇7亿美元，完成年初计划的93.3%，比上年下降2.2%，其中，钢铁行业完成2.2亿元，比上年增长11.7%，占出口总额比重为31.7%。2016年，受国际经济延续疲弱复苏影响，出口形势不容乐观，特别是钢铁产品价格仍将低位运行，同时为确保世园会期间空气质量，对部分企业尤其是钢铁企业将实施停产限产措施，直接影响钢铁产品产量。综合考虑各种因素，2016年出口创汇指标确定为6亿美元，比2015年下降14%。

二、名词解释

1. 四个清单：指行政权力清单、部门责任清单、市场准入负面清单、市场主体监管清单。

2. 人民调解“两化”工作：指调解组织专业化、调解队伍职业化。

3. “六无”村（居）：指无信访案件、无群体性事件、无安全事故、无非法组织、无治安案件、无刑事案件村（居）。

4. 供给侧结构性改革：指从提高供给质量出发，用改革的办法推进结构调整，矫正要素配置扭曲，扩大有效供给，提高供给结构对需求变化的适应性和灵活性，提高全要素生产率，更好满足广大人民群众的需要，促进经济社会持续健康发展。

5. 加减乘除：①加法，就是抓好重点项目建设、工业经济、开发区（园区）建设等新的经济增长点。②减法，就是着力去产能、去库存。③乘法，就是全面推进科技、管理、市场、商业模式创新，最大程度发挥创新的乘数效应。④除法，就是加大重点领域和关键环节改革力度，充分发挥市场配置资源的决定性作用，进一步转变政府职能，营造宽松的营商环境，降低企业成本，提高全要素生产率。

6. 六大基地：指钢铁、陶瓷、装备制造、化工、特种线缆、食品加工六大传统产业基地。

7. 三期叠加：指当前我国经济发展处于增速换挡期、结构调整阵痛期、前期刺激政策消化期三个时期同时存在、相互叠加的特殊阶段。

8. 五大政策：指中央经济工作会议提出的宏观政策要稳、产业政策要准、微观政策要活、改革政策要实、社会政策要托底五大支柱政策。

9. 互联网 +：指充分发挥互联网在社会资源配置中的优化和集成作用，将互联网的创新成果深度融合于经济、社会各领域之中，提升社会的创新力和生产力，形成更广泛的以互联网为基础设施和实现工具的经济发展新形态。

10. 新三板：即全国中小企业股份转让系统。该系统是经国务院批准，继上海证券交易所、深圳证券交易所之后的第三家全国性证券交易场所。2012 年 9 月 20 日完成注册，2013 年 1 月 16 日正式揭牌运营。

11. 放管服：指新时期深化行政体制改革、转变政府职能要简政放权、放管结合、优化服务同时推进。

12. 政府向社会力量购买服务：指政府将由自身承担的为社会发展和人民日常生活提供的公共服务事项交给有资质的社会组织来完成，并定期按照市场标准相互建立提供服务产品的合约，由该社会组织提供公共服务产品，政府按照一定的标准对履约情况进行评估后支付服务费用，可简单概括为“市场运作、政府承担、定项委托、合同管理、评估兑现”。

13. 三个中心：指区招商中心、创新创业孵化中心、政务服务中心。

14. 四个驻外招商处：指驻北京、天津、上海、深圳四个招商处。

15. 三支人才队伍：指企业经营管理人才、专业技术人才、技能操作人才三支队伍。

16. 四城齐抓：指城市规划、城市建设、城市经济、城市管理四位一体、齐抓共管。

17. 楼宇经济：指以商务楼、功能性板块和区域性设施为主要载体，通过开发、出租楼宇引进各种企业和税源，带动区域经济发展的一种集约型、高密度经济形态。

18. 总部经济：在某一产业价值的强大吸引力作用下，众多资源产生大规模、高端化聚合，形成有特定职能的经济区域，对周围区域产生辐射作用，这种特殊经济模式被称为总部经济。

19. 智慧丰南：指以“强政、兴业、惠民”为基本宗旨，以互联网、物联网、电信网、广电网、无线宽带网等网络及配套技术的多样化组合应用为基础，优化组合各种生产要素，以更加精细和动态的方式管理生产和生活，建设现代化、网络化、信息化、智能化城市。

20. 四美五改：“四美”指环境美、产业美、精神美、生态美；“五改”指改房、改水、改路、改厕、改厨。

21. 12 个专项行动：指民居改造、安全饮水、污水治理、街道硬化、无害化卫生厕所改造、清洁能源利用、“三清一拆”（清杂物、清残垣断壁和路障、清庭院、拆除违章建筑）和垃圾治理、村庄绿化、特色富民产业培育、农村电商服务网点建设、乡村文化建设、基层组织建设 12 个专项行动。

22. “三同时”制度：指建设项目中防治污染的措施，必须与主体工程同时设计、同时施工、同时投产使用。

23. 区域医联体：指为提升基层就诊能力，解决百姓看病难问题，将同一个区域内的医疗资源整合在一起，在人才、设备、管理等方面实现资源共建共享，以此促进医疗资源的合理配置，提高服务效率，规范就诊秩序，实现分级诊疗。

24. “三位一体”大调解：指人民调解、行政调解、司法调解相结合的社会矛盾纠纷调解工作体系。

25. “四个干”机制：指以“干什么”、“怎么干”、“谁来干”、“什么时间干成”为主要内容的抓落实机制。

关于唐山市丰南区2015年国民经济和社会发展计划执行情况与2016年国民经济和社会发展计划安排（草案）的报告

——2016年3月1日在丰南区第五届人民代表大会第六次会议上

唐山市丰南区发展改革局局长　董焕德

一、2015年国民经济和社会发展计划执行情况

2015年，在区委的正确领导和区人大的监督指导下，全区上下紧紧围绕区委三届六次全会和区五届人大四次会议确定的目标任务，深入落实中央、省、市一系列决策部署，坚持稳中求进工作总基调，积极应对和化解各种困难挑战，全力做好稳增长、调结构、促改革、治污染、惠民生各项工作，全区经济社会持续健康发展。全年共完成地区生产总值613.5亿元，同比增长6.2%，其中第一、二、三产业增加值分别为47.1亿元、371.4亿元、195亿元，同比分别增长2%、7.1%和5%；完成固定资产投资353亿元，同比增长14%；实现一般公共预算收入29.1亿元，同比增长12.6%；城乡居民人均可支配收入分别达到31695元和13582元，同比分别增长8.6%和8.5%。

（一）经济发展稳中有进。农业方面，以都市型现代农业为发展方向，积极调整农业产业结构，切实转变农业发展方式，大力发展都市农业、生态农业、观光农业、品牌农业，主要农产品产量平稳增长。全年粮食和蔬菜总产量分别达到24.6万吨和170.3万吨，肉蛋奶总产量13.5万吨，水产品总产量7.7万吨。全年完成农业总产值76.1亿元，同比增长2%。工业方面，全年规模以上工业产值、增加值、利润分别达到1468亿元、346亿元、13.7亿元。全区新增规模以上工业企业14家，完成工业投资212.9亿元。服务业方面，大力发展城市经济，培育新的增长点，服务业规模进一步扩大。全年完成社会消费品零售总额173.5亿元，同比增长9.7%。韩国城、荣盛未来城、国盛商贸城等城市经济项目顺利推进，实现了业态、模式的新突破。外经外贸方面，持续扩大对外开放，实际利用外资1.85亿美元，占年计划的231.3%；引进市外资金120亿元，同比增长7.6%；出口创汇6.99亿美元，同比-2.8%。

（二）项目建设扎实推进。持之以恒推进项目建设，投资规模进一步扩大，发展后劲不断增强。一是“一港三区”建设实现新突破。丰南港区被正式列入唐山港总体规划，防波堤、河口码头区护岸等起步工程可行性研究报告获得省发改委批复。年内，新入三个经济开发区的项目31个，计划总投资70.84亿元，入区企业达到244家；投资1.4亿元，进一步完善基础设施和公共服务设施，园区承载能力不断提升。二是项目建设取得新进展。实施投资千万元以上项目181个，计划总投资828.7亿元，累计完成固定资产投资242.7亿元。其中，东方雨虹一期、华通线缆二期、凯昂穿水冷却设备等77个项目已完工投产，累计完成投资79.7亿元；在建项目104个，计划总投资749亿元。2015年，唐山渤海钢铁项目、银贝壳网络游戏发行基地项目、丰南港区基础设施起步工程被列为省重点项目；凯业智慧交通、东方雨虹防水材料、荣盛未来城等12个项目列入市重点项目计划。全区重点项目共争取土地指标521亩、上级资金5732万元。此外，在全市项目观摩中，我区名列全市第二。三是招商引资迈出新步伐。组建了300人的专兼职招商队伍，在京、津、沪、深设立常驻招商联络处，持续开展招商活动。建设招商中心、创新创业孵化中心、政务服务中心，实行集中办公，打造了集客商接待、项目洽谈、科技孵化、审批服务于一体的招商和创业服务平台。2015年，共签约落地项目56个，计划总投资73.6亿元。

（三）转型升级初见成效。大力实施“工业强区”战略，以龙头企业、重点项目、产业链延伸为重点，紧紧围绕钢铁、陶瓷、装备制造等支柱产业，加速推进传统产业转型升级，着力培育战略性新兴产业，全区工业经济发展保持了良好态势。一是进一步优化产业结构。2015年，三次产业占经济总量比重分别达到7.7%、60.5%和31.8%，一产、三产较上年分别提高1.1个百分点和2.7个百分点。一产，实施投资1000万元以上农业产业化重点项目27个，农业产业化经营率达到69.5%。二产，惠达、宝铁、瑞丰等骨干企业持续增投入、抓技改，共实施传统产业技改项目128个，完成投资186亿元；实施银贝壳网络游戏发行基地、凯业智慧交通等新兴产业项目20个，完成投资34.2亿元。三产，坚持以新业态、新模式引领服务业发展，实施双赢物流、中进汽贸城等重点项目37个，完成投资40.2亿元。二是全面实施创新发展。坚持科技创新、品牌培育、挂牌上市三轮驱动，企业科技创新能力不断增强。海森电子成功在新三板挂牌上市，惠达卫浴主板上市、华通线缆和唐鸿重工新三板上市工作已获得受理。全区新增科技型中小

企业100家、高新技术企业4家，新登记规模以上企业25家、小微企业965家、个体工商户3517户。三是持续推进生态环境改善。强力推进大气污染防治攻坚行动，加大对重点行业企业污染治理力度，严格落实省、市化解过剩产能任务分解计划。全年压减炼钢产能60万吨，圆满完成市达任务。投资8.15亿元，实施重点减排项目110个，$PM_{2.5}$年均浓度同比-9.7%。

（四）城镇建设全力提速。“一主两副带多星”的发展框架逐步形成，统筹推进主城区和小城镇建设，城镇化率达到54.25%。重点实施了园林绿化、市政基础设施、节能改造、城区居民住宅等建设工程21项。启动西城区棚户区拆迁改造，完成了兰高庄村拆迁工作。完成黄各庄、小集、钱营等重点小城镇建设投资4100万元，城镇面貌明显改善。积极推进美丽乡村建设，投资1.07亿元实施重点工程376项，其中，投资1352万元新建多功能厅28个，累计达到155个；饮水安全、厕所改造、村民中心建设等各项工作进展顺利。30个省级、10个区级美丽乡村建设全部完成，并已通过验收。创新推进村务工作规范化，重点开展了4个区级精品村、30个乡镇示范村和171个标准村创建。

（五）社会事业全面进步。在财政收支矛盾突出的情况下，投入27.7亿元用于推进社会事业发展。一是医疗卫生事业加快发展。持续推进医药卫生体制改革，将基层卫生院职工奖励性绩效最大程度地向基层一线人员倾斜，真正起到激励和促进作用。2015年，共招聘卫生专业技术人员187人，全部充实到临床一线，逐步缓解全区医疗机构人员短缺问题。区医院迁建等卫生事业项目稳步推进。二是教育投入不断增加。投资4200万元，新建大新庄镇滩沟小学，并对27所学校进行了绿化美化、设备更新，提高了办学品位和教育现代化水平。启动了西城区幼儿园、王兰庄镇横沽幼儿园等学校新建项目。投资280万元，为岔河镇购置7辆专用校车，确保了学生上下学交通安全。同时，加强教育装备配置，进一步提升教育教学信息化办公水平。三是社会保障体系逐步完善。全面完成城乡低保提标工程，为城乡困难群众基本生活提供有效保障。全年发放救助资金471.98万元，救助困难群众2502人（户）。高标准落实“五保”供养政策，为1.1万名80周岁以上老年人发放高龄津贴866.16万元。区民政事业服务中心等民生项目顺利推进。全年安排失业和下岗人员就业1974人，转移农村劳动力4760人。此外，中宣部评选区文化馆为“第六届全国服务农民、服务基层先进集体”；唐曹公路、米宋路、岔胥路等道路改扩建工程顺利竣工。广播电视、文化体育等其他各项社会事业也都取得了较大发展。

在肯定成绩的同时，我们也清醒地认识到，受宏观经济下行影响，全区钢铁、装备制造等支柱产业仍面临较大冲击，经济效益下滑，结构性矛盾凸显，并已波及到其他行业；高新技术产业和现代服务业发展相对滞后；企业自主创新能力不强，产品低端化状况未得到根本改变；招商引资工作和项目建设成效有待提高；大气污染治理任务依然艰巨。上述问题，我们将高度重视，积极采取应对措施，认真加以解决。

二、2016年国民经济和社会发展计划安排（草案）和重点工作

2016年是实施“十三五”规划的开局之年，也是我区加快转型升级，再创辉煌的重要一年。根据区委三届七次全会精神，今年全区国民经济和社会发展计划安排（草案）是：完成地区生产总值644.2亿元，同比增长5%以上，其中第一、二、三产业分别完成47.6亿元、391.8亿元、204.8亿元，同比分别增长1.1%、5.5%和5%；完成全社会固定资产投资395.4亿元，同比增长12%；实现一般公共预算收入32.2亿元，同比增长10.7%；实现规模以上工业产值、增加值分别达到1553亿元、366亿元，同比均增长5.8%；城乡居民人均可支配收入分别达到33914元和14533元，同比均增长7%；社会消费品零售总额完成191亿元，同比增长10%；实际利用外资5000万美元，出口创汇6亿美元，引进市外资金130亿元；城镇登记失业率控制在3.5%以内，常住人口城镇化率达到55.25%。

做好今年经济社会发展工作，要着重把握好以下几点：一是更加注重运用改革的办法、开放的思路、创新的理念解决改革发展稳定过程中遇到的具体问题，把创新驱动发展战略聚焦到促进产业转型升级上，全面推进行政审批、财政金融、城乡一体化等方面的改革，不断增强经济发展的内生动力和活力。二是要紧紧抓住京津冀协同发展重大机遇，充分利用沿海优势，找准定位，乘势而进，抓好产业、生态环保等领域的重大事项和项目，推动全区经济持续健康发展。三是坚持稳中求进，把握好节奏和力度，重点抓好“去产能、去库存、去杠杆、降成本、补短板”五大任务，有效推进供给侧结构性改革，努力增加社会亟需的公共产品供给，强化基层公共服务，着力解决好群众关注的现实问题，使广大人民群众得到更多实惠。按照上述思路、目标和要求，2016年突出抓好以下工作：

（一）狠抓项目建设和招商。突出增量培育和多点支撑，坚持把项目建设作为稳增长、调结构的重要抓手，突出抓大项目，不放松中小项目。完善项目推进机制，落实重大项目领导分包公示制度，全面落实“四个干”工作要求，强化重点项目考核，进一步营造上项目、增投资的浓厚氛围。一是提速“一港三区”建设。丰南港区：力促2万吨级航道和东西防波堤、河口码头区护岸等起步工程3月底前开工，年内完成基础工程总量的40%。积极推进码头招商工作，争取业主码头与基础设施建设同步推进。三大园区：临港经济开发区，启动占地11.67平方千米的第二起步区、4.8平方千米的化工产业园区开发建设，实现扩区增容。加强与葛洲坝集团合作，采取PPP模式加快基础设施建设，完善银行、超市、宾馆等配套服务，推进港、城、区同步开发、协调发展。丰南经济开发区，加快实施“腾笼换凤”，置换退出低效、无效、污染企业，大力发展亩

产效益高、占地少产出多、无污染的高端装备制造、食品、新型建材、文化创意、电子信息、特种线缆等产业，打造一流的高科技示范区。小集经济开发区，大力发展钢铁精深加工、装备制造、精密工业瓷，使之成为丰南经济的重要支撑。丰南、小集两个开发区固定资产投资、主营业务收入和税收等主要指标增长20%以上，临港经济开发区达到25%以上。二是坚持扩大开放招商。打好"沿海"、"京津"两张牌，坚持一二三产业并重、引资引智引技术引管理并举，注重战略性新兴产业项目的引进，不断创新招商方式方法，提高招商实效。紧盯京津、长三角、珠三角等重点区域，特别是北京产业转移、区域总部外迁、部分教育医疗服务分流等非首都功能疏解项目，把更多的人才、技术引入丰南。同时，不断提升招商队伍素质，围绕客商接待、交流洽谈、项目签约以及政策宣传等各环节，着力加强招商培训，提升招商工作成效。三是破除瓶颈要素。将土地、资金、环境容量等要素向大项目、好项目及年内能够开工、竣工的项目倾斜。完善银企对接平台，鼓励金融机构对符合条件的项目加大信贷支持力度，鼓励项目业主通过上市、发行企业债券等方式多渠道融资。同时，积极争取上级政策扶持，努力申请上级专项资金，有效破解土地瓶颈制约，全力保障电力供应，确保项目建设进度。

（二）全力推进产业转型升级。一是加快传统产业结构调整。按照中央要求，加强供给侧结构性改革，着力做好"加减乘除"四篇文章，促进传统产业提质增效升级。推动工业技术改造和产业链延伸，突出抓好国丰冷轧、瑞丰冷轧、达润达产业园、惠达卫浴技改四期、梦牌200万件精品陶瓷等项目建设。全力推进渤海钢铁项目建设，紧盯相关手续的跑办，确保项目早日建成投产。用足用好国家出台的去产能扶持政策，通过整合重组、股权转让等方式，妥善处置"僵尸企业"。二是培育壮大新兴产业。大力发展新能源、新材料、节能环保、电子信息等新兴产业，制定出台具体政策措施，在土地、资金等方面给予支持和保障。积极对接中关村等国内创新示范基地，根据其产业外溢、科技成果转化需求，探索建立科技合作机制，吸引高端产业项目聚集，力争在部分领域取得重要突破。三是大力发展现代服务业。制定出台支持现代服务业发展的政策措施，鼓励社会资本进入教育、文化、体育、医疗卫生、健康养老、金融保险等领域。积极引导推动传统服务业同电子商务、物流配送、金融平台"四位一体"的融合发展模式，促进传统服务业转型升级。依托丰南物流产业聚集区，大力发展仓储物流、大宗商品集散、运输配送等现代物流业。支持盈升物流等企业做优做强，打造一批服务业知名品牌。四是全面推动创新驱动发展。充分发挥"三个中心"作用，加快推进一批创新创业项目，打造高新技术产业孵化基地。激活企业创新主体作用，加强与国内知名院校和科研院所的对接合作，优化人才发展环境，鼓励更多的人才到丰南发展创业。五是着力推进生态环境改善。扎实推进大气、水、土壤的污染防治工作。严格按照国家产业政策和省、市部署，坚决完成压减过剩产能任务。着力实施主要污染物减排、燃煤污染治理、重点企业清洁生产审核等工程，推进"合同治污"管理模式，持续改善全区空气环境质量。开展环保执法专项行动，坚决打击破坏环境的违法违规行为。

（三）加快推进农业现代化发展。一是推动优势产业发展。蔬菜产业，加快推进与山东省寿光蔬菜产业集团对接合作，引进新品种、新技术、新模式，推动蔬菜产业壮大规模，打响品牌。重点抓好东部万亩设施蔬菜、西部休闲农业乡村旅游等规划建设。畜牧养殖业，加快推进顶佳牧业现代产业园项目，实现存栏商品猪达到10万头规模。水产养殖业，重点推进通威"渔光一体"智能高效水产养殖科技示范园项目进程，推广先进的渔业设施技术、技能养殖技术、养殖环保技术，打造省级水产科技园。二是加速农业产业化进程。支持施尔得肉制品、白龙面粉、三商食品等企业扩大生产规模，增强科技创新能力，实现企业上档升级。年内新发展市级以上农业产业化龙头企业4家以上。新发展家庭农场12个、专业大户35户、农民合作社5家以上。三是加快美丽乡村建设。突出抓好43个省级重点村和钱营镇、大齐各庄镇市级重点片区建设，加快推进农村街道硬化、多功能厅建设、村庄绿化、产业发展等实事重点工程，切实改善农村面貌和生产生活条件。完成剩余40%土地承包经营权确权颁证工作，高标准推进村务工作规范化，促进农村经济社会全面发展。

（四）加快推进城镇建设。以"靓丽、繁华、宜居、和谐"为目标，坚持城市规划、城市建设、城市管理、城市经济"四城齐抓"，统筹建设"一主两副带多星"的城市架构。一是坚持搬迁和建设并举，推进城乡扩容升级。重点抓好西城区棚户区改造和南孙庄新民居工程建设，整体谋划黑沿子滨海小镇三个村搬迁改造，确保各项工作顺利推进。提速黄各庄镇、小集镇、钱营镇三个特色精品小城镇建设，搞活流通，拓展城市发展空间。二是坚持优化功能，实施基础设施提升工程。完善城镇建设规划，优化空间布局，加大公共基础设施建设力度。抓好城区路网建设，打通滨河北大街、铁西路、运河东路等城区道路。抓好给排水、供热、供气等城市基础设施建设。积极对接融入世园会等活动，抓好16项城市景观提升工程。三是坚持产城互动发展，提升城市品位。积极发展特色购物、文化旅游、汽贸、网络信息、健康养老和现代物流等产业，加快推进荣盛未来城、奥特莱斯风情小镇、荣大摩尔广场、布衣堂康体中心等一批重点项目，积极发展楼宇经济项目，打造繁荣舒适宜居之城。

（五）统筹抓好民生和社会事业发展。一是全面提升医疗卫生服务水平。加快推进区医院建设，逐步实现区中医院、区妇幼保健院和计划生育技术服务中心整合搬迁，谋划实施临港医院、钱营镇中心卫生院、街道社区卫生服务中心和岔河镇的3个村级卫生室建设项目。扎实推进医药卫生体制改革，提高医疗卫生服务水平。二是继续加大教育投入。推进丰南二中迁建、西城区幼儿园、王兰庄镇横沽幼儿园等项目建设，谋划建设惠丰国际足球学校。加强与清华大学附属幼儿园等14所京津名校的交流合作，提高教育教学质量。三是持续提高社会保障水平。落实好就业创业扶持政策，特别做好援企稳岗工作，充分做好停产企业和化解过剩产能职工分流安置工作。做大做强创新创业孵化中心，推进大众创业带动就业。进一步扩大企业社保覆盖面，完善养老、医疗、失业、工伤等保险制度，努力实现应保尽保。四是进一步繁荣文化体育事业。完成区体育馆改造和区游泳馆建设，开展城乡文化体育活动。同时，协调推进其它各项社会事业的发展，促进社会全面进步。

各位代表，2016年全区经济社会发展工作任务艰巨、责任重大。我们将在区委的正确领导下，自觉接受人大的指导和监督，虚心听取政协的意见和建议，主动适应新常态、抢抓新机遇，开拓创新、奋力攻坚，为加快建设经济强区美丽丰南、全面建成小康社会而努力奋斗！

关于唐山市丰南区 2015 年财政预算执行情况和 2016 年财政预算（草案）的报告

——2016 年 3 月 1 日在丰南区第五届人民代表大会第六次会议上

唐山市丰南区财政局局长　郑友东

一、2015 年财政预算执行情况

2015 年，面对严峻的经济形势和繁重的改革任务，在区委的正确领导和区人大的监督指导下，全区上下主动适应经济发展新常态，积极应对经济下行压力大、财政增收困难、支出需求不断增多等突出问题，坚持改革创新，强化财政管理，努力增收节支，全区财政收支总体运行良好。

经区五届人大四次会议批准，我区一般公共预算收入为 33.6 亿元，政府性基金收入 12.74 亿元，国有资本经营预算收入 200 万元，社会保险基金收入 6.76 亿元。在预算执行中，受经济形势影响，报经区五届人大常委会第 27 次会议批准，一般公共预算收入调整为 28.92 亿元，政府性基金收入调整为 2.18 亿元，社会保险基金预算收入调整为 6.74 亿元，国有资本经营预算收入因企业本年无利润上缴，调减为零。

（一）财政预算执行情况

1. 一般公共预算收入完成 29.09 亿元，占调整预算的 100.6%，同比增长 12.6%；一般公共预算支出 41.02 亿元，占调整预算的 97.7%，同比增长 14.3%；结转资金 1.29 亿元，其中上级专款结转 8701 万元，本级结转项目 887 万元，南水北调 3287 万元（待结算批复扣缴）。

2. 政府性基金收入完成 2.19 亿元，占调整预算的 100.3%，同比 -82.9%，主要原因是土地出让收入下降；全区政府性基金支出 2.37 亿元，占调整预算的 100%，同比 -81.7%；结转资金 1 万元。

3. 社会保险基金收入完成 7.28 亿元，占调整预算的 108%，同比增长 20%；社会保险基金支出 5.21 亿元，占调整预算的 99%，同比增长 17.3%；当年结余 2.07 亿元，滚存结余 9.02 亿元。

（二）落实区人大预算决议情况及 2015 年预算执行效果

2015 年，各部门主动作为，攻坚克难，积极发挥调控职能，加快推进财税改革，强化预算执行管理，加强资金监管，各项工作取得新的成效。

1. 多措并举广辟财源，助推经济社会发展。一是强化财政收入组织。坚持依法治税管费，加大综合治税力度，狠抓税源监控，大力清理历年陈欠税款；进一步强化信息治税，全面启动综合治税信息平台建设，促进涉税信息共享；通过税源调查，摸清底数，确保税款征收到位，实现了应收尽收。二是严格支出管理。强化预算支出责任，加强预算执行分析，提高预算支出的及时性、均衡性、有效性。认真落实中央“八项规定”和省、市相关要求，严控机关运行经费及楼堂馆所建设，努力降低行政运行成本。2015 年，全区“三公”经费支出 2987 万元，同比 -28%。三是积极争取上级政策资金。把握政策导向，主动搞好项目对接，全年累计争取上级转移支付资金 9.7 亿元，同比增长 20.1%。新增洁净型煤推广、大气污染防治、化解钢铁落后产能等项目资金 7840 万元，为我区的环境治理提供了有力支撑。全区争取地方政府置换债券 18.37 亿元，有效降低了债务成本，支持了城乡道路、桥梁以及公益性场馆等重点项目建设。

2. 不断加大资金投入，推进城乡统筹发展。一是支持城区形象提升。投入资金 5.49 亿元，用于强化市政工程、园林绿化、环卫设施等城市基础设施维护养护及于唐线建设、农村道路维修维护等工作。二是支持农业农村发展。投入资金 3.28 亿元，用于支持成品油价格改革、农业结构调整、绿化攻坚补贴，支持农村面貌改造提升、软弱涣散党组织转化帮扶、农村垃圾中转站建设和村级“一事一议”等农业基础设施建设。

3. 全面落实惠民政策，不断提高保障水平。一是支持社保体系建设。在支出增速放缓的情况下，投入社会保障和就业资金 1.02 亿元，保障了优抚对象、城乡低保、农村五保户、孤儿、残疾人、特困群众的基本生活；城镇低保标准由 470 元 / 月增加到 500 元 / 月，农村低保标准由 3150 元 / 年增加到 3550 元 / 年；投入资金 8751 万元，进一步完善城乡居民保险制度，支持推进城乡养老保险全覆盖，基础养老金补贴标准由 960 元 / 年增加到 1320 元 / 年；投入资金 2253 万元，用于民政事业服务中心建设及农村危房、棚户区改造。二是大力扶持发展教育事业。投入 10.36 亿元，全面落实义务教育经费保障、经济困难家庭学生资助政策；中小学教学设备更新购置、校舍维修、校园绿化，支持校园文化建设和乡镇校车运行等，全区教育软硬件建设得到进一步改善。三是支持医疗卫生事业发展。投入 4.7 亿元，重点用于支持城乡居民医疗保险、困难群体医疗救助，推进公立医院综合改革、区医院迁建、计划生育家庭奖励等工作。四是积极支持全区文化体育事业发展。投入 4481 万元，推进农村文化建设，支持文化馆、图书馆免费开放；支持大剧院运转，切实满足群众对文体生活的需求。五是支持平安工程建设。投入5633万元，完善社会治安科技防范体系，支持公安技术业务用房、警示教育基地工程建设，提高政法部门技术装备水平。

4. 深入推进财政改革，完善管理体制机制。一是强化预算管理。积极推进全区中期财政规划管理、全口径预算管理，改进预算控制方式，推进绩效预算管理改革。进一步完善部门预算编制规定，完善公用支出定额标准体系；继续压缩行政事业单位公用经费，严格控制一般性支出。加大预决算公开力度，除涉密单位外，全区预决算和“三公”经费支出全部在政府、部门门户网站公开。推进财政绩效评价，对社会关注度高的社保、农林水等领域33个重点项目开展评价，涉及财政资金2.32亿元。二是严格预算执行。硬化预算约束，严控预算追加；加快项目资金拨付，提高预算执行率和准确率；认真履行政府采购和投资评审程序，实现采购额6.24亿元，公开招标比重达70.3%，送审金额3.89亿元，审减率12.6%。三是进一步推进国库集中支付制度改革。完善预算执行动态监控机制，重点加大对会议费、培训费、公务接待费、重大专项等资金的监控力度，从严控制“三公”经费等一般性支出，推进国库资金管理机制改革，对财政专户进行清理。四是积极盘活财政存量资金。按照财政部《关于推进地方盘活财政存量资金有关事项的通知》要求积极开展财政存量资金盘活工作。目前，已收回各类财政存量资金5.86亿元。同时，将有限的财政存量资金统筹使用，投向全区经济社会发展亟需的领域，提高了资金使用效益。五是加大清理对外借款力度。全年化解核销财政借垫款8.32亿元，确保了财政对外借款只减不增。六是防控财政风险。强化财政监督，严肃财经纪律，开展重要财经事项、盘活存量资金、预决算公开等专项检查。加强政府性债务管理，严格举债程序，缓解偿债压力，防范和化解债务风险。

过去的一年，我们经历了压减产能、调整结构、治理污染的严峻考验。在区委的正确领导和区人大的监督指导下，各级各部门顽强拼搏、奋力攻坚，在确保机关事业单位人员工资发放及机关正常运转的基础上，增加对公共服务和社会事业投入，推进社会和谐发展，重点保障了支农、社保资金的需要，大力支持教育、卫生、城市建设等社会事业发展。财政改革向纵深推进，绩效预算管理、国库集中支付、债务管控、政府购买服务等改革稳步实施。

在总结成绩的同时我们也清醒的看到，财政运行和管理中还存在一些矛盾和问题。主要表现在：财政收入由高速增长转为中低速增长，土地出让收入大幅减少，财政刚性支出不断增加，收支矛盾十分尖锐，收支平衡压力不断加大；全面深化改革任重道远，推进财政改革还面临不少困难；个别部门依法理财意识亟待提高，加强债务风险防控等工作仍需加强。上述问题我们将高度重视，采取积极有效措施，认真加以解决。

二、2016年财政预算安排（草案）

2016年，全区经济依然面临诸多机遇和挑战。一方面，京津冀协同发展战略加快实施，推动供给侧结构性改革，传统产业提升和新兴产业崛起，将为财源建设增添活力；另一方面，受经济增速放缓、企业效益下滑和政策性减收因素影响，财政支出增长的难度加大，保障与改善民生、提高工资与保险待遇、举办大型活动、偿还政府债务等刚性支出压力更重。综合分析各方面因素，按照积极稳妥原则测算，确定2016年一般公共预算收入32.22亿元，较2015年增长10.7%。预算编制的指导思想是：深入贯彻落实党的十八届五中全会、省委八届十二次全会、市委九届七次全会和区委三届七次全会精神，以创新、协同、绿色、开放、共享发展理念为统领，以提高绩效为核心，大力培植财源，依法治税管费，深化财税改革，加强预算管理，优化支出结构，统筹使用资金，全力推进经济社会发展再创辉煌。

（一）2016年预算安排（草案）

按照上述指导思想和保工资、保运转、保政策性支出、重点支出的原则，2016年预算安排（草案）如下：

1. 一般公共预算安排

（1）一般公共预算总收入47.12亿元。其中：一般公共预算收入32.22亿元；税收返还4.79亿元；上级补助收入10.12亿元，包括历年基数补助2.09亿元，已纳入本级预算的专项补助6.11亿元，预计专项补助1.92亿元。

（2）一般公共预算总支出47.12亿元。其中：上解支出5.02亿元；上级专款支出8.03亿元，包括人员支出6851万元、正常经费支出4336万元、项目支出6.91亿元；一般债券转贷支出1000万元；区级支出33.97亿元，包括人员支出20.49亿元、正常经费支出1.46亿元、项目支出12.02亿元。

2. 政府性基金预算安排

（1）政府性基金收入6.87亿元。其中当年组织政府性基金收入6.54亿元，同比增长198.6%，包括土地出让收入5.75亿元、农业土地开发收入363万元、土地收益基金收入3055万元、公用事业附加3500万元、城市配套费收入200万元、墙体材料专项收入200万元、污水处理费收入600万元；预计专款收入3263万元。

（2）政府性基金支出6.87亿元。其中：预计上级专项补助安排支出3263万元；上解支出3050万元；区本级支出6.24亿元，包括港口建设资金1.5亿元，征地、拆迁补偿成本支出2.01亿元，土地整理复垦开发项目5000万元，于唐改建及邱柳线王兰庄段工程5350万元，涧河口海域综合整治与修复项目3000万元，环境清理整治2300万元，偿还债务2571万元，景观道路建设1493万元，景区物业公司、污水处理厂等运转经费以及国土部门土地出让业务费4636万元，临港经济开发区租地以及原盈升市场占地租赁费2908万元。

3. 社会保险基金预算安排

2016年区级社会保险基金包括机关事业单位基本养老保险、城乡居民社会养老保险、城镇职工基本医疗保险、城镇居民基本医疗保险、新型农村合作医疗保险、生育保险等六项社会保险基金。

（1）社会保险基金收入10.54亿元，增长44.8%。其中：保险费收入6.62亿元，增长53.6%；利息收入1963万元，增长7.6%；财政补贴收入3.72亿元，增长33.5%；转移收入62万元，增长472.9%。

（2）社会保险支出8.7亿元。全部为基本保险待遇支出，增长66.9%，当年结余1.84亿元，年末滚存结余10.86亿元。

（二）重大支出政策及预算安排情况

2016年预算安排在保障人员和机关基本运转的基础上，按照中央、省、市和区委的决策部署，全面保障和改善民生，突出支持重点项目建设，助推全区经济社会持续健康发展。

1. 着力支持经济转型升级。围绕转变发展方式和调整产业结构，安排资金3.12亿元。一是推动产业转型升级。安排资金2.33亿元，用于加快丰南港区建设，推进开发区基础设施建设，支持扩大开放和招商引资，设立股权投资基金。二是推动节能减排和大气污染防治。安排资金6618万元，支持既有居住建筑节能改造项目、洁净煤推广，支持污染企业专项治理，淘汰落后装备、化解过剩产能、降低工业污染物排放，对污水、垃圾、污泥等进行全面处理，促进生态环境改善。三是推动传统产业改造提升，大力实施创新驱动。安排资金1000万元，用于企业技术改造；安排200万元打造丰南工业互联网创新创业基地，为毕业大学生创业及科技类中小企业提供发展平台。

2. 着力推动城乡一体化发展。一是支持宜居城市建设。安排资金2000万元，用于世园会周边环境综合治理；安排资金1.17亿元强化市政工程、园林绿化、环卫设施和旅游景区等城市基础设施维护养护工作；支持完善城镇建设规划，安排资金570万元用于8个乡镇总体规划、南孙庄乡整体规划和控制性规划编制、学院路西侧街景设计等；安排1493万元用于运河东侧景观路工程、津唐运河景观南路西延等工程建设。二是支持农业农村发展。安排资金1.86亿元，用于支持农业结构调整、绿化攻坚补贴，支持美丽乡村、软弱涣散党组织转化帮扶、农村改厕、垃圾清运、土地确权颁证和村级“一事一议”等农业基础设施建设；安排资金7642万元支持农村道路提升，于唐线、邱柳线（王兰庄段）改建以及农村道路养护。

3. 着力保障和改善民生。按照各类民生政策要求，足额落实民生资金，安排重点民生支出6.56亿元。一是支持社保体系建设。安排资金1.59亿元，全面落实优抚对象、农村五保户、孤儿、残疾人、特困群众扶持政策，继续提高低保标准、城镇和农村居民最低生活保障标准；安排资金3565万元，进一步完善城乡居民保险制度，提高基础养老金补贴标准。二是支持教育事业发展。安排资金2.02亿元，落实义务教育生均公用经费标准、职业教育免学费政策，重点支持二中等中小学校舍建设、中小学教学设备更新购置、校舍维修、校园绿化，支持校园文化建设等。三是加强医疗卫生设施建设，提升医疗卫生保障水平。安排资金2.04亿元，用于支持区医院建设、医疗改革项目、城镇居民医疗保险补助、农村合作医疗补助等。四是支持社会管理创新。安排资金500万元，用于处理信访疑难案件和群众工作中心建设；深化平安丰南建设，安排资金5127万元用于科技防范维修维护、农村网格化建设及监控租赁费、农村财产治安保险补贴，支持警示教育基地、小集二级消防站建设等。

4. 着力化解债务风险。安排资金2.75亿元，用于支付2015年采购未结算项目、偿还政府债券本息、涧河口海域综合整治与修复等。

（三）预算草案批准前已安排的支出

截至2016年2月底，财政支出5.09亿元。其中：一般预算支出4.48亿元，政府性基金支出6142万元。一是上年结转社会治安科技防范系统工程维护费支出424万元。二是参照上年预算执行情况，安排本级支出4.97亿元，其中人员经费3.66亿元、公用经费支出679万元、项目支出1.24亿元。人员经费中包括财政供养人员工资1.88亿元，劳务派遣人员工资保险2241万元，教育系统奖励绩效3459万元，2015年度目标考核奖励金1196万元，社会保险、住房公积金缴费、高龄津贴、优抚社救等9421万元，机关事业离退休费缺口1463万元。项目支出主要是区医院基建3373万元；国土局征地补偿费1171万元；国土局高标准农田建设769万元；华运铁路交通器材土地及地上附着物补偿3079万元。三是上级专项转移支付支出849万元，其中优抚救济支出117万元；中央和市级配套农村文化建设专项资金8万元；经安钢铁2015年省级节能和资源节约专项资金330万元；宏烨炉料、国丰钢铁2015年铁矿石进口贴息资金364万元；鼎新蔬菜2015年省级商贸流通发展专项资金30万元。

三、完成2016年预算任务的主要措施

2016年，我们将在区委的正确领导和区人大的监督指导下，围绕区委的各项决策部署，加快财政改革进程，全面落实新《预算法》，加强财政监督，提高科学理财水平，努力完成全年目标任务。

（一）强化依法理财。认真贯彻新《预算法》、《政府采购法》等法律法规，自觉接受人大监督和社会各界的监督。依法加强税费征管，深入推进信息治税，做到依法征收、应收尽收，确保财政支出平稳增长，支出质量逐步提高。跟踪税制改革方向，全面落实中央税制改革部署。

进一步规范理财行为，强化预算编制执行管理，完善监管问责机制，提高资金使用效益。

（二）加强资金统筹。大力推进财政资金统筹使用，集中财力办大事要事。抢抓京津冀协同发展重大机遇，精准谋划承接平台和抓手，争取中央、省、市加大对我区的支持力度。加强政府资产管理，严格执行公共资源经营、出售、出租等“收支两条线”制度，杜绝跑冒滴漏。强化结余结转资金管理，盘活闲置和沉淀资金。强化支出统筹，打破部门条块分割，杜绝资金使用碎片化。

（三）加强风险防控。加强政府性债务管理，认真落实政府债务限额管理办法，切实做好政府存量债务置换工作，严格控制新增债务；大力推进政府融资平台改造，积极化解存量债务，确保不发生区域性、系统性风险。健全财政运行监控体系，搭建财政运行监控信息平台，对财政支出、支出进度、预算项目、债务管理、资金绩效进行全方位实时监控，定期开展多维度检测分析，及时识别、预警、处置风险，促进财政平稳健康运行。

（四）强化监督检查。加强财政资金绩效监督，通过单位自查、财政部门专项检查和审计机关审计，及时发现违规违纪问题。强化责任追究，严肃处理违规使用财政资金行为。加强会计信息监督检查，不断提升财政财务管理水平。进一步推进财政预决算、部门预决算、“三公”经费预决算公开，提高政策信息透明度。

各位代表，2016年是“十三五”规划的开局之年，财政工作任务艰巨、责任重大。我们将在区委的坚强领导下，在区人大的监督支持下，抢抓机遇、奋发作为，确保“十三五”开好局、起好步，为建设经济强区、美丽丰南做出新的、更大的贡献。

国民经济和社会发展第十三个五年规划纲要

（2016 年 3 月 1 日唐山市丰南区第五届人民代表大会第六次会议批准）

二〇一六年六月

前言

“十三五”时期（2016—2020 年），是丰南区全面建成小康社会的决胜阶段，是“打造新优势、重振丰南雄风、再创新辉煌”的关键时期。科学编制和实施《唐山市丰南区国民经济和社会发展第十三个五年规划纲要》（以下简称《纲要》），对于推进丰南区加速转型升级，建设“经济强区、美丽丰南”，实现经济社会持续健康发展，具有十分重要的意义。

本规划纲要根据《中共唐山市丰南区委关于制定国民经济和社会发展第十三个五年规划的建议》编制，主要明确战略目标和工作重点，是未来五年全区经济和社会发展的行动纲领，是实现更好更快发展的宏伟蓝图。

规划期为 2016 年—2020 年。

第一篇

树立发展新理念 再创丰南新辉煌

第一章 现实基础与面临形势

“十三五”时期，是丰南区全面建成小康社会的决胜阶段，是加速实现“经济强区、美丽丰南”的关键时期。必须深刻认识国内外形势变化，准确把握丰南经济社会发展阶段性特征，总结好“十二五”时期工作，谋划好“十三五”时期经济社会发展。

一、“十二五”时期经济社会发展情况

“十二五”时期是丰南区发展进程中极不平凡的五年，全区经济发展遇到了前所未有的困难和挑战。面对严峻复杂的国内外形势和艰巨繁重的发展任务，区委、区政府团结带领全区人民，以马列主义、毛泽东思想、邓小平理论、“三个代表”重要思想、科学发展观为指导，深入贯彻习近平总书记系列重要讲话精神，紧紧围绕建设“经济强区、美丽丰南”总目标，着力做好稳增长、调结构、促改革、惠民生、保稳定各项工作，经济社会发展继续保持良好态势，为“十三五”发展奠定了坚实基础。

（一）“十二五”时期经济社会发展取得重大成就

综合实力稳步提升。2015 年，全区生产总值 613.5 亿元，为 2010 年（453.6 亿元）的 1.35 倍，年均增长 9.2%；人均生产总值 11.6 万元，为 2010 年（8.7 万元）的 1.3 倍，年均增长 8.8%；完成全部财政收入 50.83 亿元，为 2010 年（42.18 亿元）的 1.2 倍，年均增长 3.8%；一般公共预算收入 29.1 亿元，为 2010 年（15.8 亿元）的 1.84 倍，年均增长 12.9%；全社会固定资产投资 353 亿元，为 2010 年（137.7 亿元）的 2.56 倍，年均增长 20.7%。

产业结构不断优化。第一、二、三产业比例由 2010 年的 7.6:64.7:27.7 调整为 2015 年的 7.7:60.5:31.8。重点发展粮食、蔬菜、畜牧、水产四大产业，2015 年，全区粮食总产量 24.6 万吨，棉花产量 1.05 万吨，花生产量 2.37 万吨，蔬菜产量 170.3 万吨，肉蛋奶总产量 13.5 万吨，水产总产量 7.7 万吨；全区农业产业化经营率达到 69.5%，休闲观光产业实现进档升级，农业基础设施日趋完善。积极打造“一港三区”发展平台，丰南港区完成规划论证和配套基础设施建设投资近 10 亿元；临港经济开发区、丰南经济开发区和小集经济开发区“三区”完成固定资产投资 649.6 亿元，实施产业项目 164 个，入区企业累计达到 244 家；以钢铁、陶瓷、装备制造、化工、特种线缆、食品加工“六大基地”为主，加大工业技改投资，产业竞争力不断提升；重点实施中煤科工唐山煤机装备制造、清华紫光智能电表、东方雨虹防水材料、凯业智慧交通、天泽科技、银贝壳网络游戏研发基地等新兴产业项目，在高端装备制造、节能环保、新能源、新材料、信息技术等业态上实现了新突破；文化旅游业亮点纷呈，交通运输、批零贸易业稳步增长，金融服务业、商务服务业蓬勃发展。“十二五”期间，第三产业增加值年均增长 7.7%。

改革开放扎实推进。行政审批制度改革取得新进展，“三级平台、两个代办”制度全面推开；财政体制改革逐步深化，以项目为导向的乡镇和园区财政激励机制建立完善，公务卡结算制度全面推行；投融资体制改革步伐加快，光大银行、浦发银行、天津银行、河北银行先后在丰南区成立分支机构并开展业务。招商引资不断深化，先后在北京、深圳、上海、天津建立四个招商处，推行小团组招商、以商招商、阵地招商、委托招商、网络招商、产业链招商等招商方式，累计签约合作项目 183 个、总投资 578.3 亿元，到位市外资金 475.6 亿元；外经外贸工作积极推进，全区累计完成进出口总额 95.9 亿美元，其中，出口总额 26.8 亿美元，年均增长 9%。

社会事业蓬勃发展。就业再就业形势良好。“十二五”以来，累计新增城镇就业 36700 人，失业人员和就

业困难人员再就业9054人，转移农村富余劳动力32608人，城镇登记失业率始终控制在3%以内，保持了“零就业家庭”动态归零。教育资源不断优化。基本普及15年基础教育，高中阶段教育毛入学率达到94.2%；高标准通过“全国首批义务教育发展基本均衡县”评估验收，职教中心被评为首批国家中等职业教育改革发展示范学校；中小学校舍安全改造、布局调整取得实质性进展，办学条件不断改善；创新学校文化管理新模式，被市教育局誉为“全市中小学管理的典范”。人民生活水平显著提高。2015年城乡居民人均可支配收入分别达到31695元和13582元，分别比2010年年均增长9.5%和11.8%。社会保障体系不断健全。建立完善城乡居民基本养老保险制度，城乡居民养老保险参保率达到98%；医疗保险待遇不断提高，工伤保险浮动费率机制已经形成，城镇居民基本医疗保险参保率99%，新农合参合率98%；公共卫生服务体系建设不断加强。启动实施了医药卫生体制改革，实行了国家基本药物零差率销售；深入开展健康服务工程，提高全民健康素质，5年内，免费为全区居民体检60余万人次。社会治理不断创新。深入实施社会管理创新“1546”工程，安全生产和食品药品监管工作不断加强，信访工作实现重大时期和敏感期“四个零指标”，“六无”村（居）创建率达到56%，被评为全省平安建设先进县（市）区，刑事发案率逐年下降，人民调解“两化”模式得到中央领导充分肯定，被评为全国“法治县（区）创建活动先进单位”、全国“六五”普法中期先进区和河北省社会管理综合治理先进集体。人口计生、国防动员、广播电视、邮政通讯、民族宗教、外事侨务、爱国卫生、防震减灾、审计、统计、支重、气象、人防、档案、地方志和民兵预备役等各项工作都取得新成绩。

城乡面貌焕然一新。确定“一主两副带多星”的城镇体系架构，城镇化建设进程不断加快，主城区建成区面积达到36.8平方公里，常住人口城镇化率达到54.25%，城区道路硬化率、生活污水处理率和生活垃圾处理率分别达到100%、98%和100%，城区绿化覆盖率达39.63%。重点实施“五个一”建设，完成180个重点村的美丽乡村建设，实施50个村的“户户通”和28个村的“村村连”工程，解决了52个村、3.5万人的饮水安全问题，农村生活环境不断改善。“一环五辐五纵七横七连接”县乡骨架公路网初具规模，能源建设不断加强，水资源高效利用效果显著，污水处理、生活垃圾处理、工业锅炉升级改造等环保工程进展顺利。

文化建设成绩显著。覆盖城乡的公共文化服务体系不断完善。区、乡、村三级公共文化服务体系全面建成并投入使用；辖区内15个乡镇全部建成了全国文化共享工程乡镇服务点、文化站创建合格率100%；农家书屋、文体活动广场、农民健身工程实现全覆盖；城乡群众文体活动异彩纷呈，丰南区多次被评为全国文化先进区、全国群众体育工作先进单位、全国全民健身活动先进单位、河北省公共文化建设“二十强”和“河北省公共文化服务体系建设示范区”，区图书馆被文化部评为“全国最美基层图书馆”和“全国十佳绘本馆”，区文化馆被文化部评为“2014全国优秀文化馆”。实施全民素质培育工程，广泛开展社会主义核心价值观宣传教育实践活动，积极进行“理想信念、思想道德、劳动技能、民主法治、身心健康”五种教育，弘扬“厚德、博爱、开放、创新”的新时代丰南精神，打造“乡村、社区、机关、校园、企业、廉政”六大文化，落实“讲堂建设网络化、活动管理项目化、典型选树常态化”的“三化”管理模式，社会文明程度不断提升。

生态环境明显改善。大气污染防治取得成效，2015年，$PM_{2.5}$年均浓度比2013年下降了23.8%，空气质量综合指数比2013年改善了24.5%；开展重点河流治理攻坚等系列行动，实施重点流域河流跨界断面水质目标责任考核并试行扣缴生态补偿金政策，城区污水集中处理率达到90%以上，三个开发区污水集中处理率达到100%，近岸海域海水水质达到环境功能区要求，水环境质量不断改善；节能减排工作有序推进，淘汰落后产能进展顺利。

（二）经济社会发展存在的主要问题

在充分肯定成绩的同时，也要清醒地认识到，丰南区经济社会发展中仍存在许多矛盾和问题。主要表现在：产业结构不优，经济质量不高，创新能力不强，化解过剩产能压力大，生态环境治理任务艰巨；公共平台建设不健全，区域性战略合作长效机制尚未形成；经济社会发展仍不协调，城乡教育、医疗卫生、社会保障、基础设施等公共服务存在明显差距；体制机制障碍依然存在，深化改革开放任务繁重；高层次创新型人才、高级经营管理人才、促进产业转型升级的专业人才紧缺，人才队伍建设亟待加强。

二、“十三五”时期面临的机遇与挑战

（一）“十三五”时期面临的国内外形势

国际形势。和平与发展仍是当今时代主题，世界多极化、经济全球化、文化多样化、社会信息化深入发展，世界经济在深度调整中曲折复苏，新一轮科技革命和产业变革蓄势待发，全球治理体系深刻变革，发展中国家群体力量继续增强，国际力量对比逐步趋向平衡。同时，国际金融危机深层次影响在相当长时期依然存在，全球经济贸易增长乏力，保护主义抬头，地缘政治关系复杂变化，传统安全威胁和非传统安全威胁交织，外部环境不稳定不确定因素增多。

国内形势。我国经济发展进入新常态，呈现速度变化、结构优化、动力转换三大特点：增长速度从高速转为中高速；经济结构从增量扩能为主转向调整存量、做优增量并举的深度调整；发展动力从要素驱动、投资驱动转向创新驱动。但是，我国发展仍处于可以大有作为的重要战略机遇期，有巨大的潜力、韧性和回旋余地。新型工业化、信息化、城镇化、农业

现代化持续推进，“三大支撑带”的建设将开辟经济社会发展新格局，“四个全面”战略布局将释放巨大制度红利、激发新的发展动力。我们必须凝聚共识，坚定必胜信念，牢牢把握发展的主动权。

丰南区所处的阶段特点。“十三五”期间，丰南区仍处于重要的发展关口，呈现以下几个阶段性特点：一是全面建成小康社会的决胜阶段。保持经济增长、转变经济发展方式、调整优化产业结构、推动创新驱动发展、加强生态文明建设、保障和改善民生，成为“十三五”期间必须重点突破的任务，确保如期全面建成小康社会。二是京津冀协同发展的开拓性阶段。明确丰南区的功能定位，在产业对接协作、城镇布局优化、设施配套完善、生态环境保护合作、综合交通体系一体化、公共服务共建共享等方面取得明显成效，协同发展机制基本建成。三是经济发展方式转变的关键性阶段。要适应和把握我国经济发展进入新常态的趋势性特征，促进经济增长由主要依靠投资、出口拉动向依靠消费、投资、出口协调拉动转变，由主要依靠第二产业带动向依靠第一、第二、第三产业协同带动转变，由主要依靠增加物质资源消耗向主要依靠科技进步、劳动者素质提高、管理创新转变，走出一条质量更高、效益更好、结构更优、优势充分释放的发展新路。四是生态环境治理的攻坚性阶段。必须顺应人民群众对良好生态环境的期待，推动低碳发展、循环发展、绿色发展，加强环保治理和生态修复，形成生态建设和环境保护的长效机制，使“美丽丰南”变为现实。五是全面深化改革、建设经济强区的突破性阶段。继续深化行政管理体制改革、财政管理体制改革、投融资体制改革，进一步转变政府职能，破除制约科学发展的体制机制障碍，营造良好的发展环境。

（二）“十三五”时期面临的主要挑战

经济新常态的挑战。我国经济发展进入新常态，传统产业相对饱和，丰南区钢铁、建材等行业受到巨大冲击，特别是钢铁产品价格大幅下跌，效益下滑，并直接波及到焦化、交通运输、仓储物流、商贸餐饮等其他行业。传统产业拉动能力下降，新兴产业尚未形成有效支撑，稳增长和保稳定的压力很大。

转型升级的挑战。丰南区既面临全国“三期叠加”的普遍矛盾，又面临调结构、治污染、防风险的特殊压力。原有发展模式没有完全跟上新型工业化发展步伐，产业结构偏重趋同，产业链条短、产品档次低、竞争力不强，压减过剩产能任务艰巨，财税增收、民生就业及相关行业遭受连带冲击，转型阵痛加剧。

区域竞争的挑战。天津滨海新区、曹妃甸工业区，利用特有的区位优势、环境优势和政策优势，吸引了一大批科技含量高、规模大、效益好的项目，与丰南形成激烈的竞争关系。

（三）“十三五”时期面临的主要机遇

京津冀协同发展的机遇。《京津冀协同发展规划纲要》已经进入实质性操作阶段，国家财政部预计，未来6年在推进京津冀协同发展中将投入42万亿元，北京市有信息技术、装备制造、商贸物流、教育培训、健康养老、金融后台、文化创意、体育休闲等八类重点产业需要天津和河北来承接，尤其是京冀共同打造曹妃甸协同发展示范区，津冀共建芦台协同发展示范区，更加凸显了唐山在承接产业转移中的战略地位。而丰南区紧邻北京、天津，交通便捷，临港经济开发区未利用土地富集，工业基础雄厚，处理好与京津、曹妃甸的关系，实现借力发展、错位发展，为丰南区成为京津冀新的产业聚集地提供了机遇。同时，丰南区完全可以放大京津冀协同发展的机遇，广泛借势造势，把世界的、全国的科技、人才、资金引到丰南，以此分享协同发展带来的巨大红利，提升丰南区的实力、活力和竞争力。

河北沿海地区率先发展的机遇。随着河北沿海地区率先发展上升为国家战略，《环渤海地区合作发展纲要》获得国务院批复实施，丰南港区2016年开工、力争2017年底达到通航条件，建成通车的张唐、唐曹铁路均设有疏港支线，张唐铁路设立丰南南站、打通丰南出海和连接内陆的便捷通道，再加上丰南临港经济开发区有大量的滩涂、坑塘等未利用地，为丰南区发挥沿海后发优势，在更大区域参与生产力布局调整和产业链重构，提供了重要机遇。

“一带一路”倡议实施的机遇。为适应新常态下我国经济的平稳增长，中央适时提出“一带一路”倡议。丰南区处于“一带一路”的重要节点，钢铁、陶瓷、装备制造、特种线缆、化工、食品等六大产业已达到一定规模和水平，这些都是丰南对外开放的资本。“一带一路”倡议为丰南区化解过剩产能，推动钢铁、化工、陶瓷等优势产业走出去，开展先进技术合作，促进产业转型升级、生态发展，提供了重要契机。

唐山市“32239”重大战略实施的机遇。在建成东北亚经济合作的窗口城市、环渤海新型工业化基地、首都经济圈的重要支点，推动“沿海、城市、县域”三大板块经济发展中，丰南区既是唐山市主城区，又是沿海县区，是全市三个建成、打好两张牌、三大经济板块兼具的重点区域，同时在九大经济增长点中，也有工业经济、开发区建设、临港产业、现代农业等发力点，唐山市“32239”发展战略的实施必然给丰南区发展带来更多的机遇。

唐山市主城区南移的机遇。2016年，唐山市要承办世界园艺博览会、中国金鸡百花电影节、中国—中东欧国家地方领导人会议、中国—拉美企业家高峰会“6·18”经贸洽谈会、纪念唐山抗震胜利四十周年等。为筹备这些活动，唐山将放大南湖生态城的生态、人文环境等优势，推进市中心区南拓，这对于丰南融入主城区，进一步完善交通路网建设，推动旅游、现代物流、建筑房地产、商贸、文化产业等城市经济的发展，提升城乡建设水平和人文素质，并发挥大型盛会的辐射带动作用，培育引进一批潜力大、前景好、创税多的项目，推动本土企业走出去，提供了良好的发展机遇。

第二章 指导思想和主要目标

一、指导思想

高举中国特色社会主义伟大旗帜，全面贯彻落实党的十八大和十八届三中、四中、五中全会精神，以马克思列宁主义、毛泽东思想、邓小平理论、“三个代表”重要思想、科学发展观为指导，深入贯彻习近平总书记系列重要讲话精神，坚定不移地落实“四个全面”战略布局，坚持以“创新、协调、绿色、开放、共享”五大发展理念为引领，稳定经济增长，更加注重供给侧结构性改革，坚定不移地落实省、市委决策部署，紧紧抓住京津冀协同发展、河北打造沿海地区率先发展增长极和唐山市主城区南移的重大历史机遇，牢牢把握“协同发展、转型升级、又好又快”的工作主基调，坚守发展、生态、民生三条底线，打好“沿海”、“京津”两张牌，深入实施“一二三四”战略布局（“一”，就是以转型升级、再创辉煌、综合经济实力进入全省前列为总目标；“二”，就是“一港三区”产业发展和“一主两副带多星”城市发展两大框架全面铺开、全面提速；“三”，就是地区生产总值、固定资产投资、一般公共预算收入三项主要指标年均增速高于全市平均水平；“四”，就是依托沿海优势，重点抓好园区经济、工业经济、城市经济、农业经济四大板块，提高经济总量和发展质量，逐步打造成为全市乃至全省沿海地区发展的重要增长极），坚持新型工业化、信息化、城镇化、农业现代化四化同步，突出创新驱动，坚持绿色发展、加速转型升级，强化支农惠农，持续改善民生，统筹推进经济、政治、文化、社会和生态建设，加快建设“经济强区、美丽丰南”，确保如期全面建成小康社会。

二、基本原则

（一）坚持创新发展，实现动力转换

积极主动适应新常态，深入实施创新驱动发展战略，把创新驱动作为解决经济发展深层次矛盾和问题的战略举措，将创新发展聚焦到产业转型升级上来，增强科技进步对经济增长的贡献，围绕产业链，部署创新链，提升价值链，加快构建绿色、高端、集约、高效的现代产业体系，培育和形成新的经济增长点，不断为全区经济发展的转轨、提档和升级提供强大动力支撑。

（二）坚持转型发展，努力提质增效

坚持工业强区战略不动摇，把产业转型升级作为最核心、最紧迫的任务，贯穿于经济社会发展的全过程和各领域。牢牢把握京津冀协同发展这一重大历史机遇，立足自身优势，精准确定丰南的功能定位，精准承接非首都功能疏解和产业转移，积极主动服务北京、学习北京、接轨北京，在与京津的协同发展中抓住机遇、找准方向、搭建平台、营造环境、乘势而上。同时，利用科技创新成果改造提升传统产业，培育壮大战略性新兴产业，推动全区产业结构优化升级，着力提高发展质量和效益。

（三）坚持协调发展，促进共同繁荣

坚持城乡统筹、一体化发展，把工业化与城镇化紧密结合起来，通过产业发展，夯实城镇发展的经济基础。强化中心城区意识，坚持城市规划、城市建设、城市经济、城市管理“四城”齐抓，提高城市综合承载能力；同时，继续强化“三农”工作，加强美丽乡村建设，创新以城带乡、以工促农方式，实施农业富民战略。坚持工业强区不动摇、三产活区思路清、一产富区是基础，推动三次产业协调发展。坚持物质文明与精神文明协调发展，逐步实现基本公共服务全覆盖，让广大群众共享改革发展成果，实现城乡共同繁荣。

（四）坚持绿色发展，优化生态环境

牢固树立生态文明发展理念，守住发展和生态底线，坚持环境优先的发展要求，正确处理发展和生态环境保护的关系。以大气、水、土壤污染综合治理和自然生态系统修复为重点，强化环境治理，把调结构与治污染结合起来，按照建设资源节约型、环境友好型社会的要求，推动绿色发展、循环发展、低碳发展，在广大人民群众中积极倡导健康环保节约的生活方式，完善生态文明制度建设，实现经济社会发展和生态建设的双赢。

（五）坚持开放发展，不断激发活力

抓住京津冀协同发展、天津建设自由贸易区、京冀共同打造曹妃甸协同发展示范区、津冀共建芦台协同发展示范区和唐山市“32239”发展战略实施等重大机遇，主动融入“一带一路”战略，坚持“引进来”与“走出去”并举，着力构建开放型经济新格局，加大招商引资力度，创新招商模式，充实招商队伍，完善招商网络，优化投资环境，促进产业聚集，推动丰南大开发、大开放，全面提升对外开放水平。

（六）坚持共享发展，持续改善民生

坚持民生优先的原则，努力保障基本民生，保障基本公共服务均等化；要将经济发展与保障改善民生相结合，在教育、医疗、住房保障、就业等民生重点领域不断加大财政支出，持续改善民生。创新社会治理，推进法治丰南建设，依靠法治更好地平衡社会利益、规范社会行为，维护社会公平正义、安定和谐，营造公平、公开、公正的社会环境。

三、主要目标

切实落实省市关于“三个高于”、“两个翻番”、“一个全面建成”的战略部署，确保经济增长速度高于全市平均水平，转型发展成效全市领先；发展迈入中高端，质量效益提升幅度全市领先；环境治理成效明显，空气质量改善程度全市领先，到2020年全面建成小康社会。主要目标是：

（一）实力更强

“十三五”期间依托沿海优势，重点抓好园区经济、工业经济、城市经济、农业经济四大板块，提高经济总量和发展质量，逐步打造成为全市乃至全省沿海地区发展的重要增长极。坚持以政府自身改革带动重点领域改革，着力破除阻碍发展的瓶颈制约，激活市场主体，使改革红利尽快转化为发展动力。在促转型、调结构、稳增长、降能耗、重环保的基础上，保持经济平稳较快发展，经济总量再上新台阶，区域综合竞争实力明显增强。到2020年，全区生产总值年均增长7%以上，突破900亿元，人均GDP达到14万元。全部财政收入年均增长10%，力争突破80亿元。全社会固定资产投资年均增长15%以上，力争突破700亿元。

坚定不移地实施创新驱动发展战略，转变经济增长方式，由资源依赖向创新驱动转变，真正使创新驱动成为经济发展的重要力量。到2020年，全区科技研发经费占地区生产总值的比重达到2%，科技进步贡献率达到60%。紧紧抓住京津冀协同发展机遇，积极主动地融入“一带一路”战略，不断提高丰南对外开放水平，构建开放型经济体系。到2020年，实际利用外资年均增长10%；进出口总额力争达到25亿美元，年均增长6%。

（二）产业更优

提升农业现代化水平。大力发展集农业采摘、旅游观光、休闲度假为一体的城郊型现代农业。打造京津冀城市蔬菜供应基地，加快奶牛、生猪、海淡水养殖等传统产业改造升级，促进农业标准化生产，把产业链、物流链等现代产业组织方式引入农业，积极发展多种形式规模经营，促进农民创业，实施信息进村入户。到2020年，农业基础地位进一步巩固，农业产业化率达到75.5%。

加快传统产业的改造升级。提升产业层次和产品质量，适应市场需求，推动钢铁、陶瓷、装备制造、化工、特种线缆、食品加工六大传统优势产业改造提升，增强发展后劲。到“十三五”末，全区工业转型升级取得显著成效，综合竞争力显著提高，传统产业质量和效益显著提升，新产业新业态快速成长，创新能力显著增强，信息化与工业化深度融合，实现工业大区向工业强区的重大跨越。到2020年，全区规模以上工业增加值、产值、利税力争达到500亿元、2000亿元和70亿元。

推动新兴产业做大做强。全面推进先进制造、电子信息、新材料和新能源为重点的战略性新兴产业发展，争取在新能源、节能环保、光伏发电等领域实现新突破。

促进现代服务业快速发展。大力发展新业态、新模式，提升生活性服务业，壮大生产性服务业，加快发展现代物流、电子商务、金融保险、研发设计等产业，引导传统服务业同电子商务、物流配送、金融平台等“四位一体”融合发展，推动服务业与工业协同发展。“十三五”期间，服务业增加值年均增长12%以上，到2020年，三次产业比重力争达到5：60：35。

深入推进“一港三区”开发建设。明确功能定位，细化功能分区，主动承接京津产业转移，加速产业聚集，使“一港三区”成为拉动全区经济转型升级、跨越发展的重要引擎。到2020年，临港、丰南、小集三个经济开发区固定资产投资、主营业务收入和税收年均增长20%以上，力争临港经济开发区增速明显高于其他两个开发区。

（三）城乡更美

围绕“靓丽、繁华、宜居、和谐”的目标定位，按照“一主两副带多星”的总体建设布局，以新型城镇化为核心，切实转变思维方式，抓牢京津冀协同发展和唐山市主城区南移的重大机遇，坚持城市规划、城市建设、城市经济、城市管理“四城统筹”，以城乡规划为龙头、重点项目为突破、精细管理为保障，推动人口向城镇集中、产业向园区集中、居民向社区集中，实现规划设计、基础设施、生态环境、风貌特色为一体的城市建设统筹发展格局，着力打造“新兴现代商业中心、旅游休闲中心、游客集散中心、文化展示中心”，进一步巩固提升全国文明城市创建成果。到2020年，主城区规划面积达到42平方公里，城区人口达到38万，常住人口城镇化率达到60%以上；城区绿化覆盖率、绿地率、人均公园绿地面积分别达到50%、42%和25平方米；生活垃圾无害化处理率和污水处理率均达到100%。

推进“四美五改”，落实“十二个专项行动”，按照“农业必须强、农村必须美、农民必须富”的要求，坚持因地制宜、分类指导，科学合理制定村庄规划，打造环境优美、风貌独特的新农村。大力发展农业现代化，实现美丽加产业，产业促美丽，促进农村产业转型发展，不断改善农村人居环境，推动城乡公共服务均等化，打造农民幸福生活的美好家园。到2020年，全面完成美丽乡村建设。

加强生态文明建设，重点是大气、水、土壤环境治理和生态修复。环境和人群健康风险得到有效管控，环境应急管理体系基本完善，辐射环境质量继续保持良好。生态空间管制、环境监管和行政执法体制机制、环境资源审计、环境责任考核等法规制度取得重要突破。到2020年，美丽丰南基本展现，大气PM2.5（细颗粒物）年均浓度控制在72微克/立方米水平，其他污染因子年均浓度均有明显下降，空气质量明显改善，规划绿化造林7.3万亩，全区森林覆盖率达到19.6%。

（四）百姓更富

人民生活得到新改善。城乡居民收入增长速度高于经济增长速度，如期完成翻一番的目标。覆盖城乡居民的基本公共服务水平走在全省前列。城镇新增就业人数增加，农村劳动力转移就业规模扩大，城镇登记失业率有效控制。社会保障实现全民覆盖。总体实现基本公共服务均等化。妥善解决好百姓最关心的教育、医疗、文化、出行、就业、住房等问题。深化社会事业改革，抓好教育系统人事分配制度改革和学校、幼儿园布局调整，扎实推进区级公立医院改革，完善政府向社会力量购买服务制度，提升公共服务水平。加快转变农业发展方式，促进城乡统筹发展。提升法治化水平，创新社会治理，使公平正义进一步彰显，社会和谐稳定。到2020年，城乡居民人均可支配收入年均增长7%以上，城镇基本养老保险覆盖人数达到14万人，新型农村社会养老保险覆盖率达到99%。

专栏1 “十三五”期间经济社会发展主要指标

指 标		2015年	2020年	年均增长（%）	指标属性
经济发展（5项）					
全区生产总值（亿元） 其中：规模以上工业增加值（亿元）		613.5 346	900 497	7以上 7.5	预期性
人均生产总值（万元）		11.6	16	6以上	预期性
一般公共预算收入（亿元）		29.1	46.9	10	预期性
镇化率（%）	常住人口城	54.25	60以上	[5.75]	预期性
	户籍人口	33.9	45	[11.1]	
服务业增加值比重（%）		31.8	35	[3.2]	预期性
创新驱动（4项）					
研究和试验发展（R&D）经费投入强度（%）		--	2	[1.1]	预期性
每万人口发明专利拥有量（件）		0.7	1.2	11	预期性
科技进步贡献率（%）		58	60	[2]	预期性
互联网普及率（%）		--	88	--	预期性
民生福祉（6项）					
居民人均可支配收入（元） 其中：城镇居民 农村居民		31695 13582	44454 19049	7以上 7以上	预期性
城镇新增就业人数（万人）		0.72	3.5	--	预期性
城镇职工基本养老保险参保人数（万人）		15	15.3	[2]	约束性
城乡居民基本养老保险参保人数（万人）		26.98	全覆盖	--	预期性

续表

专栏 1 “十三五”期间经济社会发展主要指标

指标		2015 年	2020 年	年均增长（%）	指标属性
城镇棚户区住房改造（万套）		--	0.7	--	约束性
人均预期寿命（岁）		76	77	[1]	预期性
生态文明（8 项）					
新增建设用地规模（万亩）		1.03	1.7	达到市要求	预期性
万元 GDP 用水量（立方米）		-	-	达到市要求	约束性
单位 GDP 能源消耗降低（%）		3.2	---	达到市要求	约束性
单位 GDP 二氧化碳排放降低（%）		3.4	---	达到市要求	约束性
森林发展覆盖率（%）		15.6	19.6	[4]	约束性
城市空气质量	细微颗粒物（$PM_{2.5}$）浓度下降率（%）	9.7	--	达到市要求	约束性
	空气质量优良天数比率（%）	34.8	--		
地表水质量		达到 V 类水质	--	达到市要求	约束性
主要污染物排放总量减少（%）	化学需氧量	1.5	--	达到市要求	约束性
	氨氮	3.2	--		
	二氧化硫	5	--		
	氮氧化物	1.5	--		

备注：为体现生产总值“翻一番”的要求，2020 年全区生产总值按 2010 年价格计算，规模以上工业增加值按 2015 年价格计算；[ ] 内为 5 年累计数。

第二篇

坚持创新发展培育经济增长新动力

深入实施创新驱动发展战略，以转变经济发展方式为目标，全面提升创新能力，转换和重塑经济发展内生动力，以创新驱动加快丰南经济转型发展，提高城市核心竞争力。让创新活力竞相迸发，让创新价值充分体现，让创新成为发展的主动力，形成大众创业、万众创新的生动局面。

第三章 全面提升创新能力

打好科技创新、制度创新、金融创新“组合拳”，不断加快创新步伐，扎实推动发展动力从要素驱动、投资驱动为主向创新驱动为主转变，确保丰南创新能力显著提升。

一、大力推进科技创新

以发挥企业科技创新主体作用为先导，以加快重点领域科技创新为主攻方向，以加强人才队伍建设为保障，以搭建科技创新平台为支撑，大力推动科技创新。

强化企业科技创新主体地位。尊重企业法人地位和自主权利，让企业真正成为科技创新的主体力量。重点培育和发展一批具有辐射和示范效应、品牌优势明显、创新能力强的科技领军企业；做大做强科技型中小企业，推动技术水平领先、竞争力强、成长性好的科技型中小企业成为科技小巨人；培育壮大高新技术企业，进一步做好高新技术企业认定管理工作，把科技含量高、技术创新能力强的企业纳入到高新技术企业培育库，有重点的加大扶持力度，打造一批有竞争力、有创新活力的高新技术企业群体。到2020年，培育科技型中小企业400家，全区高新技术企业达到28家，高新技术企业占比达到6%以上。

加快重点领域科技创新。推动传统产业转型升级，围绕技术创新和产品创新，积极引进新技术成果，重点引进高品质特种钢、功能陶瓷、装备制造、化工、食品加工等关键技术成果，开发高精产品，延伸产业链条，增加产品附加值，引导推动传统产业向高端发展；推进高新技术产业集聚发展，围绕新能源、新型建材、节能环保、电子信息等高新技术产业，组织实施产业共性技术科技攻关和重大科技成果转化项目，推进机器人、智能控制技术开发应用，加速物联网、大数据等新一代信息技术应用，积极培育高新技术产业新增长点。到2020年，高新技术产业总产值、增加值分别达到110亿元和59亿元。

加强科技人才队伍建设。把科技人才队伍建设摆在丰南经济和社会发展的突出位置，千方百计集聚各类科技人才，为推进创新型丰南建设提供有力的智力支持和人才保障。加大人才引进力度，围绕丰南“五大园区”、“六大优势产业”，积极引进纳入国家　“千人计划”、省“百人计划”和“巨人计划”的人才以及高级管理、高层次创新、高技能“三高人才”，尤其是重点引进有引领作用的管理人才和科技领军人才，力求吸引一批能够突破关键技术、带动新兴学科的科技创新创业人才和团队，构筑科技人才的创新高地；推进企业人才队伍自身建设，实施企业家培训和职工技能培训工程，鼓励企业培育大批技能型、应用型、创新型人才，努力造就一批懂技术、善管理、会经营、勇于创新、敢于在市场竞争中奋力拼搏的科技管理人才和科技实业家。

积极搭建科技创新平台。加快构建科技信息服务网络平台，完善丰南科技信息网，围绕企业技术需求和院校科研成果，建立项目数据库，实现线上需求发布、技术对接、人才交流及成果转化，搭建企业与院校间网上交流平台；加快协同创新平台建设，深化我区与北京航空航天大学、清华大学等28家高等院校、科研院所建立的合作关系，引导骨干企业与高等院校、科研院所合作共建行业工程技术研究中心、企业技术中心、重点实验室、院士工作站等产业创新技术联盟，引进、利用京津科研资源，谋划推进一批主导产业创新项目，尤其在高端精密制造和电子信息产业等战略性新兴产业领域，抢抓与中关村合作机遇，加快科技创新对接和成果转化。到2020年，新建省级行业工程技术研究中心5家，市级10家，全区专利申请量、授权量年均递增15%以上。

二、大力推进金融创新

立足于丰南金融业现状，适应金融需求多元化的发展趋势，加快金融组织体系、融资方式、服务方式等创新，加强金融业监管力度，扎实推进金融业整体创新，为丰南实体经济发展提供强有力金融支持。

组织体系创新。构建功能完善、服务配套、多种金融机构并存的金融服务组织体系。在现有金融机构规范提升的基础上，有选择性、针对性地引进和发展具有业务特点的股份制银行、证券公司、基金公司和各类投资公司；大力发展保险业，指导区内保险业金融机构扩大对全区农业生产的投保力度、投保品种，扩大履约保证保险的使用范围；引导非银行金融机构尤其是小额贷款担保公司、信托公司、金融租赁公司发展；积极培育发展产业投资、基金投资公司等市场主体，补齐金融短板；加快丰南金融服务中心建设，打造金融服务平台。

融资方式创新。构建多元化的融资平台，解决我区经济发展过程中面临的资金瓶颈问题。发挥银行主渠道作用，鼓励法人金融机构在满足信贷总量调控要求的前提下，加大对丰南信贷投放力度，“十三五”期间，信贷投放力争年均增长10%以上，银行业金融机构存贷比达到60%以上；加快推进企业在公开市场挂牌上市融资，推动惠达卫浴在上海主板上市，海森电子、唐鸿重工、华通线缆、华熠化工在新三板挂牌，到“十三五”末，上市企业达到10家；积极推进债券股权融资，鼓励支持成熟的企业拓宽直接融资方式；创新政府融资模式，启动实施葛洲坝集团项目建设，同时积极引进其他具有较强实力的公司，通过 PPP 模式参与丰南重大基础设施和民生重点项目建设；大力推广商标专利权质押、融资租赁、信托、票据贴现等融资方式；积极推动政府、金融机构、企业的综合对接，提升融资实效。

服务方式创新。发展互联网金融，综合运用大数据、云计算、移动互联网等现代技术手段，为企业与个人搭建科技产业信息、消费、投资、融资、交易、托管、第三方支付、财富管理等高端综合服务平台；发展普惠金融，鼓励现有银行增设服务网点，引导群众使用电子支付消费方式，优化服务模式，提高服务效率；发展创业金融，鼓励银行业金融机构新设或改造部分分（支）行，作为从事科技型中小企业金融服务的专业或特色分（支）行，提供科技融资担保、知识产权质押、股权质押、合同债权质押等方式的金融服务。

金融监管创新。加强对小额贷款公司、融资性担保公司等新型经济金融组织的监管；强化金融业行业自律监管，充分发挥各金融行业协会的自律、维权、协调、服务作用；严厉打击非法集资行为，增强全民防范意识。

三、大力推进制度创新

加强创新体系顶层设计，继续深化经济、政治、社会、文化、生态和党建各领域改革，不断推进制度创新，以制度创新、政策创新推动自主创新，构建有利于创新发展的系统完备、科学规范、运行有效的制度体系。

深化激活市场主体改革。加强区政务服务中心、乡镇（街道）、村（社区）便民服务站（室）建设，进一步转变政府职能，能放全放，放管有序，持续推进简政放权，充分发挥为民服务“三级平台、两个代办”功能作用，提高政府效能；全面推进“三证一章合一”工商登记制度改革工作，实行“一照一码”，推进商事制度改革；创新公共服务模式，引入竞争机制，鼓励和支持社会力量承担政府购买公共服务；加强政府指导，用市场的力量，探索建立落后产能市场化退出机制。

深化财政金融体制改革。建立健全现代财政制度，合理划分事权和支出责任，实行绩效预算管理，规范专项转移支付，严格控制“三公”经费等一般性支出，将政府所有支出全部纳入预算管理，建立跨年度预算平衡机制，加强政府性基金、财政专户、国库和政府债务管理；引进战略投资者，加快推进国丰公司战略性重组和改制；有序发展融资性担保公司；健全新兴产业引导机制，设立新兴产业创业投资引导基金，鼓励企业技术创新和技术成果转化；着力推进金融改革，以做大做强地方法人金融机构为抓手，打造展示丰南实力和形象的金融“窗口”。

深化科技体制改革。建立科技人员技术创新激励机制，着力加强与京津研发机构和高等院校的合作，建立起由市场决定技术创新项目和经费分配、评价成果的机制，推动科技与金融相结合，改善科技型中小企业融资环境。

深化城乡一体化改革。加快推进农村集体土地所有权、农村土地承包权、农村集体建设用地使用权、宅基地使用权确权登记颁证工作；积极发展农村股份合作制经济，推广农民土地股份合作模式、龙头企业与合作社相互参股合作模式和“五位一体”混合股份合作模式；探索建立区农村产权交易市场，推动农村产权流转交易公开、公正、规范运行；重视发展壮大集体经济，引导和鼓励村集体利用留用机动地和存量房产、集体建设用地兴办事业，通过租赁经营增加集体收入；创新城乡资源要素统筹配置机制，保障金融机构农村存款主要用于农业农村，鼓励社会资本投向农村建设。

深化开放体制改革。把丰南港区和三个省级园区作为开放的主战场，创新招商引资方式，特别重视以商引商，建立常态化、专业化招商机制；探索对接京津冀协同发展机制，改进园区管理体制，建立起新的园区干部评价、人事制度、收入分配、激励约束、绩效考核等配套体系，使园区体制活起来。

继续深化文化、社会、生态、党建、社会治理等领域制度改革。认真落实好上级有关民主政治、司法体制和行政执法等改革安排。到 2020 年，在一些重要领域和关键环节改革上取得决定性成果，全面完成上级交给县区的改革任务和丰南自身确定的重点改革项目。

第四章
全面推进大众创业
万众创新

坚持以政府引导和市场调节相结合的管理体系为抓手，加大政府对创业创新的扶持和保护力度，加快打造众创空间，激发大众创业创新活力，健全和完善创新创业体制机制，着力搭建各类创业创新公共服务平台，全面营造有利于创新创业的良好环境，努力形成大众创业、万众创新的浓厚氛围。

一、加快打造众创空间

探索政府主导、企业为主体的科技企业孵化器建设，支持创客空间、创新工场等创业孵化新模式发展，进一步提升中关村·丰南孵化器、光彩创新创业科技孵化基地、佳澜创业孵化基地的创新创业孵化能力，为创新创业人才和小微科技企业提供低成本、便利化、开放式的创新创业平台；打造“孵化器＋加速器＋产业园”一体化模式，建立起孵化平台与工业园区的互动联系，优化孵化项目供地方式，加快优质孵化毕业项目就地产业化。到 2020 年，新建科技创新孵化器 3 家，力争入孵企业达到 400 家。

二、激发大众创业创新活力

实施大学生创业引领计划，开展

大学生创业培训，建设一批创业实践和孵化基地，为大学生创业提供创业空间、创业培训、工商注册、法律服务、融资对接等服务，以创业带动就业；鼓励高校、科研院所、国有企事业单位的科研人员携带科技成果或者有效专利在我区创办科技型中小企业，按照河北省《关于发展众创空间推进大众创新创业的实施意见》相关规定给予优惠政策；实施科技“小巨人”企业培育计划，对成长性好、发展潜力大的科技型中小企业予以重点支持，“十三五”期间，培育科技型“小巨人”企业25家；吸引高端人才来丰南创新创业，对优秀创业人才、创业导师等来丰南创办的科技型中小企业，优先给予资金支持。

三、健全创业创新投融资机制

着力培育一批新型科技投融资机构，加快推动为科技型中小企业融资服务的科技分（支）行、科技小额贷款公司、政策性科技融资担保公司的发展，鼓励金融机构通过开发科技保险、知识产权质押等金融创新产品为企业提供融资服务；加大财政支持力度，扩大创业风险投资基金规模，设立科技成果转化股权投资引导基金，组建“新三板”上市股权投资基金、大学校园创业投资基金；加强与中关村创客汇、天使投资、英大期货等社会投资机构的对接合作，为科技型中小企业破解融资难题牵线搭桥，更好地满足其融资需求，促进科技型中小企业可持续发展。

四、完善创新创业公共服务平台

降低创新创业门槛，减少审批事项，优化审批流程，提升审批效能，不断创新行政审批和市场监管机制，全面清理和优化与创新创业相关的行政审批事项和服务，为“大众创业，万众创新”创造良好的服务环境；加大政府扶持力度。综合运用购买服务、资金补助、无偿资助、业务奖励等方式，鼓励支持研发设计、科技中介、金融服务、成果交易、认证检测等众创服务平台建设，为创业者提供政策咨询、项目推介、融资服务等“一站式”创业服务。支持中小微企业公共服务平台和服务机构建设，充分发挥区域内重点实验室、企业技术中心、工程（技术）研究中心的作用，构建开放、共享、互动的创新网络，建立向企业特别是小微企业有效开放的机制。加大科研基础设施、科研仪器、科技文献和专利基础信息资源等向创客企业开放的运行机制，实现资源共享；强化创业辅导服务，帮助创业者形成自己的创业项目构想，避免创业者的盲目性，提高创业的成功率。

五、营造创新创业浓厚氛围

积极组织区域内企业及创新团体参加国家级、省级、市级创新创业大赛，支持各类工业园区、科技企业孵化器、众创空间、高校、大企业等举办各种创业大赛、创业沙龙、创业讲堂、创业训练营等活动，营造人人支持创业、人人推动创新的创业文化氛围。鼓励各类社会团体组织创新创业论坛、科技成果推介与技术转移、科技创业产品展等活动。利用高交会等会展活动，为创新创业者搭建交流平台。加强新闻宣传和舆论引导，报道一批创新创业先进事迹，树立一批创新创业典型人物，培育创客文化，让创新创业在全社会蔚然成风。

第三篇 坚持转型发展 构建现代产业发展体系

抓住京津冀协同发展、河北打造沿海地区率先发展增长极和唐山市主城区南移的机遇，立足丰南得天独厚的资源禀赋优势和雄厚的产业基础，借力京津，对接配套、高端起步，积极发展现代农业，推动工业强区战略，大力发展现代服务业，重点突出“一港三区”开发建设，打造具有综合竞争力的现代产业体系。

第五章 大力实施工业强区战略

坚持工业强区战略不动摇，推动工业生产力布局向园区集中，将转型升级作为工业大区向工业强区跨越的根本途径，贯穿于经济社会发展的全过程，促进发展方式的转变，构建具有丰南特色的现代产业发展新体系。

一、改造提升传统优势产业

加快传统产业向绿色、集约、高效方向转变，稳步向中高端迈进。重点抓好去产能、去库存、去杠杆、降成本、补短板五大任务，通过技术设备升级、产品链条延伸、名牌名品打造、规模档次进阶、两化深度融合发展、鼓励上市融资等手段，改造提升钢铁、陶瓷、装备制造、化工、特种线缆、食品加工六大传统优势主导产业。

钢铁行业。深入贯彻落实国家发改委批复的《河北省钢铁产业结构调整方案》，以“联合重组、搬迁改造、压减产能、调整结构、优化布局、节能减排”为核心内容，以“一个龙头四个联动”和“三减三增”（即以国丰公司为龙头，实施整合重组和搬迁改造联动、减企压产与优化布局联动、结构调整与节能减排联动、延伸链条与提升效益联动，实现减产能增效益、减低端增高端、减个数增规模）为实施路径，在丰南沿海地区建设千万吨级精品钢铁基地。通过实施联合重组和城市钢厂的搬迁改造，带动区域钢铁产业结构调整，实现布局集中化、装备大型化、产品高端化、生产集约化、产业链条化，促进丰南钢铁产业由数量型向质量效益型的彻底转变，最终形成“一企三基地”的发展局面，即唐山渤海钢铁一家企业集团，沿海、小集和钱营三个生产基地，生产厂区由原来的11个减少到6个，其中，沿海地区建设千万吨级精品钢铁基地，并依托渤海钢铁项目，打造冷轧及其产品延伸产业集群；小集地区以瑞丰、东华为龙头，打造带棒特色产品生产基地；钱营地区以经安公司为龙头，打造精品高速线材生产基地。以国丰冷轧、瑞丰冷轧、达润达产业园等项目为载体，积极开发装饰板、家电板和汽车结构件等高端产品。同时，积极引进战略投资者，加快发展板材加工、钢结构、钣金等下游产品，打造产值超千亿的国家级耗钢产业基地。

专栏2　钢铁企业转型升级发展方向及重点项目

发展方向：国丰围绕产品延伸配套，投资9.5亿元建设2#镀锌、彩涂、重卷机组等项目，提高产品附加值；瑞丰加快总投资19.43亿元、年产120万吨的高强度精密冷轧新材料基地项目，产品由超薄带钢向冷轧钢卷、镀锌钢卷、彩涂钢卷、电工钢卷等高强度、超薄合金钢带方向发展；东华重点发展500兆帕及以上高强度带肋钢筋、抗震钢筋、高强度盘螺、方钢等产品系列，推行“工程配送”，直接满足周边工地多规格多型号需求；经安开发硬线、标准件用钢、品种圆钢、中棒，以及后续的拉丝等产品；粤丰满足电力工程需求，打造电力铁塔角钢生产基地。

重点项目：唐山渤海钢铁有限公司联合重组暨城市钢厂搬迁改造，唐山瑞丰钢铁（集团）有限公司普瑞精密冷轧新材料基地项目，唐山锡丰实业有限公司热镀锌金属制品项目和年产60万吨热镀锌钢管项目。

陶瓷行业。按照做大做强沿海经济的思想，以黄各庄镇、临港经济开发区为重点区域，依托惠达、北方瓷都、梦牌、中陶等企业，建设卫浴家装配套生产聚集区；同时依托北方瓷都、NGK、高压电瓷、科硕骨干企业，整合小集工业陶瓷企业，积极引进国内外工业陶瓷企业入区，建设特种陶瓷产业聚集区。以企业自动化、智能化改造为主要途径，以品牌提升为重点，提高发展质量效益，推进产业向专业园区集聚集中，推进丰南陶瓷产业“品牌化、智能化”发展，推进丰南打造成具有国际影响力、国内领先的“北方瓷都”。以惠达卫浴、梦牌瓷业、北方瓷都为重点，加快实施机器换人工程，扩大自动化装备的应用范围，做精做强卫浴陶瓷，加大产品研发力度，重点开发智能卫浴、保健卫浴等功能陶瓷，提升产品档次和品牌效应；以惠达国际家具园项目为依托，延伸橱柜、木门、五金配件等家居产业链条，打造精品厨卫家居产业基地；整合区域内工业陶瓷企业，积极引进国内外知名企业，重点研发军用陶瓷、耐火陶瓷等新型无机非金属材料，在临港经济开发区打造精品工业陶瓷基地。

专栏3　陶瓷产业重点项目

临港经济开发区精品陶瓷产业园项目，惠达国际家居园项目，陶瓷行业电子商务平台，唐山丰华陶瓷有限公司车间及生产窑技改项目，惠达集团模型分厂项目，惠达卫浴股份有限公司建设惠达技改四期工程项目，梦牌瓷业二工厂120万件卫生洁具生产线改造项目，梦牌瓷业有限公司年产200万件精品洁具项目，雷诺陶瓷卫生洁具项目，丰华陶瓷新建两条高标准先进的窑炉生产线项目。

装备制造业。借力京津冀协同发展，发挥丰南钢材产品优势，

加快对接京津冀区域高端装备制造业，按照市场主导、协同创新、重点突破、引领发展的要求，重点发展采煤成套设备、基础零部件、专用设备三大产业链，实现由零部件加工配套为主向成套整机设备转变、由设备制造向设备服务转变，引进发展工业机器人产业，推进本地化应用，逐步将高端装备制造发展成为丰南第一主导产业。以天地矿业为龙头，做优洗选煤成套设备，在经济开发区打造全国乃至全球一流的选煤成套设备生产基地；以东方华盛、唐钢重机、华运铁路为龙头，积极引进万丰达等北京外迁精密铸造企业，整合重组全区其他区域的小型铸造企业，加大高强、耐磨、耐腐蚀等方面的研发投入，重点开发精密铸辊、曲轴、大型铸锻件、耐磨材料等关键、核心零部件产品，做优做强基础零部件产业，打造精品基础零部件生产基地；以贺祥为龙头，加大与北京航空航天大学合作力度，生产施釉机器人、胚体抛光、高压注浆、自动成型等陶瓷专用设备，打造国内一流的陶瓷专用设备生产基地；引进发展以减速器技术攻关为主的机器人、机械手开发制造等，重点发展软件系统和减速机、人机控制系统等硬件系统，伺机发展系统集成，推进工业机器人产业的本地化应用。

专栏4　装备制造业重点项目

中德科技工业园项目，装备行业信息技术应用示范工程，贺祥机电两化融合试点示范项目，智能制造装备创新发展工程，年产1万吨高附加值汽轮机铸件，唐山市金泽新材料有限公司日产600t双膛式石灰窑项目，唐山宏恩科技有限公司系列选矿设备项目，唐山首重设备结构有限公司装备制造项目，天津市鑫源茂模架工程有限公司建设模板支撑系统（盘扣式脚手架）加工项目，唐山荣源结构设备有限公司装备制造项目，北京新源国能科技有限公司环保设备生产项目，唐山庆丰标准件有限公司建设五金标准件制造加工项目，唐山唐鸿重工专用汽车有限公司建设特种车辆制造项目，唐山市丰南区荣发环保设备厂建设年产200台（套）环保设备项目，唐山市隆玛驰汽车配件有限公司离合器压盘项目。

特种线缆业。坚持围绕“高起点、扩规模、创精品”的发展思路，通过扩大规模增加存量，通过技术改造不断提升技术装备水平，加大产品开发力度，不断调整优化产品结构，加快向特色化、优质化、高端化方向发展，加快推进电线电缆产业转型升级，打造环渤海地区特种线缆生产基地。依托华通线缆国家级 CNSA 实验室，鼓励支持企业与高校院所开展合作，进一步提升企业研发能力，鼓励支持企业参与行业标准、国家标准的制订，努力争抢行业“话语权”；鼓励企业购置交联生产线、连硫生产线、成缆机组等大型关键生产设备；局放检测系统、燃烧试验等检测设备，对现有生产线进行技术改造；鼓励与美国通用、日本古河等发达国家龙头企业合资合作，扩大国内外行业影响力，鼓励向美国、荷兰、意大利等发达国家和地区出口。

专栏 5　特种线缆业重点项目

河北华通线缆集团有限公司特种线缆项目，线缆行业信息技术应用示范工程，电磁线、漆包线项目，无卤低烟低毒阻燃船用电缆项目，硅钙钡线、钙铁线等多种包芯线项目，年产 3 万吨特种电磁线项目。

化工行业。依托现有煤炭、煤焦油资源优势，以集群化、精细化、绿色化为主攻方向，做精做细煤化工产业，开发吐氏酸等纺织行业专用产品及原料、医药领域专用中间体和助剂，突破发展涂料行业，快速提高全区化工产业的整体水平和竞争力，尽快把丰南建设成为全国重要的、独具特色的化工产业基地。以宝铁为龙头，围绕做精焦油深加工、粗苯精制、甲醇系列产品等三大煤化工产业链条，开发纺织行业专用产品及原料、医药领域专用中间体和助剂等新产品；依托液化空气集团项目，重点发展空气化工，积极为钢材加工、陶瓷生产提供氧、氮、氩等工业气体；积极引进巴德士、嘉宝莉等知名品牌涂料企业，重点发展环保型墙面漆、水性木器漆、高档家具漆、防水涂料、白乳胶、辅材等涂料产品，形成丰南化工行业新的支撑。不断完善临港经济开发区基础设施，高标准规划占地 4 平方公里的涂料产业园，借力中国涂料协会，持续开展涂料产业项目招商引资，到 2020 年，引进国内外知名涂料企业 10 家以上。

专栏 6　化工行业重点项目

临港经济开发区精细化工产业园（涂料产业园），液化空气集团工业气体项目，液化空气（中国）投资有限公司建设空气分离装置项目，唐山达丰焦化有限公司新上焦炉煤气制造天然气项目，宝铁煤化工吐氏酸、J 酸、H 酸 3 个萘系延伸项目，年产 100 吨高分子材料项目。

食品加工业。依托冀东平原富饶的农产品资源优势，充分挖掘渤海湾丰富的海洋资源，借助京津冀协同发展的有利契机，围绕京津冀地区中高端食品消费需求，推进绿色有机农产品加工、海洋特色食品生产的现代化进程，实现食品加工业生产向营养、健康、特色方向发展，打造华北地区服务京津的现代农副产品生产和加工重要基地。以施尔得为龙头，依托冷链物流和物联网技术，积极发展风味肉制品、低温肉制品、高附加值小包装休闲肉制品等产品；以鼎新为龙头，积极开拓果蔬保鲜储运、精深加工和综合利用新领域，重点培育发展冷冻蔬菜、脱水蔬菜、果蔬脆片等，做大做优蔬菜加工产业；以百威英博为龙头，重点发展啤酒等酒饮料和矿泉水生产加工；以丰富海洋生物资源为原料，发展速冻海鲜、海鲜方便食品、保健海洋产品、海洋仿生模拟食品等海洋食品生产加工。

专栏 7　食品加工业重点项目

唐山润泽和发有机休闲养生食品项目，唐山六宝通达绿色果蔬原浆加工项目，顶津食品康师傅矿泉水二期项目，唐山市百威啤酒项目，唐山市施尔得肉制品加工项目。

二、培育发展战略性新兴产业

瞄准技术发展前沿，大力发展以大数据为重点的电子信息、新型材料、节能环保、新能源等战略性新兴产业，打造丰南工业经济新的增长极。“十三五”期间，战略性新兴产业增加值年均增长 20% 以上。

电子信息产业。充分利用京津冀协同发展和新兴信息网络服务产业蓬勃发展带来的机遇，积极承接电子信息产业转移，加快培育壮大电子信息产业。以丰南经济开发区为重点，以电子信息制造业以及移动互联网、大数据、云计算、物联网等新型产业的研发及产业化为目标，加大招商引资力度，加快集聚产业链配套企业和延伸关联企业，培育产业集群。以银贝壳、凯业科技为龙头，推动新一代移动通信、互联网核心设备和智能终端的研发及产业化。推进紫光智能电子微功率无线模块项目建设，实现核心部件自主化。加快推进物联网技术在工业控制、环境保护、智能家居、交通物流等应用的相关技术、产品的研发和产业化，扶持海森电子等企业发展，推动智能交通设施、智能电表、农田节水灌溉监测与决策支持系统实现规模化、产业化发展。

新型材料产业。加强新材料技术的研发和应用，力争在新型电子材料、新型金属材料、新型高分子材料、高性能陶瓷材料、复合材料、高温合金材料和海洋工程材料等新材料核心产业方面有所突破。以东方雨虹有限公司为牵引，大力发展防水涂料产业，积极引进知名企业进驻。加快发展特种功能陶瓷、纤维增强硅酸钙板、冶金新材料等产业，支持科硕特种陶瓷、富安板业、天泽科技等骨干企业做精做强，重点推进明辉新型建材、鼎弘新型环保制板、超滤膜等一批重点项目。

节能环保产业。重点围绕冶金、

化工、陶瓷等高耗能行业，并瞄准京津冀地区大气污染防治、水土污染治理、环境监测的迫切需要，重点发展燃煤锅炉脱硫脱销装置、先进除尘设备制造产业，积极培育工业烟气治理第三方服务业，形成集治理方案设计、设备制造、工程施工、运行服务等全产业链工业烟气治理产业体系。发展家用、商用、医用、车用、工业用空气净化系列设备制造业，积极发展水、大气、土壤、噪声等环境监测设备（仪器）制造业，努力打造北方新兴节能环保设备制造基地和空气净化产业基地。

新能源产业。把握国家大力支持新能源等战略性新兴产业的机遇，围绕核能、风能、太阳能光伏等领域，大力发展新能源装备制造业。瞄准我国推进核电建设步伐、河北省全面布局建设核电站所形成的广阔市场，重点发展核电核心设备制造（核岛、常规岛）及核电辅助设备制造产业。依托丰南港口岸，立足唐山市丰富的钢铁资源和雄厚的装备制造业基础，充分发挥沿海风电资源优势，大力发展海上风机产业。充分抓住国家大力推行分布式能源电站的机遇，主动与汉能控股集团、天和光能公司、天威英利新能源有限公司等行业领军企业开展合作交流，致力形成以硅为基础的“多晶硅－单晶硅－单晶硅片－电池片－电池组”太阳能电池产业链，同时重点突破薄膜太阳能电池和非硅太阳能电池组。

专栏8　战略性新兴产业重大项目

电子信息：重点发展面向行业的电子商务平台项目，网络游戏发行基地项目，工业互联网创新创业孵化器项目，海森电子项目，唐山紫光智能电子有限公司建设物联网费控管理终端项目。

新型材料：唐山东方雨虹防水技术有限责任公司建设防水卷材及防水涂料项目，江苏凯伦建材股份有限公司建设防水材料华北生产基地项目，瑞斯（唐山）建材有限公司防水材料项目，唐山市金翔化纤公司建设金翔静脉循环产业园项目，北京金隅集团不变形耐火材料项目，北京华中新工贸特种专用荧光材料项目，唐山市丰南区宏焰塑料制品有限公司废旧塑料颗粒生产项目。

节能环保：东华钢铁新建1 x 80MW高温超高压煤气发电工程，经安钢铁高炉冲渣水低品位工业余热暖民工程，经安钢铁烧结机侧密封改造及余热回收项目，鑫丰静脉产业园项目。

新能源：中燃集团燃气供配利用项目，年产12亿AH超级锂离子动力电池生产线项目，达丰焦化新上焦炉煤气制造天然气项目，高效设施农业及60MW太阳能光伏发电一体化项目，通威渔光一体智能高效水产养殖园项目，临港物流产业园屋顶分布式光伏发电项目。

第六章
加快发展现代服务业

以实现传统服务业与现代服务业融合发展为目标，用现代营销方式和营销理念改造提升传统服务业，大力发展生产性和生活性服务业，推动服务业与工业协同发展。

一、发展壮大生产性服务业

以产业转型升级需求为导向，加快发展现代物流、金融、电子信息服务等产业，鼓励引导传统服务业同电子商务、物流配送、金融平台等“四位一体”融合发展。

现代物流业。培育壮大现代物流企业，推进物流企业向标准化、集约化、专业化、信息化方向发展，抓住广东物资集团北方区域中心退出钢铁物流转型为电商物流及顺丰速递、京东等一批现代物流企业在丰南布局的契机，大力发展速递物流和智慧物流，使龙头物流企业发展壮大，并整合兼并中小微物流企业，带动物流企业整体服务水平不断提高；加强物流平台载体建设，以推进丰南物流产业聚集区为重点，以搭建物流公共信息平台为核心，强化与其他省级物流园区的分工合作，激活区域物流需求和供给，提升城市物流集散能力。

金融服务业。以建设区域性金融中心为目标，重点推进丰南区金融服务中心建设，通过打造金融服务平台，引进风险投资、融资租赁公司、评估公司、会计师事务所、律师事务所、培训公司等机构，为企业提供全方位的金融服务；有选择性、针对性的引进具有业务特点的银行性金融机构，加大对企业的信贷投放力度，大力扶持企业上市融资，支持企业发行各类债券，健全融资担保体系，创新抵押、质押贷款方式，降低企业融资成本，拓宽企业融资渠道；积极发展互联网金融、普惠金融、创业金融。

信息服务业。加快软件产业发展和物联网在教育、医疗、交通、食品安全等方面的应用；拓展信息技术服务市场，推进信息技术在农业、商贸、旅游、金融等领域的应用，发展信息技术服务外包；加快信息服务业企业发展，积极开展面向工业企业的互联网信息服务、电子商务服务、咨询服务；加快建设大宗商品电子交易平台、全程电子商务平台、物流信息平台、云计算平台，支持B2B、B2C、020电子商务模式，推动移动电子商务发展；结合中国移动、中国联通、银贝壳网络游戏发行基地、中科大国祯在丰南布局数据灾备储存、云计算中心等，加快大数据产业园的建设，打造环渤海大数据产业基地。

专栏9　生产性服务业重点推进项目

现代物流业：唐山丰南物流产业聚集区，广东物资集团北方区域性高级物流服务中心项目，唐山市双赢物流有限公司项目、唐山胡子物流运输园项目，唐山盈升国贸物流发展有限公司建设物流交易园项目，丰南区铁路交通器材厂鼎利物流中心项目。

信息服务业：北京煜邦电力技术有限公司电力电表生产基地项目，唐山荷携网络技术有限公司智慧校园项目，银贝壳（唐山）科技有限公司网络游戏发行基地项目，颐高集团有限公司电子商务产业园项目。

二、繁荣发展生活性服务业

以满足群众多样化需求为目标，推动休闲旅游、商业购物、餐饮娱乐、社区服务等传统服务业扩容升级，提升传统服务品质。

休闲旅游业。以把丰南打造成唐山市“旅游中心、游客集散中心和文化展示中心”为总体目标，围绕“一核三带”的旅游业空间发展布局（“一核”即以丰南行政中心区域为核心，打造“城市会客厅”式的旅游集散中心，“三带”即开发建设“唐津运河观光度假游、中西部乡村生态游和南部滨海体验游”三条旅游带），以打造唐津运河生态旅游度假景区为龙头，通过大力发展乡村旅游、生态旅游、加快旅游产业企业增量和提档升级等方式，使旅游业真正成为带动现代物流业、餐饮娱乐服务业、建筑房地产业、金融保险业四大支柱产业发展的龙头产业。

专栏 10 旅游业重点推进项目

唐津运河生态旅游度假景区基础设施建设项目，河北中联房地产开发有限公司建设唐人生态产业苑项目，大连万阳中冶古海水温泉度假中心项目，天津祥泰投资发展有限公司建设冀发健康产业园项目，丰南区旅游集散中心项目，唐山贝氏体钢铁（集团）荣程特种钢材有限公司工业遗产保护与艺术区娱乐化改造项目。

内贸流通业。实施“互联网＋内贸”流通工程，培育电商平台，扶植韩国城、广东物资集团北方区域中心，打造电子商务聚集区；合理布局各类商业设施，加快商贸综合体和繁华商圈建设，促进服务业聚集发展；推进综合性商场、大型商品交易市场建设，推进集团化发展、连锁式经营；加快发展连锁超市、特许经营等新兴商业业态；完善电子认证、信用评估、电子交易、在线支付、物流配送等新型服务功能；普及直营店、直销店、名牌折扣店等便捷商业业态；优化城市配送网络，完善农村物流服务体系，构建城乡一体化流通网络。

健康养老产业。支持社会资本进入健康养老领域，健全完善健康养老服务设施，建设规模化、专业化的健康养老休闲基地。积极推进医养融合发展。推进健康养老产业“医药养、吃住行，游购娱”一体化发展、规模化聚集，满足居民多层次、多元化的健康养老服务需求。

居民服务业。围绕满足城乡居民日常生活需要，加强城乡社区综合服务平台建设，推进政府公共服务、志愿互助服务、便民利民服务向社区延伸，不断完善服务功能、拓展服务内容，增强社区管理和服务能力；支持实体零售商综合利用网上商店、移动支付、智能试衣等新技术，打造体验式购物模式；在餐饮、娱乐、家政等领域培育线上线下结合的社区服务模式；加快发展家庭保洁、幼儿服务、照料陪护等各种传统家政服务；大力发展代理服务、家庭保健、汽车后市场等新兴服务业态。

第七章
加快农业现代化步伐

按照“农业必须强、农村必须美、农民必须富”的总体要求，以城郊型现代农业为发展方向，以农民增收为核心，以园区建设为抓手，以结构调整为主线，围绕粮油、蔬菜、畜牧、水产、休闲观光等优势产业，重点实施“54843”工程，加快农业现代化建设进程，推动农业不断增效、农民持续增收、农村和谐稳定，打造服务京津唐、环渤海地区的绿色农产品和食品生产基地。

一、构筑五大现代农业产业

优质粮棉油产业。坚持“稳定面积、提升单产、调优品种、优质专用”的发展理念，按照“相对集中、连片种植、规模经营”的原则，加快精量播种、测土配方施肥、病虫害综合防治、机播机收等先进适用技术的推广，大力实施粮食万亩高产创建示范片建设，积极推进规模经营，培育千亩以上种植大户，培育壮大农业加工型龙头企业，确保丰南全国产粮大县地位持续稳固。

无公害蔬菜产业。以东部万亩设施蔬菜生产基地、西部万亩惠丰农业生态园区为双核驱动，加快蔬菜新品种、新技术、新模式的引进、试验、示范、推广步伐，培植壮大蔬菜精深加工企业，加强蔬菜市场营销体系建设，推动产业上档升级。到 2020 年，培育国家级蔬菜加工龙头企业 1 个，省级加工龙头企业 2 个，创建省级以上名牌产品 5 个以上，打造全国先进的蔬菜生产基地和面向京津冀及东北三省的无公害蔬菜直供基地。

安全优质畜牧产业。依托正大集团百万头生猪产业化项目，加快小集镇、大新庄镇、黄各庄镇为主的优质生猪产业发展，形成安全无公害生猪产业链条。打造以岔河镇、钱营镇、大齐镇、大新庄镇为主的高产奶牛繁育基地和以王兰庄镇、柳树瞿阝镇、黄各庄镇、西葛镇为主的优质肉蛋鸡繁育基地。到 2020 年，培育省级以上畜禽养殖加工龙头企业 3 个以上，创建省级以上名牌产品 2 个以上。

水产健康养殖产业。大力发展生态健康的水产养殖，依托与通威集团的合作，重点加强水产良种繁育体系、技术推广体系、疫病防控体系建设，推进池塘中央排污、温棚双茬养殖等标准化改造，建设黑沿子镇海水优质苗种繁育及工厂化养殖基地、黑沿子镇、柳树瞿阝镇、尖字沽乡标准化水产健康养殖基地、王兰庄镇淡水热带鱼特色养殖基地和西葛镇无公害泥鳅繁育养殖基地。到2020年，培育部级以上养殖示范场10个以上，创建省级水产名牌产品2个以上。

专栏 11 农业产业布局

粮棉油产业：实施粮食万亩高产创建示范片建设，积极推进规模经营，培育千亩以上种植大户，培育壮大农业加工型龙头企业。

蔬菜产业：以大新庄镇、钱营镇、南孙庄乡为重点建设黄瓜、西红柿、青椒等高标准日光温室蔬菜生产基地。

畜牧产业：打造以岔河镇、钱营镇、大齐镇、大新庄镇为主的高产奶牛繁育基地和以王兰庄镇、柳树瞿阝镇、黄各庄镇、西葛镇为主的优质肉蛋鸡繁育基地。

水产产业：建设黑沿子镇海水优质苗种繁育及工厂化养殖基地，黑沿子镇、柳树瞿阝镇、尖字沽乡标准化水产健康养殖基地，王兰庄镇淡水热带鱼特色养殖基地和西葛镇无公害泥鳅繁育养殖基地。

休闲观光农业产业。以丰南被评为全国休闲农业与乡村旅游示范县为契机，抢抓2016年唐山世园会的难得机遇，科学规划旅游线路，实施沿河、沿海、沿边发展战略。沿河发展，即沿西部唐津运河景区，以惠丰生态农业园区、药王庙为重点建设观光度假区；沿海发展，即以黑沿子镇黑沿子、涧河两个中心渔港为重点建设渔业休闲区；沿边发展，即以唐山市周边地区的东部鑫湖农业生态园、唐丰颐园、元泰恒蓝莓基地为重点，建设休闲采摘区。每年举办丰南区休闲旅游农业文化节、后打蔬菜节、鑫湖草莓节，增加丰南农业休闲观光的知名度，打造丰南休闲观光农业旅游品牌。到2020年，力争建设京津唐城市圈休闲观光与乡村旅游品牌示范区。

专栏 12 休闲观光农业重点推进项目

惠丰生态农业园项目、鑫湖农业生态园游客服务中心项目，大齐各庄镇元泰恒蓝莓基地项目，新梅果品产销专业合作社优质果品项目，打造岔河镇、唐坊镇、南孙庄乡、东田庄乡农业观光带。

二、打造四大现代农业园区

东部设施蔬菜生产园区。以大新庄镇东西滩沟设施蔬菜生产区、钱营镇聚鑫育苗基地、聚鑫现代物流中心、鑫湖生态农业园区为重点，加快推进高标准日光温室、育苗基地、现代物流中心及休闲采摘区建设，打造集设施蔬菜生产、工厂化集约育苗、现代化物流交易中心和休闲旅游观光于一体的规模大、档次高、链条长、效益好的高标准现代农业示范园区。

西部休闲农业乡村旅游园区。以惠丰生态农业园区为核心，唐津运河景区、邱柳公路为两翼，打造岔河镇、唐坊镇、南孙庄乡、东田庄乡农业观光带，借助国家项目，加强核心区水、田、路、林综合治理，加强惠丰生态农业园区建设，对道路、林网、环境、景观等方面进行园林化整体布局和设计，完善功能分区，规划建设现代农业展示区、特色果蔬采摘区、餐饮娱乐休闲区、物流商贸交易区。每年在园区举办休闲旅游农业文化节，努力扩大我区休闲农业的知名度和影响力。

南部水产健康养殖园区。以黑沿子镇为核心，辐射柳树瞿阝、王兰庄、西葛、尖字沽等乡镇，引导育苗企业生产逐步向苗种的优质化、标准化、健康化、本地化方向发展，示范推广养殖新品种、新技术和新模式，促进丰南水产养殖业可持续健康发展。到2020年，实现本地孵化优质南美白对虾苗种5亿尾，推广池塘标准化改造面积2万亩，温棚双茬养殖5000亩，水产品产量达到1.5万吨，亩效益增加0.2万元。

中部都市生态农业园区。以小集镇、大齐各庄镇为核心，带动丰南镇、黄各庄镇，示范引领我区城郊型现代农业发展。重点打造小集镇禾牧分享CSA农场有机蔬菜、顶佳牧业优质生猪、唐丰颐园食用菌、漠尚客骆驼养殖合作社骆驼奶、大齐各庄镇元泰恒蓝莓、新梅果品产销专业合作社优质果品、井屯村蒜黄等示范产区，培育打造面向城市人群的高端农产品。积极推进“互联网+农业”公共服务平台建设，构建政府、农业龙头企业、农民专业合作社、种养大户等多方参与、市场化运作、电商平台运营的发展格局，提升农业生产智能化水平，推动园区规模化、标准化、集约化、产业化发展。到2020年，计划建设国家级现代农业园区1个，省级现代农业园区2个以上，市级现代农业园区5个以上。

三、实施八大农业产业项目

围绕生猪产业，抓好投资13亿元的正大百万头种猪、商品猪养殖基地项目和生猪屠宰场、猪肉食品厂等配套项目，打造辐射唐山、服务京津的安全无公害、全程可追溯的安全生猪养殖及食品加工基地；围绕水产产业，抓好总投资33.93亿元的通威集团“渔光一体”智能高效水产科技园项目，打造“通威”鱼安全、健康、高效养殖产业链；围绕蔬菜产业，完成投资1.25亿元的万亩北方冬季设施蔬菜生产基地项目和投资1.07亿的天津利民调料有限公司辣椒种植及深加工项目；围绕奶牛产业，抓好巴氏奶生产线项目，利用现有奶牛养殖资源，引进国际先进生产线，建立功能完善、布局合理的由厂家至用户的物流配送渠道；围绕休闲观光农业，实施总投资5.1亿元的东田庄乡国电远鹏农光互补项目，抓好投资3000万元的惠丰农业园区项目，对接山东寿光蔬菜产业集团，打造集高科技农业展示、现代农业物流、农业休闲观光体验、集约化育苗为一体的现代农业综合示范中心。“十三五”期间，建设投资亿元以上项目 10 个以上，5 亿元以上项目 5 个以上，10 亿元以上项目 3 个以上。

四、构建四大支撑体系

产业化经营支撑体系。加强与中粮集团、首农集团、北京二商集团、天津二商集团合作对接，引进一批在国内领先的农产品加工企业、物流企业、农业休闲企业；加快推动规模农业企业上市，重点支持海森电子有限公司、施尔得肉制品有限公司、三商食品有限公司、鼎新蔬菜出口加工有限公司等重点农业龙头企业上市融资，进一步扩大经营规模，壮大企业实力；抓好新型农业经营主体培育工作。到 2020 年，全区市级农业龙头企业达到 40 家，省级农业产业化龙头企业达到 5 家，家庭农场达到 140 家，全区规范化新型农业经营主体达到 1000 个以上。

社会化服务支撑体系。重点打造“互联网 + 农业”公共服务平台建设，提升农业生产智能化水平。以入选农业部组织开展的第二批全国信息进村入户试点县区为契机，推进“好乡亲 365”农村电商全覆盖行动，同时抓好供销总社“菜篮子进社区工程”，打造“365+ 供销总社 + 信息进村入户”的丰南模式；引导农业龙头企业投资“互联网 + 农业”基础设施和应用系统，围绕农业生产加工、流通销售等环节，形成产、学、研、用相结合的创新体系，促进信息化与农业的有效对接，提升农业生产信息化水平。

科技人才支撑体系。广泛吸纳专家和科研人员来丰南开展技术实验、示范和推广；鼓励和引导农产品加工企业引进国内外先进技术、工艺、设备和管理经验，提升产品精深加工能力和科技含量，加快信息化技术升级改造；充分发挥农牧局、农广校的职能作用，建立多层次的农民技术培训体系，造就一批有文化、懂技术、会经营的新型农业经营主体，为农业农村发展提供坚实的人才保障。

基础设施支撑体系。农田水利项目建设，重点实施防洪除涝水利基础设施建设，对沙河、陡河、西排干、小戟门河、黑沿子排干及油葫芦泊水库泄洪道进行综合治理；继续实施沙河黑沿子防潮闸下移新建和涧河防潮闸、西排干防潮闸拆除重建工程；依托专业和技术优势，努力争取投资加大对乡镇管扬水站更新改造的力度；建设水利信息系统，依托软件和设备自动化，即时获取水情信息，提高防汛、抗旱响应速度。农田水利基础设施建设，争取中央水利投资，继续实施陡河灌区续建配套与节水改造项目、地下水超采综合治理项目，大力发展高效节水灌溉和渠系及建筑物更新改造工程。民生水利工程，编制省水利闸桥项目库，继续对病危水利闸、桥、涵进行重建及维修。

五、落实三项保障措施

加强组织领导，创新管理机制。加强现代农业产业体系、现代农业园区、农业重点项目等工作的组织领导，分别成立由区分管领导和相关部门负责人组成的领导小组，负责各项工作的领导、指导、协调和督导，负责重大问题决策、重点项目审批以及相关政策的制定等，各乡镇也成立相应的组织机构，制定落实配套政策和具体任务，形成上下联动的良性推进机制。加大考核力度，落实奖惩措施，严格实行责任目标管理。

制定扶持政策，加大投入力度。结合我区实际，明确发展方向和扶持重点，制定扶持政策，鼓励适度规模经营，积极培育新型农业经营主体，吸引外来企业和项目落地；继续加大财政对农业的投入，重点加大对五大农业产业体系、四大农业园区及农业技术推广、特色农业产业、农业基础设施、新型农业经营主体培育、农村信息化建设的资金投入；打造农业投融资平台，利用“政银保”等模式，解决农业企业融资难问题；积极争取国家项目和银行信贷支持，积极组织项目申报，扶持管理水平高、市场潜力大、经济效益好、带动能力强的农业龙头企业。

加强教育培训，提升农民综合素质。加强农业信息化服务体系建设，实现村级信息服务站和网店全覆盖；深入开展多种形式培训，指导农业生产，年培训农民 10 万人；开展新型职业农民培育，与中国农大、东北农大建立职业农民合作培育机制，提高培训的针对性、实用性，提高农业成果转化率和农民对科技的吸纳能力，为全区现代农业发展和新农村建设提供强有力的人才支撑。

第八章
突出开发区建设

深入推进“一港三区”建设，大力打造承载力强、功能完备、各具特色的产业园区，发挥产业园区的载体功能，引导产业向沿海推进，项目向园区聚集，充分吸纳产业、集聚产业、集聚创新、集聚竞争优势，逐步形成产业规模和集聚效应，进一步加快构建现代产业体系步伐。

一、大力推进临港经济开发区建设

在原有 10 平方公里的基础上，再扩区 20 平方公里，作为丰南产业布局的重中之重及丰南沿海经济的重要载体，要实现爆发式增长。瞄准区域市场需求，发挥京津冀与环渤海区域资源优势和区位条件，与天津滨海新区和曹妃甸工业区对接配套发展，积极承接首都产业转移和功能疏解，打造唐山湾经济增长的重要引擎，首都产业转移重要承接地，天津滨海新区和曹妃甸工业区重要的产业协作配套基地，现代化滨海工业新城。重点规划建设钢铁及精深加工、精细化工、陶瓷、装备制造等特色园区，培育产业集群；同时依托港口优势，发展港口物流产业。精品钢铁及精深加工产业重点发展钢结构、机械装备及汽车用钢材等。精细化工产业重点发展煤焦化深加工、涂料等。陶瓷产业重点发展高档卫生陶瓷、陶瓷新材料、整体厨卫成套产品、建筑陶瓷等。装备制造产业重点发展现代装备基础部件和工程机械、港口机械及其他专用设备等。物流产业重点发展铁矿石、钢材、煤炭等大宗散货物流，精品钢材加工配送等。以“一十百千”为抓手，打造千万吨级精品钢铁基地、精品陶瓷产业园、精细化工产业园等园中园，固定资产投资力争达到600亿元以上。“一”就是建好一个港口，有序推进区内钢铁、化工、重型装备制造业向沿海转移、集聚，把丰南港区打造成唐山市主城区重要出海口。到2020年，将航道等级提升到10万吨，建成3000吨～10万吨级通用及散货泊位30个，年吞吐能力达到5000万吨，并建成疏港铁路支线；“十”就是引进10个20亿元以上的重大产业项目，作为全区的重要战略支撑；“百”就是引进100个亿元以上质量型、效益型项目；“千”就是实现销售收入1000亿元以上，打造国家级产业园区。

专栏13　临港经济开发区重点推进项目

基础设施：重点推进葛洲坝集团，以PPP模式，实施临港经济开发区基础设施、疏港铁路、黑沿子滨海小镇等工程；老区，建设一座供水能力15万立方米/天的供水厂及供水管网；西扩区，网渠各雨水泵站工程、道路及雨水各中水管网工程、

电力线路工程、绿化工程、土地整理工程、土地收储工程。

产业项目：千万吨级精品钢铁基地工程，装备制造及钢铁精深加工产业园，陶瓷产业园项目，物流产业园项目，涂料产业园项目，化工产业园项目，建设企业技术综合服务中心、钢铁精深加工技术中心，陶瓷新材料研发中心，培育省级工程技术研究中心2家。

其他重点推进产业项目涵盖在各分类产业项目专栏内。

二、大力推进丰南经济开发区建设

谋划扩区2平方公里，按照建设高科技产业园区的总要求，以加快发展为主题，以转方式、调结构为主线，以京津冀协同发展和创新驱动为动力，以加大招商引资、引智为手段，以优化发展环境、提升服务质量和水平为支撑，将开发区打造成国家高新技术开发区。加快园区空间扩充，扶持中小企业发挥专业生产优势，注重在“专、特、精”发展，尽快形成特色中小企业群，重点发展先进装备制造、电子信息、特种线缆、食品、新材料等产业。先进装备制造产业重点发展选煤成套设备等行业。电子信息产业重点发展数字内容、电子商务、信息服务。特种线缆产业重点发展纳米线缆、超导线缆等新型线缆。食品产业重点发展啤酒、有机休闲养生食品、绿色果蔬原浆加工、矿泉水等行业。新材料产业重点发展保温材料、防水材料等产业。加快实施“腾笼换凤”，置换退出低效、无效、污染企业，大力发展亩产效益高、占地少产出多、无污染的高端装备制造、食品、新型建材、文化创意、电子信息、特种线缆等产业，打造一流的高科技示范区。力争到“十三五”末，完成基础设施建设投资6亿元，规上工业总产值达到183.6亿元，规上工业增加值达到57.72亿元，主营业务收入达到475.26亿元，全部财政收入达到6.12亿元，固定资产投资达到140.59亿元，利用外资每年增加3000万美元，规上企业个数达到51个。

专栏14　经济开发区重点推进项目

基础设施：老区，建设处理能力为4万吨/日的污水处理厂工程，建设110KV变电站工程，建设一座流量为5立方米/秒的雨水提升泵站；建设迎宾路、京秦城际铁路和铁西路绿化景观带工程，建成运河东路、敬民街、铁西路道路及排水工程，铺设燃气管道、供热管道、通讯线路；新扩区，建设一纵、三横、四条道路构成的路网体系，完成50万平方米绿地建设，铺设燃气管道，架设10KV供电线路，通讯线路埋设供热管道。

产业项目：远东电缆有限公司建设特种线缆生产基地项目，盈创再生资源有限公司生产基地项目，康力电梯北方生产中心项目，意莎普（中国）暖通空调有限公司建设生产基地项目，天地科技二期建设项目，通宝停车设备制造生产基地项目，小信鸽（唐山电子科技有限公司建设智能产品生产及研发项目）。

其他重点推进产业项目涵盖在各分类产业项目专栏内。

三、大力推进小集经济开发区建设

完成开发面积15平方公里，立足小集实际，着眼转型升级，坚持错位协作，突出发展特色，把“信息化带动工业化、以工业化促进信息化，走新型工业化道路”作为经济工作的首要任务。做大做强钢材等优势支柱产业，打造“一区两基地一中心”四大产业集群（着力打造河北省钢铁产业循环经济改造及现代钢延产业发展示范区、冀东重型装备制造协作基地和物流装备制造基地、唐山新型材料和现代轻工特色发展基地）。推进产业优化升级，提高自主创新能力，主动融入、对接环渤海经济圈，依托基础优势，大力发展钢铁及深加工、装备制造、精密工业瓷，做大做强一批钢铁、装备制造、陶瓷、物流、建材等重点企业。调整产业结构，开发高、精端产品，增量调优，做大做强钢铁精深加工等优势支柱产业；通过“产业招商、定点招商、委托招商、以商招商、挂职招商、领导带头招商”等形式，加大对外开放工作力度，引进一批电子电器及轻工产品用钢、钢铁

贸易物流等配套项目，打造产业聚群；扶持陶瓷等其他产业以技术创新为主导，逐步做大做强，争创知名品牌。规范小集镇现有工业瓷企业，引进开发军用陶瓷新材料、高性能耐火材料等新型无机非金属材料，建设工业瓷特色小区。力争到“十三五”末，入园企业达 90 家，园区 GDP 达到 335.58 亿元，实现主营业务收入 1522.85 亿元，工业增加值 243 亿元，固定资产投资 76.2 亿元，财政收入 9.56 亿元，出口创汇 1400 万美元。

专栏 15　小集经济开发区重点推进项目

基础设施：完成于唐线（唐爽路—凯恒东门）的拓宽改造，打通唐爽路，修建健康街（唐曹线－于唐线），在深港村北侧建设 22 万 KV 供电站两座，在唐爽路与于唐线交叉口北侧建设小集经济开发区绿化主题公园一座，并与瑞丰厂区内水系相连。

产业项目：力争 5 年内引进钢铁产业链条延伸、技改等项目 50 个，积极引进装备制造、建材等耗钢企业，做大做强陶瓷企业。

其他重点推进产业项目涵盖在各分类产业项目专栏内。

第四篇 坚持协调发展 构筑平衡发展新格局

按照“唐山市中心城市的新型制造业基地、物流中心、休闲旅游中心和科教文化中心”的发展定位，切实强化中心城区意识，加强交通基础设施建设，推动三次产业协调共进，软硬环境协调并举，实现城乡统筹发展。

第九章 拓展基础设施建设新空间

基础设施建设是推进丰南区经济社会发展的重要保障，要大胆谋划、科学论证，加快规划建设海、陆、空综合交通系统，加强与京津及周边沿海地区的互联互通，促进丰南区融入唐山中心城区，构建丰南大交通格局。

一、大力加强水路建设

全力推进丰南港区开发建设。2016 年 3 月，港区东西防波堤、河口码头区护岸等基础设施建设力争全面开工，到 2020 年，将航道等级提升到 10 万吨，建成通用及散货泊位 30 个，年吞吐能力力争达到 5000 万吨；同时，建设疏港铁路、公路支线，拓展港口辐射空间，将丰南港打造成为区域综合运输服务的港区、唐山南部新的出海口、对外开放的主阵地。扩展丰南中心渔港，完善渔港功能分区，加强与周边沿海地区要素交流。

二、大力加强公路建设

借势京津冀交通一体化，新建唐廊高速公路丰南连接线，加强与周边地区互联互通，强化承东启西、连南接北的区位优势。加强与唐山主城区道路连接：实施国丰大街、友谊大街东伸工程，与学院路全面连通；实施汇通路、建设路北伸及国友路、国滨路工程，实现与南湖迎宾大道全面连通；实施唐胥路翻建和龙泉河跨桥等老城区路网升级改造工程；增加贯穿唐山主城区的公交线路与车次，促进要素流动，加快丰南融入唐山市主城区。

以道路建设带动城镇发展：完成丰碱线（城区－沿海路段）升级改造工程，打造区域南北主干道；结合棚户区改造，实施滨河北大街西伸、铁西路南伸等西城区路网拓展延伸工程，实现西城区与经济开发区融合对接；构建布局合理、方便快捷、经济安全、畅通有序的城乡道路客运服务体系，调整优化现有城乡特别是农村客运公交线路，实现城乡客运服务网络全覆盖。

三、大力加强铁路建设

积极争取城际铁路、城市轨道交通在丰南区设立停靠站点；高标准完成唐曹铁路丰南段建设，完善车站与“一港三区”等重要生产、生活节点的道路建设；精心维护现有的京山、京秦、大秦三条铁路干线以及滦港、卑水、唐遵等几条支线，使丰南成为全国铁路网密度最高的地区之一，形成东、西、南、北交织的铁路网络。

四、大力加强航路建设

充分利用紧邻天津滨海新区国际机场、唐山机场的区位优势，通过发展丰南至滨海新区、丰南至唐山机场的公路和轨道交通，使国际现代化机场为我区所用。

专栏 16　重大交通基础设施重点推进工程

铁路：疏港铁路（临港经济开发区－丰南港区），小集镇－张唐铁路丰南南站铁路扩能，唐山北郊枢纽－丰南唐人街轨道交通项目前期工作。

公路：启动并实施唐廊高速公路丰南连接线工程，丰碱线（城区－沿海路段）升级改造，将原有县道 X612 印柳线，岔河韩城镇交界－沿海路段，全长 41.67 公里规划为省道 S210，将原有县道 X616 范董线，小般各庄－G112 段，全长 45.8 公里规划为省道 s319，印柳线大修续建，西葛—爽坨新建工程，于唐线改建，友谊大街东伸，滨河北大街西伸，铁西路南伸，汇通路北伸，建设路北伸等路网拓展，唐骨路翻建，龙泉河跨桥老城区路网升级改造。

港口：港区2万吨级航道工程、东西防波堤、河口码头区护岸等基础设施。

第十章
推进城乡发展一体化

按照唐山市“京津冀东北翼中心城市”的发展定位，以“一主两副带多星”为重点，坚持走新型城镇化发展道路，统筹推进城市建设、城市经济、城市管理，提高城镇化建设质量，推动公共财政资金向农村倾斜，建设美丽乡村，推进城市公共服务向农村延伸，构建城乡一体化发展的新格局。

一、优化城镇空间布局

以完善城镇功能、组团协调发展为目标，优化城镇空间结构，精细打造“一主两副带多星”的城镇布局。

“一主”——将丰南主城区打造成唐山南部精品城区。以南湖生态城开发建设及世园会召开为契机，实现与市中心区道路无差别对接，景观无差别延续，完全融入唐山市主城区。加快老城区旧城改造，完成国丰北厂区、贝氏体钢铁厂区搬迁等工程，结合大南湖和世园会园区建设，积极发展房地产业和各种生活性服务业；以唐津运河为轴、滨湖产业带为核心，拓展西部新城区，大力开发休闲旅游、生活服务功能，打造唐山中心城市的休闲旅游中心；发挥职教中心、劳动技师学院、丰南一中的辐射带动作用，打造唐山中心城市的科教文化中心。到2020年，主城区建成区面积达到42平方公里，人口达到38万。

“两副”——开发建设黑沿子滨海小镇和南孙庄滨河小镇两个卫星城区。利用黑沿子镇紧邻丰南临港开发区、唐山港丰南港区、曹妃甸新区、天津滨海新区这一得天独厚的区位优势，在遵曹公路北侧、滨海公路南侧、沿海高速东侧和唐山南堡经济开发区西侧，建设总占地面积5-10平方公里的滨海小镇起步区；切实做好城镇建设、土地利用、产业发展、生态建设等规划的有机融合和衔接，科学配置土地资源，优化城镇产业布局和发展空间；加快教育、医疗、文化、通信、网络、供电、供排水等公共服务和公共基础设施建设，充分发挥滨海小镇的辐射功能和集聚效应，集聚资源、吸纳人口、发展产业、活跃市场、完善公共服务，将其打造成唐山沿海产业带上的次中心、丰南区的城市副中心、丰南港和临港经济开发区的综合服务配套基地。以唐津运河生态旅游度假景区深度开发为依托，在南孙庄乡建设滨河小镇；合理规划功能分区，集约利用土地资源，加快新民居建设；充分利用其丰富的旅游、生态资源，大力发展健康养老、休闲旅游文化产业，将滨河小镇打造为唐山南部健康养老、休闲服务中心。

“多星”——重点改造提升黄各庄、小集、钱营小城镇。进一步提升三镇的基础设施水平，健全公共服务，将其打造成区域性中心城镇，辐射带动周边镇村发展。黄各庄镇依照“四区、两带、四轴”的总体思路，完善城镇功能布局，争取建设成为全国知名小城镇。“四区”即惠达工业园区、公共服务与文化旅游区、商业区、居住区；“两带”即河涧路商业带和陡河景观带；“四轴”即惠中路、惠联大街两条横向主干路和河涧路、惠民路两条纵向主干路。小集镇要依托小集经济开发区，加强公共设施和生活服务设施建设，实现产城互动、融合发展。钱营镇要利用压煤村搬迁，推进中心镇区新民居建设，到2020年，镇区面积达到2.5平方公里，规划人口3万人（含钱矿生活区），全面实现基本公共服务一体化、基础设施一体化，使镇区步入城市化发展轨道。

专栏17 城乡一体化建设重点推进项目

棚户区改造工程（西城区西五村、四王庄、沙窝新庄、蛮子坨、北新庄子），南孙庄乡新农村扩建项目，滨海小镇一期工程，钱营镇岭上村、罗各庄村、南苗村、北苗村、毕家庄村搬迁工程，荣盛未来城项目，荣大摩尔城项目，国丰北区、贝钢区域搬迁改造项目。

二、繁荣城市经济

按照产城教融合发展的思路，依托唐山打造京津冀区域中心城市，坚持差异竞争、错位发展，加速聚集城市经济优质产业。以丰南经济开发区、创新创业孵化中心为平台，大力发展高新技术产业和金融服务、网络信息、电子商务等新兴产业。借势世园会等重大活动的带动效应，以唐津运河文化产业园为龙头，加快旅游、商贸购物和健康养老等产业发展，突出荣大摩尔广场、布衣堂康体中心、药王寺等重点项目建设，打造以运河唐人街景区为中心的休闲农业与乡村旅游示范县品牌。推动房地产去库存，打通供需通道，促进房地产业健康发展。大力发展楼宇经济，支持大型商务楼宇建设。

三、推进美丽乡村建设

以“环境美、产业美、精神美、生态美”为目标，把美丽乡村建设作为农业农村现代化的综合抓手，与现代农业发展、乡村旅游统筹推进，推动农村产业转型升级和人居环境改善，按照“一横三纵”（一横：205国道沿线；三纵：即津秦高铁、丰碱公路、唐曹公路沿线）总体布局，逐步推进，到2020年，全面实现美丽乡村建设全覆盖。

大力推进农村基础设施建设。按照“统筹规划、因地制宜、分类指导，充分尊重农民主体地位”的要求，加强农村基础设施建设，提高农民生活质量。大力推进农村道路硬化、村庄绿化、美丽庭院、村庄多功能厅、饮水安全、户户通、“三清一拆”等工程；重点推进田间路建设、农田水利设施建设、田间电网及通讯线网建设，为利用物联网等高新技术发展现代农业打下坚实基础；合理布局建设垃圾中转站和污水处理厂，回收农村生产、生活污水，保证农村环境整洁；加强清洁能源技术推广，提高村庄燃气普及率，杜绝秸秆焚烧，减少煤炭使用，改善空气质量。

专栏 18　农村基础设施重点推进项目

重点实施陡河、沙河、西排干、小戟门河及黑沿子排干、油葫芦泊水库泄洪道的综合治理，推进沙河、黑沿子防潮闸工程、海堤工程和全区乡镇管扬水站更新改造，抓好民生水利工程，搞好生产桥、节制闸、涵洞的维修与新建，涧河一级渔港建设。

发展壮大村集体经济。因地制宜、突出特色，集镇和城乡结合部、靠近公路沿线地区，鼓励农村集体经济组织积极依法参与城镇建设和发展商贸业；结合农业结构调整和产业化经营，建设蔬菜、花卉、畜牧、水产等特色商品基地，发展农业龙头企业；大力发展新型合作经济，引导村集体与基层农技组织、基层供销社、农业龙头企业、专业大户等开展合作，发展技术指导、信息传递、物资供应、产品加工、市场营销等各类专业合作社，实现农村集体经济向多层次、多领域延伸和扩张发展，不断提高农民收入。

加快提升农民文化素质。以推进好人一条街、主题公园、善行功德榜、文化墙建设为载体，以职校、农广校、电大、成人学校、农村多功能厅等为阵地，以培育社会主义核心价值观为主线，以普及理想信念、社会道德、劳动技能、民主法制、身心健康、文明礼仪等知识为重点，大力开展形式多样的教育培训和主题实践活动，进一步提升农民文化素质；深入推进文明村镇、美丽庭院等精神文明创建，组织开展丰富多彩的乡村文体活动，引导农民崇尚科学、抵制迷信、移风易俗、破除陋习，形成文明向上的社会风气，真正做到农村面貌与人文风貌内外兼修、相得益彰。

不断提升农村法治水平。遵循依法治国的理念，集聚各方面资源和力量，切实提升依法治农水平，努力实现依法强农、依法富民。建立依法科学决策机制，提高基层领导干部法治思维水平和依法办事能力，做到严守法治原则、一切依法办事；深入开展农村法治宣传教育，提高农民学法守法用法意识；健全依法维权和化解纠纷机制，拓展农村社情民意表达渠道，引导农民合法维权、理性表达诉求，减少信访特别是群众访、越级访的总量；统筹城乡法律服务资源，健全覆盖城乡的公共法律服务体系，加大对农民的法律扶助和司法救助，每个乡镇至少选配一名法律顾问；从农村实际出发，善于发挥村规民约的积极作用，把法治建设和道德建设紧密结合起来。

全面推进村务规范化建设。在全面推广“四个覆盖”（基层党组织全覆盖、农村民主组织全覆盖、农村经济合作组织全覆盖和综治维稳组织全覆盖）的基础上，积极构建党组织、村民代表会和村委会、村合作经济组织、综治维稳组织“四位一体”的村级治理机制；完善区、乡、村三级便民服务网络建设，借鉴城区社区网格化经验，加快推进农村网格化建设；严格落实村务民主决策“1511”机制，实现全区村务工作全面规范化。

四、加强社区建设

按照组织管理有序、服务体系完善、居住环境优美、社区治安良好、日常生活便利、道德风尚良好、人际关系和谐的总体目标，进一步建设和完善社区建设。改善社区环境，充分发挥居委会等社区组织的作用，完善社区物业管理长效机制，营造更加宜居的生活环境；提升社区管理，促进社区行政管理、社会事务、便民服务一体化发展，全面提升社区管理信息化、网格化、精细化水平；强化社区服务，改善社区办公服务环境，完善一站式社区服务平台建设，引进和培育养老、救助、优抚、家政、配餐等社区专业化服务，实现社区公共服务全覆盖；丰富社区文化，大力开展文明新风宣传教育活动，加强科学、法制、健康等知识普及，倡导移风易俗，培育居民的社区归属感、认同感，形成共建共享良好氛围；加强社区组织，健全社区管理架构，做好新建社区党组织、居委会及社区居民自治组织，引导居民开展民主自治；强化激励机制，提高社区工作者待遇，完善志愿服务组织网络，促进社区志愿服务更加亲情化、常态化。

第十一章
推动三次产业协调发展

坚持工业强区不动摇、三产活区思路清、一产富区是基础的发展理念，面向市场需求，主动适应市场变化新趋势，加快推进产业结构优化升级，力促三次产业在更高水平上协调发展。

一、工业强区不动摇

大力实施工业强区战略，通过创新引领传统产业优化升级和驱动战略性新兴产业发展，加快产业转型，增强发展的内生动力，实现工业的跨越式发展，努力走出一条具有丰南特色的工业强区之路。

加快传统优势产业改造提升步伐，推进传统优势产业大幅提升技术装备水平和产品档次，不断向高端、高质、高效方向迈进，切实增强产业核心竞争力和可持续发展能力。重点改造提升钢铁、陶瓷、装备制造、化工、特种线缆、食品加工六大产业。坚决淘汰落后产能，停止为僵尸产能、僵尸企业提供输血，提高产业准入能耗、物耗、水耗和生态环保标准，促进企业产品升级，加快向高端、智能、绿色方向转型转产；鼓励企业开展上下游兼并重组，提高产业集中度；引导扭亏无望企业主动破产、退出市场，以壮士断腕的决心和刮骨疗毒的勇气完成去产能、去库存的艰巨任务。

坚持突出科技创新和新兴产业发

展方向，注重发展新产业、新业态，围绕经济社会发展重大需求，着力发展市场潜力大、产业基础好、带动作用强的行业，如新型建材、节能环保、电子信息等，加快形成支柱产业，打造经济增长新引擎。

二、三产活区思路清

把推动服务业大发展作为三次产业协调发展的关键着力点，加快服务产品和服务模式创新，生产性服务业和生活性服务业齐头并进，搞活全区经济社会发展。

促进生产性服务业与先进制造业融合。深化专业化分工，大力发展金融、物流、信息、研发等面向生产的服务业。有序拓展金融服务业，发展和创新金融组织、产品和服务，全面提升金融服务水平；大力发展现代物流业，加快建立社会化、专业化、信息化的现代物流服务体系，提高物流效率，降低物流成本；培育壮大高技术服务业，以高技术的延伸服务和支持科技创新的专业化服务为重点，大力发展高技术服务业。

大力发展完善便民的生活性服务业。要面向城乡居民生活，丰富服务产品类型，扩大服务供给，提高服务质量，满足多样化需求，推动生活性服务业加速发展。优化发展商贸服务业，鼓励和支持连锁经营、物流配送、电子商务等现代流通方式向农村延伸；鼓励发展家庭服务业，以家庭为服务对象，以社区为重要依托，重点发展家政服务、养老服务和病患陪护等服务。

三、一产富区是基础

农业是基础性产业，加快转变农业发展方式、推进农业结构优化对整个产业结构优化升级有着重要的基础支撑作用。在经济新常态，特别是工业经济整体放缓的背景下，更要高度重视农业现代化发展，尤其要发展集农业采摘、旅游观光、休闲度假为一体的城郊型现代农业。大力发展基地农业，重点抓好城区东部万亩北方城市冬季设施蔬菜种植基地、西部惠丰生态农业园区和南部水产健康养殖示范县区创建工程；进一步延伸产业链条，大力发展农产品加工和农超对接，重点抓好正大百万头生猪屠宰深加工、天津利民调料、润达农产品物流中心等项目建设，促进一二三产业融合发展；积极培育新型农业经营主体，以阳光培训、农业部信息进村入户试点建设和农民素质培育工程为抓手，提升农民创业能力。

第十二章

促进软硬环境协调发展

促进经济社会健康发展，落实全面深化改革的各项措施，必须坚持软硬环境协调发展，打造良好的政治环境、文化环境、营商环境和社会环境。

一、打造良好的政治环境

“十三五”时期各项任务的实施离不开全区党员干部的奋发作为，必须严守政治纪律和政治规矩，打造廉洁、高效、文明、清正、和谐的政治环境。廉洁的政治环境。深入推进党风廉政建设和反腐败斗争，把纪律和规矩挺在前面，尤其要严守党的政治纪律和政治规矩，坚持标本兼治，构建不敢腐、不能腐、不想腐的有效机制，努力实现干部清正、政府清廉、政治清明的良好环境；高效的政治环境。要求干部队伍具有高质量的办事能力、快速的工作效率、先进合理的工作方法，在工作中主动作为，认真办事，不推攘阻截，并结合常态化的业务知识培训，及时更新知识，提高工作能力，改善工作态度，以最佳的精神面貌和工作能力为群众服好务；文明的政治环境。要求干部队伍自动祛除杂质，摒弃不良作风，结合党中央要求打造服务型和学习型政府要求，切实加强自身素质建设，在工作中坚持礼貌、文明用语，形成文明风尚；清正的政治环境。要求干部在工作中不畏强权势力，端正工作态度，公正执法，严肃政务；和谐的政治环境。坚决做到不在队伍中搞小帮派、小团伙，结党营私，构建和谐有序的工作环境。

二、培育健康的文化环境

大力弘扬富强、民主、文明、和谐，自由、平等、公正、法治，爱国、敬业、诚信、友善的社会主义核心价值观，开展精神文明创建活动，加强诚信体系建设，营造健康的文化环境。

继续打造“一个好品牌”。“一个好品牌”即全民素质培育工程。依托“356”框架体系，实施“三化管理”（讲堂建设网格化、工作推进项目化、活动开展常态化），开展“五种教育”（理想信念、社会道德、劳动技能、民主法治和身心健康），建设“六大文化”（农村文化、企业文化、校园文化、廉政文化、机关文化和社区文化），依托道德模范评选表彰、“季评学雷锋十佳事迹”、志愿服务、身边好人推荐评议、“我们的节日”等主题实践活动，持续推进全民素质培育工程和践行社会主义核心价值观，不断提高广大干部群众的政治理论、思想道德、科学文化、身心健康和民主法治等综合素质。通过“一个好品牌”，提高全社会文明程度和市民整体素质。通过典型宣传，让讲文明成为全区人民的自觉行动，营造富有礼仪、富有活力的文化环境。

全力实施“五大工程”。科学理论武装工程，按照习近平总书记系列重要讲话精神，解放思想，聚焦创新、转型、协调、绿色、开放、共享发展理念，用科学理论统一思想、凝聚共识、指导行动，激发干部群众积极性、主动性、创造性，形成“树正气、讲团结、聚合力、促转型”的浓厚氛围；主流舆论壮大工程，坚持正确的政治方向，宣传区委、区政府重大工作部署，充分发挥区广播电视台、《今日丰南》报阵地作用，强化互联网宣传管理，传播好声音、汇聚正能量，积极与中央、省市主流媒体沟通，继续加大对外对上宣传力度，不断提升丰南影响力和美誉度；文化繁荣发展工程，推动文化产业结构优化升级，发展壮大重点文化产业项目，大力引进优势企业，推动文化与科技、旅游等相关产业融合，加快动漫游戏、演艺娱乐等产业发展；推进文化惠民工程，完善提升公共文化服务体系，深入挖掘丰南历史文化精髓，谋划建设丰南博物馆和一批具有丰南人文特色的主题公园，打造丰南特色文化符号；精神文明创建工程，完善文明城市建设工作长效机制，广泛开展文明城市、文明村镇、文明单位等群众性精神文明创建活动，不断提升全区精神文明建设水平和社会文明程度；干部队伍建设工程，贯彻落实党的十八届五中全会精神、以及中央和省、市委关于加强宣传思想文化工作队伍建设的有关要求，进一步提高宣传干部政治素质、思想素质、理论素质、文化素质、业务素质。

加强诚信体系建设。认真落实国家和省市关于加快信用体系建设的各项任务部署，积极推动政府各部门建立和完善诚信建设工作机制和运行机制，推进建立统一社会信用代码制度，建立健全行业信用信息记录制度，进一步加大诚信宣传力度，开展诚信主题实践活动，开展丰南区诚信企业评选和诚信星级评定工作，培树诚信建设典型；以食品行业和窗口行业为重点，大力开展诚信建设突出问题专项整治，完善诚信“红黑名单”发布制度，加强对失信违法行为的法律制裁，形成扬善抑恶的制度机制和社会环境。

三、构建优良的营商环境

营造重商、亲商、护商、安商和尊重纳税人、保护投资者的浓厚氛围，打造优良的投资环境。强化主动服务、靠前服务意识，调整和规范项目行政审批事项，将所有审批事项全部进驻区政务服务中心，对所有入区项目推行一站式服务制度，对重点项目实行全程代办，真正实现行政审批“一站式”、快捷化服务。开展投资环境整治活动，严格控制对企业的检查和参观考察，纪检监察部门要严肃查处干扰企业正常生产经营和“吃、拿、卡、要”等不作为、乱作为行为。政法部门要对重大项目建设过程中出现的强买强卖、强揽工程、敲诈勒索、阻工闹事等违法犯罪行为坚决打击、毫不手软。同时，要关心企业家、爱护企业家，用真诚关怀赢得投资者的信任，让投资者创业在丰南、安家在丰南、幸福在丰南。

四、营造良好的社会环境

进一步强化社会风险防控，加大政策宣传及舆论引导，特别是加大对基层群众的宣传教育，提高全社会金融风险识别能力；深入开展重点行业风险排查和专项整治，加大对违法金融广告的治理，防止群众上当受骗，努力将防范金融风险的关口前移；行业主管部门和各金融机构要履职尽责，在密切监测账户资金往来、完善定期报告资金账户异常和预警机制、排查化解各类风险隐患的同时，还要加强对自身分支机构和员工的管理，确保其不参与非法集资等违法行为；对已暴露的金融违法问题，要突出重点，坚决打击，稳妥处置，做到处置一个、打击一批、教育一片，增强处置工作的严肃性和威慑力。加强就业形势跟踪监测和预测预警，及时、妥善解决僵尸企业处置中下岗失业职工的安置工作，确保社会稳定。

第五篇

坚持绿色发展 打造生态和谐新家园

坚持绿色发展，加快生态文明建设，必须树立尊重自然、保护自然的生态文明理念，真正把生态文明建设放在突出地位，融入全区经济、政治、文化、社会建设的全过程，努力建设美丽丰南。到2020年，绿化造林7.3万亩，全区森林覆盖率达到19.6%。主要污染物排放总量显著减少，全区大气PM2.5（细颗粒物）年均浓度控制在72微克/立方米水平，其他污染因子年均浓度均有明显下降；人居环境明显改善，饮用水安全保障水平全面提升，城区集中式饮用水水源地达标率稳定达到100%，近岸海域水质总体保持稳定。

第十三章 强力推进污染防治

按照防治结合、标本兼治的原则，以改善环境质量为核心，以防控环境风险为基线，深化大气、水、土壤环境治理和生态修复，促进环境质量持续改善。

一、推进大气污染防治

针对污染大气的因素复杂，坚持多措并举，突出主要矛盾，盯住重点领域，集中力量突破。把化解产能过剩、转变发展方式与治理大气污染紧密结合起来。严格落实省、市化解过剩产能任务分解计划，到2017年压减生铁产能247万吨、粗钢产能195万吨。实施国丰北区、贝钢等重污染企业停产及搬迁。打好削减煤炭消费攻坚战，推进能源清洁化，推进煤炭洁净高效利用。把大气污染防治纳入考核体系，加快钢铁烧结机烟尘、二氧化硫、氮氧化物、VOC等一体化协同控制技术应用，开展有机涂装、塑料、印刷、家具、橡塑、化工等不同行业VOC治理工作。企业加大相关投入，搞好技术改造，采用先进工艺，确保达标排放。围绕小锅炉、黄标车淘汰，开展专项整治。开展低碳生活全民行动，鼓励和倡导绿色消费。加强组织领导，加强协调，密切配合，形成合力，共同推进空气质量持续改善。将改善空气质量列为重点工作部署，狠抓协调督导，营造多管齐下、联防联控的良好氛围。

二、推进水污染防治

加强水污染防治，改善水环境质

量。加大水体改善力度，采取控源截污、垃圾清理、清淤疏浚、生态修复等措施进行综合治理。2017年底，实现河面无大面积漂浮物，河岸无垃圾，无违法排污口；2020年底，实现城区环城水系水质进一步改善。强化重点河流污染防治，加大化学需氧量、氨氮、总磷、重金属及其他影响人体健康的污染物削减力度。加强重点河流水环境质量监测和环境监管。加强饮用水水源地保护，到2020年，全面完成乡镇以上集中式饮用水水源保护区、农村集中式供水工程水源保护区的划定，定期开展集中式饮用水水源地周边污染企业状况调查及监测，推进饮水安全工程，发展规模化集中供水。深化重点行业水污染防治，全面排查酸洗、电镀、造纸、焦化、印染、农副食品加工等重点行业水污染物排放情况，完成工业企业废水深度处理工程建设。集中治理工业集聚区水污染，所有工业聚集区（园区）一律建成投运污水集中处理设施，并安装自动在线监控装置。

专栏19　重点河流生态保护工程

地下水超采综合治理工程，沙河丰南段治理工程，陡河灌区工程，陡河水库引水管线工程，草泊、油葫芦泊和河道下游净化工程。

三、推进土壤污染防治

推进土壤污染治理工作，编制《土壤环境保护和污染治理行动计划》并组织实施，开展污染地块土壤治理与修复试点，建设土壤环境保护和污染治理示范区，推进土壤污染治理与修复，重点是实施重度污染耕地种植结构调整；坚持科学施治、有序推进城市污染场地、污灌区、重污染工矿企业等重点区域土壤污染治理与修复。推进农村面源污染综合治理，推进测土配方施肥技术，建立资源节约型、环境友好型病虫害防治技术体系；开展畜禽养殖粪污综合治理，实行农业废弃物资源化利用，降低土壤中污染物浓度，修复农业污染土壤；严格执行危险废物排污申报登记制度和危险废物转移联单制度，严厉打击随意处置危险废物的环境违法行为，提高危险废物无害化处置率。

第十四章 加强自然生态修复

坚持保护优先，自然恢复为主，实施生态保护和修复工程，提升自然生态系统稳定性和生态服务功能。

一、科学合理利用自然资源

集约利用土地资源。严格土地用途管制，强化规划和年度用地计划管控，健全节约集约用地标准，实行责任考核。实行最严格的耕地保护制度，保证基本农田面积不减少、质量有提高、用途不改变。节约利用水资源。按照合理开发、优化配置、高效利用、有效保护和综合治理的方针，建立健全水资源配置体系和安全供应体系，提高水资源利用和水资源保护整体水平。大力发展节水灌溉农业，强化工业节水，严格控制城镇高耗水服务业的发展速度。发挥政府与市场的双重作用，逐步构建以水权管理为核心的水资源管理体系。加强生态修复，包括海岸修复、湿地保护、河流整治等。

二、推进重点流域水污染治理

严控入河污染物总量，不断改善重点河流水质。在人口和工业企业密集的乡镇建设中小型污水处理厂；在中小企业聚集区建设污水集中处理和中水回用设施；在规模较大的村庄，建设集中污水处理设施；居住分散的村庄，采取简易处理方式对生活污水进行处理。

三、实施生态修复工程

有计划、有步骤地集中开展生态环境恢复治理工作，逐步建立起有效推进环境保护与恢复治理的工作机制。从改善土壤结构、提高土壤肥力出发，做到宜耕则耕、宜渔则渔、适树种树、适草种草，建立区域生态系统。以2016年世界园艺博览会为契机，完善惠丰湖生态景观绿化美化、水质提升等生态修复工程，打造丰南“绿肺”。全面落实湿地保护规划，建立健全湿地保护协调机制，实施湿地植被修复工程。

四、强化环境保护监管

严格污染物排放标准和环境影响评价，强化执法监督，健全重大环境事件和污染事故责任追究制度，切实解决影响群众切身利益的突出环境问题。建立健全国土、林业、水务、环保等多部门组成的联合执法机制。建立环境质量在线监控平台，实施环境监管体系建设，完善日常环境执法手段，提高环境监察快速反应处理能力，全面提升环境执法监督能力。

第十五章 发展循环低碳经济

以传统重工业大区转型、提高资源利用效率为目标，以资源节约、综合利用和清洁生产为抓手，按照“减量化、再利用、资源化”原则，统筹规划，示范带动，突出重点，大力发展循环经济和低碳经济，逐步建立起循环经济的生产体系和低碳消费模式，实现经济社会与资源环境的协调发展。

一、加快推进产业结构调整

按照“淘汰落后产能、改造传统工业、发展先进制造业”的原则，加快产业结构调整和转型升级。强化能耗、环保、质量、安全等约束，加大淘汰落后产能、压缩过剩产能力度，推动先进生产能力取代落后生产能力；进一步优化工业布局，推进循环经济示范园区和企业建设。制定落实钢铁、化工等重点行业循环经济推进计划，开发应用源头减量、循环利用、再制造、零排放和产业链接技术，加快资源循环利用，逐步构建以钢铁、建材和现代物流为龙头的循环经济产业链条，促进企业产品链延伸、行业间耦合、区域范围循环。

二、提高工业能源利用效率

加强重点工业行业、企业、园区节能管理，加强重大节能技术、装备应用示范和推广，完善重点产品能效标准和标杆体系，开展企业产品能效水平对标达标，努力降低工业产品单位能耗。推进企业清洁生产，通过实施“三定一改”（定能耗限额、用水定额、污染物排放指标，开展综合节能、节水和废弃物综合利用技术改造）和加快推进“四节一利用”（节能、节水、节地、节材、废弃物循环利用），从源头和全过程充分利用资源，减少废弃物的产生和排放，实现资源消耗“减量化”。对污染物排放总量、排放浓度超过国家和地方标准的企业，以及使用有毒有害原料进行生产或在生产过程中排放有害物质的企业，实行强制性清洁生产审核，逐步建立完善的清洁生产运行机制。

三、不断提高资源综合利用水平

采用先进工艺技术和设备，加大对工业固体废弃物的治理力度。基本实现钢铁、焦化等行业固体废弃物零排放；在钢铁、化工等行业建设内部水循环产业链，工业耗新水实现大幅度下降，加强重点节水技术、工艺和装备推广应用。开展工业废水处理回用成套装置攻关和产业化示范，推进工业污水处理及再生利用市场化。加强重点用水企业监管，开展用水效率评估审查，强化新上项目尤其是高耗水项目用水约束。进一步提高冶金、焦化、陶瓷等重点行业余压、余热和副产煤气的综合利用水平，最大限度的减少资源浪费和环境污染。

四、大力发展低碳经济

以高能耗、高排放、污染重和资源消耗型行业为重点，加大关键共性清洁生产技术的研发，实施清洁生产关键共性技术推广应用示范。破解行业关键共性技术的产业化应用和推广瓶颈；推进工业产品生态设计，促进工业污染防治向全生命周期污染控制理念转变；实施重点行业循环经济改造，推动主要原材料再生循环利用；制定低碳经济发展战略，把大幅度降低二氧化碳强度作为约束性指标，有效控制温室气体排放；合理控制能源消耗总量，控制高耗能、高排放产业过快增长；加快发展风能、太阳能、海洋能以及生物能等新能源，调整能源消费结构；鼓励支持低碳和无碳项目建设，逐步建立碳排放交易市场。

第十六章 加强生态文明制度建设

制度建设是加强生态文明建设的重点。推进生态文明体制改革，完善产业、资源、环境等配套政策，引导、规范自然资源开发、利用和保护行为，构建系统、有效的生态文明制度体系。

一、落实主体功能区制度

全面落实《河北省主体功能区规划》，做好各类规划衔接，推动经济社会发展规划、城乡规划、土地利用规划、生态环境保护规划等“多规合一”。严格落实不同主体功能区的产业项目差别化市场准入政策，明确禁止开发区域、限制开发区域准入事项，明确优化开发区域、重点开发区域禁止和限制发展的产业，推进形成人口、经济和资源环境相协调的国土空间开发格局。

二、建立资源环境生态红线制度

科学设定能耗强度、煤耗总量和二氧化碳排放控制指标，合理确定单位产品或工序综合能耗限额指标，严格控制用水总量、地下水开采量限值；严守环境质量底线，合理设定主要污染物排放、PM2.5年均浓度下降目标，继续实施水资源开发利用控制、用水效率控制、水功能区限制纳污三条红线管理；实施更加严格的项目建设环保准入制度，对环境容量超过承载能力的地区采取区域限批等限制性措施。

三、加强生态文明建设资金保障

发挥政府在环境保护投资方面的核心作用。加大环境保护公共设施的投资力度，促进城市环境基础设施建设及饮用水源保护区、生态功能保护区、生态示范区、自然保护区的建设和管理；增加对环境质量监测的投入，建立并完善环境保护收费机制，把排污较大的行业部门作为重点监管对象加大监管力度；建立区域生态补偿机制，有选择地进行生态补偿机制与政策的系统研究，确定区域生态补偿的基本原则、具体内容和补偿费的计算及使用，推动生态补偿工作在法制、市场机制等方面的改革和突破。

四、完善政策引导机制

激励制度。具体包括生态补偿制度、相关财税制度、金融制度和考核评价制度。约束制度。具体包括自然资源用途管制制度、重要资源集约节约利用制度、最严格的源头保护制度、生态修复制度、生态红线制度、污染排放总量控制制度、污染物排放许可制度、污染物排放强制性保险责任制度等。政府监管制度。具体包括自然资源管理体制、环境保护管理体制、污染物排放监测预警机制、公众参与制度。问责制度。具体包括最严格的环境损害赔偿制度、最严格的环境责任追究制度、党政同责制度、环境污染监管执法制度等。

五、推行市场化机制

资源与环境产权制度。明确自然资源资产产权和环境产权，建立健全资源有偿使用制度。交易制度。建设碳排放权交易市场、污染排放权交易市场、水权交易市场、节能量交易市场。价格形成制度。资源产品、环境产品的价格主要由市场供求关系决定，由政府定价的相关产品充分发挥社会公众的参与作用。

第六篇 坚持开放发展 形成对外开放新优势

顺应国家经济深度融入世界经济的趋势，奉行互利共赢的开放战略，发展更高层次的开放型经济，不断强化开放意识，扩大开放领域，培育开放主体，营造开放环境，加快构建全方位、多层次、宽领域的对外开放格局。

第十七章 落实京津冀协同发展任务

认真贯彻《京津冀协同发展规划纲要》，精准确定与京津对接合作的重点领域，精准承接京津产业转移和功能疏解。支持政府引导与市场主导相结合，根据需要疏解的非首都功能特点和丰南区发展条件，搭建承接载体，优化承接环境，确保非首都功能转得来、稳得住、能发展。

一、精准承接京津产业转移

积极承接京津第二产业向丰南区延伸转移，促进京津产业、资金、技术等要素向丰南区流动。有序承接区域性物流基地、区域性批发市场等部分第三产业。大力发展总部经济，带动相关产业大发展。

打造发展平台。结合丰南自身特点，建设12个产业承接发展平台。即：唐山港丰南港区，7平方公里的高新技术及轻工产业区，4.8平方公里的化工产业区，1.8平方公里的陶瓷、建材区，5.5平方公里的装备制造及钢铁深加工区，4.37平方公里的物流产业区，5-10平方公里的滨海小镇起步区，1500亩的电子信息产业园，25平方公里的省级文化产业聚集区，以通达金融中心为代表的楼宇经济承载平台，以中国移动、中国联通、银贝壳网络游戏发行基地、中科大国祯为骨干的环渤海大数据产业基地，中关村互联网创新创业基地与中关村天和科技成果转化促进中心（孵化中心）。加强各发展平台的基础设施建设，提升平台承载能力，精准确定与京津对接合作的重点领域，精准承接京津产业转移和功能疏解。

设置共建共享共管园区。鼓励5个省级园区与京津相关开发区开展跨区域合作，落实国家京津冀协同发展的税收分享政策，推进“总部研发+生产基地”合作模式，吸引京津战略性新兴产业、高新技术产业和现代服务业项目向丰南区各发展平台布局和转移，与京津共同打造跨区域产业链。

积极培育总部经济。学习外地城市总部经济的成功经验，探索具有丰南特色的总部经济发展模式，谋划制定丰南区总部经济发展规划，明确发展思路和定位，制定相应的政策和措施，积极吸引严禁进入北京的京外中央企业总部、科技创新成果转化型企业等入驻丰南，通过总部经济的聚集效应，形成强大的生产性服务需求，带动丰南区金融、法律、信息、创意文化等现代服务业的发展，形成和壮大新的经济增长点。

二、精准承接公共服务功能疏解

围绕承接非首都公共服务功能疏解，加快推动教育、卫生、文化等社会领域交流合作。

积极对接京津优质教育资源。吸引更多的京津名校、社会力量和培训机构以投资建校、开办分校、联合办校等多种形式入驻丰南，完善相关配套基础设施建设，研究制定在土地、税收、人才落户等方面的优惠政策，实现借力发展，借势做强；鼓励、引导职教中心与北京、天津职业学校开展多形式、多领域的合作；推动丰南区学校与清华大学附属幼儿园、首都师范大学附属小学等14所京津名校开展全方位、实质性合作，通过挂职锻炼、观摩交流、学术研讨等途径，引进京津名校先进的办学理念、教学方法和管理模式，使丰南区教育在名校的辐射带动下实现快速发展。

积极对接京津优质医疗资源。坚持“请进来”和“走出去”的原则，加强丰南区医院与京津知名医院对接合作，推进与京津卫生信息系统互联互通、信息共享。定期邀请京津名院及市级三甲医院专家到区医院、区中医院坐诊、授课，开展业务讲座，提升区级医院专业技术水平；依托京津名院专家的学术权威，打造市级重点专科。定期选派区级医院人员到北京协和、同仁、301等京津及南方知名医院进修学习，定期选派乡镇卫生院人员到区级医院转岗培训，全面提升卫生专业技术人员业务水平。

积极对接京津优质文化交流。以城乡群众文化艺术节、两节活动等为载体，引入京津更多高质量、高水平文艺演出，鼓励、推送文化馆、百花艺术团等丰南区优秀文艺团体的优秀作品到京津地区交流，以丰富城乡居民的文化生活，提高城乡居民的文化素养。

三、精准开展协同创新合作

借力京津智力资源，整合创新要素和创新资源，实现技术创新链和经济产业链的双向融合。

实施研发设计合作工程。结合丰南产业现状和发展趋势，瞄准战略性新兴产业中的重大关键技术攻关、高新技术成果转化、企业技术创新等需求，深化丰南区与北京航空航天大学、清华大学等28家高等院校、科研院所建立的合作关系，引导骨干企业与高等院校、科研院所合作共建工程技术研究中心、重点实验室、院士工作站等研发机构，构建产学研用紧密结合的区域协同创新体系。采取合作开发、投资参股，股权换技术、技术联姻的“联体联利”等模式，找准彼此合作的共振点，加强与京津科技资源的深度对接，为展开高层次的技术合作搭建好平台，提升丰南企业与京津合作的研发层次。打造风险共担、互利共赢的共同体发展格局。

实施创新平台提升工程。利用毗邻京津的区位、交通优势，积极推进“产学研”工程，加强与京津高校、科研单位对接，加快搭建金融支撑、人才激励、技术创新、创业服务等绿色通道服务平台，更好地吸引京津科技人才，把京津创新优势转化为丰南的产业优势。通过与京津共办合作基地、实验基地、成果转化基地等方式，打造科技成果流动的“高速路”；围绕丰南区重点产业，引进、利用京津科研资源，谋划推进一批主导产业创新项目，尤其在高端精密制造和电子信息产业等战略性新兴产业领域，抢抓与中关村合作机遇，加快科技创新对接和成果转化，抢占产业制高点，加快形成新业态，推动大数据产业等新兴产业发展与应用；鼓励支持京津众创空间在丰南区设立分支机构，吸引京津企业、科技人才在开发区创业，推动高新技术成果落地转化形成现实生产力，提升丰南开发区孵化器孵化能力，为京津科技成果提供孵化基地和产业化平台。

第十八章 提高招商水平和时效

转变传统招商思路，提升招商企业、项目质量，创新招商方式，优化招商队伍，力争招商引资工作迈上新台阶。

一、提升招商质量

严把招商项目质量关，将项目引进与产业结构转型升级相结合，着力引进推动丰南发展、代表未来进步方向的质量效益型企业。在当前土地、电力等要素资源有限的情况下，要对投资项目进行精挑细选。以加速产业聚集为主攻方向，找出丰南区产业集群的缺失环节、产业链延伸的关键环节，作为招商引资的主要内容，集中精力抓一批规模大、科技含量高、带动能力强、具有支撑和引领作用的产业项目，不断提高产业聚集水平。在纵向上，做好主导产业上下游配套项目的引进，积极构建全产业链体系；在横向上，围绕主导产业转型升级，积极引进各类原材料、零部件的生产配套项目，使产业结构不断优化。通过外引，为全区产业集群增添新鲜血液，推进产业提档升级，使一个个产业聚集园区迅速成长为现代化工业基地。在巩固发展钢铁、化工、装备制造等传统优势产业利用外资的基础上，积极引导外资投向节能环保、新一代信息技术、高端装备制造、新能源和新材料等战略性新兴产业和金融、文化旅游、健康养老等现代服务业领域，进一步提升丰南经济竞争力。

二、创新招商方式

开展产业招商。坚持“一二三产并举，工业化城镇化同步”，依托全区主导产业，突出产业集群发展和产业链条延伸，开展有针对性的招商。开展定点精准招商。以装备制造、精品陶瓷、电子信息、精细化工、高端汽贸为重点，锁定重点区域和国内外同行业重点企业，组织开展专业性、专题性推介活动，加强产业合作互动，实施“一对一”、“点对点”精准招商、精准对接。开展阵地招商。制定专项招商计划，有针对性地开展招商对接活动，将区驻外招商处建设成全区招商工作的前沿阵地。开展委托招商。探索委托中介机构及专业机构招商，利用商会和行业协会招商，到2020年，建成一个遍布全国主要经济体的务实高效、市场化运作委托招商网络。开展以商招商。借助企业的信息渠道、商务渠道、人脉资源，进行以商招商，以较小的成本获得较大的招商效果。依托国丰钢铁、瑞丰钢铁、惠达陶瓷、华通线缆、百威啤酒、东方雨虹等本地行业龙头企业，引进与其相配套的企业，带动一大批上下游企业的发展，形成产业集聚和配套效应。

三、优化招商队伍

每年对招商人员进行有针对性的培训，围绕产业链、价值链、供应链、区域合作、产业政策、外经外贸和招商引资方法技巧等方面开展专题培训，完善招商人员知识结构，提升能力水平。加大奖励力度，建立能者上庸者下的动态管理机制，优化招商队伍。

第十九章 提升全方位开放水平

树立全方位大开放理念，构筑对外开放平台，一二三产全面开放，引资引技引智并重，提升全方位开放水平。

一、构筑对外开放平台

设立开放特殊功能区。对接天津自贸区，争取省市支持在丰南区设立保税物流中心、保税仓库或出口监管仓库等海关特殊监管场所；搭建环渤海地区合作平台。落实《环渤海地区合作发展纲要》，加强与环渤海地区城市在能源资源合作开发利用，产业、港口、物流等领域的深度合作，吸引环渤海地区大型公司在丰南区设立总部和研发中心；加强与内陆腹地及长三角、珠三角地区合作。依托毗邻天津北方国际航运核心区及唐山港的整体定位，探索推进与山西、内蒙等地在港口码头、集疏港运输体系、临港产业园及物流园区等方面的广泛合作；对接“一带一路”建设，打造国际综合物流通道。依托毗邻天津自贸区和唐山港的优势，加强与“一带一路”沿线地区和国家、东北亚地区国家、东盟相关国家的合作，设立国际物流集散及分拨基地；建设1-2个国别（地区）产业园。利用已与丰南区建立合作关系的韩国、东盟国家、台湾等国家和地区，拓展合作领域，深挖合作空间，采取差异化招商政策、实施差别化优惠政策，加大招商力度，尽快形成符合客商投资意向和偏好的特色国别产业园。

二、三次产业全面开放

在第二、三产业扩大开放的基础上，加大第一产业的开放力度，坚持三次产业全面开放，协调并重。扩大农业全链条引进外资的规模和水平，引导外商投资发展现代农业。在确保粮食安全的前提下，按照国家《外商投资产业指导目录》中鼓励目录的数量和范围，制定相关财政、税收方面的优惠政策，鼓励符合资质的国外资本向食品体系各环节投资，带动传统农业向效率更高的农业现代化迈进；完善农产品出口促进机制，提高农产品出口的附加值。积极引进国内外龙头企业，为种植养殖基地搭建平台，实现出口渠道多元化；培育具有国际竞争力的冷链物流企业，构建服务食品农产品国际贸易、营销网络、跨境贸易电子商务的物流支撑体系，打造出口食品农产品物流服务平台。

三、引资引技引智并重

深入实施引资引技和引智相结合战略，通过引进一批领军型创新创业人才、一批在国内外有重要影响的科研创新平台分支机构以及一批科技含量高、发展潜力大的项目，实现“引进一个高端人才，带来一个创新团队，支撑一个产业体系，培育一个经济增长点”的衍生效应。将高新技术和新兴产业创业孵化中心作为创新创业平台，以集群化发展为方向，面向海内外吸引集聚高层次人才，推动有质有效发展。

第二十章 打造对外贸易新优势

聚集丰南优势资源，塑造丰南外贸优秀品牌，建设特色出口基地，坚决推动丰南特色产业、优秀企业走出去，打造对外贸易新优势。

一、推进外贸优化升级

培育以技术、品牌、质量、服务为核心的出口竞争新优势，大力培育鼎新蔬菜、惠达陶瓷、梦牌瓷业、华通线缆等企业国际品牌；实施出口品牌培育计划，支持企业开展境外商标注册、出口认证和宣传推广，提高自主品牌出口企业的国际知名度和市场竞争力；鼓励企业借助第三方和自建平台开展跨境电子商务，支持有优势的企业到海外设立自主营销和服务网络；大力发展服务贸易，加大对软件和信息技术服务出口企业的扶持力度；扩大出口贸易区域，巩固扩大韩国、美国、“一带一路”国家及港澳台等重点传统市场，深度开拓日本和欧盟等发达国家和地区市场，大力发展中东欧、拉美、非洲等新兴市场。

二、建设特色出口基地

打造国内领先的陶瓷出口基地，形成特色优势，拓展国际市场；依托丰南区已有线缆及机械专用设备出口集聚区的优势，加速线缆及机械设备聚集发展，提升核心技术、打造国际品牌，引导基地企业抱团参与国际市场竞争；培育钢铁精深加工出口基地，打造出口基地及聚集区建设、研发设计等公共服务平台，加入国家及省市相关平台获取更多要素支撑，更好地利用国际、国内两个市场、两种资源。

三、探索“走出去”新路径

以河北省成为国际产能和装备制造合作示范省及唐山建设国际产能和装备制造合作示范市为契机，依托丰南区钢铁、陶瓷、装备制造等优势产能，积极开展国际产能合作，带动区内资本、装备、技术和劳务输出。围绕建立长期稳定的战略资源能源供应基地，与国内对外政商平台和企业服务型平台合作，加强与“一带一路”沿线国家和地区和中东欧、拉美、非洲国家的合作，鼓励区内钢铁、陶瓷、装备制造及线缆企业在境外建设生产基地，扩大贸易销售，不断增强国际市场竞争力。

专栏 20 构筑对外开放平台

设立开放特殊功能区。支持在我区设立保税物流中心、保税仓库或出口监管仓库等海关特殊监管场所。

着力建设1-2个国别（地区）产业园。拓展与韩国、东盟国家、台湾等国家和地区合作空间，建设国别（地区）产业园。

对接“一带一路”建设。依托毗邻天津自贸区和唐山港的优势，加强与“一带一路”沿线地区和国家、东北亚地区国家、东盟相关国家的合作，设立国际物流集散及分拨基地。

第七篇 坚持共享发展 提升百姓福祉

坚持发展为了人民，发展依靠人民，发展成果由人民共享，通过共享发展，保障基本民生，保证机会公平，更好地满足人民群众的文化需求，使全区人民在共建共享发展中有更多获得感。

第二十一章 增加公共产品和服务供给

按照人人参与、人人尽力、人人享有的要求，坚持守住底线、突出重点、完善制度、引导预期，注重机会公平，保障基本民生，加快推进基本公共服务均等化，使发展成果更多更公平地惠及全区人民。维护公共安全，社会和谐稳定，共同迈入全面小康社会。

一、努力办好群众满意的教育

深入落实教育优先发展战略，大力营造“尊师重教”的浓厚氛围，推进“打造品牌教育，建设教育强区”步伐。着力打造人文校园、智慧校园、安全校园，到“十三五”末，全区教育发展总体水平保持全省领先、跨入全国一流行列，初步形成享誉全国的丰南教育品牌。

深入开展教育改革创新。完善以县为主的教育管理体制，加大教育投入，确保公共财政对教育投入的年增长率达到20%以上、各类教育生均经费基本标准和财政拨款基本标准年增长率不低于10%，不断优化资源配置，满足城乡群众对优质教育的需求。深化教育领域综合改革，着力构建“制度科学、特色鲜明、权利平等、机会公平”的城乡教育一体化发展的体制机制，以改革生动力、以改革促发展。坚持以人为本，强化素质教育，促进学生全面发展。加强教师队伍建设，健全完善师资引进长效机制，开展多种形式的师德师风教育活动，全面提高教师的道德素养；重点实施“三名”工程，实现特色品牌建设全国有位置，到“十三五”末，打造市级以上名师、名校长110人，国家级名校5所，省级名校10所，市级名校20所。完善学校安全管理制度和安全预警机制，开展安全校园创建活动，营造安全教育环境。

持续提升学前教育质量。以创建“全国学前教育实验区”为契机，加快推进第二个“学前教育三年行动计划”，向全国学前教育先进行列迈进。鼓励社会力量以多种形式建设民办幼儿园，建立政府主导、社会参与、公办民办并举的办园机制。积极采取多种措施提高公办园和公益性、普惠性民办园数量，扩大城乡优质幼儿教育资源，满足二胎政策放开后带来的入园需求，“十三五”期间预计新增幼儿2000人。到2020年，全区学前三年普及率达到98.5%以上，省级城市示范园达到16所，省级农村示范园达到26所。

统筹义务教育均衡发展。巩固义务教育全国领先水平，在加快提高优质学校竞争实力的基础上，适应城乡一体化发展需要，合理规划中小学布局，坚持装备资金的80%用于农村学校，通过城乡结对帮扶、送教下乡、教师交流、优秀教师援教等方式，缩小城乡学校间教育管理、教学质量等方面的差距，注重学生的个性发展和学校的特色发展。严格执行“划片招生、就近入学”政策，确保经济困难学生、进城务工人员子女、留守儿童等特殊群体顺利完成学业。积极创建“全国特殊教育实验区”，提高残障儿童随班就读教育效果。

扩大优质高中教育资源。加快新城区二中迁建工程，建成后合并原二中和唐坊高中，与一中形成双强并起、优势互补的良性竞争格局，实现全区100%的高中生在省级示范性高中就读目标。加强高考研究，提前做好应对普通高考改革的对策，全面推进普通高中课程建设，增强学生的科学素养和实践能力，确保丰南高考成绩保持全市领先水平。

推进职业教育上档升级。以创建全国精品职业学校为平台，强力提升职业教育、成人教育基础能力和管理水平，着力打造全省乃至全国知名的职业教育品牌。瞄准促进经济发展和安置就业，深入推进校企对接机制和工学结合、订单招生的人才培养模式，扩大紧密型实训基地数量，培养具备关键技术和职业技能的实用型人才，为区经济社会发展提供智力保障和人才支撑。发挥成人学校示范基地引导作用，提升服务三农水平。

积极构建终身教育体系。依托“首批全国社区教育实验区”创建活动，搭建终身教育平台，积极开展形式多样、丰富多彩的社区教育活动，促进社区教育工作走在全国前列。建立面向各级各类教师、企业职工、农村劳动者、党政干部和专业技术人员等的继续教育制度，切实提升全民文化素质。以建设学习型村镇、学习型社区为重点，进一步浓厚学习型社会建设氛围。

加强教育对外交流合作。与京津教育开展实质性对接，打造一批共建学科，逐步实现我区与京津名校在办学理念、教学模式等方面的一体化，五年内选派65%以上的干部教师到合作学校交流培训。深入开展与意大利AC米兰青训营的合作，培养一批骨干教师和优秀运动员，以区内8所参训学校为试点，五年内打造国家级足球特色学校1所、省级8所、市级15所，力争体育艺术教育走在全国前列。

二、促进就业创业

深入实施就业优先战略和更加积极的就业政策，坚持劳动者自主择业、市场调节就业、政府促进就业和鼓励创业的方针，千方百计稳定和扩大就业，以创业带动就业，实现更加充分、更高质量的就业。

坚持扩大就业发展战略。加强财政、产业、投资等政策与就业政策的衔接配套，发挥政府投资和重大项目带动就业作用，积极支持发展吸纳就业能力强的产业，创新服务业发展模式和业态，提高服务业就业比重，挖掘第二产业就业潜力，发挥小微企业就业主渠道作用；完善和落实就业创业扶持政策，加大就业资金投入，稳定扩大就业。“十三五”时期，城镇累计新增就业3.5万人，城镇登记失业率控制在3.5%以内。

努力促进全民创业。认真落实中央、省、市大众创业、万众创新的政策措施，建立充满活力的创业机制，落实鼓励劳动者自主创业的扶持政策，通过扶持创业，努力带动更多的劳动者实现就业。全面推进创业园、创业孵化基地建设，扩大创业担保贷款基金规模，鼓励金融机构对劳动者创业提供贷款优惠政策。吸引优秀人才“精英创业”，引导本地劳动力“草根创业”，吸引农民工“返乡创业”，鼓励和支持大学生“实训创业”。

扎实开展就业培训。充分发挥各类教育培训机构的作用，针对经济社会发展、市场需要和企业用工需求，持续开展就业创业技能培训，提高劳动者技术水平和就业创业能力。开展思想教育和择业指导工作，引导树立科学就业理念。

保障重点群体就业。重点做好企业失业人员、农村富余劳动力、高校毕业生三类人员就业。促进高校毕业生多渠道就业和创业，落实中小微企业吸纳高校毕业生就业的扶持政策。加强定向帮扶和援助，做好下岗分流职工的转岗再就业工作。做好结构调整、压减过剩产能和大气污染治理过程中失业人员的再就业工作。落实就业困难人员就业帮扶政策，确保零就业家庭动态归零。做好退伍军人及随军家属就业工作。

加强公共就业服务。整合区级人力资源市场，构建便捷高效的就业服务体系。对重点产业、重点项目建立项目就业联动机制，确保人力资源供给；对就业困难重点人群开展个性化服务，组织好“春风春雨行动”、“就业援助月”、“民营企业招聘周”、“高校毕业生就业服务月”等系列专项活动，切实促进劳动者就业；开展就业充分村建设，推进农村劳动力就近就地有序转移就业。

三、稳步提高居民收入

多渠道增加居民收入，确保到2020年，农村居民人均可支配收入达到19049元，城镇居民人均可支配收入达到44454元。

提高居民工资性收入。建立健全企业工资正常增长机制和支付保障机制，严格执行最低工资制度，根据地区经济社会发展水平、物价等因素的变化，结合河北省的统一部署，适时提高最低工资标准；健全完善公务员工资水平，完善事业单位绩效工资制度改革。

提高居民经营性收入。鼓励和引导居民发展营销经纪、农家乐、餐饮、贸易等商贸型、服务型经营项目；通过开发公益性岗位安置就业，以及企业帮扶等形式，促进弱势群体和困难家庭持续增收。

提高居民财产性收入。拓宽居民投资渠道，完善资本、知识、技术、管理等由要素市场决定的报酬机制；提高动迁房安置水平，建立健全土地资源增值收益共享机制；改革完善农村宅基地制度，慎重稳妥推进农民住房财产权抵押、担保、转让，探索居民增加财产性收入渠道。

提高居民转移性收入。巩固城乡居民养老保险制度，推动“城中村”改造居民纳入企业职工基本养老保险范围，逐步提高城乡低保标准，完善以税收、社会保障、转移支付为主要手段的再分配调节机制，不断提高居民转移性收入。

实施脱贫攻坚工程。全面落实精准扶贫、精准脱贫要求，制定精准扶贫实施方案。准确定位贫困户，根据贫困户实际情况，分类采取结对帮扶、产业帮扶、搬迁帮扶、技能培训帮扶、基础设施帮扶、就业帮扶、带动帮扶等多样化措施，实现脱贫致富目标。支持革命老区的建设发展，不断提高老区人民生活水平。

四、完善城乡社会保障体系

坚持“广覆盖、保基本、多层次、可持续”的方针，以增强公平性、适应流动性、保证可持续性为重点，统筹城乡，统筹企业、机关、事业单位，建立更加公平可持续的社会保障制度。

完善社会保险体系。以保障人民群众基本生活和基本需求为重点，坚持“保基本、兜底线”，进一步完善养老、医疗、失业、工伤等保险制度，探索建立农民工和被征地农民社会保障制度，建立工伤预防、补偿、康复三位一体的工伤保险体系，全面推行社会保障“一卡通”。养老保险。继续确保基本养老金按时足额发放。统一城镇个体工商户和灵活就业人员参保缴费政策，建立基本养老金正常调整机制，推进机关、事业单位养老保险制度改革，实现机关、事业单位与企业养老保险制度的合理衔接。到2020年，城镇基本养老保险覆盖人数达到14万人，年均增长1.5%；按照城乡统筹发展的要求，探索建立与农村经济发展水平相适应、与其他保障措施相配套的农村社会养老保险制度，着力推进被征地农民社会保险工作。到2020年，新型农村社会养老保险覆盖率达到99%。失业保险。进一步完善失业保险金申领办法，实现失业保险扩面，确保现有参保人员不流失，争取新建企业、自由职业者、个体工商户参保人数稳定增长。医疗保险。确保城镇居民基本医疗保险覆盖率100%；不断提高大病报销比例；提高新型农村合作医疗参合农民筹资标准，在“十三五”期间率先与北京市新农合筹资标准持平，参合率不低于98%。工伤保险。继续推进各类企业和有雇工的个体工商户参加工伤保险，完善工伤认定制度和劳动能力鉴定制度，积极探索工伤补偿与工伤预防、工伤康复相结合的有效途径，建立起预防工伤事故的有效机制。

完善社会救助体系。继续实行城乡低保标准与物价自然增长相适应机制，逐年提高城乡低保标准，不断扩大受助覆盖面，“十三五”期间，城乡低保标准年均增长10%以上，到“十三五”末覆盖面力争达到4%。逐步缩小城乡低保标准的差别，最终达到城乡一体的目标；全面推动困难群众重特大疾病医疗救助，救助比例提高到自付费用的70%；积极推进区、乡两级慈善协会建设，广泛开展慈善捐赠活动；健全扶老、济困、救孤、助残等社会救助体系，切实保障特殊困难群体的生存、生活、学习等权利；全面落实农村五保供养政策，将农村五保对象全部纳入供养范围，确保实现应保尽保，按标施保，供养标准保持与全区经济发展同步提高。

完善优抚安置体系。全面落实抚恤、补助、优待等政策规定，继续完善重点优抚对象医疗保障体系，推进“一站式”即时结算工作；落实好对义务兵家庭的优待，优抚对象抚恤补助及优待标准达到或超过丰南居民平均生活水平；加强光荣院工作，将重点孤老优抚对象全部接入光荣院供养，切实保障孤老优抚对象的晚年生活；继续深化退役士兵安置改革，建立以扶持就业为主、安排工作、国家供养、退休以及继续完成学业等多种方式相结合，城乡一体化的退役士兵安置制度，使退役士兵安置工作更好地适应社会主义市场经济发展要求，更好地为国防和军队建设服务。

完善社会福利服务体系。推进社会福利社会化，推动各级政府强化社会管理和公共服务职能，加大社会福利事业投入，进一步建立完善民办公助、公办民营等优惠扶持政策，引导和鼓励民间资本兴办福利事业，进一步完善政府投入兴建和购买服务，社会力量兴办、福利机构自主经营的社会福利事业运行机制。

五、推进健康丰南建设

围绕人人享有基本医疗卫生服务目标，坚持政府主导和市场机制相结合，深化医疗卫生体制改革，加快推进医疗卫生服务体系建设，满足人民群众多元化、多层次医疗卫生服务需求。

深化医药卫生体制改革。积极构建和完善城乡居民基本医疗保障制度和社会贫困群体医疗救助制度，稳步推进实施国家基本药物制度；促进基本卫生服务均等化，逐步提高基本公共卫生服务经费项目标准；坚持公立医院的公益性，建立科学的公立医院管理体制和运行机制；健全卫生投入机制，积极引导和鼓励社会资本参与医疗卫生事业发展，形成多元办医格局；进一步完善中医医疗服务体系，加强区中医医院建设，以“国医堂”建设目标为契机，大力提升基层中医药服务能力和推广中医药适宜技术。

加强医疗卫生服务体系建设。着眼于建立覆盖城乡居民的基本医疗卫生制度、实现人人享有基本医疗卫生服务的目标，加快提升区级医院综合能力。加强乡镇卫生院、社区卫生服务中心标准化建设，实现村级卫生服务全覆盖；逐步建立城市医院与基层医疗机构的分工协作和对口支援机制，增加城镇新区、农村等薄弱地区的医疗资源配置，着力缩小城乡、区域的卫生资源差异，促进不同人群之间医疗卫生服务均等化；坚持公共卫生优先发展，建立健全疾病预防控制体系、卫生监督体系、妇幼保健服务体系、精神心理卫生防治体系，加强公共卫生应急能力建设和公共卫生信息网络建设。

加强卫生应急综合能力建设。加强传染病疫情监测，建立覆盖全区主要病种的疾病监测网络。健全和完善区乡二级疾病预防控制信息系统平台，完善传染病疫情的突发事件信息报告系统。完善、规范各项应急预案，处置及时率达100%。定期开展应急演练，提高应急队伍的应急能力。继续做好流感大流行、重大输入性传染病或新发现传染病疫情等重特大突发公共卫生事件的防范和应对工作。

大力推进卫生信息化建设。积极应用移动互联网、物联网、云计算、可穿戴设备等新技术和新产品，推动惠及全民的健康信息服务和智慧医疗服务，推动健康大数据的应用。加强人口健康信息化建设，到2020年，实现全员人口信息、电子健康档案和电子病历三大数据库基本覆盖全区人口并使信息动态更新；积极推动移动互联网、远程医疗服务等发展。实现公共卫生、计划生育、医疗服务、医疗保障、药品供应、综合管理等六大业务应用系统的互联互通和业务协同；普及应用居民健康卡，积极推进居民健康卡与社会保障卡、金融IC卡、市民服务卡等公共服务卡的应用集成，实现就医“一卡通”；依托国家电子政务网，构建与互联网安全隔离，联通各级平台和各级各类卫生计生机构，高效、安全、稳定的信息网络。

促进人口均衡发展。人口发展要实现由总量调控到结构性调控的战略性转变，全面落实一对夫妇可生育两个孩子政策，促进人口长期均衡发展；加强优生优育服务，做好妇幼保健工作，提高出生人口素质，将放开二孩政策后的人口红利变为人才红利；把“世代服务”体系建设纳入全区公共服务体系整体框架，实施“世代服务”延伸工程，提高人口服务工作水平；切实保障妇女合法权益，加强妇女劳动保护、社会福利、卫生保健、扶贫脱贫及法律援助等工作；加强未成年人保护，发展青少年、妇女、儿童等事业。

发展老年人事业。应对人口老龄化，努力营造老有所养、老有所乐、老有所为的社会氛围，维护老年人合法权益。健全与人口老龄化发展相适应的公共财政投入机制，研究制定对经济困难的老年人逐步给予养老服务补贴标准及相关优惠政策。健全服务网络，完善以居家养老为基础、以社区服务为依托、以机构养老为补充的养老服务体系。落实优惠政策，鼓励社会力量兴办养老机构，拓展提升村（居）居家养老服务站建设水平，确保养老需求得到进一步满足，社会资源得到综合利用。到2020年，全区建设完成5个社会化养老基地，每千名老年人拥有床位数达到40张以上，人均期望寿命达到77岁。

加快发展体育事业。广泛开展全民健身运动，加强全民健身设施网络建设，广泛开展丰富多彩的全民健身活动，以煤河精品体育公园为模式，建设更多的大型综合性活动场所；在有条件的社区内建设精品健身基地，逐步实现15分钟健身休闲圈。大力普及青少年体育，推进各类体育场向公众开放。到2020年，经常参加体育锻炼的人数比例提高到49%，城乡居民国民体质合格率达到90%以上，人均体育设施场地面积达到1.58平方米；有计划引进专业体育人才，提高运动成绩，全面提升丰南竞技体育的竞争实力；进一步完善、规范和发展各类体育协会，充分发挥体育总会和各协会在体育事业发展中的作用。

专栏 21 社会事业领域重点推进工程

教育：区二中迁建，职校汽车板块开放性技能实训基地和电子商务人才培养基地与产业园区建设项目，筹建惠丰国际足球学校，新建经安中学教学楼，柳树瞿阝中学学生宿舍楼，西葛中学教学实验综合楼，高各庄小学，黑沿子小学教学楼，西城区幼儿园，王兰庄横沽幼儿园。

卫生医疗：区医院迁入新址，原区医院改扩建后中医院迁进，区妇幼医院迁入原中医院，妇幼保健计划生育服务中心迁建，健康信息系统建设，新建西城区街道卫生服务中心，临港经济开发区医院，钱营镇中心卫生院，岔河镇卫生院。

养老服务：建设完成5个社会化养老基地，打造50个精品居家养老服务中心，唐山布衣堂健康养老服务有限公司建设布衣堂生态养老家园项目。

文化体育：区游泳馆改造项目，完善县级广播应急广播基础设施设备项目，柳树瞿阝镇、小集镇、王兰庄镇、岔河镇建成独立的综合文化站。

六、健全公共安全体系

公共安全连着千家万户，事关改革发展稳定大局。牢固树立安全发展理念，把维护公共安全放在维护最广大人民根本利益中来认识，为人民安居乐业、社会安定有序、国家长治久安编织全方位、立体化的公共安全网。

深化平安丰南创建。加强社会治安综合治理，构建网络严密、重点覆盖、保障有力的治安防控体系，全面落实各项综合治理措施，维护社会和谐稳定。全面推进依法治区各项工作，不断深化普法教育和社会主义法治理念教育，弘扬法治精神，切实维护法律尊严和人的尊严。建好区、乡镇（街道）、村（居）三级智慧网格平台，建立精细化网格服务管理体系，全面提升智慧网格体系建设水平。构建完备的立体化社会治安防控体系。立足于预警防控和精准打击，进一步规划升级我区治安防控体系，开发和拓展信息化功能，加快形成全覆盖、无缝隙、立体化、完备的社会治安防控体系，最大限度压缩犯罪分子的犯罪空间，努力实现治安和刑事案件“双下降”。

切实加强安全生产。健全安全生产监管及职业卫生监管体系建设，认真落实安全生产责任制和责任追究制，重点加强对供水、供气、供电、冶金、危爆、消防、道路交通等行业领域的监管。严格行政执法，落实企业主体责任，开展重点行业、重点领域专项治理，坚决杜绝重大生产安全事故发生，力争安全生产状况处于唐山较好水平，安全生产事故起数及死亡人数逐年下降，保持全区安全生产稳定。

保障食品药品安全。以国家食品安全城市创建为载体，持续深化食品药品监管体制改革，加快构建适合新体制要求的食品药品安全监管体系，建立健全区、乡镇、村居三级食品药品监管网络。加强食品安全监管投入，严格落实执法装备配置，加快食品药品安全检验体系、电子监管追溯体系和信息化平台建设，改善食品药品安全监管工作基础设施条件。完善食品药品安全无缝隙监管链条，构建食品药品安全监管责任、应急处置、社会共治等体系，切实保障市民饮食、用药安全。到2020年，公众对食品药品安全的总体满意度达到80%以上。

做好防灾减灾工作。加强气象、地震、地质和风暴潮等灾害监测预报工作，建立重大灾害监测预警、信息发布、传播和应急服务体系，重点加强人口和产业密集地区气象、地震防灾减灾设施建设。开发空中云水资源，提高人工影响天气作业能力。进一步巩固防震减灾示范城市和气象防灾减灾示范乡镇、示范社区创建成果，提升气象、地震防灾减灾社会管理和公共服务能力，完善社会动员机制，落实气象、地震减灾措施。强化气象科普宣传，提高公众防灾意识。全面加强救灾应急队伍组建、救灾物资储备、救灾装备配置、灾害信息评估、紧急救援、灾情监测等工作体系建设。

加大社会矛盾化解力度。继续完善“三位一体”大调解工作体系，综合运用经济、行政、法律、教育等手段，采取调解、协商、疏导等方法，积极化解各类矛盾纠纷。加强信访联合受理中心建设，严格落实“老户归零、新户随清”工作机制，超前防范、主动作为、跟踪问责，强化约访、下访，积极妥善解决群众信访问题。加快多元社会组织培育建设，鼓励社会组织在扶贫济困、公益慈善、志愿服务等领域开展活动，加大政府向社会组织转移职能和购买服务力度。

提升公共突发事件应急能力。建立政府应急指挥系统，加快应急指挥信息化建设。加强公共安全基础设施和专业应急队伍建设，完善应急联动机制。实施分级管理，明确各级责任，进一步完善突发公共事件专项应急预案、部门应急预案和地方应急预案。健全城乡基层防灾减灾体制机制，完善乡镇、街道自然灾害应急预案并适时组织演练。强化公共场所应急体系建设。加强宣传和培训工作，提高公众应对各类突发公共事件的综合能力。

第二十二章 推动文化大发展大繁荣

把握社会主义先进文化方向，全面繁荣文化事业，推动文化产业大发展，不断提升文化软实力，为推进经济社会更好更快更大发展提供思想保障和精神动力。

一、完善现代公共文化服务体系

坚持公益性、基本性、均等性、便利性原则，完善公共文化服务体系，进一步扩大覆盖范围，健全服务功能，提高服务水平，保障人民群众基本文化权益的需要，让人民群众享有更多文化发展成果。

提升公共文化服务能力。提升一批设施，继续保持区级文体设施的国家级水平，逐步完善乡镇、村级设施，努力打造国家级示范乡镇综合文化站1个，省级农民健身工程示范村5个；培养一批队伍，依托专业文体人才，发展壮大群众队伍，“十三五”末全区各级各类文体队伍达到600支以上，文化志愿者和社会体育辅导员达到800人以上；打造一批精品，以丰南地域文化为基础，创作弘扬正能量的文艺精品，争取获得省级燕赵群星奖和“五个一”工程奖；开展一批活动，围绕重点时段和场所，大力开展群众喜闻乐见的文体活动，创新活动载体，丰富活动内涵，保持活动常态化、系列化、品牌化。

健全公共文化服务网络体系。加强重点文化设施和各类公共文化服务网点建设，积极推动企业、学校等各类文化设施的对外开放，实施文化信息资源“共享工程”，形成以区级综合性文化中心为龙头，镇文化活动中心为依托，村（社区）、企业文化活动室等为基础的城乡文化阵地，构建城乡一体、结构合理、功能健全、实用高效的公共文化设施网络。引入市场机制，积极探索公共文化服务社会化实现路径。进一步加强对丰南大剧院、区文化馆、图书馆、群众文化活动中心等公共文化设施的管理，提高公共文化设施管理水平和服务效益；充分调动社会力量参与公共文化服务供给；加紧制定政府向社会力量购买公共文化服务的意见和指导性目录。

深入实施文化惠民工程。在目前丰南已达到全国最美基层图书馆、优秀全国文化馆的基础上，进一步加快区数字图书馆、文化馆建设，切实保障数字化、信息化、网络化环境下的公共服务的公益性、基本性、便利性。以“两节”和城乡文化艺术节为重点，广泛开展丰富多彩的公益性、群众性文化活动，策划一批新的文化惠民项目，培育一批具有浓郁地方特色的群众文化活动，创作生产一批代表丰南形象的优秀文化作品，承办一批重大节庆文化活动，努力打造丰南文化品牌。坚持送先进文化进基层，加大文化下农村、进社区力度，“十三五”期间每年组织公益性演出不少于500场次。

保护传承文化遗产。挖掘整理丰南非遗项目，保存、传承丰南地域文化，在已有丰南篓子秧歌、孙氏银器省级非遗项目，渔民号子、黄氏布浮雕、刘氏铁画、翟氏锔瓷等市级非遗项目的基础上，努力挖掘丰南剪纸、葫芦画、口技、评剧艺术等传统项目。探索建立文化遗产保护利用新机制，促进优秀传统文化与现代文明交相辉映，进一步凸显城市文化底蕴。做好文物保护工作，努力实现保护工作的科学化、法制化和系统化。建立具有一定规模的丰南博物馆，有效集中展示丰南地区的文化、历史沿革和民俗，打造一张新的丰南文化名片。

二、大力发展文化产业

“十三五”期间，要大力发展文化产业，壮大文化产业实力，确立文化产业在社会经济结构中的重要地位，将文化产业培育成为丰南经济发展的新增长点和经济转型的助推器。

健全文化产业发展机制和政策。深化文化体制改革，推进经营性文化单位转企改制，支持组建大型文化企业集团，继续深化公益性文化事业单位内部改革，增强发展活力，积极构建文化产业发展的长效机制。鼓励社会资本投资文化产业，积极推进文化投资主体和经营主体多元化。完善政策扶持体系，探索制定涵盖财政、税收、土地、人才等方面的文化产业政策体系，夯实文化产业长效发展的基础。探索调整文化行政管理机构，推动文化行政管理部门由办文化为主向管文化为主转变，实行文化综合执法。

提高文化产业贡献份额。面向京津产业转移，加大对文化创意产业的引进力度，打造文化创意新亮点。依托丰南产业和区位优势，着力培育创意设计、体育竞技、文化制造、演艺娱乐、会展广告、印刷复制等特色产业。依托唐津运河生态旅游度假景区发展影视基地、健康休闲、文化旅游等产业，努力把唐津运河文化产业园区打造成国家级文化产业示范园区。破除部门界限，以效益为纽带，积极整合文化资源，引入民营资本，培育文化产业骨干企业。大力发展新闻出版事业，加强对外宣传和文化交流，推动文化企业“走出去”。“十三五”期间，力争文化产业的发展速度高于全区国民生产总值增幅，文化产业占全区国民生产总值的比重达到6%。

推进文化产业园区提档升级。做实产业。依托已经建成的北起惠丰湖南至唐津运河西南环线大桥的第一景区，拓宽发展思路，发挥带动作用；依托南孙庄滨河小镇，推进体育健身和农业观光项目；依托药王寺，在周边引进康体、医药、养老项目，打造药材基地、修身养心基地、康体养老基地。聚集人气。大力发展赛事经济，积极申办各类文体比赛，提高丰南知名度，拉动人气；利用传统节日组织开展文化庙会、民俗展览、文艺演出等活动，谋划承办每年一度的中国乡土艺术节、惠丰湖音乐节等文化活动，拉动第三产业发展壮大；发挥娱乐项目的拉动作用，研究谋划水上娱乐、特色捕捞、婚庆服务等一批新项目，培育新的经济增长点。政策扶植。认真落实国家、省关于园区发展的有关政策，结合丰南实际，研究制定园区内文化产业项目发展扶植政策，推动园区健康快速发展。

第八篇

加强制度保障 确保规划顺利实施

第二十三章 深化重点领域改革

围绕激发丰南经济社会发展内生动力，深入推进重点领域和关键环节的改革，谋划重大改革思路，明确工作要点，建立改革台账，确保改革取得实效，切实增强丰南经济社会发展活力。

一、完善现代产权制度

稳妥推进国企改革，加快企业资源重组。促进非公有制经济跨越发展，坚持“非禁即入”、“非禁即许”，放开行业准入。促进各类资本的流动和重组，推动混合所有制经济发展。增强企业和公众创业、创新的动力，形成良好的信用基础和市场秩序，构建公平、竞争、有序的各类市场主体的发展环境。

二、深化市场取向改革

按照现代企业制度要求，落实法人治理结构，加大经营考核力度，实行职业经理人制度；实行企业高管和员工利益与企业效益挂钩，强化企业经营投资责任追究。开放社会资本进入领域，鼓励社会资本进入基础设施、公用事业、社会事业、文化产业、金融服务等领域。完善招商引资考核，建立专业招商机制，加强招商引资项目绩效考核评估，健全招商项目落地机制。深化资源要素配置市场化改革。

三、深化行政审批制度改革

进一步减少、清理和调整行政审批事项，提高行政审批效率，继续简政放权，强化批后监管，建立审批监管责任制和问责机制。设立中心镇行政审批服务分中心，对于具备一定人口规模和经济实力的中心镇，依法赋予部分区级经济社会管理权限。深化招投标制度改革，完善重大公建项目代建邀标制度，建立失信企业“黑名单”制度，推进竞争有序的诚信市场建设。深化审批中介改革，建设“中介超市”，建立公开公平的中介市场竞争机制，加强中介机构综合信用评价和监管，实施形式审查制，实行先批后审。

四、深化农村产权制度改革

探索建立城乡统一的土地、房屋产权登记制度，有序开展农村土地承包经营权、农村宅基地使用权和房屋所有权登记颁证工作。充分发挥农村产权流转交易市场作用，完善区、乡镇、村三位一体的农村产权流转交易市场体系。保障农户宅基地用益物权，探索建立农村宅基地置换、空闲宅基地收购、有偿退出机制。依据国家政策，逐步建立城乡统一的建设用地市场，在符合规划和用途管制的前提下，探索允许依法取得的农村集体经营性建设用地出让、租赁、入股。探索土地承包经营权抵押融资。进一步深化林权抵押融资。探索农村集体合法物业改变业态，促进村集体经济发展。积极推进村级股份制改革，加快形成与户籍相分离、责权利明确的农村产权制度。

五、深化社会事业领域综合改革

加强教育、卫生、文化、养老等资源整合，提高资源利用效率。鼓励社会资本发展社会事业，支持民办养老养生、文化教育、健康产业等发展，满足群众多元化需求。健全政府购买服务制度，建立政府购买服务清单，鼓励和支持社会力量参与提供公共服务。完善食品药品安全监管体制，建立覆盖全过程的监管制度。健全安全生产管理机制，建立隐患排查治理和安全预防控制体系。健全防灾减灾救灾体制机制。深化司法制度改革，加强社会综合治理，完善立体化社会治安防控体系。完善信访工作制度，建立涉法涉诉信访依法终结制度。完善互联网管理体制机制，加大依法管理网络力度。深化社区管理和服务创新，形成公共服务、志愿服务、邻里互助为一体的社区服务体系。

第二十四章 推进法治丰南建设

推进法治丰南建设，促进行政管理规范化、法制化，形成依法办事、讲规矩、讲程序的社会氛围，促进社会和谐和社会安全，努力开创丰南和谐发展新局面。

一、严格执法 加快建设法治政府

依法全面履行政府职能。完善行政组织和行政程序相关制度，推进政府机构、职能、权限、程序、责任法定化。规范依法决策机制。建立健全各级政府及其部门行政决策程序，严格落实重大行政决策事项公众参与、专家论证、风险评估、合法性审查和集体讨论的法定程序。理顺行政执法体制。重点推进食品药品安全、工商质检、安全生产、文化旅游、城乡建设等领域内的综合执法。理顺行政强制执行体制，完善城管执法机制，健全完善行政执法争议协调机制，提高执法和服务水平。规范行政执法行为。推行行政执法标准化，制定执法细则和操作流程，重点规范行政许可、行政处罚、行政强制、行政征收、行政检查等执法行为。全面推行政务公开。加大政府信息公开力度，明确和规范政府信息公开范围和内容，重点推进财政预算、公共资源配置、重大建设项目批准和实施、社会公益事业建设等领域的政府信息公开。加强互联网政务信息数据服务平台和便民服务平台建设，优化政务公开、网上行政审批和便民服务平台功能。健全政府信息公示公告及保密审查机制。创新政府管理服务方式。推动公共资源市场化配置，建立统一规范、上下衔接的公共资源交易平台。创新公共服务模式，探索公共服务供给主体多元化，积极推进政府向社会力量购买服务，建立健全政府购买服务标准、招标投标和监督评估等制度。放宽市场准入，保证各种所有制经济依法平等使用生产要素、公平参与市场竞争、同等受到法律保护。

二、公正司法 维护社会公平正义

保障司法机关依法独立公正行使职权。严格执行党政机关及其领导干部支持司法机关依法独立公正行使职权的规定。推进严格司法。推进以审判为中心的诉讼制度改革，确保侦查、审查起诉的案件事实证据经得起法律的检验。完善司法机关内部管理机制，建立健全办案质量终身负责制和错案责任倒查问责制度。保障人民群众参与司法。完善人民陪审员制度，增强人民陪审员履职意识和能力。加强人权司法保障。完善对限制人身自由司法措施和侦查手段的司法监督，加强对刑讯逼供和非法取证的源头预防，健全冤假错案有效防范、及时纠正机制。

三、强化基础 维护社会和谐稳定

深入推进平安丰南建设。坚持系统治理、依法治理、综合治理、源头治理的总体思路，继续开展“六无”村（居）等平安创建活动，不断优化公共安全治理社会环境，着力解决影响社会安定的深层次问题。依法严厉打击危害人民群众生命财产安全、危害社会治安、危害国家安全和公共安全的违法犯罪活动，提升公众安全感和满意度。加强社会治安重点地区和突出治安问题排查整治，加大危爆物品监管力度，切实减少治安隐患。加强综治信息平台建设，实现对平安建设和便民服务事项的信息化、动态化管理。依法预防化解社会矛盾。大力推进多元参与、多元渠道、多元处置、多元评议为主要内容的多元化矛盾纠纷排查调处体系，加强交通事故、环境保护、医疗卫生、物业管理等领域专业性、行业性调解委员会建设，实现调解组织和调解工作在各领域、各行业全覆盖。完善调解、仲裁、行政裁决、行政复议、诉讼等有机衔接、相互协调的矛盾纠纷化解机制，提高矛盾纠纷排查化解实效。继续深化人民调解“两化”模式，设立“巡回调解室”，健全专（兼）结合、全社会参与的多元化矛盾纠纷排查化解机制。落实重大刑事命案、“民转刑”案件防控和责任查究，推动防控化解责任制落实。依法解决突出信访问题。健全第三方参与化解信访案件机制，建立律师参与信访接待制度和信访疑难案件第三方评查制度，促进疑难复杂信访案件办理。深入开展信访“三无”单位创建，全面推行“责任信访”、“阳光信访”和“法治信访”，促进丰南区信访形势持续好转。推进多领域依法治理。认真落实村（居）委会组织法及实施办法，明确村（居）务监督委员会职责，完善村（社区）民主选举、民主决策、民主管理、民主监督制度，建立健全村规民约、市民公约，规范约束居民群众行为。支持发挥行业自律和专业服务功能，履行社会责任。

四、深化普法 推进法治社会建设

推动领导干部带头学法守法用法。领导干部要带头学法、模范守法，引导群众自觉守法、遇事找法、解决问题靠法，成为社会主义法治的忠实崇尚者、自觉遵守者、坚决捍卫者。加强全社会普法宣传。大力弘扬宪法精神，在全社会普遍开展宪法教育，组织开展国家宪法日系列活动。把通用法律知识、新颁布法律法规、履行职务相关的专门法律知识纳入培训内容，作为执法人员持证上岗考试的必考内容，促进提高法律素养和依法履职能力。强化青少年普法教育，促进青少年法治教育学校、家庭、社会一体化。构建覆盖城乡的公共法治文化服务体系，健全和创新普法体制机制。加强社会诚信道德建设。健全政府决策诚信实施机制，加大诚信文化宣传力度，开展诚信创建活动，在全社会形成诚实守信的良好风尚。健全公共法律服务体系。把公共法律服务纳入公共服务发展规划和政府购买服务范围，建立公益性法律服务补偿机制。加快实现法律顾问制度全覆盖。完善法律援助制度，将就业、就医、就学、社会保障等与民生紧密相关的事项，纳入法律援助范围，强化法律援助责任，提高法律援助实效。

第二十五章 切实保障规划实施

为切实保障规划对丰南区经济和社会发展的指导和调控作用，必须充分调动各方面积极因素，建立行之有效的规划实施保障机制，组织动员全社会力量推动规划实施，确保各项重大任务顺利完成。

一、体制机制保障

加快政府职能转变，强化政府组织、指导、协调等公共服务职能，理顺职能分工，切实改进作风，提高管理服务水平。要深入推进党风廉政建设和反腐败斗争，把纪律和规矩挺在前面，尤其要严守党的政治纪律和政治规矩，坚持标本兼治，构建不敢腐、不能腐、不想腐的有效机制，努力实现干部清正、政府清廉、政治清明的良好环境。加快行政、社会事业体制改革步伐，建立依法行政、运转协调、公正透明、廉洁高效的行政和社会事业管理体制。完善重大决策的规则和程序，使决策真正科学化、民主化和规范化。制定适应市场经济要求的经济政策和市场规则，引导市场配置资源的方向和维护市场秩序。建立公正、诚信、高效的服务环境，营造亲商富商安商氛围，提高政府机关服务的规范性和主动性。

二、项目带动

牢固树立“项目是全局、全局抓项目”意识，积极创造项目建设的良好环境，确保投资项目顺利实施。切实保障重点规划项目的实施，支持基础设施建设和基础产业的发展，提高公共产品和服务的供给能力。对一般竞争性项目，制定鼓励政策，引导激活社会投资。建立健全项目目标责任制和规划项目动态跟踪管理机制。有目的、有针对性地开展招商引资，扩大招商引资规模，最大限度地吸引外来资金、技术等生产要素，促进生产要素优化组合，充分发挥项目投资效益，拉动丰南区经济社会快速发展。

三、资金保障

多渠道筹措建设资金，抓住机遇，加大争取国家和省市投资的力度，进一步放宽投资领域，扩大行业准入，发挥投资调节作用，集中财力重点用于支柱产业、农业水利、城市基础设施、生态环境等领域建设。加快项目审批（核准或备案）和申报工作，真正实现“谁投资、谁决策、谁受益、谁承担风险”的原则。加强金融机构与企业之间的沟通与协作，定期开展项目推介，提高金融对丰南区经济建设的支持力度。用足、用活国家和省、市的相关政策，最大限度地扩大政策空间。积极落实“权随责走、费随事转”的机制，进一步加大对镇（乡）财政转移支付力度，鼓励镇（乡）自行发展区域经济，努力增加财政收入，增加基层自我造血功能。

四、人才保障

以能力建设为核心，以教育培训为抓手，整体提升各类人才综合素质和竞争力，各项人才的培养、发展、引进、流动、评价机制进一步完善，人才干事创业环境不断改善，为丰南全面实现“十三五”国民经济和社会发展目标提供强有力的智力支持和人才保障。优化人才发展环境。健全人才发展保障机制，加大人才发展资金投入力度，提高资金使用效率。加强人才开发平台建设，建立引才引智引技绿色通道。创新人才培养模式，开展系列人才培养工程，实施人才奖励制度。加强人才队伍建设。以产业发展为导向，大力引进培养高层次创新创业人才、现代服务业专业人才、先进制造业高级技能人才以及高效生态农业技能人才。完善党政人才绩效考核制度，创新人才选拔方式，不断提高干部队伍整体素质。进一步推动区、乡镇科技人员双向流动。加强社会工作者人才培养，提升社会工作者综合素质和专业能力。

五、组织实施

本纲要是“十三五”期间丰南区经济社会发展的总纲领，各镇（乡）、各部门、各单位必须统一思想，维护纲要的严肃性和权威性，强化纲要的法律保障和总体调控地位，认真组织实施，切实保障规划纲要对全区经济社会发展的总体指导和调控作用。坚持战略、规划的连续性，制定专项规划、行业规划和年度计划，明确年度推进工作重点和推进措施，确保规划目标的完成。加强镇（乡）自身建设，赋予镇（乡）履行职能必要的事权和财权，确保把规划各项任务和措施落到实处。各部门要根据本纲要，针对所负责领域的任务，制定具体措施。建立完善本规划的评估、监督和调整修订机制，加强规划实施的跟踪和动态调控，自觉接受人大代表、公众对规划实施情况的监督检查。加强规划宣传，提高全社会对本纲要内容及实施重要性的认识，共同推进规划的实施。进一步加大行政效能监督力度，健全决策目标、执行责任、督办考核三个体系，确保规划顺利实施。

附件：

唐山市丰南区专项规划和区域规划编制目录

序号	规划名称	牵头单位
1	唐山市丰南区农业发展“十三五”规划	区农牧局
2	唐山市丰南区工业发展“十三五”规划	区工信局
3	唐山市丰南区科学和技术发展“十三五”规划	区科技局
4	唐山市丰南区商贸物流业发展“十三五”规划	区商务局
5	唐山市丰南区消防事业发展“十三五”规划	区消防大队
6	唐山市丰南区交通运输发展“十三五”规划	区交通局
7	唐山市丰南区水资源保护与开发利用“十三五”规划	区水务局
8	唐山市丰南区生态环境保护“十三五”规划	区环保局
9	唐山市丰南区人力资源社会保障事业发展“十三五”规划	区人社局
10	唐山市丰南区旅游业发展文化体育事业发展“十三五”规划	区文广新局
11	唐山市丰南区卫生计生事业发展“十三五”规划	区卫计局
12	唐山市丰南区教育事业发展“十三五”规划	区教育局
13	唐山市丰南区民政事业发展“十三五”规划	区民政局
14	唐山市丰南区住房城乡建设“十三五”规划	区住建局
15	唐山市丰南区外经贸发展“十三五”规划	区商务局
16	唐山市丰南区服务业发展“十三五”规划	区发改局
17	唐山市丰南区气象事业发展“十三五”规划	区气象局
18	唐山市丰南区临港经济开发区“十三五”规划	临港经济开发区
19	唐山市丰南经济开发区 “十三五”规划	丰南经济开发区
20	唐山市丰南区小集经济开发区 “十三五”规划	小集经济开发区

大事记

Da Shi Ji

责任编辑：郭百新

1月

5日，区委召开三届五十九次常委（扩大）会议，区委书记王东印主持会议。会议听取关于2015年环保工作完成情况和2016年环保工作谋划及建设的汇报，就需要加快破解的生态文明建设和环境保护重点制约问题协调调度，提出解决对策。

是日，丰南区召开推进乡科级落实党风廉政建设主体责任“两清单”“两汇报”“两考核”制度工作会议。区委书记王东印全面阐述落实党风廉政建设主体责任的重大意义，就如何落实好党风廉政建设主体责任提出明确要求。

6日，市委常委、副市长李忠娟带领市科技局主要负责人，在丰南区调研科技型企业发展情况。

11日，承德市副市长丁伟一行在唐山市副市长李国忠陪同下，在丰南区考察城市建设及河道综合治理工作。

18日，区委理论学习中心组召开集中学习扩大会议。会议学习习近平总书记在中央政治局“三严三实”专题民主生活会上的重要讲话、《中国共产党廉洁自律准则》和《中国共产党纪律处分条例》。

是日，区五届人大常委会举行第28次会议，区人大常委会主任王树臣主持会议。经过表决，会议补选艾春、李志龙为唐山市第十四届人大代表。

19日，区委常委班子召开“三严三实”专题民主生活会。会议认真学习习近平总书记系列重要讲话精神，对照“三严三实”要求，紧密联系思想、工作和生活经历，深入剖析在不严不实方面存在的问题，明确努力方向和整改措施，接受党内政治生活的教育和洗礼。

25日，诺亚财富集团创始人、董事局主席汪静波，红星美凯龙家居集团董事长车建新一行在丰南区考察，商谈相关投资事宜。区委副书记、区长艾春，副区长刘会荣出席座谈会。

28日，即日起，丰南区开始发放2014年度成品油价格改革财政补贴。

30日，市委副书记、市长丁绣峰等市领导，带领参加2016年1月份全市重点项目观摩活动，与会人员在丰南区观摩重点项目建设情况。

2月

1日，宁波中城联合物产有限公司总经理助理张新亮、项目部主管邵江峰一行，在丰南区考察中车唐山新兴产业园区项目。

2日，丰南区举行2016年县级实职离退休老领导经济社会发展情况通报会。

是日，丰南区与中国联通唐山分公司签订“智慧城市”战略合作协议及“智慧政法”合作协议。区委副书记、区长艾春，副区长刘会荣，中国联通唐山市分公司总经理李毅超出席签约仪式。

2月2日至3日，艾春、李志龙、高树春等区四大班子领导以及其他副县级以上领导干部，走访慰问丰南区特困职工、优抚对象和敬老院老人。

3日，市委常委、副市长刘建立，市人大常委会副主任王金凯一行在丰南区督导检查春节期间安全生产。

是日晚，丰南区“爱唐山爱丰南”春节联欢晚会在丰南大剧院上演。艾春、李志龙、高树春、尚兵、张国庆、赵立华、刘志生等区四大班子领导与社会各界代表千余人共同观看晚会节目。

4日，区委召开三届六十二次常委会议，区委书记王东印主持会议。会议研究区人大、政协“两会”，以及综合表彰、农村工作会议等相关事宜。

17日，中央党校经济学部区域经济学教研室主任、博士生导师、经济学博士曹立教授在丰南区大剧院作“以供给侧结构改革助力中国经济新常态”专题辅导讲座。

是日，丰南区在运河唐人街举办“欢乐的旋律”春节花卉秧歌展演。来自各乡镇的27支秧歌队1000余人，为游客奉上《叠罗汉》《抓碟》《小车会》等秧歌小出表演。

18日，省文化厅党组书记王离湘在丰南区考察公共文化服务设施及文化产业项目。

25日，对外经济贸易大学国际经济伦理研究中心高级研究员、著名书法家、国学研究者田一可教授在丰南大剧院小剧场作“践行社会主义核心价值观——《齐家》”专题讲座。

26日，丰南区召开“一问责八清理”专项行动动员部署会议，贯彻落实省市“一问责八清理”专项行动动员会议精神，部署丰南区专项行动工作任务。

29日至3月2日，政协唐山市丰南区五届五次会议在丰南大剧院召开。大会应出席委员234名，实到222名，符合法定人数。会议审议通过关于区政协五届五次委员会常务委员会工作报告的决议，关于区政协五届常务委员会五届四次会议以来提案工作情况工作报告的决议，区政协五届五次会议政治决议。

3月

1日至3日，唐山市丰南区五届人大六次会议在丰南大剧院开幕。大会应到代表231名，实到197名，符合法定人数。大会听取审议并通过《政府工作报告》《唐山市丰南区国民经济和社会发展第十三个五年规划纲要（草案）》《唐山市丰南区2015年国民经济和社会发展计划执行情况与2016年国民经济和社会发展计划（草案）的报告》《唐山市丰南区2015年财政预算执行情况和2016年财政预算（草案）的报告》，会议审议通过《唐山市丰南区人民代表大会常务委员会工作报告》《唐山市丰南区人民法院工作报告》《唐山市丰南区人民检察院工作报告》。大会通过《关于接受王树臣同志辞去区人大常务委员会主任职务的请示》，采取等额选举形式，选举李志龙为唐山市丰南区第五届人民代表大会常务委员会主任，王泽林为唐山市丰南区第五届人民代表大会常务委员会委员。

是日，全省行政执法全过程记录制度现场会召开，丰南区公安局被省公安厅评为“全省执法质量示范单位”。

1日至2日，丰南区面向社会公开招聘150名卫生专业技术人员。

3日，丰南区首次举行向宪法宣誓仪式。在丰南大剧院大剧场，区五届人大六次会议举行新当选国家工作人员向宪法宣誓仪式，新选举产生的区人大常委会主任李志龙、区人大常委会委员王泽林向宪法宣誓。

4日，区委书记王东印主持召开服务世园会工作汇报会议。区领导尚兵、孙守廷、郝志军、赵立华、刘会荣、刘子泉以及有关部门、乡镇和企业主要负责人参加会议。

是日，北京创业投资服务业商会执行会长黄赤淳在市商务局相关负责人陪同下，在丰南区考察商会内印刷企业整体搬迁项目。

7日，区委书记王东印主持召开重点项目调度会议。区领导艾春、孙守廷、郝志军、赵立华、刘会荣，以及有关园区、乡镇、部门和企业的主要负责人参加会议。

8日，丰南区各界妇女代表800余人在丰南大剧院参加纪念“三八”国际劳动妇女节106周年暨“最美丰南，巾帼绽放”颁奖典礼。

是日，区委常委、常委副区长赵立华带领区住建局、城管局、卫计局、电子政务中心、丰南镇以及胥各庄街道主要负责人，就对接世园会城市环境卫生综合整治工作现场办公。

9日，丰南区综合表彰暨农村工作会议在丰南大剧院大剧场召开。

是日，公安部装备财务局副局长毛甫金带领考核验收组，在省公安厅警务保障部主任张惠龙和市政府副市长、公安局局长贾文雅陪同下，在丰南区考核验收“201工程”建设情况。

是日，丰南区召开“一问责八清理”专项行动招标投标不规范问题清理工作会议，安排“一问责八清理”专项行动招标投标不规范问题清理工作。

10日，省水利改革发展和实行最严格的水资源管理制度考核工作组，在市相关部门负责人的陪同下，在丰南区就2015年水利改革发展及实行最严格的水资源管理制度工作考核检查。

11日，丰南区举行省生殖医学中心不孕不育诊疗基地授牌仪式。区委常委、副区长赵立华出席仪式并致辞。

14日，区纪委三届六次全会在丰南大剧院小剧场召开。会议贯彻落实中央、省、市纪委全会和区委三届七次全会精神，总结2015年工作任务。区委常委、区纪委书记李世庄代表区纪委常委会作主题为《把纪律和规矩挺在前面，强化监督执纪问责，不断开创党风廉政建设和反腐败工作新局面》的工作报告。审议通过《中国共产党唐山市丰南区第三届纪律检查委员会第六次全体会议决议》。

是日，区领导王东印带领部分乡镇和区直部门的主要负责人，调研丰南区休闲农业与乡村旅游工作。

15日，丰南区组织召开2016年安全生产工作会议。区委副书记、区长艾春，区委常委、副区长郝志军出席会议。

是日，丰南区召开迎世园城市环境卫生整治动员会议。区委副书记、区长艾春、区委常委、副区长赵立华出席会议。会议公布《唐山市丰南区迎世园城市环境综合整治实施方案》。

是日，区老科协举行2016年工作会议。区委副书记、区人大常委会主任、区老科协名誉会长李志龙出席会议并讲话。

是日，丰南区在荣大购物广场A座门前开展以“新消费，我做主”为主题的“3·15”消费者权益日宣传活动。区人大常委会副主任董秀峰，区政协副主席李自学出席活动。

16日，丰南区召开乡镇、街道党（工）委书记抓基层党建工作述职评议会议。各乡镇党委书记、街道党（工）委书记述职发言。

17日，区领导王东印、李志龙、孙守廷、王玉林，带领有关部门主要负责人在大齐各庄镇调研。

18日，丰南区总工会召开三届五次全委（扩大）会议。区委副书记、区人大常委会主任李志龙，区委常委、常务副区长郝志军出席会议。

是日，市人大常委会副主任李全民带领食品安全跟踪调研组在丰南区调研食品安全情况。

19日，区委书记王东印主持召开秸秆垃圾禁烧会议，传达全市环境保护工作会议精神，部署丰南区秸秆垃圾禁烧工作。艾春、李志龙、高树春等区四大班子领导出席会议。

22日，丰南区召开宣传思想文化工作会议。会议学习贯彻全国宣传部长会议、全省宣传文化工作会议和全市宣传部长会议精神，全面总结2015年宣传思想文化工作，安排部署2016年工作任务。

是日，“百万花开 致敬世园——2016唐山首届樱花文化旅游节新闻发布会”在唐山南湖铂尔曼酒店举行。区领导刘子泉，区文广新局、住建局主要负责人及唐山市有关部门负责人共同参加发布会。

24日，贵州保利文化有限公司总

经理徐石、奇瑞万达贵州客车股份有限公司副总经理尤勇等一行6人，在丰南区就奇瑞万达贵州客车股份有限公司异地建厂技术改造项目考察。

是日，丰南区召开政法工作会议。会议深入学习贯彻习近平总书记系列重要讲话精神，中央、省、市政法工作会议和区委工作要求，总结工作，分析形势，并安排部署全年全区政法工作。

31日，丰南区组织召开2016年环境保护暨世园会等重大活动环境和安全保障工作动员会议。区委副书记、区长艾春，区委常委、常务副区长郝志军出席会议。

4月

1日，市委常委、副市长刘建立带领市直相关部门负责人来丰南区，就重大项目建设情况督导并召开座谈会。区委副书记、区长艾春，区委常委、常务副区长郝志军出席。

是日，唐山市档案馆纪检组长、市“一问责八清理”专项行动督导组组长高贺山等一行人，在丰南区督导检查“一问责八清理”专项行动开展情况并召开座谈会。

6日，市人大常委会副主任秦少清带队在丰南区调研人大建设工作。区领导李志龙、张国庆陪同。调研组一行在大新庄镇、西葛镇的代表之家实地调研，对丰南区人大常委会工作给予高度评价。

7日，丰南区召开全区党政机关公务用车制度改革动员会议。会议贯彻落实中央、省、市关于党政机关公务用车制度改革的一系列要求，动员部署全区党政机关公务用车制度改革工作。

是日，丰南区在文化广场举办“温暖世园·志愿先行”集中宣传暨学雷锋志愿服务活动。区委常委、宣传部部长尚兵出席。区文明办、团区委、妇联等15家单位参与宣传活动。

8日，第25届中国金鸡百花电影节执委会在丰南区举办专场营销推介会。市政府副秘书长周景会、副区长刘子泉出席会议，电影节执委会市场营销部副部长雷向阳主持。

12日，全区对外开放工作推进会议召开。区四大班子领导，各开发区班子成员，各乡镇、胥各庄街道党政正职、主管副职，区直各单位主要及主管负责人，区招商局、四个驻外招商处和各开发区招商局全体人员，各乡镇及区直有关单位专职招商人员，全区重点企业主要负责人参加会议。

13日，区人大常委会开展《中华人民共和国安全生产法》和《河北省安全生产条例》执法检查活动。

14日，区人大2016年度代表工作会议召开。区人大常委会副主任张国庆出席会议并讲话。

是日，丰南区在荣大购物中心开展第28个“全国爱国卫生月”宣传活动。

15日，总投资5亿元的新能源冷暖通用设备有限公司项目在区招商中心签约。区领导王东印、艾春、董秀峰、刘会荣、刘志生，丰南临港经济开发区党工委书记、管委会主任张敬宝出席项目签约仪式。

是日，市委副书记、市长丁绣峰等市领导，带领参加全市2016年第一季度重点项目观摩活动，与会人员在丰南区观摩重点项目建设情况。

是日，全区组织系统作风整顿推进会议在第一会议室召开。会议重点贯彻落实省市机关作风整顿会议精神，部署全区组织系统作风整顿工作。区委常委、组织部部长才文举出席会议并讲话。

19日，市委常委、市纪委书记崔晗，市纪委副书记、市监察局局长张佩旺，市纪委常委、秘书长兼办公厅主任李晓忠等一行，在丰南区调研县级纪检监察机构改革试点工作推进情况。

是日，区领导王东印、王玉林，带领有关乡镇和部门的主要负责人，在南孙庄乡惠丰生态农业园区调研。

20日，区领导王东印、艾春、赵立华、刘子泉，带领区政府办、规划分局、国土分局、教育局等部门的主要负责人和帝元房地产有限公司的主要负责人，调研西城区学校规划建设情况。

是日，丰南区召开消防工作会议。

22日，丰南区召开区级机关“解放思想、改进作风、优化环境”推进大会。

是日，丰南区召开2016年美丽乡村建设培训会议。会议贯彻传达上级文件精神，安排部署丰南区2016年美丽乡村建设工作，并就省级重点村开展的12项专项行动开展培训。

是日，博康智能网络科技股份有限公司、新智云数据服务有限公司等网络科技企业负责人，在丰南区向区领导介绍智慧丰南建设设想及新智控股智慧城市整体建设思路。区委副书记、区长艾春，副区长刘会荣出席座谈会。

是日，丰南区召开后进村（社区）集中治理整顿工作会议，对2016年全区后进村（社区）集中治理整顿工作动员部署。区委常委、组织部部长才文举出席会议并讲话。

是日，全区“两学一做”学习教育动员暨组织工作和村务规范化建设会议在大剧院小剧场召开。会议贯彻落实中央和省、市委决策部署，对全区“两学一做”学习教育动员，对组织工作和村务规范化建设安排部署。

23日，“宏升带你飞 空中看世园”启动仪式在丰南区国丰维景大酒店举行，标志着宏升公司空中游览项目正式运行。

是日，区委书记王东印主持召开全区旅游规划方案汇报会。区领导艾春、孙守廷、赵立华、刘子泉、王玉林，以及有关乡镇和部门的主要负责人出席会议。

26日，丰南区召开城市工作会议。会议深入学习贯彻中央及省、市城市工作会议精神，部署全区城市工作。

是日，创客天下主办的“创翼唐山·青年创业大赛”启动仪式在唐山丰南工业互联网创新创业基地举行。副区长章浩出席活动。

28日，区领导王东印、孙守廷、章浩，小集经济开发区党工委书记、管委会主任兰绍光，丰南经济开发区党工委书记、管委会主任黄俊东率相关部门主要负责人，在部分重点企业和主要交通路段，开展“迎世园、除隐患”安全生产大检查活动。

是日，四川省成都市邛崃田园迪士尼公司董事长梁川一行在丰南区考察调研。区领导刘子泉、王玉林陪同。

是日，丰南区召开纪念“五一”国际劳动节暨劳模座谈会。区领导李志龙、张国庆出席。

29日，丰南区召开2016年食品安全工作会议。

5月

1日，由国际美术家协会、区文广新局、中国大海画院、中国大海艺术博物馆主办，中国大海艺术研究会、中国名人名家书画院、中国国际书画艺术研究会、区文化馆、区美术家协会承办的周智慧大海艺术作品展在丰南区文化馆展厅拉开帷幕。市美协、区文广新局、区文联、区美协、区书协等相关负责人及书画爱好者到场参观。

3日，“通达杯”丰南区群众广场舞大赛暨丰南区第十一届城乡文化艺术节开幕式在通达商贸城举办。全区15个乡镇和胥各庄街道的44支代表队800人参加比赛。

4日，国创联合控股投资有限公司国土大科技钾德金项目在区招商中心签约。区领导王东印、孙守廷、郝志军、刘会荣，以及区政府办、招商局等部门的主要负责人出席项目签约仪式。

是日，丰南区为纪念“五四”运动97周年演出“青春之歌”主题情景史诗剧。区委副书记、区人大常委会主任李志龙，区人大常委会副主任尚建国，区政协副主席刘志生，以及团区委的主要负责人出席。

5日，省老促会会长、省政协原副主席王玉梅一行，在市老促会会长、市人大常委会原主任钟清杰等陪同下，在丰南区就老区重点帮扶村建设情况考察。

6日，全区“两学一做”学习教育领导小组办公室召开第一次全体会议。区委副书记、区人大常委会主任李志龙，区委常委、组织部部长才文举出席会议。

10日晚，丰南区在丰南大剧院举行纪念“5•12”国际护士节文艺晚会。

是日，区委副书记、区人大常委会主任李志龙，副区长、区委农工委书记王玉林等在大齐各庄镇大长春村、赵各庄村、詹屯村和钱营镇刘庄子村美丽乡村建设省级重点村调研。

12日，2016全国温度仪表专业协会七届二次理事会（扩大）会议在丰南区召开。丰南区在唐山国丰维景国际大酒店举办对接全国温度仪表专业协会暨投资洽谈会。

13日，受国家体育总局、省体育局、市体育局委托，在惠丰湖畔举办以“跑出快乐、跑出健康、跑出友谊”为主题的第二届“唐山•城市乐跑赛”，来自唐山市的50多支队伍1000余人参加。

18日，省委常委、市委书记焦彦龙，市委常委、市委秘书长胡国辉，带领市发改委、城乡规划局、城管局等部门主要负责人在丰南区调研。

20日，北京创业投资服务商会执行会长黄赤淳带领商会内多家印刷企业负责人，在市商务局相关负责人的陪同下，就印刷企业整体搬迁落户在丰南区考察。

23日，丰南区与国创钾德金科技有限公司，就“钾德金”项目举行座谈会。区委副书记、区长艾春，副区长刘会荣，临港经济开发区党工委书记、管委会主任张敬宝，国创钾德金科技有限公司德国合资方Geohumus公司CEO贝伦斯，国创联合控股投资有限公司董事长黄书东，中国市政工程西北设计研究院有限公司、中国城市发展研究院负责人参加座谈会。

25日，区人大常委会对大气环境改善工作情况展开视察。区人大常委会副主任董树军参加视察。副区长章浩陪同。

是日，市委常委、常务副市长王久宗，市政府党组成员陈冲，带领市发改委、工信局、环保局、国土局、交通局、金融办负责人在丰南区，督导重大项目推进情况。

是日，丰南区举办践行社会主义核心价值观—道德模范事迹报告会。报告会特邀全国优秀人民警察、全国“三八”红旗手、全国最美志愿者、河北省道德模范、省妇联兼职副主席、沧州市公安局刑警支队政治处主任王红心和全国道德模范提名奖获得者、河北省道德模范、河北钢铁集团承德钢铁公司员工鲍守坤作事迹报告。

26日，丰南区召开环境治理工作调度会。区委常委、常务副区长郝志军出席。区环保局主要负责人通报丰南区1至4月份环境质量状况及环境治理工作进展情况；与会的钢铁、焦化企业主要负责人分别汇报污染深度治理项目的进展情况。

27日，丰南区在第一会议室组织收看全省加强换届风气监督工作视频会议。会议认真学习贯彻中央和省委关于严肃换届纪律、加强换届风气监督的有关要求，对从严从实加强换届风气监督工作部署，着力为全省市县乡领导班子换届营造风清气正的换届环境。

是日，区人大常委会副主任陆振文带领检查组，开展《职业教育法》执法检查。区教育局主要负责人和区政府办负责人陪同。

28日至29日，举办“舞韵丰南”城乡群众广场舞展演暨丰南区大集开集活动，来自全区各乡镇、胥各庄街道的37支代表队、近800名广场舞爱好者参加展演活动。

30日，张家口市康保县委副书记、县长魏红侠带领考察团一行，在丰南区考察城市建设工作。

是日，国家卫生计生委药政司卫生计生监察专员汪建荣带领深化医改调研督察组，在省卫计委副主任朱会宾、市卫计委主任李建新陪同下，在黄各庄镇中心卫生院考察基层医改工作。

31日，区委全面深化改革领导小组召开第一次会议，会议贯彻落实市委全面深化改革领导小组会议精神，研究改革有关事项，安排部署2016年改革工作。

是日，区委副书记、人大常委会主任李志龙在唐坊镇中心小学、区第三幼儿园（北园）等地走访慰问，给孩子们送去节日的祝福和礼物。

6月

2日，省人社厅副厅长景庆雨在市人社局、市财政局相关负责人陪同下，在丰南区调研区、乡人力资源和社会保障公共服务平台建设及使用情况。

3日，丰南区召开2016年高考工作协调会。2016年丰南区有2888人参加高考文化课考试。全区共设98个考场，分丰南一中和丰南职教中心两个考点。

是日，药王寺举办佛像开光庆典暨万佛药师琉璃塔奠基法会。来自省内外的诸山长老及众多信众参加。

是日，市妇联主席张进霜带领全市创建“美丽庭院”现场观摩交流会议，与会人员在丰南区丰南镇大岔河村现场观摩。

3日至4日，丰南兴帝百花民乐团在燕山影剧院剧场举办“梦回红楼”红楼梦组曲音乐会。

4日，省人大常委会《中华人民共和国安全生产法》执法检查组一行在市人大常委会副主任张羽等领导陪同下，在丰南区执法检查。

6日，区委常委、副区长赵立华带领区政府办、丰南经济开发区、住建局、水务局、丰南镇、胥各庄街道主要负责人，就城区防汛工作现场办公。

是日，丰南区与深圳市思贝克工业发展有限公司签署战略合作备忘录。副区长刘会荣，区招商局、小集经济开发区相关负责人，深圳市思贝克工业发展有限公司相关负责人出席签约仪式。

是日，丰南区公安局全国异地受理挂失申报和丢失招领系统的联调测试，胥各庄派出所被确定为丰南区的全国异地办理试点所，并成功为对接的天津籍市民办理二代身份证。

是日，全国“爱眼日”，辖区各级医疗机构开展眼保健知识宣传、健康咨询、健康教育专题讲座、免费视力筛查及验光、宣传横幅、电子展板浏览等活动。

7日，区委书记王东印主持召开全区工作汇报会议，总结2016年以来的各项工作，对当前重点任务部署。

是日，丰南区召开防汛、“三夏”生产、美国白蛾防治暨气象防灾减灾工作会议。

11日，丰南区文广新局承办“河套老窖杯”第一届唐山市青少年王中王武术争霸赛，唐山市近500余名选手参加。

12日，丰南区召开非法经营砂石料场整治工作调度会。区委常委、常务副区长郝志军出席会议。

14日，区领导王东印、孙守廷、董秀峰带领有关部门主要负责人在大新庄镇调研。

是日，黑龙江华丹乳业有限公司董事长苏茂瑞和天津招商投资有限公司销售总监江楠一行，在丰南区就收购原三鹿乳业相关问题洽谈。

15日，团区委召开二届二次全体会议，总结团区委上一年度的工作，研究部署下一年度工作任务。会议表决通过《奋发有为 务实创新 为“沿海强区、美丽丰南”建设贡献青春与力量》的工作报告。

16日，丰南区在九河公园开展“安全生产月”宣传咨询活动。区委常委、常务副区长郝志军出席。区安监局、总工会、住建局等26家企事业单位参加活动。

17日，区政协组织相关界别委员、部分委员工作组长，并邀请区发改局、人社局、科技局负责人，围绕“大众创业、万众创新”座谈。区政协主席高树春主持会议并讲话，副主席李自学出席。

是日，宝钢集团总经理助理、欧冶云商股份有限公司党委书记、副总经理侯安贵一行，在丰南区国丰钢铁有限公司考察，并就与唐山钢铁谷有限公司合作事宜洽谈。

21日，区五届人大常委会举行第31次会议。会议听取和审议区政府关于2015年度区本级预算执行及其他财政收支情况审计工作报告、区人民法院关于刑事审判工作情况的报告；书面审议区人大常委会文卫科关于开展《中人民共和国职业教育法》执法检查情况的报告、《唐山市丰南区人大常委会关于评选优秀区人大代表的办法》；审议区人大常委会主任会议关于提请接受刘万利代表辞去唐山市第十四届人民代表大会代表和唐山市丰南区第五届人民代表大会代表职务请求的议案；决定人事任免事项。

是日，区领导艾春、赵立华、王玉林带领区政府办、农办、水务局、住建局主要负责人，检查全区防汛工作。区领导一行先后对沙河黑沿子防潮闸、沙河右堤钱营镇东黄各庄采煤塌陷段、丰南镇王家河采煤塌陷段以及煤河下游节制闸等防汛重点部位实地察看，并听取相关情况介绍，并就发现问题提出整改意见。

22日，唐山市乡镇（街）妇联组织建设改革创新工作观摩交流会在丰南区召开。市妇联主席张进霜出席。

26日，作为唐山市2016年第二季度重点项目集中开工现场会分会场，丰南区与全市同步，在丰南经济开发区银贝壳（唐山）科技有限公司中国游戏产业发行基地项目现场举行第二季度重点项目集中开工活动。

是日，禁毒办在九河公园举行禁毒宣传活动，提高广大人民群众防毒、禁毒意识，在全区范围内营造“珍惜生命，远离毒品”良好社会氛围。

28日，市政协副主席徐建君带领部分市政协常委、委员和市教育局局长刘绍辉等相关负责人，在丰南区视察学前教育发展情况。

28日至29日，区委书记王东印带领丰南区党政考察团赴天津市滨海新区、武清区学习考察。

29日，省政府组织召开全省水资源税改革试点工作动员电视电话会议。

是日，市委常委、副市长刘建立在区委常委、组织部部长才文举陪同下，在丰南镇大岔河村，走访慰问该村生活困难党员徐敬艳。

7月

1日，区委书记王东印与区委常

委、区委办公室主任孙守廷在黄各庄镇黄三村，走访慰问老党员裴志义，向其致以节日的问候和祝福。

4日至5日，市老促会副会长范全带领调研组在丰南区，调研2016年老区重点帮扶村项目建设和资金落实情况。

6日，市委常委、副市长李忠娟一行在丰南区调研。

是日，葛洲坝集团三峡建设工程有限公司董事长周建华一行，在丰南区考察双方合作PPP项目工程进展情况，并与丰南区领导就项目启动和合作合同相关细节性问题沟通洽谈。

9日，河北省组织开展化解过剩产能集中行动，在全省8个设区市，集中拆除35家企业的有关生产装备。此次集中行动的唐山市现场会在丰南区召开，国丰北区拆除3座450立方米高炉和2座50吨、1座40吨转炉。国家发改委产业协调司巡视员夏农、省发改委副主任高俊钊等国家和河北省相关部门领导，市委常委、常务副市长王久宗，丰南区领导王东印、艾春、孙守廷、郝志军，以及相关部门和乡镇的主要负责人参加集中拆除行动。

12日，区人大常委会副主任尚建国带领检查组，开展《中人民共和国税收征收管理法》执法检查。副区长章浩、区地税局主要负责人陪同。

是日，市委常委、常务副市长王久宗等市领导，带领参加全市2016年第二季度重点项目观摩活动与会人员，在丰南区观摩重点项目建设情况。

14日，区委理论学习中心组举行集中学习会。区委书记王东印主持会议。会上，区委理论学习中心组全体成员集中学习《习近平总书记在庆祝中国共产党成立95周年大会上的讲话》、省委《关于认真落实习近平总书记重要批示精神广泛开展向李保国同志学习活动的通知》，观看专题教育片《镜鉴—衡阳、南充违反换届纪律案件警示录》。

是日，区委书记王东印主持召开唐山港丰南港区推进工作调度会。区领导艾春、孙守廷、赵立华，临港经济开发区党工委书记、管委会主任张敬宝，以及有关部门和乡镇的主要负责人参加会议。

是日，唐山市流动人口卫生计生公共服务均等化典型试点观摩交流会在丰南区召开。

15日，第十三届CSBA全国初中女子篮球锦标赛在丰南区举行。CSBA全国中学生篮球锦标赛由中国中学生体育协会篮球分会主办，是国内水平最高的中学生篮球赛事，每年举办一届。此次初中女子组比赛，共有来自全国的19支队伍、400余名队员参加，赛程为期6天。

19日，团区委在胥各庄街道会议室组织召开暑期志愿服务暨“爱心暑托班”启动仪式。各乡镇、胥各庄街道及区直学校团组织负责人参加。

19日20时至7月21日7时，丰南区普降大暴雨，平均降水量139.5毫米

20日，丰南区组织收听收看全国安全生产电视电话会议。区委副书记、区长艾春，区委常委、常务副区长郝志军出席会议。

是日，纪念唐山丰南抗震40周年“永远跟党走——丰南区老年书画作品展”在区老干部活动中心开幕。区委副书记、区人大常委会主任李志龙出席。

21日，区领导王东印、艾春、赵立华、王玉林，带领区政府办、区政府农办、水务局、住建局主要负责人检查防汛工作。

22日，市人大常委会委员、城环委主任丁玉双带领市人大城市管理有关情况调研组一行在丰南区调研。

25日，副市长李国忠到丰南区检查城区及采煤塌陷区防汛工作。

是日，区委副书记、区长艾春到钱营镇现场办公，对防汛、环保、安全生产和采煤塌陷区工作部署。

是日，市委常委、常务副市长王久宗率领市环保局、国土局、市政府督查室等部门负责人，就7月份环境空气质量改善强化措施落实情况在丰南区检查。

26日，区领导王东印、李志龙、孙守廷带领区委办、水务局、安监局、环保局、支重办等部门的负责人，在钱营镇检查防汛、避险、安全生产及环境保护工作。

是日，丰南区举办纪念抗震40周年暨纪实文学《血脉》研讨会。唐山市作家协会主席、“红学”专家王家惠，唐山师范学院中文系教授、硕士生导师、市文艺评论家协会主席杨立元，《唐山劳动日报》网络中心主任、环渤海新闻网总监李焱等专家学者，以及丰南区部分退休领导、当年赴川救援队队员代表、区直单位和乡镇代表、热心读者代表参加。区领导李志龙、孙守廷、张国庆、赵普鹏、刘志生出席研讨会。

27日，丰南区举办“与爱同行”丰南纪念抗震40周年专场文艺演出。本次演出由区文化馆（国丰百花艺术团）承办。整场演出历时1个多小时，共分为“厚德·众志成城”“开放·凤凰崛起”“博爱·与爱同行”和“创新·凤舞艳阳”4个篇章。

是日，在城区街心公园举行纪念抗震40周年暨向大地震罹难同胞和在抗震救灾中捐躯的英雄敬献花篮仪式。8时40分，区领导王东印、艾春、李志龙、高树春及四大班子其他领导，区直各单位主要负责同志及有关单位干部代表，丰南镇、胥各庄街道党政主要负责人及干部群众代表，怀着沉痛的心情，悼念在地震中逝去的同胞和牺牲的烈士。

28日，河北海事局局长翟久刚一行，在丰南区调研唐津运河生态旅游度假景区建设发展情况。

30日，市委常委、副市长刘建立在丰南区督导检查安全生产及防汛工作。

8月

1日，丰南区召开2016年征兵工作会议。区委常委、人武部部长陈占贵，区委常委、常务副区长郝志军出席。

2日，丰南区举行中关村天合科技成果转化促进中心丰南工作站签约暨培训座谈活动。

5日，广东省佛山市顺德区人大

常委会副主任黎敏秋一行，在丰南区就如何加强政府预决算审查监督和财政预算执行等方面工作考察学习。

6日，丰南区老干部协会诗词研究会暨丰南区诗词学会正式成立。河北省诗词学会副会长、唐山市诗词学会主席袁风遥，区人大常委会原主任、区老干部协会会长郑印生出席会议并讲话。

8日，区委常委、人武部部长陈占贵，区委常委、常务副区长郝志军视察丰南区征兵体检工作。

9日，丰南区召开区政府全体（扩大）会议暨廉政工作会议。会议总结今年上半年以来政府工作完成情况，分析形势、查找不足，安排部署下步工作，动员政府系统广大干部职工，统一思想、坚定信心、提振精神、奋发作为，采取有力措施，强力攻坚突破，确保全年目标任务圆满完成。同时，会议对廉政建设工作安排部署。

10日，区委书记王东印主持召开区委理论学习中心组学习（扩大）会议，深入学习习近平总书记视察唐山时的重要讲话和市委九届八次全体（扩大）会议精神。

11日，区人大常委会副主任尚建国带领视察组，对全区文化旅游事业发展情况视察。视察组一行先后前往东田庄乡紫雁庄园项目、东田庄乡药王寺项目、南孙庄乡村一日游项目、韩国城国际电影城项目和荣盛·未来城视察。

是日，区委书记王东印主持召开城建重点项目调度会议。区领导艾春、郝志军、赵立华、刘子泉，以及有关部门、乡镇和企业的主要负责人参加会议。

12日，省农业厅党组副书记、副厅长周云龙一行在市相关部门负责人的陪同下，在丰南区就农业农村经济发展整体情况，涉农机构工作，农业科教工作，农业科技推广职能任务、体系建设、模式方法、运行体制机制，职业农民培育工作等调研。

是日，丰南区召开深化文明城市创建工作推进会议，动员全区上下高标准、高质量、高效率地推进各项工作，掀起文明城市创建新高潮，以优异的成绩迎接全国文明城市验收，努力争创省级文明城区。区领导艾春、尚兵、赵立华出席会议，区委副书记、区人大常委会主任李志龙主持会议。

17日，住建部住房保障司司长曹金彪一行，在省住建厅副厅长王舟，市委常委、副市长周云明陪同下，在丰南区检查保障房项目。

18日，区委召开三届七十三次常委（扩大）会议。区委书记王东印主持会议。会议听取环境保护目标考核及空气质量改善工作情况汇报，并研究加强环境保护和改善空气环境质量工作；传达全省非公企业和社会组织党建工作推进会精神；研究《关于深化土地规划执法体制改革治理违法占地违法建设的意见》。

19日，省人大常委会委员、内司委副主任委员李益民率领省人大执法检查组，在市人大常委会副主任曹金华陪同下，就《中人民共和国道路交通安全法》贯彻落实情况在丰南区执法检查。

23日，丰南区召开成品油市场专项整治工作调度会议。会议旨在落实市政府办公厅《关于印发唐山市2016年成品油市场秩序专项整治方案的通知》文件和丁绣峰市长的重要批示精神。副区长刘会荣出席。

是日，省妇联督导组在丰南区对全市及丰南区乡镇（街道）妇联建设工作督导检查。

是日，承德市双滦团区委考察组一行在丰南区参观学习青年创业孵化基地、青年中心建设等工作的先进经验。

25日，区五届人大常委会举行第35次会议。区委副书记、区人大常委会主任李志龙主持会议。会议听取和审议区政府关于2016年上半年国民经济和社会发展计划执行情况的报告、丰南区2015年财政总决算的报告、区政府关于2016年上半年财政预算执行情况的报告；审查批准丰南区2015年财政总决算；书面审议《唐山市丰南区人大常委会关于对区人民法院法官和区人民检察院检察官开展履职评议的暂行办法》。

是日，区委书记王东印在区招商中心会见在丰南区考察的商务部投资促进事务局副局长李勇一行。

是日，区委书记王东印在区招商中心会见北京华中新工贸有限公司董事长徐志强一行。

26日，丰南区召开出口钢铁质量安全示范区建设工作动员培训会。副区长刘会荣出席会议并讲话。

是日，丰南区举办创建省级文明城区集中宣传活动。区委常委、宣传部部长尚兵出席。

31日，市人大常委会副主任曹金华带领市人大农村饮用水安全调研组，在丰南区调研农村饮用水安全工作情况。

9月

1日，市委常委、常务副市长王久宗，市政府党组成员陈冲，带领市直相关部门负责人在丰南区现场督导项目建设。区委书记王东印，区委副书记、区长艾春陪同。

2日，丰南区召开2016年美丽乡村建设推进会议。副区长、区委农工委书记王玉林出席。会上，大齐各庄镇、王兰庄镇、东田庄乡和市安监局驻马家庄村工作组先后作典型发言。区委农工委相关负责人通报全区美丽乡村建设进展情况。

5日，区领导艾春、郝志军、赵立华、王玉林带领区政府办、发改局、国土分局、规划分局、住建局、环保局、工信局、公安消防大队、供电公司、政府督查室主要负责人，就今年以来全区新开工、新竣工重点项目进展情况、存在问题及下步的计划安排情况督导。

7日，中国国际图书贸易集团公司党委书记、常务副总经理贾强一行在丰南区参观考察。

8日，省人大大气污染防治“一法一条例”执法检查组一行，在市人大、工信局、环保局、发改委、住建局相关负责人的陪同下，在丰南区就贯彻实施大气污染防治“一法一条例”以及开展大气污染防治工作情况执法检查。

是日，省委常委、市委书记焦彦龙，市委副书记、市长丁绣峰，市委常委、市委秘书长胡国辉，副市长高瑞华等市领导在丰南区走访慰问教师职工。

是日，区领导王东印、艾春、刘子泉就“十三五”时期教育工作召开座谈会。区教育局、丰南镇、胥各庄小学负责人参加会议。

9日，丰南区召开2016年教师节庆祝大会。会议总结成绩，表彰先进，营造全社会尊师重教浓厚氛围。

12日，丰南区召开清理整治违规渔具专项行动协调会议。副区长、农工委书记王玉林出席。

是日，丰南区组织召开第三季度安委会（扩大）会议。会议通报全区安全生产工作情况，研究部署当前及今后一个时期的安全生产工作。区委常委、常务副区长郝志军出席。

13日，丰南区召开全国文明城市建设暨省级文明城区创建工作现场办公会议。区领导艾春、尚兵、赵立华，区政府办、文明办和文明城创建工作责任单位主要负责人参加会议。

是日，区委书记、区委全面深化改革领导小组组长王东印主持召开区委全面深化改革领导小组第二次会议，研究今年重点推进的改革事项，听取国家级和省级改革试点工作汇报，部署下一阶段改革工作。

14日，市人大常委会副主任李全民带队，在丰南区调研《中华人民共和国传染病防治法》贯彻落实情况。

19日，全国总工会兼职副主席、鞍钢集团矿业公司齐大山铁矿生产技术室采场公路管理业务主管郭明义一行，在市委常委、政法委书记、总工会主席刘建国陪同下，在丰南区慰问困难职工刘海泉，并赠送慰问品及慰问金。

是日，区委召开三届七十五次常委（扩大）会议。区委书记王东印主持会议。会议研究全区经济发展主要指标工作；王东印就严肃换届纪律集体谈心谈话；王东印传达省委八届十四次全会和市委召开的县（市、区）委书记会议精神，并安排部署丰南区重点工作。

是日，区科协在九河公园举办丰南区“全国科普日”活动启动仪式。现场摆放展牌，发放科普宣传资料。

20日，丰南区召开2016年散煤压减替代清洁能源开发利用、洁净型煤推广暨秸秆禁烧工作会议。

21日，丰南区召开学习“习近平总书记系列重要讲话精神”报告会。此次报告会特邀中共唐山市委党校副校长、教授张朝民主讲“习近平总书记治国理政的思想——习近平总书记系列重要讲话精神解读”。

25日，作为唐山市2016年第三季度重点项目集中开工现场会分会场，丰南区与全市同步，在临港经济开发区华中新晟荧光系列防伪材料项目现场举行第三季度重点项目集中开工活动。

26日，以国土资源部调控司巡视员董祚继为组长的国务院第七督查组第二组，就落实中央经济工作会议精神和国务院《政府工作报告》要求情况在丰南区开展督查工作。市委副书记、市长丁绣峰，副市长李国忠，丰南区领导王东印、艾春、赵立华等陪同。

30日，丰南区在城区文化广场举行“庆国庆、迎重阳”文体展演活动。来自胥各庄街道各社区文体队以及区老年合唱团、空竹协会、丰南镇老干部队等团体的老年朋友在现场演出。

是日，丰南区在大剧院小剧场举行工商联（总商会）第四次会员代表大会。区领导李志龙、才文举出席会议。会议选举新一届工商联（总商会）主席（会长）、副主席（副会长）。孟令稳当选区工商联主席、总商会会长。

10月

8日，省委宣传部发布设区市、县（市、区）党委宣传部2015年度工作考核评价结果，区委宣传部获得“优秀”等次。

10日，市委副书记、市长丁绣峰等市领导，带领参加全市2016年第三季度重点项目观摩活动与会人员，在丰南区观摩重点项目建设情况。

是日，丰南区召开深化土地规划执法体制改革治理违法占地违法建设专题培训会议。区委常委、副区长赵立华出席。

是日，丰南区召开深化供销合作社综合改革工作会议。区委副书记、区人大常委会主任李志龙，副区长、农工委书记王玉林等负责人出席会议。

11日，丰南区召开乡镇领导班子换届工作会议。会议认真落实中央和省、市委关于换届工作的部署和要求，对丰南区乡镇领导班子换届工作安排部署。

13日，团区委召开学习贯彻团中央改革创新精神暨青年文明号命名表彰会议。

是日，区妇联召开女性发展联合会年会暨创业创新巾帼在行动专题培训会。

20日，省卫计委“新国优”评估检查组杨秋野一行，在市卫计委相关负责人的陪同下，来丰南区就新一轮全国计划生育优质服务先进单位创建工作评估检查。

是日，在唐山市丰南区胥各庄小学召开京苏粤浙卓越教师高级研修班现场教研活动小学语文专场。来自京苏粤浙四地小学语文名师48人和丰南区语文骨干教师154人，共同参加课例展示、教学研讨、学校观摩等活动。唐山市教育局局长刘绍辉致欢迎词，北京教育学院副院长汤丰林发言，丰南区教育局局长董国才主持会议。

21日，唐山市美丽乡村建设观摩推进会议观摩团在丰南区现场观摩。观摩团一行先后在大齐各庄镇大长春村、赵各庄村，现场观摩村内建设情况，并听取介绍。

24日，环境保护部大气司副司长于飞带领环保部散煤洁净化治理督查组，在省、市相关负责人的陪同下来丰南区，就散煤洁净化治理工作督查。

25日，河北团省委公示2016年省级青年创业孵化基地名单，创客天下集团旗下由创客天下（唐山）科技有限公司运营的“唐山工业互联网创新创业基地”被认定为省级青年创业孵化基地。

27日，团区委在中影星美国际影城召开希望工程20周年助学金发放暨公益项目启动仪式。团中央机关党委副书记、纪委书记张传慧，区委副书记、区人大常委会主任李志龙出席启动仪式。

是日，保利科技有限公司副总经理于福珍一行，来丰南区就建设特资仓储物流基地项目考察洽谈。区委副书记、区长艾春，区委常委、副区长赵立华，临港经济开发区党工委书记、管委会主任张敬宝出席座谈会。

26日，容汇天业北京股权投资基金管理有限公司、河北万海农业新能源有限公司、上海化工院天浮能源科技发展有限公司等3家客商，在丰南区就投资建设甲醇清洁燃料项目考察，并召开座谈会。区委副书记、区长艾春，副区长刘会荣，临港经济开发区党工委书记、管委会主任张敬宝出席座谈会。

27日，丰南区举办“做文明丰南人·我为创城做贡献”主题演讲比赛。文广新局李智获得比赛第一名。

是日，丰南区召开第三次全国农业普查暨当前农业重点工作会议，安排部署丰南区第三次农业普查工作，以及野生动物保护、畜禽养殖禁养区专项整治、畜禽无害化集中处理、高效清洁燃烧炉具推广等农业重点工作。

11月

1日，区委召开三届七十七次常委（扩大）会议。会议通过新华联合冶金控股集团投资建设渤海钢铁项目合作方案，研究唐山港丰南港区开工准备等事宜。

是日，小集镇在赵庄村多功能大厅召开老干部“两学一做”学习教育推进暨文体协会成立一周年才艺展演大会。区人大常委会原主任、老干部协会会长、老年体育协会主席郑印生参加。

2日，区政府与河北新华联合冶金控股集团有限公司在丰南临港经济开发区建设800万吨精品钢铁项目，在唐山国丰维景国际大酒店举行项目签约仪式。该项目是丰南区有史以来投资最大的产业项目，也是全市乃至全省钢铁行业转型发展进程的又一标志性项目。副市长李钦峰，区领导王东印、艾春、李志龙、高树春及其他党政班子成员；各开发区主要负责人；各乡镇、胥各庄街道党政正职，区直各单位主要负责人；唐山国丰钢铁有限公司主要负责人参加签约活动。区委副书记、区长艾春和新华联合冶金控股集团总公司总裁孙翔代表双方签订项目合作协议。

是日，副省长王晓东在丰南区惠达卫浴股份有限公司考察调研。副市长曹全民，区委副书记、区长艾春，副区长刘会荣，区政协副主席王彦庆陪同调研。

是日，区领导艾春、赵立华带领政府办、住建局、胥各庄街道主要负责人及相关人员，现场督导检查城区供热工作准备情况。

3日，丰南区召开国家食品安全城市创建暨食品安全重点工作推进会议，全面掌握全区食品药品安全监管工作现状及存在问题，凝心聚力、全面推进食品药品安全重点工作。

是日，毛泽东诗词研究会常务理事、唐山市社会科学优秀青年专家、唐山职业技术学院教授冯志林应邀在丰南大剧院小剧场作践行社会主义核心价值观专题讲座。

是日，丰南区召开国家食品安全城市创建暨食品安全重点工作推进会议，全面掌握全区食品药品安全监管工作现状及存在问题，凝心聚力、全面推进食品药品安全重点工作。

4日，区委书记王东印主持召开区委理论学习中心组集中学习会，专题学习党的十八届六中全会精神。中心组全体成员共同学习《中国共产党第十八届中央委员会第六次全体会议公报》和《中国共产党党内监督条例》；自学区委办公室下发的《关于认真学习宣传党的十八届六中全会精神的通知》。

5日，唐山港丰南港区项目正式开工。区委书记王东印，区委副书记、区长艾春，区委副书记、区人大常委会主任李志龙，区政协主席高树春，以及区四大班子其他领导；各开发区主要负责人，各乡镇、胥各庄街道党政正职，区直有关单位主要负责人，临港经济开发区、区港口办和黑沿子镇机关干部及各村“两委”负责人，项目施工方干部职工代表出席开工活动。中交上海航道局有限公司总经理霍胜勇，天津港航工程有限公司党委书记、总经理张佩良，交通运输部天津水运工程科学研究院水运设计所所长赵海亮，及参建单位的其他相关负责同志应邀出席开工活动。区委副书记、区长艾春主持开工活动。

是日，区美术家协会主席王俊标的“可寻心迹—王俊标工笔”作品展在北京千年古宣美术馆开幕。

7日，区委书记王东印主持召开区领导议事会议。会议明确丰南港区和800万吨精品钢铁项目下一步的主要工作任务，对推进中存在的问题研究梳理，明确两大项目推进的阶段任务和时间节点。

8日，区领导艾春、赵立华、刘子泉带领区政府办、住建局、卫计局、财政局、审计局和建投公司主要负责人，针对区医院迁建项目现场办公，研究解决项目建设进程中出现的问题。

是日，丰南区召开2016年今冬明春大气污染防治工作会议。深入贯彻落实全省、全市今冬明春大气污染防治工作电视电话会议精神，总结环保工作开展情况，查找问题，分析形势，安排部署大气污染防治工作。

是日，丰南区召开唐山市丰南区渤海钢铁项目情况通报会。会议对全区上下共同关心、关注，事关丰南经济社会发展的渤海钢铁项目，以及国丰公司改制有关情况通报。

9日，区委召开三届七十八次常委会议。区委书记王东印主持会议。区政协主席高树春，区人大常委会副主任张国庆，区委办、组织部、宣传部负责人以及区人大办、编办、广播电视台主要负责人列席会议。会议研究《中共唐山市丰南区人大常委会党组关于做好区、乡两级人民代表大会换届选举工作的意见》及《唐山市丰南区区、乡两级人大换届选举工作实施方案（草案）》。区人大办作相关说明。

10日，全国工商联检查组来丰南区就“五好”（领导班子建设好、会员发展好、商会建设好、作用发挥好、工作保障好）县级工商联建设工作检查。

是日，区妇联在丰南镇大岔河村多功能厅开展“最美家庭”表彰暨“美丽庭院”广场舞展演活动。

11日，唐山市丰南区（北京）招商推介会暨签约仪式在北京市唐山大厦举行。会上集中签约15个招商引资项目，计划总投资186.7亿元。

是日，区五届人大常委会举行第36次会议。区委副书记、区人大常委会主任李志龙主持会议。区人大常委会副主任张国庆、尚建国、董树军和委员共18人出席会议，出席人数符合法定人数。与会人员共同观看警示教育片《镜鉴》；学习《中共河北省委办公厅转发省人大常委会党组＜关于贯彻落实十二届全国人大常委会第二十三次会议精神的意见＞的通知》；研究人大换届选举工作；审定优秀区人大代表名单；听取和审议区人民检察院关于公诉工作情况的报告；听取区建投公司融资和资金使用情况的报告；审议区政府关于《中人民共和国传染病防治法》贯彻执行情况的报告。

15日，丰南区召开区乡两级人大换届选举工作部署会议。区委副书记、区人大常委会主任李志龙，区委常委、宣传部部长尚兵，区委常委、组织部部长、统战部部长才文举出席会议并讲话。区人大常委会副主任张国庆主持会议。

是日，丰南区举办学习党的十八届六中全会精神专题培训班．邀请中共中央党校刘炳香教授和中纪委研究室研究员邵景均专门作培训讲座。

是日，2017年度全区重点党报党刊发行工作会议召开。

18日，市委副书记、市长丁绣峰，市委常委、副市长李忠娟带领市工信局、发改局、科技局、金融办等部门负责人在丰南区，就唐山钢铁谷有限公司建设情况调研。

21日，丰南区召开临港经济开发区800万吨精品钢铁项目开工准备工作调度会议。

22日，丰南区召开综治信息化建设培训会议。

是日，河北出入境检验检疫局领导一行在丰南区考核验收出口钢铁产品质量安全示范区创建工作。副区长刘会荣陪同。

24日，丰南区召开外贸出口工作调度会议。会议对今年11月、12月的外贸出口工作安排部署。副区长刘会荣出席。

是日，省人大常委会财经委副主任委员、财经工委主任赵文海带领省人大常委会财经委经济技术开发区（园区）建设发展情况及立法调研组一行，在市人大常委会副主任张羽陪同下在丰南区调研。

是日，市委常委、常务副市长王久宗，市政府党组成员陈冲带领市发改委、工信局、国土局、环保局主要负责人，来丰南区就渤海钢铁项目现场督导。

25日，区选举委员会在人大会议室召开第一次会议。会议审议《唐山市丰南区选举委员会办公室关于选区划分和选民登记情况的报告》以及区代表各选区领导小组成员名单。区委副书记、区人大常委会主任、区选举委员会主任李志龙主持会议。

是日，丰南区召开冬季安全生产工作会议。会议深入贯彻落实习近平总书记、李克强总理对安全生产工作重要指示批示，以及省、市安全生产会议精神，分析当前形势，部署冬季及岁末年初安全生产工作。

是日，区委常委、常务副区长郝志军主持召开全区环保重点工作调度会议。

是日，唐山联通公司IDC业务研讨会在丰南区举办。会议由唐山联通公司主办，邀请多家国内知名互联网企业负责人参加。区委副书记、区长艾春，副区长刘会荣出席会议。

28日，区委副书记、区长艾春带领区政府办、安监局、工信局、建投公司主要负责人，督导检查安全生产工作以及项目建设。29日，副区长刘会荣带领区市场监督管理局、商务局、政府办、公安消防大队、安监局主要及主管负责人，对丰南区商贸流通领域安全生产检查。

30日，市委副书记、市长丁绣峰，副市长、市公安局局长贾文雅，市政府党组成员陈冲，带领市直相关部门负责人，在丰南区就安全生产工作检查。

是日，区委常委、副区长赵立华带领政府办、住建局相关负责人，开展城建系统安全生产大检查。

12月

1日，市委常委、市纪委书记刘德明就推动党风廉政建设“两个责任”落实情况，在丰南区调研。

是日，区委召开三届七十九次常委（扩大）会议。区委书记王东印主持会议。区委常委出席会议。会议学习传达省第九次党代会精神，研究丰南区贯彻落实意见；观看警示专题片《西式民主怎么》《西方新闻自由只是传说》；书面学习《关于省委工作报告的决议》《关于省纪委工作报告的决议》《赵克志同志在参加省第九次党代会唐山代表团审议时的讲话》和《人民日报》文章《坚持正确的选人用人导向》；研究《关于组织丰南区第五届道德模范评选活动的报告》；研究《唐山市丰南区第六届人民代表大会初步人选考察工作方案》；研究《唐山市丰南区第六届人民代表大会代表候选人初步人选建议名单》以及人事工作。

是日，国务院召开第三次全国农业普查电视电话会议。副区长、农工委书记王玉林，丰南区第三次全国农业普查领导小组成员在丰南区分会场收听收看会议。

2日，西藏新好科技有限公司生猪产业化项目签约仪式在通达韩国城举行。副区长、农工委书记王玉林，王兰庄镇主要负责人，区政府农办、区招商局、发改局、农牧局、国土分局、环保局负责人，以及西藏新好科技有限公司相关负责人出席签约仪式。

5日到6日，市老促会副会长范全在丰南区，调研贯彻落实全市老区建设工作会议精神和老区重点帮扶村建设项目完成情况。

8日，省工信厅党组书记、厅长龚晓峰一行，在市委常委、市政府党组副书记刘建立陪同下，在丰南区调研。

12日，位于丰南区的天津食品集团利民调料有限公司（唐山公司）举行揭牌开工仪式。

13日，工信部产业政策司调研员唐军带领国家钢铁煤炭行业化解过剩产能验收抽查第二组，在省相关部门负责人，市委常委、常务副市长王久宗的陪同下，在丰南区就2016年化解钢铁过剩产能工作抽查。

15日，教育部职成司在北京召开全国农村职成教育推进会，教育部、科学技术部、水利部、农业部、国家林业局和国家粮食局等六部委联合公布第一批创建合格的国家级农村职业教育和成人教育示范区（县）名单，全省获此殊荣的仅3个县区，丰南区以全省第一的成绩榜上有名。

16日，民进唐山市委主委王福燕一行，在丰南区组织召开新会员支部学习培训会后，实地考察环卫工作，慰问环卫工人。

是日，区选举委员会在人大会议室召开会议。会议审定《唐山市丰南区第六届人民代表大会代表正式候选人名单》。区委副书记、区人大常委会主任、区选举委员会主任李志龙主持会议。

是日，区委召开三届八十次常委会议。会议研究《唐山市丰南区第六届人民代表大会代表正式候选人建议名单》。区委书记王东印主持会议。

20日，市委常委、常务副市长王久宗在丰南区调研环保治理项目。区委常委、副区长赵立华陪同。

23日，区委召开三届八十一次常委会议。区委书记艾春主持会议。区委常委出席会议。区人大常委会副主任张国庆，区政协副主席刘志生，公安局局长张海军以及区直相关单位主要和主管负责同志列席会议。会议听取关于召开区委三届九次全会有关情况的汇报，研究区委三届九次全会上的《关于召开中国共产党唐山市丰南区第四次代表大会的决议（草案）》《〈关于召开中国共产党唐山市丰南区第四次代表大会的决议（草案）〉的说明》；研究《区第六届政协委员总体安排及人选产生工作方案》；听取关于做好省“两会”期间信访工作情况的汇报。

是日，丰南区召开丰南区林果协会成立暨第一届会员大会。副区长、农工委书记王玉林，市科协相关负责人出席会议。河北省农林科学院昌黎果树研究所副所长、研究员赵胜健应邀出席。

是日，区五届人大常委会举行第三十七次会议。区委副书记、区人大常委会主任李志龙主持会议。会议决定人事任免事项；听取和审议区政府关于2016年度全社会固定资产投资计划调整情况的报告、区政府关于2016年预算调整方案及备案事项的报告；听取区政府关于2015年财政预算执行审计问题处理结果的报告；对区人民法院2名法官、区人民检察院2名检察官履职评议；书面审议区政府关于代表建议办理情况的报告。会议经过表决，免去章浩唐山市丰南区人民政府副区长（挂职）职务，通过艾春辞去丰南区人民政府区长职务的请求、决定任命郝志军为唐山市丰南区人民政府代理区长；通过李志龙等13人辞去区选举委员会成员职务的请求和董新勇等81人辞去镇选举委员会和选举工作办公室成员职务的请求。

27日，丰南区召开河北天孚万海新能源发展有限公司年产300万吨高清洁新能源项目评审会议。区领导郝志军、刘会荣出席会议。

28日，作为唐山市2016年第四季度重点项目集中开工现场会分会场，丰南区在唐山鑫丰热力有限公司生物质热电联产项目现场举行第四季度重点项目集中开工活动。市委常委、市政府党组副书记刘建立，艾春、郝志军、李志龙等区四大班子领导，临港经济开发区党工委书记、管委会主任张敬宝，小集经济开发区党工委书记、管委会主任兰绍光，丰南经济开发区党工委书记、管委会主任黄俊东出席活动。

是日，中国共产党唐山市丰南区第三届委员会第九次全体会议在第三会议室举行。全会审议《关于召开中国共产党唐山市丰南区第四次代表大会的决议（草案）》，决定2017年2月召开中国共产党唐山市丰南区第四次代表大会；全会审议推荐出席党的十九大代表候选人初步人选。出席这次全会的有，区委委员、候补委员。区纪委委员列席。全会由区委副书记、代区长郝志军主持。区委书记艾春受全会委托，作《关于召开中国共产党唐山市丰南区第四次代表大会的决议（草案）》的说明。

29日，唐山市迎新春文化科技卫生“三下乡”集中示范活动在丰南镇集贸市场拉开帷幕。市委宣传部副部长、市文明办主任李丽，市委宣传部调研员刘育新参加此次活动。区委常委、宣传部部长尚兵出席活动并讲话。

是日，区委副书记、代区长郝志军，区委常委、副区长赵立华，副区长刘子泉带领区政府办、住建局、卫生和计划生育局、人力资源和社会保障局、财政局、区医院、建投公司等相关部门负责人，现场调度南孙庄新民居以及区医院迁建项目。

是日，丰南区第五届道德模范颁奖典礼在丰南大剧院举行。苏铁恩、陈广岭等10名道德模范和王志生、李清玲等8名道德模范提名奖获得者荣获表彰。

综述

丰南区地处沿渤海和环京津双重经济圈腹地，为唐山市主城区之一，也是唐山市唯一沿海主城区。分别与唐山市丰润区、路南区、开平区、滦南县、曹妃甸新区、天津市滨海新区、天津市宁河县接壤。境内有沿海、长深、唐津、唐曹、唐港5条高速公路穿行，分别设有南湖、丰南、尖字沽、毕家瞿阝、田庄5个出口；京哈、张唐、汉南、津秦高铁等4条铁路及205、112国道贯穿全境，交通便捷。已建成通车的津秦高铁和正在建设的京唐城际铁路，将丰南纳入首都半小时交通圈。2016年，全区总面积1305.36平方千米，辖12个镇、3个乡、1个街道办事处，433个村民委员会（行政村）、41个居民委员会。总人口53.2万人，其中城镇人口18.9万人，乡村人口34.3万人，人口自然增长率7.12‰。

2016年，既是区五届政府的收官之年，也是“十三五”规划的开局之年。面对经济发展困难、环保治理任务繁重、安全稳定压力大的严峻形势，全区人民在区委、区政府的领导下，“转变观念、精准发力、合力攻坚、逆势突破”，圆满完成年初确定的稳增长、调结构、促改革、惠民生等各项目标任务，实现经济社会平稳发展。

综合实力提升。全年完成地区生产总值619.4亿元，同比增长6.9%，其中第一、二、三产业增加值分别为48.3亿元、359.5亿元、211.5亿元，同比分别增长2.0%、6.9%和8.0%；固定资产投资320.7亿元；全部财政收入55亿元，其中一般公共预算收入31.5亿元，同比分别增长8.2%和8.3%；实际利用外资1.7亿美元，为年度计划的121.4%；出口创汇6.7亿美元；引进市外资金123亿元，同比增长2.5%；实现社会消费品零售总额191.6亿元，同比增长10.1%。城乡居民人均可支配性收入分别是34357元和14696元，同比分别增长8.4%和8.2%。金融机构各项存款余额484.7亿元，同比增加16.9亿元。生态环境改善，绿化造林2033.3公顷；全年压减炼钢产能130万吨、炼铁产能65万吨；$PM_{2.5}$浓度比2015年下降12.5%，空气质量优良天数增加48天，达到148天；境内主要河流水质均达到省、市考核验收标准。获河北省2016年度美丽乡村建设先进县（区）和全国绿化模范县（区）称号。

项目建设稳步推进。全年实施投资千万元以上项目167个，其中续建项目87个、新开工项目80个，计划总投资781.2亿元，年内完成投资94.5亿元，累计完成投资308.6亿元。年内完工项目81个，完成投资54.6亿。列入省、市重点项目11个，其中投资380亿元的800万吨精品钢铁项目和投资3亿元的银贝壳网络游戏发行基地项目列为省“三个一百”项目，凯业科技、东方雨虹、防水材料、荣盛未来城、盈升物流等9个项目列入市重点项目。

园区建设扎实推进。临港经济开发区2011年5月经省政府批准设立（始称沿海工业区），2014年3月更名为临港经济开发区。规划面积130平方千米，重点发展钢铁深加工、精品陶瓷、装备制造、新材料、精细化工和仓储物流等产业，打造京津产业转移承载地和环渤海地区新型工业化基地。区域内80%为滩涂、草泊等未利用地，另有23平方千米国有建设用地，可随时承接项目进区。10平方千米起步区建成，入区企业70余家。年内，占地20平方千米的第二起步区和占地10平方千米的第一起步区西扩区造地及基础设施建设工程全面启动；新开工项目17个，总投资401.28亿

高铁、高速贯穿全境，交通便捷，将丰南纳入首都半小时交通圈　刘新唐　摄

元；完成固定资产投资79亿元，同比增长26%；主营业务收入280亿元，同比增长25%；规模以上工业增加值67.2亿元，同比增长8.3%；财政收入2.96亿元，同比增长25.4%。经济开发区2000年6月经河北省政府批准设立，2005年12月经国家发改委审核命名，规划面积10平方千米，重点发展高端装备制造、电子信息、生物医药、文化创意等高新技术产业，打造国家级高新技术产业园区。建成区面积8.5平方千米，入区企业132家，并启动6.67平方千米的新扩区。园区内建有“国家级电线电缆检测中心”、铁道部科学技术研究院“试验基地”、河北省“企业技术中心”、华北理工大学“博士生工作站”等重点研究机构。2016年，完成主营业务收入296.5亿元，同比增长18.1%；规模以上工业总产值318.6亿元，同比增长18.2%；规模以上工业利润17.7亿元，同比增长100%；规模以上工业增加值68.95亿元，同比增长11.2%；限额以上贸易企业销售额28.2亿元，同比增长15.1%；完成固定资产投资65.8亿元，同比增长15%；实际利用外资1.3亿美元。全部财政收入3.6亿元，同比增长10%，一般公共预算收入1.12亿元，同比增长8%。小集经济开发区2009年5月经河北省政府批准设立，2011年6月被省政府批准为县域省级工业聚集区，2014年3月更名为小集经济开发区，规划面积20平方千米，重点发展钢铁及深加工、装备制造、精密工业瓷、现代物流等产业。建成区面积6.74平方千米，入区企业47家。2016年，完成主营业务收入734.4亿元，同比增长20%；固定资产投资36亿元，同比增长6.8%；规模以上工业增加值99亿元，同比增长7%；实现全部财政收入5.73亿元，同比增长73.72%；一般公共预算收入2.28亿元，同比增长55.06%。

农业产业化经营持续发展。全区农业产业化经营率72%，同比增加2个百分点。年内谋划实施1000万元以上农业产业化重点项目26个，其中续建项目17个，新建项目9个，总投资42.1亿元。续建项目完成投资13.1亿元，新建项目完成投资5.2亿元。培育市级以上农业龙头企业4家，固定资产200万元以上农业龙头企业61家；发展农民合作社60个，累计达到292个；新增家庭农场15个，累计达到74个。引进通威集团“渔光一体”智能高效水产科技园、天津利民调料生产线、山东新希望六和集团有限公司百万头生猪养殖等农业项目。粮食总产量24.6万吨；蔬菜总产量170.3万吨；肉、蛋、奶总产量14.4万吨；水产总产量7.3万吨。实现农业总产值77.7亿元，同比增长2%。

统筹推进城乡生态文明建设。完成43个省级美丽乡村重点村建设，投资1.5亿元实施建设项目350个，代表唐山市高标准通过省“两改一清一拆”验收，全市美丽乡村建设现场会在大齐各庄镇召开。大长春村、赵各庄村、老庄子村入选省级美丽乡村精品村，大岔河村推荐参评全国美丽乡村百家范例。全区151个农村环境卫生重点督导村通过整治验收达标。配合美丽乡村建设，绿化通道133.33公顷、农田林网建设564.67公顷、生态片林建设527.33公顷、村庄绿化106.67公顷、沿海滩涂绿化86.67公顷。完善城镇基础设施建设，投资2.47亿元，完成15个直供热力站改造、小区供热改造，国丰大街支干线、丰碱线中继泵站、空气能设备安装等城镇供热工程；投资1860万元，实施西南环线管线结转及南孙庄新民居1号路、3号路工程，幸福路管线北侧泵站、安康路给水管线及南孙庄自来水厂等市政工程；投资2949万元，完成城镇绿化53.33公顷、企业绿化173.33公顷，实施立体花坛摆放、城区摆花、龙泉河绿化等工程，城镇绿化覆盖率40%；投资1840万元，完成城区既有居住建筑节能改造6.75万平方米。城镇住宅及城市经济项目投资21.94亿元，实施荣盛锦绣天地、华彩唐人街壹号、嘉诚华庭、嘉诚华府南区二期、容和住宅小区、荣盛未来城、韩国城一期、绿景商务中心、西城区棚户改造等工程。全区常住人口城镇化率55.25%。投资534万元，实施农村饮水安全提升工程，在丰南镇、王兰庄镇、钱营镇等15个乡镇，巩固提升单村供水工程87处，打井35眼、配套水泵85台、变频11套、安装水处理设备400套，惠及4万人饮水安全。推进休闲农业和乡村旅游业发展，创建惠丰农业生态园、爱尚庄园、鑫湖生态园、紫雁庄园等4个省、市级休闲农业乡村旅游示范点，王打刁乡村旅游专业村。紫雁庄园在“寻找河北最美乡村休闲游”评选活动中，获第六名。“德润丰南”第五届道德模范评选活动，推选出“诚实守信”模范3名，“助人为乐”模范1名，“见义勇为”模范1名，“自强不息”模范1名，“孝老爱亲”模范2名，“敬业奉献”模范2名，道德模范提名奖8名。

社会事业协调发展，社会秩序和谐稳定。年初确定的为群众办好十件实事全面落实。全年投入社会保障和就业资金1.74亿元，完善城乡居民保险制度，保障优抚对象，城乡低保、农村“五保”户、孤儿、残疾人、特困群众基本生活。其中，城镇低保标准每人每月提高到550元，农村低保标准每人每年提高到3912元，全年发放城乡低保金4613.87万元；发放低保残疾人生活补贴、护理补贴684.51万元；救助困难群众3439人（户），发放救助资金549.58万元；发放救灾资金85万元；发放优抚人员抚恤金等费用4270.05万元；发放“五保”供养资金625.44万元；发放高龄津贴899.46万元；城乡居民养老保险覆盖26.77万人，投入资金3324万元，完善城乡居民养老保险制度；城镇新增就业7710人，城镇失业人员再就业1418人，城镇登记失业率3.5%，转移农村劳动力就业4561人，发放稳岗补贴330万元、失业保险金4058.2万元。企业职工养老保险新增5789人，覆盖14.2万人；城镇职工基本医疗保险覆盖9.99万人。投入资金1.83亿元，完善城乡居民医疗保险、困难群体医疗救助、公立医院综合改革、计划生育家庭奖励、区医院迁建等。投入资金10.10亿元，落实教师各项福利待遇、义务教育经费保障和经济困难家庭学生资助政策；改善办学条件，完成惠丰高中改建项目和特教学校搬迁，维修改造校舍61项，启动横沽幼儿园和城区东部河头幼儿园新建项目；盘活区电大、实验小学西校区、特教学校、群力小学、青少年活动中心等教育资源，布局调整城区学校，保障校车安全运行。推动社会管理创新，打击各类违法犯罪活动，开展平安创建活动，社会政治生态稳定，全年破获各类刑事案件1619起，其中现案707起，积案489起，协外破获423起。审查批捕犯罪嫌疑人142案161人，提起公诉304案357人；批捕涉毒犯罪3人，起诉3人；批捕暴力犯罪75人，起诉103人。受理审判案件4949件，结案4557件，其中受理刑事案件395件，结案3233件，刑事案件发案率下降33.5%，发生信访总量1161户次，比上年下降11%。受理国家、省、市三级交办信访案件163件，区自立信访案件113件，网上及邮件252件，复查复核信访事件16件，信访事项及时受理率99.5%，按期答复率100%，满意度96.4%，全区312个村无信访案件，无群众性事件、无安全事故、无非法组织、无治安案件、无刑事案件，“六无”创建达标率64.5%，比上年上升9个百分点。全年查获各类交通违法行为27.86万起。其中现场简易处罚5.81万人次，非现场处理21.94万起，开具违法处理通知书等1002次，车辆管理所被公安部命名为全国优秀县级车管单位。投资40万元，在全区483个村、居实施“民调通”，在乡镇建立人民调解工作信息化平台，第一时间详细掌握纠纷信息、数据和矛盾纠纷隐患，全年排查矛盾纠纷4457余件，调处各类矛盾纠纷4389件，未发生一起因调解不及时引发的矛盾激化民转刑案件，被评为全国法治县（区）创建活动先进单位和全国法治宣传教育先进区。

建置沿革

【地理位置】唐山市丰南区位于河北省东部沿海平原、唐山市南部。地理坐标为北纬39°11′59″～39°39′28″，东经117°51′43″～118°25′28″。南临渤海，海岸线长19.2千米；北靠唐山市丰润区、路南区；东邻唐山市开平区、滦南县、曹妃甸新区；西与天津市滨海新区、宁河县毗连。南北距50千米，东西距48千米，总面积1305.36平方千米。西距首都国际机场186千米、天津港68千米；东距秦皇岛港150千米、京唐港70千米；东南距曹妃甸港30千米，北距唐山三女河机场10千米。其地域是沿渤海和环京津双重经济圈腹地，是连接东北、华北和联系东北亚的重要枢纽。

【历史沿革】丰南称谓，始于1946年。是年，丰南县组建，因在丰润之南，故名。丰南置县时间虽短，但县地历史悠久。早在新石器时代就有人类在这里繁衍生息。商代属孤竹国、周朝属燕国。秦朝、汉朝属右北平郡。隋朝属卢龙县和无终县。唐朝属玉田和石城县。明朝、清朝时期属丰润县和滦州。民国三十五年（1946年）建丰南县。1954年7月撤销丰南建置，与丰润合并，统称丰润县，县政府机关驻地胥各庄（今丰南城区）。1961年6月，恢复丰南县建置，丰南县属唐山地区行政公署。1983年5月，撤销唐山地区行政公署，实行市管县，丰南县属唐山市。1988年3月被国务院确定为沿海开放县。1994年4月，撤销丰南县，设立丰南市（县级），以原丰南县行政区域为丰南市行政区域，属唐山市管辖。2002年8月，撤销丰南市，设立唐山市丰南区。

【行政区划】1983年5月，撤销唐山地区行政公署，实行市管县，丰南县属唐山市。

1984年5月10日至11月26日，陆续撤销稻地乡、宣庄乡、柳树瞿阝乡，设立稻地镇、宣庄镇、柳树瞿阝镇。1986年5月19日，撤销大新庄乡、小集乡、王兰庄乡、唐坊乡，设立大新庄镇、小集镇、王兰庄镇、唐坊镇。1988年11月，撤销兰高庄、高庄子乡，并入胥各庄镇；撤销刘唐保乡，并入稻地镇；撤销宋家营乡，并入小集镇；撤销西河乡，并入柳树瞿阝镇；12月23日，撤销侉子庄乡、黑沿子乡，设立侉子庄镇、黑沿子镇。1991年3月6日，撤销辉坨乡，并入小集镇；4月，撤销西葛各庄乡，设立西葛镇；11月2日，撤销宣庄镇、董各庄乡、黄各庄乡，合并设立黄各庄镇。1992年11月10日，撤销大佟庄乡、爽坨乡，并入大新庄镇；撤销五里屯乡、李毫子庄乡，并入钱营镇；撤销毕武庄乡，并入王兰庄镇。1994年5月30日，撤销侉子庄镇，设立（更名）银丰镇；11月25日，撤销老王庄乡，设立（更名）滨海镇。2004年11月11日，撤销胥各庄镇、银丰镇，合并设立丰南镇。2006年3月，滨海镇整体划入南堡开发区管理；11月2日，撤销大齐各庄乡，设立大齐各庄镇。2009年6月3日，丰润区岔河镇南赵庄、萝卜坨和沙窝新庄三个村整体划转丰南区丰南镇管理。2013年7月，钱营镇所辖的大陈庄、大张各庄、王官屯、鲁庄子、王庄子、谢马庄、惊马林、小营、西五里屯、中五里屯、东五里屯11个行政村托管到开平区越河镇管辖。2014年1月，稻地镇由路南区托管，丰润区岔河镇由丰南区托管（2013年12月31日，唐山市组织丰南区、路南区、丰润区等部分区域辖区调整托管移交签署协议）。是年，稻地镇划归路南区管辖。2016年，全区辖12个镇、3个乡、1个街道办事处，即丰南镇、黄各庄镇、小集镇、钱营镇、大新庄镇、黑沿子镇、大齐各庄镇、西葛镇、柳树瞿阝镇、唐坊镇、王兰庄镇、岔河镇、东田庄乡、南孙庄乡、尖字沽乡、胥各庄街道办事处。

自然环境

【地质地貌】丰南区位于华北地层区的燕山分区，唐山小区的东南部。区内被巨厚的新生界松散地层所覆盖，境内地层由老至新发育为元古界、古生界、新生界。所处大地构造位置恰居燕山沉降带与华北大凹陷接合部位。两者以昌黎大断裂分割开来，均属于中朝地台上的两个Ⅱ级构造单元。骨干构造由开平向斜、卑子院背斜和昌黎大断裂所组成。

丰南区属于冀东滨海平原。地势东北高西南低，黄海高程在1.5～25米之间。地面坡度1/8000～1/12000。地貌成因受燕山构造运动和渤海海相沉积的影响，形成构造堆积冲洪积平原和滨海低洼平原。境内地貌参照成因，按外观形态分类，可分为五种类型：平原，分布在大佟庄、杨家泊一线以北，兰高庄、高先甸一线以东地区，总面积524平方千米，占全区总面积的1/3。黄海高程在3～25米之间，绝大部分为倾斜平地，间有缓岗和沙丘。低洼，分布在唐坊、柳树瞿阝广大地区及大佟庄西南、兰高庄、侉子庄以西部分地区，为潟湖性洼地，即“海退地”。总面积729平方千米，占全县总面积的46.5%，地面海拔高程一般为1.5～3米。主要洼淀有草泊水库和油葫芦泊水库，两个水库面积80.8平方千米。海岸带，系渤海沿岸滩涂的潮上带。海岸线长19.2千米，海岸以上是基本上没有植被的盐碱滩涂，主要分布在汉南铁路附近及以南地带，面积315平方千米，占总面积的20.1%（其中南堡盐场为271平方千米）。黄海高程0.9～1.5米。河口，涧河口：为陡河及西排干入海口。在城南30千米处。陡河经涧河村东向南，西排干经涧河村向南，在防潮闸下汇入陡河后入海。河口地处渤海湾西北部，陡河防潮闸下入海尾闾，为人工开挖疏通，呈狭长形，长2700米，宽27米，水深0.5～4.5米，为泥质河口。黑沿子河口：在城南偏东36.5千米处，沙河1962年由草泊向南至黑沿子村经人工开挖直流入海，1974年开挖沙河入海路，与黑沿子排干交汇，河口拓宽，长2500米，宽160米，呈狭长形。水深0.5～3米，为淤泥质。沿海沙脊（白马岗），黑沿子河口海面东南20千米处，海面有一个似露非露的沙岗，四周水深，海水受风和潮流的影响拍打在岗上泛起一片片白花，好似万匹白马奔驰，故名白马岗。呈长条形，走向西北～东南，长11.1千米，宽1.9千米，面积20平方千米。低潮时水深在0.2～2米之间，为硬沙贝质。白马岗沙脊，为半日潮汐，每天两涨两落，涨潮时被海水淹没，落潮时最浅处能露出水面。

【气候】 丰南区属暖温带半湿润季风型大陆性气候，气候温和，四季分明，季风性强，无霜期较长。2016年，年平均气温12.8摄氏度，较常年（11.6摄氏度）偏高1.2摄氏度，属显著偏高年份；年降水量为626.1毫米，较常年（573.0毫米）偏多9%，属正常年份。年平均风速2.5米/秒；无霜期211天，无霜初日为3月27日，有霜初日为10月24日。

【温度】 2016年，年平均气温12.8摄氏度，较常年(11.6)摄氏度偏高1.2摄氏度，属显著偏高年份。月平均气温最高的是7月份，为26.8摄氏度；月平均气温最低的是1月份，为-5.9摄氏度。极端最高气温35.6摄氏度，出现在6月26日；极端最低气温-20.5摄氏度，出现在1月23日。年平均地面温度15.5摄氏度，月平均地面温度最高的是7月份，为30.8摄氏度；月平均地面温度最低的是1月份，为-5.5摄氏度。极端最高地面温度63.4摄氏度，出现在6月2日；极端最低地面温度-17.4摄氏度，出现在1月19日。

【降水】 2016年，全年降水量626.1毫米，较常年（573.0毫米）偏多9%，属正常年份。其中，6月、8月、10月和11月较常年偏多；2月较常年异常偏多；1月、7月和12月与常年基本持平；3月较常年异常偏少；4月较常年显著偏少，5月、9月偏少。降水空间分布不均，西部降水偏少，东北部降水较多。

【水文】 地表水：境内河流较多，属海河流域。流域面积1265.8平方千米，河流总长392.97千米。河道（网）密度0.25千米每平方千米，径流总量1.08亿立方米。一级河道主要有沙河、陡河、西排干、黑沿子排干、津唐运河、小戟门河、还乡河等，总长208.84千米；二级河道主要有煤河、龙湾河、老牛河、岳家河、幸福河等35条，总长184.13千米。地下水：境内地下水层与地形地貌密切相关，地下水方向随地形自东北向西南水流坡度逐渐变缓。东北部的五里屯、大齐各庄、刘唐保一带为0.6‰，其余地区一般在0.3～0.8‰之间。按水文、地质情况全区地下水分三个水文区。即蓟滦冲积扇区，位于咸淡水分界以北，西起油葫芦泊水库，向东经侉子庄、越支、大佟庄一线以北，总面积514.7平方千米；滨海低平原区，位于西南部，咸淡水分界线以南，汉南铁路以北，面积730.8平方千米；滨海沼泽区，位于沿海汉南铁路以南，面积51.5平方千米。20世纪80年代以后，由于局部地下水开采强度过大，形成胥各庄漏斗区和老王庄漏斗区，漏斗区改变地下水流向，由漏斗边缘向漏斗中心运动。胥各庄漏斗区，大体范围东至王家河，南至杨贵庄，西至么家泊，北与唐山郊区漏斗相连，面积70平方千米，中心水位达34.51米，年下降2.5米。老王庄漏斗区，位于东田庄至老王庄一带，面积490平方千米，是整个汉沽－南堡漏斗区一部分，东田庄－李富庄－老王庄一带水位最低，年平均下降1.6米左右。漏斗中心水位埋深及面积逐年加深和向外扩展。

【土壤】 境内土壤母质属于第四纪沉积物组成，主要类型有：冲积物，分布在东部、西部、中部，面积较广泛；冲积—沉积物，集中分布在西南部的泻湖滨海洼地；海相淤泥，集中分布在境内滨海地区；洪积－冲积物，主要分布在境内北部。境内土壤表面质地，受母质与河流的影响，由东北往西南逐步黏重，形成东部沙质，中部壤质，西南部粘质的状况。土壤类型，境内土壤共分为4个土类，即褐土、潮土、沼泽土和盐土。细分为10个亚类，即草甸褐土地、潮土、褐化潮土、盐化潮土、湿潮土、盐化湿潮土、草甸沼泽土、沼泽土、滨海盐土、滨海草甸盐土，16个土属及54个土种。土壤养分，自20世纪80年代初到21世纪初期，境内不同土壤类型、亚类及土壤不同质地的养分变化和耕层土壤有机质含量、全氮含量、有效磷含量、速效甲含量的变化情况都不同。土壤类型养分变化，褐土类型的有机质含量、全氮含量略有降低，有效磷含量、速效钾含量略有增加；潮土类型、沼泽土类型、盐土类型的有机质含量、全氮含量、有产磷含量均有不同程度的增加；潮土类型、盐土类型的速效钾含量呈现明显的降低趋势，沼泽土类型的速效钾含量变化不很明显。亚类土壤养分变化，草甸褐土的有机质含量、全氮含量均有不同程度的降低，有效磷含量、速效钾含量则均有不同程度的提高，但提高的幅度不大。潮土、褐化潮土、盐化潮土、湿潮土、盐化湿潮土、草甸沼泽土、沼泽土、滨海盐土、滨海草甸盐土的有机质含量、全氮含量、有效磷含量均有不同程度的提高，潮土、褐化潮土的速效钾含量变化不大，而盐化潮土、湿潮土、盐化湿潮土、草甸沼泽土、沼泽土、滨海盐土、滨海草甸盐土的速效钾含量则均有不同程度的降低。不同质地土壤养分变化，沙质土壤的有机质、全氮、速效钾没有明显变化，有效磷有一定提高。沙壤质土壤的有机质、全氮呈递增趋势，但增加不很明显，有效磷有明显的增加，速效钾变化呈递减趋势，但递减不明显。轻壤质土壤、中壤质土壤、粘质土壤的有机质、全氮、有效磷、呈明显的递增趋势，速效钾呈递减趋势。耕层土壤养分变化，除丰南镇、钱营镇的耕层土壤有机质含量、全氮含量有所降低外，其它乡镇的耕层土壤有机质含量、全氮含量有所降低外，其它乡镇的耕层土壤有机质含量、全氮含量均有不同程度的提高。而耕层土壤有效磷含量各个乡镇均有不同程度的提高，耕层土壤速效钾的含量除大齐镇、小集镇变化不明显外，其他乡镇的耕层土壤速效钾含量均有不同程度的提高。耕层土壤有机质变化，从20世纪80年代初到21世纪初期，耕层土壤有机质的变化是不断递增的过程，到2004年有机质含量小于六级的已经没有；与20世纪80年代初比较，有机质含量处于五级的地块面积减少2615.94公顷，减少5.23%，四级的减少1.48万公顷，减少29.59%，三级的增加1.81万公顷，增加36.11%。耕层土壤全氮变化，耕层土壤全氮含量总的趋势是不断递增的，但个别地块也有减少的。21世纪初期与20世纪80年代初比较，全氮含量处于六级的面积增加1.60万公顷，增加1.09%，五级的面积减少1545.74公顷，降低3.09%，四级的面积减少1.30万公顷，降低25.94%，含量三级的面积增加1.35万公顷，增加27.03%，二级的面积增加2603.14公顷，增加5.21%。耕层土壤有效磷含量变化，耕层土壤有效磷含量的变化是不断增加的趋势。21世纪初期与20世纪80年代初比较，土壤有效磷含量处于五级的面积减少2573.18公顷，降低5.51%，四级减少9580.67公顷，降低19.16%，三级的增加1.22万公顷，增长24.38%，二级的减少9.3公顷，降低0.02%。耕层土壤速效钾含量变化，耕层土壤速效钾含量变化趋势是处于一、二级水平的速效钾含量有所降低，处于三、四级水平速效钾含量有所增加。总体趋势是土壤速效钾含量有所降低，21世纪初期与20世纪80年代初比较，速效钾含量处于四级水平的地块面积增加2177.65公顷，增加4.35%，三级的增加381.48公顷，增加0.77%，二级的地块面积减少738.60公顷，降低1.48%，一级的减少680.15公顷，减少1.36%。

自然资源

【土地资源】2016年，唐山市丰南区

2016年地面温度情况表

月份	月平均地面温度（摄氏度）	日最低≤0.0摄氏度日数（天）	极端最高地面温度（摄氏度）	出现日期	极端最低地面温度（摄氏度）	出现日期
1	-5.5	31	15.8	31	-17.4	19
2	0.3	28	23.4	27	-15.5	2
3	11.2	19	46.0	30	-7.3	10
4	20.5	–	55.0	30	1.0	8
5	26.1	–	59.9	29	5.1	13
6	30.0	–	63.4	2	12.4	2
7	30.8	–	61.3	13	18.3	2
8	29.2	–	54.9	31	13.9	26
9	26.0	–	57.8	6	6.5	29
10	14.7	2	44.3	3	-1.5	31
11	4.0	20	23.7	8	-6.3	(23.24日)2天
12	-1.2	31	11.3	1	-12.0	29

渤　海

土地总面积 12.88 万公顷。农用地面积 8.81 万公顷，其中耕地 5.98 万公顷、园地 373.40 公顷、林地 2513.95 公顷、其他农用地 2.54 万公顷；建设用地面积 2.56 万公顷，其中居民点及工矿用地 2.18 万公顷、交通运输用地 2527.11 公顷、水利设施用地 1303.18 公顷；未利用地 1.51 万公顷。

【矿产资源】 2016 年，境内未发现金属矿产，但非金属矿资源丰富，有矿产 11 种。能源矿产 4 种：煤炭、石油、煤层气、地热；非金属矿产 4 种：泥炭、耐火粘土、建筑用沙、牡蛎壳矿；水气矿产 3 种：矿泉水、地下卤水、地下水。这些矿物资源中，煤炭资源不但丰富，而且工业品味高，平均品味 7923 ～ 8163 大卡。煤种主要有肥煤、气煤、气肥煤、精煤 4 种，其中肥煤储量 8 亿吨。煤层气储量丰富，浓度高。地热水温高达 93 度。地下卤水在唐山地区是浓度最高的，用于制盐，单产可提高 2.5 倍。

【海洋资源】 2016 年，丰南区管辖海域面积 185.32 平方千米，海岸线长 19.23 千米，岸线类型属于淤泥质海岸。管辖海域内主要有对虾、皮皮虾、海蜇、毛蚶、章鱼、海蟹等资源。涧河、黑沿子附近海域地处渤海湾湾顶，是涨潮流的汇合区，海积作用明显，滩涂广阔。海域营养盐丰富，受陆源污染物影响，近岸海水环境质量较差，由岸向海依次为 4 类～ 2 类质量用水，主要污染物为无机氮。筹建中的丰南港区位于黑沿子沙河口至陡河口之间。初步修订完成《唐山港总体规划》，明确说明丰南港区的岸线使用、功能定位等方面。岸线功能：明确丰南港区所属黑沿子沙河口至洒金坨插网铺港口岸线 19.2 千米为规划港口岸线。港区功能：规划唐山港将形成以曹妃甸港区、京唐港区为核心，丰南港区为补充，分工合作、协调互动、共同发展的总体发展格局。其中丰南港区为新建港区，未来将发展成为唐山港的重要补充，将为后方冶金、装备制造等临港产业服务，发展成为区域综合运输服务的综合性港区。

【水资源】 2016 年，根据《唐山市丰南区水资源十三五规划》数据，全区多年平均水资源总量 1.67 亿立方米，可利用总量 1.67 亿立方米，其中地表水资源总量 0.69 亿立方米，可利用量 0.69 亿立方米；地下水资源总量 0.98 亿立方米，可利用 0.98 亿立方米。

【生物资源】 生物资源包括野生植物、野生动物。野生植物包括芦苇、野生饲草、野生药材和蒲草。其中野生饲草主要有次质芦苇、碱芦、羊草、野婢子、狗尾巴草、马唐（蔓子草）、马绊草、白茅草、三楞草、莎草、野豌豆、野绿豆、草苜蓿等。野生饲草主要分布在南部低洼地区的荒滩、河套、堤埝、河边、路旁、地头等处。另外适合猪、鱼、鸡的青饲料有油蒿、艾蒿、蒲公英、苦麻菜、曲麻菜、刺儿菜、车前草、小旋花、马齿苋、野苋菜、律草、大红蓼、扫帚芽、落黎、黄蓿菜、野菱、鸡头米、浮萍、紫叶浮萍、四叶萍、槐叶萍、虾藻、柳叶藻、茨藻、松叶藻等；野生药材常见的有蛇床子、益母、车前、泽泻、葛蒲、蒲黄、红蓼、白茅根、芦根、平夏、泽兰、香菇、地黄、小蓟、大蓟、枸杞、沙参、菊花、桑叶、苍耳等。

野生动物包括鸟类、兽类、爬行类、鱼类及其他。鸟类常见的有麻雀、鹌鹑、乌鸦、喜鹊、斑鸠、啄木鸟、猫头鹰等；偶见的有鹰、鹞子、野鸭、鹭鸶等；春、夏、秋常见的候鸟有燕子、大雁、布谷鸟、红脖、翠鸟、黄鹂、黎雀、杜鹃、白天鹅、鹳等。兽类偶见狐狸、獾等。爬行类有蛇、蜥蜴、壁虎、蜗牛、蜈蚣、蚰蜒、蝎子、蜘蛛、蚯蚓等。鱼类主要有鲤鱼、鲫鱼、白条、鲢、鲂、麦穗、鲶鱼、泥鳅、鲇鱼、黑鱼、草鱼等。其他常见的有老鼠、黄鼬、野兔、刺猬、蝙蝠、青蛙、蟾蜍、田螺、蚕、蜜蜂、蝗虫、蟋蟀、螳螂、瓢虫、鳖、河蚌、虾、蟹、贝等。

自然灾害

【气象灾害】 2016 年，7 月 19 日 20 时至 21 日 07 时，出现暴雨天气，全区平均降水量 139.5 毫米，南孙庄乡最大，降水量达 171.2 毫米。此次降雨，使东田庄乡、王兰庄镇、岔河镇等 3 个乡镇 1.52 万人受灾，农作物受灾面积 2737.3 公顷，经济损失 1051.7 万元；损坏房屋 10 户，房屋倒塌一间半，厢房倒塌三小间，经济损失 23.5 万元。此次灾害共造成直接经济损失 1075.2 万元。8 月 12 日 12 时 55 分至 17 时 25 分，出现降雨天气，部分地区出现短时强降水，过程雨量达到暴雨量级。全区平均降水量 48.1 毫米，钱营镇最大，降水量达 90.8 毫米。此次降雨，柳树瞿阝镇 300 人受灾，农作物受灾面积 23.3 公顷，造成直接经济损失 28.8 万元。

【生物灾害】2016 年，全区主要农作物病虫害发生较重，发生面积 23.2 万公顷（次），其中小麦病虫草害 4.23 万公顷（次），玉米病虫草害 4.87 万公顷（次），棉花病虫草害 2.8 万公顷（次），水稻病虫草害 2.57 万公顷（次），花生病虫草害 1.33 万公顷（次），蔬菜病虫草害 7.27 万公顷（次），夏、秋蝗发生面积 0.13 万公顷（次）。其中，小麦蚜虫、小麦草害、玉米蓟马、花生根茎腐病、小麦吸浆虫等中等发生，农田鼠害、三代粘虫轻度偏重发生。全区防治面积 18 万公顷（次），防治面积 77.6%，创历史新高。

人口居民

【居民总量】2016 年末，丰南区总户数 14.68 万户，总人口 53.26 万人，与 2015 年比，总户数减少 506 户，总人口增加 2878 人。

【居民分布】2016 年，丰南区人口密度为 406 人每平方千米。其中，城镇人口 18.94 万人，占 35.6%，乡村人口 34.33 万人，占 64.4%。

【居民构成】性别构成 :2016 年全区总人口中，男性 26.78 万人、女性 26.48 万人，男女性别比为 1.011:1。年龄构成 :2016 年全区总人口中，0 ～ 17 岁 9.76 万 人、18 ～ 34 岁 12.49 万人、35 ～ 59 岁 19.99 万人、60 岁及以上 11.02 万人。

【人口变动】自然变动 :2016 年，全区出生人口 6778 人，比上年增加 1760 人；死亡 2987 人，比上年减少 713 人；自然增加 3791 人，比上年增加 2473 人。迁出迁入：省内迁入 1983 人，省外迁入 662 人；迁往省内 1869 人，迁往省外 1689 人，净迁出 913 人。

（田昌海）

国民经济和社会发展统计公报

2016 年，全区上下在市委、市政府和区委、区政府领导下，坚持稳中求进工作总基调，应对和化解各种困难挑战，全力以赴稳增长、调结构、促改革、治污染、惠民生，经济社会发展保持稳中有进、稳中向好态势。

一、综合经济

全年完成地区生产总值 619.4 亿元，按可比价计算，比上年增长 6.9%。其中：第一产业增加值 48.34 亿元，增长 2.0%; 第二产业增加值 359.5 亿元，增长 6.9%; 第三产业增加值 211.48 亿元，增长 8.0%。三次产业结构由上年的 7.7:60.5:31.8 调整为 7.8:58.0:34.2。

二、农林牧渔业

全区拥有农用机械总动力 53.2 万千瓦，农村用电量 36.2 亿千瓦时，乡村从业人员 25.12 万人。全年完成农林牧渔业总产值 77.7 亿元，比上年增长 2.2%。种植业，粮食亩产 444.6 千克，比上年增加 10.1 千克；油料亩产 272.2 千克，比上年增加 38 千克。畜牧业，年内牛出栏 1.4 万头、猪出栏 50.7 万头、羊出栏 3.9 万只、家禽出栏 599.3 万只；年末奶牛存栏 2.1 万头、猪存栏 29.4 万头、羊存栏 4.2 万只、家禽存栏 220.8 万只。渔业，全区水产养殖面积 4010 公顷，其中海水养殖面积 702 公顷、内陆养殖面积 3308 公顷。

2016 年主要农业产品产量及其增长速度

产品名称	单位	2016 年	比上年增长 %
粮食	吨	246138	0.1
夏收粮食	吨	53263	0.3
秋收粮食	吨	192875	0.0
油料	吨	30188	27.5
棉花	吨	10397	-0.7
蔬菜	吨	1703607	0.0
瓜果	吨	13130	-5.8
肉类	吨	49796	2.3
奶类	吨	79584	7.9
禽蛋	吨	14360	15.0
水产品	吨	73050	-5.0
海水产品	吨	15360	-33.0
内陆产品	吨	57690	7.0

三、工业和建筑业

规模以上工业企业167家，完成总产值1552亿元，比上年增长5.6%；增加值332亿元，比上年增长7.3%；实现利润39.3亿元，比上年增长185.0%。规模以上工业用电量89.5亿千瓦时，比上年增长1.2%。六大行业中，钢铁行业增加值136.6亿元、陶瓷行业增加值12.1亿元，比上年分别下降7.1%、5.1%；装备制造业增加值129.7亿元、化工行业增加值19.2亿元、食品行业增加值6.0亿元、特种线缆行业增加值3.7亿元，比上年分别增长8.7%、4.2%、5.4%和1.2%。

全区资质以上建筑企业23家，总资产17.3亿元。全年完成建筑业产值7.7亿元，比上年下降28.2%。年内房屋施工面积46.6万平方米，竣工面积29.4万平方米。

2016年规模以上工业主要工业产品产量及其增长速度

产品名称	单位	2016年	比上年增长%
原盐	吨	36000	—83.8
饮料	吨	24254	—1.1
饮料酒	千升	288153	—5.7
焦炭	万吨	195.4	—2.2
合成橡胶	吨	26755	26.8
卫生陶瓷	万件	1748.3	—3.3
生铁	万吨	1487.3	0.0
粗钢	万吨	1473.5	0.0
钢材	万吨	1800.6	—0.3
电力电缆	千米	124419	13.0
发电量	万千瓦时	172725	—10.8

四、固定资产投资

全社会固定资产投资完成320.7亿元，比上年下降9.20%。其中固定资产投资318.9亿元，下降7.3%。在固定资产投资中：第一产业投资16.0亿元，增长79.6%；第二产业投资201.5亿元，增长2.7%；第三产业投资101.5亿元，下降26.9%。

五、国内贸易业

全年社会消费品零售总额191.6亿元，比上年增长10.1%。其中：批发业14.0亿元，增长3.9%；零售业162.0亿元，增长10.3%；住宿业1.2亿元，增长7.5%；餐饮业14.3亿元，增长14.9%。限额以上企业51家，零售额14.7亿元，增长10.4%。

六、财政金融

全部财政收入完成55.0亿元，比上年增长8.2%，其中：一般公共预算收入31.5亿元，比上年增长8.3%，占全部财政收入的比重57.3%，比上年提高0.1个百分点。一般公共预算支出45.7亿元，比上年增长11.5%。

截至2016年末，全区金融机构各项存款余额484.7亿元，比年初增加16.9亿元，其中储蓄存款349.7亿元，增加28.0亿元。金融机构各项贷款余额203.2亿元，减少1.1亿元。存贷比41.9%，比年初下降2.6个百分点。

七、对外开放

全区进出口总额15.2亿美元，比上年下降11.6%。其中进口额8.5亿美元，下降16.4%；出口额6.7亿美元，下降4.7%。

全年实际利用外资1.7亿美元，比上年下降8.2%。

八、教育和科技

年末拥有各级各类学校134所，在校生7.66万人，教职工6626人，其中专任教师4809人。普通中学在校生1.7万人，增长0.5%。小学在校生3.3万人，下降0.5%。幼儿园在园幼儿1.28万人，下降21.3%。九年义务教育巩固率99.3%，高中阶段教育毛入学率96.1%。

科技方面，新增高新技术企业4家、新认定科技型中小企业110家，总数分别16家和316家。共承担上级科技计划项目10项，争取上级科技专项资金支持565万元，拉动企业科研投资5887万元。全年专利申请量266件、专利授权量230件，比上年分别增长-1%和29.2%。

九、文化、体育和卫生

全区共有文化馆1个、图书馆1个、街道综合文化站1个、乡镇文化站15个、村级多功能活动厅159个、村级文化广场444个，文化信息资源共享工程乡镇服务点、村级服务点、“农家书屋”实现全覆盖。

全区拥有青少年体育活动中心1个、休育馆1座、乒乓球馆1座、室外游泳池1个。建有业余体育运动学校、乒乓球俱乐部、青少年乒乓球运动学校和拳击散打运动学校；建有体育总会，并有乒乓球协会等14个体运动协会。

全区各类卫生机构27所，其中二级甲等医院2所，乡镇卫生院15所，卫生监督所、疾病预防控制中心、妇幼保健院、计划生育服务站各1所，

运河唐人街　　李秀清　摄

社区卫生服务中心（站）6所。另有规范化建设达标的村级卫生室439个。卫生机构床位1275张、卫生技术人员1780人。

十、交通与城市建设

全区公路通车总里程1345.6千米。其中：有沿海、长深、唐津、唐曹、唐港5条高速公路，境内总里程95.2千米，有205、112国道2条，境内总里程39.3千米；省道90.7千米、县道121.7千米。2016年，重点推进于唐线改建、于唐线大修、邱柳线大修、范董线大修等四项工程；完成世园会道路改建项目3项，总里程8.8千米；美丽乡村建设道路硬化项目14项，总里程13千米，为加快城乡客运一体化进程，新建候车亭60座、招呼牌122个，更新候车亭8座。

城区道路总里程128千米，市政排水管网总长256千米，供水管网总长110千米，供热管道总长102千米，燃气管道总长296千米。自来水普及率、集中供热普及率、燃气普及率、污水集中处理率分别100%、99%、96%和98%。城市公交线路13条。建成区公园绿地面积170万平方米，绿地率40.4%，绿化覆盖率41.9%。

十一、人口、人民生活和社会保障

年末全区总户数14.68万户，户籍总人口53.26万人，比上年末增加2878人，其中城镇人口18.94万人。年内出生人口6778人，出生率12.7‰，死亡人口2987人，死亡率5.6‰，人口自然增长率7.1‰；迁入人口2645人，迁出人口3558人。

全区在岗职工平均工资49072元，比上年增长0.9%；农村居民人均纯收入14696元、城镇居民人均可支配收入34357元，分别比上年增长8.2%和8.4%。农村居民人均消费性支出11488元，增长8.5%；城镇居民生活消费支出22498元，增长8.3%。农村居民和城镇居民的食品支出占生活消费支出的比重（恩格尔系数）分别26.3%和22.3%。年末农村居民人均住房面积25.09平方米，城镇居民人均住房面积38.07平方米。

城乡居民养老保险覆盖26.77万人，参保率97%，企业职工养老保险新增5789人，覆盖14.2万人，企业、机关事业单位离退休人员养老金社会化发放率100%。城镇登记失业率控制在3.5%以内，非师范类大专以上高校毕业生就业率91.7%。全区城镇低保标准由每人每月500元提高到550元，农村低保标准由每人每年3550元提高到3912元。全区“五保”供养对象集中供养率96%。

（褚秀芝）

中共丰南区委员会

ZhongGong FengNanQu WeiYuanHui

责任编辑：董振荣

综述

2016 年，中共唐山市丰南区委员会，全面贯彻中共十八大和十八届三中、四中、五中、六中全会及习近平总书记系列重要讲话精神，牢固树立政治意识、大局意识、核心意识和看齐意识；准确认识新常态，适应新常态，引领新常态，坚持创新、协调、绿色、开放、共享发展理念；把握“转变观念、精准发力、合力攻坚、逆势突破”总基调；全力推进稳增长、调结构、促改革、惠民生、保稳定各项工作，全区经济社会呈现稳中有进、稳中向好的态势。

【产业聚集和转型升级】 2016 年，丰南区全力加快“一港三区”开发建设。唐山港丰南港区正式大规模开发建设；规划总面积 160 平方千米的丰南经济开发区、临港经济开发区和小集经济开发区三个省级开发区，聚集企业 250 余家，年内完成固定资产投资 156.8 亿元，同比增长 4.6%，规模以上工业增加值 235.15 亿元，同比增长 9%，分别占全区的 56.3% 和 70%；以 PPP 模式成功引入葛洲坝集团，投资 41 亿大规模实施临港经济开发区建设。全力加快项目建设。以“一港三区”为主战场，大力发展基地化、链条化为重点的钢铁、陶瓷、装备制造、特种线缆、精细化工、食品加工、新材料、信息等八大产业板块，总投资 380 亿元的纵横钢铁项目签约落地，惠达卫浴技改、瑞丰精密冷轧、梦牌瓷业扩建等一批技改项目，完成投资 642 亿元，引进兴建东方雨虹防水材料、凯业智慧交通、凯伦新材料等一批新兴产业项目，开发以旅游、建筑房地产、现代物流、金融服务、网络信息和健康养老等产业为主的城市经济，实施荣盛未来城、中进汽贸城、国盛商贸城等项目，产业结构得到进一步优化。大力推进节能减排。投资 37.7 亿元实施节能减排项目 466 项，压缩炼铁产能 65 万吨、炼钢产能 130 万吨，去产能工作走在全市前列，圆满完成省、市下达的节能减排目标任务，采取边去产能边调整产品结构的措施，推进钢铁产业转型升级，实现钢铁行业减产不减效。推进大众创业万众创新。制定出台一揽子激励政策和措施，加大政策引导和金融扶持力度，新增高新技术企业 4 家，累计高新技术企业 16 家，新增科技型中小企业 110 家，累计科技型中小企业 316 家。

【全域城镇化实施】 2016 年，丰南区抓住唐山市主城区南移重大机遇，推进全域城镇化，全区常住人口城镇化率 55.25%。高标准制定城乡规划。对全区城乡发展空间布局通盘考虑，编制出全区战略规划和镇村空间规划，“一主两副带多星”的城镇体系架构初步形成；推进城镇建设。全区投入城建资金 309.49 亿元，完成 11 个城中村拆迁改造，同步实施道路、供电、供热、给排水和园林绿化等基础设施建设；启动新一轮城市搬迁改造，西城区棚户区改造一期征收工作圆满完成；南孙庄乡新民居一期工程主体完工；钱营、黄各庄、小集等特色小城镇建设，城镇功能进一步完善。推进美丽乡村建设。发展现代农业，农业产业化经营率 72%，村庄“四清四化”（清垃圾、清杂物、清残垣断壁、清危房，绿化、美化、亮化、净化）、院内“三改两化”（改居、改水、改厕，美化、净化）和村民中心、多功能大厅建设等实事工程实现突破，建成区级美丽乡村重点村 180 个（其中省级美丽乡村重点村 43 个），位于全市前列；村务工作规范化建设实现良好开局，4 个区级试点村、30 个乡镇级试点村和全区 30% 的标准村创建工作稳步推进，初见成效。

【创新社会管理】 2016 年，丰南区实现农村基层组织“四个覆盖”。全区 444 个行政村实现基层党组织、村级民主组织、农村经合组织、农村维稳组织全覆盖。创建“六无”村（居）。全区有 312 个村（居）无信访案件，无群体性事件，无安全事故，无非法组织，无治安案件，无刑事案件，“六无”村（居）创建率 64.5%，同比上升 9 个百分点。社区网格化管理。城区社区推行管理网格化、服务模式化管理，启动农村网格化管理试点工作，并初见成效。完善社会治安立体化防控体系。全面推行“视频 + 实兵”巡控模式，在实现城区视频监控全覆盖的基础上，投资 2000 余万元，实现农村视频监控全覆盖，镇、村两级视频监控联网运行。探索推行调解组织专业化、调解队伍职业化“两化模式”。在全市率先挂牌成立 3 个“个人调解工作室”，调整设立 12 个专业化调解组织，实现重点领域矛盾调处全覆盖，人民调解“两化”模式走在全国前列。

【全民素质培育工程】 2016 年，丰南区在全区范围内开展社会主义核心价值观、社会道德、劳动技能、民主法治、卫生健康“五种”教育，实施农村、社区、机关、校园、企业、廉政“六大”文化，推行讲堂建设网格化、培育活动项目化、典型选树培育教育常态化管理。全区投入资金 9369 万元，建成各类大讲堂 875 个，在 179

个村建立多功能讲堂，实现区、镇、村三级讲堂网络化；根据不同培训对象和行业特点，组织编写通俗易懂实用图书教材；建立常态化讲师队伍，组织优秀专业技术人员、离退休老干部、老教师及先进典型人物为专兼职宣讲培训队伍，全区组建各类讲师团196个，选聘讲师1400多名，举办第五次“道德模范”评选活动，评选出道德模范10名，累计评选出道德模范54名，使干部群众心中有标杆、学习有榜样。

【从严治党】 2016年，丰南区在新的历史时期，区委坚持党要管党，从严治党的方略，以创新务实精神加强和改进党的建设。坚持新时期好干部标准，强化领导班子和干部队伍建设，以实干论英雄、看突破论长短的实践观考察干部，坚持能者上庸者让的灵活机制选配班子，全面完成超职数配备干部整治工作。推进干部素质提升工程，29批次赴中央党校等培训乡科级干部1380人。加强基层党组织建设，深入推进基层建设年和农村“红旗”五星党支部争创活动，在全市率先完成软弱涣散基层党组织整顿任务。推进党风廉政建设，认真落实中央“八项规定”，扎实开展“两学一做”学习教育活动和“一问责八清理”（对党的领导弱化、主体责任缺失，管党治党不利、发生严重违纪违法问题的，抓住典型，严肃问责，公开处理。清理超职数配备干部、违规进人问题，清理违规公费出国（境）、公款旅游问题，清理乱收费、乱摊派问题，清理领导干部经商办企业及其亲属利用其职务影响谋取不正当利益问题，清理滞留截留套取挪用财政专项资金特别是涉农资金问题，清理区属企业违规配车、用车问题，清理招标投标不规范、违规出让土地、违反规划调整容积率等问题，清理懒政、怠政、不作为、不在状态问题。）专项行动，建立实施领导干部工作日志、巡视督查、违纪不良行为预警、专项督查和干部作风定量考评等五项制度，实现所有行政权力的网上运转和电子监察，完成省纪委确定的县级纪检监察机构改革试点工作，把纪律和规矩挺在前面，加大执纪和惩治腐败力度，在全区范围内形成风清气正的良好氛围。

区委常委会专题民主生活会　　李福政　摄

中共唐山市丰南区委及工作机构主要领导成员

中共唐山市丰南区委

书　记：王东印
2011年9月—2016年12月
艾　春
2012年12月—

副书记：艾　春
2015年10月—2016年12月
郝志军
2016年12月—
李志龙
2015年10月—2016年12月
孙守廷
2016年12月—

常　委：付占广
2003年4月—
李世庄
2013年12月—2016年12月
尚　兵
2011年9月—
才文举
2008年11月—2016年12月
赵晓梅
2016年12月—
赵立华
2016年2月—
王增典
2016年12月—
郑友东
2016年12月—

（说明：任书记、副书记职务的，其同期所任常委职务时间未再反映）

中国共产党唐山市丰南区纪委检查委员会（监察局）

书　记：李世庄
2013年12月—2016年12月
王增典
2016年12月—

副书记、监察局长：董喜春

副书记：郑立更

中共唐山市丰南区委工作机构

办公室

主　　任：孙守廷

组织部

部　　长：才文举（12月免）
赵晓梅（12月任）

常务副部长：董进宏

宣传部

部　　长：尚　兵

常务副部长：孙海芬

统战部

部　　长：李自学（兼，5 月免）

　　　　　才文举（兼，5 月任）

常务副部长：李德宏

委员会政法委员会

书　　记：付占广（12 月免）

　　　　　郑友东（12 月任）

常务副书记：王成如

委员会区直机关工作委员会

书　　记：毕志安

委员会农村工作委员会

书　　记：王玉林（兼）

常务副书记：安　鑫

编制委员会办公室

主　　任：高卫华

区委党校

校　　长：李志龙（兼）

第一副校长：才文举（兼）

常务副校长：张彦军

党史研究室

主　　任：李　源

丰南区胥各庄街道工作委员会

书　　记：冯立国

丰南经济开发区工作委员会

书　　记：黄俊东

丰南临港经济开发区工作委员会

书　　记：张敬宝

丰南小集经济开发区工作委员会

书　　记：兰绍光

重要会议

【区委全委会议】 2016 年，中国共产党唐山市丰南区召开全委会议 2 次。

8 月 30 日，中国共产党唐山市丰南区第三届委员会第八次全体会议在丰南区行政中心第三会议室召开。全会议题，全额定向推荐新一届党委、人大、政府、政协班子和法检“两长”换届人选；同时推荐区党政正职后备人选；推荐人大政协正职拟提拔人选；推荐班子副职和法检“两长”拟提拔人选；对时任领导班子及其成员、法检“两长”民主测评和民主评议。

12 月 28 日，中国共产党唐山市丰南区第三届委员会第九次全体会议在丰南区行政中心第三会议室召开。全体区委委员、候补委员出席会议。区纪委委员列席会议。全会由区委副书记、代区长郝志军主持。区委书记艾春受全会委托作《关于召开中国共产党唐山市丰南区第四次代表大会的决议（草案）》的说明。全会宣读《中国共产党唐山市丰南区第三届委员会第九次全体会议关于召开中国共产党唐山市丰南区第四次代表大会的决议（草案）》。全会决定，中国共产党唐山市丰南区第四次代表大会定于 2017 年 2 月在丰南大剧院召开。主要议程包括：听取和审查中共唐山市丰南区第三届委员会工作报告；听取和审查中共唐山市丰南区纪委检查委员会工作报告；选举中共唐山市丰南区第四届委员会；选举中共唐山市丰南区纪律检查委员会；选举出席中共唐山市第十次代表大会代表。全会审议推荐 2 名出席党的十九大代表候选人初步人选。全会经过表决，通过《关于召开中国共产党唐山市丰南区第四次代表大会的决议》，通过推荐出席党的十九大代表候选人初步人选。全会号召全区各级党组织和全体共产党员，要以邓小平理论、“三个代表”重要思想、科学发展观为指导，深入学习贯彻习近平总书记系列重要讲话特别是视察唐山重要指示精神，牢固树立政治意识、大局意识、核心意识、看齐意识，统筹推进“五位一体”总体布局，协调推进“四个全面”战略布局，团结动员全区各级党组织、广大党员和干部群众，不忘初心，继续前进，努力夺取全面建成小康社会的新胜利，为建设“经济强区、美丽丰南”而奋斗。

【区委常委会议】 2016 年，中共唐山市丰南区委常委会召开会议 25 次，收录 12 次。

1 月 5 日，区委书记王东印主持召开区委三届 59 次常委（扩大）会议。会议听取国丰公司生产经营及整合重组情况的汇报；听取关于 2015 年环保工作完成情况和 2016 年环保工作谋划及建议的汇报，就需要加快破解的生态文明建设和环境保护重点制约问题协调调度，提出解决对策。

2 月 4 日，区委书记王东印主持召开三届 62 次常委会议。会议研究区人大、政协“两会”，以及综合表彰、农村工作会议等相关事宜。王东印还就做好春节期间安全生产和社会稳定等工作作具体部署。

4 月 21 日，区委书记王东印主持召开三届 66 次常委会议。会议研究召开区城市工作会议事宜，研究《关于在全区党员中开展“学党章党规、学系列讲话，做合格党员”学习教育实施方案》《唐山市丰南区“两学一做”学习教育动员暨组织工作和村务规范化建设会议预案》，研究共青团改革创新工作，研究《部分区委、区政府议事协调机构》。

5 月 31 日，区委书记王东印主持召开三届 69 次常委会议。会议研究区人大常委会《关于听取和审议专项工作报告的暂行规定（草案）》《关于区人民政府、人民法院、人民检察院重大事项实行报告的规定（草案）》《关于开展专题询问的试行办法（草案）》、研究《唐山市丰南区项目帮办实施意见》，研究《唐山市丰南区 2016 年度区委管理的领导班子和领导干部综合考评办法》，研究《关于推进党员“先锋指数”星级管理的实施意见》，听取从优秀村党支部书记中选拔乡镇公务员情况的汇报，听取赴遵化学习考察进京非访依法处置和信访工作机制情况的汇报。

7 月 14 日，区委书记王东印主持召开三届 71 次常委会议。会议传达学习河北省科技创新大会、河北省科协第九次全省代表大会精神，传达《唐山市信访联席办公室关于县级领导干部接访工作中存在有关问题的通知》，传达学习唐山市换届工作推进会精神，研究《中国共产党唐山市丰南区委员会工作规则（讨论稿）》和《唐山市丰南区党委（党组）意识形态工作责任方案（讨论稿）》。王东印还就做好暑期安全生产、学生安全、城乡防汛、8 月份经贸洽谈会筹备、招商项目推进等工作作具体部署。

8 月 18 日，区委书记王东印主

持召开三届73次常委（扩大）会议。会议听取环境保护目标考核及空气质量改善工作情况汇报，研究加强环境保护和改善空气环境质量工作；传达河北省非公企业和社会组织党建工作推进会精神；研究《关于深化土地规划执法体制改革治理违法占地违法建设的意见》。区委副书记、区长艾春就加强环境保护和改善空气环境质量工作讲话。

9月19日，区委书记王东印主持召开三届75次常委（扩大）会议。会议研究全区经济发展主要指标工作；王东印就严肃换届纪律集体谈心谈话；王东印传达河北省委八届十四次全会和唐山市委召开的县（市、区）委书记会议精神，安排部署全区重点工作。会议还研究区工商联换届有关事宜。

11月1日，区委书记王东印主持召开三届77次常委（扩大）会议。会议通过新华联合冶金控股集团投资建设渤海钢铁项目合作方案，研究唐山港丰南港区开工准备等事宜。会上，区委常委、常务副区长郝志军通报渤海钢铁项目相关情况。与会领导就新华联合冶金控股集团投资建设渤海钢铁项目事项讨论，并通过新华联合冶金控股集团投资建设渤海钢铁项目合作方案。区四大班子领导及副县级领导干部，丰南镇、黑沿子镇主要及主管负责人、区直有关单位主要负责人，国丰公司董事长、总经理参加会议。会上，有关部门负责人汇报唐山港丰南港区开工准备情况。

11月9日，区委书记王东印主持召开三届78次常委会议。会议研究《中共唐山市丰南区人大常委会党组关于做好区、乡两级人民代表大会换届选举工作的意见》及《唐山市丰南区区、乡两级人大换届选举工作实施方案（草案）》，区人大办公室作相关说明。会议还研究人事问题。区政协主席高树春，区人大常委会副主任张国庆，区委办、组织部、宣传部负责人以及区人大办公室、编委办公室、广播电视台主要负责人列席会议。

12月1日，区委书记王东印主持召开三届79次常委（扩大）会议。区委常委出席会议。区四大班子其他领导及副县级领导干部，各乡镇党委书记，胥各庄街道党工委书记，区直有关单位主要负责人列席会议。会议学习传达河北省第九次党代会精神，研究贯彻落实意见；观看警示专题片《西式民主怎么了》《西方新闻自由只是传说》；书面学习《关于省委工作报告的决议》《关于省纪委工作报告的决议》《赵克志同志在参加省第九次党代会唐山代表团审议时的讲话》和《人民日报》文章《坚持正确的选人用人导向》；研究《关于组织丰南区第五届道德模范评选活动的报告》；研究《唐山市丰南区第六届人民代表大会初步人选考察工作方案》；研究《唐山市丰南区第六届人民代表大会代表候选人初步人选建议名单》以及人事问题。

12月16日，区委书记王东印主持召开三届80次常委会议。会议研究《唐山市丰南区第六届人民代表大会代表正式候选人建议名单》。区委常委出席会议。区政协主席高树春，区人大常委会副主任张国庆，区委办、组织部、宣传部、统战部、区人大办公室、区政府办公室、广播电视台负责人列席会议。

12月23日，区委书记艾春主持召开三届81次常委会议。区委常委出席会议。区人大常委会副主任张国庆，区政协副主席刘志生，公安局长张海军以及区直相关单位主要和主管负责同志列席会议。会议听取关于区委三届九次全会有关情况的汇报，研究区委三届九次全会上的《关于召开中国共产党唐山市丰南区第四次代表大会的决议（草案）》《<关于召开中国共产党唐山市丰南区第四次代表大会的决议（草案）>的说明》；研究《区第六届政协委员总体安排及人选产生工作方案》；听取关于做好河北省“两会”期间信访工作情况的汇报。

重要决策

【重要通知】2016年，丰南区委以“丰南发”和“丰南字”形式发布通知25项。其中，重要通知11项。主要有丰南发〔2016〕3号关于印发《唐山市丰南区2016年农业农村工作要点》的通知、丰南发〔2016〕4号关于印发《贯彻落实<中国共产党统一战线工作条例（试行）>责任分工方案》的通知、丰南发〔2016〕7号关于印发《唐山市丰南区2016年度区委管理的领导班子和领导干部综合考评办法》的通知、丰南发〔2016〕8号关于印发《中国共产党唐山市丰南区委员会工作规则》的通知、丰南发〔2016〕10号关于印发《唐山市丰南区进一步深化文明城市创建工作实施方案》的通知、丰南发〔2016〕13号《关于认真做好乡镇领导班子换届工作的通知》、丰南发〔2016〕16号《关于认真学习宣传贯彻省第九次党代会精神的通知》、丰南字〔2016〕4号关于印发《唐山市丰南区招商引资奖励办法（试行）》的通知、丰南字〔2016〕6号关于印发《2016年区委、区政府要为群众办好的实事工程》的通知、丰南字〔2016〕11号印发《关于在全区党员中开展“学党章党规、学系列讲话，做合格党员”学习教育的实施方案》的通知、丰南字〔2016〕17号关于印发《2016年度区委常委、区人大常委会主任、区政协主席、区政府副区长党风廉政建设职责范围及工作要求》的通知等。

【工作要点】 2016年，是“十三五”规划的开局之年，全区工作总基调“转变观念、精准发力、合力攻坚、逆势突破”。预期目标，地区生产总值增长6.2%，全社会固定资产投资增长14%，一般公共预算收入增长10%，城镇、农村居民人均可支配收入增长7%以上。着力推进八项大事及25项重点工作。

八项大事：坚定不移推进工业转型升级。坚持加减乘除并举，推动传统产业提质增效升级，构建现代产业体系；加大投入，提高装备水平；延伸链条，开发新产品；挖潜增效，提升管理水平；加快上市，增强融资能力；争创名牌，提升竞争力。全力推进全域城镇化。实施“一主两副带多星”战略格局，城市规划、城市建设、城市管理、城市经济“四城齐抓”，完善城镇建设规划，提速城镇建设，加强城市管理，繁荣城市经济。抓好农业农村工作。进一步放宽眼界，拓展思路，利用好上级各项支农惠农政策，把农村改革发展这盘棋下活、下好；大力发展现代农业，建设美丽乡村，推进村务工作规范化。加快园区建设。“一港三区”是丰南发展主阵地，三个园区建设进一步提质提速，上规模、上水平、增产出，确保基础设施建设上有重大突破，产业聚集上有重大突破，创新体制机制上有重大突破。加强生态环境治理。坚持源头治理、综合施策，扎实推进大气、水、土壤的污染防治工作，开展大气污染治理行动，加强钢铁、水泥、焦化等工业企业污染治理和规范化管理，强化扬尘、机动车尾气、燃煤锅炉和餐饮业污染治理，圆满完成省、市下达的节能减排任务，加强水污染治理，推进农业农村和生活源水污染治理，推进造林绿化、生态修复等绿色生态工程，加强生态系统修复治理。实施创新驱动。把创新发展理念贯穿到各项工作中，推进大众创业、万众创新，强化企业主体创新地位，抓好创新型人才队伍建设。推进改革开放。抓住京津冀协同发展机遇，承接北京产业转移、区域总部外迁、部分教育医疗服务分流等非首都功能疏解，突出招商重点，改进招商方式，推进区域性定向招商、产业性专业招商、龙头企业带动集群化招商，提升开放的深度和广度。保障和改善民生。优先发展教育事业，加强医疗卫生设施建设，完善社会保障体系，实施安居工程，做好就业再就业工作，加强社会管理。

25项重点工作：全力推进港区开发建设，加快推动沿海经济崛起，全面推进园区开发建设，集中精力推进项目建设，提高传统工业产业层次，推动新兴产业倍增发展，大力发展现代服务业，深入推进重点领域改革，全方位扩大有效招商，全面推进大众创业、万众创新，加快推进城镇建设，繁荣城市经济，加快现代农业发展，加快美丽乡村建设，加快农业农村体制机制创新，改善生态环境质量，全力确保就业稳定，持续提高社会保障水平，大力发展各项社会事业，加大农村基础设施建设，强化安全生产监管，完善公共安全防范体系，妥善化解群众矛盾纠纷，加强民主法治建设，加强党的建设。25项重点工作中明确91项具体工作，分别分解到牵头责任单位和区四大班子领导。

【“两学一做”学习教育】 2016年，根据中央和省委、市委部署，丰南区委结合本区实际，在全区党员中开展“学党章党规、学系列讲话，做合格党员”学习教育活动（简称“两学一做”学习教育）。4月22日，区委组织召开全区“两学一做”学习教育动员会议。4月25日，印发《关于在全区党员中开展“学党章党规、学系列讲话，做合格党员”学习教育的实施方案》的通知。7月19日，按照省委办公厅《关于把“两学一做”学习教育引向深入的实施意见》，结合全区实际，区委办印发《关于把“两学一做”学习教育引向深入的实施意见》，对“两学一做”学习教育再部署，进一步明确推动学习教育的责任单位。年内，全区“两学一做”学习教育坚持“学”“做”“改”“推”相结合，把学习教育落到实处。打牢“学”的基础，强化学习实效。学习党章党规，明确基本标准、行为规范，学习党内政治生活若干准则，知道该做什么、不该做什么、能做什么，不能做什么，守住共产党员为人、做事的基准和底线。在“两学一做”学习教育中，先后举办不同层面的培训班72场次，培训各级党组织书记和党务干部2744人次；针对党员领导干部和普通党员印发学习资料和“口袋书”3.4万册，印发《“两学一做”应知应会》手册人手一册；组织收听收看省委组织部制作的“两学一做”四个视频课件；建立党员“固定学习日”制度，确定每月第一个星期五为党员“固定学习日”，保证学习实效和常态化。“两学一做”学习教育与“四个干”机制结合，把“做”落到实处。做合格党员是学习教育的着眼点、落脚点，“做”是关键。全区学习教育与“四个干”工作机制相结合，绘制“两学一做”学习教育重点任务流程图、运行图，明确各项工作措施、责任部门和完成时限，挂图作战，学习教育各个环节有效衔接。学习先进典型李保国的事迹，做合格共产党员；健全党员评分考核管理体系，推行党员先锋指数管理，每季度一测评，实行党员动态考评；设定农村党组织书记考评指标，“星级评定”，评定结果与村支部书记的经济待遇、政治待遇和奖惩挂钩；制定下发《关于在全区党员中开展“戴党徽、亮身份”活动实施方案》，为各地各单位统一配发党徽、党员户标识等；重点培育6种类型、12个区级示范创建单位，用基层党建示范典型带动全区基层党建工作上水平进档次。坚持问题导向，“两学一做”与“一问责八清理”相融合，边学边做边改，带着问题学，针对问题改。摸排解决焦点问题，把“两学一做”学习教育与党的群众路线教育实践活动、“三严三实”专题教育、“一问责八清理”有机融合，针对梳理汇总出的意见建议，集中时间精力整改，制定下发《关于践行“三严三实”要求的规定》《落实党风廉政建设主体责任三项制度》《“一问责八清理”专项行动实施方案》等文件，巩固排查、整改成果。通过排查，确定后进基层党组织72个，为每个后进基层党组织选派驻村工作组帮扶。针对整顿对象的不同表现，逐一列出“病症”、逐一开出“药方”；营造风清气正政治环境，开展机关作风整顿行动，集中整治损害群众利益问题，全区清理发现各类问题431件，完成整改357件，对其余74件待整改问题，逐个制定详细整改计划，明确责任单位、责任人和完成时限。查处懒政怠政不作为问题45个，受党政纪处分4人。组建督导组，推进“两学一做”学习教育工作落到实处。“两学一做”学习教育面对全体党员，层次多、范围广、难度大，区“两学一做”学习教育协调小组成员单位抽调专人组建9个督导组，派驻各地各单位，推进专题学习讨论、讲党课等规定动作有效落实；区委组织部部务会成员带队，组成9个暗访组，直接深入基层党支部，对“两学一做”学习教育开展情况明察暗访，推动“两学一做”常态化。

【全域城镇化】 2016年4月，丰南区委、区政府召开城市工作会议，传达贯彻中央及省、市城市工作会议精神，对全区城市工作进行总体部署。全区城市工作总体思路和目标要求：全面贯彻落实中央和省、市城市工作会议精神，坚持创新、协调、绿色、开放、共享的发展理念，坚持以人民为中心的发展思想，抢抓京津冀协同发展和唐山市主城区南移等重大机遇，以全域城镇化为方向，统筹推进城市建设、城市经济、城市管理，着力优化城市布局、完善城市功能、壮大城市实力、创新城市管理、提升城市形象，不断提高城市环境质量、人民生活质量和城市竞争力，努力打造唐山市中心城市的新型制造业基地、物流中心、休闲旅游中心和科教文化中心，建设“靓丽、繁华、宜居、和谐”的新丰南。到2020年，主城区规划面积42平方千米，城镇人口38万，常住人口城镇化率60%以上；城市经济及第三产业增加值比重35%，比“十二五”末增加3.2个百分点；城区绿化覆盖率、绿地率、人均公园绿地面积分别50%、42%和25平方米；生活垃圾无害化处理率和污水处理率均100%。

全区城市建设把握“三个坚持”。坚持全域城镇化目标，坚持“靓丽、繁华、宜居、和谐”标准，按照“一主两副带多星”城镇发展框架，抓好打造主城区、南孙庄滨河小镇和黑沿子滨海小镇建设、培育特色小镇和建设新农村“四个层次”，统筹推进，梯次发展。坚持“三城”齐抓，统筹推进城市建设、城市经济和城市管理，思想观念上，由抓城市就是抓城建的传统思维，向城市建设、城市经济、城市管理“三城”齐抓转变；工作方法上，由单兵推进、各自为战，向统筹兼顾、系统推进转变，把城市工作作为一个系统工程，“一把手”亲自抓，党政主要领导牵头抓总、搞好统筹，分管领导和责任部门各负其责，密切配合，相关部门和各乡镇及时跟进，形成横向协调联动、纵向有序推进的工作格局。

全区城市工作在“四个着力”上下功夫。着力在城市规划设计上下功夫。围绕解决精准定位、体系结构、底线规定、功能承接、规模控制、人口布局等方面，完成城区总规、控规修编工作。规划好生活空间，让城市更舒适、更宜居；规划好产业空间，让城市更宜业、更繁荣；规划好公共空间，让城市更有内涵、更有品位。城市设计突出靓丽，突出历史文化。着力在城市建设上下功夫。加快推进棚户区改造，完善城市路网结构，实施绿化景观提升工程，推进社会事业项目建设，保障居民供暖需求。着力在繁荣城市经济上下功夫。把繁荣发展城市经济放在更重要的位置，将其作为推动经济发展的重要增长极抓实抓好，以此聚集优质产业和先进生产要素，提升城市实力和辐射带动力。以产兴城，大力发展旅游、建筑房地产、现代物流、金融服务、网络信息和健康养老等经济业态，繁荣发展城市经济。着力在城市管理上下功夫。推进依法行政，推进管理手段创新，推进管理理念转变，推进城市管理市场化，推进市民文明素质教育。

按照城市工作会议的决策部署，各相关部门锁定年内确定的城市规划、城市建设、城市经济、城市管理的重点项目，落实“四个干”机制，按既定时间节点推进工作，全年完成城市建设投资26.93亿元。其中，基础设施建设投资3.57亿元，区医院迁建工程投资1.4亿元，住宅项目投资13.28亿元，城市经济项目投资8.66亿元。

【农业农村工作】 2016年，丰南区委区政府全面贯彻落实中共中央、国务院《关于落实发展新理念加快农业现代化实现全面小康目标的若干意见》的文件精神，3月9日，召开全区农村工作会议，并印发《唐山市丰南区2016年农业农村工作要点》。2016年，全区农业农村工作总思路，全面贯彻党的十八大和十八届三中、四中、五中全会，中央和省、市农村工作会议以及区委三届七次全体（扩大）会议精神，抢抓京津冀协同发展新机遇，按照“农业强、农民富、农村美”的总要求，落实创新、协调、绿色、开放、共享的发展理念，按照“十三五”期间重点实施“54843”工程的工作要求，构筑五大现代农业产业，打造四大现代农业园区，大力加强科技兴农、农业基础设施建设、新型农业经营主体培育，深入推进农村综合改革和美丽乡村建设，为实现“实力更强、产业更优、环境更美、百姓更富”奠定坚实基础。主要指标，全年完成农业总产值76.9亿元，完成农业增加值47.6亿元，农民人均纯收入1.45万元，实现农业产业化经营率71.5%。《工作要点》对七项重点工作，分别明确具体任务及目标。

加强产业基地建设，构筑现代农业产业。重点是加强粮油生产基地、蔬菜生产基地、畜牧生产基地、水产生产基地、休闲农业与乡村旅游基地建设。年内，全区粮食播种面积3.8万公顷，棉花播种面积0.9万公顷，花生播种面积0.7万公顷，瓜菜播种面积2.5公顷，总产量171万吨；生猪出栏50万头，蛋鸡存栏100万只，肉鸡出栏650万只，奶牛存栏2万头，肉蛋奶总产量16万吨；水产养殖面积0.45万公顷，水产品总产量7.8万吨；举办休闲农业旅游文化节、后打弓村蔬菜节等。打造现代农业园区，发展都市现代农业。重点打造东部万亩设施蔬菜都市农业示范园区，新建日光温室1300栋；打造中部都市生态农业示范园区，以小集镇、大齐各庄镇为核心，带动丰南镇、黄各庄镇的都市生态农业示范园区向规模化、标准化、集约化、产业化方向发展；打造南部通威“渔光一体”智能高效水产养殖科技示范园区，实现养殖规模化、生产标准化、技术集成化、管理智能化；打造西部惠丰生态农业园区，建成集养殖、花卉苗木、果树栽培、休闲采摘于一体的省级休闲农业与乡村旅游示范园区。构建新型农业经营体系，提升农业产业化经营水平。培育新型农业经营主体，发展市级以上农业产业化重点龙头企业4个以上，家庭农场12个以上，专业大户35户以上，农民合作社5个以上，省级标准示范社2个以上、市级示范社3个以上；推进农业重点项目建设，每个乡镇至少谋划1个投资1000万元以上的农业产业化重点项目，全区推进21个重点农业项目建设；推进农产品流通体系建设，发展100家社区专卖店，实施农产品品牌及“平价蔬菜进社区”工程，提高市场占有率，创建省级农产品质量安全县。加快农业科技成果转化。实施农业科技创新工程，农民素质提升工程，农业信息服务工程。加强农业基础设施建设，筑牢农业发展根基。实施农田水利工程建设，改善除涝面积2667公顷，改善灌溉面积2667公顷，发展节水灌溉2733公顷，投资1000万元，解决11个乡镇、15个村1万人的饮水安全问题；推进绿色生态工程建设，年内造林2033公顷。开展美丽乡村建设，改善农村生产生活条件。重点抓好美丽乡村重点村项目建设，打造43个省级重点村；抓好农村环境卫生管理工作，投资560万元更新乡镇拉臂箱和拉臂车，完成唐坊镇、大齐各庄镇、小集镇生活垃圾压缩式中转站建设；抓好农村清洁能源开发利用工程，年内，推广高效清洁燃烧炉具1万台，推广煤改太阳能采暖房60户。深化农村综合改革，激发农村发展活力。推进农村集体经济股份制改造试点工作，加快农村土地承包经营权确权颁证工作，制发《唐山市丰南区农村产权流转交易市场管理办法》，推动农村产权流转交易市场健康发展；推进土地流转，提高农业生产的集约化、专业化水平；加强农村集体“三资”管理，贯彻落实省委、省政府《关于发展壮大农村集体经济若干政策措施的通知》（冀办发〔2016〕9号文件）精神，增强村级集体经济实力。到年底，全区完成农业总产值77.7亿元，比上年增长2.2%，农村居民人均纯收入14696元，比上年增长8.2%，农业产业化经营率72%，比上年增长2个百分点；实施农业产业化重点项目26个，完成投资5.2亿元。粮食总产量24.6万吨，油料总产量3.02万吨，棉花总产量1.04万吨，蔬菜总产量170.3万吨，肉、蛋、奶总产量14.3万吨，水产品总产量7.3万吨。培育省级美丽乡村重点村43个，获河北省2016年度美丽乡村建设先进县（区）称号。

【美丽乡村建设】 2016年，丰南区委、区政府根据河北省委、省政府《关于加快推进美丽乡村建设的意见》文件精神，3月9日，在全区农村工作会议上全面安排部署，同时印发《关于加快推进美丽乡村建设的实施意见》。（以下简称《意见》）《意见》对美丽乡村建设的指导思想、总体目标、基本原则、重点任务、保障措施等方面都提出具体要求。2016年，全区打造43个省级重点村，按照每年推进10%左右的进度，到2021年，全区所有村庄基本实现美丽乡村建设全覆盖；工作中，坚持规划引领、突出特色，坚持因地制宜、分类推进，坚持创新驱动、市场运作，坚持生态优先，绿色发展；推进“四美五改”（改房、改水、改路、改厕、改厨，做到环境美、产业美、精神美、生态美）。实施十二个专项行动，即实施民居改造专项行动，2016年完成119户，到2020年，完成360户；实施安全饮水专项行动，2016年，重点村自来水入户率100%，实现全天候供水，到2020年，全区所有村庄实现安全达标饮水；实施污水治理专项行动，2016年，在具备条件的重点村庄建设生活污水处理设施示范工程，到2020年，有条件村庄的生活污水基本得到有效治理；实施街道硬化专项行动，2016年，重点村庄全部实现“户户通”，到2020年，全区所有行政村完成街道硬化、亮化和电力通信设施建设任务；实施无害化卫生厕所改造专项行动，2016年，完成改厕6111座，到2020年，无害化卫生厕所普及率75%；实施清洁能源利用专项行动，2016年，推广高效清洁燃烧炉具1万台，到2020年，新建太阳能采暖民居400处，秸杆能源化利用115万吨；实施“三清一拆”和垃圾治理专项行动，2016年，谋划建成唐坊镇、小集镇、大齐各庄镇3个中转站，并投入使用，谋划建设西葛镇、大新庄镇、钱营镇垃圾中转站；实施村庄绿化专项行动，2016年，村庄绿化覆盖率30%以上，到2020年，全区村庄绿化覆盖率提高到35%，实现村庄绿化达标覆盖；实施特色富民产业专项行动，到2020年，农业产业化经营水平明显提高，农民人均可支配收入每年增长10%以上；实施农村电子商务网点建设专项行动，2016年，实现全区农村电子商务全覆盖，到2020年，建立起完善的涉农电商服务体系；实施乡村文化建设专项行动，2016年，建设多功能厅29个，到2020年，实现全区多功能厅、文化广场、居家养老服务站全覆盖；实施基层组织建设专项行动，经过5年努力，基本实现农村基层组织建设全面进步、全面过硬。《意见》明确推进美丽乡村建设的保障措施，调整充实区美丽乡村建设领导小组，区委书记任组长，拓宽筹资渠道，2016年区财政安排专项资金5000万元用于美丽乡村建设；建立考核奖惩制度，考核结果纳入区委对各级各有关部门的综合考核评价。《意见》明确43个美丽乡村建设省级重点村的包村领导、包村单位和帮建企业，列出推进美丽乡村建设重点任务“四个干”运行图。年内，投资1.5亿元，实施350个建设项目，完成43个省级重点村美丽乡村建设，并代表唐山市通过“两改一清一拆”验收（改造城中村、改造危旧住宅，清理垃圾杂物，拆除违章建筑）。大长春村、赵各庄村、老庄子村入选省级美丽乡村精品村，大岔河村参评全国美丽乡村百家范例。唐山市美丽乡村建设现场会在大齐各庄镇召开。

【重心下移“捉小鬼”专项行动】 2016年4月到年底，丰南区结合机关作风整顿和“一问责八清理”行动，决定在全区开展重心下移“捉小鬼”专项行动，并由区委办和区政府办转发区纪委监察局制定的《开展重心下移“捉小鬼”认真解决群众反感的“小鬼难搪”问题专项行动实施方案》。重心下移“捉小鬼”专项行动，坚决整治和查处侵害群众利益的不正之风和腐败问题，维护人民群众和市场主体切身利益，切实加强基层党风廉政建设。此项行动结合机关作风整顿和“一问责八清理”专项行动一并开展。主要针对全区各级行使“六项权力”（行政许可、处罚、收费、征收、检查、公共资源交易等权力）和具有公共服务职能的乡科级以下党员、公职人员，农村“两委”班子成员，重点聚焦10类不作为、乱作为的违规违纪行为，即首次受理不登记，掩盖越时办理的；不一次性告知或告知不明确的；不实行网上审批，网外办件、体外循环的；无法定依据增设前置条件和程序的；不给好处不办事、给好处乱办事的；乱检查、乱培训、乱摊派、乱收费的；指定或变相指定中介组织、供应商、承包商的；优亲厚友，有失公平，侵害群众利益的；态度冷漠粗横，工作推诿扯皮拖拉的以及其他不履行、不正确履行职责，让群众感到“小鬼难搪”的不作为、乱作为的违规违纪行为。

重心下移“捉小鬼”专项行动推进方式为四项。营造浓厚氛围。在区广播电视台、丰南区政府门户网站、《今日丰南》报等新闻媒体高频次宣传专项行动、“小鬼”画像及举报方式；在全区各有关党政机关、企事业单位、区政务服务中心、公共资源交易中心、各乡镇便民服务中心、各类服务窗口、基层所站及村（居）显要位置统一树立（悬挂）告示牌，明确告知举报内容及途径，让各类“小鬼”无处遁形。强化线索收集。通过畅通举报渠道、主动发现问题、逐级上报线索的方式，提高问题线索的处置效率，最大限度减少暂存比例。加大纪律审查力度。建立快速反应队伍、协作反应机制和授权处置机制，对举报问题第一时间反应、第一时间到达现场、第一时间查处。公开晾晒曝光。对发现的“小鬼”第一时间公开亮刃，对典型的问题持续曝光；问题反映集中的单位要晾晒整改措施，作出公开承诺；对专项行动开展情况和典型案件，定期向社会公开发布。年内，在重心下移“捉小鬼”“一问责八清理”及机关作风整顿专项行动中，发现和纠正一般性问题及问题线索457个，转立案审查6人，批评教育245人，诫勉谈话90人，下发交办函88份，向有关部门提出建议81条，及时通报5起违反中央八项规定精神和“四风”问题典型案件。

综合协调

【概况】 区委办公室是丰南区委的综合办事机构，承担综合、协调、参谋、服务等职能。2016年，区委办公室按照区委三届七次全会确定的“转变观念、精准发力、合力攻坚、逆势突破”工作总基调，围绕区委中心工作，发挥参谋助手、综合协调、督导落实、服务大局职能，实现党委机关高效有序运转。发挥参谋助手作用，为区委决策提供多角度、深层次参谋服务。年内，为各级领导机关提供信息210余篇，被采用110余篇；编发《丰南信息·专报区领导》59期，实现上下信息畅通，区委领导及时掌握实情。提高素质，以文辅政。年内，把提高科室人员政治、业务素质摆到重要位置，组织全员系统学习党在新的历史时期的路线、方针、政策，学习习近平总书记重要系列讲话，学习法律法规等知识，提高政策理论水平，提高政治意识、大局意识、核心意识和看齐意识，做到各类文字材料的内容不偏离政治方向，实现以文辅政。年内，完成区委领导讲话、报告、汇报、总结等综合性文稿70余篇。深入基层，调查研究，了解掌握全区社会经济发展实际，学透上头，摸清下头，深入思考，为文稿起草奠定基础，为领导决策建言献策。撰写的《关于全区休闲生态农业发展情况的调查》、《关于推进企业挂牌上市工作的调查与思考》都被区委、区政府决策采纳。督查工作，围绕区委、区政府中心工作，创新督查形式，扩展督查范围，实施决策督查和批办督查。重点督促检查中央、省、市重大方针、政策和重要工作部署贯彻落实，督导检查区委重大决策、重要工作部署、重要会议决议、决定及文件精神落实，督促检查区委以及上级领导机关和领导批示、交办事项落实，督促检查由区委部门承办的区人大代表、政协委员建议、提案办理。年内重大决策督查10余次，承办上级督导检查活动11次，承办区委领导交办和批件176件，承办区政协委员提案3件。发挥综合协调职能。区委办公室加强与区人大、区政府、区政协三套班子、常委工作部门和基层办公室的沟通协调，辅助区委领导总揽全局、协调各方合力工作。

【综合工作】 区委办公室综合科承担区委领导讲话、工作总结、工作汇报、工作报告等重要文稿的起草工作。2016年，综合科围绕区委中心工作，履行参谋助手职能，钻研文秘业务知识，转变作风，适应形势，提高服务区委领导和中心工作的能力与水平。采取多种形式集中学习党在新的历史时期的路线、方针、政策，学习领会习近平总书记系列讲话精神，学习法律、法规等知识，提高理论水平和业务素质，掌握工作中的新动向、新思路、新经验，把握承接领导意图，使各类文字材料的内容不偏离政治方向，体现高度的政治意识、大局意识、核心意识和看齐意识。先后完成区委主要领导在省“两会”期间信访工作会议上的讲话、全区综合表彰暨农村工作会议上的讲话、全区企业家恳谈会上的讲话、区纪委三届六次全会上的讲话、全区对外开放工作推进会议上的讲话、全区“两学一做”学习教育动员暨组织工作和村务规范化建设会议上的讲话、全区城市工作会议上的讲话、区委三届73次常委（扩大）会议上的讲话、全区庆祝教师节大会上的讲话等重要讲话的起草工作。按照区委领导意见，准备相关汇报材料，先后起草关于贯彻落实全省经济工作会议精神的报告、贯彻落实全市城市工作会议精神的报告、省纪委书记陈超英到丰南调研时的汇报、省委书记赵克志在丰南调研时的汇报、市纪委书记刘德明在丰南调研时的汇报等汇报材料。年内，完成领导交办的讲话、汇报、报告、总结等综合性文稿70余篇。

【信息工作】 区委信息中心，负责搜集和整理全区改革、发展、稳定中出现的新情况、新问题，为区委领导提供有参考价值的信息；向上级党委报送区委工作思路、重点工作进展情况、典型经验，反馈上级党委决策和有关政策、法规在基层贯彻落实情况，反馈重大社会动态和重要社情民意等方面的信息。2016年，区委信息中心围绕区委中心工作和区委办公室总体工作部署，履行职责，优化服务，当高参，出精品，及时、准确、全面为各级领导提供优质信息。年内，被省、市委办公厅评为信息工作优胜单位、标兵单位。注重长篇经验类信息，彰显丰南新形象。落实省、市委信息中心要求，加强长篇信息工作的谋划研究，着力把握上级领导关注点与全区工作闪光点的契合点，加大具有较高参考价值的决策信息开发力度，及时向上级推介。拓展信息报送范围，在更多层面上、信息载体上展示全区亮点。年内，向省、市委信息中心上报信息210余篇，被省市采用110余篇。撰写完成《用务实的改革让群众满意—唐山市丰南区创新纪检监察机构改革模式破解县级监督执纪难题》和《咬定目标持之以恒抓好招商引资》等正面长篇信息，被省委办公厅采用。组织撰写的《咬定目标，苦干实干，以“八个全力加快”再谱发展新篇章》《丰南区强举措优服务全力推进企业挂牌上市工作》和《丰南区加快推进转型升级汇聚发展新动能》等文章，在《唐山快报》刊发。关注社会舆情和干部群众关心的热点难点问题深入调查总结，组织撰写的《农村供给侧结构性改革要重视三大问题》《农村土地确权登记遭遇“梗阻”亟待重视》《青年干部成长目前存在问题及困惑》等一批调研信息和预警反映类信息先后呈报中办及省市领导。关注重点工作，服务领导决策。紧跟区委重大工作部署，挖掘、提炼、拓展工作信息，上情下达，下情上晓，交流情况。年内，编发《丰南信息·专报区领导》59期，内容涉及基层组织建设、重大产业项目建设进展、教育、信访、社会稳定、社会管理创新等各个方面。提升基层信息队伍素质。年内，开展培训会议10余次，培训基层信息员300余人次，先后选派25名基层信息员到区委信息中心跟班学习，轮流选派区委信息中心工作人员到省、市委信息中心跟班学习。

【调研工作】 2016年，区委政策研究室围绕区委中心工作，对全区经济社会发展的重点、难点、热点问题调查研究，为领导决策提供参谋意见，及时搜集反馈区内外重要信息、民情民意，总结推广典型经验，服务基层工作。8月份，区委政研室联合区政协就“如何加快推进全区休闲生态农业发展”专题调研，撰写《关于全区休闲生态农业发展情况的调查》，研究分析全区休闲农业发展呈现出4个特点，存在5个方面问题，针对实际提出建议，得到区委主要领导的批示；企业挂牌上市是区域经济转方式、调结构的抓手，12月份，在对全区企业挂牌上市情况专题调研的基础上，撰写《关于推进企业挂牌上市工作的调查与思考》，总结出企业挂牌上市工作存在的主要困难和问题，提出推动企业挂牌上市的合理建议，被区委、区政府采纳。与上级政策研究部门联动，围绕经济发展的重点课题开展调研。年内，与唐山市委办公厅政研室围绕去产能课题开展调研，共同撰写的调研报告《一个钢铁企业的求图变强—唐山国丰钢铁积极探索去产能、快转型发展之路》，被省委办公厅转发全省。12月份，唐山市委、市政府就全市经济工作开展专题调研，区政研室配合市调研组走访园区企业、组织座谈会，汇报区经济运行、项目建设、园区建设等情况，就全市经济发展献言建策。

【督查工作】 2016年，区委督查室围绕区委重大决策、重要工作部署、重要会议决议、决定及重要文件精神的落实，区委及区以上领导机关和领导批示、交办事项的落实，由区委部门承办的区人大代表政协委员建议、提案的办理等方面的工作，履行督查职责。年内，实施重大决策督查10余次，撰写《督查专报》9期，受区委领导肯定性批示5次；承办区领导交办事项163项，结办率100%；承办区领导批办件13件，结办率100%；承办区政协委员提案3件，结办率100%；承办上级督促检查活动11次，上报专报21篇。督查区委决策部署的贯彻落实。年内，制定《中共唐山市丰南区委2016年重点任务“四个干”运行图》，结合各责任单位实际细化制定《子运行图》，建立“丰南区委督查工作微信政务调度群”，借助该平台，下达任务，协调调度，强化预警。7月份，对《运行图》25个方面92项重点任务上半年完成情况进行专项督查，12月份，对《运行图》全年完成情况督查，印发《督查专报》通报全区，推动区委决策部署落实到位。督查区委主要领导交办事项落实。把区委主要领导交办事项列入“一号工程”，完善《区委主要领导交办事项台帐》，对区委主要领导参加会议、重要活动时交办的事项，逐项登记编号，明确工作要点及目标任务、区级分包领导、责任单位及责任人、完成时限等，分解立项，督促检查，综合反馈，办结销号，全年登记挂账“一号工程”163项，全部按时办结。督查领导批办件的落实。第一时间将区领导批示精神、批办件主要内容和具体要求向承办单位交办，紧盯批办件的办理结果；深入第一线及时掌握第一手情况，把握督查主动权，对责任单位上报的办结报告严格把关，确保批办件落实到位。11月份，针对钱营镇林子里村某村民反映要求母女3人享受村集体福利待遇分配问题的信访件，督查室结合区经管局、公安局、法院、钱营镇等单位，成功解决信访人享受村集体福利待遇问题，得到区委领导肯定。创新督查工作方法。年内综合运用一线督导、联合督查、复查回访、明查暗访等多种形式，对重点工作全程督导。一线督导。对时间紧、任务重的事项，采取“一线工作法”，进驻现场全天候督导。汛期，督查室工作人员进入紧急防汛避险工作现场办公，有效处置丰南镇北新庄村紧急防汛避险；10

月份，对城区既有建筑节能改造工作全程专项督查，实现供暖前完工，受到居民好评。联合督查。涉及专业性、政策性较强的督查活动，区委督查室发挥统筹协调职能，联合党政其他职能部门，多方合作，协调联动督查。年内，联合区政府督查室、区纪委等部门，对贯彻“中央八项规定精神”及纠正“四风”情况开展专项联合督查，成效明显。复查回访。采用“杀回马枪”督查手段保障督查事项落实。205 国道丰南路段砂石料场非法占地经营，严重污染环境，是重点取缔清理对象，清场一段时期后，复查回访时，发现反弹，立即组织相关部门联合执法，对涉事企业断水、断电、清设备、清原料、清产品，问题得到彻底根治。明查暗访，对群众反映强烈、影响面大、涉及面广的督查事项，择机开展暗访活动，掌握真实情况。年内，在“懒政怠政、不作为、不在状态”问题专项督查清理中，组织开展明查暗访行动，查处 3 类 79 个具体问题，公开曝光。

组织工作

【概况】 2016 年，中共唐山市丰南区委组织工作聚焦主业、精准施策，全面落实从严治党各项任务，为丰南经济社会发展提供组织保证。学习教育树立新气象。在“两学一做”学习教育中，组织党员系统学习党章党规和习近平总书记系列重要讲话精神，读原著、学原文、悟原理；建立党员评分考核管理体系，推行党员学习日、开展党员“戴党徽、亮身份”活动，在各领域彰显党员先锋模范作用。区乡换届工作换出新面貌。严把推荐关、程序关、监督关，依法有序推进换届工作，领导班子结构更加优化。基层组织建设实现新突破。强力整顿后进村，加强村级班子建设，解决矛盾问题，经验做法被省《组工信息》刊发推广；推行社区党组织网格化管理，推进非公企业和社会组织党建“双覆盖”，经验做法被《企业党建杂志》刊发；电教片《舌尖上的唐山》获河北省影视艺术奔马奖一等奖。干部教育管理取得新进展。依托广东、浙江省委党校培训基地和本地培训资源，组织赴外培训 2 次，培训科级干部 85 人次，在本地举办培训 2 期，培训干部 1210 人次，统筹协调各地各单位培训干部 4000 余人次，提升干部队伍整体素质；完善综合考评办法，建立区管干部干事档案，健全经常性干部考核机制和日常干部监督机制，激发干部干事创业热情。

【党员教育】 2016 年，丰南区抓住“两学一做”学习教育契机，全面做好党员教育工作。为基层党支部选派学习教育指导员 612 名，先后举办不同层面的培训班 72 场次，培训各级党组织书记和党务干部 2744 人次；分别针对党员领导干部和普通党员辑印下发《学习资料》《“两学一做”应知应会手册》和“口袋书”3.4 万本；组织基层党组织收听收看省委组织部

2016 年中共唐山市丰南区委区政府发布文件目录

发文字号	发文机关	文件名称	制发日期
丰南发〔2016〕1 号	中共唐山市丰南区委	关于制定唐山市丰南区国民经济和社会发展第十三个五年规划的建议	1 月 18 日
丰南发〔2016〕2 号	中共唐山市丰南区委 唐山市丰南区人民政府	关于加快推进美丽乡村建设的实施意见	3 月 9 日
丰南发〔2016〕3 号	中共唐山市丰南区委 唐山市丰南区人民政府	关于印发《唐山市丰南区 2016 年农业农村工作要点》的通知	3 月 9 日
丰南发〔2016〕4 号	中共唐山市丰南区委	关于印发《贯彻落实＜中国共产党统一战线工作条例（试行）＞责任分工方案》的通知	3 月 10 日
丰南发〔2016〕5 号	中共唐山市丰南区委	中共唐山市丰南区委 2016 年工作要点	4 月 14 日
丰南发〔2016〕6 号	中共唐山市丰南区委 唐山市丰南区人民政府	关于加强和改进新形势下工商联工作的实施意见	4 月 14 日
丰南发〔2016〕7 号	中共唐山市丰南区委	关于印发《唐山市丰南区 2016 年度区委管理的领导班子和领导干部综合考评办法》的通知	6 月 16 日
丰南发〔2016〕8 号	中共唐山市丰南区委	关于印发《中国共产党唐山市丰南区委员会工作规则》的通知	7 月 21 日
丰南发〔2016〕9 号	中共唐山市丰南区委 唐山市丰南区人民政府	关于加快现代农业园区发展的实施意见	7 月 26 日

续表

发文字号	发文机关	文件名称	制发日期
丰南发〔2016〕10 号	中共唐山市丰南区委 唐山市丰南区人民政府	关于印发《唐山市丰南区进一步深化文明城市创建工作实施方案》的通知	8 月 12 日
丰南发〔2016〕11 号	中共唐山市丰南区委 唐山市丰南区人民政府	关于印发《唐山市丰南区水污染防治工作方案》的通知	8 月 12 日
丰南发〔2016〕12 号	中共唐山市丰南区委 唐山市丰南区人民政府	关于深化土地规划执法体制改革治理违法占地违法建设的意见	9 月 27 日
丰南发〔2016〕13 号	中共唐山市丰南区委	关于认真做好乡镇领导班子换届工作的通知	9 月 30 日
丰南发〔2016〕14 号	中共唐山市丰南区委	印发《关于加强和改进新形势下党校工作的实施办法》的通知	10 月 21 日
丰南发〔2016〕15 号	中共唐山市丰南区委	批转区人大常委会党组《关于做好区乡两级人民代表大会换届选举工作的意见》的通知	11 月 16 日
丰南发〔2016〕16 号	中共唐山市丰南区委	关于认真学习宣传贯彻省第九次党代会精神的通知	12 月 6 日
丰南发〔2016〕17 号	中共唐山市丰南区委 唐山市丰南区人民政府	转发唐山市丰南区普法依法治区领导小组《关于在全区公民中开展法治宣传教育的第七个五年规划（2016-2020 年）》的通知	12 月 16 日
丰南字〔2016〕1 号	中共唐山市丰南区委 唐山市丰南区人民政府	关于调整区新型农村合作医疗管理委员会和监督委员会组成人员的通知	1 月 28 日
丰南字〔2016〕2 号	中共唐山市丰南区委 唐山市丰南区人民政府	关于表彰 2015 年度先进单位和先进个人的决定	3 月 9 日
丰南字〔2016〕3 号	中共唐山市丰南区委	关于成立区委统一战线工作领导小组的通知	3 月 10 日
丰南字〔2016〕4 号	中共唐山市丰南区委 唐山市丰南区人民政府	关于印发《唐山市丰南区招商引资奖励办法（试行）》的通知	4 月 12 日
丰南字〔2016〕5 号	中共唐山市丰南区委	印发《关于共青团改革创新工作的实施方案》的通知	4 月 14 日
丰南字〔2016〕6 号	中共唐山市丰南区委 唐山市丰南区人民政府	关于印发《2016 年区委、区政府要为群众办好的实事工程》的通知	4 月 14 日
丰南字〔2016〕7 号	中共唐山市丰南区委	关于进一步完善村干部基础职务补贴机制的意见	4 月 14 日
丰南字〔2016〕8 号	中共唐山市丰南区委 唐山市丰南区人民政府	关于调整区企业改革工作领导小组组成人员的通知	4 月 14 日
丰南字〔2016〕9 号	中共唐山市丰南区委 唐山市丰南区人民政府	关于在全区机关开展作风整顿的实施意见	4 月 22 日
丰南字〔2016〕10 号	中共唐山市丰南区委	关于进一步强化农村基层党建工作责任运行机制的意见	4 月 22 日
丰南字〔2016〕11 号	中共唐山市丰南区委	印发《关于在全区党员中开展“学党章党规、学系列讲话，做合格党员”学习教育的实施方案》的通知	4 月 25 日
丰南字〔2016〕12 号	中共唐山市丰南区委 唐山市丰南区人民政府	关于对西葛镇发生进京集体非访情况的通报	5 月 5 日
丰南字〔2016〕13 号	中共唐山市丰南区委	关于进一步完善村干部“一定三有”激励保障机制的意见	5 月 6 日

续表

发文字号	发文机关	文件名称	制发日期
丰南字〔2016〕14 号	中共唐山市丰南区委 唐山市丰南区人民政府	关于调整区防汛指挥部组成人员的通知	5 月 18 日
丰南字〔2016〕15 号	中共唐山市丰南区委	关于调整部分区直单位党组（党委）设置的通知	7 月 11 日
丰南字〔2016〕16 号	中共唐山市丰南区委	关于成立区委法治丰南建设领导小组及其下设机构的通知	7 月 15 日
丰南字〔2016〕17 号	中共唐山市丰南区委 唐山市丰南区人民政府	关于印发《2016 年度区委常委、区人大常委会主任、区政协主席、区政府副区长党风廉政建设职责范围及工作要求》的通知	7 月 16 日
丰南字〔2016〕18 号	中共唐山市丰南区委	关于调整区委全面深化改革领导小组及各专项小组组成人员的通知	8 月 12 日
丰南字〔2016〕19 号	中共唐山市丰南区委 唐山市丰南区人民政府	关于表彰 2015 年度人口和计划生育工作先进单位、先进个人通报	8 月 24 日
丰南字〔2016〕20 号	中共唐山市丰南区委 唐山市丰南区人民政府	关于对 2015—2016 学年度教育教学先进集体和个人表彰的决定	9 月 10 日
丰南字〔2016〕21 号	中共唐山市丰南区委	关于恢复成立唐山市丰南区工商联党组的通知	11 月 8 日
丰南字〔2016〕22 号	中共唐山市丰南区委	关于给予孙志宏开除党籍处分的决定	12 月 29 日
丰南字〔2016〕23 号	中共唐山市丰南区委	批转区委统战部《关于区第六届政协委员总体安排及人选产生工作方案》的通知	12 月 29 日

制作的“两学一做”4 个视频课件。把李保国先进事迹作为“两学一做”学习教育教材，开展向李保国学习活动；通过媒体宣传和系统内推荐的方式，培树本地省级“优秀党务工作者”和“优秀共产党员”等典型。制发《关于在全区党员中开展“戴党徽、亮身份”活动的实施方案》，推动活动深入开展，向全体党员统一配发党徽和党员户标识牌。开展党课宣讲活动，全区组织开展党课宣讲活动 1548 场次，涉及基层党组织 1099 个、受教党员 2.67 万人。在报刊《今日丰南》、区电视台、丰南党建网等媒体开办学习教育专栏，宣传报道学习教育动态、先进经验和典型人物，年内，《今日丰南》刊发稿件 35 篇，评论 10 期；广播电视台播发新闻 75 条，宣传先进典型 18 个。推进党员电教工作发展。按照“强管理、求实效，谋创新、造亮点”工作思路，推进农村党员干部现代远程教育工作规范化，提升党员教育工作服务基层、服务党员的科学化水平，全区 494 个远程教育站点在全市率先完成光纤改造工程。

【党员管理】 2016 年，丰南区制发《关于对全区农村党组织书记实施“星级管理”的意见（试行）》，设置相关降级指标和归零指标，共 10 大类 40 小项，通过对标承诺、日常监控和年终考评程序，对村党支部书记按照五星等级认定，将评定结果与经济、政治待遇和奖惩挂钩，形成责权明确、运行规范、考核严格、保障有力、监督到位的长效管理机制。实施“领头雁”工程，加强带头人队伍建设，年内组织优秀村党支部书记参加省级示范培训班 9 个班次 183 人。推动各级党组织开展以创建学习型、服务型、创新型党组织和争创人民满意机关为内容的“三创一争”活动，以及“党员活动日”“党员志愿服务日”等活动，发挥党员的先锋模范作用。探索建立党代会代表驻室工作制度。在胥各庄街道、丰南镇、黄各庄镇等 8 个党（工）委建立党代会代表工作室；加强党代会代表的日常管理，实行预告、驻室、登记、解释、报告、交办、督办、反馈、存档“九步工作法”，确保群众反映的问题件件有着落、事事有回音。按规定要求，完成党的十九大代表、省九次党代会代表及市第十次党代会代表人选推荐提名工作。结合“两学一做”学习教育，开展党员组织关系集中排查、党代表和党员违纪违法排查清理、党费收缴工作专项检查、基层党组织按期换届情况专项检查等重点工作，进一步提升全区党员队伍整体素质。

【基层组织建设】 2016 年，丰南区围绕“凝心聚力抓党建、抓好党建促发展”工作思路，突出重点，健全机制，全面加强党的基层组织建设。后进村治理整顿工作。在深入摸排的基础上，全区确定69个后进村作为重点整治对象。采取县级领导联系指导、区直单位结对帮扶、选派工作队驻村、乡镇领导包村的方式，合力攻坚。通过建立台帐、逐村指导、随机抽查、专题调度、巡回督导检查、现场办公等方式，全力推进后进村转化工作。全区3个班子不健全的后进村，全部重新选任村党支部书记；14个村党支部书记不胜任、不在状态的村，思想意识均得到明显转化，干事热情得到有效激发；69个后进村实施实事工程423个，总投资3705.7万元。

农村党建工作。完善落实农村基层党建工作责任运行机制，制发《农村基层党建工作“三清单”》和《关于进一步强化农村基层党建工作责任运行机制的意见》。列出农村基层党建工作18个突出问题，提出必须全面推进的26项重点任务和48项具体措施，明确完成时限和责任单位。建立以“定责、履责、问责”为主要内容的责任运行机制，落实区、乡、村三级党组织书记的党建工作责任。对全年农村基层党建工作重点任务细化分解，分别建立2016年度区委书记和乡镇党委书记抓基层党建工作清单，压实目标任务，并将《农村基层党建工作“三清单”》和乡、村两级党组织书记的农村基层党建工作责任落实情况，纳入乡、村两级基层党建综合考评内容，组织召开乡镇街道党（工）委书记抓基层党建工作述职评议会议。在全区打造特色鲜明、标准过硬、宜看宜学的农村基层党建示范点32个、示范区14个。

农村干部管理。按照“一定三有”要求，组织村“两委”干部结合本村实际和岗位职责提出个人承诺事项，并与乡镇党委、政府签订目标责任书。制发《关于进一步完善村干部基础职务补贴的意见》和《关于进一步完善村干部“一定三有”激励保障机制的意见》，落实村干部基础职务补贴。落实2015年度农村干部养老保险补贴和离任干部补贴工作，实现农村干部干有保障。下发《关于健全规范农村（社区）干部档案的意见》，开展农村干部个人档案信息收集、审核、整理、入档工作；各乡镇均建立独立的档案室并挂牌，配齐硬件设施，配备专职档案员，做到农村“两委”成员一人一档。

“两学一做”大合唱

大学生村官队伍建设。确定“1453”大学生村官工作思路，即强化“一个信念”（扎根基层，建功农村），围绕“四个目标”（下得去、待得住、干得好、流得动），实施“五项工程”（培育引导、培养帮带、实践锻炼、先锋引领、待遇保障），打造“三型村官”（服务型、创业型、守纪型），提高大学生村官能力素质。制定《关于进一步加强大学生村官工作的意见》《关于进一步加强大学生村官管理的通知》等5个文件。辑印《丰南区大学生村官资料汇编》，对工作履职不到位的给予全区通报批评。开展大学生村官“我为党员讲党课”活动、举办“工作生活感悟”征文大赛，征集诗歌、散文、随笔、新闻稿、调查研究等作品165篇。大学生村官有序流转，14名省选大学生村官通过考核转聘的方式，聘用为事业单位工作人员。在乡镇领导班子换届中，3名有大学生村官工作经历的人员进入乡镇领导班子。大学生村官高康获“河北省优秀共产党员”称号。

企业社区党建工作。高站位谋划、高标准部署、高效率推进非公企业和社会组织的党建工作。利用1个月时间，对全区非公企业和社会组织拉网式排查摸底，推进非公企业和社会组织“两个覆盖”集中攻坚行动。全区有正式运营的非公企业323家，从业人员6.47万人，党员2360名，建立党组织的256家；有社会组织70家，建立党组织的58家。后进社区转化工作。针对路南、丽水馨苑和御园3个后进社区的不同特点，分别派驻工作队，帮助社区制定整改方案，剖析后进原因，分类施策，建立整改台账，推动后进社区转化。

【干部推荐选拔】 2016年，丰南区深化干部人事制度改革，探索干部选任新方法，落实民主推荐、民主测评、考察预告和任前公示制度、乡镇党政正职拟任人选常委会票决制。对空缺职位，探索试行先个别谈话推荐，后会议推荐的民主推荐方式，将民主推荐结果作为确定考察对象的重要参考，提高选人用人公信度。在干部考察中，“考察对象档案必审、个人有关事项必核、纪检监察部门意见必听、线索具体的信访举报必查”，严把考察人选的政治关、作风关、能力关、廉政关。年内共调整干部4批，涉及干部30人。稳妥推进乡镇换届，根据上级政策要求，制定《关于认真做好乡镇领导班子换届工作的通知》《关于从“三类人员”中择优选配乡镇领导班子成员的工作方案》和《乡镇领导班子换届考察工作方案》；派出15个考察组，由县级干部“挂帅”，对全区各乡镇同步考察；综合运用民主推荐、民主测评结果和考察、考核及征求意见情况，看素质、看作风、看贡献，重政绩、重群众公认，做到以德才判优劣，按标准定取舍，不简单“以票取人”，科学制定乡镇换届人事安排方案。按照上级有关精神，完成区乡人大代表初步人选考察工作，确保人选质量。

【干部综合管理】 2016年，丰南区推进干部日常管理，摸清综合单位工作人员及党员人数、原党委（党组）成员配备情况，对全区27家区直单位的111名党组成员（党委委员）调整配备；对28名拟调入党群系统的工作人员档案审核；按照干部管理权限，对1371卷在职干部人事档案专项审核，补充收集档案材料近2万份，逐卷形成《干部人事档案专项审核问题认定表》和《全国干部人事档案专项审核工作专用干部任免审批表》，对区人资社保局、教育局的干部人事档案专项审核工作3次督导检查；对38名符合公务员职务与职级并行条件的人员审批并全部兑现工资待遇；采取综合排名和自主选择的方式接收、安置选调生16名；呈报5名县级干部退休手续，审批52名科级及以下干部退休。

【干部考评】 2016年，丰南区修订完善区管领导班子和区管干部年度综合考评办法。制定下达2016年度区管领导班子目标任务和《考评细则》，组织各考评责任单位对2016年度重点工作目标任务分解，建立年度重点任务运行图，汇编整理、辑印成册。围绕区委中心工作，配套建立《丰南区2016年重点工作任务运行图动态管理清单》，对全年重点工作实施项目化管理；综合运用巡视、一线督考、延伸考核、跟踪考察等方式方法，对全局性重点工作、重大项目进展和完成情况及时考核。落实“四个干”工作机制，为每名区管干部建立“四个干”干事档案，并逐一审核。落实《关于加强区管领导班子和领导干部平时考评工作的意见》，结合全区相关责任单位对工作运行图和干事档案中确定的重点目标任务实行挂账监控，全程督考，记入干事档案。建立定期分析调度制度，对未能按照时间节点和工作进度完成任务的，下发督办问询函，责成单位按要求做好整改。构建激励担当干事的政策导向机制，保护勇于担当的干部，支持锐意改革的干部，追责“为官不为”的干部，激发干部创业热情。组织实施2016年度区管领导班子和领导干部综合考评，评出优秀区管领导班子60个，优秀区管干部273名。

【干部培训】 2016年，丰南区组织干部培训班4期，培训干部1295人次。其中，选派37名乡科级干部赴广东省委党校参加“创新驱动、供给侧改革”专题学习班，选派48名负责“美丽乡村”建设工作的乡科级干部赴浙江省委党校参加“美丽乡村建设”专题培训班；在区委党校组织110名乡科级干部学习“习近平总书记系列重要讲话精神”；在丰南大剧院举办“十八届六中全会”精神专题讲座，参训干部1100人。

【人才培养】 2016年，丰南区探索新形势下开展人才工作的新思路、新方法。协调有关部门，定期对全区各单位、各企业用工信息搜集整理，通过丰南区人才网公开发布，为用人单位和人才择业搭建平台和桥梁。依托重点产业、重点企业、重点项目，举办人才技术交流大会，开展“人才宣传月”“来唐山看看”等系列活动，举办大型招聘会2次，企业招聘专场2次，小型招聘会2次，推荐各类毕业生700余人，成功招聘150人。

【干部监督】 2016年，丰南区开展“一问责八清理”专项行动，对干部超职数配备、违规进人、领导干部经商办企业专项清理，落实领导干部个人有关事项报告、出国（境）人员审查备案、经济责任审计等制度。对全区952名在职区管干部报告个人有关事项和领导干部及其亲属经商办企业情况全面核查，核查3500余人次；完成对23名乡科级领导干部经济责任审计；办理因私出国（境）手续15人次，因公出国（境）手续1件3人次，完成全区6274名新增备案人员的登记备案工作；审核确定干部“三龄”（年龄、党龄、工龄）59人。

（孙建进、王黎明）

宣传工作

【概况】 2016年，丰南区宣传思想文化工作坚持以学习贯彻习近平总书记系列重要讲话精神、全面落实党的十八大和十八届三中、四中、五中、六中全会精神为指导，按照区委三届七次全会部署，着力加强思想理论建设、营造决胜全面小康的舆论氛围、深化全民素质培育工程和社会主义核心价值观建设、推进文化强区建设、加强宣传文化阵地队伍建设和管理，为建设“经济强区、美丽丰南”提供思想保证、精神力量、道德滋养和文化条件。年内，区委宣传部被河北省评为县（市、区）党委宣传部2016年度工作考核“优秀”等次。

【干部理论学习】 2016年，丰南区宣传部围绕学习宣传贯彻党的十八届五中、六中全会和习近平总书记系列重要讲话精神，进一步完善《丰南区三级中心组理论学习制度》。年内，以学习原文、专题讨论、专家辅导等形式，组织区委理论学习中心组集中学习12次。学习内容包括十八届六中全会精神、习近平总书记系列重要讲话精神和中央、省、市重大决策部署等内容。以集中培训和自学等形式先后多次在三级理论中心组学习中安排《习近平总书记在庆祝中国共产党成立95周年大会上的讲话》《关于学习贯彻习近平总书记视察唐山时重要讲话精神的通知》等内容。为副县级以上领导干部提供《习近平总书记系列重要讲话2016》和《习近平谈治国理政》等自学资料。其间，根据年度工作安排和学习重点，为区、乡两级党委理论中心组成员提供最前沿的理论观点。组织各单位负责人、包村干部以及大学生村官的“三必讲”工作，对“两学一做”和“十八届六中全会精神”全面的宣传贯彻，逐步提升党员干部的理论修养、增强组织性和纪律性，强化政治鉴别力。

【扫黄打非】 2016年，丰南区扫黄打非领导小组协调督查办公室在全区范围内组织开展针对网吧、演出市场及各类文化娱乐场所专项治理行动和查堵政治性非法出版物专项治理行动10余次。区扫黄打非领导小组协调督查办公室印发《关于做好2016年元旦春节期间扫黄打非工作的通知》《关于开展“扫黄打非·净网2016”专项行动实施方案》《关于开展2016年“4·26”世界知识产权日宣传活动的通知》《关于开展“扫黄打非·清源2016”专项行动实施方案》。联合治理行动组织由区教育局、公安局、文广新局、工商局、移动公司、联通公司等部门抽调13人，采取混合编组的形式，组成联合督查组，对城镇网吧、演出市场及演出娱乐场所、地摊、集贸市场、繁华街区、学校周边等公共场所和部位明察暗访。出动车辆276辆次，人员1105人次，检查网吧、歌舞厅、电子游艺场所259家次，查处违规经营网吧1家，现场整改35家，取缔1家电子游艺场所和微信平台，检查出版物市场、印刷复印企业236家次，收缴各类非法书报刊156余册，取缔书报刊非法游商8家。

【爱国主义教育】 2016年，丰南区在全区青少年中开展以“传承中华文化 共筑精神家园”为主题的爱国主义读书教育活动和第五届唐山市青少年“阅、知、行”爱国主义教育读书活动，6万余名中小学生参加活动。组织开展国防教育进机关、进社区、进企业、进校园、进农村活动，利用橱窗、宣传栏、电子显示屏、手机短信等媒介传播国防教育知识，增强广大干部群众的国防观念和爱国情怀。区域内有钱营镇烈士陵园、大齐各庄镇烈士陵园、黑沿子镇烈士陵园、大新庄镇烈士陵园四处市级爱国主义教育基地。依托基地，开展形式多样的爱国主义教育活动。特别是清明期间，基地组织周围乡镇、学校广泛开展清明祭扫活动，3万多人向革命先烈表达深切的缅怀和敬仰之情。“五四”“六一”“八一”等节日期间，基地组织中小学生开展宣誓活动，表达对革命先烈们的缅怀、崇敬之情。

【文联工作】 2016年，丰南区共有美术、摄影、音乐、舞蹈、作家、民间艺术、戏曲、漫画、书法、诗歌朗诵、诗词、报告文学、电影电视剧制作13个艺术家活动小组，吸纳成员1246人。先后组织开展各类学习讲座、培训、书画、摄影等展览15次。马立宽入围中国书协第八届新人展，么东光当选中国漫画家艺委会理事，黄永获“河北文艺贡献奖”。出版文学季刊《芦笛》4期，刊登小说、散文、诗歌、报告文学、剧本等文学作品320余篇，96余万字；编辑纪念大地震40周年专刊；《芦笛》在第二届河北省文学内刊评选中获“河北文学内刊贡献奖”；刘宝池的《耕犁记》、秋实的《故乡旧事》、孙守廷的《血脉》、刘忠环的《乡情是粽子》、王丽菊的《诚献》、赵秀山的《说这些没用》、张新平的《昨夜西风》等书籍相继出版。区文联与民建唐山市委、唐山市委宣传部、唐山市文联联合编辑出版《四十年、四十人》一书，以纪念唐山丰南大地震为主题，选取40名亲历大地震的代表性人物，记述他们在大地震发生时的亲身经历和四十年来人物的成长、创业、发展过程。该书由现代教育出版社出版。

【对外宣传】 2016年，丰南区宣传部围绕区委、区政府中心工作，开展“园区建设”“经济转型升级”“发展动力转换”“全域城镇化”“城乡协调发展”“生态文明建设”“持续增进人民福祉”“维护社会安定和谐”八大主题新闻宣传，展示“经济强区、美丽丰南”对外新形象，在国家、省市级新闻媒体和各大相关网站发稿超过1500篇，发稿数量和质量在全市各县区均处于前列。在《唐山劳动日报》刊登《雨润碧叶风自清—丰南区开展“一问责八清理”专项行动纪实》《春潮涌动步履疾—丰南区开展“解放思想、抢抓机遇、奋发作为、协同发展”大讨论纪实》，在《人民日报》内参连续两期（781、782）刊登《整合机构，把力量聚焦到监督执纪主业—对唐山市丰南区纪检监察机构改革试点的调研（上）》《回归主业，基层战斗力明显提升—对唐山市丰南区纪检监察机构改革试点的调研（下）》等稿件，引起中央、省市委领导高度重视，为丰南科学发展、和谐发展、跨越发展营造良好舆论环境。开展“媒体走丰南、看丰南”活动，在中央、省市各级媒体推出一批反映丰南经济社会发展辉煌成就和改善民生的外宣精品，提升丰南对外影响力和美誉度。

【对内宣传】 2016年，丰南区广播电视台找准宣传工作切入点和着力点，策划实施系列主题宣传活动，做好纽带，凝聚力量，充分发挥主流媒体的舆论引导力，实现安全优质播出13140小时。与区电信、联通等相关部门沟通协调，有序推进节目在6万多IPTV用户的全面覆盖工作。新兴媒体与传统媒体深度融合呈现新亮点，实现微信公共平台、企鹅媒体平台、QQ公众号3个帐号同时编辑发布消息，提高区广播电视台咨讯的推广度和覆盖率。《丰南新闻》节目开辟《机关作风整顿》《大众创业、万众创新》《唐山丰南 我们的四十年》《全民共创文明城》《“两学一做”学习教育》等专栏，年内制作播出260余期，采编新闻稿件1380多篇，播发新闻快报630多篇。专题节目《德风化雨》《惠丰湖畔》《金土地》制作156期，播出312期。成功报道“两节”期间文化活动、区委全会、区人大、区政协“两会”等重大活动、重要会议的宣传报道任务。高质量完成“德美丰南”唐山市丰南区第五届道德模范颁奖典礼人物专题片的摄制和实况录制。配合区委、区政府相关部门和单位制作专题片 10 余部，其中《舌尖上的唐山》获河北省“奔马奖”一等奖，5 部作品获唐山市优秀电视新闻节目一等奖。《今日丰南》报社坚持正确舆论导向，围绕时政热点，创新工作方法，丰富报道形式。年内刊发重点工作报道稿件 2500 余篇，开设“爱唐山、做贡献，爱丰南、讲奉献，爱岗位、比进位”“廉政之窗”“先锋颂”“德化丰南”“市场观察”“全力推进美丽乡村建设”“震后 40 年辉煌成就展”“学党章党规、学系列讲话，做合格党员”等专栏 17 个，活跃报纸版面，增加报纸的可读性。推出“民生之窗”“学习园地”“文苑”“文化生活”“教育天地”“卫生保健”等特色专版 150 多个。结合全区重点工作，推出系列评论，包括《论学习贯彻区委三届七次全会精神》8 篇、《论学习贯彻区纪委三届六次全会精神》5 篇、《论学习贯彻全区农村工作会议精神》5 篇、《论扎实开展“两学一做”学习教育》10 篇，发挥基层党报的舆论阵地作用。

【文化产业】 2016 年，丰南区文化产业稳步发展。总投 3.8 亿元的魔豆城职业体验中心进入精装收尾阶段，总投资 11 亿元的星幻港室内主题乐园进入设备安装调试、人员培训阶段；总投资 12 亿元的中国网络游戏发行基地项目，一期工程建设启动；总投资 3 亿元的唐山世艺新型印刷包装生产基地项目，标准化工厂及配套基础设施主体建筑完工、开始安装设备；药王寺复建项目，二期工程完工，年内举办民俗文化庙会等大型文化活动 3 次，吸引游客 10 余万人次。实施万众创业孵化基地、世艺电子商务文化创新产业园区等一批园中园、基地和平台项目。引进培育创客天下（唐山）科技发展有限公司、河北乐信旅游开发有限公司、河北欢乐小鸟影视传媒有限公司等 31 家文化企业。丰南区创新创业 020（线上到线下）公共服务平台，通过省级众创空间审核认定。河北欢乐小鸟影视传媒有限公司成功投资拍摄《我的爱大声对你说》《千金魅惑》《疯狂电玩城》《暗黑西游之灭神》4 部电影。为唐山市丰南区河北文化产业创新和发展研究中心（佳澜孵化基地）争取省级宣传文化发展专项资金 200 万元。制作中国网络游戏发行基地、荣盛未来城、粉墨登场 3 个项目宣传画册。推荐银贝壳（唐山）科技有限公司代表唐山高科技文化企业参加第十二届深圳文博会，5 月 12 日至 16 日在深圳会展中心河北馆全程展示。

【互联网宣传管理】 2016 年，丰南区开展“移动新媒体基础建设年”活动。指导全区各地各单位开通政务微信，拓宽政府发声渠道，搭建政府与百姓之间交流与沟通平台。全区有 45 家单位开通政务微信。组织开展多层次政务微信培训工作，邀请《唐山劳动日报》、新浪网等微信管理运用专家授课，分批次对政务微信管理员以现场教学方式业务培训，全区政务微信运营良好，政务微信“丰南发布”影响力提升，开通并完善“丰南发布”一点资讯平台和搜狐平台，定期推送全区各项重点工作取得的成绩和先进经验，提升丰南影响力和知名度。11 月 2 日，推发信息“800 万吨精品钢铁项目签约”阅读人数超过 5 万，荣登河北政务微信影响力排行榜第四期榜首；政务微信“智惠丰南”开发微信后台服务，打造掌上便民服务平台，关注量超过 3 万人。壮大“丰南网军”的规模和作战能力，参与“省第九次党代会”“蠡县坠井男童搜救”“2016 唐山世园会”等多项省、市网评专题行动，得到省、市网信办领导好评。开展网评专题培训，邀请市网信办专家围绕“网评文章写作技巧”“新媒体与舆论引导”主题多次培训，互联网队伍的舆论引导能力提升。全区网评员围绕省、市、区布置的网评专题发布微博 20 余万条，转发微信超过 13 万条，跟帖超过 7 万条。加强与中国日报网、长城网、河北新闻网、环渤海新闻网等网络新闻媒体的沟通与合作，制作“旅游强区、美丽丰南”“丰南转型促发展”等网络专题，对全区产业转型、项目建设、旅游产业发展等各项工作取得的成果集中宣传展示，提升丰南对外形象。

（刘祚合、郑秀娟）

精神文明建设

【概况】 2016 年，丰南区精神文明建设工作按照上级部署，配合区委区政府中心工作，推进全民素质培育工程，组织开展全国文明城市和省级文明城区创建活动，践行社会主义核心价值观，开展道德模范评选活动，加强未成年人思想道德建设，推动全区精神文明建设工作再上新台阶。

【文明城市建设】 2016 年，丰南区组织开展全国文明城市和省级文明城区创建活动，在加强文明城市常态化管理的基础上，组织开展市容环境、市场环境、社区环境、交通秩序、“五小”行业、“窗口行业”优质服务“六项”专项整治行动，集中解决一批难点、突出、易反弹和老百姓关心的问题。同时，部署开展文明环境、文明旅游、文明餐桌、文明交通、文明经营、文明低碳等“六大行动”和公益广告宣传活动，组织文明旅游征文活动，在餐饮行业统一制作张贴文明餐桌桌贴，开展文明交通宣传和交通行为劝导活动，在全区城乡部署“经济强省美丽河北”公益广告宣传工作，开展文明单位创建和窗口行业文明服务、优质服务竞赛活动，提升城市形象，促进全民素质提高。

【公民道德实践活动】 2016 年，丰南区针对不同群体的特点和实际，开展形式多样的主题活动，潜移默化，寓教于乐，倡导文明道德新风尚。年内组织开展第五届道德模范评选表彰活动，评选出丰南区第五届道德模范 10 名，道德模范提名奖获得者 8 名，12 月 29 日举办颁奖典礼，扩大社会影响；开展“大爱唐山·德化丰南”主题活动，“季评学雷锋十佳事迹”活动和身边好人推荐评议等活动；开展社会公德、职业道德、家庭美德、个人品德“四德”建设活动；开展图书下乡活动，区图书馆的“书香丰南动车组”成为丰南百姓熟知的送图书下乡品牌；开展“我们的节日”系列活动，在春节、清明、端午、中秋等传统节日，把爱国主义教育、志愿服务活动、经典诵读、群众性节日民俗、体育健身、文化娱乐等活动贯穿主题活动始终，编发节日短信，传播传统美德；开展道德讲堂活动，传播道德经典，提升道德素养。“文明丰南”微信公众平台高效运行，展示各地各单位精神文明建设创建工作成果，宣传好人事迹、弘扬好人精神、传递社会正能量。

【志愿者服务活动】 注册成立丰南区志愿者协会，成立党员志愿者、青年志愿者、应急志愿者、巾帼志愿者、医疗志愿者、科普志愿者、法律志愿者、老年志愿者、环保志愿者、文化文艺志愿者及学雷锋志愿服务队等10余个志愿服务组织及办事机构。年内，全区有各类志愿服务组织369个。先后组织开展“德化丰南•邻里守望”“关爱女童、关爱弱势群体”“共产党员志愿服务日”“温暖世园•志愿先行”集中宣传暨学雷锋志愿服务活动、“温暖世园•文明出行”文明交通志愿服务活动、“端午情浓•奉献爱心”志愿者慰问贫困家庭活动、“7•28”纪念抗震40周年慰问活动和救助大病患者志愿行动等志愿服务活动；动员青年、巾帼、老年、公务员以及社区、卫生、文化、科普等志愿服务组织，通过“一助一”“多助一”等结对帮扶、亲情陪伴等形式，以空巢老人、留守儿童、农民工、残疾人等弱势群体为服务重点，开展敬老、爱幼、助残、帮困等各类志愿服务活动。

【未成年人思想道德建设】 2016年，丰南区推进乡村学校少年宫建设，建成城市学校少年宫2个、乡村学校少年宫17个，实现区域未成年人思想道德阵地建设全覆盖。制发《丰南区未成年人关于培育和践行社会主义核心价值观的实施意见》，明确“提炼主题—宣传发动—活动推动—总结升华”导向践行活动模式，使核心价值观嵌入头脑，走进心灵。组织开展“徜徉经典——品味国学、传承文明、做有德少年”主题实践活动，使未成年人了解中华民族的文明历史和文化，提升未成年人综合素质。遴选33名会员，成立丰南区未成年人心理健康教育研究学会。对1100名班主任进行国家二级、三级心理咨询师考级培训，提高对学生心理干预和疏导能力，促进学生身心健康。组织开展校园周边环境专项整治行动，检查校园周边环境卫生情况，书店、音像门市（摊点）、餐饮店（驿站、小饭桌）、流动摊点等环境卫生及经营行为，现场下发督办单，督促整改发现的问题，净化校园周边环境。

【全民素质培育工程】 2016年，丰南区创新推进社会主义核心价值观建设。全区建成大讲堂875个。其中，多功能厅179个、主题公园58个、好人一条街41个、善行功德榜507个、村史馆（室）16个。大讲堂（多功能厅）、主题公园（广场）、好人一条街、善行功德榜、村史馆（室）的建设，直接改变农民和社区居民的生活环境和文化氛围。立足全民皆参与、全民受教育、全民提素质，组织开展一系列教育培训和主题实践活动。先后组织《齐家》专题讲座、“寻找最美丰南人”主题活动、“温暖世园•美丽丰南”征文大赛、道德模范事迹报告会、“做文明丰南人•我为创城做贡献”主题演讲比赛、践行社会主义核心价值观专题讲座等主题活动。年内，全区组织开展各类活动1026场次，参与群众10.8万人次。

（刘祚合、郑秀娟）

纪律检查（监察）

【概况】 2016年，丰南区纪委、监察局贯彻上级纪委和区委决策部署，围绕中心任务、聚焦主责主业，持续深化“三转”（转职能、转方式、转作风），严格落实“把纪律和规矩挺在前面”和践行“四种形态”的要求（四种形态：党内关系要正常化；批评和自我批评要经常开展，让咬耳扯袖、红脸出汗成为常态；党纪轻处分和组织处理要成为大多数；对严重违纪的重处分、作出重大职务调整应当是少数；严重违纪涉嫌违法立案审查的只能是极少数）。将纪检监察机构改革作为落实监督责任的抓手，统筹谋划，协调推进，党风廉政建设、反腐败工作、机构改革、纪律审查、监督检查、宣传教育等各项工作取得明显实效。年内，省委常委、省纪委书记陈超英和省纪委常务副书记马玉蝉，先后在区纪委、监察局就改革试点工作调研指导，并给予高度评价；《人民日报内参》连续两期刊发改革试点工作的经验做法，《中国纪检监察报》对全区加强纪律审查工作进行报道。

（张劲松）

【纪律检查委员会会议】 2016年3月14日，丰南区在丰南大剧院小剧场召开第三届纪律检查委员会第六次全体会议。出席会议的区纪委委员16人。区四大班子领导成员及其他副县级领导干部，各开发区主要负责人及纪工委书记，各乡（镇）党委书记、乡（镇）长、纪委书记、专职纪委委员，胥各庄街道党工委书记、办事处主任、纪工委书记、专职纪工委委员，区直各单位主要负责人、纪检组（纪委、纪工委）组长（书记）及其他班子成员、股级干部代表，区纪委（监察局）机关全体人员参加会议。会议贯彻落实中央和省市纪委全会精神，按照区委三届七次全会的要求，总结回顾2015年全区纪律检查工作，研究部署2016年的工作任务。会议学习讨论区委书记王东印的讲话，审议通过区委常委、区纪委书记李世庄代表区纪委常委会所作的《把纪律和规矩挺在前面，强化监督执纪问责，不断开创党风廉政建设和反腐败工作新局面》工作报告。

（陈　宏）

【纪律检查委员会组织机构】 2016年，丰南区根据《唐山市丰南区纪检监察机构改革试点工作方案》设

丰南区道德模范表彰　　李辅政 摄

置纪律检查委员会、区纪委监察局领导机构，领导班子职数10名。其中书记1名、副书记3名（其中1名兼任监察局局长）、其他常委5名（其中1名兼任监察局副局长）、监察局民主副局长1名（《唐山市丰南区纪检监察机构改革试点工作方案》2015年4月实施）。丰南区纪委（监察局）本级纪检监察机构26个。机关科室明晰为监督、审查和综合保障三大类。监督类设有监督一室、监督二室、监督三室、监督四室；审查类设有审查一室、审查二室、审查三室、审查四室、审查五室、审查六室、审查七室、审查八室；综合保障类设有办公室、组织部、信访室、案件监督管理室、案件审理室，共17个。派出机构设有丰南经济开发区纪工委、临港经济开发区纪工委、小集经济开发区纪工委，共3个。区纪委设有直属事业单位廉政教育基地（培训中心）1个，区委政法委设有纪工委1个，法院设有纪检组1个，检察院设有纪检组1个，公安局设有纪委1个，司法局设有纪检组1个。年内，组织机构设置没有变化。

（董卫国）

【纪律审查】　2016年，丰南区按照抓早抓小的要求，准确运用监督执纪“四种形态”，以“零容忍”的态度，重点整治发生在群众身边的腐败问题、违反中央八项规定精神和“四风”问题、违反“六项纪律”问题。建立反映问题线索“一口受理、集中处置”的管控模式，成立线索处置小组，对涉及反映科级以上干部的问题线索由处置小组集体研究处置方式；制定信访办理流程图，初核、立案、谈话函询、暂存、结，按照程序做工作，有效提高处置效率；案件查办挂图督办、日调度和领办等多项制度，及时掌握案件进展、指导方式方法、把握办案方向，促进案件审查高效有序运转；建立简易线索直查快办工作模式，对办案中发现的线索单一、易于流失的违规违纪问题，赋予检查组一定的工作权限，抢抓办案时机，依纪依法快查快办；创新纪律审查方式（变农村案件以转交乡镇为主为区纪委直查为主，变案件属地查办为区纪委派人牵头异地查办，变纪委单打独斗为部门联合协同作战），加强机关内部联动、纪检监察系统上下联动和反腐败协调小组成员单位间横向联动，促进纪律审查工作高效有序运转，办案质量和数量实现双提高。年内，全区立案查办违纪案件221件，结案224件，党政纪处理266人。《中国纪检监察报》以《丰南提升纪律审查实效，剑指问题，有腐必惩》为题，对全区加强纪律审查工作予以报道。

（张景元）

【监督检查】　2016年，丰南区在全国纪检监察系统率先设立四个监督室，改变被动监督的局面。各个监督室坚持有分有合、统筹协调，实行“一事一授权”，监督工作由过去的“人盯人”变成“打联防”，实现工作层面上全覆盖。坚持问题导向，哪个领域的问题多，监督的触角就延伸到哪里，监督的重点就推进到哪里，实施专项监督、巡察监督、办案式监督、调研式监督、督导检查五种监督方式。专项监督。针对问题突出的单位和领域，为发现倾向性、规律性问题，时间不固定、频次不固定，开展专项监督。巡察监督。依照巡视工作的方式方法，组织相关部门和人员，带着问题进驻乡科级单位，以半个月为一个工作周期，发现问题，移交线索、责令整改。办案式监督。对违纪手段隐蔽，群众不易发现或不愿意作证的问题，通过调取资料、简单查账、个别谈话等方式，发现问题。调研式监督。通过调查研究深入解剖问题，提出有观点、有数据、有典型事例、有原因分析、有对策建议的报告，为领导决策提供参考。督导检查。对上级确定的重点工作，每半年开展一次督导检查。监督检查的开展，实现面上全覆盖，点上更聚焦，改变以往监督工作发现问题少、提供问题线索少的状况。年内，发现和纠正一般性问题及问题线索457个，转立案审查6人，批评教育245人，诫勉谈话90人，下发交办函88份，向区委和有关部门提出建议81条。

（赵秀生）

【信访稳定】 2016年，区纪委监察信访室接待群众1855批次，其中，接待来访773批次（范围内473批次、范围外300批次），来电1082批次。受理信访举报927件次，其中区本级受理来信154件次、来访60件、申诉4件，来电2件，纪委书记邮箱5件；市纪委转办信访件702件次（阅处件366件次，“两要”件32件，网络举报件304件次）。梳理问题线索345件，其中反映正科级干部的22件，占6.4%；反映副科级干部的13件，占3.8%；反映一般干部的28件，占8.1%；反映农村党员干部的198件，占57.4%；反映机关及事业单位的73件，占21.2%；反映企业的11件，占3.1%。对群众来信来访依规受理，按受案职责范围由纪委、监察局直接办理或及时移交相关部门，全年结案率100%。

（吴　萌）

农村工作

【概况】 2016年，丰南区委农工委认真贯彻落实中央、省、市关于推进农业农村工作的一系列决策部署，围绕“农业更强、农村更美、农民更富”的目标，加快发展现代都市农业，推进农村改革发展，引导农村经济转型升级，提高农民生活品质，着力构建城乡区域统筹发展的新格局，扎实推进各项工作开展。

（卢小刚）

【农村基础设施建设】 2016年，丰南区通过农村基础设施建设，改善提升农民的生产生活条件，提高农民的幸福指数。年内，实施连村道路建设、农村公路改造、村内街道硬化和农村客运服务网络建设，方便百姓出行。在修建便道砖时考虑排水、照明设施配套建设，突出舒适美观，和周围环境和谐统一。全区确定36个村实施农村街道“户户通”工程建设，硬化面积29.9万平方米，区财政按照33元每平方米的标准落实奖补资金986万元。

（王砚耕、李振环）

【落实农村政策】 2016年，丰南区开展农村土地承包经营权确权颁证工作。全区以家庭方式承包到户的土地面积4.2万公顷，其中确权登记的面积为4.06万公顷，涉及415个村，全年完成确权3.6万公顷。结合区档案局，指导乡镇、村对确权资料整理归档，整理7个乡镇16个村的档案做为示范。推进农村集体经济股份制改造试点工作。推进黑沿子镇黑西村省级试点村集体经济股份制改造，年底，对试点村集体资产、村集体经济组织的经营性资产收益分配等情况进行审核，起草试点村集体经济股份制改造实施方案。开展农村产权流转交易市场建设工作。按照上级要求，推进农村产权交易中心建设，年内发布出让、受让信息12条，组织农户承包土地经营权流转交易2宗，涉及土地11.73公顷；合同鉴证4宗，涉及土地面积21.8公顷。规范农村资金专业合作社发展。全区有7家资金合作社试点运营，资产总计7881.96万元，入社社员1951户，吸纳社员股金4084.64万元，吸纳社员互助金3247.88万元，向社员投放资金余额5521.44万元，涉及353户。其中，投放农业生产资金4052.15万元、农产品流通加工资金1065.29万元、其他资金404万元，分别占投放资金余额的73.4%、19.5%、7.3%。7家资金合作社盈利217.96万元。

（张　华　刘　磊　李桂珍）

【农村民主政治建设】 2016年，丰南区印发《2016年农村工作要点》，结合全区农村工作会议，对农村民主政治建设专项部署，明确凡需召开村民代表会议或村民会议决议的村内重要事项，必须坚持“五步决策”程序，即村党组织提议—村“两委”商议—党员大会审议—乡镇党委、政府审核—村民代表会议或村民会议决议的程序。全区各地以贯彻落实“五步决策”程序为契机，不断提升农村民主政治管理水平。在美丽乡村建设中，各村坚持把建设项目公开，按照民主决策程序实施项目建设，做到决策民主、监督到位，公开透明，全区美丽乡村建设得到群众的拥护和支持。推进农村民主政治建设常态化、规范化，落实村级民主决策“1511”工作机制，（即每年初召开一次村民大会；村内重大事项坚持“五步决策”程序，发挥民主监事会监督作用；公开一批重大事项），重点分批次督导推进各村召开年度村民大会。年内，全区433个行政村分期分批召开村民大会，其中唐坊镇、黑沿子镇、柳树瞿阝镇、大齐各庄镇、王兰庄镇、东田庄乡、南孙庄乡7个乡镇于第一季度内如期完成。组织村民有难度的大村，因村制宜，采取分片、分街召开村民大会的形式。通过履行民主程序，把实事、好事办好，实现农村和谐稳定。

（李振环）

【美丽乡村建设】 2016年，丰南区制发美丽乡村建设《实施方案》《奖补办法》及《重点项目指导标准》等一系列文件。全区确定43个美丽乡村建设省级重点村，完成投资1.5亿元，建设项目350个，8月份，代表唐山市通过省“两改一清一拆”验收。10月份，唐山市美丽乡村建设现场会在大齐各庄镇召开。大齐各庄镇大长春村、赵各庄村，黄各庄镇老庄子村入选省级美丽乡村，丰南镇大岔河村被推荐参评全国美丽乡村百家范例，区参选全省美丽乡村建设先进县（区）。全区151个农村环境卫生重点督导村，通过整治验收，全部达标，农村环境卫生整治工作连续排列唐山市第一名。

（王砚耕）

统战工作

【概况】 中共唐山市丰南区委统一战线工作部，是区委主管统一战线工作的职能部门，主要工作是贯彻中央、省、市委关于统战工作的部署，调查研究本区域统一战线工作情况和问题，联系各界人士，反映意见和建议，联系少数民族、宗教界代表人士，协调有关部门做好宗教地下势力的综合治理工作，会同有关部门做好培养、选拔、推荐党外人士担任区政府有关部门领导职务工作，做好党外后备干部和新的社会阶层人士队伍建设工作，调查研究全区非公有经济代表人物，联系指导工商联等有关社会团体工作等。2016 年，中共唐山市丰南区委印发《贯彻落实＜中国共产党统一战线工作条例（试行）＞责任分工方案》，明确相关部门的职责与任务，调整乡镇（街道）的统战委员，形成区委领导主抓，统战部牵头协调，有关职责分工单位各负其责的大统战格局。

【党外人士工作】 2016 年，中共唐山市丰南区委统战部加强党外代表人士后备队伍建设，建立 207 人的党外代表人士后备名册，对党外代表人士后备人才实行动态管理。深入基层和生产一线调查研究，发现和储备人才，放宽后备党外人士年龄限制，定期由有关单位推荐党外后备人士。建立统战干部与党外人士交朋友制度，每位统战干部结交 5 名党外人士朋友，通过交友联谊，了解党外代表人士后备人员的思想状况、履职及廉洁自律等情况。建立动态管理考核机制，对党外后备人士进行季度和年度考核评估，根据不同情况进行数量和结构调整，实现党外人士后备队伍数量和结构科学合理。

【党外干部工作】 2016 年，丰南区有副处级党外干部 4 人，乡科级党外干部 15 人，其中区监察局、区发改局、区法院各有 1 名正科级党外干部。年内，对党外干部着重理论培训和思想政治教育，重点学习中共十八大、十八届三中、四中、五中、六中全会和习近平总书记系列讲话精神，全年培训党外干部 5 批次 470 余人。落实唐山市委提出的“四个干”机制（干什么、怎么干、谁来干、什么时间干成），把党外干部安排到工作一线务实锻炼，把实践与业绩作为评价和任用党外干部的依据。

【非公经济人士评价】 2016 年，丰南区按照“凡进必评”的原则，开展对非公经济代表人士综合评价工作，印发《关于推荐非公经济代表人士综合评价人选的通知》，明确评价范围、人选标准、方法步骤等，统战部牵头，会同组织部、工商联、法院、检察院、工信局、公安局、人资社保局、环保局、卫计局、国税局、地税局、市场监督管理局、安监局、总工会等 15 个部门对拟推荐人选综合评价，年内评价 164 人，评选出合格人选 93 人。合格人选中安排担任市人大代表 12 人、市政协委员 6 人、市工商联执委以上 14 人，区人大代表 41 人、区政协委员 34 人、区工商联执委以上 63 人。

【民族宗教工作】 2016 年，丰南区从民族宗教界人士中推荐安排唐山市人大代表 2 人、唐山市政协委员 1 人、丰南区人大代表 10 人、丰南区政协委员 8 人。年内，在宗教界组织开展“坚持中国化、共筑中国梦”主题教育实践活动和“丰南区宗教界凝聚智慧，共促发展，思想智慧火花征文活动”，区佛教学会会长、唐山大药王寺主持释国证，佛教学会秘书长戒持，南孙庄天主教堂神甫兰小彤，小稻地天主教堂神父岳凤民、清真寺阿訇张士彬均参加活动，对本教教义正能量阐释，发挥引领作用。春节期间，统战部牵头慰问胥各庄清真寺、基督教胥各庄活动点、南孙庄天主教堂、小稻地天主教堂、东田庄大药王寺等宗教堂点及宗教界上层人士，慰问 5 户少数民族困难家庭。

（张家银）

政法工作

【概况】 2016 年，丰南区政法工作构建综合维稳工作体系、科学化社会治理体系、常态化法治宣传教育体系、规范化执法司法体系、多元化政法队伍教育体系、专业化服务发展体系等“六大体系”，抓防范、夯基础，强治理、重实效，推动政法工作创新发展。政法多项工作走在全国和省、市前列，被中宣部、全国普法办、司法部评为“2011 ～ 2015 年全国法治宣传教育先进县（市、区）”；被市综治委推荐为全省基层平安建设先进县（区）；在唐山市各县（市、区）落实全市 12 项重点工作指标排名中，社会治安综合治理位居全市第一。区法院被省高院评为全省法院文化建设示范单位和信息工作先进单位。区检察院被评为全省“模范检察院”。区司法局被中华人民调解员协会评为“2016 年度人民调解宣传工作先进单位”。区公安局被省政府评为“全省人民满意的公务员先进集体”，被公安部评为“全国执法质量示范单位”，被省公安厅推荐为“全国优秀公安局”，刑事科学技术室被公安部确定为“全国示范级刑事科学技术室”，国保大队被公安部评为“部级战略支撑点”，交警大队车管所连续第四届被公安部评为“全国优秀县级车管所”，立体化社会治安防控体系建设及社会面网格化巡控体系建设工作经验在全省推广交流。东田庄乡、唐坊镇挡水埝村、东田庄乡谷庄子村、胥各庄街道新兴社区被中央防范办评为“无邪教创建示范工程”国家级示范标准单位。

【综合维稳】 2016 年，丰南区注重源头维稳，落实各项维稳工作机制，加强维稳情报信息预警、稳定隐患排查化解和特殊利益群体教育、疏导、稳控，实施社会稳定风险评估和社会稳定指数评价，严密防范暴恐活动，防范群体事件，加大非正常上访治理工作力度，完成全国“两会”、暑期、

"7·28"及世园会期间等重大活动、重要时期和敏感节点的维稳任务，确保全区社会大局持续稳定。

【科学化综合治理全覆盖】 2016年，丰南区推进综治信息化建设。完成网格划分、外网联接、系统帐号开通、信息采集等基础工作，全区划分网格2226个，采集各类综治业务信息和基础数据20余万条，录入信息5万条，开通综治信息化测试账号20个，申请登记虚拟专用网络（vpn）账号484个，在全市率先实现区、乡、村综治信息系统全覆盖。推进立体化社会治安防控体系建设。率先在全省实现城区和农村视频监控全覆盖的基础上，完成14个社区视频监控设备的升级改造，实现镇、村（社区）联网运行。启动升级区公安局指挥中心一级平台，巩固加强各派出所"四室合一"（监控室、值班室、内勤室、信息室合为一个勤务指挥室）建设，重点总结提升胥各庄派出所"视云实战平台"等十大技战法，充分发挥"点线面三结合"等级巡控和"视频+实兵"巡控模式的优势，加强"世园会"周边、重点地区、重点场所布防布控，全面提升区治安防控、应急处突、区域协作等方面的能力和水平。全区刑事案件、治安案件比上年分别下降11.5%和15.6%。加强社会矛盾纠纷多元化解和特殊人群服务管理。协调指导区法院、区司法局联合下发《关于委托调解民事纠纷的实施办法（试行）》和《关于委托人民调解组织调解民事纠纷案件的流程办法》，探索建立调解前置程序，实现司法调解与人民调解的有机衔接，提升调解率。在全市率先落实严重精神障碍患者监护人责任险和有肇事肇祸行为的严重精神障碍患者监护人以奖代补政策。开展基层平安创建活动。通过典型培树提升创建水平，继续开展以"六无"村居创建为主要内容的系列特色创建活动。全区有312个村实施"六无"标准，创建达标率达64.5%，同比上升9个百分点。做好暑期安保和铁路护路联防工作。区暑办及四个专项工作组发挥职能作用，做好暑期安保、环境整治、信访稳定、安全生产等工作，确保暑期工作万无一失。加强铁路护路联防基层基础工作，推进铁路沿线治安防控体系建设和铁路护路联防工作规范化建设，完善和创新群防群治护路工作机制，组织开展"铁路沿线突出涉路问题集中整治专项行动和全区铁路沿线社会治安专项整治行动"，加大对铁路沿线巡护的密度，确保辖区铁路安全畅通无事故。

【法治宣传教育】 2016年，丰南区深化法治文化建设和法律"八进"活动。组织开展职工法律知识竞赛、"预防校园暴力，远离犯罪"主题法治讲座、"依法信访"法治宣传月等活动；以瓷板画、普法漫画、宣传展牌、景观石刻等形式，在重点乡村建设高标准的法治文化一条街、法治园、法治文化广场，打造丰南镇西望马台村、黄各庄镇作城庄村、唐坊镇莲花沽村等11个法治文化示范村（社区）。落实政法单位法治共建联系点制度。深化巡回审判和警民合作机制，完善政法干警、律师以案释法治度，提高法治宣传成效。年内，全区政法机关深入企业、学校、乡镇举办法治宣传教育讲座17场次。职务犯罪预防展厅和青少年崇法尚德展厅完成布展设计并投入使用。东田庄中学、芦、汉等检察院、市土地局、地税局等近10家单位到基地参观学习接受教育。

【规范执法司法】 2016年，丰南区深化司法公开，协调指导政法各部门利用多种载体、多种方式，及时更新执法工作资讯、预警信息以及与百姓密切相关的政策规定等，增强工作透明度。区法院全面启用文书批注与电子签章模块，实现无纸化办公。数字法庭全部实现与省、市两级法院网络对接，网络直播现场开庭案件368件。在中国裁判文书网公开裁判文书6286份，文书上网率100%。区检察院完成外网案件信息公开平台建设和检务公开大厅建设，做到案件程序性信息每日公开、终结性法律文书及时公开。区公安局通过"燕赵警民通"网络平台发布法定可公开的行政处罚裁决文书635份。区司法局集中开展深化和推进社区矫正公开工作，保障当事人和人民群众对执法工作的知情权、参与权、表达权、监督权。强化执法司法监督。组织开展案卷执法检查，抽调案卷9卷26册，其中区公安局治安卷1卷6册、交通卷1卷2册；检察院侦查不起诉卷1卷1册、公诉卷1卷3册；法院刑事卷2卷6册、民事卷2卷2册；司法局社区矫正卷1卷6册，均未发现明显执法问题。推进涉法涉诉信访改革。规范区涉法涉诉接访中心建设，落实领导接待、联合接访和律师信访值班制度，选拔23名骨干律师参与代理化解涉法涉诉信访案件。开展涉法涉诉信访积案化解攻坚，涉法涉诉信访案件化解率、进京"非访"控制率均位居全市前列。推进执法规范化建设。规范完善公安受案立案工作流程；推广专业化审判，加强民商事典型案例指导，推行调解、送达、庭审笔录制作、裁判文书"四个规范化"；继续推进轻微刑事案件快速办理机制。办理涉及交通事故、故意伤害、危险驾驶等轻微刑事案件21件。推进法官、检察官员额制度改革。按规定条件和程序，遴选出首入额的27名法官和27名检察官，优化人员配置，提高执法水平。

【政法队伍教育】 2016年，丰南区组织政法干警开展"两学一做"三严三实"学习教育活动，增强干警的政治意识、大局意识、核心意识、看齐意识，打牢听党指挥、忠诚使命的思想基础。开展能力素质教育。组织全体干警参加"网络大讲堂"集中培训，各部门也相继开展"春季整训"岗位练兵和业务比武、法官经验交流，书记员、法警技能练兵，人民调解员、人民陪审员岗位培训等多形式专项业务培训演练，提高干警执法能力。开展廉政教育。组织开展机关作风整顿，加强反面警示教育，推进正风肃纪常态化，提升政法机关形象。担当精神教育。完善绩效考核管理体系和警务辅助人员层级管理机制。组织开展向潘志荣、李保国、梁小辉等英模学习活动，利用各类媒体对区公安局车管所等5个先进基层党组织、李小先等18名先进典型宣传报道。开展争创金牌法官、检察官、金牌调解员活动，4人被推荐为全市金牌警官、法官、检察官、调解员候选人；1人被推荐为全省最美政法干警候选人。

【服务经济建设】 2016年，丰南区政法各部门树立“四个意识”，紧跟区委、区政府工作步伐，侦办涉众型经济犯罪案件，开展查处和预防职务犯罪工作，为重点项目、重点企业提供法律咨询和法律建议，妥善处理资产处置、债务化解、农民工工资拖欠等问题，实现政法工作与经济转型升级有效对接。服务重点项目和企业。完善落实政法机关服务转型升级、支持企业项目建设的具体措施和办法，帮助企业建章立制、堵塞漏洞。年内办理涉企案件340余件，涉案标的7.3亿元；立案侦查贪污贿赂犯罪案件21件21人，大要案15件15人；立案侦查渎职侵权犯罪案件4件7人，重特大案件2件4人，为国家挽回经济损失3000余万元。维护市场经济秩序。开展打击涉众型经济犯罪、整治金融秩序、净化食品药品市场环境和“蓝天清水”专项行动。侦破食品药品刑事案件11 起，捣毁黑窝点1个，打掉黑作坊4个，打击处理犯罪嫌疑人11人。侦破查处金翔化纤有限公司不正常运行防治污染物设施违法排放污染物案及东田庄非法排放污染物案等11起行政案件， 审理非法经营、非法集资、金融诈骗等经济犯罪案件35件。提高法律服务水平。开展“送法进企”活动，推进综合法律服务，为69家企事业单位担任常年法律顾问，代理各类诉讼案件716件，解答法律咨询3385人次，为当事人索回赔欠款5004余万元。受理法律援助案件402件。

（任长旭）

区直机关党建

【概况】 2016年，区直机关党工委辖直属机关党委8个，机关党总支23个，党支部173个，有党员3776名，占机关干部职工总数的67%。2016年，区直机关党工委贯彻落实党的十八大、十八届三中、四中、五中、六中全会和习近平总书记系列讲话精神，加强自身修养，履职尽责，实施“提素质”“筑基础”“强服务”“严作风”四大行动，加强党的思想政治建设、组织建设、作风建设、反腐倡廉建设和制度建设，提高机关党建工作科学化水平，各项工作保持唐山市县区第一，为丰南科学发展提供政治和组织保证。年内，调整党委委员、总支部委员、支部委员85名，确定发展对象98名，发展预备党员51名。

【思想政治建设】 2016年，区直机关党工委按照中央和省市区委安排部署，围绕“两学一做”学习教育工作要求，将“两学一做”学习教育作为加强党员干部思想政治建设重点，引导广大党员以《中国共产党章程》《中国共产党廉洁自律准则》和《中国共产党纪律处分条例》为准绳，对照党员标准、义务责任和纪律规定，找差距、知不足。先后开展楼道文化建设、“一项教育、一项活动、一个园地、一个目标”（“诚信与责任”教育和“讲责任、促业务”活动，建立“责任专题学习园地”“党员责任区”，实现“工作就是责任”“责任成就卓越”建设目标）为内容的机关责任文化建设、“四个一”活动（“读一本好书、练就一项技能、创新一项工作，增加一个亮点”）、机关党组织书记讲党课、“争建学习型党组织、争当学习型标兵”“比技能、比作风、比业绩”“干部大讲堂”和“读书竞赛”等多项活动，提升党员干部科学执政能力、政治理论素养和思想道德水平。

【基层组织建设】 2016年，区直机关党工委随着所属党组织人事变动，先后充实调整党委委员、总支部委员、支部委员85名，并结合组织调整情况，开展干部培训，建立党员干部学习培训档案。党员发展工作中，严格入党积极分子民主推荐、学习培训、联系培养、考察考核、定期汇报等制度，组织区直机关120名入党积极分子在区委党校为期5天的集中培训。按照政治上的先进性、素质上的全面性和标准上的严肃性，通过发展对象公认度测评，确定发展对象98名；严把发展党员入口关，严格预审预批、预备党员考察及发展党员公示等，确保新发展党员质量，发展预备党员51名。围绕党建工作的新任务、新要求，区直机关党工委以“抓书记、书记抓”工作机制为重点，制定下发《2016年区直机关党建工作目标责任制考核细则》和《2016年区直机关党工委党建工作要点》，明确党建工作抓什么、怎么抓。在具体工作中，督导所属党组织抓住重大节点，选准、用好、用活各种主题鲜明的活动载体。先后开展重温入党誓词、“三创一争”知识竞赛、技能比武、岗位练兵、党员奉献日、歌咏诗歌比赛等主题实践活动，基层党员干部进一步展现党员风采，党员干部的模范先锋作用得到切实发挥；年内，采取集中办班、岗位培训、主题教育、专家讲座、交流论坛、读书征文等方式，完成党务干部培训308人；领导干部双重组织生活、“三会一课”（定期召开支部党员大会、党支部委员会和党小组会。按时上好党课）民主评议党员等基本制度得到全面落实；年内，补交党费174.2万元，收缴党费284.9万元。

【区直机关作风建设】 2016年，区直机关党工委制定下发《关于在全区机关开展作风整顿的实施意见》，成立5个区直机关作风整顿督导组，查摆作风上的突出问题，列出问题清单，明确整改目标和措施，建立整改台账。突出各机关党组织抓党风廉政建设的主体责任、单位主要负责人的第一责任人责任和班子成员“一岗双责”工作落实，明确党风廉政建设目标任务，细化责任，分解任务，最大程度形成工作合力，运用廉政文化宣传、过党内生活、剖析反面典型案例、廉政谈话等多种形式，“强化党的意识、严守纪律底线”教育，从思想深处筑牢“防火墙”。开展群众工作，先后开展送信息、送建议、送温暖、送项目、送资金、送培训、送政策、送法律等系列活动，为特困党员发放困难补助款5300元，对3名特困党员通过个人申请、支部大会讨论、党工委审批程序减免党费。

（王智超）

党校教育

【概况】 中共唐山市丰南区委党校，是区委直属事业单位。主要职能培训区内各级党员领导干部，培训入党积极分子、区内各部门的理论骨干，培训农村党支部书记。围绕国际国内出现的新情况、新问题，开展教学研究，宣传党的路线、方针、政策。2016年，设有办公室、培训办公室、政治教研室、经济教研室、总务科，教职工29人。年内，区委党校承担省、市党校下达部分教学科研项目，撰写调研报告和论文5篇，有2篇获省、市级奖励。

【干部理论培训】 2016年，中共唐山市丰南区委党校举办各类培训班20期，主要有纪检监察干部培训班、妇女干部培训班、人民调解员培训班、入党积极分子培训班、基层学校新任教师培训班、乡村医生培训班等，培训各类学员3000余人。配合全区党员开展“两学一做”教育活动，选派教师“上门送课”，深入到区直单位和乡镇，宣讲习近平总书记系列重要讲话精神，宣讲党的十八届五中全会、六中全会精神，受教育面覆盖40个单位3600余人。聘请中共唐山市委党校教授，开展为期2天的习近平总书记系列讲话精神专题辅导培训，全区800余名党政干部参加培训。

【教师队伍】 2016年，中共唐山市委丰南区委党校有教职工29人。其中专兼职教师9人，全部为大学本科以上学历；教师中高级讲师3人，讲师4人，设有哲学、党史、法律、经济、机械等专业。年内，分期分批选派教师赴唐山市委党校和秦皇岛等地党校参加专题研修班。在校内组织教师开展试讲评比活动，通过进修充电和内部练兵，提高教师队伍整体素质和教学水平。

（张学民、王陆云）

党史研究

【概况】 2016年，中共唐山市丰南区委党史研究室坚持以“资政育人”为根本，主动作为，围绕党史征、编、研、宣等方面开展工作，被省委党史研究室授予《党史博采》宣传工作先进单位称号，在省委党史研究室举办的“纪念中国共产党成立95周年党史知识竞赛”活动中获优秀组织奖。

【党史编研】 2016年，中共唐山市丰南区委党史研究室根据党史编研工作规划和年度工作重点，出版党史书籍1部，约48万字，撰写、征集资料20余万字。出版发行《中国共产党丰南历史（1949—1978）》（简称二卷本），该书详实记录丰南各级党组织在社会主义建设时期走过的不平凡历程；完成《新唐山40年》丰南部分的撰写任务。编纂《新唐山40年》是纪念唐山抗震40周年献礼工程，按照市委党研室的工作部署，完成丰南部分3万字的撰写、上报任务。完成《中共河北年鉴》（2016卷）和《中共唐山年鉴》（2016卷）丰南部分的撰写任务。编辑整理《中共丰南历史大事记》（2011—2015），本着“中心明确、言简意赅、大事突出、要事不漏、首事不放、新事不丢”的写作要求，开展收集、整理工作，文字总量15万字。

【党史宣传教育】 2016年，中共唐山市丰南区委党史研究室加大党史宣传力度，巩固宣传阵地，促进党史成果转化利用。结合《中国共产党丰南历史（1949—1978）》出版发行，在全区中小学及职业技术学校开展“党史进校园”活动。全区各中小学开展“三个一”活动，即“阅读一本党史书籍”“解一个党史人物”“讲一个革命故事”，活动向各学校发放党史书籍1000本。以革命遗址为基础，以“红色教育”为主题，创建“红色教育基地”，提升基地的精神内涵和陈展水平，利用这一载体配合有关部门组织党员和群众，参观、瞻仰、学习，发挥“红色教育基地”经常性教育作用；完成《党史博采》杂志宣传推介，年内完成征订任务380份。组织“清明节祭英烈”活动，组织广大党员干部、青年学生缅怀先烈，接受精神洗礼。组织党史知识竞赛活动，“七一”前夕在全区范围内开展“纪念中国共产党成立95周年网络知识竞赛”活动，全区各界人士踊跃参加，黄各庄镇人民政府、王兰庄镇人民政府获得优秀组织奖。年内，上报党史信息4篇。向各乡镇、街道、经济开发区、区直单位发放党史书籍1000余本；接待群众查阅资料8人次，向服务对象提供相关资料20余份。

（王爱英）

老干部工作

【概况】 2016年，丰南区老干部工作贯彻党的十八大和十八届三中、四中、五中、六中全会精神，开展“两学一做”学习教育活动，强化离退休干部思想政治建设，落实离退休干部政治与生活待遇，引导离退休干部发挥余热传递正能量，创新离退休干部服务机制，提高服务水平。区老干部局信息、调研及宣传工作获省、市表扬。年末，全区有离退休干部4280人，其中离休干部102人，退休干部4178人。

【老干部思想政治建设】 2016年，丰南区建立和完善离退休干部党组织网络，依托“四就近”工作机制，各乡镇建立老干部党支部，胥各庄街道办事处依托社区党组织建立老干部工作站，全区38个老干部党支部（站），按照党章规定，选举配齐党支部书记（站长），对老干部党支部书记（站长）业务培训，提高其思想政治水平及业务能力。完善党小组建设，实现党小组建设就近、有序、灵活、全覆盖。开展“两学一做”学习教育活动，成立“两学一做”离退休老干部宣讲团，接受专题培训后，深入到社区、楼院、街道，面向离退休干部宣讲“两学一做”基本内容及要求。创新学习教育形式，提高“两学一做”活动实效性。开展庆祝中国共产党建党95周年系列活动，各乡镇老干部支部及社区老干部工作站，“七一”前夕，举办座谈会、红歌演唱会、书画作品展览、到李大钊纪念馆重温入党誓词等活动，提高离退休干部宗旨意识、责任意识、党性意识。

【老干部政治、生活待遇】 2016年2月2日，丰南区举办县处级离退休干部座谈会，区委、区人大、区政府、区政协四大班子领导出席座谈会，区委书记主持座谈会，区长通报全区经济社会发展情况，征询老干部意见建议。春节前夕，投入资金32万余元，开展走访离退休干部活动，看望102名离休干部及部分离休干部遗属，各单位领导带队分别看望慰问全区4178名退休干部。年内，拨付专项经费11.6万元，用于老干部祝寿、住院探望、去世吊唁，全年为老干部祝寿237人，住院探望80余人，吊唁去世老干部85人。投入特困帮扶资金，帮扶老干部55人。投入资金50余万元，为全区离退休干部健康体检。全年离休干部“两费”和遗属补助及时发放到位，无拖欠现象。

【老干部活动】 2016年，丰南区通过组织老干部活动，发挥老干部引领正能量作用。选拔离退休干部中的文体爱好者，补充或入选到老年戏曲协会、民乐协会、舞蹈协会等群众组织中，发挥老干部的示范带头引领作用。全区有涉老文体协会27个，文化志愿者380人，社会体育指导员74人。5月份，组织召开全区离退休干部春季运动会，参加率92%。“六一”儿童节期间，组织开展关心下一代活动，老干部协会、关心下一代工作委员会联合向大齐各庄镇小学的贫困学生捐赠8000元助学金。“七一”期间，组织部分老党员、老干部党支部书记到李大钊纪念馆，瞻仰李大钊革命事迹，重温入党誓词。重阳节期间，组织全区离退休干部开展有奖答卷活动。春节、元宵节期间，组织老干部中的书法爱好者开展送春联、写对联、猜灯谜等活动，弘扬中华文化，丰富离退休干部生活。年内，胥各庄街道滨河社区的离退休干部帮助社区孤寡老人请保姆；路南社区退休老党员陪伴孤寡老人过小年包饺子；黑沿子镇老干部党支部的“安全排查小分队”在台风来临之前走街串巷排查危房；钱营镇老干部义务清洁队为镇地主干道清扫卫生。在各种形式的老干部活动中，树立着全区老干部队伍的形象。

【活动中心建设】 丰南区老干部活动中心和老年大学建筑面积2215平方米。2016年，投入资金19.6万元用于区老干部活动中心和老年大学房屋建筑设施维修。完善软硬件设施，组织离退休干部学习及活动。年内，老年大学为城镇老年学员开设电子琴、葫芦丝、舞蹈、太极拳、书法、绘画及养生保健知识学习班，为农村老年学员开设种植业和养殖业等专业科技知识学习班。老年活动中心组织开展台球、乒乓球、象棋、歌咏比赛等活动，使离退休干部老有所学，老有所乐，老有所为。

（杜双彬、王海珠）

信访

【概况】 2016年，全区信访工作坚持以群众工作为统揽，通过开展信访积案攻坚、区领导包案督访、信访法治宣传、非访越级访综合治理等工作，一批信访老案、“骨头案”实现息诉息访。建设区、乡、村三级群众工作平台，及时就地解决群众问题，把矛盾纠纷和信访隐患化解在属地。在全国“两会”、暑期、唐山“世园会”、党的十八届六中全会、省党代会等重大时期和敏感期，实现“四个确保”的工作目标。群众工作平台建设工作得到省、市督导组的充分肯定，建设区群众工作中心的做法，市联席办以《工作动态》刊发全市。年内，全区信访事项及时受理率为99.5%，按期答复率为100%，参评率为81.6%，满意度为96.4%，信访事项办理“三率”指标位居全市前列。区信访局被评为“市信访工作先进单位”“市级精神文明建设先进单位”和唐山“世园会”期间信访稳定工作先进集体，副局长杜恩庆被评为“丰南区爱岗敬业道德模范”。

【基层基础信访】 2016年，丰南区建立群众工作平台，投资269.4万元建成区群众工作中心。主要分安检区、登录候访区、接访调处区、专班调度区、办公区等功能区，装备身份证识别系统、语音叫号系统、监控预警系统、视频接访（会议）系统和信访信息系统等配套服务设施。组织22家重点职能部门入驻，实施联合接访。规范区群众工作中心工作流程、三级调处机制、部门工作职责以及其他运行管理机制，践行“五心”服务，实现信访问题“一站式接待、一条龙办理、一揽子解决”，打造解决群众问题的终点站。提升基层接访条件。在原乡镇（街道）联合接访服务中心基础上建成群众工作站，在原村（居）建成群众工作室，把群众信访问题和矛盾纠纷化解在基层。开展积案攻坚行动。落实区乡两级领导包案督访和信访事项“四级调度”机制，强化督导督办，71件信访突出问题实现息诉罢访。领导带头。区委区政府主要负责人接访、约访信访人，所有区包案领导对分包案件调度，逐案拿出明确处理意见，形成会议纪要。区乡两级包案领导带头接访、约访重点人，当面做信访人的思想疏导工作，解决问题，落实帮扶救助。年内通过启用专项救助资金，共使19件信访事项实现息访。强化督导。区联席办整体协调，明确区信访局7名科级干部为领导包案对口负责人，搞好协调、组织、联络等工作，推动案件化解。年内召开调度会议 24 次，督导案件 26 件。开展法治宣传。6 月份集中开展信访法治宣传月活动，重点宣传信访条例和依法逐级走访的有关规定。在城区、乡镇（街道）党政办公场所周边、主要交通路口悬挂条幅、张贴标语集中宣传，营造氛围。各乡镇（街道）在村（居）、集市、繁华路段、公共场所，通过展牌、广播、宣传单等形式开展集中宣传，包村干部入村串户发放宣传单、明白纸宣传。丰南电视台开设依法信访、打击非访专题新闻栏目，播出新闻 28 期 224 条。完善工作制度。建立完善信访工作制度，包括信访情况每日报告制度、信访情况每日“点对点”通报制度、信访工作微信群调度制度、信访工作重点指标月评分考核制度。制定《关于落实村干部信访工作责任办法》，将信访工作与村干部绩效工资挂钩，提高基层干部对信访工作的重视程度，增强做好群众工作的积极性和主动性。制定《关于加强进京非访综合治理及责任追究的实施办法》和《关于发生未依法逐级走访的责任追究办法》进一步规范信访秩序。

【应急处置】　2016 年，丰南区信访局 1 名副科级干部带领 1 名工作人员和 2 名乡镇干部，组成信访驻京工作组，做到灵通信息，处置及时。全年有效组织劝返进京上访人员百余人次。组织全区做好全国“两会”、暑期、党的十八届六中全会等重大时期和敏感期的信访值班工作。特别是在唐山世园会、中东欧地方会、纪念抗震 40 周年、中拉企业家峰会等重大活动期间，派专人驻唐值班，未发生一起因信访问题引发的扰乱会场秩序的行为。组织全区重大活动和重要会议的信访值班，保障各项活动和会议顺利进行。区信访、公安、维稳等部门，有效处置各类特殊社会群体问题和重点领域的集体访问题，确保不发生因信访问题引发的大规模集体越级上访和群体性事件，维护全区社会和谐稳定。

（郑卫全）

机构编制管理

【概况】　2016 年，丰南区机构编制管理工作坚持以党的十八大精神为指导，紧紧围绕区委、区政府发展战略，适应新形势、明确新任务、把握新要求，立足本职、服务大局、深化改革、严格管理、加强监督、务实奋进，以深化行政管理体制改革为龙头，推进行政审批制度改革及事业单位分类改革，控制和优化配置机构编制，提升机构编制部门履职履责意识，强化管理，开拓创新，促进全区经济社会稳步发展。

【机构编制管理】　2016 年，丰南区加强机构编制监督检查，管住管好机构编制。落实国务院“约法三章”和省、市有关控编减编工作要求，“严控总量、盘活存量、优化结构、增减平衡”，优化编制资源配置，创新机构编制管理，实现机构编制效益最大化。完善编制和实有人员动态管理。规范机构编制实名制管理业务流程，做好人员增减管理。及时更新实名制管理系统信息，机构编制台账底数清楚、真实准确。建立完善机构编制监督检查协调机制。对机构编制执行情况跟踪督查，会同有关部门对政府机构改革、控编减编、简政放权等重点工作开展专项督导检查，维护机构编制管理的严肃性，促进各项工作全面落实，把实现机构编制“零增长”作为一项政治任务抓紧抓实抓好。深化行政审批制度改革，加快转变政府职能。承接上级取消、下放事项力求接稳接实。年内，衔接 3 批国务院、省政府、市政府取消、下放的行政权力事项，对应取消 2 项，衔接下放 25 项，衔接调整后，现有行政许可事项 200 项。严控新设行政许可。清理规范审批中介服务。及时公布《区政府部门保留的行政许可中介服务事项清单》（共计 29 项）和《纳入区政府部门行政许可程序的技术性服务事项清单》（共计 8 项），规范行政审批中介服务行为，破除中介服务垄断，切断利益关联。规范“两个清单”制度建设。推进行政权力清单、责任清单制度建设常态化。根据政策调整和部门职能转变，及时修订“两个清单”，实现“法无授权不可为”与“法定职责必须为”有机统一。推进党政机关和事业单位中文域名注册、网站开办资格审核、统一网站标识工作。区编委办将域名注册与事业单位年检工作相结合，双促进、双落实，加大宣传和督办力度，取得明显成效，年内全区申请政务和公益域名 467 个，注册成功 467 个，且均在有效期内，覆盖率达 100%，自建网站全部加挂标识。

【事业单位管理】　2016 年，丰南区设立事业单位法人 3 个，证书补领 1 个，变更事业单位法人 62 项。做到行政审批依法依规，廉洁高效。统一启用事业单位法人新版证书。按照省、市编办的统一部署和要求，全区事业单位法人实施统一社会信用代码制度。截至 3 月 31 日，240 个事业单位全部完成法人换证工作。指导、监督事业单位法人年度报告公示。事业单位每年初报送上一年度执行《事业单位登记管理暂行条例》和实施细则情况的年度报告，并在事业单位在线网站上向社会公示。全区事业单位法人年度报告公示率 100%。开展机关、群团赋码工作。按照国发〔2015〕33 号文件精神，区直机关、区编委办直接管理机构编制的群众团体的统一社会信用代码赋码工作于 4 月 25 日开始，全年办理机关、群团统一社会代码 54 个，完成率 90%。

（胡聪慈）

综　述

2016年，唐山市丰南区人大常委会认真学习贯彻习近平总书记系列重要讲话精神，深入开展"党的群众路线教育实践"、"三严三实专题教育"和"两学一做"学习教育等活动，加强对政治理论、人大业务、法律法规学习，牢固树立政治意识、核心意识、大局意识、责任意识，开展机关作风整顿，落实"四个干"工作机制（干什么、怎么干、谁来干、什么时间干成），完成各项工作任务。年内，制发《唐山市丰南区人大常委会关于听取和审议专项工作报告的规定（试行）》《唐山市丰南区人大常委会关于对区人民法院法官和区人民检察院检察官开展履职评议的暂行办法》《区人大常委会关于规范性文件备案审查的规定》《区人大常委会关于区人民政府、人民法院、人民检察院重大事项实行报告的规定》《丰南区人大机关作风整顿方案》《区人大常委会关于开展专题询问的试行办法》等一系列文件，提高人大工作的制度化、规范化、科学化水平。全年召开常委会10次，审议通过各项议题34个，听取和审议"一府两院"专项工作报告10项，作出决议、决定9项；召开主任会议9次，研究各项议题37个。全面实行选举任命干部宪法宣誓制度，彰显宪法权威，增强公职人员的宪法至上意识。

【人大常委会领导机构】 2012年1月10日，唐山市丰南区第五届人民代表大会第一次会议选举人大常委会主任1名、副主任4名；2014年2月18日第五届人民代表大会第三次会议补选副主任2名；2016年3月3日第五届人民大会第六次会议补选主任1名（其间1名副主任、1名主任退休），到2016年12月，丰南区人大常委会有主任1名，副主任5名。其中3名副主任为连任，1名副主任为非党派人士。

唐山市丰南区人大常委会主任、副主任、委员

主　任：王树臣
2012年1月—2016年3月
李志龙
2016年3月—
副主任：张国庆
2012年1月—2016年12月
尚建国
2014年2月—
董树军
2012年1月—
陆振文
2012年1月—2016年12月
董秀峰
2014年2月—2016年12月
委　员：崔凤国
2012年1月—
董瑞新
2012年1月—
唐秀德
2012年1月—2016年2月
张玉春
2012年1月—
赵亚林
2012年1月—
王学萍
2013年3月—
王泽林
2016年3月—
董进宏
2013年3月—
关素荣
2012年1月—2016年12月
张建得
2012年1月—2016年12月
王庆林
2012年1月—2016年12月
冬瑞芹
2012年1月—2016年12月
刘旭功
2012年1月—
孙荣才
2012年1月—2016年12月
董淑艳
2012年1月—2016年12月
王立军
2012年1月—2016年12月
姜志春
2012年1月—
胡品新
2012年1月—
苏永春
2012年1月—
王守国
2012年1月—
孟令来
2013年3月—2016年12月

【人大常委会工作机构】 2016年1月1日至2016年12月31日，唐山市丰南区人民代表大会常务委员会工作机构的设置为：办公室、选举任免和代表联络科、政法科、经济科、科教文卫科。

秘书长：崔凤国
办公室
主　任：董瑞新
选举任免和代表联络科
科　长：赵亚林
政法科
科　长：王学萍

经济科
科　长：张玉春
科教文卫科
科　长：唐秀德
　　　　王泽林

【人民代表大会】　2016年，丰南区召开1次人民代表大会。2016年3月1日至3月3日，唐山市丰南区第五届人民代表大会第六次会议在丰南大剧院召开。应出席代表231名，实到代表218名，列席人员61人。会议听取审议并批准《唐山市丰南区人民政府工作报告》，审查并批准《唐山市丰南区国民经济和社会发展第十三个五年规划纲要（书面）》，审查并批准《唐山市丰南区2015年国民经济和社会发展计划执行情况与2016年国民经济和社会发展计划（草案）的报告（书面）》，审查并批准《唐山市丰南区2015年财政预算执行情况和2016年财政预算（草案）的报告（书面）》，听取审议并批准《唐山市丰南区人大常委会工作报告》，听取审议并批准《唐山市丰南区人民法院工作报告》，听取审议并批准《唐山市丰南区人民检察院工作报告》。会议选举李志龙为唐山市丰南区第五届人民代表大会常务委员会主任；王泽林为唐山市丰南区第五届人民代表大会常务委员会委员。

【人大常委会会议】　2016年，丰南区召开人大常委会会议10次。

区五届人大常委会第二十八次会议。1月18日，唐山市丰南区五届人大常委会举行第二十八次会议，本次常委会议有2项议题。会议补选唐山市第十四届人民代表大会代表。会议听取区政府关于代表建议办理情况的报告。

区五届人大常委会第二十九次会议。2月19日，唐山市丰南区五届人大常委会举行第二十九次会议，本次常委会议有五项议题。会议决定人事任免职事项。会议审议通过区人大常委会关于召开唐山市丰南区第五届人民代表大会第六次会议的决定。会议决定唐山市丰南区第五届人民代表大会第六次会议议程，主席团、秘书长建议名单，议案审查委员会主任委员、委员建议名单，计划预算审查委员会主任委员、委员建议名单，列席人员情况说明等有关事项。会议审议通过《唐山市丰南区第五届人民代表大会常务委员会代表资格审查委员会关于唐山市丰南区第五届人民代表大会代表资格的审查报告》。会议审议通过《唐山市丰南区人民代表大会常务委员会工作报告》。

区五届人大常委会第三十次会议。5月5日，唐山市丰南区五届人大常委会举行第三十次会议，本次常委会议有八项议题。会议书面审议通过《唐山市丰南区人大常委会2016年工作要点》《唐山市丰南区人大常委会关于规范性文件备案审查的规定》《唐山市丰南区人大常委会关于开展专题询问的试行办法》。会议审议通过《唐山市丰南区人大常委会关于听取和审议专项工作报告的暂行规定》和《唐山市丰南区人大常委会关于区人民政府、人民法院、人民检察院重大事项实行报告的规定》。会议听取区人大常委会经济科关于开展《安全生产法》执法检查情况的报告。会议决定人事任免职事项。会议审议《区人大常委会主任会议关于提请确认许可丰南区公安局对区人大代表杨建同采取强制措施的议案》。

区五届人大常委会第三十一次会议。6月21日，唐山市丰南区五届人大常委会举行第三十一次会议，本次常委会议有六项议题。会议听取审议区政府关于2015年度区本级预算执行及其他财政收支情况审计工作报告。会议听取审议区人民法院关于刑事审判工作情况的报告。会议书面审议区人大常委会文卫科关于开展《职业教育法》执法检查情况的报告。会议书面审议《唐山市丰南区人大常委会关于评选优秀区人大代表的办法》。会议审议区人大常委会主任会议关于提请接受刘万利代表辞去唐山市第十四届人民代表大会代表和唐山市丰南区第五届人民代表大会代表职务请求的议案。会议决定人事任免职事项。

区五届人大常委会第三十二次会议。7月15日，唐山市丰南区五届人大常委会举行第三十二次会议，本次常委会议有1项议题。会议表决通过区人大常委会主任会议关于提请接受董振中辞去唐山市丰南区第五届人民代表大会代表职务请求的议案。

区五届人大常委会第三十三次会议。7月20日，唐山市丰南区五届人大常委会举行第三十三次会议，本次常委会议有1项议题。会议表决通过区人大常委会主任会议关于提请接受尹大钊辞去唐山市丰南区第五届人民代表大会代表职务请求的议案。

区五届人大常委会第三十四次会议。7月25日，唐山市丰南区五届人大常委会举行第三十四次会议，本次常委会有1项议题。会议表决通过区人大常委会主任会议关于提请接受孙志宏辞去唐山市丰南区第五届人民代表大会代表职务请求的议案。

区五届人大常委会第三十五次会议。8月25日，唐山市丰南区人大常委会举行第三十五次会议，本次常委会议有五项议题。区人大常委会全体组成人员以及全体列席人员集中学习《中共唐山市纪委中共唐山市委组织部关于加强换届风气监督确保换届风清气正的通知》。会议听取审议区政府关于2016年上半年国民经济和社会发展计划执行情况的报告。会议听取审议丰南区2015年财政总决算的报告；审查批准丰南区2015年财政总决算。会议听取审议区政府关于2016年上半年财政预算执行情况的报告。会议书面审议《唐山市丰南区人大常委会关于对区人民法院法官和区人民检察院检察官开展履职评议的暂行办法》。

区五届人大常委会第三十六次会议。11月11日，唐山市丰南区五届人大常委会举行第三十六次会议，本次常委会议有七项议题。区人大常委会全体组成人员以及全体列席人员集中观看警示教育片《镜鉴》，学习《中共河北省委办公厅转发省人大常委会党组〈关于贯彻落实十二届全国人大常委会第二十三次会议精神的意见〉的通知》会议审定区人大常委会关于区乡人大换届选举时间的决定，审定《唐山市丰南区区乡两级人大换

2016 年 3 月 3 日 新选举产生的区人大常委会主任李志龙、区人大常委会委员王泽林向宪法宣誓　　李福政 摄

届选举工作实施方案》，审定《唐山市丰南区选举委员会组成人员名单》，审定区人大常委会关于乡（镇）选举委员会组成人员的决定，审定区五届人大常委会代表资料审查委员会成员调整方案。会议审定优秀区人大代表名单。会议听取和审议区人民检察院关于公诉工作情况的报告。会议听取区建投公司融资和资金使用情况的报告。会议书面审议区政府关于《传染病防治法》贯彻执行情况的报告。

区五届人大常委会第三十七次会议。12 月 23 日，唐山市丰南区五届人大常委会举行第三十七次会议，本次常委会有八项议题。会议决定人事任免事项。会议决定接受李志龙等 13 人辞去区选举委员会成员职务的请求。会议决定接受董新勇等 82 人辞去镇选举委员会成员职务的请求。会议听取和审议区人民政府关于 2016 年度全社会固定资产投资计划调整情况的报告，决定批准区政府提出的本年度全社会固定资产投资计划调整。会议听取和审议区政府关于 2016 年预算调整方案及备案事项的报告，决定批准区政府提出的本年度预算调整。会议听取区政府关于 2015 年财政预算执行审计问题处理结果的报告。会上对区人民法院 2 名法官、区人民检察院 2 名检察官履职评议。会议听取区政府关于代表建议办理情况的报告。

人大年度重点工作

【法律监督】 2016 年，区人大常委会把促进司法为民、司法公平正义作为构建和谐社会重要工作内容，不断丰富监督内容，创新监督方式，强化对司法机关及其工作人员的监督。开展执法检查，先后组织开展《中华人民共和国安全生产法》《中华人民共和国职业教育法》《中华人民共和国食品安全法》《中华人民共和国税收征收管理法》执法检查。听取审议《区人民法院关于刑事审判工作情况的报告》《区人民检察院关于公诉工作情况的报告》，书面审议区政府关于《传染病防治法》贯彻执行情况的报告。创新监督工作方法，在《中华人民共和国职业教育法》执法检查以及常委会审议《中华人民共和国传染病防治法》贯彻执行情况工作中，通过电视台和报社，提前向社会各界发布公告，征求人大代表及社会各方面的意见建议，收到良好效果。组织人大代表到法院旁听庭审。制定法官、检察官履职评议实施方案和暂行办法，加强对司法人员的考核、评议和监督。

【工作监督】 2016 年，丰南区人大常委会先后听取和审议《区政府关于 2015 年度区本级预算执行及其他财政收支情况审计工作报告》《区政府关于〈传染病防治法〉贯彻执行情况的报告》《区政府关于 2016 年上半年国民经济和社会发展计划执行情况的报告》《区政府关于 2016 年上半年财政预算执行情况的报告》《区政府关于 2016 年度全社会固定资产投资计划调整情况的报告》《区政府关于 2016 年预算调整方案及备案事项的报告》《区建投公司融资和资金使用情况的报告》《区政府关于 2015 年财政预算执行审计问题处理结果的报告》；审查批准丰南区 2015 年财政总决算、区政府提出的本年度全社会固定资产投资计划调整、区政府提出的年度预算调整。

【人事任命监督】 2016 年，区人大常委会坚持党管干部、严格依法办事与集体行使职权相结合的原则，推行人事任免工作制度化、规范化和程序化，把好任前审核、任中审议和任后监督“三关”。任前全面审查、审核拟任命人员的任职条件；任中民主审议，坚持“一府两院”主要负责人提请、拟任命人员表态发言、常委会组成人员不记名填写表决票等制度；任后接受社会监督，任免名单及时通过区电视台、报纸向社会公告，让任职人员接受社会监督。全年依法任免国家机关工作人员6名。实行选举任命干部宪法宣誓制度，10月8日，通过审核的27名入额法官和27名入额检察官列队宣誓就职。开展对法官、检察官履职评议活动。11月22日，区人大常委会发布〔2016〕第6号公告，对随机抽取的2名法官和2名检察官公开履职评议，采取上下联动、内外结合、面向社会、群众参与的方式组织评议活动，并在区五届人大常委会37次会议上，安排专项议程，对2名法官和2名检察官履职评议。

【代表建议办理】 2016年，丰南区第五届人民代表大会第六次会议收到代表建议、批评和意见68件。其中，农业农村方面的9件，科教卫生方面的12件，工贸交通方面的27件，城市建设方面的6件，土地方面的4件，环境保护方面的9件，其他类1件。区人大常委会高度重视代表建议的督办工作，研究制定《唐山市丰南区人大常委会主任会议关于重点督办建议的安排意见》，及时对代表建议整理分类，统一向区人民政府办公室交办，并明确其中的5件代表建议由区人大常委会领导分包负责跟踪督办。截至年底，区人大五届六次会议代表提出的68件建议、批评、意见全部办理完结，办结率100%。

【视察调研】 2016年，区人大常委会开展4次执法大检查，组织实施文化旅游事业发展和大气环境改善工作视察，农作物秸杆综合利用、城市管理、农村饮水安全、园区建设发展、食品安全、大气污染防治等专题调研6次，走访29次，听取汇报6次，召开专题座谈会4次，撰写执法检查报告4项，提出意见建议26条。赴先进地区围绕监督工作、基层派出所规范化建设、法官检察官履职评议等工作专题学习考察2次。

【信访工作】 2016年，区人大常委会把信访工作作为同人民群众保持联系的桥梁和纽带，作为解和反映社情民意，维护群众合法权益的重要途径，作为受理群众对“一府两院”工作批评、建议和申诉的窗口。全年接待群众来信来访62件（次），按照处理程序，全部依法依规办理完结。常委会坚持每季度对群众来信来访内容综合分析、整理归纳，对反映全区政治、经济、社会及改革中带有共性的问题，或者人民群众反映强烈的问题、涉法涉诉案件等，常委会主要领导做为工作视察、执法监督的重点议题亲自督办。

（孙昌庆）

综述

2016年，唐山市丰南区人民政府按照区委三届七次全体（扩大）会议确定的“转变观念、精准发力、合力攻坚、逆势突破”的总基调，实施“四个坚持”的执政方略，即坚持以新理论主动适应引领新常态，坚持以主动作为抢抓重大历史机遇，坚持以供给侧结构性改革加快推动发展质量和效益提升，坚持以又好又快发展推动爬坡过坎。重点推进八项工作，即突出港口拉动，着力在园区建设上实现突破；突出质量效益，着力在经济转型升级上实现突破；突出改革创新，着力在发展动力转换上实现突破；突出四城齐抓，着力在全域城镇化上实现突破；突出补齐短板，着力在城乡协调发展上实现突破；突出环保治理，着力在生态文明建设上实现突破；突出民生所需，着力在持续增进人民福祉上实现突破；突出风险防范，着力在维护社会安定和谐上实现突破。到年底，既定目标任务圆满完成，全区地区生产总值比上年增长6.9%，一般公共预算收入增长8.3%，社会消费品零售总额增长10.1%，实际利用外资1.7亿美元，出口创汇6.7亿美元，城镇、农村居民人均可支配收入分别增长8.4%和8.2%，呈现出经济平稳发展、民生持续改善、社会和谐稳定的良好局面。

【领导机构】 唐山市丰南区第五届人民代表大会第一次会议于2012年1月10日选举产生第五届人民政府领导组成人员。经过调整，到2016年，政府领导成员由区长1名，副区长若干名组成。

唐山市丰南区人民政府
领导班子成员

区　　长：艾　春
2015年12月—2016年12月
代 区 长：郝志军
2016年12月—
常务副区长：郝志军
2012年1月—2016年12月
副 区 长：赵立华
2012年1月—
刘会荣
2012年1月—
刘子泉
2013年7月—
王玉林
2014年1月—
吉　学
2015年4月—2016年5月（挂职）
章　浩
2015年8月—2016年12月（挂职）

【工作机构】 根据中共唐山市委办公厅、唐山市人民政府办公厅唐办字〔2015〕31号文件精神，经过改革调整优化整合，截至2016年，丰南区人民政府常设工作部门22个，包括政府办公室、发展改革局、教育局、科学技术局、工业和信息化局、公安局、民政局、司法局、财政局、人力资源和社会保障局、住房和城乡建设局、交通运输局、水务局、农牧局、商务局、文化广播电视新闻出版局、卫生和计划生育局、审计局、市场监督管理局、安全生产监督管理局、统计局、林业局。区监察局与区纪委合署办公，列入区政府工作部门序列，不计入区政府机构个数；区政府办公室挂区人民防空办公室、区档案局的牌子；区发展改革局挂区物价局、区粮食局的牌子；区民政局挂区民族宗教事务局的牌子；区水务局挂区移民迁建办公室的牌子；区商务局挂招商局的牌子；区文化广播电视新闻出版局挂区体育局、区版权局、区旅游局的牌子；区卫生和计划生育局挂区爱国卫生运动委员会办公室的牌子；区市场监督管理局挂区食品药品监督管理局、区工商行政管理局、区质量技术监督局、区食品安全委员会办公室的牌子。

【直属事业单位】 2016年，区政府设置直属事业单位1个：城市管理行政执法局

唐山市丰南区人民政府
工作部门及主要负责人

区政府办公室	主任：孙永才
区发展改革局	局长：董焕德
区教育局	局长：董国才
区科学技术局	局长：李龙彦
区工业和信息化局	局长：郑卫东
区公安局	局长：张海军
区民政局	局长：梁瑞满
区司法局	局长：安永德
区财政局	局长：郑友东
区人力资源和社会保障局	局长：王立新
区住房和城乡建设局	局长：崔立民
区交通运输局	局长：李国平
区水务局	局长：陈久武
区农牧局	（1-7月）局长：孙志宏
区商务局	局长：魏树春
区文化广播电视新闻出版局	局长：张全胜
区卫生和计划生育局	局长：徐春来

区审计局　　　　　　局长：郑　春
区市场监督管理局　　局长：尹铁安
区安全生产监督管理局局长：张大中
区统计局　　　　　　局长：汪印合
区林业局　　　　　　局长：孙丽娟
区监察局　　　　　　局长：董喜春
区城市管理行政执法局局长：李国旺

施政辑要

【概况】　2016年，是“十三五”开局之年，是“十三五”的基础年。区政府全面贯彻落实党的十八大和十八届三中、四中、五中全会精神，坚持“创新、协调、绿色、开放、共享”五大发展理念，抓住京津冀协同发展、打造沿海地区率先发展增长极和唐山市主城区南移的机遇，着力实施八项施政措施，即推进工业转型升级，构建现代化产业体系；推进全域城镇化，按照“一主两副带多星”的格局，城市规划、城市建设、城市管理、城市经济“四城”齐抓；发展现代农业，建设美丽乡村，推进村务工作规范化，抓好农业农村工作；加快园区建设，园区建设提质提速、上规模、上水平、增产出；加强生态环境治理，综合施策，推进大气、水、土壤的污染防治工作；实施创新驱动，推进大众创业、万众创新和创新型人才队伍建设；推进改革开放，释放经济社会发展的动力活力；保障和改善民生，继续为群众办好十件实事。经过全区人民的共同奋斗，到年底，完成地区生产总值617.6亿元，比上年增长6.9%，其中第一、二、三产业增加值分别为48.3亿元、357.7亿元、211.5亿元，分别比上年增长2.0%、6.9%和8%。完成固定资产投资318.9亿元，比上年下降7.3%。实现全部财政收入55亿元，一般公共预算收入31.5亿元，分别比上年增8.2%和8.3%。实际利用外资1.7亿美元，为年度计划的121.4%；引进市外资金123亿元，比上年增长2.5%；出口创汇6.7亿美元，比上年下降4.1%。社会消费品零售总额191.6亿元，比上年增长10.1%。城乡居民人均可支配性收入分别是3.44万元和1.47万元，分别比上年增长8.4%和8.2%。金融机构各项存款余额484.7亿元，比上年增加16.3亿元。生态环境改善，绿化造林2033.3公顷，全年压减炼钢产能130万吨、炼铁产能65万吨，PM2.5浓度比2015年下降12.5%，空气质量优良天数增加48天，达到148天，境内主要河流水质均达到省、市考核标准。3家企业入围2016年河北省百强企业榜单，1家企业入围中国企业500强榜单；丰南区获河北省2016年度美丽乡村建设先进县（区）和全国绿化模范县（区）称号。

【项目建设】　2016年，始终把项目建设作为稳增长、调结构的根本途径，作为发展经济的总抓手，坚持一、二、三产项目一起上、大中小项目一齐抓，实行重点项目区领导分包责任制，建立项目建设动态分段奖励政策。全年，实施投资千万元以上项目167个，其中，续建项目87个，新开工项目80个；计划总投资781.2亿元，2016年完成投资94.5亿元，累计完成投资308.6亿元；年内，共有81个项目完工，完成投资54.6亿元。列入省、市重点项目11个。其中，投资380亿元的800万吨精品钢铁项目和投资3亿元的银贝壳网络游戏发行基地项目列为省“三个一百”项目；凯业科技、东方雨虹防水材料、荣盛未来城、盈升物流等9个项目列入市重点项目，总投资144亿元，完成投资115.1亿元。年内共签约合作项目46个，计划总投资633.2亿元，落地开工10个。唐山港丰南港区东防波堤、西防波堤、河口码头区护岸三个工程前期手续全部齐备，开工要件基本完备，港口建设于11月启动实施；引进新华冶金集团，总投资380亿元的800万吨精品钢铁项目11月初正式签约；引进葛洲坝集团PPP合作项目，临港园区大规模基础设施建设启动实施；实施瑞丰50万吨精密冷轧、惠达卫浴技改、梦牌瓷业320万件精品洁具等工业技改项目125个，唐山“钢铁谷”、通威“渔光一体”、唐山创客天下等新兴产业项目22个，荣盛未来城等城市经济项目25个。

【开发园区建设】　2016年，区政府按照区委三届七次全体（扩大）会议提出的丰南经济开发区、临海经济开发区、小集经济开发区“要进一步提质提速，上规模、上水平、增产出，确保基础设施建设上有重大突破，产业聚集上有重大突破，创新体制机制上有重大突破”的要求，高度重视三个开发区建设，采取一周一调度、一月一汇报、一季一总结的措施，全力推进开发区建设。到年底，三个开发区建成面积35.24平方千米，入区企业250余家，新开工项目（在建项目）50家，计划总投资475.63亿元，准备开工项目（签约项目）28家，计划总投资29.1亿元，在谈项目38个；全年完成固定资产投资156.8亿元，同比增长4.6%；实现主营业务收入1244.6亿元，同比增长26.6%；规模以上工业产值803.4亿元；全部财政收入12.26亿元，同比增长53%。丰南经济开发区，启动扩区工程，投资480万元，实施基础设施建设项目5个；临港经济开发区，完善第一起步区西扩区配套设施，启动占地11.67平方千米的第二起步区和4.8平方千米的化工产业园区的开发建设；小集经济开发区投资1.17亿元，实施于唐线拓宽改造、污水处理厂再生水回用工程等基础设施建设。

【农业现代化建设】　2016年，区政府确定的农业农村工作的总体思路和工作目标是：“抢抓京津冀协同发展新机遇，按照‘农业强、农民富、农村美’总要求，以现代农业为发展方向，重点打造五大现代农业产业、四大现代农业园区、努力提升农业产业化经营水平，大力加强科技兴农、农业基础设施建设和新型农业经营主体培育，深入推进美丽乡村建设和农村综合改革，为实现‘实力更强、产业更优、环境更美、百姓更富’奠定坚实基础。”全年重点抓6项工作：构筑现代农业产业体系，加强产业基地建设；打造现代农业园区，加快传统农业转型升级；构建新型农业经营体

举办招商洽谈活动　　李福政 摄

系，提升农业产业化水平；强化农业基础设施建设，筑牢农业发展根基；推进美丽乡村建设，改善农村生产生活条件；深化农村综合改革，激发农村发展活力。区政府下发《2016年农业农村工作要点》《2016年度支持农业产业化发展的实施意见》《关于加快推进美丽乡村建设的实施意见》和《农村环境卫生管理办法》等一系列文件。全区上下稳妥推进农业供给侧结构性改革，克服总体经济下行、农业生产资料成本上涨、农产品价格波动等不利因素影响，实现农业总产值77.7亿元，增加值48.3亿元，农村居民人均可支配性收入1.47万元，比上年分别增长2.02%、2.24%和8.2%，保持农业持续增产、农民持续增收、农村和谐稳定的局面。主导产业基地不断壮大，粮棉油生产稳中有进。粮食播种面积3.8万公顷，总产24.6万吨，棉花播种面积0.85万公顷，总产1.04万吨，花生播种面积0.74万公顷，总产3.02万吨。设施菜产业跨越式发展。瓜菜播种面积达2.47万公顷，总产172万吨。推进聚鑫、鑫湖、乐水、天合亿四大工厂化育苗基地建设，育苗面积8万平方米；完成农业部北方城市冬季设施蔬菜基地建设，新建日光温室200公顷。规模化畜牧养殖持续发展。生猪出栏50万头，家禽出栏600万只，奶牛存栏1.75万头，肉蛋奶总产13万吨。市级以上畜禽标准化示范场达27个，蛋鸡、奶牛、生猪规模化养殖率分别100%、100%和93%，位居全市前列。水产养殖水平持续攀升。水养殖面积0.45万公顷，总产7.6万吨。通威“渔光一体”智能高效水产科技园项目当年签约、当年开工，开辟水产养殖新模式。休闲农业与乡村旅游业快速发展。全区规模休闲农业企业达18家，年接待游客23.8万人次。科学谋划东部设施蔬菜、西部农业休闲旅游、南部水产养殖、中部都市现代化农业四大现代农业园区。新型农业经营主体发展迅速，新增市级以上农业龙头企业4家，全区龙头企业总数61家，新增各类大户35户，新建家庭农场15个，发展农民专业合作社40家，三家农民专业合作社被评为省级示范社。农村综合改革进展顺利，完成农村土地承包经营确权登记3.64万公顷。

【城乡一体化建设】　2016年，按照丰南区委三届七次全体（扩大）会议“以全域城镇化为方向、坚持城市规划、城乡建设、城市经济、城市管理‘四城统筹’，推动‘多规合一’，构建‘一主两副带多星’的城镇体系架构”的部署，年内区政府按照城乡融合发展的思路，坚持城镇规划、城镇功能、城镇经济、城镇管理、美丽乡村建设齐抓共管，走出具有丰南特色的城乡一体化建设道路。编制西城区棚户区改造区域、国丰北区、贝钢区域等区域开发建设规划，完成柳树瞿阝、西葛、王兰庄、黑沿子等八个乡镇的总体规划编制。结合城市管理，提升城市功能，编制《唐山市丰南区燃气工程专项规划》和《唐山市丰南区沿街建筑外装修及户外广告牌匾设置规定》，统一规划设计43个省级重点村美丽乡村方案。完善城镇功能，投资2.76亿元，实施唐胥路维修、老旧小区集中供热改革、龙泉河两岸绿化等22项市政及绿化工程。繁荣城镇经济，城镇住宅及城市经济项目投资21.94亿元，实施荣盛锦绣天地、华彩唐人街壹号、嘉诚华庭、西城区棚户改造等工程。探索城市管理新途径，推进城中村“村改居”工作，全面推行数字化、网格化城镇管理模式，实现管理精细化、精准化，调整优化城乡公交路线，方便群众出行，保持干净、整洁、靓丽、有序的城市形象。推进美丽乡村建设，年内完成43个省级美丽乡村重点村建设，投资1.5亿元实施建设项目350个，硬化街道21万平方米，村庄绿化10万平方米，铺设地下排水管道3.8万延长米，新建多功能厅27座、村民文化广场29个、村史馆6个，改厕4638座。代表唐山市高标准通过省“两改一清一拆”（改造城中村，改造危旧住宅，清垃圾杂物，拆违章建筑）验收。全市美丽乡村建设现场会在大齐各庄镇召开。大长春村、赵各庄村、老庄子村入选省级美丽乡村精品村，大岔河村推荐参评全国美丽乡村百家范例。全区151个农村环境卫生重点督导村，通过整治，验收达标。配合美丽乡村建设，绿化通道133.33公顷、农田林网建设564.66公顷、生态片林建设527.33公顷、村庄绿化106.66公顷、沿海滩涂绿化86.66公顷。丰南区被评为“省美丽乡村建设先进县区”。

【社会事业进步】　2016年，按照“打造高效廉洁的政务环境，打造公平正义的法治环境，打造开放开明的人文环境，打造风清气正的政治生态环境，提升软实力”的思路，区政府在全力推进经济转型升级，提高经济增长质量和效益的同时，着力把握好平衡点，有效防范和化解各类风险隐患，维护社会安全稳定和公平正义，推动社会全面进步。开展“两学一做”专题学习教育，政治生态文明廉洁。落实中央“八项规定”精神和“四个干”机制，开展正风肃纪行动，加大执纪和惩治腐败力度，营造风清气正的政治生态。建立《关于践行“三严三实”要求的规定》《落实党风廉政建设主体责任三项制度》等机制，制定《加强区管领导班子和领导干部平时考评工作意见》，发现问题45个，4人受到党政纪处分，清理各类问题431件，完成整改357件。推动高效廉洁政务环境建设。推进社会公德、职业道德、家庭美德和个人品德建设，培育和践行社会主义核心价值观，持续开展第五届道德模范评选活动，评选出10名道德模范和8名道德提名奖，并举行颁奖典礼，弘扬真善美，传播正能量。创建平安丰南。加强社会治安综合治理，推动社会管理创新，启动城乡智慧网格建设，投资7702万元，健全社会治安立体化防控体系，打击各类违法犯罪活动，全年破获各类刑事案件1619起。强化普法宣传教育，增强全民法治意识，开展平安创造活动，全区312个村无信访案件、无群众性事件、无安全事故、无非法组织、无治安案件、无刑事案件，“六无”村创建达标率64.5%。民诉、刑事、越级上访、涉法涉诉案件同比减少20.6%、18.2%、65.4%和18.9%，被中宣部、司法部、全国普法办评为全国“六五”普法先进市（县、区）。完善公共安全防范体系，强化责任，夯实基础，筑牢防线，实现全区生产安全形势总体平稳，全年发生工矿商贸领域安全生产事故1起，死亡1人；消防安全、道路交通等行业领域稳中向好，各项指标控制在市达指标范围内，其中车辆管理所被公安部评为“全国优秀县级车管单位”。优先发展教育事业，投资2242万元维修改造校舍61项，重点完成惠丰高中改建项目和特教学校搬迁改造，实施横沽幼儿园和河头幼儿园建设项目，职业教育和成人教育被评为全国首批职业和成人教育示范县（区）。发展医疗卫生事业。完成新农合与城镇居民医疗保险机构和制度的整合，制发《唐山市丰南区城乡居民基本医疗保险实施办法》及其配套政策，解决原来城镇、农村医疗保险待遇不均衡、政策不协调、管理效率低、基金共济能力弱等问题。城乡居民参加基本医疗保险人数48.7万人，参保率98.34%。三级卫生服务网络覆盖城乡，在全市率先达到村级卫生室100%规范化和村级医疗卫生保障全覆盖。设立河北省第一个县区级不孕不育诊疗基地；投资8000万元，占地3.3公顷，集优抚优待、截瘫疗养、社会救助、军干休养、五保敬老、社会福利、残疾康复“七位一体”的民政事业服务中心5月份搬迁入住。推进医疗卫生体制改革，全面落实国家基本药物制度，实现药品零差价销售全覆盖。推进基本公共卫生服务均等化，开展全民健康体检工作，体检率达98.45%。文化事业长足发展，投资1474.9万元，新建农村居民多功能活动大厅29个、农民体育健身工程10个、综合文体广场4个，全区800平方米以上多功能大厅159个；完成数字化文化馆建设，新建善行功德榜55个，好人一条街18个，主题公园26个。农家书屋及农民健身工程实现全覆盖。城乡文体活动丰富，年内组织开展“湖畔春风”联欢会、“群星璀璨耀丰南”文艺展演、各类文艺表演、艺术展览、读书活动、游艺活动等100余场次，开展“舞在世园”唐山·丰南2016全国体育舞蹈公开赛暨唐山市第三届体育舞蹈锦标赛、丰南广场舞大赛等7场大型文化活动。承办第十三届CSBA全国初中女子篮球锦标赛、“唐山·城市乐跑赛”等活动。年内制发《丰南区文化精品创作和体育竞技奖励扶持办法》《丰南区文化培训（产业）基地评定办法》。

洁净、卫生、高效的挤奶大厅

【实事工程】 2016年3月1日，在丰南区第五届人民代表大会第六次会议上，区政府工作报告明确提出继续为群众办好十件实事。4月14日中共唐山市丰南区委、唐山市丰南区人民政府下发《关于印发〈2016年区委、区政府要为群众办好的实事工程〉的通知》，进一步明确实事工程具体内容和责任单位。年内，多次召开市长办公会议、专题会议，听取为群众办实事工程进展情况汇报、督导工程进度、协调解决存在的问题。到年底，年初确定的十件实事全部兑现办结。

全年用于民生投入14.5574亿元。其中，投入社会保障和就业资金1.41亿元，保障优抚对象、城乡低保、农村五保户、孤儿、残疾人、特困群众的基本生活；投入资金3324万元，完善城乡居民保险制度，支持推进城乡居民养老保险全覆盖；投入资金10.1亿元，全面落实教师的各项福利待遇、义务教育经费保障和经济困难家庭学生资助政策，支持中小学教学设备更新购置、校舍维修、校园绿化和乡镇校车运行，全区教育硬、软件建设进一步改善；投入资金1.8亿元，完善城乡居民医疗保险、困难群众医疗救助，推进公立医院综合改革、区医院迁建、计划生育家庭奖励等工作；投入资金1448万元，推进农村文化建设；投入资金7702万元，支持平安工程建设。实施农村饮水安全提升工程，解决涉及15个乡镇的4万余人的饮水安全问题。

附：2016年区委、区政府要为群众办好的实事工程

（丰南字［2016］6号）

一、实施农村困难群众安居保障工程。投资380万元，对119户农村困难群众住房新建或维修改造，进一步改善困难群众居住条件。（责任单位：区住建局、相关乡镇）

二、实施既有居住建筑节能改造工程。投资2261万元，完成城区旧住宅小区5万平方米楼房节能改造任务，切实改善居民居住环境。（责任单位：区住建局、胥各庄街道）

三、实施城乡低保提标扩面工程。投资5490万元，将农村低保由每人每年3550元提高到3912元，城镇低保由每人每月500元提高到550元。（责任单位：区民政局）

四、实施困难残疾人救助工程。投资670万元，为纳入最低生活保障的残疾人每人每月发放55元生活补贴，为重度残疾人家庭每人每月发放50元护理补贴。（责任单位：区民政局、残联）

五、实施农田节水灌溉工程。投资3766万元，在黄各庄镇、小集镇、钱营镇、大新庄镇、大齐各庄镇、东田庄乡等6个乡镇、26个村发展节水灌溉面积4.1万亩。（责任单位：区水务局、相关乡镇）

六、实施美丽乡村建设工程。投资5000万元，重点抓好43个村庄硬化、绿化、美化等工程，有序改善农村生产生活条件。（责任单位：区委农工委、各乡镇）

七、实施农村公路维修改造工程。投资850万元，组织实施邱柳线大修工程，进一步方便群众出行。（责任单位：区交通运输局）

八、实施区急救中心新建工程。投资370万元，新建区急救中心，切实提升应急救护能力。（责任单位：区卫计局）

九、实施消防站建设工程。投资805万元，建设小集二级消防站，进一步增强全区整体灭火救援能力。（责任单位：区公安消防大队、小集镇）

十、实施电商服务平台建设工程。投资1亿元，在城区建设公共电商服务中心和跨境电商体验中心，在每个行政村建设“好乡亲365”服务平台，为全区农民提供网上购物、订票、交费、农产品双向流通及普惠金融等服务。（责任单位：区商务局、各乡镇）

政府综合协调

【概况】 2016年，区政府办公室围绕区政府中心工作，发挥综合协调、督查落实、信息调研、参谋决策等职能作用，履行政务服务各项职能，完成年度各项目标任务。年内，围绕各个阶段工作重心，协助区政府领导起草重要讲话、汇报、发言等材料，对区政府决策的8个方面49项工作和承诺为群众办好的10件实事加强督导，确保各项工作部署按计划实施；推进依法行政，加强法治政府建设，强化行政审查、认真受理行政复议、参与政府行政应诉，推进执法规范化，确保政府行政行为合法。加强政府办公室机关队伍建设，改进作风、优化政风，全面提升工作效能。全年起草重要文稿150多万字；市、区领导批办、交办件办结率100%；承办人大代表、政协委员建议和提案213件，满意率100%。

【综合工作】 综合办公室负责全区经济社会发展情况的汇总综合，负责区政府主要领导讲话稿和区政府综合材料的起草、审核、修改工作，负责区政府常务会议记录和纪要起草。2016年，综合办深入学习领会党的十八届五中全会、六中全会精神，学习习近平总书记一系列讲话精神，全面掌握基本理论、基本观点和基本方法，从中领悟新思想、新观点、新论断，用最新理论成果丰富和指导实践，推动工作开展。根据工作需要和社会实践，钻研业务，学习相关法律、法规、管理及科技等方面知识，开拓视野，提高业务水平。坚持高质量高效率工作理念，创新工作方法，领会领导意图，发挥参谋作用。强化经常性教育和管理，杜绝腐败现象发生。着力创建政治坚定、纪律严明、品行端正、实干有为的队伍。一年中，组织起草区五届人大六次会议、区委三届七次会议、区政府全体会议暨廉政工作会议、全区机关作风整顿会议等大型会议材料20多篇，起草区政府领导讲话、汇报、典型发言及重要会议材料400余篇，撰写综合性文件、把关会议材料900余篇，编发办公室通报10期。

【政务督查】 督查工作是政府办公室重点工作之一，主要是督促检查区政府各部门、各乡镇政府对上级文件、区政府决策事项及区政府领导重要批示的执行、落实情况，并向区政府领导报告。2016年，区政府督查工作适应新形势，围绕区委、区政府的决策部署及中心工作，创新督查方法，严格督查责任，真督实查、跟踪督查。年内实施专项督查56次，督查项目主要有十件实事工程、重点项目建设、重污染天气应急响应、安全生产、800万吨精品钢项目开工准备工作、区政府廉政工作会议及对外开放工作会议落实情况等；承办区领导批办事项及群众来信46件；唐山市政府督查室交办事项82件，市政府督查系统微信群

交办事项 280 余件；通过区政府政务微信群发布、回复各类政务信息 4000 余条；编发《政务督查专报》15 期；汇总区政府半月重点工作和区长例会议定事项完成情况并呈阅相关报告 24 期；对区人大通过的《政府工作报告》确定的重点工作实施责任分解，及时督查反馈工作进度，并采取现场督导、发文交办、电话催办等多种督查形式，推动区政府重要工作事事有结果，件件有回音。

【信息调研】 2016 年，区政府信息调研工作本着为领导决策和推动工作服务的原则，围绕各级领导意图、群众关注的热点难点问题，及时准确确立信息调研的重点内容，准确确定信息反馈的具体题目，收集信息资料，认真筛选和编写信息调研稿件，信息和调研成果使用情况的追踪反馈。全年编发《信息快报》50 期，上报信息 300 余篇，被省、市采用 80 余篇。编发“爱唐山、做贡献，爱丰南、讲奉献，爱岗位、比进位”主题实践活动简报 36 期，下发活动文件 15 期；上报市活动办信息 280 余条，被采用 50 条。全年撰写调研文章 20 余篇，在《唐山经济》、市政府办公厅《政务情况交流》发表 4 篇，《关于转型升级的专题调研》被国办采用。利用政府门户网站、政务微信等平台，公开各类信息 1910 条。

【法治政府建设】 区人民政府法治办公室协助区领导依法行政，对各项法律、法规执行情况监督检查；负责区政府规范性文件审核把关；协调指导各行政执法部门行政执法工作；负责区政府管辖行政复议案件审理工作，受区政府法定代表人委托代理行政诉讼案件应诉工作。2016 年，法治工作以推进法治政府建设为中心，贯彻落实中共中央、国务院印发的《法治政府建设实施纲要（2015—2020 年）》和省委、省政府印发的《河北省法治政府实施方案》以及市委、市政府关于法治政府建设相关文件精神，围绕全区工作大局，稳妥推进法治政府建设工作。统筹规划依法行政，制定《2016 年度政府法治工作要点》，为全年依法行政工作提供方向；完善依法行政考核体系，制定《丰南区政府 2016 年依法行政考核方案》，推动全区行政执法有序运行和规范化建设；依托《唐山市法治政府建设情况报告制度》，制定适宜丰南区的法治政府建设报告制度，区直有关单位及各乡镇政府每年的 1 月 10 日前向区政府提交上年度法治政府建设情况的报告；提高领导干部依法行政能力，制定领导干部学法计划，先后在政府常务会议上针对《中华人民共和国大气污染防治法》《河北省规范文件制定规定》等法律法规做专题讲座，举办领导干部法治讲座学习班，组织领导干部参加中国政法大学关于法治政府建设理论学习班，提高各级领导干部运用法治思维和法治方式解决经济社会发展中实际问题的能力；推进政府法律顾问制度建设，制定《丰南区政府法律顾问工作规则》，与 6 名律师签订法律顾问服务协议，全年通过法律顾问代理诉讼 12 件，参与审查合同 15 件，提出法律建议 120 余项；加强规范性文件管理，对区政府及相关部门制定的规范性文件，集中清理，按照国务院印发的《关于宣布失效一批国务院文件的决定》和“一问责八清理”工作要求，对与上级文件不一致、不相适应的文件，予以废除；实施行政复议规范化建设，依法依规做好行政应诉工作。全区法治政府建设工作扎实规范有序推进，全年审查以区政府及政府办公室名义制发的文件、公告、决定、合同等 26 件；开展规范文件集中清理，继续执行的 80 件、停止执行的 11 件；依法审查 15 个乡镇和 39 个行政执法部门的罚没主体资格，吊销、注销个人执法证件 49 个，依规定抽查行政许可案卷 62 宗、行政处罚案卷 48 宗；组织开展执法人员培训考试，新增执法人员 65 名。受理行政复议申请 4 件，其中维持 3 件，终止 1 件；参与调度处理信访案件 25 件，既维护群众的合法权益又维护法律的尊严。

【提案建议办理】 2016 年初，依据《丰南区政府系统承办人大代表建议和政协提案工作考核评比办法》规定的考核内容、项目和记分标准，对 2015 年度有承办人大代表建议和政协提案任务的 77 个单位逐一考核，评选出 22 个承办工作先进单位和优秀单位，40 名承办工作先进和优秀工作者，并通报表彰，为 2016 年提案建议承办工作奠定基础。年内，区政府承担人大代表建议、批评、意见和政协委员提案 213 件，其中，市人大代表建议 5 件、市政协委员提案 2 件，区人大代表建议 69 件、区政协委员提案 137 件。区政府召开专题工作会议，研究部署建议提案办理工作，建立承办单位一把手负总责、分管领导专职抓、有关科室工作人员具体办理的三级工作机制。将人大代表建议、政协委员提案分门别类整理，按照部门职能和区长工作分工确定承办单位，分别报区政府主管领导批示；各承办单位从接办、交办、承办、督办、协调、答复、审核、调查、走访、总结等各个环节依规、依程序办理。承办中，把解决问题放在承办工作首位。对符合现行法律、法规和政策，且有条件解决的，抓紧办理到位；对应予解决，但受客观条件限制暂无法解决的，列入规划，创造条件，力争尽快解决。坚持承办前主动联系、承办中及时沟通，承办后总结回访，增强承办工作的透明度。市、区两级人大代表建议和政协委员提案全部按期办结，代表、委员满意率均达 100%。

【外事工作】 2016 年，丰南区外事工作围绕全区经济社会发展和改革开放新形势，贯彻国家外交政策、法律法规和外事工作规章制度，涉外管理工作不断完善规范。年内，受理企业邀请外国人入境申请 96 次，涉及斯里兰卡、叙利亚、印度等 10 余个国家；办理出境活动 1 次，即丰南区经贸代表团访问德国与 Kinggsbiue 等公司洽谈钢铁技术合作。

人力资源管理

【概况】 2016年，丰南区人力资源和社会保障部门围绕改革、发展、稳定大局履职尽责，不断优化发展环境，坚持“民生为本，人才优先，稳定至上”工作理念。重点促进城乡就业、健全社会保障体系、构建和谐劳动关系。实现人力资源和社会保障事业稳步发展，人力资源支撑效果明显，就业再就业工作扎实有效，社会保障全面发展，劳动关系日趋和谐，提高民生建设和人民幸福指数。全区就业再就业和社会保障各项主要指标均超额完成唐山市下达指标。

【人事人才管理】 2016年，丰南区继续加强干部队伍管理，加大干部队伍培养力度，落实人才强区战略，为全区经济社会发展提供人力资源支撑。干部队伍建设。全面完成38个单位270名干部提任为股级干部人事任免。提任中，坚持民主测评、单位申报、考察谈话、全面考核等程序和公开公正原则，创新新时期选人用人机制。按照“逢进必考”原则，公开条件、公开报名、公开考核、公开监督、公正录用，做好人才选录工作。区人力资源和社会保障局与相关部门配合，先后面向社会公开招聘农村中小学（幼儿园）教师149名、卫生系统非在编聘用制人员83名，并全部岗前培训。全面推开干部档案专项核查工作，为换届工作顺利完成奠定基础，组织并完成全区政府公务员以诚信为核心内容的教育培训。推进事业单位人员管理。全区195个单位8330名人员全部续签聘用合同。向唐山市主管部门推荐申报专业技术职称任职资格859名，其中初级职称569名、中级职称181名、高级职称109名。推进开发区人事薪酬制度改革，开发区人员实行全员聘任和绩效工资制管理模式，建立灵活选人用人机制。推行竞争上岗，双向选择，全员聘用；工作人员公开向社会招聘考录，实行绩效考核及末位淘汰制；打破原有工作人员的身份界限，原有人员实行档案化封存管理，保留原编制、身份、级别不变，工龄连续计算，并按国家有关规定办理晋级、晋职、工资调整等手续。人才引进和培养。年内，引进各类人才298人，其中高层次人才19人，引进智力32人。培训各类人才2725人。举办各种人才交流招聘活动18场，为用人单位推荐各类人才3300人（次），成功招聘1300余人；为教育、卫生系统招聘工作人员275人，新增人事代理人员126人，办理转正定级、工资调整1364人次；接收2016年非师范类高校毕业生665人，其中博士研究生1人、硕士研究生35人、本科生366人、专科生263人，有605人走上就业岗位，就业率91.7%，比唐山市下达的指标增加1.7个百分点。

【就业再就业】 2016年，丰南区贯彻就业优先思路，采取积极就业政策，不断提高就业质量和水平。建立和完善招聘机制。组织开展就业援助月、“春风行动”、民营企业招聘周、高校毕业生就业服务月、高校毕业生就业见习专场招聘会等专项活动，为广大劳动者提供就业平台和就业机会。实施创业带动就业机制。年内，建成以丰南区商务创业中心、万众创业孵化基地、学客创业孵化基地、宸祥创业孵化基地四家新型创业孵化平台为代表的创业孵化平台体系。可孵化项目430个，带动就业1300余人。有项目183个，帮助成功创业183人，提供创业服务844人，带动就业700人。组织大学生参观学习优秀创业项目，对60名有创业意向的大学生提供跟踪指导服务，全方位帮助大学生创业。实施培训机制。对唐山市丰南区阳光培训学校、唐山市丽洁培训学校、唐山市志惠家政服务职业技能培训学校三家民办教育机构年检审查，并组织开展各项培训。年内，丰南区职业教育中心开展创业培训62人。唐山市志惠家政服务职业技能培训学校开展育婴员培训两期88人，中式面点师、母婴护理师等培训210人，培训就业率达90%以上。唐山市丰南区广达汽修职业技能培训学校组织开展美容装具、汽车修理、钣金喷漆等培训32人，培训就业率达90%以上。政策帮扶。认定就业困难人员105人，办理灵活就业人员社保补贴775人，财政拨付455人补贴款，补贴资金313.2857万元。为唐山银贝壳公司办理中小微企业吸纳高校毕业生社会保险补贴12.16万元。为384名自主创业人员申报小额担保贷款3840万元。

【执法维权】 2016年，丰南区落实各项劳动法规和政策，构建和谐稳定劳动关系，维护劳动者合法权益。落实劳动法规和政策。开展劳动法规和政策进厂企、进社区、进村镇活动，提高用工者合法用工意识和劳动者依法维权观念。按照河北省文件精神，调整5217名机关事业单位退休人员养老金，人均月增资235.37元，调整2.01万名企业退休人员养老金，人均月增资136.92元；全年受理工伤认定申请983件，使用工双方合法权益得到维护，促进劳动关系和谐发展。执法监察。对全区310余家厂企劳动用工情况审查，深入用人单位巡查100余次，下达各类法律文书40余份，对721家企业劳动用工备案，规范劳动市场秩序。接待和处理农民工讨薪案件，为350名劳动者协调解决或追讨工资700万元。其中，涉及30人以上群体性工资拖欠案件2件，涉案总金额达710万元，维护劳动者合法权益和社会稳定。劳动争议案件处理。坚持“依法、依归、依程序”原则，执行“一次性告知”和“合议厅”制度，推行“四时、三调、两办、一加”的工作方法，加强劳动争议预防和调解。全年共受理劳动争议案件359起，结案351起，按时结案率为100%，其中裁决结案75起，占结案数的21.37%；调解结案263起，占结案数的74.93%，其他方式结案13起，占结案数的3.7%。涉及案件人数367名，经济标的2036.91万元，依法维护职工合法权益。

【社会保障体系建设】 2016年，丰南区推进城乡居民医保全覆盖。加大宣传和推进力度，做到“横向到边、纵向到底”和“无漏洞、无盲点”，对相关工作人员组织强化培训，对各镇乡（街道）不间断督导。经过历时三个月集中攻坚，完成城乡居民医保登记、参保、缴费等相关工作，参保率98%，基本实现医疗保险全覆盖。开展基金征缴工作。年内，在全面启动生育保险基础上，健全保险体系，推进养老、工伤、失业、生育和医疗等5大险种，实现劳动者养老、医疗保险全覆盖。强化稽核检查。通过缴费稽核、执法检查，加大各险种资金征收力度。全年征收企业职工养老保险资金7.1亿元、工伤保险资金收入达1.34亿元、失业保险资金2867万元、医疗保险费资金4.03亿元、城乡居民医保参保人数40.85万人。推进基金发放工作。实行基金收支两条线管理，确保社保基金有效管理使用，杜绝跑冒滴漏。全年发放企业离退休人员养老金4亿余元，发放机关事业单位离退休人员养老金3.31亿元，发放失业保险待遇1.68亿元，发放工伤保险待遇1.33亿元。各项社保基金运行安全平稳。

（陈晨）

机关事务管理

【概况】　丰南区机关事务管理局是负责区委、区政府管理机关后勤工作的机构，为区委办公室管理的下属机构。负责区委、区政府的后勤服务设施（房屋、水电暖设备等）的管理、维修、保养；负责机关餐厅、文印、会务、安保等管理和服务。内设科室有办公室、总务科、财务科、保卫科。行政编制3人，事业编制67人。2016年，围绕区委、区政府中心工作，开展“两学一做”教育，按照“加强管理、优化服务、强化保障”的要求，转变服务理念，加强队伍建设，推进各项后勤保障工作有序高效运转

【办公用房清理】　2016年，丰南区落实中央八项规定，严格办公用房管理，组织驻行政中心各单位自查、清理、整改、“回头看”等工作，对行政中心办公用房清理整改。因机构改革增加人员单位的发改局、农工委、文广新局、工信局、支重办、妇联等单位调整增加办公用房692平方米；配合中心工作，为临时办公机构安排周转办公用房650平方米，主要有“一问责八清理”领导小组办公用房、区纪委办理案件专用房、组织部后进村治理整顿办公室用房、“两学一做”领导小组办公室用房等。

【公共机构节能】　2016年，丰南区根据省管局《关于2016年全省公共机构节约能源工作安排的通知》精神，制定《丰南区公共机构节能工作实施方案》，明确全区公共机构人均综合能耗和水耗同比下降2.2%，单位建筑面积能耗同比下降1.8%的工作目标。开展公共机构节能降耗宣传活动，于6月21日在九河公园西广场会同发改局、水务局、工信局、科协等部门举办2016年公共机构节能宣传周活动，派发节能宣传单2万余张，制作节水、节电、节粮宣传展板10余块，举行“地球一小时”“全国低碳日”等活动，普及节能低碳生活科学知识，宣传节能减排低碳的小窍门和小技巧，提高公众的节能、减排、低碳科技意识和能力。

【优质服务】　2016年，丰南区精细管理，优质服务。设备科设立24小时报修电话，综合维修、弱电、电工、消防、电梯等维修保养人员24小时在岗值班，做到随报随修；物业管理科每天安排专人对行政中心公共区域巡查，确保设施不受损害，环境卫生清洁；对高压配电室的高低压供电设备24小时监测，确保供电安全；及时维修保养中央空调，确保夏季和冬季正常制冷和取暖；督导检查电梯维保单位对六部电梯及时保养维护，实现安全运转。年内，更换楼内外所有老化的摄像头及消防监控监视器，对部分供水内网、外网改造，按区域增加控截门，改变过去某一段供水故障维修停掉整栋大楼供水的现象，全年完成较大维修改造12项。职工餐厅严把食材采购关，增加食品品种，保证饭菜质量，开展“光盘”活动，增强职工节约意识。文印室利用现有办公条件，准确、及时、高效、高质完成文印工作。会议中心超前做好会议室设备的检查、调试工作，对会议设备出现的异常情况及时处理，确保会议正常进行。保卫科完善安全防范体系建设，实现全年“零发案”。

（王连君）

行政审批

【概况】　2016年是丰南区“软环境建设年”，区政务服务中心以服务企业发展和项目建设为己任，落实政务服务中心标准化建设，强化管理，提高行政效率和服务水平，改善发展环境，助推重大项目落地，努力打造廉洁、高效、人民满意的窗口。全年受理各类事项6.28万项，按时办结率为100%，群众非常满意率98%。通过实行网上服务、项目审批代办服务制、规范有形市场等措施，使行政审批工作实现公开、公正、透明。

【网上审批网上监察】　2016年，丰南区实行网上审批服务，解决企业多跑腿问题。为充分应用现代信息技术，按照唐山市统一部署，于1月1日正式启用网上审批系统软件用户端。全区行政许可事项及其他服务事项254项，全部录入新系统，并正式运行。年内，受理办件2730件，办结2608件，互联网申报受理77件。按照唐山市统一部署，做好网上审批向乡镇延伸工作，明确全区乡镇便民服务中心建设标准和要求，在现有基础上，确定乡镇便民服务中心建设“八有”标准，即：统一场地建设模式、统一设备保障、统一人员配备、统一进驻事项、统一服务规范、统一运行机制、统一档案管理标准和考评、统一网上监察，并落实网上受理、网上监察，形成区、乡镇上下贯通的便民服务大平台，“让群众好办事、为群众办好事”常态化、制度化、规范化。年内，全区乡镇有42台电脑联通审批系统，内网办件3519件，互联网受理

1165件。

【完善项目代办机制】 2016年，丰南区实行一站式全程代办（帮办）服务，解决“事难办”问题。在区政务服务中心现有功能分区基础上，新设立企业（项目）集成联办“统一受理”区和“多证合一、一照一码”办理区。“一照一码”实现“一站式”办理，方便企业。使区内固定资产投资项目的建设条件审查、施工图纸审查、竣工验收三个重要环节，实现由中心牵头的多部门“并联审批”及全程代办（或帮办），为项目单位节约大量时间和人力。在此基础上，继续做好与开发区、乡镇代办员的工作联系，做到代办（帮办）服务上下衔接。年内，区政务服务中心为唐山盈升国贸物流发展有限公司、唐山华熠实业股份有限公司、河北华通线缆集团股份有限公司等113家企业提供全程代办（帮办）服务，受到企业的一致好评。为唐山凯伦新材料科技有限公司、唐山市丰南区华熠化工产品有限公司、唐山鑫丰污泥处置有限公司、唐山惠达陶瓷集团时尚家具有限公司等公司的32个项目组织施工图设计文件联合审查，提高办事效率。

【规范有形市场】 2016年7月，丰南区将政府采购中心职能、编制、资产、经费由区财政局划转到区政务服务中心（公共资源交易中心），做到“管办分离”。年内，组织各类招投标189次，交易总金额为4亿余元，节约资金9352.93万元，节支率18.9%。

（张海涛）

档案工作

【概况】 2016年，丰南区档案馆（局）按照省、市档案局下达的各项工作任务目标要求，紧密围绕区委、区政府中心工作，以开展“两学一做”活动为引领，落实“四个干”的工作机制，结合丰南实际，深化服务理念，创新服务方式，优化服务平台，突出档案工作“服务大局、关注民生、推进发展”的主题，在建设经济强区、美丽丰南、构建和谐丰南中发挥作用。被省人社厅、省档案局评为“十二五”期间河北省档案工作先进集体。

【档案目标管理认定】 2016年3月份，丰南区档案馆（局）按照市档案局要求，制定《丰南区“十三五”期间机关事业单位档案工作目标管理认定复查规划》，并于4月份通知需要复查的18家单位，明确复查标准、复查时间，年底复查工作结束，整体工作态势良好。其中区公安局以98分的成绩成功晋升AAAAA级先进单位行列，这也是全省唯一一家满分认定单位。4月中旬，山东省潍坊市档案局组织多家市直部门主管领导及县、区档案局主要领导到丰南学习开展此项工作的经验。

【土地确权民生档案】 2016年4月份，丰南区档案馆（局）对各乡镇经管站具体工作人员和部分大学生村官及村会计业务培训，从6月份开始，对尚未树立典型示范村的9个乡镇业务指导与跟踪服务。全年有15个乡镇267个村6.7万户专题档案得到规范化归档整理，形成可进馆档案6800多卷。曹立臣撰写的《关注民生档案资源建设，做好土地确权工作》在《档案天地》发表后，迁安、丰润、乐亭等6个县区及秦皇岛市卢龙等3个县区赴丰南学习交流经验。

【农业农村及家庭建档】 2016年，丰南区档案馆（局）继续与区农工委、经管局、区委组织部、区妇联等部门结合，推进“阳光档案、服务万家”和家庭建档活动，以此推动农业农村档案规范化管理工作整体上水平，为社会主义新农村建设服务。馆（局）主要领导亲自带队定期深入到各乡镇（街道办）、村巡回指导，现场解答村民关注的问题，有效提高档案工作质量及档案管理人员的业务素质。年内，丰南镇大岔河村被评为“省级农村社区建设示范村”，丰南镇阳光社区崔兆英家庭被评为“全市十佳家庭档案”。

【城市社区档案管理】 2016年，丰南区档案馆（局）按照国家档案局、民政部发布的《城市社区档案管理办法》的要求，从5月份开始，结合区民政局、区委组织部、胥各庄街道办事处，对19个社区相关工作人员业务培训，并对新华社区自2002年以来形成的档案按照党群、社区管理、社区服务、社区治安分类整理，形成文书档案190多盒。年底，新华社区档案工作顺利通过市档案局验收，并获市局表扬。

【“三重”档案管理】 2016年，丰南区档案馆（局）推进重点工程和

政务服务中心对审批项目进行联审

重点项目建设，从3月份开始，对银贝壳（唐山）科技有限公司网络游戏发行、唐山渤海钢铁公司联合重组暨城市钢厂搬迁改造、唐山港丰南港区基础建设起步工程三个重点项目形成档案登记，9月份开始业务指导，形成专题档案约300卷。按照省委组织部《关于健全规范农村（社区）干部档案的通知》和区委主要领导要求，从5月中旬开始协助区委组织员办公室，全面开展农村（社区）干部个人档案信息收集、审核、整理、归档工作。5月下旬下发具体落实文件，并从6月上旬开始由主管副职带队对各乡镇、胥各庄街道巡回指导，就归档内容、类别划分、整理编目、保管利用等具体环节予以示范性操作，取得良好效果。年底完成所有村（居）干部的档案健全规范工作。抽调馆（局）精干力量，全力做好文明城市创建，特别是省级文明城区创建活动的档案工作。从9月中旬开始，与区文明办、教育局等多部门合作，完成对标档案的组卷、申报和测评点督导，涉及七大类22项35条86款内容，上报材料的质量在全省45个主城区中名列第一。

【档案接收与征集】 2016年馆藏档案、资料种类及数量进一步增加，接收资料216册，包括图书69册、杂志97册、报纸50册；接收文书档案3263件；实物档案241件，包括证书1件、牌匾158件、废止印章82件；会计档案17盒；政府信息公开147件；征集到大新庄镇小河庄村孟炳信编纂的《孟子世家流寓丰南支谱》一套（两卷本）。截至2016年底，文书档案的全宗扩大到135个，全部档案资料10.50万卷又18.25万件。

【档案编研与开发】 2016年，丰南区档案馆（局）出版《唐山市丰南区（县、市）历届人民代表大会第一次会议资料汇编》（第二辑）；完成开发利用成果3项，均获唐山市档案开发利用成果优秀奖。

【档案利用与服务】 2016年，丰南区档案馆（局）接待利用者2582人次，提供利用档案资料2386卷、1109件。通过利用馆藏档案资料，为国家、集体和个人创造经济价值达50多万元，为各项工作考察提供原始依据。档案资源为区经济建设、和谐社会建设提供详实的第一手资料，扩大档案工作的知名度，得到社会各界的好评。

【档案数字化扫描】 2016年，丰南区档案馆（局）按照国家档案局《档案信息化建设发展规划及远景目标》要求，继续深化档案馆为主体的全文数字化工程。截至2016年底，共完成全文数字化扫描机检条目106.19万条，800万标准幅。

（曹立臣）

史志鉴编修

【概况】 丰南区地方志办公室组建于1982年，承担组织、指导、督促和检查地方志工作，拟订地方志工作规划和编纂方案，组织编纂地方志书、地方综合年鉴，搜集、保存地方志文献和资料，组织整理旧志，推动方志理论研究，组织开发利用地方志资源。2016年，区地方志办公室办公条件得到改善，区政府将档案馆400平方米房间调剂给地方志办公室办公使用。加强方志队伍建设，史志鉴编修工作人员增加到8人。

【志书编纂】 2016年，丰南区地方志办公室完成《丰南区（市）志（1949—2011）》初稿。《丰南区（市）志（1949—2011）》的编纂工作从2012年3月开始，于2016年完成初稿，全志稿设25编，140章，250万字。在记事时限上与2003年版的《丰南县续志》（1986—1993）相衔接，集18年区（市）情为一册，记述1994—2011年丰南区（市）自然、经济、政治、文化、社会等各个领域的发展历程，记述和反映丰南改革开放和社会主义现代化建设的实践。资料丰富翔实，地方特色浓郁，时代特点突出。完成中国名镇志丛书—《丰南镇志》初稿。2014年由区志办公室编写出版的《丰南镇志》，2015年被中国地方志指导小组选为中国名镇志，经过提炼、压缩，于2016年12月完稿，由原志的160万字压缩至40万字。以东周时期为上限，2014年为下限，全志设总述、大事记要、基本镇情、镇之名片、1976年“7·28”大地震、工业重镇、商贸名镇、村镇建设、文化教育、民情习俗、人物、艺文丛考等12个部类、46个栏、264个条目，随文照片260余幅，集资料性、可读性、趣味性为一体，《丰南镇志》成为目前河北省进入全国名镇志仅有的三部志书之一。

【李继隆方志文集出版】 2016年12月，《李继隆方志文集》出版发行。李继隆从1982年从事丰南修志工作，是省方志办专家组成员，主持编纂《丰南县志》《丰南县续志》（1986-1993）《丰南区（市）志》（1994-2011）《丰南镇志》、中国名镇志《丰南镇志》5部志书，在35年的修志实践中，撰写大量论文，评审百余部志稿，撰写20余篇志书评论。在唐山市地方志办公室支持下，《李继隆方志文集》于5月份由新华出版社出版发行，全书有理论研讨13篇、志书评论16篇、志稿评审18篇、讲稿8篇、史志资料12篇、怀念志友3篇、附录5篇，共75篇70.7万字。中国地方志指导小组办公室主任、中国地方志协会副秘书长邱新立为之作序。

【服务社会】 2016年，丰南区的史志鉴编修工作一直坚持为社会服务，2005年曾参加全国学志用志经验交流会，并发言介绍经验。2016年，《丰南区（市）志》主编李继隆为区旅游局导游员培训班讲课，从丰南的悠久历史、中国近代工业的发祥地、光荣的革命传统、丰富的资源、经济发展、人才辈出等方面讲解丰南历史和现状，丰富导游员的知识水平。区方志办以《唐山劳动日报》《唐山晚报》《今日丰南》为载体，宣传丰南历史、风土民情、经济发展，年内区志办公室于东兴、李继隆撰写稿件26篇，均被发表，提高丰南的知名度。

（李继隆）

综　述

2016 年，在区政协党组和主席会议领导下，区政协团结带领全区政协委员，紧密围绕区委、区政府的中心工作，落实“创新、协调、绿色、开放、共享”五大发展理念，认真履行政治协商、民主监督和参政议政职能。全年，组织各种形式的调研、协商、视察等履职活动 40 次，形成高质量的协商、视察成果 20 个，调研报告 28 篇，区委、区政府领导批示 3 篇。在唐山市委政协工作会议上，作为唯一县（市、区）典型，介绍工作经验；被省政协评为2016 年度宣传工作先进单位。

【领导机构】 政协唐山市丰南区第五届委员会第一次会议 2012 年 1 月 6 日至 9 日召开，选举产生政协唐山市丰南区第五届委员会主席 1 人，副主席 5 人。2014 年 2 月政协唐山市丰南区第五届三次全体会议选举副主席 1 人。

主　席：高树春
　　　　2012 年 1 月—
副主席：高秀术
　　　　2012 年 1 月—
　　　　李自学
　　　　2012 年 1 月—
　　　　王彦庆
　　　　2012 年 1 月—
　　　　孟淑玲（女、非中共人士）
　　　　2012 年 1 月—
　　　　吴帆（女、非中共人士）
　　　　2012 年 1 月—
　　　　刘志生
　　　　2014 年 2 月—
秘书长：李继忠

【工作机构】 2016 年，区政协机关下设办公室、组织宣教科、经济建设科等 3 个科室。

办公室
主任：王印文
组宣科
科长：于淑媛
经济科
科长：李凤新

【全体会议】 2016 年 2 月 29 日—3 月 2 日，政协唐山市丰南区第五届委员会第五次会议在丰南大剧院举行。出席区政协五届五次会议的委员应到 234 名，实到 222 名，符合法定人数。大会听取审议政协唐山市丰南区第五届委员会常务委员会工作报告和五届四次会议以来的提案工作情况报告；列席区五届人大六次会议；审议通过政协唐山市丰南区第五届委员会第五次会议各项决议。

【常委会议】 2016 年，五届区政协召开常委会议 4 次。

2016 年 2 月 19 日，在区政协常委会议室召开区政协五届十四次常委会议，会议由区政协主席高树春主持，各位副主席、秘书长，区政协五届常委会委员，政协机关科室负责人参加。会议审议《政协唐山市丰南区第五届委员会常务委员会工作报告（草案）》《政协唐山市丰南区第五届委员会常务委员会关于五届四次会议以来提案工作情况的报告（草案）》、政协唐山市丰南区第五届委员会第五次会议议程（草案）；审议通过《关于召开政协唐山市丰南区第五届委员会第五次会议的决定（草案）》、政协唐山市丰南区第五届委员会第五次会议大会执行主席建议名单、执行主席分工、政协唐山市丰南区第五届委员会第五次会议大会秘书长、副秘书长建议名单、第五届委员会第五次会议日程（草案）以及各组召集人名单；听取《关于调整区政协五届委员会委员的报告》和《关于调整部分委员工作组组长的报告》。

2016 年 3 月 1 日下午，在区政协常委会议室召开区政协五届第十五次常委会议，会议由高树春主席主持，会议听取五届五次全会大会秘书处关于各讨论组审议常委会工作报告、提案工作情况报告和学习讨论王东印书记讲话情况的汇报；审议通过关于五届常务委员会工作报告的决议（草案），关于提案工作情况报告的决议（草案）、五届五次会议政治决议（草案）。

2016 年 9 月 8 日上午，在区政协常委会议室召开区政协五届十六次常委会议，区政协五届常委会组成人员出席，政协机关科室负责人列席会议。会议邀请区政府有关负责人通报 2016 年上半年全区经济社会发展情况，传达市委政协工作会议精神，区政协常委履职经验交流，审议通过《关于推进全区企业上市工作情况的调查与思考（草案）》《关于调整区政协五届委员会委员的报告》《关于调整部分委员工作组长的报告》，区政协主席高树春主持并讲话。

2016 年 11 月 16 日上午，在区政协常委会议室召开区政协五届十七次常委会议，区政协五届常委会组成人员出席，政协机关科室负责人列席会议。区政协主席高树春主持会议，就“加快经济结构调整”协商，形成《关于加快全区钢铁产业转型升级的调查与思考》等协商成果。

29 日至 3 月 2 日，政协唐山市丰南区五届五次会议在丰南大剧院召开

年度重点工作

【协商议政】 2016 年，丰南区政协优化平台，为协调发展、绿色发展议政协商。提高协商站位高度。贯彻中央、省、市委关于加强社会主义协商民主的新要求，准确把握政协协商民主在社会主义协商民主中的定位和作用，年初制订《区政协 2016 年度协商计划》，起草《关于加强社会主义协商民主建设的实施意见》，并把协商内容报区委，推动“党委主导、政府支持、政协主办、各方参与”协商民主大格局的形成。加大专题协商力度。围绕促进三大经济板块协调发展等内容，开展协商，为党政决策提供参考。突出对口协商精度。加强与政府职能部门的联系沟通，掌握部门工作动态，利用对口协商平台，就“推进全区休闲农业发展”等议题，深入爱丽缘家庭农场和亦丰农业园区充分调研并召开对口协商座谈会，形成《关于全区休闲生态农业发展情况的调查报告》，助推相关问题解决。

【民主监督】 2016 年，丰南区政协制定《区政协加强民主监督的工作规程》，规范监督内容、形式和范围，实现政协民主监督全覆盖。组织委员重点加强对直接面对群众的窗口单位、便民服务大厅、基层所站的监督，参加行风评议、听证、知情问政等活动 150 余人次，切实发挥政协委员民主监督作用。

【提案工作】 2016 年，丰南区政协五届五次全会立案提案 146 件，立案率 98%，从中确定十件重点提案，精选 1、2 号提案，分别由区委书记、区长批办，其他重点提案主席会议成员分包督办。开展提案落实率、满意率双提升活动，建立政协、提案人和承办单位“三结合”的提案协商机制，通过召开提案交办会、三方面商会、办结提案回访座谈等形式，抓好办前、办中、办后督查沟通。提案承办前，组织提案委员和区教育局、区城管局相关同志召开座谈会；承办过程中，召开区住建局等单位提案办理调度会；提案承办完成后，选择环境保护等民生类或办理难度较大的提案视察督办、评议座谈等活动 9 次，现场视察 28 次，参与委员 130 余人次，所有 146 件立案提案全部办结，满意率 100%。

【文史工作】 2016 年，丰南区政协在《乡音》和《唐山政协》上发表稿件 8 篇。联系丰南籍在外知名人士 200 余人，编辑整理个人情况资料 81 篇，上报市政协有关专委会，收入“天南地北唐山人”联谊会。

（班　静、安志超）

民主党派

【概况】 2016 年，丰南区有民主党派组织 4 个，成员 56 人。年内，各民主党派基层组织围绕中共唐山市丰南区委三届七次全会精神，主动融入全区经济社会各领域的工作，参与社会服务与管理，主动参政议政建言献策，开展社会公益活动，帮助贫困群体排忧解难。4 个民主党派是丰南区一支重要的政治力量。区委区政府把民主党派的工作经费列入年度财政预算，并推荐安排唐山市人大代表 2 名、唐山市政协委员 3 名、区人大代表 3 名、区政协委员 25 名。

【组织设置】 2016 年，丰南区设置民主党派基层组织 7 个，分别是中国国民党革命委员会唐山市丰南区支部、中国民主建国会唐山市丰南区总支部、中国民主建国会唐山市丰南区一支部、中国民主建国会唐山市丰南区二支部、中国民主建国会唐山市丰南区三支部、中国民主促进会唐山市丰南区支部、九三学社唐山市丰南区支社。各民主党派成员总数 56 人。其中，中国国民党革命委员会 10 人、中国民主建国会 31 人、中国民主促进会 8 人、九三学社 7 人。民主党派基层组织中，均设主任委员。根据中共唐山市委统战部唐统办〔2015〕4 号文件批复，九三学社唐山市丰南区支社于 3 月 28 日正式成立。市政协副主席、九三学社唐山市委主委、市人民医院院长胡万宁等领导出席成立大会。

【民主党派活动】 2016 年，各民主党派支部（支社）定期组织公益活动。其中，中国国民党革命委员会唐山市丰南支部坚持社会公益活动，关注贫困儿童和老人，年内资助贫困学生 6 名，资助资金及物品合计 1 万余元，捐助区特殊教育学校学习用品价值 2000 余元，募集资金 8000 余元用于区特殊教育学校建设，重阳节为黄各庄敬老院送去收音机、拐杖、热水袋等慰问品，价值1000余元。

中国民主建国会唐山市丰南支部，针对国际国内经济低迷的现状，组织“走进会员企业，为企业发展献一计”活动，赴唐山海森电子有限公司、区水务局等单位进行农业节水机制创新调研，了解丰南农业节水机制运行现状和亟待解决的问题；中国民主促进会唐山市丰南区支部，年内共组织开展7次下基层活动，即送课下乡3次、送演出下乡2次，下基层送书送画、书画笔会2次。

【参政议政】 2016年，涉及全区政治、经济、社会等方面的重大决策、事项，丰南区委区政府均提前听取各民主党派的意见和建议，各民主党派主动融入全区的经济社会建设，积极参政议政。年内，民主党派成员中的人大代表、政协委员单独或联名建议、提案12件，涉及经济、法律、教育、环保、卫生、农业、社会管理等多个方面。其中，民建会员杨子海《关于丰南区工业经济转型升级的思考与建议》、民建会员梁小菊《关于加强动物疾控中心建设，为养殖户保驾护航的建议》、民革党员王彤《关于发展休闲农业的建议》等提案，引起区委区政府相关领导和有关部门重视，组织相关部门及人员调研论证。

（张家银）

各民主党派主任委员名单

组　织　名　称	姓　名
中国国民党革命委员会唐山市丰南区支部	李海新
中国民主建国会唐山市丰南区总支部	何建录
中国民主建国会唐山市丰南区第一支部	纪为红
中国民主建国会唐山市丰南区第二支部	刘作花
中国民主建国会唐山市丰南区第三支部	杜恩宏
中国民主促进会唐山市丰南区支部	马振生
九三学社唐山市丰南区支社	孟淑玲

各民主党派组织状况一览表

组织名称	成员总数	其中		平均年龄	学历		职称		担任社会职务						在民主党派市委任职
									省		市		区		
		在职	退休		大本	大专	高职	中职	人大代表	政协委员	人大代表	政协委员	人大代表	政协委员	
中国国民党革命委员会	10	10		41	7	3	1	7					1	4	
中国民主建国会	31	30	1	46	20	9	15	8			2	2	1	14	1
中国民主促进会	8	7	1	47	6	2	2	5						4	
九三学社	7	6	1	48	5	2	6	1			2	2	1	1	1

社会团体

SheHui TuanTi

责任编辑：杨文恒

区总工会

【概况】 2016年，丰南区总工会（以下简称区总工会），坚持“组织起来，切实维权”、“服务大局，服务基层，服务职工”，围绕县级工会规范化建设达标创优活动要求，以组织规范、制度规范、工作规范为重点，着力服务转型升级，服务职工群众，维护职工合法权益，主动作为，为建设“经济强区、美丽丰南”作出应有贡献。

【基层工会组织建设】 2016年，区总工会按照“巩固成果、扩大覆盖、规范工作、增强活力、发挥作用”要求，抓开发区建总工会、中小企业建会、“两新组织”（新经济组织和新社会组织）。截至12月底，全区建独立基层工会763个，联合工会27个，涵盖单位278个，全区完成基层工会建会1041家，发展会员15.89万人。按照省总工会《关于规范全省基层工会和会员基本信息采集指标的通知》要求，召开座谈会、培训会对基层工会和会员基本信息采集，完成《河北省工会业务管理系统》会员录入。推进基层工会达标创优。制定下发《关于基层工会规范化建设达标创优具体要求的通知》《乡镇（街道、园区）工会工作目标考核细则》《唐山市星级村（社区）工会工作规范标准》等文件，规范基层工会组织，对组建任务进行分解，列入年终考核目标。为保证任务落实，成立3个督导组，深入基层进行督导；按照达标创优规范标准和“建起来、转起来、活起来”要求，组织开展“工会组织亮牌子、工会主席亮身份，工会组织比规范、工会干部比作风”活动，拓宽企业工会特别是非公企业工会工作有效途径。在省总工会组织达标创优验收中，丰南区获得116分，排名全市第二名，达到优秀标准。组织工会干部培训。年内，区总工会组织区、乡镇（街道、开发区）、部分企业工会干部业务知识培训班8次，受训人数达1200人次，参加唐山市总工会干部培训班，培训工会干部165人次。

【职工素质教育】 2016年，区总工会以社会主义核心价值观教育为核心内容，推进职工素质教育。推进“职工书屋”建设，培树鑫丰集团、华通线缆等企业职工书屋建设典型。推进道德讲堂活动。组织施尔得公司工会开展“读国学、诵经典、修美德、悟人生”活动。开展职工文体活动，组织职工象棋、围棋和乒乓球、台球等比赛，举办丰南区职工书画摄影作品征集展览，纪念建党95周年职工书画联谊活动。实施“六个提升”（努力实现创新驱动发展能力、产业竞争能力、城乡区域发展协调性、开放性经济发展、人民生活水平和质量）职工培训计划。以培树“金牌工人”“技术能手”为平台，开展技能培训和岗位练兵、技术比武、技能比赛活动。企业与大学、研究所等教科研机构建立合作关系，培育职工创新工作室，提升培训质量和档次。年内，全区有725名职工成为岗位技术带头人。分层次举办不同岗位、不同工种职工培训班、岗位练兵、技术比武活动261场，培训职工8.5万人次。

【劳动竞赛开展】 2016年，区总工会围绕转型升级、技术创新、绿色发展、节能减排等内容，在全区组织开展“经济强区、美丽丰南”劳动竞赛，全区300余家企事业单位开展劳动竞赛，参赛职工近10万余人。

丰南区总工会加强劳动保护工作，对丰南环卫处、惠达卫浴等12家涉高温企业、重点岗位2210名职工进行走访慰问，发放2万多元的防暑降温用品

【劳模管理】 2016年，“五一”节前，区总工会做好各级劳动模范评选。年内，施尔得肉制品有限公司职工张凤东被中华全国总工会授予“五一劳动奖章”；鑫丰集团丰南区热力公司西城区锅炉房班组被中华全国总工会授予“工人先锋号”；联强冶金轧辊有限公司被河北省总工会授予“五一劳动奖状”；鑫丰集团丰南区热力有限公司总经理王丽被河北省总工会授予“五一劳动奖章”。开展劳模献爱心活动。推动部分在职劳模岗位立新功、社会有担当，向职工述职，向社会献爱心，经区总工会劳模捐献款物11万元。开展劳模慰问。在元旦、春节两节期间，对市级以上劳动模范走访慰问，发放慰问金29万元，并发放慰问品。

【和谐企业创建】 2016年，区总工会组织企业开展“双爱双创”（“爱企业、献良策、创佳绩”“爱职工、送温暖、创新业”）活动。职工争做“学习创新、安全生产、文明职工、爱岗敬业、建言献策”标兵，企业主动搭建“二次创业、关爱职工、安全生产、民主管理、支持工会”平台，通过“双爱双创”活动激发企业家社会责任感，调动企业职工积极性、主动性和创造性。

【职工权益维护】 2016年，区总工会以贯彻实施《唐山市职工工资集体协商条例》为契机，组织全区134家规模以上企业工会、26家区域性、行业性工会联合会，开展工资集体协商，签订工资集体协商文本。全区80%规模以上企业工资集体协商，维护职工权益，16家企业被确定为“工资集体协商示范单位”。

【职代会建设】 2016年，区总工会推行百人以上企业实行职工代表大会制度，制定《职工代表大会实施细则》，落实职代会各项职权。职工（代表）大会制度建制率98%以上。年内，组织培训职工代表骨干3场950人次，企业组织培训达660场次，落实《河北省企业职工代表大会条例》，提升职代会质量，发挥职工代表作用。鑫丰集团民主管理得到全国总工会、省市总工会肯定，经验得到推广。

【厂务公开】 2016年，区总工会以抓规范、抓延伸为主线，采取厂长办公会、职代会、调度会、橱窗、板报、厂报等多种方式推进厂务公开，落实职工知情权，调动职工参与企业民主管理和民主监督热情。全年职工提合理化建议8000多条，被采纳120条。

【劳动争议调解】 2016年，区总工会以构建“和谐劳动关系”为主线，以职工法律援助为载体，整合工会法律维权手段，以劳动争议预防预警为重点，实施劳动争议调解、信访接待和职工法律援助三项法律维权服务职能。提早预防、主动介入、快速处理，构建起法律维权服务体系。

【劳动保护】 2016年，区总工会将“查隐患、保安全、促发展”安全生产活动与“安康杯”竞赛、推行劳动安全卫生专项协议和加强企业安全文化建设结合，连续两年组织“查、保、促”安全生产活动。推进《劳动安全卫生协议》《女职工特殊保护协议》专项合同签订，年内，规模企业全部签订各项合同文本，中小企业联合会签订区域性合同文本。开展丰南区安全生产知识竞赛、《女职工劳动保护特别规定》知识竞赛，与区安监局、卫计局等部门联合开展安全生产宣传月、职业病防治、职业卫生示范企业评选等活动，维护职工安全健康权益。

【困难职工帮扶】 2016年，区总工会开展送温暖活动。“两节”期间筹集送温暖资金42.4万元，慰问困难职工及家庭391人次。建立困难职工电子档案1130份，全部录入到全国工会帮扶系统。其中，确定145名困难职工为精准帮扶对象，并将困难职工信息辑录成册。推动困难职工创业就业行动。对具备创业能力困难职工调查走访，建立档案，掌握困难职工家庭情况、自身优势、创业意愿、资金需求，确定重点扶持对象。此项工作得到全国总工会和省市总工会领导肯定。开展“金秋助学”活动。通过与区教育局、乡镇、村结合，对单亲、困难职工子女摸底调查，逐户走访核实，确定帮扶对象。有151名困难职工子女提出申请，核实26名参加高考困难职工子女已得到帮扶。开展就业援助活动。3月份，与区就业局联合开展“春风行动”，以困难职工及其子女，下岗失业人员和企业停产待岗人员为重点，为用人单位和求职者搭建平台，年内，援助100余人就业。开展爱心传递活动。发动党政机关、企事业单位及社会团队、个人开展对困难职工爱心传递互助活动，关注社会弱势群体，参与公益事业。截至年底，接收企业及社会各界爱心人士捐助款物20多万元，帮扶困难职工400多人。会员重大疾病医疗互助。按照省市总工会安排部署，在全区职工中开展会员卡发放暨职工重大疾病医疗互助活动。年内全区有235家企事业单位51768名职工参加互助活动，筹集互助金206.97万元。会员卡信息采集人数5.09万人，银行对接人数4.97万人。此项工作区完成数量质量均居全省首位，重大疾病参加人员5.18万人（第七期），比第六期人数增加3.81万人。

【职工文化生活】 2016年，区总工会职工文体协会坚持服务为主，发挥协会职能，构建活动平台，为服务职工，服务企业，服务工会中心工作，组织职工开展文化体育活动。年内举办“全区职工乒乓球比赛”“全区职工卡拉OK赛”“全区书画摄影大赛”“职工文体协会会员联谊会”“相亲交友大会”等多项活动，丰富职工业余文化生活。

（赵颖　刘新）

入团仪式

共青团丰南区委员会

【概况】 2016年，共青团丰南区委员会（以下简称团区委）贯彻党的十八届四中、五中、六中和省、市、区全会精神，以习近平总书记系列重要讲话精神为指导，围绕建设“沿海强区、美丽丰南”目标，发挥团组织作用，青少年思想教育、青年志愿者、青工青农、希望工程、少先队工作等及共青团基层组织建设均取得进展。截至年底，全区有基层团委24个、团总支2个、团工委3个、团支部524个，团员总数2.71万人。

【思想政治教育】 2016年，团区委组织开展各类青少年文化交流活动，提升丰南区青少年文化素养。“五四”期间，举办纪念“五四”运动97周年“青春之歌”主题情景史诗剧活动，激发青年干事创业热情和爱国情感。举办“红领巾小讲堂”活动500余场，在少年儿童中传递社会主义核心价值观。“六一”期间，在全区少先队组织中开展“弘扬好家风、传承伴成长”活动300余场，提升青少年思想道德素质。开展“五四”评优（优秀少先队集体）活动，全区评出优秀少青集体24个。加强团干部理论学习、思想作风建设，年内，举办乡镇、区直单位、农村、社区等各级团干部培训8场。同时将“两学一做”学习教育活动同青年读书班活动结合，提高团干部的党性修养和自身业务素质，建设一支高素质、高水平少先队工作者队伍。组织全区青年文明号、共青团示范岗集体，根据各自行业职业特点，开展青年交流讲座、党团知识竞赛等学习宣讲活动10场次，加深青年对中国特色社会主义和中国梦理解。

【青年志愿者行动】 2016年，团区委围绕学业辅导、亲情陪伴、感受城市、自护教育、心理抚慰为主要内容，整合扶贫资源，动员各方力量，募集资金开展农村留守儿童温暖帮扶活动，对农村留守儿童逐户走访，询问留守儿童学习及家庭生活现状，与村干部及村民座谈解，全面、真实摸清每一位农村留守儿童家庭详细情况，记录每一位留守儿童现状，建档立卡，一人一档，完善农村留守儿童电子信息管理。年内，资助贫困留守儿童35人，发放爱心物资1.9万元。开展“青春守护点对点”结对行动，结成帮扶对子48对，结对率100%。端午节期间开展“浓浓粽香·依依真情”主题活动，互动游戏、建立爱心联系、陪伴观影，为32名贫困农村留守儿童发放价值4000多元的学习用品及价值3000多元饮料和粽子，让孩子们体会到社会各界关心和呵护。在“6·26”国际禁毒日、“12·4”全国法制宣传日，团区委组织100余名志愿者走上街头，向群众发放宣传材料3000余份，现场解答群众关于青少年违法犯罪、劳动权益保护、未成年人权益等方面法律咨询200余人次，将法律知识送到群众身边。利用“暖冬”“3·5”学雷锋活动日、清明节、助残日、重阳节等节点，在全区各级团组织中开展志愿服务活动60场次，组织150余名青年志愿者开展关爱失独家庭、关爱农民工子女、走进空巢家庭、走进敬老院和走进特殊教育学校“两关爱三走进”活动18场次，为400余名困难群众送去关爱。截至年底，全区网络注册青年志愿者人数达1.97万人，线下青年志愿者达4300余人，为青年志愿服务开展奠定基础。

【青工青农工作】 2016年，团区委提供平台搭建、理念培养、技能培训等服务，助力青年创新创业。以“春风·春雨行动”专场招聘会为载体，组织百家企业为6539名失地农民、返乡农民工和大中专毕业生提供2000余个工作岗位，达成求职意向920个；开展青春致富大讲堂、就业创业服务进校园、双创沙龙等城乡青年创业培训活动66场次，3000余名青年从中受益；联合创客天下（唐山）科技有限公司举办“创翼唐山·青年创业大赛”，各行各业167个优质项目500余人参与；依托区内3家省级青年创业孵化基地和1家市级青年创业孵化基地，为创业者提供租金减免、创业导师“一对一”结对指导服务，帮助初创企业做大做强；通过专题报告、网络、微博、微信等方式，推进唐山市青年创业小额担保贷款，全年共帮扶30名创业青年申请小额贷款150万元，以创业带动就业；培树创业先进典型，发挥典型示范引领作用。青年创业典型李宝来获“全国青年致富带头人”、朱凌获“河北省青年致富带头人”、郑林林获“河北省青年创业导师”、郑靖获“美丽河北 最美创业者”典型人物等称号。

【希望工程】 2016年，团区委印发贫困生实录500余份，运用微信、微博等新媒体形式发放希望工程宣传信息上万条，同时，加强和市、区两级电视台、报社合作，发布各类希望工程工作信息50余条。组织开展希望工程“衣份关爱·捐缕书香”公益捐赠集中行动，获捐爱心衣物2.99万件，爱心图书3689册，将捐献衣物、图书全部邮寄到贵州及省内贫困地区。组织开展丰南区希望工程实施20周年助学金发放暨公益项目启动仪式，为来自全区102名贫困学生发放助学金6.34万元。

【团组织建设】 2016年，丰南区被列为唐山市唯一一个省级共青团改革创新试点县区。团区委和各级团组织按照丰南区《关于共青团改革创新工作的实施方案》要求，落实团员发展规定，开展2016年中学生入团仪式教育示范活动，2490名同学加入中国共产主义青年团；建立《团干部直接联系青年制度》《机关团干部蹲点服务青年制度》，向乡镇团委印发《共青团工作规范和制度手册》《村团支部工作指导手册》（征求意见稿），推进共青团基层工作规范化；整合社工和青年志愿者资源，组建“团干部+社工+志愿者”队伍16支，推进青年中心规范发展，年内建成青年中心21个，其中，区级3个，乡镇、街道11个，村级7个，实现区、乡镇（街道）、村三级覆盖；组织调研，深入农村、社区、企业等各级团组织，围绕农业发展、创新创业等青年关心的问题，集中调研走访活动15场次，联系青年200余名，征求意见80余条，融入到青年中，得到青年信任和支持，在原有204家非公企业团组织基础上，新建21家。年内召开共青团唐山市丰南区委二届二次全体会议，团区委补充挂职、兼职副书记2名，选拔轮岗交流团干部4名，充实组织力量。

【少先队工作】 2016年，团区委争取教育部门支持，将热爱少年儿童、熟悉少年儿童工作、作风正派、年富力强优秀青年教师选拔到少先队辅导员岗位上来，优化辅导员队伍。抓各级少先队工作者在职学习，通过青年读书班、座谈交流、参观学习等，提升政治素质和业务素质。面向各领域，聘请百余名拥护党、品德高、爱孩子、有专长、身体好的“五老”（老干部、老战士、老专家、老教师、老模范）担任少先队志愿辅导员，壮大志愿辅导员队伍。

（张冬梅）

区妇女联合会

【概况】 2016年，丰南区妇女联合会（以下简称区妇联）贯彻党的十八大和十八届四中、五中全会精神，落实党中央、省、市、区委关于加强和改进党的群团工作意见，坚持将“唱新戏”与“求实效”相统一，“实干”与“干事”相统一，在维护妇女儿童合法权益，关心妇女生活，组织妇女就业，参与经济建设等方面，发挥妇联组织桥梁纽带作用。区妇联被省妇联评为河北省“三八”红旗集体；被市妇联评为唐山市妇联系统先进集体、家庭教育先进单位；被市政府妇儿工委评为实施“两规”（妇女发展规划、儿童发展规划）先进集体；被区委区政府评为领导班子综合考评优秀单位、文明单位等荣誉称号。区美丽庭院创建、基层组织建设工作3次在省妇联做典型发言；省妇联检查组两次就“三有两突出”（有组织机构、有干部队伍、有工作阵地，服务基层

2016年11月丰南区妇联举办最美家庭表彰暨美丽庭院创建广场舞展演

妇女作用突出，参与和谐社会建设能力突出）基层妇联组织示范创建活动在丰南镇、黄各庄镇及忠信庄村调研检查，对丰南区做法给予充分肯定和高度评价。

2016 年 8 月丰南区妇联举行春蕾计划 20 周年暨 2016 年度资助款发放仪式

【妇女创业就业】 2016 年，区妇联为 11 个妇女小额担保贷款创业园 215 名创业女性发放贷款 1726 万元；为 61 名个体创业女性发放贷款 560 余万元。召开女性发展联合会年会暨创业创新巾帼行动专题培训会，调整组织结构、吸纳会员，扩大协会凝聚力，影响力和号召力。组织电子商务实务和微商营销技能培训班，面对面培训、微信群分享等形式，帮助 500 余名创业女性掌握电子商务知识。组织召开创业女性参加的“投身创业创新，绘就魅力人生”座谈交流会，交流经验，分享成果。加强丰南区家庭手工业发展服务中心建设，发挥技能培训，宣传推介，成果展示，管理销售等功能。年内，开展培训 50 余期，参训妇女 2000 余人次，300 余名妇女走上手工就业创业之路，实现居家就业。在万隆服装商场妇女手工作品专柜销售 200 余件手工产品，销售额 6000 余元。12 月 6 日，全市巾帼巧手创富创业项目拉练观摩会与会人员 80 人到丰南手工中心观摩学习。

【“美丽庭院”创建】 2016 年，区妇联围绕区委美丽乡村建设要求，动员妇女以“五美”“四新”为标准，参与融合家庭美德、家庭生态、家庭整治为一体“美丽庭院”创建活动。成立妇女讲习所，壮大讲师团，开展大家谈、大讲堂活动，组织妇女参观美丽庭院示范户、中心户，成立十字绣小组、缝纫小组、烹饪小组、巾帼文艺队等兴趣小组，因地制宜开展活动。开办微信、QQ 群等微课堂，同群众在线沟通交流，实时互动，激发群众创建热情。年内，村民讲习所各类培训 152 期，文体展演活动 45 场次，受益妇女儿童 5 万人。新评选出美丽庭院标兵户 750 户、达标户 3900 户。6 月 3 日，全市美丽庭院创建观摩交流推进会与会人员现场观摩丰南镇大岔河村美丽庭院创建，给予高度评价。11 月 10 日，举办“最美家庭”表彰暨美丽庭院广场舞展演活动，14 个巾帼文艺队精彩演出，展示妇女群众参与美丽乡村建设热情。

【“最美家庭”“最美女性”活动开展】 2016 年，区妇联在全区范围内开展以“传承家庭美德 展现丰南最美”为主题“最美家庭”“最美女性”评选活动，各级妇联组织评选出“最美家庭”30 户、“最美家庭”提名奖 24 户，“最美女性”10 名。“三八”节期间，组织召开“最美丰南 最美女性”颁奖典礼，通过播放专题片、文艺演出、现场采访等形式展现最美开拓者毕国玲、最美创业人郑静、最美敬业人刘艳平、最美乡医王艳坤、最美爱心人陈艳杰、最美志愿者张金秀、最美母亲陈荣秀、最美耕耘人张友爱、最美当家人王秀兰、最美娘家人冯淑萍等各行各业“最美女性”感人事迹。通过“十佳母亲”“最美抗震母亲”评选表彰，涌现一批优秀母亲。

【智慧妇联建设】 2016 年，区妇联实施建设智慧妇联工程。开通微信平台和“妇讯通”短信服务平台，在黄各庄镇创建镇妇联官方网站、微信、妇女社团组织 QQ 群。年内，区妇联在各级报刊媒体发表信息文章 200 余篇。

【春蕾计划】 2016 年，区妇联实施困境帮扶行动。成立妇女儿童发展基金，举办“春蕾计划”20 年爱心组织、爱心使者网络评选及资助款发放仪式，为 200 名春蕾女童集中发放春蕾款 11.9 万元。制作“春蕾计划”宣传片，扩大“春蕾计划”知名度。为大齐各庄镇小王庄村“时还书屋”捐赠价值 2 万元“春蕾书屋”。设立侯振国爱心团队基金，年注资 30 余万元，为 62 名特困儿童每人每月发放救助金 400 元。年内，为 340 名春蕾女童发放助学款 22.8 万元。

【家庭教育】 2016 年，区妇联推进“丰南区百场家庭教育公益讲座”，建立家庭教育微学院，专题公益讲座 76 场次，坚持家庭教育“每周一讲”，受益家长 6 万人次。推广“普惠产品 + 开放平台 + 枢纽服务”特色家庭教育指导服务体系模式，完善家庭教育基地，培育市级家庭教育基地丰南图书馆和区级家庭教育基地丰南区第五幼儿园。

【妇女儿童发展规划】 丰南区作为妇女儿童发展规划国务院示范区，2016 年，区妇联发挥区政府妇儿工委办平台作用，对妇女儿童发展重点领域、重点指标跟踪落实，评估督导，完成“两规”中期评估。推进国务院妇儿工委免费婚检重点项目落实，全区婚前医学检查率居全市首位。

【妇女儿童合法权益】 2016 年，区妇联推进与区法院联席会制度，在

全国五好工商联检查组考察

8个基层法庭与16个乡镇、街道建立基层联席会制度，开辟妇女儿童维权“绿色通道”。各村创新成立“知心大姐”工作队，以群众做群众工作。全区各级妇联组织通过集日宣传、文艺展演、请专家培训方式《反家暴法》宣传45场次，年内，区妇联与法律部门联手接待调研涉案妇女儿童来信来访79件。

【基层组织建设】 2016年，丰南区作为省妇联乡镇（街道）妇联换届选举工作示范区，9月30日前，完成16个乡镇（街道）妇联换届选举。承办唐山市妇联乡镇（街道）妇联组织建设工作观摩交流会。6月22日，唐山市妇联加强乡镇（街道）妇联组织建设工作观摩交流会在丰南召开。会议观摩丰南镇妇女第二次代表大会现场和黄各庄镇妇女阵地建设，听取丰南镇妇联、黄各庄镇妇联经验介绍。加强黄各庄镇忠信庄村和王洪庄村省级示范“妇女之家”规范化建设，新建儿童之家、妇女培训室、手工室和图书阅读室，完善工作计划，配备电脑、投影仪等工作设备和活动器材，定期组织培训、评比、座谈交流等活动。

（王俊玉、董雅芹）

区工商业联合会

【组织建设】 2016年，丰南区工商业联合会（以下简称区工商联）根据省市统战部、工商业联合会关于工商联换届工作安排，区工商联认真组织，各乡镇、开发区党委推荐，结合非公有制经济代表人士综合评价结果，提名65名执行委员会委员候选人、14名总商会副会长候选人、12名工商联副主席候选人、1名工商联主席候选人（兼任总商会会长），9月30日在丰南区大剧院小剧场召开第丰南区工商联四次会员代表大会，选举产生新一届执行委员，工商联（总商会）新一届领导集体。2016年，丰南区工商联获全国“五好”县级工商联称号。

【商会（协会）发展】 2016年，区工商联在加强通达商会、婚庆行业协会、物流运输同业协会等行业商会、协会建设基础上，引导和培育新行业商会、协会，新筹建家居建材行业商会、协会。

【对外交往】 2016年，区工商联与国内外工商联、商会缔结友好协议，实现资源共享、优势互补。分别与深圳唐山商会、贵州省福泉市工商联、山东省莒县工商联、意大利高级专家组织（协会）等国内外工商联、商会签订友好协议，组织双方会员互访交流，利用各自资源推动双方会员实现多领域交流与合作。

【校企对接】 2016年，区工商联搭建校企对接平台，帮助企业引进专业技术人才，助力企业打造技术团队。组织贺祥机电、紫光智能、银贝壳等企业参加华北理工大学春季招聘会，向几家企业投递简历各专业华北理工大学应届毕业生有80余名；组织会员企业与唐山劳动技师学院、华北理工大学对接，达成员工招聘、在校生实习、技能鉴定等方面合作意向。贺祥机电股份有限公司董事长赵祥启、胡子物流有限公司董事长李乃龙被唐山劳动技师学院聘为专业导师。

【人才强企】 2016年，区工商联开展各种素质教育培训，提升企业家综合素质。全年培训全区企业家427人次，组织撰写《非公有制经济人士素质提升手册》《涉企政策汇编》和《涉企文件汇编》等培训教材。结合通达建材博览城，组织全区家居建材行业青年企业家120余人参加《家居建材超级销售A6系统》课程培训；组织全区18家基层商会规模以下会员企业150余家参“加互联网大篷车中原行·唐山站”大型公益活动，探索非公企业“互联网+”转型；与唐山市工商联联合举办《非公经济人士素质提升工程》之“股权激励”主题沙龙丰南专场，为会员企业讲解股权激励概念、作用、形式和典型案例；组织会员企业负责人参加市工商联举办的民营企业融资洽谈会和唐山市工商联举办的《供给侧结构性改革与企业发展战略定位》培训，助力企业把握政策，调优发展理念；组织举办“资本运营与投融资决策”大讲堂，邀请永安信董事局主席乔志杰为通达商会45名会员、胡子物流、荣盛地产等58家会员企业讲授企业融资、新三板上市等内容；与区妇联联合举办“投身创业创新，绘就魅力人生”座谈交流会议，组织38名现代女性代表参加会议，聘请唐山市委党校教授冯志林进行实例分享。

【银企对接】 2016年，区工商联通过开展融资服务活动，组织金翔纺织、君业节能等5家企业参加新三板对接会，为企业解答关于上市新三板疑问，东方华盛董事长李淑君参加路演；结合区金融办、通达集团，邀请张家口银行3名业务主管为通达商会150余名会员全面讲了解银行各种业务，帮助会员深入解银行业务内容；组织南孙庄乡商会会员企业与舜丰村镇银行专场对接，达成融资意向900万元，为基层商会会员企业解决资金困难搭建平台。

投融资大讲堂

【会员企业影响力提升】 2016年，区工商联通过宣传优秀企业经营理念，培树优秀会员企业典型，提升工商联会员企业影响力，引导广大会员企业转型升级。年内，区工商联结合唐山市工商联、唐山电视台对通达集团、丰南商厦集团、胡子物流、梦牌瓷业、丰美食品等优秀会员企业生产经营理念和企业先进文化专访，在唐山新闻综合频道《聚焦民企》栏目中播出，提升优秀会员企业影响力。

（杨　禄）

区科学技术协会

【科技帮扶】 2016年，丰南区科学技术协会（以下简称区科协）发挥职能优势，引进扶植一批新型农业科技项目。通过外联科研院所、科技型涉农企业，内扶农村科普基地、农技协、科普带头人等科普惠农典型方式，在南孙庄乡深井村建立“蜜桃”系列育苗基地0.47公顷，培植桃苗10万株，辐射带动周边发展蜜桃系列栽植60余公顷；在黄各庄镇杨庄村、柳树瞿阝镇戟门村等地引进建立小龙虾养殖示范基地13.33公顷，每公顷效益达5.3万余元，为更好地普及推广该养殖技术，10月份区科协邀请正大集团3位水生动物专家，在柳树瞿阝镇举办小龙虾、河蟹养殖新技术培训班，培训重点养殖户60户，发放技术资料1000张。参与“农光一体”项目引进，联合东田庄乡政府，组织科普示范户赴山东即墨市考察学习“农光一体”产业发展，协调科普示范户特色农业与项目企业对接洽谈合作项目，初步确定光伏发电与桃树种植合作意向。建立区级设施及露地林果协会。由于受专业合作社影响，丰南区50%以上农技协先后注销解散。针对农技协原有一村一社小、散、弱和近年来设施及露地林果发展迅猛现状，区科协因势利导，年内全区启动丰南区设施及露地林果协会组建，招募会员80名，涉及8个乡镇。11月，召开协会成立大会，通过协会章程、协会暂行办法、选举产生协会组织机构，并组织开展讲座、观摩培训。在惠丰生态农业，与津东建材厂合作，打造集科普、休闲、旅游为一体农业科普园，采用新型保温材料替代土墙技术（该技术是区科协、区农牧局蔬菜站与津东建材厂联合共同研发棚室建设技术），新建高标准温室大棚8栋。开展实用技术巡回讲座等科技培训，举办培训8场次，培训农民2000余人次。参加在安徽省芜湖市举办第七届中国（芜湖）科普产品博览交易会，与上海、杭州等地科普产品研发商对接，达成引进新型科普设施意向。

【科普宣传】 2016年，区科协加强科普宣传。以“科技活动周”“公共机构节能宣传周”“三五”学雷锋志愿服务月活动为平台，组织志愿服务队，开展科普宣传活动5次，发放《唐山科普》《丰南科普》等各类宣传资料2000余份，接待群众咨询服务150人次，年内更换科普画廊内容2期，悬挂宣传标语8条，张贴宣传画6套。举办科技体验活动。以举办世园会为契机，面向中小学生，在丰南科技馆

助残晚会

开展智能机器人、模拟飞行、摇控车模等6项科学体验活动，突出科学性、知识性、娱乐性和体验性，通过教学互动、情景体验等方式，激发青少年热爱科学、参与科学兴趣。推出世园会专刊。编制《丰南科普》世园专刊，展示2016年唐山世园会展园建设运用科学技术及世界各国园艺文化，带读者领略“科普世园”的魅力，《世园会专刊》出版发行1000册，免费发放给基层科协组织及区内居民群众。

【青少年科技创新活动】 2016年，区科协组织开展“中国流动科技馆”丰南站巡展。1月28日—3月27日，为期两个月“中国流动科技馆”丰南站巡展在区图书馆举办，接待参观者近万人次，中小学生覆盖率达85%。组织参加唐山市首届机器人竞赛。FLL机器人工程挑战赛中获二等奖；机器人创意比赛中获一等奖；机器人足球比赛中获一、二、三等奖各一项；丰南实小学西校区获优秀组织单位奖。组织参加第31届省、市青少年科技创新大赛。丰南区有69个（幅）作品参赛、54个（幅）作品获奖。其中，5名学生作品获省、市一等奖；青少年科学DV项目市一等奖1个；科技辅导组织第32届唐山市青少年科技创新大赛及作品征集活动。11月10日，学校报送至区科协、区教育局作品170余个（幅），包括：青少年竞赛项目4个、科学幻想画158幅，辅导员创新项目8个，优秀科技实践活动3个。经区级评审小组评选，上报至市科协、市教育局作品为70个（幅），包括小学生竞赛项目3个、初中生竞赛项目1个，科学幻想画55幅，辅导员创新项目小学4个、初中3个、高中1个，优秀科技实践活动小学2个、初中1个。

【“全国科普日”活动】 2016年9月19日，区科协在九河公园举办丰南区2016年“全国科普日”活动启动仪式。现场摆放展牌20块，发放科普宣传资料1000余份。开展“全国科普日”科普讲座。9月17—23日，区科协联合胥各庄街道在曙光、新兴、新华、东兴、河头5个社区开展科普讲座。邀请张胜利、孟慧舫、陶玉君、夏振军、李安华5名教师，为200多名社区居民讲解秋季养生、老年性疾病中医保健、中老年自我保健、骨质疏松病防治、中老年健康保健等方面知识。期间，向居民发放科普宣传资料1000余份。更新城区科普画廊宣传内容。“全国科普日”期间，区科协联合区卫计局，围绕“绿色低碳”“食品安全”“优生优育”等内容，将九河公园南侧24块科普画廊内容全部更新。区科协组织科普基地负责人、惠丰高效生态农业有限公司负责人、农牧局技术人员等9人赴河北省农林科学院昌黎果树研究所科技创新基地参观学习。参观昌黎果树研究所科技创新基地，观摩大樱桃避雨栽培和苹果、梨、桃、葡萄等现代栽培管理，听取省果科所专家对苹果、科、桃、樱桃、葡萄等树种高效栽培技术讲解。组织农产品交易会参观学习。9月，组织农业技术人员和种养植大户赴第二十届中国（廊坊）农产品交易会参观学习。参观现代种植养殖技术及成果、高端设施蔬菜栽培、园区建设、都市农业等开展青少年科技体验活动。“全国科普日”期间，区科协在丰南科技馆分期举办青少年科技体验活动，全区300多名中小学生参加，参观体验光学体验室、力学体验室、体能测试体验室、电磁体验室、动手乐园、探索与发现等10个展室，展现小学生语文表达能力、创新能力、动手能力等综合能力。

【科技创新成果推介申报】 2016年5月27—28日，由区科协主席刘洪生带队，组织丰南区北方机械厂相关人员赴广州参加2016中国创新创业成果交易会（简称创交会），11月8—9日组织企业赴衡水参加河北省科技创新企业成果展。唐山市丰南区北方机械厂作为全省机械装备制造行业唯一一家参展商参展。加强科技信息推广应用服务工作，区科协牵头为唐山国丰钢铁有限公司等17家企业完成2016年专利信息推广应用服务申报。10月份组织相关企业负责人参加市科协、科技局联合举办的企业专利信息应用培训会。借助媒体推介区中小科技型企业创新成果，区科协协助相关企业在市、区两级媒体上推介“型钢自动码垛机、自保温新型墙体替代土墙建设温室大棚”等科技创新成果。

【企业科协和区级学会建设】 2016年，区科协组建、完善小集工业园区、丰南经济开发区、丰南临港经济开发区科协，调整完善5个区级学会。

（刘洪生 孙继伟）

区残疾人联合会

【概况】 2016年，丰南区有残疾人3.5万余人，约占全区总人口6.6%，发放残疾人证书1.52万份。在持证残疾人中，农村残疾人1.38万名、城镇残疾人1433名，视力残疾1833名、听力残疾800名、言语残疾442名、肢体残疾1.02万名、智力残疾1118名、精神残疾674名、多重残疾98名。区残疾人联合会（以下简称区残联）履行“代表、服务、管理”职能，加强残疾人基层组织和服务体系建设、坚持面向乡镇、面向村居、面向贫困残疾人家庭“三个面向”，实施残疾人救助，组织残疾人技能培训，推进残疾人就业。区残联被省残联和省扶贫开发办评为“河北省残疾人扶贫开发工作先进集体”，河北人民政府残疾人工作委员会授予全省“帮四千人站起来”活动“先进单位”。

【基层组织建设】 2016年，区残联按照“街道抓社区，乡镇抓各村”要求，强化“区—乡镇（街道）—村（社区）”三级残联（残协）组织建设，建有16个乡镇（街道）残联，418个村残协，形成机构健全规范，服务功能完善残疾人组织网络。举办乡镇残联专职委员理论业务知识培训班，制定工作目标，岗位职责考核办法等规章制度，实现残联组织有效管理。

【残疾人信息数据更新】 2016年，区残联通过残疾人基本服务状况和需求信息数据动态更新业务培训，乡镇（街道）抽调专人组成调查队，深入残疾人家中调查登记。有984名调查员参加调查，调查1.53万余名残疾人，所有数据录入河北省残疾人基本服务状况和需求信息数据动态更新系统，建立详细规范残疾人数据库。推进残疾人工作重心下移，把服务工作做到残疾人身边，实现精准服务。

【残疾人就业】 2016年，区残联实施“助残圆梦”工程，残疾人就业（创业）帮扶，为残疾人拓宽就业（创业）之路。 发展加工拉花、插花残疾户200多户，每人每月收入300～600元。完成6名残疾人公益岗位和16名残疾人个体创业扶持资金审批发放。扶助6名具备条件残疾人实现网络就业。扶持黄各庄镇、王兰庄镇、东田庄乡、唐坊镇、大新庄镇5个扶贫基地建设，为残疾人就业拓宽渠道。残疾人保障金年审，全年收缴残保金540万元，超额完成任务，在全市排名居前列。

【残疾人康复】 2016年，区残联实施残疾儿童康复项目，对46名0～6岁残疾儿童实施康复救助，其中聋儿康复训练4名、脑瘫康复训练4名、智力康复训练10名、孤独症康复训练7名、人工耳蜗植入手术1名。为残疾人提供750件辅具供应。装配矫形器5例，为40人验配助听器。为41名贫困精神残疾患者每人按照4000元标准提供住院救助。为52名贫困精神残疾患者每人按照3000元标准提供服药救助。

【残疾人技能培训】 2016年，

区残联带队参加残疾人就业洽谈会

区残联和教育局、团委、妇联、农广校、冀唐高级技师学院、丰南职教及唐山市同级残联有关部门领导沟通，制定农村电商、职业农民种养家、手工编织扫盲班3个班次培训计划，签订102名学员委托培训协议。开展丰南区残疾人实用技术培训和青壮年文盲扫盲培训，拓展残疾人就业（创业）发展新空间，培育、示范、引领残疾人开展互联网居家灵活就业（创业）。

【扶贫济困】 2016年新年春节，区残联安排困难残疾人救助资金6万元。完成2016年度考入中高等院校残疾人和残疾人家庭子女计23人，发放补助资金5.6万元。为16名残疾人提供就业（创业）补助资金和自主创业奖励，为23名残疾人提供燃油费补贴。为42名重度视、听力残疾人办理有线电视免费。落实残疾人免费乘坐市内公交车政策，为120多名残疾人办理爱心助残公交卡。

【残疾人文艺宣传助残】 2016年，区残联利用助残日，组织各乡镇社区举办助残日文艺演出扶残、助残演出活动。在区主街道、各乡镇悬挂170多条宣传条幅、发放宣传单1800份。通过广播、悬挂宣传标语、发放宣传手册等形式，为残疾人讲解国家优惠政策、法律法规。通过电视、报刊、网络等宣传媒介宣扬残疾人自强模范和扶残助残先进集体和个人典型事迹，激励残疾人自尊、自信、自强、自立，动员社会各界力量关心、支持、参与残疾人事业。

【“献爱心·一元捐”活动】 2016年，区残联按照省、市“献爱心·一元捐”捐助活动要求，在全区范围开展“献爱心·一元捐”助残捐助活动，募集善款6.88万元，用于购买残疾人康复辅助器材，帮助残疾人改善生存状态。

（陈　玥）

军事

Jun Shi

责任编辑：杨文恒

综 述

2016年，中国人民解放军丰南区人民武装部（以下简称区人民武装部）围绕“听党指挥、能打胜仗、作风优良”强军目标，抓好党创新理论学习，提高自身素质；学习贯彻党章，增强党性和改进作风，按照“走在前列，真抓实干”要求，抓单位建设。年内被军分区评为先进人民武装部，西葛镇人民武装部、小集镇人民武装部被军分区评为先进基层武装部，军事科副营职参谋杨涛获个人嘉奖表彰，黑沿子镇人民武装部部长毕经用、胥各庄街道人民武装部部长么红权被军分区评为优秀专武干部。完成兵员征集，民兵建设，国防教育，人防等项工作。

驻地武装机构

【人民武装部】 2016年，区人民武装部设军事科、政工科、后勤科，负责管理区国防教育办公室、民兵训练基地。下辖丰南镇、黄各庄镇、小集镇、钱营镇、大新庄镇、黑沿子镇、唐坊镇、王兰庄镇、西葛镇、柳树瞿阝镇、大齐各庄镇、岔河镇、东田庄乡、南孙庄乡、尖子沽乡、胥各庄街道16个人民武装部。

【驻军与武警部队驻防】 2016年，丰南区境内有中国人民解放军驻军部队单位1个。有中国人民武装警察部队驻防单位4个，分别是中国人民武装警察部队唐山市支队丰南区中队、中国人民武装警察部队唐山市支队古冶中队、唐山市丰南区公安消防大队、中国人民武装警察部队丰南区边防大队。

党管武装

【专武干部队伍建设】 2016年，区人民武装部按照市委、市政府、军分区《关于进一步加强专职人民武装干部队伍建设的实施意见》要求，探索新形势下提高专武干部素质新路子。

【专武干部管理考核】 完善奖惩激励机制，对任务完成好、工作成绩突出者推荐提拔使用，提高专武干部干事创业积极性。依据军分区下发有关文件，结合区实际修订下发《基层人民武装部党管武装考评实施细则》，为基层党委做好武装工作提供遵循，使基层各项建设有统一标准，推动区党管武装正规化建设。对于专武干部管理敢于较真碰硬，年终组织专武部长年度工作述职，对于工作拖沓，完成年度任务较差的单位点名批评。对基层单位年度党管武装及规范化建设落实情况考核，结果全区通报，并报送区委组织部备案，综合考评好的单位报军分区，推荐为年度表彰单位。

兵员征集

【征集对象】 2016年，丰南区征兵对象为高中（含中专、职高、技校）毕业及以上文化程度男青年（含高校在校生），年满17至22周岁；大专及以上文化程度高校毕业生，年满17至24周岁；初中毕业文化程度男青年，年满18至20周岁。女兵征集年满17至22周岁普通高等学校在校生及应届毕业生。

【征兵宣传】 2016年5月份开始，区人民武装部通过各种形式征兵和国

2016年1月27日，唐山市军分区首长到丰南武装部检查工作

防宣传。在区电视台晚间黄金时间滚动播出征兵消息，发动人武部机关干部职工、基层专武干部和民兵骨干走门串户、赶集赴会发放传单、宣讲征兵政策，组织民兵沿街悬挂条幅52条、张贴标语1200多条、发放传单2万份。为方便大学生参军报名，在辖区高校华北理工大学冀唐学院设立征兵咨询报名处，随时解答政策咨询。

【体检政考定兵】 2016年，区人民武装部按照相关标准对征兵体检站重新装修。体检严格各种秩序规定。体检站实行封闭式管理，医务人员挂牌上岗，上站应检青年实行编号体检，凭证出入。同时体检站电子屏闭，营区内严禁非征接兵人员、非检人员进入。体检中，体检组成员严格把关，并请接兵部队人员、家长代表上站监督，确保兵员身体质量。把政治合格作为新兵质量核心，先期对政治考核组成员培训和教育，严肃纪律，明确责任。应征青年报名即逐个进行思想政治情况初步摸查，政治考核全面展开后，严格政治考核规定。落实集体定兵制度，定兵后，张榜公示。

【廉洁征兵】 2016年，区人民武装部实行党委集体定兵和一票淘汰制，制定《廉洁征兵规定》，所有参与征兵工作人员签订《廉洁征兵责任书》，接受群众监督，做到不谋私利，不循私情，秉公办事，依法征兵。使新兵定的顺利，走的顺畅，对地方政府负责、接兵部队放心、应征青年满意。

民兵工作

【民兵整组】 2016年，区人民武装部深入基层督导检查和调研分析，乡镇武装部立足实际，科学编组，确保民兵整组高质高效。

【训练演练】 2016年，区人民武装部健全完善常态化民兵应急分队战备训练、拉动演练机制，组织全区30名基层专武干部、202名民兵，专业基础训练和应急情况处置集训；利用清明、“五一”、端午等节日时机，采取随机抽签方式，组织乡镇民兵应急分队临机战备拉动演练，提高民兵应急分队遂行任务能力和实战化训练水平。

（闫圣杰）

国防教育

【“全民教育国防日”活动】 2016年8月，丰南区国防教育办公室（以下简称区国教办）研究制定出适合全区开展活动具体方案，并对活动组织参与人员作出明确细致分工，各负其责开展活动。向基层专门下发主题活动通知，对开展国防教育日活动统一思想，提出建设性意见和要求；8月31日组织召开全区基层国防教育会议。各镇（乡）武装部部长、武装干事等30余人参加会议，区委常委、人武部部长陈占贵，区人武部政委张宏出席会议并做出重要指示，传达市国教办，区国教办《关于组织开展好第十二个全民国防教育日》的通知。活动中，全区设宣传站17个，利用城区广告屏幕8个宣传国防法律法规，区电视台用播放字幕形式宣传，开展以“传承红色基因，共建巩固国防”为主题国防知识答题活动。依托唐人街客流量大，受众面广、层次多优势，举行为期一周爱国主义影片放映。各基层单位结合自己实际，开展主题文艺汇演、烈士陵园扫墓国防知识竞赛等形式多样并富于特色宣传教育活动。

征兵体检

2016 年 5 月 1 日，战备执勤拉动

【党政干部国防教育】 2016 年，区国教办结合区委、组织部等部门利用培训时机对全区干部国防教育培训。年初，组织形势报告和“军事日”活动、以参加军事训练等方式锤炼党员领导干部国防意志，提高领导干部履行国防职责能力素质。利用各单位机关理论学习和业务培训有计划地安排国防教育内容，并开展形式多样国防教育活动。2016 年是中国工农红军长征胜利 80 周年，为弘扬长征精神，增强广大党员干部国防观念和参与热情，7 月 1 日起，组织全区机关干部开展“弘扬伟大长征精神，同心共筑强大国防”全民国防知识答题活动，下发试卷 5000 余份。此次活动得到各镇（乡）、街道办及区直相关单位响应，胥各庄街道办事处被评为“唐山市全民国防知识答题活动先进单位”，井香云等 4 人获“唐山市全民国防知识答题活动先进个人”称号。

【学校国防教育】 2016 年，区国教办坚持以开展活动为载体抓好青少年学生国防教育。把国防教育作为学生素质教育重要内容列入教育、教学计划，采取多种形式开展教育活动。利用节假日或课余时间，读书演讲、故事会、军事夏令营等进行国防教育。9 月份，初、高级中学按照《全民国防教育大纲》和市国防教育办公室规定，开展学生军训，在军训期间开设国防教育课。会同区教育局、团区委等部门推进“少年军校”试点建设。

【民兵国防教育】 2016 年，区国教办民兵国防教育依托“青年民兵之家”、民兵活动室等阵地，利用民兵整组、军事训练、征兵、执行急难险重任务和重大节日等进行职能使命、战斗精神和国防法律法规教育。4 月份，结合民兵整组，为民兵预备役骨干上国防教育课；5—6 月份结合兵役登记，印发国防教育传单，深入胥各庄街道、丰南镇等社区街道宣传；8 月份，结合征兵工作，采取多种形式国防教育适龄青年自觉履行国防义务，报名应征；9 月份，结合欢送新兵活动对新兵进行国防教育。

（闫 铮）

人民防空

【人防工程建设管理】 2016 年，人民防空坚持“防空地下室应建尽建、易地建设费应收尽收”原则，年内全区“结建”审批 9 项，其中批建防空地下室 3 项，收取易地建设费 1 项 ×× 万元，2000 平方米以下项目 × 项（不缴纳易地建设费、不修建防空地下室）。根据城区发展总体规划要求，区医院整体搬迁至新城区。完善城区人防工程结构，提高战时医疗救护能力。地下室工程实施全程监管，确保工程质量达标。按照省办统一要求，完成全区城市地下空间资源调查。

【人防指挥体系建设】 2016 年，丰南区政府办公室人防科（以下简称区政府办人防科）抓好人民防空训练演练，通信指挥车、固定电台及防空警报设施日常维护保养，参加省办组织跨区域机动指挥通信演练活动，完成市各项演练任务；按要求开启电台，保持与省、市电台联络畅通；防空警报相关设备检修调试，完成“7·7”全省防空警报试鸣日防空警报试鸣。按照上级要求，采取以工代训和脱岗培训等方式，整组和训练 200 人 7 种常备专业队。调整充实人防志愿者队伍和心理疏导队伍，志愿者队伍 340 人，心理疏导队伍保持在 20 人。加强疏散地域建设。在黄各庄镇、南孙庄乡两个疏散地各确定一个村作为重点，有针对性实施项目建设，提高人防疏散地域共建效果。

【人防宣传教育】 2016 年，区政府办人防科以增强群众国防观念和防空防灾意识、熟悉防空防灾基本知识和技能为出发点，在“3·1”国际民防日、“5·12”防灾减灾日和9月15日全民国防教育日期间，在城区中心市民广场、社区、学校开展以“平战结合、推进防灾一体化建设”为主题宣传咨询活动，向群众发放《唐山市防空防灾知识手册》及宣传页1万余册（页），营造人防宣传氛围。通过“防空训练日”防空警报试鸣活动，使群众进一步熟悉警报信种和规律，增强居安思危国防和防空意识。

【人防执法】 2016年，区政府办人防科落实“行政许可证”各项规定，梳理、规范人防行政许可和非行政许可项目，简化程序、简化环节、优化服务、提高效率。按照省政府22号令及相关要求，把好防空地下室建设和人防易地建设费收取关。推进省办督查事项整改。按照省人防办“关于开展“结建”违规项目整改专项行动的通知”要求，对涉及区8个欠缴人防易地建设费项目下达催缴催建通知书。对拒不整改项目单位，申请区法院按照时间节点强制执行。工程质量监督关口前移。防空地下室工程建设中，质量监督人员与建设单位议定工程规范，保障建设单位施工连续性，避免反复施工造成浪费。

（李绍成）

政法

Zheng Fa

责任编辑：杨文恒

综　述

2016年，丰南区政法工作以构建完备综合维稳工作体系、科学化社会治理体系、常态化法制宣传教育体系、规范化执法司法体系、多元化政法队伍教育体系、专业化服务发展体系等“六大体系”为重点，抓防范、夯基础，强治理、重实效，推动政法工作创新发展。政法多项工作走在全国和省、市前列。丰南区被中宣部、全国普法办、司法部评为“2011—2015年全国法治宣传教育先进县（市、区）”；被市综治委推荐为全省基层平安建设先进县（区）；在唐山市各县（市、区）落实全市12项重点工作指标排名中，丰南区社会治安综合治理位居全市第一。丰南区法院被省高院评为“全省法院文化建设示范单位和信息工作先进单位”。丰南区检察院被评为全省“模范检察院”。丰南区司法局被中华人民调解员协会评为“2016年度人民调解宣传工作先进单位”。丰南区公安局被省政府评为“全省人民满意的公务员先进集体”，被公安部评为“全国执法质量示范单位”，被省公安厅推荐为“全国优秀公安局”，刑事科学技术室被公安部确定为“全国示范级刑事科学技术室”，国保大队被公安部确定为“部级战略支撑点”，交警大队车管所连续第四届被公安部评为“全国优秀县级车管所”，立体化社会治安防控体系建设及社会面网格化巡控体系建设工作经验在全省推广交流。此外，防范和处理邪教工作取得新进步。全区未发生一起邪教组织人员进京滋事、邪教人员自杀自残、邪教组织在当地大规模聚集和有线电视插播事件，完成各敏感期安保防控任务。东田庄乡、唐坊镇挡水埝村、东田庄乡谷庄子村、胥各庄街道新兴社区被中央防范办评为“无邪教创建示范工程”国家级示范标准单位。

（任长旭）

公　安

【概况】　2016年，唐山市丰南区公安局（以下简称区公安局），贯彻落实上级政法、公安工作会议精神，履职尽责，以严治警，严厉打击各种违法犯罪，加强社会维稳，社会治安防范，维护一方平安，围绕唐山世界园艺博览会等重大活动做好安全保卫。年内，区公安局被省政府评为“全省人民满意的公务员先进集体”，被公安部评为“全国执法质量示范单位”，被省公安厅推荐为“全国优秀公安局”，刑事科学技术室被公安部评为“全国示范刑事科学技术室”，交警大队车管所连续四届被公安部评为“全国县级优秀车管所”，国保大队被公安部确定为“部级公安国保战略支撑点”。5月29日，区公安局在全省公安系统优化发展环境现场会上做经验介绍。6月9日，区公安局在唐山市局指导下，开展全国异地受理挂失申报和丢失招领系统联调测试。

【机构与队伍】　2016年，区公安局设置16个内设机构，其中执法勤务机构7个、综合管理机构2个、选设机构6个，设监管场所2个、派出机构17个。全局有正式在编民警318名。

【刑事犯罪】　2016年，区公安局对全区刑事案件发案形势深入调查研究，树立“既要破大案，又要管小案”理念，开展公安部组织打击“盗抢骗”

为了更好的开展“迎世园、保平安”凤城百日攻坚查处行动，唐山交警丰南大队的民警和交通志愿者走上街头，向市民宣传交通法律法规

犯罪、省公安厅组织打击严重暴力犯罪和唐山市局组织“迎世园、保平安”凤城百日攻坚会战等严打专项行动，严厉打击刑事犯罪，保持对刑事犯罪活动高压态势。破获李旭阳“搬家式”入室盗窃案，丰南“2016.6.25”张兴龙杀人焚尸案，银丰“2016.5.6”杨玉新入室强奸、抢劫案，大新庄马广善系列诈骗案，胥各庄徐璐系列诈骗案等一批有影响案件，震慑刑事犯罪维护全区社会治安秩序稳定。年内，全区立刑事案件1274起，破获各类刑事案件1619起，其中现案707起、年前案件489起、协外破获案件423起。抓获犯罪嫌疑人236人，其中在逃犯197名。打掉犯罪集团26个，涉案成员79人。刑事拘留157人，逮捕195人，依法起诉209人，追缴赃款赃物折款380万元。破获“两抢一盗”案件1282起，其中盗窃案件1256起，抢夺案件20起，抢劫案件6起。

【毒品犯罪】 2016年，区公安局开展禁毒宣传，与有关部门配合，加强青少年毒品预防教育，加大缉毒力度。年内破获贩毒、运输、非法持有毒品等案件8起，抓获涉毒犯罪嫌疑人8名，缴获冰毒2742.09克，抓获吸毒人员112人，其中新增人员54人，强制戒毒32人。

【涉毒嫌犯抓获】 2016年8月17日凌晨，刑侦大队与高速交警丰南大队组成联合执勤在河北收费站对过往车辆检查时，发现一辆车牌号为粤A8E×××的宝来轿车乘坐人员吕×、程××、王×有吸毒嫌疑，经现场尿检，三人均呈冰毒阳性。执勤民警遂对宝来车进一步检查，在该车后操作台缴获冰毒434克，经讯问，犯罪嫌疑人吕波交代在8月12日晚，自广东省广州市新州镇购买冰毒434克（毛重）并乘坐粤A8E×××宝来车返回辽宁省营口市的犯罪事实。

【经济犯罪】 2016年，区公安局以侦办和打击涉众型经济犯罪为主线，破案 8起，抓获犯罪嫌疑人16人。在侦办张兰平涉嫌骗取贷款一案中，为企业挽回经济损失430余万元。8月份，按照唐山市局安排，区公安局成立以经侦大队为主要力量的专案组，组织全局30余人远赴广东深圳，协助市公安局侦破谢××等人涉嫌非法经营案，历时近一个月蹲守，抓获犯罪嫌疑人6名，扣押资金5000余万元。

【食品药品违法犯罪】 2016年，区公安局打击食品药品领域违法犯罪，净化食品药品市场环境，保障广大群众饮食用药安全。2016年，侦破食品药品刑事案件11 起，其中3起经省、市新闻媒体宣传。打击处理犯罪嫌疑人11人（其中捣毁黑窝点1个，打掉黑作坊4个），涉案金额达1000余万元。

【环境污染犯罪】 2016年，区公安局以“蓝天清水”专项行动为契机，成功侦破查处金翔化纤有限公司不正常运行防治污染物设施违法排放污染物案及东田庄非法排放污染物案等11起行政案件，其中行政拘留3人，罚款2人，震慑环境污染违法犯罪。

【治安防范】 2016年，区公安局探索新型巡逻模式，创新和完善巡逻机制，规范巡逻勤务制度，增强巡控主动性、创造性，提升巡特警队伍亲和力和战斗力。推行“视频+实兵”对接巡控模式。实现接报警、街面巡逻和视频巡控“三合一”对接，服务实战需要。坚持信息导巡。将信息作战平台延伸到基层一线，情报信息支持决策、预测预警和引导打防控，使民警“目有所视，剑有所指”。根据案件发案规律，调整勤务部署，实现“猫鼠同步”，通过车巡与步巡相结合、公开巡逻与秘密蹲守相结合、地面巡逻与视频监控相结合，加大巡逻盘查力度，全天候动态巡逻，挤压犯罪空间，提高人民群众的安全感。

【信访稳控】 2016年，区公安局受理办结信访事项53件，省公安厅、省中心交办12起，市公安局交办45起。日常接访发现重点信访案件20起，全部列为重点信访案件督导基层办理。年内市委政法委开展涉法涉诉信访积案化解攻坚行动，其中涵盖区公安局13起积案，全部提级包案，确定局主要领导为包案领导，原包案领导为具体承办人，并全部化解。4月份，成功处置国丰北厂因职工安置问题群体性事件。

【网络维稳】 2016年，区公安局针对网络违法犯罪日益突出趋势，依法严厉打击各类网络违法犯罪，整治和规范互联网秩序，创造和谐稳定社会环境和良好网上舆论环境。公安局网安大队利用网安系统资源，为治安部门提供网上线索和技术侦查配合。年内提供涉网线索11条，办理刑事案件1起，电子数据勘验2起，为办案单位提供证据保证。建立常态化网络社区摸排机制和互联网舆情处置机制。全年发现涉及区内网络社区157个、QQ群249个，发现上报舆情导控9425条，涉唐信息379篇、涉省信息52篇、其他舆情信息288篇，时时掌控区内重点贴吧舆情。

【人口管理】 2016年，区公安全局各派出所推进入户访查，落实旅店业“四实”制度，出租房屋、流动人口登记制度，备案无盲区。年内，全区新登记流动人口3.52万人，人走注销1.36万人，新登记出租房屋2044户，办理居住证2654个，满足来丰南流动人口的工作、生活需求，治安重点人员不失控，不漏管。

【交通管理】 2016年，区公安局交警大队以“保畅通、压事故”为重点，科学安排勤务，加强巡逻管控，交通执法查处各类交通违法行为。年内，查获各类交通违法行为23.38万起，其中公路客运超员3次，酒驾334次，醉驾7次，无证驾驶426次，假牌假证、套牌套证64次，在全市交警系统综合整治业务排名中名列前茅。全年发生重大逃逸事故26起，侦破26起，侦破率100%，有效打击肇事逃逸违法犯罪行为。

【消防管理】 2016年，区公安局消防大队以排查治理火灾隐患为重点，实施重大火灾隐患政府挂牌督办，建立与其他部门联合执法，构建消防安全防控新机制。在全区开展住宅小区、福利机构、学校、重点单位、夏季火灾隐患排查整治、易燃易爆场所等大规模专项整治和重大节日大规模集中夜查，消除火灾隐患。年内，全区检查单位1169家，发现火灾隐患和违法行为1257处，督促整改1244处，罚款27.96万元，责令三停单位2家，临时查封单位5家。

【危爆物品管理】 2016年，区公安局开展烟花爆竹清查整治、烟花爆竹禁限放、危爆物品清查整治等专项行动。年内，收缴气枪1支，收缴各类管制刀具28余把，各类子弹100余发。

【执法监督】 2016年，区公安局积极推行受案立案制度改革，成立受立案中心，出台一系列制度规范，规范完善受案立案工作流程，配备专职人员2名，推行受案登记制、立案限时制、信息化监督制，强化监督管理，做到案管中心一口统计受立案数据、一口对外接受案件、一口对外移送案件、一口解决受立案争议，使受立案更加规范、公开、便民、高效；严格落实执法执纪预警机制、“网上执法质量考评日通报”制度。在全市2016年第1～4期网上巡查考评活动中，区公安局成绩均名列前茅。

【执法公开】 2016年，区公安局通过“燕赵警民通”，设置警务公开栏，将相关执法依据、执法事项、执法程序和执法制度上网公开，利用省厅开发“行政处罚裁决文书公开平台”，将各办案单位承办行政案件执法依据、执法结果向社会公众和案件当事人公开。年内对全局办理的执法办案系统内所有行政执法裁决文书，统一审核、统一发布。全年发布法定可公开行政处罚裁决文书635份，接受全社会监督。

【丰南“6·25”杀人焚尸案告破】 2016年，唐山市、区两级公安机关经过28小时昼夜鏖战，成功侦破丰南区“6.25”杀人焚尸案，抓获犯罪嫌疑人张××（男，26岁，黑龙江省海伦市人）。6月25日11时许，区公安局刑侦大队六中队接到丰南区金盛小区何某报案：其妻史某于本月23日上午7时许，骑电动车从家中外出后失去联系。当日上午，家属在丰南区丰南镇原侉二村废弃村址一平房院内发现史某所骑电动车。接到报案后，区公安局党委高度重视，局长张海军、政委李树军、局领导毕春星、刑侦大队大队长曹立新立即组织刑侦大队、银丰派出所民警成立专案组展开工作，综合分析认为史某疑似被侵害。为此，区公安局立即启动命案响应机制，发布紧急协查，组织全局警力排查。同时，专案民警调取筛查失踪人史某所骑电动车沿途监控录像，发动群众，以发现电动车现场为中心，向周围辐射寻找失踪人。18时40分，民警在该现场西南侧一处二层楼房院内的厢房内发现一具被烧焦的尸体，在尸体旁发现一把烧弯曲的水果刀，并在楼房内发现大量血迹，勘查分析认为该处即为杀人案第一现场，烧焦的尸体疑似失踪人员史某。犯罪嫌疑人杀人后焚尸，手段残忍，社会影响恶劣。案情逐级上报后，市、区各级领导纷纷作出批示，要求公安机关限期破案。市公安局副局长李福三、刑警支队支队长王占富、副支队长刘斯杰率领市公安局刑警支队、情报中心、技侦支队、网监支队精干警力，抵达现场指挥参与案件侦破。专案组连夜展开侦查，经分析研判，专案组初步确定张××有重大作案嫌疑，而此时该人已经杳无踪迹。为尽快将其抓获，专案组民警兵分数路连夜撒网布控。6月26日，专案组获得一条重要线索，张××很可能潜逃至秦皇岛市海港区普庆里小区其姥姥家，获悉后，专案组立即组织警力赴秦实施抓捕。当日17时10分，将犯罪嫌疑人张××在其姥姥家楼房北侧的储藏间内抓获。专家组通过政策攻心，摆出证据，逐步打消嫌疑人顾虑。6月27日凌晨3时许，犯罪嫌疑人张××最终交代故意杀人的犯罪事实。6月份，张××通过微信认识经营日租房和性保健品生意的死者史某，之前双方在租房房租问题上发生过口角，张××便怀恨在心，伺机报复。6月23日7时许，张××经事先预谋，提前准备水果刀、手套等作案工具，以商谈继续租房和购买性保健品为借口将死者骗至丰南区丰南镇侉二村废弃村址一平房院内。后又以该处周围过往人多为由，将死者骗至距此平房西南侧的一处二层楼房内。二人因前期租房纠纷问题再次发生口角，张××遂用水果刀刺中死者颈部，死者倒地后失去反抗能力。张将死者拖至楼房南侧院内的厢房，又朝死者腰部猛刺两刀致其死亡。作案后，张将死者随身携带的挎包（内有手机、铂金戒指、钥匙等物）及金手链拿走。又恐其罪行败露，将死者的尸体焚烧，将死者挎包、手机、戒指藏匿至现场附近，并于次日将黄金手链变卖得赃款3000元。6月27日凌晨3时许，专案民警连续作战，根据嫌疑人的交代，在其藏匿赃物地点提取死者的挎包、手机、铂金戒指、钥匙等物，该案成功告破。

检　察

【概况】 2016年，丰南区人民检察院（以下简称区检察院）围绕“强化法律监督，维护公平正义”检察工作主题，开展“两学一做”教育实践活动，规范司法行为专项整治，突出执法办案，法律监督，改革创新，履行宪法和法律赋予职责，为丰南经济社会发展提供司法保障。年内，检察院下设纪检组、政治处、办公室、侦查监督科、公诉科、未成年人刑事检察科、案件管理办公室、民事行政检察科、控告申诉检察科、检察技术科、司法警察大队、职务犯罪局综合科、预防科、反贪污贿赂局综合科、侦查一科、侦查二科、反渎职侵权局综合科、侦查监督科、生态环境保护检察科、刑事执行检察局。全院人员编制75人，实有在岗干警71人。

检察院认真开展“两学一做”活动

【审查批捕】 2016年，区检察院未成年人刑事检察科与侦查监督科履行刑事检察监督职能。体现宽严相济刑事政策，保障和尊重人权理念贯穿到执法办案中，化解社会矛盾、维护社会和谐稳定作为出发点和落脚点。侦查监督部门受理提请批准逮捕各类刑事案件131案147人，其中批准逮捕123案137人，不批准逮捕9案10人，纠正漏捕4人；未成年人刑事检察监督受理审查逮捕3案6人，批准逮捕2案5人，不批准逮捕1案1人。

【刑事立案监督】 2016年，区检察院落实《关于开展对公安派出所刑事侦查活动监督工作的方案》，自查与抽查相结合，提升监督效率。全年监督公安机关立案18件18人，监督不应当立案而立案的4件4人。

【侦查活动监督】 2016年，区检察院侦查监督拓展监督范围、改进监督机制、增强监督实效、补强监督短板，履行侦查监督职能。侦查监督部门侦查监督专项监督、纠正滥用取保候审，与公诉、控申、反贪、反渎、民行等部门协调，统一步调，相互配合，形成监督合力。

【审查起诉】 2016年，区检察院“以事实为根据，以法律为准绳”，实践“强化法律监督，维护公平正义”检察主题，投入严打整治专项斗争，抓办案质量、审查起诉及对诉讼法律监督。审查起诉取得良好业绩，为建设和谐稳定发展环境发挥作用。全年受理各类刑事案件304案350人，提起公诉244案271人，上交市院及转其他院12案62人，不起诉案件14件23人。完成调研文章6篇、宣传文章5篇，完成市级信息5篇。

【刑事审判监督】 2016年，区检察院做好对刑事审判事前监督，将监督贯穿于执法办案始终。坚持“三把关、两对照、四审查”对审判机关裁定审查，公诉部门负责人和主管检察长层层审核把关，对照公诉部门起诉书和量刑建议书对审判机关判决审查，找出存在问题，维护司法公正。为强化与审判机关相互配合与制约，发挥审判指导作用，严格公正执法，加大法律监督力度，运用检察长列席审委会机制，履行对刑事审判活动诉讼监督职能。

【刑罚执行监督】 2016年，区检察院依法履职，维护在押人员合法权益和监管场所安全稳定，确保刑事诉讼依法顺利进行。全年清监6次，重大节日活动安全检查4次，配合上级院专案协调。组织并协调本院未检部门附条件不起诉警示教育，及人大代表参观等项活动。根据上级院布置，对减刑、假释、暂予监外执行等刑罚执行专项监督，同步监督，细化刑罚变更执行流程，严格呈报审批程序，年内审查保外就医6案6人，法院决定收监2案2人，撤销缓刑1案1人。

【反贪污贿赂】 2016年，区检察院反贪污贿赂以办案为中心，以队伍建设为基础，实现“加大办案力度，规范执法行为，抓办案质量，保办案安全，提升干警素质，树立良好形象”要求。成立安全防范工作小组，杜绝在办案中安全隐患和安全事故；规范办案程序，落实安全员工作制度，做到办案与看管分离，要求干警树立防范事故高度自觉性，消除安全隐患。年内，查办各类职务犯罪案件18件19人，协助唐山市检察院、纪委、河北省纪委、查办多起专案，挽回经济损失3000余万元。

【反渎职侵权】 2016年，区检察院建立“惩防一体化”模式，打击与预防联动，解决部门之间信息闭塞，通过新闻媒介了解群众关注热点，通过调研掌握预防重点，畅通信息、整合资源，实现检察资源共享，提高办案效率。全年立案查处渎职侵权案件2件2人，政府公信度和公民合法权益得到维护。在办案过程中，建立办案安全预案制度，案件审查、审理制度，检警配合制度和办案同步录音录像制度，用“四项制度”提示办案人员增强安全意识，杜绝办案安全隐患和安全事故，确保案件质量和办案安全。

【控告申诉检察】 2016年，区检察院坚持“两率提高、结构改变、业务规范、整体推进”办案原则，提高执法水平和办案质量，强化监督重点，推进控申检察。重点做好全国“两会”期间纠纷调处、安保稳定。推行院领导定点接访、预约接访、巡回接访、联合接访等制度，方便群众表达诉求。注重化解涉检信访，实行领导包案，确保妥善处理，实现政治敏感期“双零”信访维稳目标。年内，受理各类举报线索68件，92人次，电话咨询举报15件。其中转民行科17件，转反贪局3件。

【民事行政检察】 2016年，区检察院民事行政检察按照建立以抗诉为中心多元化工作模式总要求，支持起诉、督促履职。加大诉讼监督力度，从程序、审判行为监督，细化到细节监督，从点滴防范审判违规行为。在办案过程中，与相关部门建立信息共享机制，对发现案件线索交流，实现信息共享。年内，受理各类民行申诉案件104件，提请抗诉4件，息诉和解4件，作出不支持监督决定4件，发出各类检察建议91件（其中发出执行监督检察建议40件，纠正违法27件，督促履行职责检察建议24件，再审检察建议2件）。协助办理市院交办二审抗诉案件7件，其他案件76件。

【刑事技术检察】 2016年，区检察院刑事检察技术服务于各项检察业务，为查明案件事实提供科学准确依据，发挥检察技术职能作用，完成各项任务。加强检察信息化建设，规范技术性证据审查、技术协作。年内受理各类案件22件，其中文件检验20件、技术性证据审查32件。出具鉴定书、审查意见书40份。刑事技术检察全面提升，为侦办案件提供支撑。

【法警工作】 2016年，区检察院司法警察大队依法履职尽责，依法参与刑事诉讼。以运河基地办案工作区为平台，配合自侦部门服务办案，彰显司法警察在刑事诉讼中不可替代作用。年内，参与办案、追逃出警75人次，送达法律文书68件，执行其他任务出警31人次。完成各项警务保障。

【法律政策研究】 2016年，区检察院重视调研、宣传和信息，通过聘请专家、骨干为全体干警上辅导课、有针对性调研，加强对人民监督员制度探索和完善，促进检察干警严格执法、文明执法。全年撰写各类调研文章28篇，其中被上级领导部门和各类新闻媒体采用调研类文章18篇，省级以上12篇，撰写上报指导性案例5篇、司法建议请示件和相关立法建议论文8篇，完成上报市院下达调研课题申报书6篇。

【检察队伍建设】 2016年，区检察院发掘人才潜力，加强人才储备，提升队伍职业化素养和执法能力，优化人才辈出氛围，推动检察事业发展。年内，招录公务员3名，选调生1名。检察干警平均年龄46岁，具有本科以上学历占70%。开展政法干警“两学一做”和“大讲堂”教育，理想信念常讲、政治理论常读、法律政策常学、拒腐警钟长鸣，培养和造就一支政治坚定、业务精通、作风优良、执法公正检察队伍。组织干警参加检察业务“大讲堂”，更新法律知识，拓宽办案思路，提升工作水平。成立“技侦工作室”，带动技术侦查水平整体提升。选派年轻干警参与办理省专案，增长见识，开阔眼界，积累经验。强化日常检务督查，落实上下班打卡签到签退制度，整顿工作作风和会风。开展执法办案安全、禁酒令、警车使用管理等检务督查，增强检规检纪严肃性，重塑丰南检察形象。

（李小春 孙立强 李久喜）

审　判

【概况】 2016年，丰南区人民法院（以下简称区法院）把握司法为民、公正司法主线，让人民群众在每一个司法案件中都感受到公平正义，发挥审判职能作用。提升案件质效，强化审判管理，加强队伍建设，为丰南经济发展和社会稳定提供司法保障。全

10月8日上午，唐山市丰南区人民法院举行27名入额法官首次入额法官宣誓仪式

年受理审判案件 4920 件，结案 4557 件，结案率 92.08%，全市基层法院排名第 7 位。

【刑事审判】 2016 年，区法院全年受理刑事案件 395 件，结案 323 件，结案率 81.77%。推进轻刑快办机制。落实会同检察院、公安局、司法局制定操作规范，全市法院轻刑快判和刑事判决未执行案件推进会议在丰南召开。推进刑事案件繁简分流机制。疑难复杂案件实行专人负责，轻微刑事案件实施独任审判，推进量刑规范化，落实庭前会议制度和公诉案件和解程序。推进少年审判，法制进校园。联合丰南教育局组织未成年人犯罪案件模拟法庭；在区尖字沽小学开展法制讲座，受教育青少年 600 余人。区法院被共青团中央、最高人民法院评为“2014—2015 年度全国青少年维权岗”。

【民事审判】 2016 年，区法院民事审判注重依法保护公民、法人和其他组织合法权益，全年受理民事案件 4432 件，结案 4123 件，结案率 93.03%，调撤率 43.1%。整合优化审判资源，将综合部门具有审判资格和通过司法考试干警充实到业务庭，增加一线审判力量。推广专业化审判，加强民商事典型案例指导，开展调解规范化、送达规范化、庭审笔录制作规范化、裁判文书规范化“四个规范化”活动。在民四庭推行格式化法律文书，对案件事实清楚、权利义务明确、双方争议不大案件推行表格式判决书，提高审判效率。推进人民调解、行政调解、司法调解与审判有机衔接，依法维护人民群众合法权益。区法院联合司法局制定《关于委托人民调解组织调解民事纠纷案件的流程办法》，实现司法调解与人民调解有机衔接。期间，办案法官多次进村入户，以经营对方梨树获取收益代替赔偿方案，调解 1 起果农因喷洒农药造成相邻果农财产损害纠纷案件，双方当事人均表示满意。

【行政审判】 2016 年，区法院落实新行政诉讼法，完善诉前协调、诉中协调、诉后协调“三个协调”机制，开展非诉执行工作，维护行政相对人合法权益，支持行政机关依法行政。全年审结行政诉讼案件 68 件、非诉执行案件 7 件。

【涉诉信访】 2016 年，区法院强化诉访分离，注重协调配合，形成依法解决涉法涉诉信访问题合力。全年办理上级交转办涉诉信访案件 56 件，远程视频接访 1 次，信访事项导入法律监督程序 3 件，成功化解多起信访案件。

【服务大局】 2016 年，区法院依法打击破坏经济发展犯罪和危害经济发展环境犯罪。全年审理非法经营、非法集资、金融诈骗等经济犯罪案件 35 件，食品药品安全犯罪 12 件，污染环境犯罪 1 件。保障招商引资和项目建设。以区委招商引资引智突破年为契机，加大对重点项目及工业园区建设司法服务力度，参加区领导主持召开的办公会议 8 次，提供法律咨询和法律建议。开通绿色诉讼通道，对重点项目案件坚持优先审查、优先立案、优先审理、优先执行。全年化解投资消费、环境治理、征地拆迁等矛盾纠纷 65 起。服务传统企业转型升级。研究制定服务企业转型升级实施意见，加强对企业改制相关案件审理，妥善处理资产处置、债务化解、农民工工资拖欠等问题。加大对传统企业司法帮扶力度，搭建院企互动平台，构建联席会议机制，开展法律咨询和服务。全年办理涉企案件 340 余件。

【审判监督】 2016 年，区法院自觉接受人大及其常委会监督，认真办理人大代表、政协委员建议、提案。区人大常委会专项听取区法院刑事、民事、司法公开情况工作报告，并给予肯定。邀请视察、座谈、旁听庭审 65 人次，听取人大代表、政协委员意见 213 人次，组织人民陪审员参与案件审理 800 件，通过接受评议、听取意见、落实整改，改进和完善法院工作。自觉接受检察机关法律监督和社会各界监督，邀请检察长列席审判委员会 12 次，依法办理检察机关提起的抗诉案件及检察建议。通过法院开放日、庭审直播、裁判文书公开等司法公开形式，多途径传递法院声音，多层面征询意见建议，举办法院开放日 2 次，庭审直播 368 次，公开裁判文书 6399 份，提升阳光司法指数。强化内部监督管理，注重发挥审判管理职能和审判监督职能，健全案件质量评查、裁判文书评查、瑕疵案件评定和结案审批制度，开展案件质量评查 6 次，庭审能力考评 4 场，评查案件 1100 件。

【审判队伍建设】 2016 年，区法院开展“两学一做”学习教育。设立固定学习日，举办学党章、党规、系列讲话知识竞赛，重温入党誓词、法官誓词。在法院外网开设学习教育专栏，开展党课集中交流 7 次，分组讨论 12 次，党员干警撰写学习笔记 75 份，心得体会 300 余篇。完善党员干警档案管理，实现一员一档、专档专用。开展素质提升年活动。组织法官经验交流，书记员、法警技能练兵及人民陪审员岗位培训。6 月份，通过河北省公务员考试公开招录法官助理 2 人，充实干警队伍。推进法官员额制度改革。按照上级法院要求和部署，经民主测评、业绩考评、党组讨论，遴选出 27 名首次入额法官。加强机关作风整顿。落实中央八项规定，规范公车管理和清理办公用房；落实党风廉政建设主体责任和监督责任。制发《关于落实党风廉政建设党组主体责任纪检组监督责任的实施方案》，健全干警廉政执法档案，开展“一问责、八清理”专项活动，全年未发生干警违法违纪问题。

（张　瑜）

司　法

【概况】 2016年，丰南区司法局（以下简称区司法局）内设办公室、政治处、基层工作指导科、帮教科、法制宣传科、法制科、社区矫正工作科、法律援助工作管理科8个内设机构。有行政编制71个，局机关与司法所编制未分设，事业编制1个。实有政法专项编制68人（含政法专项编工勤2名）、事业编制1人、聘用合同制1人、劳务派遣人员36人、返聘老干部33人。司法围绕区委、区政府工作中心，维护社会稳定，促进社会和谐，加强普法宣传教育，排查民间矛盾纠纷，改进帮教工作，开展法律援助。区司法局被中华人民调解员协会评为“2016年度人民调解宣传工作先进单位”，被唐山市司法局评为“全市司法行政工作优秀单位”。

【法律宣传】 2016年，区司法局坚持全方位、多角度开展法治宣传教育，营造浓厚法治宣传氛围。主题宣传教育。“两节”“两会”“世园会”等重大节假日和社会敏感期组织律师、普法骨干和法律工作者开展法治宣传活动。“3·22”世界水日、“4·26”世界知识产权日、“6·5”世界环境日、“12·4”国家宪法宣传日等法治宣传日，结合区直相关部门，悬挂条幅、制作展牌、设立法律咨询服务站、出动宣传车、发放以案释法宣传材料等形式，宣传相关法律法规，发放宣传书籍5000册、宣传单5万余张，宣传购物袋2.5万个，解答群众咨询400余人次。开展法治讲座。联合律师深入乡镇开展村居法律顾问法治巡讲活动，与教育局联合在柳树瞿阝中学、南孙庄中学等学校，开展以“预防校园暴力，远离犯罪”为主题法治讲座，受教育近万人。组织法律知识竞赛。4月份，与区住建局等单位组织开展以“提高机关干部职工法律素质，增强依法管理和依法服务水平”为主题法律知识竞赛活动。印发宣传资料。针对农村、家庭、国家公职人员、青少年等普法重点，编印“七五”普法系列法律知识读本，穿插普法漫画，印制法治宣传购物袋、法治宣传彩页，通过集市、入户等途径宣传发放，将法律法规送到千家万户。打造区级示范点，更新完善区法治园建设。结合乡镇、区直单位实际，开展区级示范点创建活动，打造金都、新华2个社区法治文化示范点；丰南镇西望马台村、黄各庄镇作城庄村等3个区级村法治文化示范点；大新庄镇小裴庄村、唐坊镇莲花沽村等5个美丽乡村区级法治文化示范点；唐山市丰南区润达农副产品交易暨冷冻品展销中心等区级市场法治文化示范点。采取绘画、法治漫画、宣传长廊、橱窗、电子屏、咨询台等形式，完善法制园为百姓构建学法平台。

【人民调解】 2016年，区司法局在全区483个村居建立“民调通”，在司法所及局机关建立人民调解信息化管理平台；与河北电视台农民频道《非常帮助》栏目合作，在王兰庄司法所、区婚姻纠纷调委会设立《非常帮助》调解工作室；联合区法院，制发《关于委托人民调解民事纠纷案件流程办法》，实现司法调解和人民调解有效衔接。全年排查纠纷4457件，成功调处4389件，未发生因调解不及时引发信访案件、矛盾激化和民转刑案件。

【安置帮教】 2016年，丰南区接收刑释解矫人员235人，其中刑释人员87人、解矫人员148人，衔接率和帮教率分别100%，有效预防刑释解矫人员重新违法犯罪。区司法局建立监所与社会无缝对接机制，通过衔接登记、信息核查，对刑释人员“回归必接”“回归必访”“结对帮扶”。为1人落实廉租房问题，为2人申请困难补助，为1名“三无”人员安置工作，为5名生活困难刑释解矫人员申请低保。在钱营镇、尖字沽乡建立刑释解矫人员安置帮教基地，为有就业愿望刑满释放人员提供支持。

【社区矫正】 2016年，丰南区在册社区服刑人员291人，年内接收社区服刑人员131人，警告20人，撤缓1人，公开宣告解矫（未成年犯除外）148人。搭建矫正管理平台。依托“丰南区预防职务犯罪培训基地”建立丰南区社区矫正教育管理中心，打造社区服刑人员教育管理平台。强化矫正监管措施。以镇（乡）、街道为单位，开展“五个一”活动，即由司法所每月在本辖区社区服刑人员中，开展一次摸底排查，掌握详细信息；一次学法教育，增强学法意识；一次义务劳动，锻造奉献精神；一次谈心谈话，重塑人生信念；一次帮扶助困，体现公平公正。强化监管制度落实。采取实地查看执行档案、工作档案，回放工作监控录像、询谈工作人员等方式，检查社区服刑人员“思想汇报、情况报告、外出请假、移居审批”制度及两个“八小时”学习教育、社会服务制度等监管制度落实情况，保障矫正工作规范运行。

【法律援助】 2016年，区司法局完善100个村居法律援助联络点和233个村居法律顾问点建设；在原有23个特殊群体法律援助工作站基础上，新建区法院、区看守所2个法律援助工作站；依托区法律援助中心，建立丰南区公共法律服务中心。全年受理法律援助案件402件，代书71件，集中办理260人次农民工法律援助案件，解答群众来人来电咨询1279人次，受援群众达1665人次。

【律师工作】 2016年，区司法局对全区8个律师事务所、36名执业律师、5个基层法律服务所、20名基层法律服务工作者，定期检查考核。指派律师到区信访局、区法院立案大厅值班，保持法律服务工作“零”投诉记录。年内，全区各法律服务机构为88家各类企事业单位担任常年法律顾问，办理各类案件716件、代书437件，索回赔欠款8000余万元。

（刘立华）

综　述

2016 年，丰南区城乡建设稳步推进，全年完成城建投资 26.36 亿元。工程项目建设顺利推进，市政工程项目共 9 项；维修路灯 1365 基次；供热工程改造 15 个直供热力站，5 个小区供热改造纳入鑫丰热力公司集中供热范围，建设国丰大街支干线、国丰公司冲渣水项目、空气能设备安装工程，城区供热设施日趋完善；完成 12 项道路绿化提升；实施居民用户安装及管道铺设、改造工程；既有居住建筑节能改造面积 6.75 万平方米；农房抗震改造 59 户；城区绿化覆盖率 41.9%，比上年净增 0.14 个百分点；绿地率 40.4%；新增绿化面积 23.5 公顷；深入开展城区卫生环境综合整治，清理垃圾 24.07 万平方米，外运垃圾 2.34 万立方米；分配保障性租赁住房 156 套；市政设施完好率 95% 以上，城区路灯亮灯率 97% 以上。加强环境保护，2016 年，丰南大气质量 PM 值浓度比上年下降 12.5%，达标天数增加 22 天，地表水质达到Ⅴ类以上水质，生态环境得到改善。

规划与基础设施建设

【城乡建设规划编制】 2016 年，唐山市城乡规划局丰南区分局（以下简称区规划分局）委托唐山市规划建筑设计研究院对《唐山市中心城区控制性详细规划》丰南部分完成初步方案。出具国丰北区、贝钢区域城市设计任务书。区规划分局配合唐山丰南区翔科燃气有限公司编制《唐山市丰南城区燃气工程专项规划》，配合唐山市规划局编制《唐山市综合管廊规划》丰南区部分，完成初稿编制；配合唐山市规划局编制《唐山市综合交通体制规划》《唐山市中心城区静态交通规划》《唐山市中心城区海绵城市专项规划》；配合唐山市城管局编制《唐山市防洪排涝规划》。配合唐山市规划局做好唐山市总规修编前期调研和资料整理。为提升城市形象，规范丰南城区沿街建筑外立面、户外广告牌匾设置；结合区城管局、区政府法制办等部门编制《唐山市丰南城区沿街建筑外装修及户外广告牌匾设置规定》。委托中国城市发展研究院、中国建筑设计研究院小城镇规划院、唐山市规划设计院完成柳树瞿阝镇、西葛镇、王兰庄镇、大新庄镇等 8 个乡镇总体规划编制。委托刑台市规划设计研究院、唐山市龙兴城乡规划设计研究院有限公司、唐山市新厦城市规划设计有限公司完成 43 个省级重点村美丽乡村建设规划，征求各乡镇、村领导意见，组织召开专家评审会。

（王华男、刘海宾）

【电力供应设施建设】 2016 年，丰南区域内在运 35 千伏线路有 24 个出口 31 条线路，线路总长度 229.116 千米，其中建成未投运有柳河—大齐、丰南西—小岔河、米厂—城坨、黄尖—老铺 T 接、丰南西—唐坊计 5 条 35 千伏线路；在运 10 千伏线路 220 条，线路长度 2122.27 千米，其中 10 千伏综合线路 130 条，线路总长度 1923.04 千米；低压村网线路 2338.87 千米。投资 2766 万元升级改造农村电网，新建及改造 10 千伏线路 62.92 千米，新建及改造 0.4 千伏线路 44.56 千米，增容配变每 27.84 兆伏安 123 台，改造老旧村网 117 个，涉及户数 5313 户。投资 978 万元对大长春、赵各庄、黑西村、东葛、宣庄六街、郑坨等 7 个村中心村改造升级，新建及改造 10 千伏线路 3.3 千米，新建及改造 0.4 千伏线路 36.8 千米，增容配变 18 台，农网供电能力显著提高，群众用电质量得到保障。投资 794.22 万元对区域内 35 千伏和 10 千伏线路设备技改和大修。改善线路设备运行不稳定性，提高运行等级，保障安全可靠供电。区域内有 500 千伏变电站 1 座，容量为 2400 兆伏安。为辖区提供电力供应 220 千伏变电站有 4 座，110 千伏变电站 11 座，总容量为 3130 兆伏安，其中“十二五”期间建设并投运有柳树瞿阝、董代庄 2 座 220 千伏变电站和丰南西、柳河 2 座 110 千伏变电站，容量共计 1160 兆伏安。米厂、惠丰湖 2 座 110 千伏变电站在建，容量 200 兆伏安。截至年底，区域内载运 35 千伏变电站 20 座，总容量 640 兆伏安。

【热力供应设施建设】 2016 年，丰南区完成 15 个直供热力站改造工程，投资 3650 万元；完成 5 个小区供热改造纳入鑫力势力公司集中供热。

【照明设施建设】 2016 年，丰南区维修路灯 1365 基次，换电缆 1860 米，更换钠灯 1230 个，节能灯 860 个，LED 更换恒流源 356 块，中华灯罩更换 315 个，更换触发器 1158 个、镇流器 526 块；维修箱变控制箱 38 座次，更换控制箱内空开 28 个，接触器 156 个。

【城区道路设施建设】 2016 年，丰南区区政工程项目9项，计划总投资1.23亿元。其中结转工程8项，计划投资1.11亿元，完成5630.97万元。年内新建工程1项，计划投资1231万元，完成投资12万元。幸福路管线工程，计划总投资2135万元，其中土建1921.65万元、设备213.35万元。自西南环线至南孙庄新民居，包括给水管线6627米，污水管线7535米，雨水管线369米，通讯管线7563米，污水泵站2座。北侧泵站基本完成，管线完成1500米，完成投资515万元。存在问题：丰南镇及南孙庄乡征地补偿问题，园林处苗木占地问题；南孙庄1号街工程，中标价1304.99万元，道路长818米，红线宽度30米。年内完成招标，由于李新庄征地问题未解决，无法进场施工；南孙庄2号街工程，中标价1610.73万元，道路长1213.7米，红线宽24米，主路宽15米。年内完成投资1475万元，2号街与安康路交叉口，由于李新庄因宅基地问题，使90延长米道路无法施工；安康路给水管线工程，中标价141.54万元，铺设给水管道1779米。已铺设1727米给水管道，完成投资110万元，由于李新庄村东侧道路及两侧树木问题未解决，使52米管线无法铺设；丰南区第二水厂水源地迁址工程，中标价457.52万元，其中土建208.3万元、设备249.22万元。包括水源井及泵房2座，铺设管线787米。一组井及泵房已完成，铺设管道100米，已完成投资76万元。存在问题：另一组水源井及管道征地补偿费未解决，致使无法施工；南孙庄自来水厂工程（配水厂部分），总投资2860.64万元，其中土建1800万元、电力450.9万元、设备609.74万元，已完成投资860万元，土建基本完成。存在问题：设备及电力预付款未拨付，使中标单位未进场；南孙庄3号街工程，中标价64.97万元，道路长448.51米，红线宽24米，主路宽15米，已经竣工验收；西南环线管线工程，自滨河北大街至西城区污水处理厂，铺设给水管线3301米，污水管线4500米，通信管线2860米，电力排管918米及污水泵站一座，总投资1954万元，年

疏通下水管道

内完成投资100万元，已经竣工验收；运河东侧景观路，计划投资1231万元，道路全长1870.2米，红线宽11米，中间车行道宽7米，两侧人行道路宽2米，前期完成投资12万元。存在问题：1100平米农业用地需要建筑用地指标，办理规划许可证。

（刘　欢）

【燃气管网设施建设】 2016年，丰南区投资666.12万元，铺设中低压管网2.44万米，其中中压干线1600米。重点工程有南孙庄新民居2号街中压478米，南孙庄新民居3号街中压430米，交通局住宅楼、南孙庄新民居一期、华彩唐人街壹号A02地块、嘉城华庭、锦绣天地二期、正大花园、水景花苑庭院低压管网改造、物资村、君熙太和、未来城、2016华彩唐人街壹号A02地块、鑫苑小区、弘尚文化产业园、胥新楼1～5号楼、胥新楼6、7号楼、法院家属楼、二机楼、荣盛未来城居民等小区配套庭院管网2.28万米，新增调压箱20台，阀门井26个。民用户扩供点火4716户，重点小区有君熙太和一期二批13～17号、24～28号、34号楼206户，南孙庄新民居一期2534户，胥新楼6号楼、7号楼55户，自行车楼69户，二机楼24户，华彩唐人街壹号A02地块480户，2016华彩唐人街壹号A02地块384户，物资村通达楼68户，嘉城华庭一期431户，粮食楼97户，鑫苑小区104户，锦绣天地二期98户，胥新楼1～5号楼134户，农行家属院32户。工业户扩供点火2家，包括西城区污水处理厂、龙丰轧钢。商福户扩供点火60家，包括博园商务酒店、海捞吧香辣虾、宏利饭店、农商银行食堂、优雅女子会馆、德方加油站综合服务楼、韩国城食源汇酒店、双湖锦苑老福饺子城、老樊豆腐脑、汇通路294号、老马家九九全牛汤、党校食堂、锦绣天地八戒板面、舜丰村镇银行食堂、巴乡石锅鱼、益家园粥铺、住建局检测站、好粥道、清源街98号、文化大街398号、劳务派遣中心食堂、重庆家富富侨、牛大厨牛肉汤、汇通路黄二烧烤韩国城蜀汉小镇、仁华加气站、年三十饺子、宏鑫饭店、中联劳保超市、胥各庄法庭、鑫源一品火锅、民政局食堂、和畅园酒店、2016盈升物流、国旺防腐保温厂、汇通路302号、立田制版厂、韩国城二期锅炉房、联强轧辊、文丰会馆改造、粥来粥往、万达缘烟酒、劳动技校招待中心（庭院）、东安快餐热水间、韩国城火锅店、汇通路老福饺子、葛洲坝唐山丰南项目部厨房。

（刘　静）

绿化与环境卫生设施建设

【概况】 2016年，丰南区加强绿道绿廊建设，道路绿化改造提升，居民区绿地、公园绿地建设，加强垃圾设施维修管理。

【环境卫生设施建设】 2016年，丰南城区内4座压缩垃圾转运站、19个垃圾中转站、160个密闭垃圾箱垃圾清运；22个旱厕、16个水冲公厕粪便清掏、保洁、消杀及维修管理。城区主要道路果皮箱每月彻底检修，完好率99%以上。7座地坑式转运站外挂水泥板及倒运车间彩钢板更换；22座旱厕、9座水冲公厕、4座桥、9座中转站以及唐胥路全段两侧墙体粉刷；建设路厕所维修，严重破损、陈旧影响美观160个密闭垃圾箱全面维修。

（董金粟）

【绿道绿廊建设】 2016年，丰南区按照唐山市绿廊绿道改革整体规划，投资82.15万元。对煤河带状公园绿道完善改造，改造总长度2000米。建设管理木屋，增设垃圾箱和座椅、建设自行车车棚、未连接园路硬化等。

【道路绿化改造提升】 2016年，丰南区完成道路绿化提升工程计11项，总投资约559.21万元。铁西路绿化提升工程，投资30万元，绿化面积995.6平方米，清墟面积1776 平方米。青年路与国丰大街交叉口东北角，绿化面积7000平方米；青年路与老112国道交叉口南侧唐山中进捷旺门前，绿化面积1845平方米，以上2项投资约109万元。滨河北大街绿化提升工程。运河西路至西南环线段，绿化面积7950平方米，其中南侧3900平方米，北侧4050平方米，投资约119.25万元。铁东路绿化工程，文化大街至瑞明街段，绿化面积约4644平方米，栽植法桐64株，投资约99.76万元。顺达街绿化工程，青年路至汇通路段，全长760米，栽植15厘米法桐254棵，投资约55.48万元。文西路绿化提升工程，文化大街至瑞祥街段，绿化面积约1800平方米，栽植法桐57株，投资约46.62万元。翠园路绿化工程，绿化面积634平方米，投资约12.68万元。学院南路丰南段加油站门前，绿化面积245.7平方米，投资约4.90万元。运河西路提升工程，滨河北大街至西南环线段，黄土裸露面积约9300平方米，道路全长620米，制作围挡，投资约62万元。友谊大街道路硬化，青年路至铁路桥段，黄土裸露面积851.8平方米，硬化方案为150毫米垫层、120毫米C20混凝土、30毫米砂浆、面包砖，投资约12.35万元。建设路垃圾转运站门前道路硬化，黄土裸露面积60平方米，采取方案为使用150毫米垫层、120毫米C20混凝土、31毫米砂浆、面包砖道路硬化，年投资约0.87万元。

【居住区绿地建设】 2016年，丰南区居住区重点改造提升汇通小区、东湖苑、西湖楼等31个居住小区绿地建设。栽植乔灌木4286株，其中栽植西府海棠1432棵，玉兰20棵，日本樱花1337棵，紫薇33棵，碧桃859棵，紫叶李271棵，榆叶梅334棵，油松82棵，垂柳799棵，白蜡182棵，金枝槐123棵，紫叶李187棵，连翘124棵，珍珠梅152棵，蔷薇50棵。

【公园绿地建设】 2016年，丰南区创建省级园林式小区1个、市级花园式小区1个。省级园林式小区为锦绣花苑；市级花园式小区为锦绣天地。年内整治万力皮革城游园西侧空地，投资约120万元，绿化面积1万平方米，栽植油松15棵，银中杨78棵，金叶榆105棵，垂柳80棵，卫矛30棵，西府海棠140棵，碧桃67棵，紫叶李74棵，鸢尾5375.97平方米，金娃娃萱草5375.97平方米。

【全民义务植树】 2016年，丰南区以“争创生态园林城市，打造绿色美好家园”为全民义务植树活动主题。春季、秋季义务植树乔灌木8万株，主要栽植范围为西南环线等街道绿化区域及城市空闲地绿化区域。3月，丰南区委、区政府组织区四套班子成员53个区直单位干部职工，在王兰庄镇王兰庄一村唐津运河左岸乐民桥造林绿化现场集中义务植树，栽植速生杨5500株。全区义务植树90万株，建设“巾帼林”“青年林”义务植树基地。

（杜　娟）

镇村设施建设

【农村新民居建设】 2016年，经丰南区政府、丰南镇、兰高庄村三级共同努力，实施兰高庄中心示范点建设。兰高庄中心村选址在原村址北侧，铁西路以西，瑞宁街以南，建设规划占地面积5.16公顷，规划总户数1046户，计划吸纳人口规模3347人。年内，兰高庄中心村纳入省级中心村建设示范点。截至年底，共投入资金2.16亿元，全部完成主体工程，完成建筑面积22.7万平方米，获得省中心村建设示范点奖补资金200万元。

（刘　磊）

【基础设施建设】 2016年，丰南区加快推进连村道路建设、农村公路改造、村内街道硬化和农村客运服务网络建设，照明设施配套建设。全区实施36个村街道“户户通”工程建设，硬化面积29.9万平米，区财政按照每平方米33元标准落实奖补资金986万元。

（王砚耕　李振环）

【绿化设施建设】 2016年，丰南区通过设立专项资金奖补绿化，召开现场观摩会，加强督导等举措，制定绿化标准，选择大绿量、本地化、成本低、易管理树种，街道、庭院、隙地绿化，栽植树木花草，消除裸露地面。黄各庄镇老庄子村坚持打造农家新村、田园、风光理念，采取乔灌草结合立体式、多层次绿化，实现“村内有绿地，院内有花果，路渠有绿荫，四旁有树木”村庄绿化格局。改造废弃污水坑，修建护坡，栽花种草，开渠引水，形成供百姓休闲娱乐好去处。

（王砚耕）

【卫生环境建设】 2016年，丰南区农村改厕4638座，完成唐山市下达任务指标。年内，区财政安排专项资金2000万元，用于农村环境卫生管理奖补。截至年底，完成农村环境卫生检查，各项奖补资金按各乡镇排名发放到位。

（孙继海）

房地产业

【房地产交易及管理】 2016年，丰南区办理各类房屋登记6115件，面积511.8万平方米；完成预售备案3903套，面积41.4万平方米；完成产权产籍档案扫描整理1.13万件，查询3755件。

【房地产开发】 2016年，丰南区住宅项目完成投资13.28亿元。年内新开工项目34.44万平方米，投资7.15亿元。竣工面积23.20万平方米。城市经济项目完成投资8.6亿元。住宅销售面积38.5万平方米，商业销售面积4.1万平方米，合计4654套。

（付小川）

【房地产物业管理】 2016年，丰南区物业服务企业26家，有廊坊荣盛物业服务有限公司唐山分公司、唐山市丰南区普使物业服务有限公司、唐山市丰南区荣盛物业服务有限公司、唐山市丰南区德盈物业服务有限公司、唐山市丰南区恒昌物业服务有限公司、唐山市丰南区万科物业服务有限公司、唐山市丰南区汇林物业服务有限公司、唐山市丰南区永昌物业服务有限公司、唐山市丰南区融尚物业服务有限公司、唐山市丰南区银泉物业服务有限公司、唐山市万霖物业服务有限公司、唐山市平安物业服务有限公司、唐山市丰南区盛港物业服务有限公司、唐山致诚物业服务有限公司、唐山市融通物业服务有限公司、唐山至尚物业服务有限公司、唐山市商盛物业服务有限公司、唐山市泰亿物业服务有限公司、唐山市丰南区信洁通物业服务有限公司、唐山市泽文物业服务有限公司、唐山嘉旺物业服务有限公司、唐山市丰南区安平物业服务有限公司、唐山市丰南区金鹏物业服务有限公司、唐山市丰南区卫忠物业服务有限公司、唐山市丰南区链祥物业服务有限公司、唐山溢锋物业服务有限公司。年内，继续执行住宅专项维修资金收缴和代管规定，征缴代管208栋商品楼房7644户维修资金8007.71万元。锦绣花苑被评为2016省优项目。

（宋焕乐）

【保障性住房建设】 2016年，丰南区政府制定出台《唐山市丰南区保障性住房统筹建设并轨运行实施细则》，实现保障房统筹建设并轨运行。具备下列条件家庭可以申请一、二类保障性住房保障：家庭成员具有丰南区城市规划区内城市常住户籍，其中至少有1人满3年以上；家庭上年度人均可支配收入在全区上年度城镇人均可支配收入标准0.8倍以下，且家庭资产符合规定的标准；家庭无住房，或现住房总面积（指建筑面积，下同），3人及以上户在65平方米以下且人均住房面积在15平方米以下，2人及以下户在35平方米以下。具备下列条件家庭可以申请三、四类保障性住房保障：家庭成员中至少有1人具有丰南区城市划区内常住户口；户籍不在本地的新就业职工、外来务工人员居住登记，办理居住证，与用人单位按有关规定签订1年以上的劳动聘用合同并在本地缴纳养老保险，或在本地缴纳1年以上个人所得税；家庭上年度人均可支配收入三类家庭为全区上年度城镇人均可支配收入标准0.8倍以上、1倍以下、四类家庭为全区上年度城镇人均可支配收入标准1倍以上、1.2倍以下，且家庭资产符合规定标准；家庭无住房，或现住房总面积，3人及以上户在65平方米以下且人均住房面积在15平方米以下，2人及以下户在35平方米以下。全年受理城市低收入家庭159户、380人，全部通过电脑摇号方式实物配租，新增保障面积6396平方米。全年发放补贴2.01万元，完成租金收缴23.67万元。

（李凯锁）

城乡建设管理

【市政设施维护管理】 2016年，丰南区修复便道砖7113平方米，路缘石2840米，摊铺沥青混凝土1972平方米和水泥混凝土510平方米，修复井盖262处及井盖周边243处，水篦子239处及水篦子周边156处，疏通管道2.45万米，拆除电线杆6根，拆除并维修灯杆基础58处，清理废墟40立方米。拆除并修复路缘石4994米，

新建住宅小区　王丽珠　摄

便道砖 2350 平方米，修复沥青混凝土 1816 平方米，铣刨机洗沥青混凝土 2066 平方米，水泥混凝土 1472 平方米，拆除并修复井盖 9 处及恢复井盖周边 42 处，拆除并恢复铁水篦子 680 块，除并恢复水篦子 10 处级恢复水篦子周边 8 处，恢复围墙 30 米，灰土摊铺 220 平方米，安装汉白玉桥栏杆扶手 4 块及汉白玉小支柱 12 块，摊铺石粉 680 平方米，摆放路障墩 63 座，外运混凝土管 4 节，砌筑污水井 10 座及污水井长井脖 6 处，清理废墟 460 立方米。

（刘　欢）

【供水管理】 2016 年，丰南区按照省发改委和住建厅〔2014〕888 号文件要求，正式实施居民用水阶梯水价收费，公司供水量为 953 万吨，售水量为 739 万吨，产销差率 12.9%，城市用水人口总数 12 万人，供水普及率 100%。执行《国家饮用水卫生标准》，坚持水质监测，水质合格率达 100%（水质检测报告）。集中安排维修人员对水源井设备、加氯设备和供电线路检查维护，保障安全生产。第二水厂泵房设施改造，水源井泵房供水无间隙控制。第一水厂变压器线路由手动控制更换变自动切换；全年修复明漏 96 处，暗漏 13 处，维修消防栓 26 个。更换维修地下机械水表阀门 655 次，维修楼内智能水表 1825 次，管道、阀门、消防栓维修 298 次。完成华彩唐人街一号住宅、荣盛未来城和弘尚文化苑给水外网铺设，老政府独体楼、工商局家属楼、党校等供水改造工程。全天候无缝隙维修服务。为方便缴费，公司执行中午休息时间照常收费制度。为提高营业大厅服务人员服务水平，7 月份聘请唐山师范学院教授对全体工作人员标准用语、微笑服务、语言技巧等窗口服务专题培训。营业大厅客服中心全年受理群众来电来访 5200 余次，接受数字化城市管理问题处理单 8 次，市民公共服务热线重要事项呈阅卡 5 件，及时处理回复，办结率 100%。年内营业大厅被唐山市妇联授予“巾帼文明岗”称号。

（董佳佳）

【燃气管理】 2016 年，丰南区燃气管理城区由唐山翔科燃气有限公司管理，城区以外由丰南燃气公司管理，主要包括燃气设施维护和燃气费收缴。年内，对全区 5.85 万户民用户和 319 家工商福用户安全大排查。全年户内维修 4866 户次，各类抢修 1426 次。巡查市政中压管网 86 千米，庭院中低压管网 230 多千米，监护交叉施工 168 处，检查清理阀门井、阀门井圈、井盖刷漆 274 座，检测调压箱 740 台，调压箱外壳刷漆 128 台，室外引入管刷漆 196 次。加埋燃气标志桩，打不锈钢燃气标志牌等。截至年底，民用燃气用户 5.85 万户，年购天然气量 638.4 万立方米；工商福户 319 家，年购天然气 1571.6 万立方米。全区新点火民用户和所有工商福用户实行 IC 卡购气交费。气价根据唐价价管字〔2015〕文件规定，实行阶梯气价，民用户年购气量在 0 ～ 300 立方米之间，按每立方米 2.15 元收费；民用户年购气量在 301 ～ 1000 立方米之间，按每立方米 2.58 元收费；民用户年购气量在 1001 立方米之上，按每立方米 3.23 元收费。公福户按每立方米 2.37 元收费。商业及工业按每立方米 3.42 元收费。全年实现气费收入 2245 万元。

（刘　静）

【环境卫生管理】 2016 年，丰南城区有清扫保洁公司 6 个，清扫保洁人员 967 人，清扫道路 68 条，计 395.51 万平方米，人均清扫面积 6000 平方米。机械化清扫作业道路 31 条，清扫面积 222.98 万平方米．有各种型号环卫专用车辆 86 辆，垃圾转运站清运量每年 3.87 万吨，其他车辆清运量每年 3.27 万吨。清理垃圾、废墟 2.7 万方，出动各种车辆 1045 台次，出动人员 1535 人次。为迎接纪念抗震 40 周年活动和 24 届百花艺术节，清理垃圾约 1100 立方米。

（董金粟）

【绿化养护管理】 2016 年，丰南区根据市园林局下达任务安排，区园林部门对辖区内所有绿化范围内树木涂白、支撑拆除以及病虫害防治。对色块、绿带修剪及补植；公园、广场等设施维护。全区绿化管辖区域划分 28 个养护标段，每个标段配备 1 ～ 3 名监督员，绿地全部纳入监督员职责范围。实行“日巡查、周评比、月考核”监管制度。全年组织干部职工 1500 余人，出动车辆 7300 余次，清理枯枝败叶 660 万平米，浇水养护作业 15 次，色块、草坪修剪 7 遍。全区绿化植物施肥 4 次，6 万平方米防寒，区域涉及青年路色块、运河东路色块、文化广场、滨河大街等 9 处，组织绿雕换花 6 次，换花 18.2 万株。世园会菊花展在世园会主广场摆放多头菊、独本菊、悬崖菊等菊花品种计 1900 盆。城区增加绿雕摆放，青年路北口、运河东路北口等 6 处，投资约 362.8 万元。在青年路北口等 29 处主要城市节点摆放时令花卉花量 100 万盆，投资 535.29 万元。

（杜　娟　董金粟）

【供电管理】 2016 年，丰南区供电公司（以下简称区供电公司）完成购电 27.82 亿千瓦时，售电 26.82 亿千瓦时。低压抄表到户线损率 6.04%，全部综合线损率完成 3.60%。应收电费 16.76 亿元，100% 回收。区供电公司倡导节能低碳新生活，推广电能替代，完成 8250.57 万千瓦时，完成年计划指标 111.49%。区供电公司推广供压远程费控，采用“掌上电力”手机 APP、电 e 宝、支付宝、银行 POS 机、邮政代收等多种缴费方式；大用户采用银行代收或到城区营业厅、供电所营业站柜台直接缴费方式。信息采集系统建设取得成效，高低压全部实现远程抄表。截至年底，公司轮换智能电表 23.3 万台，安装集中器 1254 具，采集率 99.2%，实现自动远采集抄、自动抄表核算取代人工抄表，从技术上杜绝估抄、漏抄和人情电、关系电。工副业和用电大户实现两套计量，安装磁卡表，随时监控用电情况，基本杜绝高压窃电。根据变压器负载，鼓励用户调整用电负荷，年内安装高压峰谷分时表 6743 块。根据用电信系采集系统，加强对线损数据分析和监控，发现问题并及时处理。公司组织大规模查窃电活动6次，月组织小规模查窃电2次，出动160余人次，检查用户3980户，追补电量45.81万千瓦时。区供电公司开展普法讲座、设置宣传台现场讲解、印制展板、宣传册及传单等方式在群众中大力宣传《中华人民共和国电力法》《电力设施保护条例》等相关法律法规，提高群众保护电力设施意识，全年新增设置各类安全警示标牌380块，发放宣传资料2000余份，解答客户安全用电咨询300余人次。公司管控属地化35千伏、10千伏及0.4千伏线路及设施，定期巡视、检修和消缺；加强迎峰度夏、汛期及重大节假日保电期间巡视频率，线路运行缺陷及时检修，保证配电网正常运行。区供电公司定期例行违章清障，对线上鸟窝及线下违章树木、建筑清理，保电力设施安全运行。开展春、秋季安全大检查和线路走廊隐患排查治理，清理树障1.70万棵，治理隐患27个。关口前移，提前预判，从组织、管理、技术、人员、物资等多方面准备，应对负荷高峰、恶劣天气对电网安全运行造成威胁。公司完成“两会”“世园会”、中东欧领导人会议、纪念抗震40周年、金鸡百花电影节等重大活动保电任务。在190天保电期间，出动1.01万人次、2634车次，确保14条、136千米线路、488基杆塔、3座变电站、3个重要场所安全运行和供电保障。

（张思默）

环境保护

【概况】 2016年，丰南区环保局（以下简称区环保局）围绕本局职能，加强环境监测、环境监察、环境治理、环境执法和唐山抗震40周年、唐山世界园艺博览会、金鸡百花电影节等重大活动期间空气质量保障，开创环境保护和生态文明建设新局面。

【环境监测】 2016年，丰南区环境监测包括地表水监测，大气环境质量监测，农村环境质量监测、国家和省重点污染源监督性监测、项目验收监测环境应急监测等。地表水监测。按照监测要求，对境内陡河、沙河、煤河和津唐运河3条主要河流8个断面采样，年监测6次，分别12项指标分析监测，对每条河流水质按月汇总分析并上报监测数据。主要河流跨界断面水质目标责任考核。沙河口黑沿子防潮闸、陡河涧河口断面，监测结果显示，沙河出口黑沿子防潮闸已达Ⅴ类水质，陡河出口涧河口Ⅳ类水质考核要求。大气环境质量监测。2016年省达空气质量改善目标任务为$PM_{2.5}$年均浓度较2015年下降12.5%，超出省达目标任务2.5个百分点，达标天数增加22天，重度污染以上天数减少6天，完成市达考核指标。农村环境质量监测。选定南孙庄、赵新庄、李富庄3个村庄，每个季度开展环境空气、饮用水、土壤环境质量监测（静态村庄土壤每五年监测一次）。国省控重点污染源监督性监测。区内有国省控企业20家，监测频次为每季度一次，每季度最后一个月5日前上报监测数据。重点污染源企业监测完成率、公布率100%。项目验收监测。完成建设项目环保设施竣工验收监测73家。环境应急监测。配合举报中心完成37家次来信来访和污染事故、纠纷调查监测。其中，中央督导巡视组转发案件监测13家次。

【环境监察执法】 2016年，区环保局按照省、市环境监察要求，开展环境监察和监管执法。更新污染源动态管理数据库。完善网络环境监管体系，并与排污收费系统衔接，完成681家企业排污申报。按照企业污染物实际排放量核算排污费，实现排污费网上录入、网上开单信息化管理。依法征收排污费，截至年底，收缴排污费4848万元。建立网格化环境监管体系。污染源“双随机”抽查，监察大队“双随机”抽查205家企业，其中一般企业190家，重点企业12家，特殊企业3家。对纳入污染源动态管理数据库企业环评监察。违规建设项目调查取证，环境执法巡查违法违规建设项目调查取证469个，违法违规建设项目评估和备案。涉废水、废气工业企业排查。安装废气在线监测设备20家企业重点污染源调查汇总，核查未安装在线监测设备排污节点是否符合安装条件；核查全区32家涉废水排放企业

丰南区环境保护局配合省环保厅督查组在达丰焦化进行在线监控检查

在线监测设备运行，按照规定企业安装在线监测设备。整合非生产性行业。城区内使用商住楼底商开办餐饮饭店关停取缔；其他安装油烟净化器和油水分离器餐饮饭店长效监察污染物达标排放。辐射安全监察管理。监察大队每月对各涉源企业现场监察，重点监察放射源台账、现场标识、存放使用情况，配合唐山市环保局随时检查。对闲置与处于停产未用放射源严加防护。集中送贮和强制性报废，年内对丰南区华金带钢厂9枚，唐山市钱丰铸造有限公司3枚，计12枚放射源强制报废；唐山贝氏体钢铁集团有限公司1枚、唐山贝氏体钢铁集团福丰钢铁有限公司2枚、唐山宝丰金属制品有限公司10枚计13枚放射源集中送贮；涉辐射项目医疗机构检查，区15家乡镇中心卫生院及城区牙科门诊限期整改，完善相关手续；20家放射源、射线装置使用单位485名工作人员检查培训，持证上岗。查处环境违法。全区“散小乱污”企业排查整治，59家“散小乱污”企业关停取缔，拆除生产设备，“两断三清”消除污染隐患；按照区政府安排，结合公安、电力、市场监督管理局等部门，对205国道两侧砂石料场专项整治，21家砂石料场地秤拆除，4家拒不执行停产决定，移交公安部门处理，年内，取缔砂石料经营场所31家，消除装卸砂石料造成扬尘污染。环保专项执法检查。每周一次钢铁行业专项执法检查，检查企业生产设备、污染防治设施、在线监测系统运行情况，录入专项执法监察系统，发现问题督促整改；每月一次污水处理厂专项检查。设施运行是否正常，在线监测数据是否超标，污泥产生及处置等，录入执法监察系统。涉危险废物、企业专项执法检查。全区有19家涉危险废物企业，其中国控企业4家，省控企业5家，市控企业9家，经营处置危险废物企业1家，每月专项检查。涉废弃危险化学品非法处置专项行动。监察大队对废弃危险化学品处置执法检查，对违法处置严厉打击。按照市环保局下达《转发河北省环境保护厅关于开展垃圾焚烧发电行业环境保护专项执法检查的通知》（唐环监察〔2016〕20号）要求，对辖区内唐山洁城能源有限公司全面检查，发现问题及时整改。开展“利剑斩污”专项行动。联合公安、电力、工商等部门打击违法生产、违法排污企业，年内立案51件，处罚金额668.4万元。加强自动监控设施建设。2016年，全区在线监测数据传输有效率99.37%，省环保厅传输有效率80%要求。2016唐山世界园艺博览会、中国·中东欧国家论谈期间，监察大队按照市区政府关于世园会召开期间空气质量保障实施方案要求，昼夜不间断巡查，对重点区域、重点企业巡查督导企业落实停、限产措施，2016年启动重污染天气三级预警应急响应4次，保障空气质量。

【污染治理】 2016年，区环保局围绕国家、省、市水污染防治行动计划，实施6项环境治理工程。涉水企业整治。印发《关于对涉水企业开展全面排查的通知》，全区涉水企业全面排查，更新、完善涉水企业动态管理档案，排查85家涉水企业，涉水零排放企业21家，向外环境排水企业64家。废水直排外环境64家企业监督性监测；污水治理设施不具备达标排放条件企业实施深度治理。按照《唐山市环境保护工作领导小组办公室关于加快工业园区污水集中处理设施建设等工作的通知》要求，完善工业园区水污染治理设施建设和运行。临港经济开发区、小集经济开发区、丰南经济开发区3个省级经济开发区建成污水集中处理设施，日总处理能力9万吨，配套在线监测设施。生活污水综合整治。按照区委、区政府《关于加快推进美丽乡村建设的实施意见》要求，完成毕家瞿阝村生活污水进城南污水处理厂集中处理示范项目建设；推进重点区域污水处理项目建设运行。全区已建成投运利源污水处理厂、第一中水厂、第二中水厂、沿海工业区污水处理厂、黄各庄镇污水处理厂5座污水处理厂，污水处理能力每日10.4万吨。新建成西城区每日3万吨、小集镇每日2万吨。小集污水处理厂、西城区污水处理厂2座污水处理厂调试运行；城市生活污水处理厂提标改造，利源污水处理厂提标改造项目完成初步设计与招标等前期准备。流域水环境综合整治。监控重点流域水质，监测站对陡河、沙河等主要地表水体监督性监测，掌握出入境断面水质，上游来水污染；摸查陡河沿岸污染源，两岸1000米范围内10个规模化养殖场建设雨污分流系统、污水收集池和防雨防渗堆粪场等治污工程。集中式饮用水水源地保护。调查和评估水源地水质状况，对水源地内与供水无关民居等设施整改，摸排出未经批准和公共供水范围内自备水井26眼，关闭11眼；摸排出报废取水井4眼，全部封井回填；摸排出加油站地下油罐313个，组织改造治理。区卫计局每季度一次饮水监测，结果全部达标，向社会公开饮用水水质达标情况。农业源污染防治。2016年纳入唐山市整治任务7家规模化畜禽养殖场完成雨污分流、粪便堆存场、废水收集储存池治理减排，年底全区227家规模化畜禽养殖场，投资3000余万元，实施雨污分流、粪便堆存场、废水收集储存池治理减排，依法关闭或搬迁禁养区内畜禽养殖场（小区）和养殖专业户；组织黑沿子镇115家育苗企业污水现状摸查，在黑沿子镇2个主要水产育苗重点区域内，选取5家育苗企业，委托唐山市环境监测站采样监测，依据结果科学治理。焦化企业厂区及周边地下水现状调查评估。全区3家焦化企业，达丰焦化、北阳焦化2家企业编制厂区及周边地下水现状调查评估报告，组织专家评审；榕丰焦化厂签订现状调查与评估技术咨询合同。大气治理。2016年市达丰南区化学需氧量、氨氮、二氧化硫和氮氧化物排放量分别比2015年下降2%、2%、3%和3%，主要是钢铁企业烧结烟气脱硫改造、燃煤锅炉清洁能源置换及畜禽养殖场综合治理。年内实施减排项目17个，其中工业项目10个，畜禽养殖项目7个。落实《唐山市加快推进钢铁焦化水泥玻璃等重点行业污染深度治理实施方案》（唐政办字〔2016〕136号），钢铁企业完成15台烧结机（竖炉）颗粒物深度治理，推进2015

年度未完成高炉出铁场、转炉除尘升级改造；市达9项治理任务，完成国丰2台80T转炉一次、凯恒转炉一次、转炉三次和顺兴高炉出铁场除尘改造5项通过市环保验收；完成粤丰钢铁高炉出铁厂、转炉二次、转炉三次除尘改造3项露天料场扬尘治理，入仓进棚要求，瑞丰钢铁实现高标准环保封闭料场示范工程；焦化企业焦炉烟气脱硫脱硝、干熄焦、废水及露天料场封闭改造等综合整治。挥发性有机物污染治理。落实省、市挥发性有机污染物综合整治方案要求，治理有机化工、焦化、表面涂装、家具制造、橡塑制品等行业，年内完成挥发性有机物治理21家。燃煤锅炉治理。按照集中供热、煤改气、煤改电、煤改秸秆压块、实施低品位余热综合利用等，淘汰整治96台燃煤锅炉。抑制面源污染。控制建筑施工、城区内外道路、渣土运输扬尘污染。治理餐饮业油烟排污和露天烧烤，城区内256家餐饮饭店安装油烟净化设施，秸秆垃圾禁烧。清洁生产。煤炭洗选、啤酒制造、涉重金属等行业，企业清洁生产审核。列入2016年审核计划7家重点企业完成清洁生产审核。排污许可证核发。按照《河北省达标排污许可管理办法实施细则》要求，核发排污许可证246家，依法持证排污。

【项目审批】 2016年，区环保局对竣工项目办理验收，建设项目审批。全年审批项目171个，坚持不欠新账，加强建设项目“三同时”监管基础上，生产性项目44个，非生产性项目35个。验收项目100个，生产性项目56个，非生产性项目44个。

【行政处罚】 2016年，区环保局依法行政，落实行政处罚自由裁量权，全年环境违法立案51件，结案38件、移交法院1件、移交公安机关行政拘留6件，收缴罚款668.4万元。

【环保信访案件受理】 2016年，区环保局受理涉环境保护信访举报案件294件，比上年减少9%，其中市环保局转38件（含省、国家转件），区政府转4件，“12345”市长公开电话转56件，直接受理来电196件，接待群众16批49人次，比上年来访次数减少50%，来访人数减少39%。复查、复核、进京访和赴省集体访均为零。环境信访案反馈率和结案率100%，群众满意率98%（未息诉罢访视为不满意）。

（马淑红）

综　述

2016 年，丰南区为拉动区域经济增长特别是推动“一港三区”开发建设，按照全区统一规划部署，发挥交通基础支撑作用。以农村面貌改造提升为重点，推进“四好农村路”建设。全区县、乡、村综合评价指数中等路以上比例比上年分别提高 0.82%、1.05%、1.33%，达到地方道路路况良好、养护到位的标准。完成世园会道路改建、美丽乡村建设道路硬化等项目，总里程 21.8 千米。完成“田路分家”建设。县道完成 68.41 千米，占县道“适宜田路分家”总里程的 100%；乡道完成 278.49 千米，村道完成 192.54 千米，占乡村公路“适宜田路分家”总里程的 67.1%。创建示范乡镇和文明示范路。丰南镇为农村公路建设示范乡镇，胥各庄至岳龙、幸福路为迎世园地方道路示范路，范董线（稻济路段）为文明示范路。创建总里程 10.95 千米，做到一街一景，一路一特色，打造出地方道路特色品牌。全区拥有客运班线 27 条、班线客车 72 部；货运方面，共有货运源头企业 25 家、货运联合车队 19 家、专业运输企业 70 家、物流企业 8 家、危险品运输企业 1 家、营运车辆 8882 辆。丰南邮政稳定、健康发展。全年实现业务收入 6133.35 万元，比上年增长 16.27%，全市排名第 2 位。储蓄存款 19.53 亿元，净增 3.78 亿元，比上年增长 13.52%；代理保险实现保费 3.76 亿元；发卡 3.38 万张，比上年增长 13.52%；代理金融类业务实现收入 4546.49 万元，完成年计划 106.08%，比上年增长 16.27%。中国联合网络通信有限公司唐山市丰南分公司落实“聚焦战略”，实施渠道规模，拓展重点客户市场。完成主营收入 8157.64 万元，比上年下降 6.19%，列全市第 5 位。中国移动通信集团河北有限公司丰南分公司网上用户发展到 35.25 万户，宽带用户数 9855 户，实现业务收入 1.5 亿元。丰南电信无线 4G 信号已覆盖所有区域，宽带业务覆盖城区全部小区及大新庄、小集、钱营等 13 余个镇，覆盖规模 21 万户，各类营业服务网点 70 家，宽带用户规模 4.8 万户，全年净增 1.2 万户，移动业务规模 12 万户，全年净增 2 万户，收入 6900 余万元，比上年提升 8%。

地方道路管理站正在对范董线西葛段进行清理公路边沟

公路建设

【概况】 2016 年，丰南区交通运输局（以下简称区交通运输局）主要推进 2015 年结转于唐线改建工程和 2016 年于唐线大修工程以及邱柳线、范董线大修工程。克服资金极度短缺、工期要求紧、施工难度大等诸多实际困难，确保重点项目按质按量如期完工。区内有沿海、唐津、唐曹、唐港、长深 5 条高速公路，国道有 205 国道 29.33 千米，112 国道 9.94 千米；省道 4 条有唐港线 13.59 千米，丰碱线 36.98 千米，唐曹公路 21.4 千米，大碱线 6.58 千米。全区油路（砼）通车总里程 1299.59 千米；高速公路 95.15 千米，国道 2 条 39.26 千米；省道 4 条 78.54 千米；县道 6 条 124.54 千米；乡道 84 条 435.46 千米。其中重要乡道 10 条 125.10 千米，一般乡道 74 条 310.36 千米，村道 388 条，621.78 千米。

【邱柳线改建工程】 县道 ×612 线原有道路为三级公路，路面宽 7 米，路基宽 9 米，本项目起于 K69+096，经王兰庄镇，终点 K71+080.3，路线全长 1.98 千米，改建后路面宽 10 米，路基宽 10 米，邱柳线大修工程（SG3 标段），上述工程 2016 年 2 月开工，12 月 8 日主体完工，完成投资 900 万元。

完成主要工程量表

项目工程内容	单位	完成量
挖除旧路面（含外运）	–	–
水泥混凝土路面（15 公分）	平方米	1522.667
挖除 7 公分沥青混凝土路面（含外运）	平方米	28203.000
挖除旧路 32 公分厚稳定类基层	平方米	32211.700
挖除旧路 15 公分粒料类基层	平方米	32211.700
铣刨 4 公分沥青混凝土	平方米	14000.000
厚 18 公分水泥稳定碎石	平方米	63214.700
厚 20 公分级配碎石	平方米	32211.700
厚 15 公分	平方米	1461.000
4 公分 AC-13C 型细粒式沥青混凝土	平方米	45518.500
中粒式沥青混凝土	–	–
6 公分 AC-16C 型中粒式沥青混凝土	平方米	31003.000
透层	平方米	31003.000
黏层	平方米	46324.300
封层	平方米	31003.000

【范董线大修工程】 范董线起点位于丰南区王各庄，桩号 K7+155，向西范董线经小张各庄、王庄子、郑各庄、新庄子、阎庄，终点至唐港线相接，终点桩号 K18+066，丰南区路线全长 7.85 千米。计划投资 330 万元，2016 年 11 月 13 日开工，12 月 10 日完工，完成工程投资 301 万元。

【于唐线改建工程】 于唐线起于唐港线，桩号为 K0+000，经大齐各庄镇、小集镇，终点位于唐曹公路，桩号为 K12+700，路线全长 12.7 千米。原路按二级公路标准设计修建，设计时速 60 千米，路拱横坡 1.5%。工程计划投资 2905 万元，2016 年 10 月 26 日开工 12 月 12 日阶段性完工，完成工程投资 1312 万元，工程总投资 2904.8 万元。完成世园区道路改建项目 3 项，总路程 8.8 千米；美丽乡村建设道路硬化项目 14 项，总里程 13 千米。

（刘宗魁　臧全亮）

公路运输

【概况】 2016 年，丰南区交通运输局围绕规范运输市场秩序，推进运输行业监管。开展客、货运市场秩序整治，健全和完善营运车辆档案管理，维护客、货运市场稳定；开展道路运输安全年活动，落实“三关一监督”运输经营者准入关，运营车辆技术关，客运驾驶员资质关，客运路线超员、超速安全监督。管理规定，并与客、货运企业和从业人员层层签订《安全生产责任状》，把责任落实到个人，召开道路安全教育培训 9 次，降低道路运输安全隐患；加快城乡客运一体化建设，投资 210 万元，新建候车亭 60 座、招呼牌 122 个，更新候车亭 8 座。吸纳货运车辆回归，适应国家税收政策调整“营改增”形势需要，针对辖区部分货车选择异地落户、导致车源流失的状况，制定可行性措施，积极吸引丰南籍车辆回归本地。

【公路客运】 2016 年，丰南区有客运出租汽车公司 2 家，客运出租汽车 455 辆，客运班线 27 条，其中省标班线 2 条，市标班线 1 条，县标班线 12 条，现运营车辆 58 部，平均日发 258 班次。全区 492 个行政村，客运班车通车率 100%。

【公路货运】 2016 年，丰南区有货运源头企业 25 家，其中 7 家源头企业停产、停业，货运联合车队 10 家，专业运输企业 75 家，物流企业 7 家，营运车辆 11083 辆，其中货车 10967 辆、危险品车辆 116 辆），2016 年新增货运车辆 1230 辆。

（臧全亮　刘宗魁）

中国邮政丰南区分公司

【概况】 2016 年，中国邮政集团公司唐山市丰南区分公司（以下简称区分公司）按照“转方式、调结构、提品质、防风险、增效益”发展理念，以市场为导向，以客户为中心，以服务为宗旨，转变发展方式，推进科学管理，改善服务质量，拓展高效、长效、市场潜力大业务，推进“三个一把手工程”（金融、包裹、农村电商），丰南邮政稳定、健康发展。全年实现业务收入 6133.35 万元，比上年增长 16.27%，全市排名第 2 位。

【服务水平提高】 2016 年，丰南区分公司有网点 13 个，其中单一金融网点 1 个，单一邮政营业网点 3 个，综合网点 9 个，有自助存取款设备 17 台。其中农村支局有钱营、稻地、小集、大新庄、黑沿子、柳树瞿阝、宣庄、西葛、王兰庄、唐坊，共 10 个；城区支局有文化路、文化大街、青年路，共3个。市、县间汽车邮路1条，区域内汽车邮路2条，总里程207千米。城区10条投递线路，其中电动三轮车投递线路6条，汽车投递线路4条。乡镇摩托车投递线路30条。为确保通信质量和服务水平，制定规范化服务重点检查标准并督导支局严格落实。加强职工业务学习，提高服务技能，发挥企业内外监督机制作用。2016年确保G20峰会、世园会等重大活动期间邮件安全；投递质量指标全部达标。

【业务发展】 2016年，丰南区分公司围绕“创新发展、科学发展、和谐发展”总基调，坚持渠道致胜，打造平台型企业，深化转型，做强“金融翼”，强化市场开发，做大“寄递翼”。一季度，组织首季金融类业务开门红竞赛，推动储蓄业务发展规模与质量稳步提升。二季度开展保险、车险、包裹等重点业务竞赛活动。三、四季度开展报刊订阅、新邮预定以及跨年度增储竞赛活动，各项业务平稳较快发展。代理金融业务。聚焦资源、聚焦效能、全员参与、深化转型。坚持以客户经营为主线，以价值客户增长和客户资产规模提升为目标，紧抓旺季，持续开展专题营销活动，强化转型落地；做好保险业务发展，实现期交保险常态化、规模化发展总目标；发展手机银行和邮储短信业务。截至年底，储蓄存款19.53亿元。根据农村市场需求，打造集便民服务＋网络代购＋商品批销＋普惠金融＋寄递服务＋代投自提＋特色服务等内容线上线下为一体农村电商综合服务体系，线上基于邮乐网和邮掌柜系统，线下依托邮政农村网点、村邮乐购店等实体渠道和物流配送渠道，实现“六个不出村”（寄递不出村、购物不出村、销售不出村、生活不出村、金融不出村和创业不出村）。截至年底，建设县级运营中心1处，仓储中心1处，支局掌柜之家8处，225家村邮乐购店，发展村邮乐购会员人数2.43万人，微信会员群建设175个，发展会员人数1.16万人。全年组织各种村邮乐购会员日活动140余场，活动当天日营业额提升2～3倍，真正实现双方合作共赢。改进服务方式，开发校园市场，2016年利用暑期学生放假，进驻河北联合大学冀唐学院收寄包裹，收寄校园包裹2320件。利用仓储设施对接电商、微商开展商品配送业务。与黑沿子海蜇丝、唐山稻米油、柳树瞿阝米厂和面粉厂、景忠山酒业达成合作协议，仅海蜇丝一家就开发配送4000余件，促进企业发展。函件业务。紧贴市场需求，走访村邮乐购店、社区、学校，调查旅游需求， 7月～10月组织“千人畅游京津冀活动”，参与人数1031人次，出团26批28车。集邮业务。利用优势资源，抢抓新邮预定时机，加强专业营销和网点销售能力，依托项目拉动，促使集邮业务发展和集邮文化建设。电商分销专业。加快车险业务发展，开展“车险惠民周”活动，与村邮乐购店共同拓展农村车险市场，与保险公司共同提升服务，设立邮政车险用户五项特权。截至年底，代理车险业务投保车辆2167辆，实现收入194.9万元。分销业务。抓住中秋节、国庆契机，开展节日营销活动，做大酒水和快消品，依托渠道平台创新业务发展模式，提升分销业务收入。报刊业务。落实“调结构、挤水分、增效益”经营思路。年初制定报刊新收订政策，开发畅销报刊私费市场和校园教辅类报刊市场。

（高景辉）

中国联通丰南分公司

【概况】 2016年，中国联合网络通信有限公司唐山市丰南分公司（以下简称联通丰南公司）落实集团公司“聚焦战略”，聚焦网络优化，提升保障和服务能力；服务优化，改善客户感知；实施渠道规模，拓展重点客户市场。主营业务和网络指标均省市公司考核要求。截至年底，完成主营收入

兴达交通工程有限公司正在对花园路小翟庄桥铺油施工

9057.4 万元，比上年下降 6.19%，列全市第 2 位。序时预算完成率 93.77%，列全市第 3 位。完成通服收入 8760.65 万元，比上年下降 6.81%，列全市第 2 位，获唐山联通基层“优秀领导班子”称号。

【精品网络建设】 2016 年，联通丰南公司响应丰南区委、区政府倡导“宽带中国、智慧丰南”精神，实施丰南全城宽带网络光纤化升级改造和移动 3G、4G 精品网络建设，实现全区范围内移动网 3G、4G 信号无缝覆盖和宽带光纤网络技术升级改造。“全光网县”建设，完成 35 个驻地网工程改造；新增 OLT 设备 15 台，增加 491 个 PON 端口；退网模块局设备 127 套，DSLAM 设备 145 套；宽带客户迁转 4.10 万户；截至年底，全区有中兴 OLT 设备 72 套，FTTH 端口 4160 个，承载用户 20 余万户，全光网络覆盖全区 17 个乡镇，492 个行政村，光纤入户覆盖率 100%；在 FTTH 基础上“提速降费”，将城域网出口带宽由原来 40G 提升至 80G，单台 OLT 设备户口带宽由原来的 1 个或 2 个 G 提升至 4 个 G，居民光纤宽带接入能力由 4 兆提升到 100 兆，IPTV 业务图像流畅和稳定。在移动 3G、4G 网络建设方面，丰南联通投资 2812 万元，建设 4G 基站 36 个，3G 基站 111 个，室内分布系统 9 套，基本实现农村区域 3G 信号全覆盖、城区区域 4G 信号全覆盖。

【云计算基地建设】 2016 年，联通丰南公司将联通总部第二大云计算基地落户丰南，联通总部在三年内总投资 5 亿元建设数据机房（分两期工程建设，具备 1000 个机柜投产能力）。第一期工程建成具备四层机房、600 个机柜投产能力，出口直达唐山信息港国家骨干网，带宽 400G，在机房建设方面与唐山银贝壳游戏基地、北京意世扬公司合作安装全球技术领先华为 8160 防 DDOS 攻击设备两台，防攻击流量清洗能力 200G，成为业界领先高防数据中心机房。业务正常开展，出租带宽 60G，出租机柜 6 个。

【重点业务经营】 2016 年，联通丰南公司推动双渠道融合业务发展，依托乡镇实体渠道规模提升计划，推行乡镇实体渠道 1+2+N 模式，IPTV 联通电视走进千家万户，实施服务质量提升专项行动，打造联通品牌形象，制定并实施《丰南联通固网装维服务质量提升专项行动实施细则》。通过流程优化、过程管控、结果考核等措施客户服务持续改进，服务质量提高，联通品牌竞争力提升。截至年底，宽带新增用户 2081 户，达到 5.88 万户；IPTV3.60 万户，移动通信在网规模 20.50 万户。

（张　健）

中国移动丰南分公司

【概况】 2016 年，中国移动通信集团河北有限公司丰南分公司（以下简称丰南分公司）致力于为移动用户提供全方位多元化服务，以 4G 运营先发优势为契机，以网络建设为基础，聚焦市场份额，宽带发展，精准营销，提升经营效益。丰南分公司在全省县区公司综合排名居第 15 位，全市县区综合排名居第 6 位，公司获“省级先进集体”称号，党支部获“先进党支部”称号。

【关键业务发展】 2016 年，丰南分公司将 4G 发展和流量经营作为重中之重，加大营销力度，通过流量与业务体验营销，扩大流量客户规模。加强宽带小区建设，按照省公司“扩规模、提份额”任务要求，扩大宽带小区规模，开展小区属地化营销，落实宽带发展三年实现全覆盖战略。丰南移动已覆盖全区 70% 客户，截至年底，移动网上用户发展到 35.25 万户，宽带用户数 9855 户，实现业务收入 1.5 亿元。

【政企市场拓展】 2016 年，丰南分公司加快专线建设进度，加强集团客户和成员拓展。做好集团基础服务及客户保有。截至年底，丰南分公司集团客户数 801 家，集团成员 7.69 万户，专线签约 399 条，整体专线净增 261 条。

【网络建设加快】 2016 年，丰南分公司网络部重点是集客、家宽、政企宽带，农村家宽及高铁覆建设，丰南公司集、家客专人负责，形成整体、系统从建设到维护一体闭环管理，集家宽建设，前期规划和后期市场预测。维护专人负责投诉工单，缩短故障历时提高抢修效率，提高客户满意度，截至年底，完成基站选址 140 个，室内信号覆盖 35 个，微基站 44 个。

（杨国华）

中国电信丰南分公司

【概况】 2016 年，中国电信集团公司（以下简称丰南电信公司）坚持以市场需求为导向，以提升市场收入份额为牵引，聚焦重点业务，不断提升网络及业务服务能力，全年实现业务快速发展。截至年底，丰南电信无线 4G 信号已覆盖所有区域，宽带业务覆盖城区全部小区及大新庄、小集、钱营等 13 余个镇，覆盖规模 21 万户，各类营业服务网点 70 家，宽带用户规模 4.8 万户，全年净增 1.2 万户，移动业务规模 12 万户，全年净增 2 万户，收入 6900 余万元，比上年提升 8%。

【网络建设】 2016 年，丰南电信公司根据年初确立的“优化网络结构，实现农村覆盖”工作思路，加大网络建设投资力度。年内完成投资 2000 万元，新建通信机房 4 个，新建 4G 通信基站 120 个，加快推进“光网城市”建设，新增网络覆盖 50000 户，集中对 200 个行政村光纤覆盖，对城区小区光纤改造，极大提升宽带网络质量。

【优质服务】 2016 年，丰南电信公司本着“用户至上，用心服务”理念。“用户至上”体现中国电信对用户尊重。视用户为衣食父母。“用心服务”就是从客户感知出发，设身处地为用户着想，把客户满意作为衡量电信服务唯一标准，全心全意满足客户需求，提升客户价值。将“用户至上，用心服务”贯穿于为客户提供综合信息服务全过程。先客户之想而想，先客户之急而急，不断引导，开发和创造客户消费需求。以前台服务为标志，后台服务为支撑，网络服务为基础，构建前后端协调联动机制，将内部服务链和外部服务链紧密结合；细分政企、家庭和个人客户市场，打造具有竞争力客户和业务品牌，按客户价值差异化配置资源，不断推出适应客户需求多样化产品，为客户提供量身定做服务；以客户关系管理为基础，健全营销渠道，优化服务流程，改善支撑手段，以高效率服务满座客户需求，宽带专家 24 小时服务，“10000”号客服热线宽带坐席 24 小时不间断服务，随时解答客户问题。2016 年提出“当日装，当日修，慢必赔”“新装超时每日赔 20 元”承诺；提升客户服务质量，以细致关怀感动客户，以成本最优实现服务最优，追求用户满意。

（孙凤霞）

经济开发区·港口

Jing Ji Kai Fa Qu Gang Kou

责任编辑：杨文恒

综　述

20世纪90年代初，丰南设立经济产业园区，营造环境，加快工业发展。《唐山市丰南区国民经济和社会发展第十一个五年计划》实施，按照“产业向园区集中，实现科学可持续发展”，加快工业聚集区建设。形成河北丰南经济开发区、河北丰南临港经济开发区、河北丰南小集经济开发区集高新技术、世界500强、现代物流等优势产业工业聚集区。河北丰南经济开发区。2005年12月，国家发改委审核命名（1992年11月河北省政府设立火炬产业园区，2000年6月省政府批准挂牌省级高新技术产业开发区），位于丰南城区南部，规划面积9.16平方千米。2016年，河北丰南经济开发区建成面积8.2平方千米，已形成装备制造、钢铁深加工、轻工、食品、电子、特种线缆、现代商贸物流、高新技术为主产业格局。入区企业123家，建有“国家级电线电缆中心”、铁道部科学技术研究院“试验基地”、“河北省企业技术中心”、华北理工大学“博士生工作站”等重点科研机构。河北丰南临港经济开发区。位于环渤海、环京津经济圈腹地。2006年，丰南区谋划实施沿海工业区建设，2011年5月省政府批准设立，2014年更名为丰南临港经济开发区。规划面积130平方千米，重点发展钢铁深加工、精品陶瓷、装备制造、精细化工、仓储物流等产业。截至2016年，入区企业70家，其中规模以上企业37家。河北丰南小集经济开发区。2009年5月经河北省政府批准设立，2011年6月省政府批准为县域省级工业聚集区，2014年3月更名为小集经济开发区。位于小集镇，规划面积20平方千米，重点发展钢铁及深加工、装备制造、精密工业瓷、现代物流。2016年，建成面积6.74千米，入区企业53家，其中规模以上19家。工业园区建设推动和促进丰南经济社会发展。唐山港丰南港区是唐山港“一港三区”（曹妃甸港区、京唐港区、丰南港区）重要组成部分，设计总投资150亿元，规划建设2万吨到10万吨泊位70余个。年内前期基础工程中疏港路、港前路等全部完成，投资10亿元。2016年11月5日，港口航道、防波堤工程开工建设。

丰南经济开发区

【概况】 2016年，丰南经济开发区（以下简称开发区）完成主营业务收入296.5亿元，比上年增长18%；规模以上工业总产值318.6亿元，比上年增长18.2%；工业利润17.7亿元，比上年增长100%；工业增加值完成68.95亿元，比上年增长11.2%；限额以上贸易企业销售额28.2亿元，比上年增长15%；完成固定资产投资65.8亿元，比上年增长15%；实际利用外资1.3亿美元。全部财政收入3.6亿元，比上年增长10%；一般公共预算收入1.12亿元，比上年增长8%。

唐山市第四季度重点项目集中开工现场

截至年底，入园企业123个，从业人数6800余人。

【招商引资】 2016年，开发区按照“落地一批、签约一批、在谈一批、储备一批”思路，采取小团组招商、敲门招商、展会招商、人情招商等方法，组织65批次赴北京、天津、江苏、浙江、上海等地，拜访行业联合会，河北工业大学京津冀发展研究中心；参加2016各种展会和招商活动，洽谈对接企业80家，接待客商58批次。洽谈对接企业包括：江苏卡威汽车、上海每天节能、瑞斯建材、斯普曼机械、开普锐精密制造、世能华奇、华鼎科技集团、上海浩博航空设备、颐高集团、盈创再生资源、中国中材、浙江聚诚实业、上海浩博椅业等。在谈项目6个，计划总投资79.5亿元。包括总投资3亿元顺丰速运唐山智能综合物流基地项目；预计投资25亿～30亿元的中德科技工业园；总投资15亿元浙江聚诚实业集团建设东方神龙乐园；总投资10亿元上海浩博椅业建设动车座椅生产基地；总投资20亿元巴西航空工业公司客改货飞机项目和总投资1.5亿元长春住电汽车线束等。

【项目建设】 2016年，开发区引进、推进项目17个，计划总投资36.1亿元。完工项目4个，总投资3亿元。分别为总投资1.3亿元丰南金正钢板商贸物流；投资1亿元唐山德顺选煤设备；投资6000万元顺丰速运唐山分拣中心；总投资1000万元翔科燃气天然气门站。在建项目6个，计划总投资18.2亿元。分别是：计划总投资3亿元银贝壳网络游戏发行基地；计划总投资3亿元江苏凯伦防水建材生产基地；计划总投资8000万元北京京东世纪信息技术区域周转中心；总投资2.4亿元新源国能超滤膜及膜设备生产研发产业基地；总投资2.5亿元唐山凯业科技智慧交通设施研发生产中心；投资7.5亿元中煤科工煤机装备制造基地二期等。准备开工项目7个，计划总投资14.9亿元。分别是总投资5亿元黑龙江华丹乳业5万吨奶粉生产；总投资1.5亿元北京世能华奇与唐山宏源实业合作建设高氢柴油；总投资6000万元唐山开普锐精密制造建设高端数控焊接设备；计划投资3亿元北京瑞斯建材防水材料；计划投资6000万元唐山市正宏水利建筑工程总部；计划总投资2.5亿元中国中材集团承接唐山中融物流项目；计划总投资1.7亿元天津天食集团农产品深加工及仓储物流项目。

【基础设施建设与维护】 2016年，开发区总投资480万元，实施基础设施建设项目5个。其中，投资300万元10千伏线路环网柜安装，9月完工；投资45.6万元华通街明渠清淤工程，7月份完工；投资39.1万元御道街雨水泵站维修改造工程，7月份完工；投资8.57万元华通街雨水泵站变压器安装工程，6月份完工；投资46.7万元的华通南支路绿化工程，11月份完工。园区卫生管理；完成2017年度区内7条道路环卫保洁管理权发包。园区防汛疏通雨水管道7千米，雨水井145个，清理河道2000米，对朝阳大街、御稻街、华通街雨水泵站水泵、电路、发电机组检修、保养、调试，确保泵站正常运转。

【节能减排环保与安全】 2016年，开发区实施绿色招商，签约项目符合科技含量、环境保护、选商标准；落实新建项目节能评估审查、环境影响评价制度，入区企业技术装备、清洁生产、集约利用等先进水平；投资150万元建起监测网络，重点企业生产实现排放达标；完成区内企业燃煤锅炉整治。加强安全管控，组织应急救援演练，拓展监控监测网络，企业安全生产、文明生产。

（张连书）

临港经济开发区

【概况】 2011年5月经省政府批准设立，2014年3月更名为丰南临港经济开发区（以下简称临港开发区），总体规划面积130平方千米，重点发展钢铁深加工、精品陶瓷、装备制造、新材料、精细化工和仓储物流等产业，打造京津产业转移承载地和环渤海地区新型工业化基地。2016年，临港经济开发区完成固定资产投资79亿元，占年计划100%，比上年增长26%；主营业务收入280亿元，占年计划102%，比上年增长25%；规模以上工业增加值67.2亿元，占年计划100%，比上年增长8.3%；财政收入2.96亿元，占年计划105.7%，比上年增长25.4%，完成全年目标任务。截至年底，入区企业70家，其中规模以上37家。

临港工业区东方雨虹厂区

【招商引资】 2016年，临港开发区内开展小团组招商活动61次。新开工工业项目17个，总投资401.28亿元。分别为投资380亿元800万吨精品钢铁项目；投资1.2亿元华中新晟荧光系列防伪材料项目；投资2.04亿元东方雨虹聚氨酯防水涂料项目；投资1.2亿元的凯伦建材防水卷材生产线项目；投资2.05亿元世艺印刷新型印刷包装生产基地项目；投资0.49亿元华熠实业吐氏酸、J酸项目；投资2亿元明辉新型建筑材料生产基地项目；投资0.51亿元新展交能高速、高铁护栏板、立柱技改项目；投资4.2亿元锡丰实业热镀锌金属制品项目；投资0.6亿元路畅铁路垫板及配件项目；投资1.26亿元庆丰五金镀锌标准件项目；投资0.36亿元东方雨虹年产2万吨沥青涂料项目；投资1.1亿元的正元管业焊管车间及配套检测中心项目；投资1.09亿元的东方雨虹年产20万吨建筑防水砂浆技术改造项目；投资1.5亿元瑞通模板支撑系统加工项目；投资0.5亿元惠达木门生产线项目；投资1.18亿元荣发金属涂镀深加工项目。签约项目10个，总投资7.67亿元。分别为投资1.2亿元华中新晟荧光系列防伪材料项目；投资2.04亿元东方雨虹年产10万吨聚氨酯防水涂料项目；投资6012.2万元路畅铁路垫板及配件项目；投资5100万元河北新展年产6万吨高速、高铁护栏板、立柱技改项目；投资5073.8万元维曼陶瓷及玻璃花纸项目；投资1400万元的众汇建材年产500万平方米玻镁板项目；投资1798万元东方雨虹年产4万立方米EPS综合生产线项目；投资1.5亿元瑞通模板支撑系统加工项目；投资5000万元华熠实业顺酐技改苯酐项目。在谈项目32个。主要有北京金隅集团与北方瓷都合作建设精品陶瓷项目、北京嘉利信得家具有限公司板式家具制造项目、北京建国伟业防水材料有限公司防水涂料项目等。

【项目推进】 2016年，临港开发区北京瑞斯建材项目：已取得营业执照区，发改局立项手续完成，能评报告

2015年5月，丰南港区正式纳入唐山港总体规划。截至2016年底，共完成40多项研究成果，取得近60件国家、省、市主管部门批复，确保了科学合理、依法依规推进港区建设。图为丰南港区规划方案及水域规划图

批复，现场地勘已完成。东方雨虹三期项目：东方雨虹二期工程项目备案、土地、规划、环评、施工许可等建设手续办理完成；年产4万立方米EPS板综合生产线项目车间主体建设完成，储罐区储罐基础及防火堤施工完成；年产10万吨聚氨酯防水涂料项目安装钢结构四层工作平台，部分储罐安装完成。西扩区场地回填、明渠及雨污水提升泵站项目：葛洲坝（唐山）丰南投资建设有限公司完成西扩区征收24.93公顷土地场地回填，回填工程量41万立方米。协调葛洲坝（唐山）丰南投资建设有限公司与华诚博远设计院完善西扩区明渠、雨污水泵站及管网工程设计对接，同时与财政局评审中心结合出具预算控制价。协调黑沿子镇政府解决明渠、雨污水泵站项目占地征收事宜，待土地补偿款到位后，实施工程建设。化工产业区基础设施项目：委托河北嘉泽测绘服务有限公司和河北金达测绘服务有限公司分别完成化工产业区、西扩区及第二起步区20平方千米地形测绘。葛洲坝设计单位完成各项工程初步设计和施工图设计；完成场地回填350万立方

米，道路路基清淤 48.59 万立方米，铺设管网 1.44 万米，路基回填 36.93 万立方米。

【项目服务】 2016 年，临港开发区加强项目各项服务。为宝翔化工有限公司、唐山明辉建材有限公司、唐山市丰南区路畅铁路器材制造有限公司、唐山北方瓷都陶瓷集团有限责任公司、华中新晟（唐山）荧光材料有限公司等项目办理土地出让手续。协助明辉建材、宝翔化工、佳跃化工、华熠化工、路畅铁路器材、华中新晟、唐陶集团等 7 个项目完成规划设计条件办理；协助凯伦建材、惠达卫浴、宏和陶瓷、正元管业、锡丰实业、三商食品、明辉建材等 7 家企业完成规划手续办理工作，及时为凯伦建材、路畅铁路器材和华中新晟等新入区项目选址放线；为东方雨虹、华辰制管、宏达金属制品、三商食品、庆丰标准件等项目完成规划验收工作。协调电力局及时为江苏凯伦建材、锡丰实业跑办临时建设用电增容手续，并及时供电，保证各项工程如期施工。协助庆丰标准件、锡丰实业组卷上报生产用电电力增容手续。协调电力局及时为致力工贸提供生产用电。协助江苏凯伦建材、惠达家居园、东方雨虹二期、华辰制管、正元管业焊管车间、三商食品、宏达金属、庆丰标准件办结施工许可证。协调区住建局为宏和陶瓷、致力工贸、吉力生、蓝力机械等项目办理建设备案手续。协助园区 2 家企业成功挂牌上市新三板，分别是海森、华熠。海森电子（代码 835691）2016 年 1 月 7 日上市；华熠实业（代码 839796）2016 年 10 月 27 日上市。

【基础设施建设维护】 2016 年，临港开发区对 12 号路、14 号路、16 号路反碱路段换填土绿化，补栽面积 8800 平方米。对园区 460 盏路灯和箱变全面检查，11 月份完成各部件更换和路灯维修，保障园区路灯全部点亮。检查雨水泵站设备运转情况，检修对各闸门及其他设备润滑，确保设备正常运转。对外排水闸门齿轮更换，对各部件保养润滑；对总控制箱漏电情况抢修；泵站院内大格栅彻底维修，包括底部杂草清除、断裂部分焊接及废旧部分切除等，保证水流畅通。

【科技创新】 2016 年，临港开发区新增科技型企业 6 家，河北省科技厅已批复 31 家，丰南临港经济开发区科协开展“产学研对接活动”，在唐山市科协 2016 年创新驱动助力工程重点项目中立项。年内企业专利技术总量增长 28 个，分别是唐山东方雨虹防水技术有限责任公司 5 个、唐山惠达（集团）洁具有限公司 14 个、唐山正元管业有限公司 2 个、唐山丰南君业节能保温材料有限公司 2 个、唐山海森电子股份有限公司 1 个、唐山东方华盛优耐高科股份有限公司 1 个、唐山市丰南区佳跃化工产品有限公司 1 个、唐山市唯森新材料有限公司 1 个、河北省唐山市丰南区唐山渤海钢铁有限公司 1 个，计 74 个。

（陈　强　吴　正）

小集经济开发区

【概况】 2016 年，小集经济开发区完成主营业务收入 734.4 亿元，比上年增长 20%；固定资产投资完成 36 亿元，比上年增长 6.8%；规模以上企业完成总产值 452.2 亿元，比上年增长 7.1%；税收完成 5.73 亿元，占目标任务 3.51 亿元 163.16%，比上年增长 73.72%。公财收入完成 2.28 亿元，占目标任务 1.52 亿元的 150.03%，比上年增长55.06%。年底入园企业53家，规模以上企业 15 家，从业人员 2 万人。

【招商引资】 2016 年，小集经济开发区谋划新思路，探索新招法，推动招商引资，拉动投资、促进调整、增创效益。年内组织小团组招商 45 次，赴外招商 180 天、拜访客商 115 人次；接待客商 145 人次。签约项目 11 个，总投资 5.75 亿元，其中 5000 万元以上项目 5 个，总投资 4.75 亿元。投资 5500 万元丰卓陶瓷制品有限公司药用陶瓷包装项目、投资 7000 万元武汉如意祥科技发展有限公司脱硫精炼搅拌器制造项目签约。

【项目建设】 2016 年，小集经济开发区投产规模企业项目 10 个，总投资 37.35 亿元。总投资 23.24 亿元唐山市丰南全丰薄板有限公司 S-ESP 项目，总投资 3.05 亿元唐山瑞丰钢铁（集团）有限公司 2×80 兆瓦高温超高压煤气发电工程项目，总投资 4500 万元唐山市丰南区凯恒钢铁有限公司建设封闭料棚项目，总投资 4000 万元唐山雷诺瓷业有限公司 100 万件卫生陶瓷生产线节能技改项目，总投资 1.6 亿元唐山市东华钢铁企业集团有限公司 80 兆瓦发电项目开工建设。

（李建华）

【基础设施建设】 2016 年，小集经济开发区推进基础设施建设，总投资 1.17 亿元。于唐线拓宽改造，总投资 9000 万元，完成征地拆迁和唐曹公路以北路基工程。污水处理厂再生水回用工程，总投资 1500 万元，基本完成。唐爽路亮化绿化工程，总投资 900 万元，完成绿化工程及路灯安装。焦炉煤气管道工程，总投资 300 万元，已完工，基础设施建设提升园区及周边区域环境。

丰南港

【总体规划】 唐山港丰南港区先后列入国务院批准的国家沿海发展战略—《河北沿海地区发展规划》《国家口岸开放发展“十二五”规划》和河北省《综合交通体系建设“十二五”规划》《沿海港口布局规划》《海洋功能区划》《近岸海域环境功能区划》。按照省政府批准实施的《唐山港总体规划（修订）》，丰南港区基本功能和主要发展方向是作为唐山港“一港三区”（曹妃甸港区、京唐港区、丰南港区）重要组成部分，将为后方临港工业服务，未来发展成为服务区域综合运输港区。唐山港丰南港区建港岸段主要集中在黑沿子河口（沙河口）至涧河口（陡河口），地理坐标东经118° 04′～118° 07′、北纬39° 06′～39° 13′之间，建港岸线约6.6千米。唐山港丰南港区由主港区和河口码头区组成，基础设施建设计划投资150亿元。港区泊位主要包括通用码头和专用码头。其中，主港区规划陆域面积38平方千米，水域面积11.44平方千米，码头岸线长20.5千米，规划建设2万吨级以上泊位70余个；河口码头区岸线长4.5千米，规划建设3000吨级散杂货及工作船泊位25～30个。

为满足主体工程建设需要，施工单位利用冬季进行临时道路、堆场、码头等临建施工。图为临时码头建设现场

【工程进度】 2016年3月15日，丰南港区东防波堤、河口码头区护岸、西防波堤工程施工图设计获省港航局批复，至此，3个项目前期工作全部完成。6月28日，三个工程施工、监理等招标全部完成，确定中交上海航道局有限公司、天津港航工程有限公司为项目施工单位，北京水规院京华工程管理有限公司、唐山海港港兴监理咨询有限公司为项目监理单位。11月5日，区委、区政府在丰南港区项目现场组织“唐山港丰南港区项目开工仪式”，区委副书记、区长艾春主持，区委书记王东印讲话，并宣布唐山港丰南港区开工。区四大班子领导、各开发区主要负责人，各乡镇、胥各庄街道党政正职，区直有关单位主要负责人，临港经济开发区、区港口办和黑沿子镇机关干部及各村负责人，以及项目施工方干部职工代表出席开工仪式。施工单位正式进场开始临时工程施工及前期各项技术准备。11月30日，区政府印发《唐山港丰南港区开发建设工作实施方案》，明确丰南港区开发建设指导思想、工作任务和保障措施。成立唐山港丰南港区建设工程指挥部，全面负责港区建设工程组织领导和统筹调度，制定《唐山港丰南港区工程建设运行图》，推进港区建设。截至年底，施工单位项目部、加工基地、堆场、临时道路、临时码头建设基本完成，具备2017年春季海上主体工程开工条件。此前，完成投入10亿元，中疏港路、港前路等前期基础工程。

（柳海龙 张琦鑫）

综　述

2016年，丰南区坚持发展改革，立足经济社会发展，编制《唐山市丰南区国民经济和社会发展第十三个五年规划纲要》（2016—2020年），编制年度计划，加大实施力度。2016年，完成地区生产总值617.56亿元，比上年增长6.9%，完成固定资产投资320.7亿元，占年度计划的100.2%，实现规模以上工业产值、增加值比上年分别增长5.6%和7.3%；全年实施投资千万元以上项目167项，计划总投资781.2亿元。其中亿元以上项目76个，计划总投资744.4亿元。加强物价管理，维护市场价费秩序；加强粮食管理，保证粮食市场安全；实施统计改革管理，加强各项统计和服务；依法审计管理，包括财政审计、固定资产投资审计、经济责任审计、行政事业审计及其他审计等；加强市场监督管理，整顿市场经济秩序，流通领域食品安全监管等；加强国土资源管理，包括耕地、基本农田保护、土地开发整治、用地审批、土地市场管理等；安全生产监督管理；农村经济管理，包括一事一议筹资筹劳管理、农村财务管理、农民负担监管、土流转等；交通运输管理，包括查处“双超”非法改型车辆运输及服务等。

发展改革

【概况】 2016年，唐山市丰南区发展改革局（以下简称区发改局）围绕区委、区政府工作目标任务，编制《唐山市丰南区国民经济和社会发展第十三个五年规划纲要》提出“十三五”全区经济社会发展目标；编制2016年度计划，推进项目建设。履行综合经济部门参谋、协调、服务职能，团结务实，开拓创新，确保年初各项任务顺利完成。

【“十三五”规划编制】 2016年3月1日，唐山市丰南区第五届人民代表大会第六次会议批准《唐山市丰南区国民经济和社会发展第十三个五年规划纲要》（2016—2020年），6月印发参照执行。主要目标：落实省、市关于“三个高于”“两个翻番”“一个全面建成”的战略部署，确保经济增长速度高于全市平均水平，转型发展成效全市领先；发展迈入中高端，质量效益提升幅度全市领先；环境治理成效明显，空气质量改善程度全市领先，到2020年全面建成小康社会。全区生产总值年均增长7%以上，全部财政收入年均增长10%，全社会固定资产投资年均增长15%以上；全区科技研发经费占地区生产总值的比重2%，科技进步贡献率60%；实际利用外资年均增长10%，进出口总额年均增长6%；农业产业化率75.5%，服务业增加值年均增长12%以上；主城区规划面积42平方千米，城区人口38万人，常住人口城镇化率60%以上；大气$PM_{2.5}$（细颗粒物）年均浓度控制在72微克每立方米水平，其他污染因子年均浓度均有明显下降，空气质量明显改善，规划绿化造林4866.67公顷，全区森林覆盖率19.6%；城乡居民人均可支配收入年均增长7%以上。

【年度计划编制与实施】 2016年，全区经济社会发展主要预期目标为：完成地区生产总值比上年增长5%以上，其中第一、二、三产业，比上年分别增长1.1%、5.5%和5%；完成全社会固定资产投资395.4亿元，比上年增长12%；实现一般公共预算收入比上年增长10.7%；实现规模以上工业产值、增加值比上年均增长5.8%；城乡居民人均可支配收入分别3.39万元和1.45万元，比上年均增长7%；社会消费品零售总额完成191亿元，比上年增长10%；实际利用外资5000万美元；出口创汇6亿美元；引进市外资金130亿元；城镇登记失业率控制在3.5%以内；常住人口城镇化率55.25%。12月23日，经区五届人大常委会讨论，将2016年全社会固定资产投资计划由395.4亿元调整为320亿元。年末，完成全区地区生产总值比上年增长6.9%，其中第一、二、三产业增加值比上年分别增长2%、6.9%和8%；完成全社会固定资产投资320.7亿元，占调整计划100.2%；实现一般公共预算收入比上年增长8.3%；实现规模以上工业产值、增加值比上年分别增长5.6%和7.3%；城乡居民人均可支配收入分别34357元和14696元，比上年增长8.4%和8.2%。社会消费品零售总额完成191.6亿元，比上年增长10.1%。实际利用外资1.7亿美元；出口创汇6.7亿美元；引进市外资金123亿元；城镇登记失业率控制在3.5%以内；常住人口城镇化率55.25%。

【重点项目建设】 2016年，丰南区实施投资千万元以上在建项目167个，计划总投资781.2亿元，完成投资230.4亿元，年内完成投资94.5亿元。其中，按产业类别分：一产项目16个，计划总投资7.2亿元；二产项目98个，计划总投资531.1亿元；三产项目53

个，计划总投资242.9亿元。按投资规模分：亿元以上项目76个，计划总投资744.4亿元；亿元以下项目91个，计划总投资36.8亿元。按建设进度分：续建项目87个，计划总投资312.7亿元；新开工项目80个，计划总投资468.5亿元。

省、市重点项目。2016年，2个项目列入省“三个一百”项目单子，其中总投资12亿元的银贝壳（唐山）科技有限公司网络游戏发行基地项目列入2016年省100项续建项目；总投资386.9亿元的唐山渤海钢铁集团有限公司联合重组暨城市钢厂搬迁改造项目列入2016年省100项重大前期项目。凯业科技、东方雨虹防水材料、荣盛未来城、盈升物流等9个项目列入2016年市重点项目计划。

重大项目建设。2014年12月5日，纵横丰南钢铁（原渤海钢铁）项目经省发改委备案，由于市场变化和新的战略投资者介入，项目总体方案发生变化，2016年 11月2日，区政府与河北新华联合冶金控股集团有限公司（简称“新华冶金”）签约，由新华冶金投资兴建唐山渤海钢铁项目；11月17日，省发改委出具《关于唐山渤海钢铁有限公司联合重组暨城市钢厂搬迁改造项目变更投资主体的复函》，同意将投资主体由唐山渤海钢铁有限公司变更为河北纵横集团丰南钢铁有限公司。根据国家工信部《钢铁工业调整升级规划（2016—2020年）》要求重新制定产能置换方案，着手办理备案变更手续。唐山港丰南港区起步工程的东西防波堤、河口码头区护岸工程2015年获省发改委批复，在省组织勘察、设计、施工、监理招投标。2万吨级航道项目海域使用证获批复，组织通航论证，通航论证获批后，组织可研批复支撑性文件报省发改委批复。

【项目建设督导服务】 2016年3月27日、6月26日、9月25日和12月28日，区委、区政府分别在梦牌瓷业320万件卫生洁具、银贝壳（唐山）科技有限公司中国游戏产业发行基地、华中新晟（唐山）荧光材料有限公司新建荧光系列防伪材料和唐山鑫丰热力有限公司1×30兆瓦生物质热电联产项目现场举行项目集中开工活动，4次集中开工项目27个，计划总投资60亿元。1月30日、4月15日、7月12日、10月10日举行四次唐山市重点项目观摩活动，区委、区政府组织东方雨虹二期、瑞丰普瑞精密新材料基地建设、康师傅矿泉水项目、启明星玻璃项目、凯伦防水建材项目、锡丰热镀锌项目、凯业智慧交通项目和梦牌瓷业8个重点项目观摩活动，推动项目建设。11月2日，区政府与河北新华联合冶金控股集团有限公司在丰南临港经济开发区建设800万吨精品钢铁项目，举行项目签约仪式。该项目是区有史以来投资最大产业项目，也是全市乃至全省钢铁行业转型发展进程又一标志性项目。11月8日，区领导、区政府办、住建局、卫计局、财政局、审计局和建投公司主要负责人，针对区医院迁建问题现场办公。2016年，对唐山国丰钢铁有限公司原料场封闭改造项目、河北省2016重点防护林工程、2016年丰南区田间工程建设项目、丰南区公安局新建东田庄和岔河派出所业务用房项目、唐山梦牌瓷业有限公司一期技术改造工程等项目争列进中央投资计划，争取中央到位资金1. 12亿元。

【物价管理】 2016年，区发改局围绕履行法定职责，依法开展价格执法检查，规范收费秩序，做好价格认证服务，维护市场价费秩序，为全区经济社会发展提供优良环境。价费监督检查。全年组织开展农资市场价格、涉企收费、医疗服务及药品价格、教育收费及市场价格等专项检查，检查各类有价有费单位220余家，提醒告诫33家价格政策执行不到位单位，检查出9家问题单位，实施行政处罚7家，罚没金额15. 95万元，受理各类价格咨询和举报67件，退还违纪金额11. 44万元。检查医疗单位23家，行政处罚7家违规单位，罚没款15. 95万元；全年受理各类价格投诉举报39件、价格咨询28件，回复办结率100%，满意率100%，给群众挽回经济损失11.44万元。价格管理。2016年1月1日，在城区范围内实施居民生活用水阶梯价格；2016年8月1日全区落实非居民用水价格政策；将工业和行政事业单位用水及经营服务业用水合并为非居民用水，价格为每立方米4.3元；居民生活用水及特行用水继续执行原价格；按程序调整公办幼儿园收费标准，规范公办幼儿园收费秩序；年内完成商品房价格备案2件，完成小区物业收费备案2件，办理民办幼儿园收费备案 5件。价格服务。完成唐曹铁路等重大基础设施项目地上附着物评估拆迁，并按户归档整理。对唐曹铁路涉及尖字沽大棚上访事项价格调查，同时聘请第三方评估公司河北嘉泽评估公司对其价格界定；全年完成涉案物品价格鉴证案件158件，标的金额1106.31万元。

【粮食管理】 2016年，丰南区通过国家粮食局“全国粮食流通监督检查示范单位”复核，实施“粮安工程”，推进“危仓老库”维修改造；抓粮食流通领域监督检查，办理《粮食收购许可证》；做好粮食统计；完善全区“粮食安全责任制”考核自评等。确保全区粮食市场安全和稳定。“危仓老库”维修改造。针对现有粮库年久失修，存在安全隐患，区发改局利用上级配套资金，投资580万元（其中省财政配套232万元，区财政配套203万元，企业自筹145万元）对下属国有仓储企业“唐山市丰南区宝达粮油资产经营管理有限公司”城区南库、大新庄粮库两个库点仓房维修改造、库内地坪翻修、添置机械设备及粮情检测系统等，工程于9月份完工并通过验收，改善储备粮仓储条件及进出库能力。粮食市场管理。执行国家粮食流通统计制度和最高最低粮食库存量核定制度，确保粮食企业依法依规收储。11月，组织全区26家粮食经营企业负责人、统计人员综合业务培训，提高粮食行业从业人员整体业务素质。在全区范围内施行“粮食企业动态分级监管”，每三个月核定一次企业动态级别，对监管单位做到有针对性执法检查，年内出动执法人员186人次，监

粮食仓房维修

管粮食经营企业26个，维护粮食流通领域经营秩序。储备粮安全。全年全区储备粮1.40万吨，其中原粮储备5002（小麦）吨，成品粮储备9000（面粉、大米）吨。原粮储存于唐山市丰南区宝达粮油资产经营管理有限公司，成品粮分别由白龙（唐山）面粉集团有限公司、龙强面业有限公司、隆达粮食加工厂、欣龙精制米有限公司四家企业代储。为保证储备粮账实相符、账账相符，区粮食行政管理部门每月检查企业储备粮库存，确保储备粮安全。

（刘彩芹　刘文江）

统　计

【概况】 2016年，丰南区统计局（以下简称区统计局）编制内38人，人事代理4人，劳务派遣6人。内设普查中心、农调队、城调队3个副科级机构及办公室、综合科、农业科、工业科、服务业科、能源科、数管中心等7个科室。区统计局执行国家统计法律法规，实施统计改革，依法统计调查，统计服务，统计监督，完成全区各项统计任务。

【统计改革】 2016年，区统计局实施统计“四大工程”及企业“一套表”改革。统计“四大工程”即建设统一基本单位名录库、统一一套表调查制度、统一数据采集处理软件平台、统一联网直报系统。企业“一套表”改革，即将分散实施各项企业统计调查整合起来，统一设计统计报表，统一确定调查单位，统一网上采集企业数据，统一软件系统加工处理数据。实施企业一套表改革，实现原始数据采集由国家间接采集、各级统计机构层层上报转变为国家直接采集、各级统计机构在线同步共享，面向企业调查由专业分割转变为专业间高度融合，由统计过程难以控制转变为统计生产过程高度可控。企业一套表改革自2011试点，在全社会实施。“三新”（经济发展新产业、新型业态、新商业模式）专项统计改革。“三新”统计，即全面、真实、准确、及时地监测“三新”经济发展，客观解读、描述经济运行新特征、新变化、新规律，为中央和地方研判经济形势、科学决策提供可靠数据参考和信息支撑。新常态下，经济发展增速放缓，改革进程加快，新兴产业、新型业态、新商业模式蓬勃发展，成为新经济增长点。党中央、国务院高度重视“三新”发展和“三新”统计工作，提出一系列新任务、新要求。国家统计局于2016年1月22日制发《关于加强和改进“三新”统计工作的通知》（国统字〔2016〕6号），要求在现有统计工作基础上，建立健全“三新”专项统计报表制度。即综合报表制度；战略性新兴产业、新产品、电子商务、电子商务交易平台、网购用户、城市商业综合体等现行专业调查制度；产业园区、互联网金融、创新型企业孵化器、小微企业创新等新建专业调查制度。现代服务业统计改革。2016年，河北省政府办公厅印发《关于转发省统计局建立现代服务业统计和完善规模以上装备制造业统计意见的通知》（冀政办字〔2016〕120号）。省统计局选择沧州、邯郸、唐山、秦皇岛四市开展现代服务业统计试点，丰南区作为开展现代服务业统计试点之一，完成各项规定改革。

【统计内容】 2016年，区统计局围绕国民经济核算三次产业构成统计调查，依托“企业一套表”联网直报平台，建立和维护基本单位名录库，组织“四上”企业（单位）（规模以上工业企业；规模以上服务企业；限额以上批发零售住宿餐饮企业；资质以上建筑和房地产开发企业）上报工业、建筑业、房地产、国内贸易、服务业、能源、劳动工资、科技、固定资产投资等专业统计数据，完成农业和农村统计、对外经济统计、全面建成小康社会统计监测、城镇化统计监测、妇女儿童监测、城乡一体化住户调查、价格指数调查、规模以下工业企业调查、小微企业调查等项调查。根据国家、省市统一部署，组织辖区内人口普查、经济普查、农业普查和投入产出调查等周期性普查和专项调查。

国民经济核算。按照上级规定核

算制度和方法，核算2016年全区生产总值及其构成项目，包括第一、二、三次产业构成和劳动报酬、生产税净额、折旧、营业盈余等分配构成；按2015年不变价格计算增加值。根据相关资料，核算民营经济增加值、文化产业增加值和现代服务业增加值等派生性统计指标。

综合统计。汇总整理编辑综合性统计资料《丰南区2016年国民经济统计资料汇编》《丰南经济月报》《丰南区2016年国民经济和社会发展统计公报》；对外发布统计数据和数据交流；分析研究全区国民经济运行态势，提出监测预警和决策咨询建议；全面建成小康社会统计监测、城镇化统计监测。

农业和农村统计。包括丰南区2016年农村基本情况，农业生产条件，农林牧渔业生产情况（播种面积、产品产量、产值等），农村经济收入分配和效益，农业产业化、县域社会经济基本情况统计等。

工业统计。包括2016年丰南区规模以上工业企业基本单位情况，生产能力情况，产品产量，成本费用调查，财务状况等；规模以下工业企业抽样调查，个体工业抽样调查；规模以上企业变更、纳统、退出等。

固定资产投资统计。包括丰南区2016年建设项目投资和房地产开发投资进度完成情况，固定资产投资构成，固定资产投资能力，新开工项目统计入库申请；资质以上建筑业企业生产和经营情况；房地产开发企业投资和经营、销售情况。

能源统计。包括丰南区2016年能源平衡表，地区能源消费与单位GDP能耗，主要能源调出调入表，有关行业能源消费量，工业企业能源购进、消费与库存及其附表，工业企业用水情况，非工业企业重点能耗单位能源消费情况，全社会用电量情况。

国内贸易统计。主要内容包括限额以上批发和零售企业商品购进、销售和库存，限额以上住宿和餐饮企业经营情况，限额以上批发和零售、住宿和餐饮企业财务状况，限额以下批发和零售、住宿和餐饮业样本单位情况，社会消费品零售总额；限额以上批发和零售、住宿和餐饮企业变更、纳统和退出等。

对外经济统计。包括丰南区2016年实际利用外资和进出口情况，外资及港澳台投资企业生产经营情况和财务状况。

服务业统计。包括丰南区2016年规模以上服务业企业生产经营情况和财务状况统计，运输邮电软件业统计，部门服务业财务报表，社会物流统计，电子商务统计，现代服务业统计调查；小微企业抽样调查，新设立小微企业和个体经营户跟踪调查；规模以上服务业企业变更、纳统和退出等。

劳动工资统计。包括丰南区2016年城镇就业统计，城镇私营单位劳动情况抽样调查，“四上”企业（规模以上工业企业、规模以上服务企业、规模以上资质建筑企业、限额以上批零住宿餐饮企业）一套表工资统计调查。

社会科技统计。主要内容包括妇女儿童状况统计监测，科技综合总计，企业创新活动统计，企业（单位）研发活动统计，高新技术产业统计等。

城乡一体化住户调查。自2013年起实施城乡一体化住户调查。在全区抽取5个乡镇和1个街道办事处、8个村（居）、80户家庭作为调查户，由各调查户每天家庭收支记账，每月由城调队将各账本录入、审核和汇总，推算全区城镇居民人均可支配收入、农村居民人均可支配收入、人均消费支出等指标。

价格指数调查。主要包括居民消费价格，商品零售价格，农业生产资料价格，工业品出厂价格，原材料、燃料、动力购进价格调查，房地产价格，建筑材料流通价格，家用电器价格等8项价格调查。

粮食产量抽样调查。全区抽取10个乡镇共15个村，农户种植意向、主要农作物播种面积、冬小麦、玉米和棉花等实测作物预计产量、实测作物、实割作物等项目抽样调查。以遥感影像底图为主，参考定位技术为辅助，到达村找到地块，现场仔细认方位、田块、房屋、树木、河流、道路位置辨认抽中样方位置，在确认整个调查样方无误后数据采集、写地物信息、拍摄地物照片等方式自然地块逐一现场调查，填写报表内容。在农作物收获和前二十多天，区镇村三级调查小组深入到田间地块，逐地块踏田估产种植作物，预计每个地块亩产并填写作物逐地块估产面积核实表。预产中采取理论测产、经验预产和趋势预产相结合方式，按照作物产量由高到低顺序将15个村排列，采取随机起点等距抽样方法抽选实割实测村，再按此法抽选抽中村实割实测地块。抽选地块确定后，作物收获前将样本割取，经过晾晒、脱粒、测湿、称重、估计损失等，填写报表，准确反映粮食产量情况。

畜禽监测抽样调查。对全区畜禽监测抽样调查实行专业人员负责，乡镇、街道统计站协助配合。以户为单位，做好主要畜禽监测网点地理信息采集，建立信息完备、资料齐全畜禽信息名录库和基础台账；与调查对象沟通协调，定期走访，电话联系，随时关注养殖户最新信息变化及生产中遇到的难关，及时掌握调查实际情况；完成源头数据采集，严格审查，确保数据合乎实际，确保每一条数据真实有效；做好业务交流，及时与农牧局等部门沟通，掌握养殖行业产供销各环节信息，为养殖户提供信息服务。

名录库等维护和更新。名录库建设是统计重点工程之一，统一、完整、不重不漏且可动态维护更新名录库是大型普查和企业一套表基础，定期利用统计调查资料和相关部门行政登记资料适时维护更新。

【周期性普查和专项调查】 周期性普查包括：人口普查，农业普查，经济普查；其他重大国情国力调查，投入产出调查。2016年，区统计局开展周期性普查为第三次全国农业普查。第三次农业普查时点为2016年12月31日24时，普查时期为2016年1月1日至12月31日。普查对象包括在丰南区行政区域内下列个人和单位：农村住户，城镇农业生产经营户，农业生产经营单位，村民委员会，乡镇政府；普查行业范围包括：农作物种植业、林业、畜牧业、渔业和农林牧渔服务业。2016年2月29日，丰南区人民政府办公室印发《唐山市丰南区人民政府关于开展第三次全国农业普查的通知》（丰政函〔2016〕3号）。成立区第三次全国农业普查领导小组，区政府副区长、区委农工委书记王玉林任组长，领导小组下设办公室，地点在区统计局，办公室主任由区统计局普查中心李顺成担任。

【统计服务】 2016年，区统计局采取“五项措施”：建立高效、快捷、全方位经济预警监测机制。即：每季度召开一次经济形势分析会，加强对全区主要经济指标基础数据跟踪监测，强化统计预警服务意识，捕捉苗头性、转折性信息；全面拓展各专业联系重点企业数量，建立快捷信息反馈渠道和上报形式，采取灵活多样采集方法，提供鲜活生动即时信息；通过调查和预测，认为固定资产投资等个别指标很难完成年初目标任务，全年发布预测预警信息3次，都引起区领导高度关注。积极参与、主动服务重大战略制定和实施过程。参与区委、区政府重大战略谋划，实施过程跟踪主动服务，从要什么给什么被动服务到发现问题有数据、有见解；参与国民经济发展规划、考核评价体系、结构调整等重大战略制定和实施过程，争取统计更大话语权和参与权。建立转型升级监测评价体系。建立产能调整、耗钢产业建设、新开工项目全程跟踪监测制度，重点是煤炭削减监测和节能监测，成为对外服务两大品牌；开展全面建成小康社会、大气污染防治、新型城镇化、乡镇经济综合实力、战略新兴产业等统计评价，引导转型升级、科学发展。组织各专业围绕全区中心工作开展统计大调研。建立专题课题组制度，每季度确定一个课题，有针对性调查研究。全局确定23个课题，撰写数据翔实，观点鲜明，有分析有建议高质量统计调研分析报告。为区委、政府提供各类统计分析和统计专报116篇，区委信息中心采用30多篇。扩大服务社会公众领域范围。加大信息公开度，及时公布劳动就业、住户调查等社会公众关注民生信息；巩固完善传统媒体发布渠道，加强门户网站建设，建立全方位、多角度的统计信息发布网络；加强数据解读和解疑释惑，普及统计知识，引导正确舆论导向，推进统计公开透明，使社会各界正确理解和使用统计数据，树立政府统计形象，提高统计公信力。

【统计监督】 2016年，区统计局以优化依法统计环境为目标，抓统计法制建设。年初，印发《2016年统计法制工作要点》，依据法制工作要点，确立“固基础、求深化、抓结合、强执法”工作思路，结合统计专业特点，部署统计法制工作。根据不同对象，采取多项措施开展针对性普法宣传。通过电子屏幕、法制园地普法宣传；走访、检查法律意识不强企业，印发案件实例宣传册现场普法，提高宣传效果；对新上规模企业、统计基础薄弱企业等重点企业宣讲统计法律法规，增强基层统计人员法制意识。全年，统计稽查80家单位，加强统计执法人员培训，提高统计执法队伍整体素质。

【统计抽样调查】 2016年，城镇居民人均可支配收入3.44万元，比上年增长8.4%。构成可支配收入各项指标，工资性收入比重明显上升，人均2.85万元，比上年增长25.2%，占可支配收入比重由上年71.9%上升至83%；人均经营性净收入4387元，比上年-25.2%，占可支配收入比重12.8%；财产性净收入2976元，比上年-8.8%，占可支配收入比重8.7%。农村居民人均可支配收入14696元，比上年增长8.2%。构成可支配收入各项指标，工资性收入10625元，比上年增长11.5%，占可支配收入的比重由上年70.1%上升至72.3%；经营性收入3705元，比上年增长44.8%，占可支配收入比重由上年18.8%上升至25.2%；财产性收入202元，比上年-84.6%，占可支配收入比重1.4%；转移性收入163元，比上年-13.3%，占可支配收入比重1.1%。

城镇居民人均消费支出2.25万元，比上年增长8.3%。在城镇居民人均消费支出构成中，教育文化娱乐消费支出2836元，增长9.9%；交通通信支出3250元，增长9.1%；生活用品及服务2091元，增长8.6%；居住支出4630元，增长8.3%；食品烟酒支出5014元，增长8.2%；医疗保健支出1474元，增长8.0%；衣着支出2253元，增长6.2%；其他用品和服务支出950元，增长6.1%。农村居民人均消费支出1.15万元，比上年增长8.5%。在农村居民人均消费支出构成中，居住支出2302元，增长9.9%；教育文化娱乐消费支出1486元，增长9.7%；交通通信支出1954元，增长9.0%；医疗保健支出626元，增长8.9%；食品烟酒支出3019元，增长8.0%；生活用品及服务741元，增长7.9%；其他用品和服务支出249元，增长6.4%；衣着支出1111元，增长5.3%。

恩格尔系数。2016年，城镇居民人均食品支出5014元，占居民消费支出比重（恩格尔系数）22.3%，与上年持平；比上年增长8.2%，增速在消费支出中居第5位。农村居民人均食品支出3019元，占居民消费支出比重（恩格尔系数）26.3%，比上年下降0.1个百分点；比上年增长8.0%，增速在消费支出中居第5位。

居住。2016年，城镇居民人均住房面积38.1平方米，比上年增加3.6平方米。农村居民人均住房面积25.1平方米，比上年减少2.1平方米。

耐用品拥有。2016年，每百户城镇居民拥有家用汽车87.1辆，摩托车6.6辆，电冰箱103.2台，洗衣机100台，热水器100台，空调137.1台，彩电100台，摄像机20.2台，照相机50.4台，计算机100.2台，中高档乐器6.5架，固定电话63.1部，移动电话216.4部。每百户农居民拥有家用汽车61.3辆，摩托车31.4辆，电冰箱97.8台，洗衣机95.7台，热水器91.3台，空调67.8台，彩电103.6台，摄像机7.9台，照相机28.4台，计算机84.6台，固定电话53.7部，移动电话 235.1 部。

人口居民。2016 年末，丰南区总户数 14.68 万户，总人口 53.26 万人，与 2015 年比，总户数减少 506 户，总人口增加 2878 人。居民分布。全年，丰南区人口密度为 406 人每平方千米。其中，城镇人口 18.94 万人，占 35.6%；乡村人口 34.33 万人，占 64.4%。居民构成。性别构成：2016 年全区总人口中，男性 26.78 万人、女性 26.48 万人，男女性别比为 1.011:1。年龄构成：全年全区总人口中，0～17 岁 9.76 万人、18～34 岁 12.49 万人、35～59 岁 19.99 万人、60 岁及以上 11.02 万人。人口变动。自然变动：全年全区出生人口 6778 人，比上年增加 1760 人；死亡 2987 人，比上年减少 713 人；自然增加 3791 人，比上增加 2473 人。迁出迁入：省内迁入 1983 人，省外迁入 662 人；迁往省内 1869 人，迁往省外 1689 人，净迁出 913 人。

（褚秀芝　田昌海　刘宝明）

审　计

2016 年 7 月 25 日 丰南区审计局开展“一岗双责”汇报测评会

【概况】 2016 年，丰南区审计局（以下简称区审计局），落实党的十八大和十八届五中、六中全会和中央和省、市经济工作会议精神，坚持“依法审计、服务大局、围绕中心、突出重点、求真务实”工作方针，依法履行审计监督职责，创新审计理念、审计方法和审计管理，强化班子和队伍建设，促进全局审计人员政治、业务素质提高。全年完成审计项目 279 个，查处有问题资金 16.46 亿元。其中，审减工程款 1.75 亿元。被省审计厅评为 2016 年度审计信息宣传工作成绩突出单位，被区委、区政府授予文明单位称号。在市审计局开展的“三个争创”季度评比活动中，三个项目获全市优秀审计项目，一个项目获表彰，财务审计一组被评为优秀审计团队，四人被评为“优秀审计能手”。

【财政审计】 2016 年，区审计局围绕聚财理财，加强预算执行和财政决算审计，围绕聚财，重点审计区地税局 2015 年度行政经费收支、税收入库指标完成及税收征收管理情况。延伸审计餐饮、交通运输、加工制造等 3 个行业 9 家企业及当年办理税收优惠金额最大前 5 家企业。落实小微企业营业税政策 10 家企业，落实小型微利企业所得税优惠政策 10 家企业，及时发现“延压税款、报税不及时”等问题。围绕理财，重点审计区本级预算执行和其他财政收支情况以及区交通运输局、住建局、农牧局、水务局、人社局、环保局、文广新局、胥各庄街道、编办、工商联、丰南一中、丰南二中等部门单位预算执行情况和柳树瞿阝镇、黑沿子镇、东田庄乡、大新庄镇、西葛镇、唐坊镇、南孙庄乡等 7 个乡镇 2015 年度财政决算情况。查出应缴未缴财政资金、出借国库资金未收回、应收未收政府性基金收入、超范围超限额使用现金、闲置滞留专项资金等有问题资金 9.61 亿元，提出合理建议 34 条，规范财政预算管理。按照市审计局安排部署，对区“稳增长、调结构、治污染、惠民生、防风险”政策措施情况审计，发现问题，提出可行审计建议，督促各相关部门整改。

【固定资产投资审计】 2016 年，区审计局以规范建设项目管理，完善建设项目程序，提高投资效益为目标，加大审计监督力度。抓住工程开工前、施工中和竣工后三个环节，全方位、全过程审计。审计关口前移，对区医院亮化标识工程、黑沿子镇毕家瞿阝东村路面修缮工程、柳树瞿阝—南化 220 千伏安线路塔基切改工程、于唐线压损维修工程等 54 个工程项目招标控制价审计，资金总额 7344.62 万元，审减工程款 772.91 万元，审减率 10.52%。重点项目全程跟踪审计。对区医院建设项目、南孙庄乡新民居建设项目、丰南港港口建设项目、葛洲坝集团投资 PPP 建设项目等项目现场跟踪审计。竣工后全面审计，对黑沿子中心渔港港池航道清淤维护工程、区人民检察院预防警示教育基地项目工程、沿海工业区 11 号道路工程、6 个高标准基本农田建设项目、1 个土地整治等 173 个工程项目结（决）算审计，审计资金总额 14.54 亿元，审减工程款 1.67 亿元，审减率 11.52%。通过审计，规范建筑市场秩序和节约建设资金。

【经济责任审计】 2016 年，区审计局探索方法，总结经验，明确责任界定标准，将领导干部决策权、管理权、经营权、执行权和廉洁自律“四权一廉”情况作为审计重点，全年完成区委组织部授权 18 名任中和 7 名离任乡科级领导干部经济责任审计，查出应收未收财政资金、应缴未缴财政收入、闲置滞留专项资金、应记未记固定资产、超限额使用现金、往来款长期挂账等违规资金1.01亿元。本着客观公正、实事求是原则，提出审计建议30条，促进领导干部认真履行职责、加强领导干部监督与管理、推动党风廉政建设发挥作用。

【行政事业审计】 2016年，区审计局以改进经营管理，提高资金使用效益和经济效益为目标，查处重大违法违规问题，从体制、机制、制度层面分析原因并提出建议。全年完成唐山港丰南港区建设指挥部办公室、区支援重点建设办公室、区医院等单位2015年度财务收支情况审计，查出改变资金用途、应入未入固定资产、无依据发放拆迁补偿款等问题资金4.08亿元。通过审计，促使强化内部控制和财务管理，及时堵塞漏洞，减少资金损失浪费。

【其他审计】 2016年，区审计局在抓好常规审计同时，落实上级统一安排部署，克服人员紧张困难，优质高效完成上级审计机关及区委、区政府领导等临时交办重大审计任务。如：配合上级审计机关参与全国医保基金审计；参与对渤海钢铁集团战略投资者尽职情况调查；配合唐山市纪委3个案件审计；参加国丰钢铁有限公司审计评估协调；鑫丰热力有限公司2015至2016年度采暖季早供晚停成本情况审计；区2012年1月至2016年6月城镇居民医保基金和新农合基金整合情况审计；区供销总社社有资产情况审计；唐山天泽科技有限公司投资强度核实；鑫丰集团洁城公司垃圾入理量、污泥量审计核实；农村电商365集团投入资金情况审计等。

（薛　艳）

市场监督管理

【概况】 2016年，丰南区市场监督管理局（以下简称区市监局）有21个内设机构、1个直属机构、10个派出机构、9个直属事业单位。内设机构包括办公室、综合协调科、人事教育科、财务科、政策法规科、食品生产监管科、食品流通监管科、餐饮消费食品监管科、药品监管科、医疗器械监管科、保健食品化妆品监管科、质量管理科、标准计量科、特种设备安全监察科、质量稽查科、注册科、企业监督管理科、消费者权益保护科、商标广告监督管理科、行政审批服务科、应急管理科和机关党委；直属机构为经济检查大队；派出机构10个分局，胥各庄分局、丰南经济开发区分局、黄各庄分局、柳树瞿阝分局、唐坊分局、小集分局、大新庄分局、钱营分局、新城分局、临港经济开发区分局；9个直属单位，丰南区市场建设服务中心、丰南区消费者协会、丰南区个体劳动者协会、丰南区私营企业协会、丰南区维修行业管理办公室、丰南区食品化妆品监督所、丰南区药品不良反应监测中心、丰南区质量技术监督检验所、丰南区食品安全投诉受理举报中心。行政编制145名，事业编制131名（自收自支事业编制30名）。主要承担原区食品药品监督管理局、区工商行政管理局、区质量技术监督局、区食品安全委员会办公室管理职责。同时，将原区商务局承担酒类食品安全监督管理、调味品生产销售管理职责，原区卫生局承担食品安全综合协调、组织查处食品安全重大事故及市食品药品监督管理局下放餐饮服务单位食品安全行政许可和监督管理八项职责一并划入。区市监局履行职责，加强对生产、流通、消费各个环节监督管理，整顿维护市场经济秩序，依法惩处食品药品安全违法犯罪行为，保障全区特种设备安全运行，服务各类企业。

【工商企业管理】 2016年，区市监局推进商事登记制度改革，促进市场主体增量。以“民营、农村、小微”为发展重点，推进“五证合一”改革，实施“多证合一”；简化市场主体注销程序，破解创业者“退出难”问题；实行“一址多照”登记，解决经营场地条件要求高瓶颈；公司注册资本由实缴制改认缴制，化解企业创业资金不足难题，降低创业成本，激发市场活力，促进各类市场主体加快发展。全年全区登记各类市场主体2.76万户（其中，企业5566户、个体2.11万户、农民专业合作社962户），主体增量净增长3791户。加强企业信用监管，推进企业年度报告公示。区市监局加大宣传，营造企业年度报告公示氛围，实行通报公示，通过日报表、周通报、月考核，保障年报公示平衡发展、量质并进。2016年度全区个体工商户应年报公示1.79万户，年报公示1.69万户（网上年报公示2279户，纸质年报1.47万户），年报率94.84%；内资企业应年报公示4424户，年报公示3901户，年报率88.18%；农民专业合作社应年报公示751户，年报公示635户，年报率84.55%。开展企业即时信息抽查，重点清理、查处企业未按时履行信息公示义务失信行为。实施“融资活企”，增强市场主体活力。区市监局开展动产抵押、股权质押登记，使企业、商户“死股权”变为“活资本”，实现企业静态资本流动。同时，通过主动向银行、融资业务单位推荐有融资需求、信誉高、有发展潜能，尤其是国家鼓励发展产能企业，动产抵押、股权出质、股权出资等，申请融资贷款。全年办理动产抵押物登记54份，主债权金额为44.40亿元。

【商标广告管理】 2016年4月26日，区市监局在丰南荣大购物广场宣传“保护知识产权”商标法律法规和商标知识，发放宣传材料2800份，解答群众咨询83次。按照“培育一批、申报一批、注册一批”，对重点企业和重点农产品商标培育帮扶服务。2016年度争创中国驰名商标2件、河北省著名商标2件、唐山市知名商标10件，全区新增注册商标144件，比上年增长16%。截至年底，全区有注册商标1041件，其中中国驰名商标5件、河北省著名商标28件、唐山市知名商标32件。打击侵犯知识产权和制售假冒伪劣商品专项行动，全年查处商标侵权违法案件4件。虚假违法广告专项整治、涉嫌非法集资广告资讯信息排查清理、互联网金融广告及以投资理财名义从事金融活动风险专项整治，查处违法广告，下达行政指导意见书1份，约谈负责人3人，出动执法人员108次，执法车辆32两次，查处各类违法广告8起，责令停止发布违法广告5起。

【流通领域食品安全监管】 2016年，区市监局组织两节期间食品安全专项整治，打击食品违法添加非食用物质和滥用食品添加剂行为，无证、无照经营食品经营户，依法查处和取缔；督导食品销售者履行食品质量安全第一责任人义务，落实购货索证索票、购销货台账、不合格食品退市等制度，保食品经营条件符合食品安全相关要求，维护食品质量安全。9月10日起对校园周边食品经营开展为期两个月专项整治，对学校、托幼机构门口100米范围内及学校户外公共场所内沿街食品摊贩规范化管理，改善校园周边食品卫生现状，杜绝食物中毒隐患。全年出动执法人员240人次，执法车辆95台次，检查商场、超市、食品经营店1018户次，收缴不符合安全标准食品100多袋（瓶），为经营户下发进销货台账200余本，对全区52家自选食品供应商经营资格、近300种食品索票索证资料审核评估。

【市场经济秩序整顿】 2016年2月中旬开始，区市监局按照唐山市工商局部署，开展市场主体帮扶、市场秩序优化、企业信用监管、“12315”护民生“四个专项行动”。加大反垄断和反不正当竞争执法力度，严厉查处垄断协议、滥用市场支配地位等垄断行为；围绕民生热点问题和制约发展关键环节，打击和查处限制竞争、商业贿赂、滥收费用等不正当竞争案件；加强网络市场监管，落实网店实名制，强化网络交易平台等网络经营主体的自我管理，开展“红盾网剑”专项行动，维护网络市场经营秩序；打击传销规范直销，宣传与打击并举；加强农资市场监管，查处坑农、害农、损农违法行为；加强合同监管，重点是银行、保险等公用企业监管，打击“霸王条款”和合同欺诈。全年检查酒店、汽车销售等行业51户，检查合同格式条款76份，行政约谈2家汽车销售企业，查处酒店合同格式条款案件1件。抽检化肥25户、57个批次，不合格13个批次，立案11起。检查经营主体5969户，规范经营问题737个，查处违法经营农资案件2起，无照经营案件4起。网上检查网站160个次，实地检查网站43次，责令整改10户，立案3起。

【质量技术监督】 2016年，区市监局加强生产许可证和3C企业监督管理。获证生产企业划分成A、B、C、D四个等级， 定期巡查36家生产许可证企业和15家3C生产企业并填写巡查记录，建立巡查档案，重点监管。调查30家规模以上重点工业企业基本情况和质量竞争力指数，为质量宏观管理打好基础。全年6家企业更换生产许可证，3家企业提交申请办理生产许可证，完成30家生产许可证企业年度自查报告审定，获证企业年度自查率100%。市级工业产品质量监督抽查86批次，2批次不合格，监督抽查合格率97.7%，比《河北省质量发展规划》规定目标（90%）高7.7个百分点，比2015年度提高0.2个百分点。

“质检利剑”行动。围绕与人民群众生命财产安全息息相关产品，抓住群众反映强烈问题，本着监督一类产品，整顿一批企业，提升一个行业目标要求，开展“质检利剑”行动、“春季农资打假”、打击假冒伪劣、打击生产加工“黑窝点”“打假治劣惠民”“车用汽柴油”打假等，查处产品无3C认证、无QS（质量安全）标志、无生产许可证等违规违法，出动执法人员925人次，检查企业及相关经营场所367家，依法下达《责令改正通知书》96家，立案查处案件6件。

特种设备安全监管。区市监局全年登记特种设备476台（其中锅炉15台、压力容器222台、起重机171台、电梯50部、厂车18辆），压力管道1.92千米，强化证后监管。年度监督检查14家特种设备制造单位、18家气瓶充装单位。特种设备安全监察，消除区域性、行业性特种设备安全隐患，保障“春节”“两会”“暑期汛期”“世园会”等重大活动期间特种设备安全。检查特种设备使用单位516家，检查特种设备2307台，发现事故隐患52起，下达特种设备安全监察指令书21份，检查电梯使用单位28家，维保单位20家，检查在用电梯107台，拆除锅炉24台，检查气体充装站18家，对存在问题现场责令整改，立案8起，结案8起。特种设备安全知识宣传进企业3次、进校园1次、进社区4次，出动宣传人员42人次，发放宣传材料5000余份。

标准化建设。2016年10月29日，丰南区唐山正元管业有限公司、唐山市华运铁路交通器材有限公司通过河北省“标准化良好行为”专家评审组考核验收，被评为AAAA级优秀“标准化良好行为”企业。唐山市丰南区鑫丰热力有限公司11月底验收通过，被确定为省级服务业标准化试点项目。河北华通线缆集团有限公司制定《复合型非金属连续油输管电缆》标准，唐山市丰南区葛兴工业瓷厂制定《碳硫分析专用坩埚》标准，唐山海森电子股份有限公司等企业标准化备案8个。

计量服务。2016年，区市监局宣传“世界计量日”“能源计量”“计量惠民”。检查医疗机构计量管理制度落实、建立计量器具台账及强制计量器具周期检定；计量器具普查，在线采集唐山达丰焦化有限公司、唐山瑞丰钢铁（集团）有限公司、惠达卫浴股份有限公司、唐山国丰第一冷轧镀锌技术有限公司等能耗数据。全年检定各类计量器具1.28万台件，其中强检计量器具1.12万台件，受检覆盖率98%，计量器具强检率100%。为企业电子汽车衡、加油机等在检定周期内提供免费技术服务71次，为企业校验安全阀382台，立案查处案件4起。

【医药食品安全管理】 2016年，区市监局加强乡镇食品药品监管人员，16个乡镇（街道）设置食安办，全区444个行政村和37个居委会设置685名食品药品协管员，建立健全“三级”食品安全监管网络。加强全区食品安全统筹管理。印发《丰南区食品安全事故应急处置预案》，健全食品安全应急处置队伍，规范食品安全事故应急处置。结合区委组织部将食品安全纳入2016年度区管领导班子综合考评，乡镇（街道）考核中食品药品安全考核分值不低于3%，同时将食品安全列为约束性指标。

执法装备配备。2016年，区政府拨付食品药品执法装备和快速检测设备专项资金213.25万元用于食品药品监督执法装备及快速检测设备配备。在监督执法装备方面，重点改善和配备执法人员电脑、打印机、执法记录仪等执法装备，8月，省局拨付基层派出机构装备全部配发到位，9月，区财政追加50万用于购置311台/套执法装备，并派发到各监管科室和分局。

检测能力建设。按照河北省食品药品监督管理局县（区）食品药品安全快速检测实验室建设规划，区市监局建成食品药品安全快速检测实验室，形成20余项常见理化指标快检能力。各分局和食品生产、食品流通、餐饮服务监管科室配发快检试剂，设备配备，提升派出机构食品安全快速检测监管能力。在家万佳超市购物中心、荣大店、东湖店、润达农产品物流有限公司等四家流通企业建立农产品快速检验室，聘请专业技术人员对各单位快检人员业务培训，通过实际操作和现场考核，4个单位15名快检操作人员全部掌握快检仪器设备使用和数据填报。为更加便民，让老百姓买着放心，吃着安心，将每月后两个星期日定为“农产品公众快检开放日”。

创建食品药品安全县。2015年至2016年，以食品药品安全县创建任务为主线，以提高群众食品安全满意度为出发点和落脚点，通过完善组织管理体系、加强监管能力建设、强化日常监管执法、落实企业责任、提升应急处置能力、促进产业健康发展、构建社会共治格局，全区食品药品监管取得进展。2016年5月，经省食品药品监督管理局和第三方评价机构评定，丰南区被评为“食品药品安全县”

食品安全社会共治。建立网格化监管制度，组建三级网格，印发《唐山市丰南区食品药品网格化监管工作方案（试行）》《唐山市丰南区食品药品安全网格化监管工作职责（试行）》《唐山市丰南区食品药品网格化监管工作制度（试行）》等相关文件，划分区、乡镇（街道）、村居三级监管网格，建立一级网格1个、二级网格16个、三级网格685个，三级网格化监管人员818人（分别为32人、101人和685人），发放《食品药品安全协管员证》，落实每人每年1200元村居食药安全协管员经费补助，推动基层网格化监管，实现食品药品社会共治。

食品安全责任保险。2016年初，区市监局、教育局、区人保公司共同召开区食品安全责任险专题调度会，印发《2016年丰南区食品安全责任险推广工作实施方案》，推进食品安全责任保险，探索多元履责措施，强化食品生产经营者主体责任。将食品安全责任保险试点与日常监管、监督抽验、企业量化分级管理挂钩，优先提升诚信等级。全年全区续保、入保企业66家，其中54家学校续保。

食品安全示范店创建。截至2016年底，全区市级食品安全诚信示范单位11家，其中首批食品安全诚信示范单位4家，第二批食品安全诚信示范单位3家，第三批食品安全诚信示范单位4家。区食品安全诚信示范单位20家。按照国家食品安全城市创建要求，食品安全示范店不少于本辖区食品流通主体三分之一。树立典型，推广先进经验，增强食品生产经营者食品安全责任意识和诚信自律意识。区市场监督管理局，将新华街南段及春晖路创建食品安全诚信示范街列为2016年度食品安全重点，实现诚信示范创建。

食品安全宣传教育。2016年，区市监局开展区级集中宣传活动2次，乡镇（街道）级宣传30余次，设置条幅和标语37条、橱窗和板报43块、展牌33个，中型（含）以上餐饮服务单位悬挂条幅和标语36条，在新华街南段及春晖路食品安全诚信示范街路段两侧路灯悬挂广告牌73个，发放宣传资料2.50余万张、“药安食美”手机APP宣传卡片200张及海报50张，在《今日丰南》及政务公开发布食药信息40余条，开通“丰南食安药美”微信公众平台和头条号，并通过区城乡一体化公共服务平台集中向全区市民发送食药安全提醒短信，提升食药安全舆论氛围。

食品安全日常监管。2016年全区获证食品生产企业43家，食品经营销售单位1091家，餐饮持证单位357家。开展食品安全监督抽检，抽检2054批次，不合格92批次，合格率95.5%。1840批次抽检结果在区政府信息网公开公示，公示率89.6%。抽检不合格1份食品及66份餐具样品所涉及51家经营单位相应处置，立案查处7户次，44家警告；完善“三小”（小摊点、小作坊、小餐饮）登记管理，结合《河北省食品小作坊小餐饮小摊贩管理条例》颁布实施和全市“迎世园会、创食安市”百日攻坚行动，推进“三小”食品业态系列专项整治，全年登记小摊点147家，小作坊66家，小餐饮416家，计629家；推进餐厨废弃物处置，唐山环洁能源有限公司作为餐厨废弃物无害化处置单位自2015年9月试运行，全区有553家餐饮单位餐厨废弃物由唐山环洁能源有限公司统一收购运输处置，城区餐饮100%纳入收运范围。全区381家餐饮单位安装油水分离装置，城区餐饮单位全部安装。

药品、医疗器械整治。2016年，全区有药品零售企业268家，药品批发企业1家；连锁总部3家，连锁门店123家，区级医院4家、专科医院1家、私立医院3家、社区卫生服务中心5家、乡镇卫生院14家、个人诊所931家。加强日常监管，推进医疗机构（卫生室、个体诊所）阴凉设施配备数量，城区阴凉柜配备比例90%以上。加强药品经营企业GSP认证、追踪检查，全年认证药品经营企业255家，跟踪检查企业54家。开展疫苗专项检查，含特殊药品专项整治，家庭过期失效药品回收，低温储存药品专项检查，中药饮片、中药材专项整治等专项执法检查，查获取缔无证经营药品、无证使用药品的窝点 2 个，药品一般案件立案 12 起、结案 12 起，当场处罚 16 起，销毁药品 1110 个品种（批次），9000 余盒（瓶），价值金额 5 万余元。

加强辖区内医疗器械经营、使用环节日常监管，开展医疗机构高风险医疗器械使用专项检查、注射用透明质酸钠监督检查、植入性医疗器械专项检查、角膜接触镜专项整治、避孕套质量安全专项整治、体外诊断试剂专项整治等专项执法检查，出动执法车辆 100 辆次，执法人员 457 人，检查医疗器械经营单位 215 家、城区医院 3 家、乡镇卫生院 14 家、卫生服务站 5 家、私立医院 3 家，下达责令整改通知书 180 份，立案 9 起、结案 9 起。建立完善长效监管机制，推行“两图一书两档”监管模式，落实监管责任和主体责任，绘制全区医疗器械经营企业“两图”，建立全区所有医疗器械经营企业监管档案和诚信档案。

保健食品、化妆品安全监管。2016 年辖区保健食品批发企业、医药连锁经营企业及门店 106 家、化妆品经营使用单位 132 家建诚信档案，一企一档。保健食品监督抽检，抽检 50 批次保健食品结果显示全部合格。全区 12 家大型宾馆酒店签订“承诺书”，规范宾馆酒店出租场地保健食品宣传。保健食品安全专项整治，保健食品经营单位落实完善索证索票及进货查验制度，规范台账记录，产品可追溯。出动执法人员 512 人次，出动执法车 190 辆次，检查保健食品经营企业 144 家次，发放“经营告知书”14 份，立案 5 起，结案 5 起。开展保健食品知识宣传，发放宣传材料 480 余份，为 320 余名老年人解答咨询问题，直接受益群众近 4000 人。全年全区登记化妆品经营单位 132 家，化妆品以美白、祛斑、祛痘、染发、烫发、防晒类为重点检查，“明珠商业步行街”区域内化妆品安全专项整治、检出成分与批件标示不符防晒类化妆品，查验化妆品进货记录、索证索票、台账记录、标签标识等，督促经营单位落实索证索票及进货查验记录制度，规范台账记录。出动执法人员 312 人次，检查化妆品经营使用单位 89 家次，立案 10 起，结案 10 起。

（赵亚芳）

国土资源管理

【概况】 2016 年，唐山市国土资源局丰南区分局（以下简称区国土局）实施和完善《唐山市丰南区土地利用总体规划 2010—2020 年》，制定并由区委、政府下发《关于深化土地规划执法体制改革治理违法占地违法建设的意见》（丰南发〔2016〕12 号）《关于进一步加快耕地占补平衡项目建设实施意见》（丰政字〔2016〕14 号）文件。加强治理违法占地违法建设，耕地和基本农田保护，建设用地审批管理，土地开发整治，地籍管理土地市场管理，矿产资源管理，海域使用管理，土地执法监察等，国土资源管理趋向规范。

【土地利用总体规划】 2016 年，根据国家和省统一安排，区国土局贯彻科学发展观，落实“十分珍惜，合理利用土地和切实保护耕地”基本国策，统筹土地资源开发、利用和保护，协调好人口、土地、资源关系，增强土地资源对社会经济发展保障能力。根据《国土资源部办公厅关于印发市县乡级土地利用总体规划编制指导意见的通知》（国土资厅发〔2009〕51 号）《河北省国土资源厅关于市县土地利用总体规划修编的指导意见》（冀国土资地字〔2009〕21 号）要求，依据《唐山市土地利用总体规划（2006—2020 年）》对丰南区土地利用各项控制指标，结合丰南区未来维护社会发展对土地利用需求，编制《唐山市丰南区土地总体规划（2010—2020 年）》。规划指导思想：以“打造经济强区，建设生态水城”为建设总体目标，以“建设面向世界、面向未来、面向现代化丰南”为指针，实施“城市化推进、新型工业化和可持续发展和谐发展”战略，处理好耕地保护、经济发展、生态环境建设关系，正确处理规划调控与市场调节与当前利益等关系，发挥市场机制配置土地资源基础性作用。加强土地用途管制，确保土地集约、高效、合理利用，逐步实现全区农业持续发展，工业健康发展，环境生态良性发展，提高土地资源对经济社会可持续发展保障能力。规划原则：严格保护耕地，落实耕地与基本农田保护目标，坚持集约用地，提高土地利用率，强化统筹协调，合理安排各区域各行业用地，保护和改善生态环境，保证土地资源的可持续利用。规划主要内容：土地利用规划主要目标与调控指标；土地利用结构调整与布局优化；耕地和基本农田保护；建设用地调控；土地整治；土地利用与生态环境建设；中心城区土地利用；土地用途分区管制；镇（乡）土地利用调控；土地利用重大工程和重点项目安排；规划实施保障措施等。2016 年土地利用总体规划调整完善。

【土地利用计划管理】 2016 年，丰南争取用地计划指标 91.6 公顷，省重点项目指标 5.3 公顷，保重大项目和民生工程用地需求。

【耕地与基本农田保护】 2012 年度及 2014 年度，丰南区高标准基本农田建设任务为 1.33 万公顷，安排 18 个项目，建设总规模 2.04 万公顷，其中基本农田面积 1.36 万公顷。截至 2016 年 12 月 28 日，18 个项目全部验收，完成高标准基本农田建设任务。2016 年完成唐山城市周边及区基本农田划定，上报划定总面积 4.24 万公顷。其中，城市周边划定基本农田面积 7247 公顷，城区外划定基本农田面积 3.52 万公顷，成果上报省厅审核。

【建设用地审批管理】 截至 2016 年底，全区完成 6 个项目用地组卷宗上报，总面积 70.35 公顷。保障梦牌瓷业、丰华陶瓷技改等区重点项目用地需求。完成 2016 年度中心城区指标报部备案，面积 51.77 公顷。完成张唐铁路等 2 个单独选址项目供地，面积 167.27 公顷。

【土地开发整治】 2016年度，唐山市人民政府下达丰南区耕地占补平衡任务260公顷。全区安排15个耕地占补平衡项目，包括大新庄镇黄米廒砖厂、大新庄镇小戟门河、大新庄镇佟庄子和孟庄子鱼塘、大齐镇和钱营镇幸福河、黄各庄镇黄三村、西葛镇未利用地1～10期土地整治项目，总规模669公顷，计新增耕地638.27公顷，通过市局立项11个，总规模421.61公顷，新增耕地403.89公顷，立项完成下达任务155%。其中，西葛镇未利用地一期、四期、大新庄镇小戟门河、大齐镇和钱营镇幸福河等6个项目经市国土局组织验收，新增耕地233公顷。完成下达任务90%。

【地籍管理】 2016年，全区办理土地登记5572宗，其中国有土地使用权登记5290宗、集体土地使用权登记7宗、抵押登记275宗。集体建设用地确权登记发证。完成15个乡镇429个村土地、房屋外业调查，涉及宅基地和建设用地165239宗，面积151.25平方千米，房屋、土地调查数据入库率43%。挂牌成立丰南区不动产登记局，在区行政审批中心设立不动产登记窗口，2016年9月28日颁发第一本不动产登记证书。

【土地市场管理】 2016年，全区组织供应各类建设项目用地84宗，面积211.4751公顷，其中划拨土地4宗，面积169.50公顷；出让土地76宗，面积41.06公顷，出让金收入1.72亿元；办理集体建设用地占用手续4宗，面积0.91公顷。全年土地市场监测与监管系统提示6宗4.23公顷闲置土地全部处置到位。完成国土资源部土地督察北京局对2014年节约集约用地专项督察涉及3宗闲置土地整改验收。清理批而未供土地，提高供地率。2011年至2015年全区建设用地批准面积1548.77公顷（含报国务院备案未实施部分），截至2016年底供应面积1001.64公顷，供地率64.67%。2016年上半年完成2014和2015年度147个卷宗自查，对自查中发现两大类15个问题于6月15日前全部整改到位。制定《关于进一步规范国有建设用地使用权出让管理工作的通知》，明确国有建设用地使用权出让前、中、后工作要求，进一步规范国有建设用地出让。

【土地收储】 2016年，全年收储土地3宗，面积3.34公顷，无偿收回闲置国有建设用地1宗，面积433.33公顷。

【地质灾害防治】 2016年，区国土局编制《2016年地质灾害防治方案》，对存在地质灾害隐患钱营镇毕各庄、东黄各庄等5个地质灾害隐患村和丰南镇北新庄子村逐一巡视排查，全年无地质灾害事故发生。

【矿产资源管理】 2016年，加强域内开滦集团唐山矿业分公司及钱家营矿业分公司两个矿山企业矿产资源开采监督管理，避免超层越界违法开采。

【海域使用管理】 2016年，区国土局与区港口办完成河口码头护岸工程等三个用海项目海域使用权设立，批准海域使用权面积86.92公顷。对唐山港丰南港区海域范围内非法围海养殖，依法清理整顿，涉及围海面积5.8平方千米，确保良好用海秩序。根据《国家海洋局关于印发<县级海域动态监管能力建设项目总体实施方案>和<县级海域动态监管能力建设技术指南>的通知》（国海管字〔2014〕724号）要求，区国土局视频会商室及主控机房升级改造，初步实现区县级海域动态监管。

【土地执法监察】 2016年整改到位2015年度土地卫片整改中省厅下发丰南区的85宗违法用地图斑，，其中拆除违法用地图斑6宗，调整规划补办用地手续79宗（组卷立案查处65宗，罚没地上建筑物22宗，移交公安7宗），通过省国土资源厅四次外业核查。全年全区发生93宗新增违法用地，立案查处91宗，2宗调查组卷。

（张相庭　张　琨）

安全生产监督管理

【概况】 2016年，丰南区安全生产监督管理局（以下简称区安监局），以“提素质、强监管、严执法、保安全”为目标，落实安全生产监管责任，加强安全生产宣传培训、安全生产专项整治、安全生产隐患排查、安全生产攻坚和安全生产基础工作，实现全区安全生产形势平稳。

【安全生产部署】 2016年4月，区政府调整区安全生产委员会成员，（以下简称区安委会）明确职责分工，推进安全生产。完善安委会例会、文件制发、调度督导等制度。召开全区安全生产工作大会和安委会例会11次，印发《安全生产工作要点》《安全生产攻坚行动实施方案》《危险化学品和烟花爆竹行业隐患排查工作方案》《危险化学品安全生产攻坚工作方案和机械、轻工、纺织等行业企业安全风险辨识分级管控工作方案》《2016年机械等六行业开展防范机械伤害和触电伤害安全专项整治工作方案》以及“唐山世园会”等敏感时期《安全监管通知》等文件，部署年度各阶段安全生产。

【安全生产责任制落实】 2016年初，区政府与乡镇和有关部门签订《2016年安全生产目标管理责任书》，乡镇、有关部门与所辖企事业单位，企业与内部分厂、车间、班组和个人，层层签订责任书，逐级分解目标任务和承担对应安全管理责任。转发市委、市政府一系列关于安全生产工作部署文件，落实安全生产监管监察职责。严格考核和责任追究。12月中旬，区安委会对签订安全生产目标管理责任书乡镇和部门年终考核兑现奖惩。

【安全生产专项整治】 2016年初，区各单位制定本辖区、本行业安全生产专项整治工作方案，区安委会抽调业务骨干和安全专家组成执法检查组，开展建筑施工、危险化学品和烟花爆竹、冶金建材、粉尘涉爆、道路交通、人员密集场所、油气管网等行业（领域）专项整治。重点企业全年投入安全整改资金8200余万元，整改安全隐患7100余项。冷库企业进入生产旺季，区安监局、市场监管局、公安消防大队等部门联合相关乡镇，开展涉氨制冷企业专项治理，排查黑沿子镇、柳树瞿阝镇等地海产品冷库56家，查改隐患315项。区安监局、商务局、市场监管局等部门联合取缔黑沿子镇等地非法加油站点14家。重大危险源专项整治，全区6家危化重大危险源单位全部通过阶段验收。陶瓷生产和耐火材料制造业粉尘危害专项治理，推进职业病危害申报复核、职业危害检测评价及职业病防护设施“三同时”。截至年底，申报复核企业741家，万丰兴化工等8家企业接受国家安监总局职业危害防治评估，组织59家危化及规模以上企业完善预案备案手续，组织重大危险源企业辨识评估和登记建档。

【安全生产大检查】 2016年3月末至10月末“唐山世园会”期间，区、乡两级安监系统及相关部门监管人员深入生产一线，对全区事故易发、多发重点地区，围绕冶金、危化、道路交通、建筑施工等重点行业，学校、医院、商业娱乐场所、旅游景点等人员密集场所，开展安全生产大检查。成立42个执法检查组和5个专项督导组，出动执法检查人员3365人次，检查企事业单位2309家次，排查整改各类安全隐患4350余项，实施经济处罚40多万元。汲取江西丰城电厂“11•24”事故教训，区安委办召开区冬季安全生产工作会议，区政府督查室带领区电视台记者随机抽查，督导各地落实情况，聘请行业专家带队深入一线督导检查。出动执法人员817人次，聘请专家230人次，检查生产经营单位1024家次，消除安全隐患2075项。

【安全生产攻坚行动】 2016年，区安委办推进“双控”体系建设。加强风险辨识管控，对各类安全风险有效辨识、科学分析和全面评估，落实管控措施。全区42家冶金、危化、机械六行业企业排查确定风险隐患9594项（其中A级风险隐患81项，B、C、D级风险隐患分别为1114项、2384项和5985项），分类分级、标志标识和建档立卡。加强隐患排查治理动态监管平台建设，56家企业实现隐患排查、上报、处置、反馈等闭环管理信息化，截止年底，登录上报隐患1000多条，整改率98%。

【安全生产宣传培训】 2016年6月，全区开展以“强化安全发展观念，提升全民安全素质”为主题全国第15个“安全生产月”活动，组织“安全进万家、幸福你我他”主题志愿服务、安全生产咨询日、有奖征文、知识竞赛、警示教育等宣传活动；推进河北安监人新媒体、河北安全生产志愿者注册系统、河北安全生产宣教平台和安全生产知识网上答题竞赛“三个平台一个竞赛活动”，全区安全生产网上答题突破23万人，安全生产志愿者注册人数3200多人，组建区直、乡镇、企业94名安全生产通讯员队伍，在安全生产宣教平台及河北“E安全”等新媒体发布全区动态信息12篇。抓企业“三项岗位”人员培训，培训企业负责人及安全管理人员842人，特种作业培训班46期2458人；安全用电知识等专项培训25场次，培训业务骨干、基层管理人员2100余人；公益培训136场次，培训从业人员8.8万人，提升人员安全素质和能力。组织9家企业134名一线职工参加全市应急救比武大赛，获2个团体季军奖，3名个人优胜奖。

【安全生产基础工作】 2016年，全区15个乡镇、3个开发区、19家重点安委会成员单位、27个重点村居及54家规模以上企业完成规范化建设。把行政审批关，发放（换、取）安全生产经营许可证26家。推进标准化建设，督导企业完善责任体系、健全规章制度、加大安全投入、配备安全设施，全年完成32家企业达标评审。开展诚信建设，完成78 家企业诚信等级证书发放，其中A级8家、B级24家、C级46家。

（于红　李冰杰　杨秀军）

丰南区安监局执法人员率专家到唐山达丰焦化有限公司进行安全大检查

农村经济管理

【概况】 2016年，丰南区农村经济管理工作以增加农民收入，减轻农民负担为目标，加快推进村级集体资产股份制改革，深化村级集体“三资”（资产、资金、资源）管理，强化村级财务管理与监督，规范村级财务管理，促进村级集体经济健康发展。

（李明春）

【一事一议筹资筹劳管理】 2016年，丰南区村民一事一议筹资筹劳管理，按照《农业部关于规范村民一事一议筹资筹劳操作程序的意见》要求，规范运作，每人每年筹资不超过30元，并给农户开据省减负办监制专用收据，存入专户，做到专款专用。3月，区财政局与区减负办联合实地核查全区2015年度一事一议项目完成情况，核查完工项目142个，拨付奖补资金2411.70万元。7—8月，启动2016年度一事一议财政奖补项目申报。全区15个乡镇103个行政村申报一事一议财政奖补项目122个，其中43个村为省级美丽乡村，申报项目55个，60个村申报一般项目67个。项目涉及农村道路、打井、办电等公益事业。8.59万名村民筹资257.77万元。涉及奖补资金2469.5万元，其中省级奖补资金1490万元，市级奖补资金369.5万元，区财政配套奖补资金423.81万元，以前年度结余资金369.5万元。资金于9月下旬预拨到各乡镇。

（刘艳玲）

【农村财务管理】 2016年2月底，丰南区确定丰南镇大岔河村、西葛镇越支四村2个村为发展壮大集体经济试点村，组织专门人员到试点村宣传、业务培训和指导。2个试点村清理集体资产资源有偿合同94份，清理合同涉及金额230.22万元，规范不完善合同6份，涉及金额5.52万元，补充签订合同6份，涉及金额4.58万元，通过加强合同管理集体增收8.2万元。6月底，组织乡镇农经财会人员岗前培训、考试，合格办理农村会计上岗证239人。加强村集体“三资”（资金、资产、资源）管理，规范“三个中心”（农村财务委托代理服务中心、资产资源招投标服务中心、村集体采购服务中心）运转，解决存在问题。年内，全区15个乡镇464个村（居民委员会）组织资产资源招投标项目1127个，涉及325个村（居），招投标总金额1.86亿元，其中村集体资产资源招投标收入金额1.10亿元，增收1836.79万元。工程建设招标投资金额7600.11万元，节省投资318.61万元。村级集中采购2417次，采购总金额3396.36万元，节省村级开支309.83万元。年内，结合乡镇经管站组织大新庄镇、丰南镇、唐坊镇、小集镇、黄各庄镇五个乡镇报账员竞聘考试，涉及15个村，26人报名参加，按照公开、公平、公正原则，择优录取15人竞聘上岗，改善村级财会人员年龄结构、文化结构，提高基层会计队伍整体素质。对乡镇经管站工作人员和乡镇财政所代管资金工作人员140余人组织农经政策、业务培训。

（薄秀云）

【农民负担监督管理】 2016年，丰南区农民负担监督管理办公室制发《关于开展2016年度农民负担清理整治活动的通知》，转发河北省农业厅（河北省委省政府农村工作办公室）等6部门《关于转发〈农业部等六部门关于做好2016年减轻农民负担工作的意见〉的通知》的通知，安排部署2016年度农民负担清理整治工作。在各乡镇和区直相关单位自查基础上，丰南区农民负担监督管理办公室采取随机抽查形式，督导检查部分乡镇和区直相关单位，防止农民负担反弹。为减轻村集体报刊费负担，落实限额制要求，区政府制发《关于进一步做好村集体公费订阅报刊限额制的通知》，杜绝村级组织报刊订阅超限额问题发生。

（刘艳玲）

【完善土地流转机制】 2016年，丰南区在稳步扩大流转面积同时，加强土地流转管理，以实施土地流转合同制和备案制为重点，规范土地流转行为及管理。引导流转双方采用全省统一格式文本签订流转合同，并上交村及乡镇流转服务站各一份备案；乡镇流转服务站及时将通过审核的规模流转合同录入省、市两级土地流转信息系统。开展工商资本租赁农地检查。按照《唐山市农牧局关于转发〈河北省农业厅关于加强对工商资本租赁农地监管和风险防范的通知〉的通知》文件要求，全面检查本区土地流转情况尤其是工商资本大规模连片流转农户承包地情况。未发现工商资本流转土地后改变农业用途及拖欠农户租赁费现象。

（张青松）

交通运输管理

【概况】 2016年，丰南区交通运输局（以下简称区交通运输局），内设办公室、党委办公室、人事科、财务科、安保科、审计监察科、综合规划科、执法督察室、地方工作办公室、资产经营办公室、水路运输管理科11个科室。下属事业单位13家，分别是：公路管理站、公路运输管理站、综合执法一大队、综合执法二大队、证照处理中心、地方道路管理站、汽车综合性能检测站、质量监督站、唐山兴达交通工程有限公司、鹏通汽车专业二级维护作业站、兴达出租汽车有限公司、材料供应站、运输服务公司。在职职工572人，其中正式工289人，人事代理5人，聘用制2人，局内合同制2人，建勤工2人，协议工272人。区交通运输局履行职责，加强交通安全运输管理和行政执法。

【打非治违专项整治】 2016年，区交通运输局按照唐山市交通运输局《关于开展“六打六治、打非治违”专项行动实施方案》，开展道路运输市场“打非治违”专项整治。检查全区道路运输企业，全年查处违法违规货运车辆货车42辆，危险品8辆，客运班车19辆，查处违规修理企业2家，现场予以纠正。

【“双超”及非法改型车辆运输查处】 2016年，区交通运输局坚持“依法严管、标本兼治、立足源头、长效治理”，加强路政执法。全年检查超限超载和非法改型运输车辆1.45万辆，查处超限超载和非法改型运输车辆1168辆，卸载货物5541.74吨。降低车辆超限超载运输发生率。对总质量为12吨及以上货运车辆，安装北斗卫星装置，掌握运输安全。

【汽车维修服务】 2016年，全区维修企业154家，二类16家，三类130家，A级、二级维护5家，培训4期，参加人员760人，通过率100%。

【驾培管理】 2016年，全区汽车驾驶学校10家，培训各类机动车驾驶员7028人。年内，督导检查10家驾校，全区招生点拉网式巡查，加大驾培市场治理力度，打击异地经营等违法行为，查扣违法违规教练车12辆。

【出租车管理】 2016年，全区出租汽车455辆，出租车营运证年审合格率100%。出租客运环境整治，打击黑出租及不打计价器、乱停乱放、随意涨价、不按线路行驶、不按站点停车等各类违法违规行为，维护客运市场正常秩序。规范车容车貌、司乘人员着装、服务语言，提升出租服务水平，降低社会投诉率。查处各类客运违规经营行为，查扣出租车19辆，“黑车”8辆。

（刘宗魁 臧全亮）

财　政

【概况】 2016年，丰南区财政局（以下简称区财政局）按照年初既定目标，发挥财政职能作用，调整税收结构，推进各项改革，强化财政管理，克服经济发展中遇到的困难，化解收支矛盾日益尖锐不利因素，合理调度资金，保障重点支出需要，实现全年预算收支平衡。全年完成全部财政收入54.99亿元，占调整预算100.4%，比上年增长8.2%. 其中，国税系统完成7.8亿元，比上年增长90.1%；地税系统完成10.06亿元，比上年下降36%；财政系统完成13.66亿元，比上年增长47.2%。一般公共预算收入完成31.52亿元，占调整预算100.3%，比上年增长8.3%。全区财政支出48.05亿元，占调整预算95.4%，比上年增长10.7%。

【财政收入】 2016年，丰南区财政系统按照区委区政府决策部署，面对经济下行给财政发展带来压力，税收增长乏力及政策性减税等一系列问题，把握组织财政收入主动权，加强与税务部门沟通，发挥财政部门组织收入协调作用，分解收入计划，落实征管责任，依托全区综合治税平台，加强税收源头管控，开展欠税清缴专项行动，规范政府非税收入管理。全年完成一般公共预算收入31.52亿元，占调整预算的100.3%，比上年增长8.3%，其中非税收入完成13.66亿元，比上年增长47.2%。

【财政支出】 2016年，区财政局从严控制“三公经费”等一般性支出，切实降低行政运行成本。全年全区“三公”经费支出1774万元，较上年同期压减33%。强化绩效预算管理，开展财政项目支出绩效评价工作，涉及项目32个，区级财政资金2.28亿元。加强财政投资项目评审，全年完成182个评审项目，送审金额10.48亿元，审定金额9.86亿元，节约资金6193.5万元。化解政府存量债务，全年置换债券37.97亿元，节约融资成本1.03亿元，各相关单位偿还债务4.52亿元。盘活财政存量资金，全年收回财政存量资金9272万元。同时，将财政存量资金统筹使用，投向全区经济社会发展亟需领域。预算单位财务信息平台平稳运行。通过信息平台自动获取对账信息，及时、全面了解预算单位资金收支情况、预算执行情况，建立与各预算单位之间财务信息共享机制。细化乡镇支出方式，功能分类细化到项，经济分类细化到款，规范乡镇财政支出行为。全年财政支出完成48.05亿元，其中一般公共预算支出45.85亿元，比上年增长11.8%。拨付社保就业资金1.74亿元，保障优抚对象、城乡低保特困群众基本生活。拨付资金1.83亿元，支持城乡居民医疗保险、困难群体医疗救助，推进公立医院综合改革、区医院迁建、计划生育家庭奖励等。拨付资金10.10亿元，落实义务教育经费保障和经济困难家庭学生资助政策，支持中小学教学设备更新、校舍维修、校园绿化和乡镇校车运行。支持全区文化体育事业发展，投入1448万元，推进农村文化建设，支持文化馆、图书馆免费开放。支持平安工程建设，投入7702万元，完善社会治安科技防范体系，支持公安技术业务用房、警示教育基地工程建设，提高政法部门技术装备水平。支持城区环境提升，投入资金7.32亿元，用于市政工程、园林绿化、环卫设施、小城镇建设等公共基础设施维护养护。支持农业农村发展，拨付资金6.46亿元，支持成品油价格改革、农业结构调整、农村面貌改造提升、软弱涣散党组织帮扶转化、村级“一事一议”等重点项目。项目资金跑办取得成效。全年29个区直部门360个项目，共争取到位上级专项资金13.19亿元，比上年增长32.2%，增加区级可用财力。

【预算编制】 2016年，区财政局完成政府预算草案编制、修改完善和区直部门预算文本编制。编制部门绩效预算，按照省全面推进绩效预算改革要求，2016年预算编制实行绩效预算编制模式。按照预算编审程序完成预算审核汇总，根据全区测算财力和全区重点工作安排汇总编制全区预算草案。编制预算（草案）文本，完成区政府预算草案编制汇总和部门绩效预算草案编制，根据人大批准通过预算草案编印全区政府预算和分部门绩效预算文本，编制62个区直部门绩效预算文本。

【农业保险保费财政补贴管理】 2016年，区财政局拨付政策性农业保险补贴资金1918.16万元。根据唐山市丰南区政府农业办公室《关于完善2015年农业保险保费补贴资金申请手续的通知》精神，执行种植业保险须村、镇两级审核确认，养殖业保险须基层动检站、区农牧局审核确认后拨付补贴资金，确保资金管理规范、安全。

【非税收入管理】 2016年，区财政局落实各项收费政策，监督各执收单位按照省以上文件规定收费项目及标准征收，不得随意增加收费项目，提高收费标准，对涉及减免政策，严格按文件规定执行。按照省委省政府“一问责八清理”专项行动安排部署和区“一问责八清理”专项行动领导小组要求，会同区发改局、区审计局组织乱收费乱摊派专项清理，对28个区直单位和15个乡镇、2个开发区督导检查。建立重点非税收入计划管理制度，根据前三年每项收入完成情况，结合部门工作特点和全区经济发展情况，科学合理测算核定当年每项非税收入计划，下发到各部门、各单位执行，确保非税收入应收尽收。全年完成政府非税收入15.9亿元，占调整预算的105.8%，比上年增长40.30%。

【财政监督】 2016年，区财政局按要求照省委省政府“一问责八清理”加强财政专项资金清理、项目资金绩效监督、会计监督检查、非税收入收缴专项检查等监督检查。清理滞留截留套取挪用财政专项资金。制定《唐山市丰南区“一问责八清理”专项行动滞留截留套取挪用财政专项资金问题清理工作实施方案》，按照边查边改原则，发现问题，责成责任单位立即整改。梳理行之有效资金管理规定155个，新出台专项资金管理制度1个，拟定专项资金管理实施意见1个。对省级科技计划专项经费、淘汰落后和化解过剩产能专项资金、养老服务体系、新能源汽车发展和推广应用补助资金、“十二五”期间省级财政科技投入项目等开展绩效监督。开展非税收入收缴情况专项检查，全区63个单位2014—2015年度收费情况组织自查。

【政府采购】 2016年，区财政局推广政府购买公共服务模式，编制政府购买服务项目22项，全年实际购买金额6824.5万元。同时，将政府购买服务项目全部纳入年初预算，并全部纳入绩效管理。8月1日，“丰南区政府采购中心”职能由区财政局划转到政务服务中心。对各类采购完成项目，在办理资金结算过程中，认真核对采购项目招标文件（谈判、询价文件）、政府采购合同、验收报告等，按招标文件、合同规定时限、标准支付采购资金，降低财政支出风险。全年办理215个项目结算，实施采购预算金额2.95亿元，实际采购金额2.71亿元，节约资金2453万元，节支率8.3%。

【机关事业单位养老保险金管理】 2016年，丰南区机关事业养老保险基金收入包括个人缴费、单位负担、财政补贴、利息四部分。机关事业养老保险有1.22万人参保缴费，全年收入3.07亿元，其中个人缴费部分7545.77万元，区财政补助1.16亿元。全年拨付3.32亿元，使5484名离退休人员及时、足额领取养老金。

【城镇职工基本医疗保险基金管理】 2016年，丰南区有9.93万人参加城镇职工基本医疗保险，城镇职工医疗保险基金收入3.95亿元，拨付城镇职工医疗保险基金2.44亿元。

【城镇居民医疗保险基金管理】 2016年，丰南区城镇居民医疗保险缴费补助标准每人每年不低于420元，财政补助2423.47万元。全区共有3.40万人参加城镇居民医疗保险，城镇居民医疗保险基金收入2521.78万元，拨付城镇居民医疗保险基金1203.63万元，有4.29万人次享受城镇居民医疗保险待遇。

【新型农村合作医疗基金管理】 2016年，丰南区有38.21万农民参加新型农村合作医疗，缴费标准为每人每年150元，缴费金额5743.02万元。财政补贴标准每人每年420元，其中中央补贴240元，市级补贴65元，区级补贴115元，投入财政补助1.52亿元。全年拨付新农合基金2.02亿元，其中上划市财政局大病保险1530.85万元，标准为每人每年40元，拨付区人保公司意外伤害住院医疗保险765.42万元，标准为每人每年20元。

【城镇居民最低生活保障资金管理】 2016年，丰南区城镇居民最低生活保障标准由每人每月500元提高到每人每月550元，全区共拨付城镇低保资金612.07万元，1266人享受到城镇最低生活保障。

【农村最低生活保障资金管理】 2016年，丰南区农村低保标准由每人每年3550元提高到每人每年3912元，拨付农村最低生活保障资金4001.21万元，1.41万人领取农村最低生活保障金。

【城乡居民基本养老保险基金管理】 2016年，丰南区城乡居民基本养老保险采取社会统筹与个人账户相结合制度模式。缴费标准及补助政策为居民缴费标准每年100元、200元、300元、400元、500元、600元、700元、800元、900元、1000元、1500元、2000元、3000元13个档次。对个人缴费补贴：自2014年起，选择100～400元档次补贴标准为每人每年30元；选择500元及以上档次补贴标准为每人每年60元。政府为参保重度残疾人每人每年代缴100元。缴费补贴和为重度残疾人代缴养老保险费所需资金，由省、市、区按1:1:1的比例分担。财政对于基础养老金补贴每人每月115元，其中中央补贴70元，省级补贴10元，市级补贴5元，区级补贴30元。年满60周岁每月每人享受115元基础养老金。全区有26.7万人参加城乡居民基本养老保险，缴费2253.59万元，城乡居民养老保险筹集1.59亿元。全年发放城乡居民养老保险金1.21亿元，8.46万名城乡居民按时、足额领取养老金。

【会计管理】 2016年，区财政局组织1228人报名参加会计从业资格考试，232人报名参加中级会计专业技术资格考试，3人报名参加高级会计专业技术资格考试。其中，中、高级会计专业技术资格考试有68人105科次通过。开展《中华人民共和国会计法》执行情况检查，组织全区1923个单位自查，检查日实际在岗会计人数2800人，查出无证上岗会计人员35人；采取调账与实地检查相结合检查方式，对区科技局、科学技术协会、农工委、工信局、排水管理处等6个单位会计监督检查，对其财务管理整体状况做详细解和记录，发现问题予以纠正。召开全区行政事业单位内部控制工作推进暨基础性评价专题会议，组织开展内部控制基础评价，推进全区行政事业单位内部控制制度实行。

【国有资产管理】 2016年，区财政局开展全区行政事业单位国有资产清查，涉及行政事业单位278户，资产清查数56.87亿元，负债清查数27.95亿元。执行公物仓制度，发挥资产调剂功能。全年公物仓入库机动车3辆，办公家具125件，办公设备28件；调剂办公家具125件，放映椅254件、卷柜14件、空调4台。推进公务用车制度改革。全区涉及车改单位73家，车辆总数678辆，车改后车辆总数419辆，参改人员2307人。

【公费医疗管理】 2016年，区享受公费医疗人数218人，其中离休人员112人、二等乙级及以上伤残31人、退休20人、工伤2人、计划生育后遗症12人、武警中队在役官兵41人。全年财政安排并拨付公费医疗专项资金500万元，实际支出500万元。

【一事一议管理】 2016年，丰南区财政局按照“一事一议”财政奖补程序流程，完成2016年度“一事一议”建设项目申报。全区有43个美丽乡村项目，奖补标准为省级奖补每村30万元；122个一般村项目，涉及全区15个乡镇103个行政村，奖补资金2469.5万元，其中省级奖补资金1490万元，市级奖补资金369.5万元，区财政配套奖补423.8万元，往年结余资金186.2万元。

【农业农村资金管理】 2016年，区财政局拨付农业支持保护（加强耕地地力保护）补贴资金6150.88万元，按规定测算，全区应享受补贴面积5.06万公顷，补贴标准每亩80.97元。完成2015年农村道路客运和出租车成品油价格财政补贴资金兑付，全区发放财政补贴资金444.79万元，其中农村道路客运补贴资金32.78万元，涉及车辆12辆；出租车补贴资金412.01万元，涉及车辆453辆。完成提前淘汰黄标车清算，审核淘汰黄标车2285辆，兑付补贴资金2538.5万元。完成洁净型煤推广补贴资金清算，全区推广洁净型煤3.22万吨，拨付补贴资金1644.31万元，其中市级财政补贴1321.9万元。

【国有资产经营】 2016年，区财政局实现国有资产收益1322.1万元，其中续租合同10份，国有资产出租收入1007.2万元；国有资产处置收入314.9万元。借助金马甲网络交易平台，对国有资产租赁与处置实行网上公开竞价，包括第二原种场土地租赁、教育局50多所中小学锅炉报废拆除、公安局交通警察大队废旧机动车等，评估价值72万元，成交金额94万元，增值率达30%。保障全区重点项目资金供给。全年拨付区医院迁建项目资金6759万元，拨付绿化攻坚、持续攻坚项目资金3695万元，拨付警示教育基地建设项目资金1841万元。

（徐海龙）

国家税务

【概况】 2016年，唐山市丰南区国家税务局（以下简称区国税局）机关内设9个科室、1个办税服务厅、1个事业单位，下设6个税务分局。干部职工年初134人年底135人，管理的企业户数由年初3512户年底增至5115户，个体工商户由年初3027户年底增至4824户。2016年，区国税局依法履行税收征管职责，坚持“聚财为国、收税为民”，组织税收收入。深化国税地税征管体制改革，推开营改增试点，升级纳税服务规范，开展便民办税春风行动。全系统凝心聚力，年底全区科级领导班子工作实绩综合考评中区局领导班子被区委区政府评为“优秀领导班子”。

丰南区国家税务局召开警示教育大会

【税款征收】 2016年，区国税局面对严峻经济税收形势，采取综合治税措施，组织收入。坚持“有税尽收、无税禁收，不收过头税”，强化责任意识，加强对组织收入目标考核、税收经济分析和税源调查，做到税源底数清、情况明、数字准、掌握组织收入主动权。开展清理欠税、税收分析、风险核查、纳税评估等专项行动，促进税收稳定增长。全年完成总局口径税收收入29.73亿元，占年计划28.40亿元的104.67%，比上年增收7.47亿元，增长33.54%。完成政府口径税收收入28.57亿元，比上年增收6.32亿元，增长28.37%。其中公共财政预算收入完成7.80亿元，比上年增收3.70亿元，增长90.12%。

【营改增】 2016年3月5日，李克强总理在十二届全国人大四次会议上宣布5月1日起在全国范围内全面推开营业税改征增值税（简称“营改增”）改革试点。按照中央政策规定和上级局安排部署，区国税局全系统将此作为重大政治任务，区局部署准备，加强与相关部门沟通与协作，内部部门职能整合。制定《全面推开营改增任务分解表》和应急预案，围绕开票、申报、分析，夯实征管数据基础，加强技术支持保障，做好税控器具及发票准备。合理配置办税服务资源，分步做好营改增纳税人接收、发票领用、一般纳税人资格登记、政策培训辅导，地税部门协同配合；接收并核实营改增四行业（建筑业、房地产业、金融业和生活服务业）2482户纳税人信息，（国地税共管户640户、纯地税管户1842户）。为确保纳税人及时掌握营改增新政，编制课件，组织培训11期，培训纳税人2821户次2991人次，税务人员249人次。为保证营改增试点纳税人顺利开具发票，安排专人“一对一”辅导，第一张营改增发票5月1日凌晨在国丰维景国际大酒店成功开具。5月份重点对营改增试点纳税人申报辅导，确保6月1日顺利申报。辅导试点纳税人营改增税负测算分析，对税负增长营改增企业深入调研，详细讲解营改增政策，避免产生因落实新政策不到位造成税负增长，营改增改革顺利实施。

【征管体制改革】 2016年，区国税局落实中央和省市《深化国地税征管体制改革方案》部署，制定改革工作安排，围绕服务深度融合、执法适度整合、信息高度聚合，推进国地税合作落实。国地税联合开展清户籍专项活动，联合办税多项合作。联合税收宣传；联合辅导活动5次培训纳税人775人次；联合对1688户纳税人信用评价，评出纳税信用A级纳税人140户，D级纳税人32户；联合推进“银税互动”，因纳税信用评定结果高，6户纳税人增加信贷额度350万元；联合为21户次大企业提供个性化服务。采取进驻方式征收城建税及附加等征税合作。税收执法协同管理非正常户、协同定期定额户的定额核定、联合核定征收企业所得税、联合欠税管理、协同风险应对、协同对外支付税务管理、联合税收分析，涉税信息共享推动实现信息高度聚合。共享登记信息，联合设立税务登记3399户，联合变更登记6791户次，协同办理注销税务登记1317户。联合采集第三方涉税信息，利用综合治税平台采集489条信息并同步传递实现信息共享。

【税收风险防范】 2016年，区国税局落实《全国税收征管规范》规范税收执法，提升防范执法风险能力。推进纳税人税收征管电子档案和办税人员身份信息采集确认。做好进销项系统监控分析，通过预警分析疑点数据，作废、失控发票信息，核查系统自动生成预警、人工筛查任务，做到堵漏增收。区国税局税收风险防控应对领导小组定期召开会议，部署税收风险防控。2016年，接收办结省、市国税局税收风险任务35类753户，有问题617户，无问题136户，入库税收41699.11万元，滞纳金820.11万元，进项税额转出106.90万元，调整应纳所得税660.03万元。加强非居民税收风险管理，国丰钢铁股权转让密切跟踪和掌握股权转让进度，为政府工作决策提供政策支持。2016年1月18日，唐山最大单笔非居民企业股权转让税款入库，共征收税款3.4亿元，得到省国税局主管领导表扬。开展欠税核查清缴专项行动。对2001年5月1日以来产生应缴未缴各项税款核查、

国税人员“一对一”辅导纳税人办税

确认、清缴，逐户约谈，采取联合惩戒措施督促缴税；对因失控票产生企业新欠，对相关纳税人均采取税收强制措施，督促清缴入库。

【税收减免】 2016年，区国税局执行税收减免、申请审批、监督管理及备案制度，优惠政策应享尽享。2016年全区小型微利企业2606户，盈利户数597户全部享受企业所得税优惠减免税370.33万元。全年享受固定资产加速折旧企业47户，调减应纳税所得额283.67万元。全年落实征前减免增值税优惠7项：促进小微企业发展免征增值税9883户（次）1118.98万元，个体工商户未达起征点享受增值税优惠36646户（次）税额2260.51万元，改善民生（菜篮子工程等）免征增值税41户(次)77.08万元，节能环保（资源综合利用）企业免征增值税5户393.19万元，支持金融资本市场发展免征增值税2户4.29万元，支持“三农”(农电建设、合作社、饲料企业等）免征增值税29户（次）3343.07万元，支持其他各项事业（购置税控设备等）免征增值税902户（次）863.14万元。落实《出口退税管理办法》，全年为218户（次）出口企业办理出口货物退增值税15204.09万元。全年为安置残疾人就业企业、软件开发企业办理即征即退增值税49户（次）674.20万元。

【纳税服务】 2016年，国务院对推进“放管服”改革再部署提出高要求，区国税局落实《全国纳税服务规范》。办税服务厅规范化，开展便民办税春风行动。按照“网上办税为主、自助办税为辅、窗口办税为补”“互联网+办税服务”，对业务流程、岗位职责、办税环境、区域设置改革，提升办税服务效率。增加办税硬件设施投入，增设办税窗口，购置安装发票发售机5台，发票代开机4台，网上申报计算机8台。落实导税服务、咨询辅导、同城通办、免填单服务、24小时自助办税服务。将小规模纳税人增值税纳税期限由月调整为季，取消纳税信用A类和B类一般纳税人发票认证。通过税企QQ群、办税厅公告栏、微信群等载体，组织纳税人免费培训辅导，加强政策宣传服务，召开税企座谈会、深入企业面对面征求意见建议。8月31日，全市国税系统办税服务厅规范化建设观摩会在丰南区国税局召开。

（吕俊彪 卢宝顺）

地方税务

【概况】 2016年，丰南区地方税务局（以下简称区地税局）坚持依法征收，应收尽收，不收过头税、在经济形势下行，税源严重不足情况下，严禁虚收预收，严肃收入纪律。围绕河北省地税局“四个更加注重”要求，加强税收征管和队伍建设、提升行政效能，全年完成大口径税收收入12.75亿元，其中公共财政预算收入10.16亿元，超额完成丰南区委、区政府年初下达收入任务。

【税款征收】 2016年，区地税局落实国家地税总局《耕地占用税管理规程》，将丰南区土地收储中心确定为耕地占用税纳税人，对招牌挂耕地占用税实施源泉控管，征收清缴入库税款5667.04万元；开展房地产企业契税专项检查，征收大厅专门设立四个征收窗口，落实延时服务、预约服务等便民措施，为5134户购房业主开票征收契税3930万元；组成5个督导小组，所辖纳税人房产、土地等信息重新梳理，结合土地、房管等部门传递登记信息，逐一对纳税人检查清理，入库土地和房产税1.34亿元；下半年，对欠税企业专项清理。通过约谈、限缴、查封、扣押、强制执行，清缴各类欠税752万元。

【税务管理】 2016年，区地税局逐户梳理房地产、建筑、生活服务和金融保险四个行业，对申报缴纳、有无欠税核查，保证“营改增”后欠税清零，颗粒归仓；和国税部门配合，比对登记数据，移交纳税资料，计向国税部门整体移交相关纳税人3249户；做好增值税代征，计代开增值税普通发票1703份，专用发票225份，代征增值税税款265.9万元；开展水资源税调研，和水务部门协作，做好前期取水户移交，联合开展取水量计量核查，规范纳税人取水量核定。全年入库水资源税2270万元；以“涉地税收一体化管理”平台为分析工具，对统计出疑点数据核实及风险数据推送。通过案头分析、实地核查提升土地使用税及附着在土地相关税收管理水平，实现“以地控税”。2016年，平台筛选出存在疑点应税宗地36宗，确诊税款614万元，全部追缴入库。

【税务稽查】 2016年，区地税局以

国地税联合开展税法宣传

税收违法案件查处、税收专项检查、重点税源企业检查和打击发票违法犯罪活动为重点，争端税收秩序，发挥稽查威慑作用，以差促管、以查促收。全年检查纳税企业14户，有问题户14户，组织42户企业涉税自查，实现稽查收入1462万元，其中“四环节”（选案、检查、审理、执行）稽查收入1363.4万元，包括税款1231.75万元、滞纳金38.74万元、罚款92.91万元，督导企业自查收入98.66万元。人均检查金额70.9万元。户均查补入库金额112.46万元。震慑偷、逃、漏税违法行为，保证国家税款及时足额入库。

【纳税服务】 2016年，区地税局与国税局开展联合办公、互驻办公，实现国税、地税相关税收业务一窗通办，均衡业务量，减少纳税人办税时间，做到“进一家门、办两家事”，解决纳税人办税难问题。区国税局、地税局双方重新整合税务微信服务平台、税企QQ群、纳税人学堂等服务资源，坚持“兼顾平衡、一课双讲”原则，联合开展纳税人培训辅导3次，2595人次；畅通“数据共享”，探索建立全方位数据信息共享，相互传递数据2.05万条；升级办税服务厅综合服务功能，将“集中征收”“自助终端”“网上办税”三种服务模式相互融合，构建立体纳税服务格局。推广网上办税服务厅，节约纳税人办税成本，为纳税人创建方便、快捷、安全纳税环境。丰南区地税局征收分局连续3届蝉联“河北省地税局五星级办税服务厅”称号。

【税收减免】 2016年，区地税局收到35户纳税人申请，经资料审查、实地调查，符合减免条件33户，减免土地使用税合计644万元，房产税42.81万元。其中审批类5户，备案类28户。

（宋兆满）

农　业

Nong Ye

责任编辑：杨文恒

综　述

2016年，丰南区农用地9.24万公顷，占全区土地总面积70.42%。农业稳步健康发展，全年完成第一产业增加值48.34亿元，比2015年增长2.0%。农林牧渔总产值77.7亿元，比上年增长2.2%。种植业，粮食亩产量272.2千克，增加38千克。畜牧业，年内牛出栏1.4万头、猪出栏50.7万头、年末奶牛存栏2.1万头、猪存栏29.4万头、羊存栏220.8万只。渔业，全区水产养殖面积4010公顷，其中海水养殖面积702公顷、内陆养殖面积3308公顷。全区农用机械总动力53.2万千瓦，乡村从业人员25.12万人。农村居民人均纯收入1.47万元，比上年增长8.2%，人均消费支出11805元，比上年增长11.5%。

农业生产力

【概况】 2016年，丰南区全面落实中央和省、市关于农村工作安排部署，加快产业结构调整，改善农业生产条件，推进农业产业化经营，农村剩余劳动力加快向第二、三产业转移，从事第二产业人数和第三产业人数分别达到10.60万人和4.95万人，分别占乡村劳动力42.2%和19.7%。加快农村经济社会和现代农业步伐，落实国家农机补贴等惠民政策，全区农业机械化水平得到长足发展，农机装备总量增长，2016年，全区农用机械总动力53.2万千瓦，比上年增长29.8%农机装备结构进一步优化，随着玉米机收、机械深松等农机新技术推广，农业生产力综合水平不断提升，促进农业增效、农民增收。

【农村劳动力】 2016年，丰南区乡村总人口34.33万人，比上年减少2039人；乡村劳动人28.50万人，占乡村总人口83%，比上年增加3.41万人；乡村从业人员25.12万人，其中从事第一产业人员9.57万人，占23.75%，从事第二产业人员10.60万人，占42.2%，从事第三产业人员4.95万人，占19.7%；男性从业人员13.92万人，占55.43%。

【农业机械】 2016年，丰南区农业机械总动力53.2万千瓦，农业机械总值5.4亿元。全区拥有拖拉机9058台，小麦联合收割机206台，玉米联合收割机231台，水稻联合收获机66台，水稻插秧机182台，配套机引农具9044台，植保机械2288台，棚用微耕机588台，畜牧机械1192台，水产养殖机械7450台。全区完成机耕3.96万公顷，机播5.13万公顷，机收3.73万公顷；主要粮食作物综合机械化作业水平85%，其中小麦综合机械化作业水平100%，玉米综合机械化作业水平89.41%，水稻综合机械化作业水平93.69%。农业机械化发展，促进农业增效、农民增收，农村劳动力转移，加快社会主义新农村建设步伐做出积极贡献。

【农用地】 2016年，丰南区土地总面积12.88万公顷。农用地8.81万公顷，占全区土地总面积68.39%。其中，耕地5.98万公顷，占67.89%；林地2513.95公顷，占2.85%；园地373.40公顷，占0.42%；其他农用地2.54万公顷，占28.83%。

农业综合开发

【概况】 2016年，丰南区加强农业综合开发基础设施建设，扶持农业产

农机铺膜

业化龙头企业和农民专业合作社，提升农发项目建设和管理水平，推进全区农业综合长足发展。

【土地治理项目】 2016年，丰南区农业发展办公室（以下简称区农办）、区财政局、农工委和东田庄乡政府，组织申报2016年度农业综合开发东田庄乡高标准农田项目成功立项，获省、市农发办批复。该项目建设规模473.33公顷，总投资917万元，其中中央财政资金655万元，省级财政资金210万元，市级财政资金52万元。组织申报2016年度南孙庄乡第二批资金高标准农田建设项目成功立项，项目位于丰南区南孙庄乡马新庄村，建设规模366.67公顷，总投资700万元，其中中央财政资金500万元，省级财政资金160万元，市级财政资金40万元。

【产业化项目】 2016年，丰南区4.67公顷设施蔬菜扩建项目，项目单位为唐山市丰南区中大种植农民专业合作社，项目总投资376万元，其中财政补助资金182万元，企业自筹194万元。唐山市丰南区鼎新蔬菜出口加工有限公司—丰南区蔬菜收购6100万元流动资金贷款贴息项目，上报参加全市一般产业化经营贷款贴息项目竞争立项，省农发办审核批复。该项目年内落实蔬菜收购流动资金贷款6100万元，支付利息186万元，申请流动资金贷款贴息142万元。

农业产业化经营

【概况】 2016年，丰南区围绕加快转型升级，推进农业现代化步伐。全区农业产业化经营健康持续发展，实现产业化经营率71.5%。

【农业产业化重点项目建设】 2016年，丰南区谋划确定1000万元以上农业产业化重点项目26个（亿元以上项目8个），计划总投资42.01亿元，年内计划投资6.8亿元，其中续建项目17个，计划投资13.1亿元；新建项目9个，计划投资29亿元。截至年底，完成投资5.2亿元。

【新型农业经营主体发展】 2016年，唐山市丰南区聚鑫农业有限公司、丰南区都市宝实业有限公司、唐山市丰南区洋洋果蔬有限公司、丰南区杰思牧业有限公司四家企业于2016年4月份被评为市级农业产业化重点龙头企业。年内新发展农民合作社60个，292个。3家合作社申报省级农民合作社示范社，全区6家。全年有15户农户向区经管局上报资料备案，申请成立家庭农场，全区74家。

【服务职能加强】 2016年，丰南区政府成立农业项目建设工作领导小组，主管副区长任组长，成员包括区农办、金融办、产业化办和农牧、林业、水务、供销、国土资源、财政、发改等部门主要负责人；乡镇成立相应领导机构，为项目建设提供服务。

（夏学东 张华）

农业项目建设

【概况】 2016年，丰南区把农业项目建设作为提升现代农业发展水平，实现农业增产增效、农民持续增收有效载体，以项目扩张总量，优化结构，拉动发展。年内争取农机购置补贴、北方城市冬季设施蔬菜规模化种植基地、水稻全程社会化服务试点等上级支农惠农项目31个，总投资1.2亿元。通过坚持抓农业招商，成功引进总投资30亿元通威“渔光一体”智能水产科技园项目，当年签约、当年开工，开辟水产养殖新模式，逐步成为国内北方最大渔电产业基地。

【农业支持保护（加强耕地地力）补贴项目】 根据上级文件通知精神，自2016年开始，在省范围内将农作物良种补贴、种粮农民直接补贴和农资综合补贴合并为农业支持保护补贴。农业支持保护补贴的政策目标调整为支持耕地地力保护和粮食适度规模经营。耕地地力保护补贴对象原则上为拥有耕地承包权的种地农民，农户承包集体机动地和农户承包地转租转包的，原则上对实际承租（包）者补贴。原承租（包）合同有约定的，尊重农民意愿，按承租（包）合同约定补贴。享受补贴农民要做到耕地不撂荒，地力不降低。区2016年补贴依据是2015年农户补贴面积数。对已作为畜牧养殖场使用的耕地、林地、成片粮田转为设施农业用地、非农业征（占）用耕地等已改变用途的耕地，以及长年抛荒地、占补平衡中“补”的面积和质量达不到耕种条件的耕地等不再

机械插秧

给予补贴。全区统一单位面积补贴标准，区财政局依据上级下达资金总额和区农牧局汇总2016年全区粮食实际种植面积，核算亩均补贴标准。2016年丰南区应享受补贴面积为5.06万公顷。

【农业机械购置补贴项目】 2016年，河北省农业厅、财政厅向丰南区安排中央农机补贴专项资金1300万元。年内，继续坚持“立足大农业，发展大农机”指导方针，围绕区现代农业发展需求和农业结构调整总体布局，重点补贴100～120马力大型拖拉机、玉米联合收获机、水稻插秧机、水稻联合收割机、花生收获机、青饲料收获机、设施农业机械、大型植保机械及大型畜牧水产养殖机械，主要支持种植大户、养殖大户、农机大户、家庭农场、农业合作社等新型农业经营主体。在农机补贴实施过程中，按照《唐山市丰南区2016年农业机械购置补贴工作实施方案》和上级有关文件精神，精心组织、周密安排、规范运作，确保农机补贴政策不折不扣落实。补贴各类农机具698台套，其中动力机械294台，耕整地机械158台，种植施肥机械51台，收获机械126台，畜牧水产机械66台，受益农户541户。通过农机补贴政策有效拉动，促进农机装备水平和作业水平显著提升，推动农机化向“全程、全面、高质、高效”转型升级。

【北方城市冬季设施蔬菜规模化种植基地项目】 农业部北方城市冬季设施蔬菜规模化种植基地项目，位于钱营镇、大新庄镇，总占地333.3公顷，基地内新建日光节能温室2500栋，棚内可种面积166.67公顷。项目总投资1.33亿元，其中中央补助资金1250万元，区财政配套建棚资金2500万元，投入打井、电力配套资金500万元。2014年—2016年建温室2164栋，棚内可种面积160.85公顷。新纳就业人数1000多人，经济社会效益显著。

【现代农业示范园区项目】 唐山市丰南区现代农业示范园区项目，省财政支持资金1000万元，主要用于丰南区大新庄镇、钱营镇设施蔬菜现代园区内基础设施建设。其中钱营镇建设内容包括场地平整5.18万平方米，铺设200毫米厚混凝土路面2.37万平方米，铺设250毫米厚混凝土路面2.81万平方米，预埋单涵管18延长米；大新庄镇建设内容包括场地平整3.83万平方米，铺设200毫米厚混凝土路面3.83万平方米，预埋单涵管132延长米，预埋双涵管84延长米，天然气管道支护工程1项。园区项目建设实施，推动科学种植，建设现代农业特色产业，提升科学种田、减少化学污染和自然灾害给农业生产带来经济损失，保证农产品产量和质量安全，促进农业可持续发展和生态平衡系统建设。

【水稻全程社会化服务试点项目】 2015年～2016年农业生产全程社会化服务试点项目补贴作物为水稻，补贴环节分别为工厂化育苗、机械化插秧、病虫害统防统治、机械化收获四个环节，每个环节服务面积均为3333.33公顷，补贴金额分别为150万元、100万元、100万元、150万元，总计补贴金额为500万元。2016年3月，承担工厂化育苗相关合作组织着手育苗前准备，修缮棚室、配制营养土、调试喷灌设施、浸种等。4月10日，开始陆续下种，5月10日，开始陆续供苗。由于管理到位，气候适宜，秧苗长势良好， 5月10日，开始承担机械化插秧合作组织陆续为种植户插秧服务，6月8日，插秧服务基本结束。5月，承担病虫害防治服务合作组织陆续为种植户服务，9月15日，病虫害防治服务基本结束。10月开始实施机收服务，到11月10日基本结束。通过项目实施，水稻工厂化育苗，2016年4333.33公顷以上，比上年增加1333.33公顷，机插秧率90%左右；带动秧苗、机插秧、机收割价格小幅下降，群众得到实惠。

【通威“渔光一体”高效智能水产科技园区项目】 通威渔光一体丰南智能高效水产科技园项目位于黑沿子镇，2016年上半年公司注册、土地流转、土建工程招投标等，2016年6月开工，由四川通威渔光一体北京科技有限公司投资建设，园区是通威在北方首个万亩级渔业产业园。园区计划占地666.67公顷，投资30亿元，是建设集300兆瓦光伏电站、水产科技研发、智能高效养殖、渔业体验观光、水产品加工销售、休闲度假等一、二、三产融合发展北方最大示范园区。该园区计划在三年内分期建设，其中一期投资8.5亿元，占地203.19公顷。截至年底，完成投资4亿元，池塘打桩3.41万根，完成率84.76%；支架安装1234组，完成率18.10%；组件安装418组，完成率6.13%；箱变基础施工22台，完成率46.80%。

（班志华）

种植业

【概况】 2016年，丰南区种植业面积6.16万公顷，其中全区粮食作物播种面积3.69万公顷，包括玉米、小麦、水稻、豆类、薯类等；经济类作物种植面积2.3万吨，主要主棉花、花生等。蔬菜类种植面积2.47万公顷。建成粮食核心区面积3.07万公顷，推进蔬菜标准化生产，推广机收新技术，推进农机社会化服务；加强农业科技培训、农业综合执法、植物保护等，2016年全区种植业实现平稳发展。

【粮食作物生产】 2016年，全区粮食播种面积3.69万公顷，亩产444.6千克，总产24.6万吨。其中小麦播种面积9500公顷，亩产量375.1千克，总产量5.3万吨。玉米播种面积1.91万公顷，亩产量496.53千克，比2015年增产88.46千克；总产量12.1万吨，比2015年减少0.2万吨。水稻播种面积8100公顷，亩产量584.3千克，比2015年增产3.2千克；总产量7.14万吨，比2015年增加0.2万吨。豆类播种面积160公顷，比2015年减少73.3公顷；总产量314吨，比2015年减少230吨。薯类播种面积30公顷，与2015年持平。

【经济作物生产】 2016年，全区棉花播种面积8200公顷，亩产82.13千克，比2015年增产3.8千克，总产1.04万吨，与2015年持平。花生播种面积7000公顷，比2015年增加266.7公顷；亩产272.2千克，比2015年增产38.2千克；总产3万吨，比2015年增产0.6万吨。

【蔬菜瓜果生产】 2016年，全区瓜菜播种面积2.47万公顷，比上年减少133公顷，总产量171.3万吨，比上年减少0.2万吨。其中蔬菜播种面积2.44万公顷，比上年减少67公顷；总产量170万吨，比上年增加0.4万吨。瓜果类播种面积266.7公顷，比上年减少66.7公顷；总产量1.3万吨，比上年减少0.6万吨。

【粮食生产核心区建设】 2016年，全区吨粮田面积8700公顷，建成占地面积2万公顷，播种面积3.07万公顷粮食生产核心区，冬小麦良种繁育面积133公顷。

【推进蔬菜标准化生产】 2016年，丰南区蔬菜生产实现园区规模化种植，统一优种，统一供应，实施集约化育苗，统一使用优质覆盖材料，按照无公害生产技术操作规程，科学防控病虫害。推进蔬菜标准化生产，利用广播电视、网络、印发明白纸、集市宣传、办培训班、入棚指导和电话咨询等多种形式，普及农产品质量安全法律知识和农业投入品使用知识，指导农民科学、合理使用农业投入品，执行农药安全间隔期等规定，农药化肥零增长。

【农机新技术推广】 2016年，丰南区引进先进适用玉米联合收获机，在主产乡镇多点示范，落实农机补贴政策。年内补贴玉米联合收获机66台，共计达到231台，玉米联合收获面积12900公顷，机收率64.7%。落实农机深松作业补贴。丰南区作为河北省农业厅农机深松作业补贴项目区，承担农机深松作业任务1333公顷，补贴资金60万元。10月，在柳树瞿阝、岔河两镇实施农机深松作业，服务对象以适合整体推进村和种田大户、家庭农场为主，承包经营土地较少散户为辅。深松作业全程使用，远程监控管理系统。农机深松技术应用改善土壤结构，增强抗旱防涝能力，经测算，每亩作物增产10%左右。

【测土配方施肥】 2016年，丰南区农牧局取土测试，对300个土壤样品样品前处理（粉碎、过筛等），常规16项化验，获取4020个有效数据。维护测土配方施肥数据管理系统，农户调查、施肥基本情况等数据录入、核查。2016年，全区推广测土配方施肥技术面积7.87万公顷，其中小麦1万公顷、玉米2万公顷、水稻8000公顷、花生7000公顷、棉花8500公顷、蔬菜2.44万公顷。推广施用配方肥面积2.4万公顷，其中小麦4000公顷、玉米7300公顷、棉花3333公顷、花生2670公顷、水稻3333公顷、蔬菜3333公顷。测土配方施肥较习惯施肥平均亩增收节本30元以上。

【植物保护】2016年，丰南区推进“公共植保、绿色植保”。全年发布病虫情报21期，计630份，周报20期，60份；模式电报4次，12份；日报60次；书面汇报70次。植保技术集成化示范基地，以“小麦病虫害一喷三防”为重点，综合运用农业防治、物理防治、生物防治和化学防治等措施的优化与集成配套，预测病虫发生信息及防治技术服务，小麦病虫害一喷三防技术、实现物资全覆盖，保小麦丰收。推广使用高效低毒低残留农药，统防统治，提升植保机械装备水平。示范推广农用植保无人机、车载静电喷雾机等新型植保机械，在大新庄镇芝麻坨村召开现场观摩会。全区农田农药用量比上年下降1%，高效低毒低残留农药应用比例比上年提高5%，主要粮食作物专业化统防统治覆盖率40%，农药利用率37%。

【农业科技培训】 2016年，丰南区农牧局组织新型职业农民培训，分段集中培训、参观考察、实训实习和生产实践结合，不少于一个产业周期全程培训，全区培训专业大户、家庭农场、农民合作社、农业企业、返乡涉农创业者等新型农业经营主体带头人323人，评审认定新型职业农民312人；全民素质培育大讲堂和市级专家评审11个集成技术推广项目为主线，全系统农技人员进村入户、包村包场，服务兴农。全民素质培育大讲堂各类培训325期，培训农民3.7万人次；农资打假技术服务，发放各类宣传资料2000余份，解答各类咨询400余人次；时令节点专业技术人员，深入一线现场技术指导。全年培训农民10万人次。

科技人员一线指导生产　高国昌　摄

【农机社会化服务】 2016年，丰南区有固定资产20万元以上农机大户150个，农机专业合作社20个。农机大户和专业合作社总资产5787万元，年经营收入2905万元。大新庄镇鑫飞农机专业合作社有社员9户，总资产180万元，拥有大中型拖拉机11台，小麦联合收割机1台，水稻联合收获机1台，花生收获机5台，花生摘果机7台，旋耕机、播种机等配套农机具48台，年完成农机作业面积1000公顷以上，作业收入40万元左右。2016年被唐山市农牧局评为市级农机专业合作社示范社。农机社会化服务主体推动农机化发展，全区农机作业占80%以上。

【农业综合执法】 2016年，丰南区以种子、农药等农资为重点，开展春季农资打假联合检查，高毒高残留农药专项整治、秋季农资市场专项治理，全区366家农资经营网点定期或不定期巡回检查，打击违法、违纪经营。宣传涉农法律法规，提高经营者守法意识。"3·15"国际消费者权益日，科技下乡，"12·4"全国法制宣传日农资打假宣传。3月、9月对违规经营门店在区电视台和农业信息网上曝光，增强法制观念，营造舆论氛围。

（李维顺）

规模奶牛养殖　高国昌　摄

畜牧养殖业

【概况】 2016年，丰南区畜牧养殖加快规模养殖场建设，完善规模养殖场档案管理，改良品种、提高养殖技术，畜牧养殖业标准化、集约化发展。畜禽规模化水平保持全市前列。2016年底，全区存栏100头以上规模化生猪养殖场371家，300头以上规模化奶牛场22家，200头以上规模化肉牛场5家，2000只以上规模化蛋鸡场72家，存栏5000只以上规模化肉鸡场21家，500只以上规模化羊场6家，全区生猪、奶牛、家禽规模化养殖率分别93%、100%、100%。全区生猪出栏50.7万头，奶牛存栏1.75万头，家禽出栏599.3万只，全区肉蛋奶总产量13万吨。畜牧业形成东部奶牛养殖区、东南部瘦肉型猪养殖区、西南部肉蛋鸡养殖区，全区生猪养殖实现杜长大三元杂交化。猪、鸡良种率100%，奶牛良种率95%。形成区、乡、村、场四级动物防疫管理体系，畜牧业健康发展。

【养殖种类】 2016年，丰南区畜牧业养殖主要有猪、鸡、牛、羊四个种类。其中，奶牛品种为荷斯坦奶牛。原产于荷兰，属大型乳用品种。肉牛品种主要是西门塔尔肉牛。西门塔尔牛乳、肉用性能均较好，平均产奶量为4070千克，乳脂率3.9%。该肉牛生长速度较快，平均日增重1千克以上。鸡主要是海兰蛋鸡，是美国海兰家禽育种公司育成系列高产鸡种，在国内外蛋鸡生产中被广泛饲养。主要饲养和推广海兰白、海兰灰两种类型。猪主要有长白、杜洛克、大约克。长白猪四肢健壮，整个体形呈前窄后宽流线型。成年母猪体重300千克～400千克，成年公猪体重400千克～500千克。杜洛克猪通常都用做生产商品肉猪杂交父本。大约克猪体格大，体型匀称，成年母猪体重230～350千克，成年公猪体重300千克～500千克。羊主要有杜泊绵羊和波尔山羊。杜泊羊肉用性能显著，具有生长快、胴体品质好、抗病力强、屠宰率高优点，改良本地绵羊效果非常明显。波尔山羊是世界上著名生产高品质瘦肉山羊，优秀肉用山羊品种。

【标准化生产】 2016年，丰南区普及畜牧业标准化生产。转变畜禽标准化规模养殖和畜牧业生产方式，重点抓杰恩牧业等7个规模养殖场标准化改造和无公害生产标准化认证。截至年底，全区有无公害生产企业26家，新增3家。品种涉及奶牛、生猪、肉蛋鸡各畜种。

【畜牧科技推广】 2016年，丰南区成立奶牛集成技术创新团队，领办奶牛高产集成技术推广项目，唐山中奥奶牛养殖有限公司为示范基地，与冀东奶牛综合试验推广站和中国科学院微生物研究所合作，推广TMR精准配方、奶牛卧床改进、奶牛输精后28天血检定胎、犊牛酸化乳喂养、全株玉米青贮、DHI测定六项新技术集成示范推广；科学防控布病、结核病检测净化，在东鑫扬合作社开展杜泊羊胚胎移植推广，引进纯种杜泊羊 300 只，受体羊 6000 只。

【良种繁育】 2016 年，丰南区共发放进口、国产优质奶牛冻精 1.56 万支，改良奶牛 7800 头，优质猪鲜精 15.27 万份，改良母猪 7.63 万头，提高畜禽良种覆盖率。区畜牧局与市畜牧站合作，编写《绵羊同期发情技术规范》唐山市地方标准（DB 1302/T 439—2016）2016 年 12 月颁布。唐山市丰南区东鑫扬养殖农民专业合作社与内蒙古赛诺草原羊业有限公司签约合作，利用内蒙古绵羊作为受体，杜泊种羊为供体，采用先进同期发情、子宫角输精、内窥镜胚胎移植、B 超早起妊娠诊断技术繁育杜泊种羊核心群。首批调理供体杜泊羊 306 只、受体绵羊 1667 只胚胎移植，供体羊超排处理 293 只，配种 291 只，手术冲胚处理 285 只，冲胚数量 2170 枚，供体利用 93.13%，平均冲取可利用胚胎 7.61 枚；受体手术移植处理 1661 只，移植 1596 只，其中移植单胚 1022 只，双胚 574 只，受体移植利用率 95.74%。

【动物卫生监督】 2016 年，丰南区规范产地、屠宰检疫。按照产地检疫规程要求，执行动物产地检疫申报制度，产地检疫与“瘦肉精”同步抽测。执行官方兽医派驻屠宰场检疫监管及宰前 6 小时检疫申报制度，把入场查物验证、待宰巡查、同步检疫、无害化处理监管等关口，保屠宰环节肉品质量安全。加强动物卫生监督信息化建设，提升动物卫生监督信息化水平。对官方兽医信息化指导和培训，将移动终端运用到日常检疫。深入到畜禽及畜禽产品饲养、屠宰、流通等环节，依法依规监督执法，动物经纪人备案，管控经纪人。

【动物疫病防控】 2016 年，丰南区动物疫病防控主要是高致病性禽流感、口蹄疫、小反刍兽疫、高致病性蓝耳病、猪瘟、鸡新城疫 6 种重大动物疫病，强制免疫、免疫监测、消毒灭源、疫情监测排查等。落实国家动物防疫政策措施，动物疫病防控规范化、标准化，全区动物疫情的稳定安全。全年组织 3 次季节性集中免疫，免疫生猪 55.3 万头，牛 3.25 万头，羊 11.88 万只，家禽 283.98 万只；4 次季中防疫，消毒规模场、畜禽屠宰加工等重点场所面积 900 万平方米；春、秋 2 次免疫抗体，监测样本 3790 份；规模场规范化防疫监督，建设动物防疫标准化防疫示范场 36 家。2016 年 10 月份落实全区奶牛场凭布病、结核病检测证明书交售生鲜乳制度，奶牛场“两病”检测出证 19 家，抽检奶牛 4351 头。

【饲料管理】 2016 年，丰南区畜牧局检查落实饲料生产企业安全责任制度、生产车间原料库、成品库以及小料库仓储安全管理制度；整治存放、使用涉及粉尘爆炸物品、危险化学品安全设施和管理、消防安全防护设施，实验室强酸强碱、易燃、易爆等危险物品管理；质量安全检查饲料生产企业小料库和饲料生产企业购入原料的登记及供应商档案、质量安全保证书等。饲料经营企业和规模养殖场现场抽查，检查饲料库房，销售产品合法手续产品质量，养殖场科学、安全配制饲料。执法检查 78 次，出动人数 198 人次，抽检饲料样品 78 批次。

（董庆武）

【兽医兽药管理】 2016 年，丰南区畜牧局加大丰南区联强兽药厂日常监管，重点监管原料购买、使用、生产、销售等，监督企业按兽药 GMP 规范生产；整治兽药市场，查处不合格产品及假兽药、兽用抗菌药综合治理，监管养殖环节兽药使用；按唐山市局下达任务完成 3 次兽药抽检。执业兽医注册、乡村兽医审核、培训。

【农产品质量安全监管】 2016 年，丰南区政府印发丰南区《2016 年食品药品安全工作安排》的通知，落实各项农产品质量安全监管责任，重点农时、重点区域和品种、重点检测项目、重点环节质量安全监管。元旦、春节、五一、十一等节日组织食用农产品质量安全大检查。养殖企业、农业投入品经营者落实安全生产规章制度。完善实施方案和评价指标对农药、兽药、肥料、饲料及饲料添加剂等农业投入品监督检查。违法使用禁用农药、滥用农药、违法使用“瘦肉精”类物质、生鲜乳中添加违禁物质、滥用兽用抗菌药、非法处置病死动物及其产品、畜禽屠宰环节注水或其他物质、水产品违法添加禁用物质等专项整治。对存在风险隐患农产品企业拉网排查。排查企业 584 家，涉及农资销售、水产养殖、生猪待宰环节、畜禽养殖环节，存在一般风险隐患单位 58 家，责令限期整改。

（李佳梅）

水产养殖业

【概况】 2016 年，丰南区水产养殖立足渔业生产实际，调整渔业生产结构，推广标准化生产，加快产业重点转移，提高水产业科技含量，提升水产品质量。全区水产养殖总面积 4007 公顷，其中淡水养殖 3307 公顷，海水池塘养殖 700 公顷。水产品总产量 7.31 万吨，其中海水捕捞产量 1.49 万吨，实现渔业总产值 12.22 亿元。工厂化育苗室 110 座，总水体 14 万立方米，年生产苗种 90.6 亿尾。

【养殖品种】 2016 年，丰南区淡水养殖主要是池塘养殖和温棚双茬养殖，品种主要有，鲤鱼、鲫鱼、鳙鱼、鲢鱼、草鱼、泥鳅、罗非鱼、加州鲈鱼、河蟹、南美白对虾等。海水工厂化养殖品种主要有大菱鲆、南美白对虾等。海水养殖主要为池塘养殖和温棚双茬养殖，主要养殖品种为南美白对虾，少量光鱼等。

【新品种、新技术、新模式推广应用】 2016 年，丰南区水产养殖新品种引进以南美白对虾为主，对虾苗种协会，与腾飞、海茂等南方对虾苗种企业对接，引进正大等南美白对虾一代苗种2.6亿余尾，聘请黄海水产研究所对苗种质量检测，把对虾苗种质量关。推广温棚对虾双茬养殖，王兰庄镇宝丰水产专业合作社温棚标粗外塘养殖和黑沿子镇挚丰水产养殖场温棚对虾双茬养殖示范带动推进温棚对虾双茬养殖。年内新增包括肯尼德农业有限公司智能高效养殖示范基地和忠海育苗场两家企业对虾双茬养殖温棚21座，全区温棚对虾养殖规模50座。推广池塘底部排污技术，在池塘中央底部设排污口，用于池塘水质交换，2016年全区改造底部排污池塘面积26.67公顷。示范台湾鳗鳅新品种规模化繁育技术，丰南区丰越泥鳅养殖有限公司利用1000立方米水体培育台湾鳗鳅水花1.22亿尾。

【池塘改造】 2016年，丰南区设施渔业重点是标准化池塘改造。改变传统普通池塘养殖模式，对中低产池塘底部排污改造和温棚双茬养殖改造升级，提高池塘利用率，降低养殖品种发病率，减少药品使用，提高产品的产量、品质和效益，实现由传统粗放型养殖向健康、生态、高效现代渔业转变，全区完成池塘标准化改造面积26.7公顷。

【增殖放流】 2016年，丰南区按照“增殖放流，保护资源，加强管理，安全生产”修复渔业生态资源，改善渔业生态环境。投入专项资金100万元，放流规格体长1厘米以上中国对虾苗1.47亿尾。

【违规网具清理】 2016年，丰南区按照农业部及省市关于清理取缔“绝户网”等违规渔具专项整治行动安排部署，结合实际，制定出台全区《清理整治违规渔具专项行动实施方案》，成立区清理整治违规渔具专项行动领导小组，联合公安、市场监督、黑沿子镇及边防、海警等部门组成专项整治小组，以海上、港口、网具销售单位等环节为重点，打击销售、使用违规渔具行为。出动快艇100余次，出动车辆120辆次，出动执法人员180余次，清理“绝户网”1.81万余米、网囊余412个、小拖网65条、地笼网410条；没收小拖网60条、吸蛤泵11套、耙子网2条、网囊46个，地笼网410条，全区浅海违规渔具基本清理。

（张　珏）

林果业

【概况】 2016年，丰南区林业局（以下简称区林业局）以“建设生态良好、绿树成荫、环境优美绿色丰南”为目标，造林绿化，加快林果花卉基地建设、加强林业资源保护，打击涉林违法，推进全区林业发展。全区完成绿化造林2000公顷，完成中幼林抚育6700公顷，义务植树90万株，实现果品产量2.9万吨。按照全国绿化委员会《关于开展全国绿化模范单位、全国绿化奖章评选工作的通知》（全绿字〔2015〕4号）精神，组织全国绿化模范区创建，对照申报条件逐条自查，写出自查报告，协调区住建局申报材料整理、汇总，编写申报手册，结合区电视台拍摄绿化专题片《绿染丰南景色娇》。2月份，通过全国绿化委员会考核，丰南区被授予“全国绿化模范区”称号。

【造林绿化】 2016年，区林业局组织开展绿色丰南攻坚工程，通道绿化133.3公顷、农田林网建设564.7公顷、村庄绿化106.7公顷、生态片林建设527.3公顷、经济林建设254.7公顷、企业绿化173.7公顷、湿地修复133.3公顷、沿海滩涂绿化86.7公顷、城区绿化53.3公顷。3月，在王兰庄镇王一村唐津运河左岸乐民桥造林绿化现场组织区四套班子成员、53个区直单位的干部职工参加的集中义务植树活动，栽植速生杨5500多株。

【林果花卉基地建设】 2016年，区林业局组织在大齐各庄镇、南孙庄乡、钱营镇、小集镇等地新发展果树种植面积254.67公顷。指导大齐各庄镇蓝莓基地、钱营镇刘庄子、黄各庄镇杨家泊、大齐各庄镇大长春、南孙庄乡春漪园、黄各庄镇花海绿洋等示范基地的果树花卉生产，引进夏至红葡萄、红旗特早玫瑰葡萄等优良品种。推广设施果树提质增效栽培、果树配方综合施肥等新技术。在果树生产重点乡镇技术培训，组织果树种植户到外地参观学习，开阔果农眼界，提高技术水平。

【涉林违法行为查处】 2016年，区林业局印发《中华人民共和国森林法》《野生动物保护法》宣传材料2000余份普法宣传。参加唐山市野生动物保护协会安放鸟窝活动，曹妃甸湿地保护区、黑沿子镇、南堡开发区等野生鸟类栖息地集中地区野生动物保护宣传，提高群众爱护野生动物意识，群众主动联系拯救受伤苍鹰2只，鹭鸶1只。查处涉林案件。受理涉林案件24起，做出行政处罚19起，移交公安机关5起，结案率100%。打击乱捕滥猎、非法贩卖、运输野生动物违法行为。成立唐山市野生动物保护协会丰南分会，对野生动物监测和保护。在西葛镇、柳树瞿阝镇、黑沿子镇、东田庄乡等地保护野生动物集中打击活动3次。开展“打击乱捕滥猎和非法经营鸟类等野生动物违法犯罪专项清网行动”，召开动员大会安排部署，查处涉及野生动物资源案件2起，放飞鸟类7种6300余只，拆毁捕鸟网具46片1100多米，向全区400多个行政村及重点企业、餐饮场所印发宣传单及微信6000余条/份。

【林业资源保护管理】 2016年，区林业局执行限额采伐、凭证采伐制度，伐前设计、伐前公示、伐中监督、伐后验收。2016年采伐林木蓄积1.25万立方米，支持工程项目建设征占林地主伐、农田林网更新改造和电力设施线下树采伐。严格林地管理。采取提前介入、进场设计、现场勘验、异地造林设计方案一次完成方法，缩短审批时间、简化审批手续。办理工程项目征占林地手续2件，鑫工贸公司煤炭洗选及仓储物流项目、榕丰钢铁焦化技改扩建项目征占用林地，督导异地造林，保障全区林木资源消长平衡。加强木材经营加工管理。对木材加工企业，完善木材来源登记台账，维护木材经营加工正常秩序。为企业新办证5份，换证2份。加强护林防火。春节、清明节等防火重点时段，指导唐港高速、唐津高速、丰碱公路等重点道路，钱营镇、大齐镇、大新庄镇等成方连片造林较多乡镇护林防火。全年，无森林火灾发生。

【林业病虫害监测防治】 2016年，区林业局开展林业有害生物预测预报及普查。在丰南镇铁南村、黄各庄镇杨庄村、钱营林场设立测报点，乡镇设立监测点，全区林业病虫害全面监测，监测覆盖率100%。林业有害生物普查，调查标准地1775块，采集病虫害标本及危害症状标本20份。组织美国白蛾防治。统一规划、统一作业时间、统一集中除治，6月份安排飞机防治美国白蛾两次，区域国省干道、高速公路、唐津运河景区等地飞防78架次，作业面积6700公顷。全区完成防治面积1.33万公顷，控制美国白蛾发生。

【林业工程项目管理】 2016年，区林业局退耕还林工程核查。全区2002、2003、2005退耕项目2015年验收，核查项目面积1333公顷，发放退耕还林项目补助资金100余万元。2008年以来财政连补绿化工程项目复核验收。绿化攻坚补助资金1236.3万元，绿化持续攻坚补助资金848.2万元，绿色家园创建补助资金318.3万元，绿色生态工程建设补助资金1035.55万元。完成2015年度中央财政林业补贴资金森林抚育项目验收。对丰南镇、黄各庄镇、大齐镇、黑沿子镇等地森林抚育项目验收，验收合格总面积326.7公顷，补助资金46.56万元。开展退耕还林后续产业项目建设。林下发展畜、禽、药等种养殖特色经济基地，完成林地抚育面积533.3公顷。

（刘卫华）

现代农业产业基地建设

【概况】 2016年，丰南立足全区农业资源优势，推进农业结构调整，农业区域化布局、规模化种养、标准化生产，做大做强优质粮棉油、高端设施农业、安全畜禽养殖、沿海高效渔业、休闲观光农业5个现代农业产业基地，构筑现代农业产业体系，提升农业综合生产能力，面向京津唐、辐射东三省现代农业产业基地发展壮大。加强品牌建设，鼓励引导农产品生产企业、农民专业合作社、种养大户开展无公害农产品、绿色食品、有机食品认证和地理标志农产品登记，培育有市场前景名牌产品，提升农产品市场竞争能力。按照“生产要素集聚、科技装备先进、管理体制科学、经营机制完善、带动效应明显”要求，完善功能，打造集一二三产融合、产加销游四位一体、产业链条完整现代农业园区，引领全区现代农业发展。

【绿色农产品基地建设】 2016年，丰南区推进4个绿色农产品基地建设。设施蔬菜育苗基地。建成聚鑫、鑫湖、乐水、天合亿4个育苗基地，面积8万平方米，年生产能力3200万株，安全畜牧养殖基地。全区奶牛场全部实现TMR饲喂，80%以上奶牛场采用奶牛卧床，50%以上奶牛养殖小区实现向牧场转变，奶牛平均单产7吨以上。健康水产养殖基地。与正大集团等国际领先对虾苗种企业对接引进一代种苗2.6亿尾。全区完成标准化池塘改

爱护自然，保护鸟类 王瑾 摄

大棚花卉种植　王焕国　摄

造面积26.7公顷，打造北方最大对虾苗种基地。休闲农业与乡村旅游基地。以惠丰农业园区为重点，建设农业观光、休闲采摘、农事体验度假区。全区具有一定规模的休闲农业企业18家，其中，国家三星级休闲农业企业2家，省休闲采摘园五星级企业1家、四星级企业2家。

【农业品牌建设】 2016年，丰南区做好“三品一标”（无公害农产品、绿色食品、有机食品、地理标志农产品）农产品认证工作，全区有“三品一标”农产品42个，其中无公害农产品14个、绿色食品13个、有机食品13个、地理标志农产品2个。

【现代农业园区建设】 2016年，丰南区按照“生产要素集聚、科技装备先进、管理体制科学、经营机制完善、带动效应明显”要求，完善功能，打造集一二三产融合、产加销游四位一体、产业链条完整现代农业园区，引领全区现代农业发展。全区建有现代农业园区6个，其中东部设施蔬菜现代农业园区、惠丰高效生态农业园区、丰越水产现代农业园区被评为市级现代农业园区，通威“渔光一体”唐山丰南现代渔业产业园区、富田农场农业示范园区、中奥奶牛农牧结合循环经济现代园区被认定为区级现代农业园区。加强水电路、管线、沟渠等基础设施建设，功能提升，现代农业园区成为推动丰南区现代农业发展引擎。

（班志华）

水利水务

【概况】 2016年，丰南区水务局（以下简称区水务局）农村水利践行“节水优先、空间均衡、系统管理、两手发力”新时期治水思路。围绕建设经济强区、美丽丰南总体目标，以“地下水超采综合治理、防洪除涝、农村饮水安全巩固提升”为重点，落实水资源管理制度，依法治水，促进水利事业健康发展。年内改善灌溉面积3000公顷，发展节水灌溉面积2926公顷，改善除涝面积2666公顷。巩固提升86个村饮水安全，惠及人口4万人。

【防洪蓄水与排涝设施】 2016年，丰南区主要有扬水站、堤防、水闸等设施。全区有国管扬水站22座，分别是唐坊泵站、孙老庄泵站、南孙庄泵站、董庄子泵站、东田庄泵站、孙茂庄南泵站、么家泊泵站、孙茂庄北泵站、王兰庄泵站、毕武庄泵站、么庄子泵站、崔庄户泵站、越支泵站、西郑庄泵站、宋家营泵站、尖子沽东泵站、尖子沽西泵站、南孙庄生态园区泵站、西城区东雨水泵站、西城区西雨水泵站、杨义口头泵站、油葫芦泊泵站。境内沙河、陡河、西排干、津唐运河、黑沿子排干均有堤防。沙河堤防长130.2千米，左岸长度63.85千米，右岸长66.35千米，由钱营镇岭上村起至黑沿子镇黑沿子村。陡河堤防长89.7千米，左岸长43.9千米。右岸长45.8千米，由大齐镇安各庄起至黑沿子镇涧河一村。西排干堤防长75千米，左岸长37.5千米，右岸长37.5千米，由河戟公路桥至黑沿子镇涧河一村。津唐运河堤防长48.12千米，左岸长24.06千米，右岸长24.06千米，由惠丰湖起至东田庄乡王打刁村。黑沿子排干堤防长43.38千米，左岸长21.85千米，右岸长21.53千米，由黑沿子排干防潮闸至沙河交汇口。境内有3座中型水闸和一座橡胶坝，喻庄子节制闸、王打刁节制闸、越支节制闸，西郑庄橡胶坝。

【农田节水灌溉项目】 2016年，区水务局实施年度丰南区地下水超采综合治理高效节水灌溉项目。涉及11乡镇，总投资3655.13万元，其中中央专项资金3475.87万元，区配套179.26万元。全年发展管灌2748.8公顷、滴灌157.6公顷、小管出流111.7公顷，配套水泵126台套，智能控制柜561台套。

【农村饮水安全工程】 2016年，丰南区投资534万元（市级资金）用于农村饮水安全工程，新打水源井35眼，配套水泵85台，变频18套，入户净水器400台。巩固提升86个村饮水安全，惠及人口4万人。

【水资源管理】 《唐山市丰南区水资源十三五规划》数据，全区多年平均水资源总量1.67亿立方米，可利用总量1.67亿立方米，其中地表水资源总量0.69亿立方米，地下水资源总量0.98亿立方米。2016年，区水务局落实水资源管理制度，加快节水型社会建设，促进水资源可持续利用。加强取水许可管理和水资源论证。全年新发和换发取水许可证286份。年内完成华通线缆有限公司、正元管业有限公司、唐山华育房地产公司运河水岸（一期）水热泵项目、丰南区禾木源花卉养殖基地水资源论证报告，联强冶金轧辊有限公司水平衡测试。加强水表维护管理。年内完成维修136次，安装设备17套，水表系统正常运行。地下水位统测。组织技术人员对全区地下水枯水期水位统测，测量点337个，摸清全区水位情况，合理配置水资源开发利用，控制地下水开采。水资源税改革试点。根据党中央、国务院决策部署，按照《财政部、国家税务总局、水利部关于印发＜水资源税改革试点暂行办法＞的通知》精神，7月1日起用水户用水量巡查，规范统计整理，为水资源税准确、足额征收提供数据。到年底征收费、税合计4073万元。

【防汛救灾】 2016年汛期，丰南区调整充实区防汛指挥部，落实党政领导、部门领导、水利技术人员三位一体防汛责任制。由6名区领导、7名水务局班子成员和6名防汛技术人员分包沙河、陡河、西排干、津唐运河、黑沿子排干和海堤等重点度汛工程。修订完善《唐山市丰南区防汛抗灾应急预案》，沙河、陡河、西排干、津唐运河、小戟门河及黑沿子排干等河道防洪预案、钱营矿采煤塌陷段分洪区人口转移避险预案、丰南区防风暴潮预案、丰南区防台风预案。组织工程技术人员对境内5条主要行洪河道、排水闸站全面检查，安全隐患造册登记，明确责任。成立乡、镇、基层防汛组织，组建群众抢险队和预备队。区防汛物资库储备木桩、铅丝、编织袋、救生艇、便携式防汛工作灯、大锤、油锯、铁锹、救生衣等抢险物资。乡镇储备或号备木桩、大锅、号树、草袋、塑编袋、钢管等防汛物资。7月19日、20日丰南区遭遇强降雨侵袭，全区平均降雨135.6毫米，受强降雨影响，加之上游客水来势迅猛，境内主要河道水位居高不下，津唐运河、陡河、西排干等河道超警戒水位，部分乡镇内涝严重。灾情发生后，区、乡镇和水务部门迅速启动防汛预案，组织抗洪救灾。19座区管农田排水泵站开机排水，开机排水4598小时，排水总量3310.56万立方米。面对南湖水位急速上涨，王家河采煤塌陷段出现漫堤，威胁人民群众生命财产安全，区政府领导现场指挥，唐山矿、区、镇、村全力组织抗洪抢险，紧急转移群众避险、搭建围埝、弃堤分洪，保护村庄安全，未造成人员伤亡，避免大的财产损失。

（赵立颖　刘平）

工　业

【概况】　2016年，丰南区编制《丰南区工业转型升级“十三五发展规划”》和《丰南区工业信息化发展“十三五”规划》，坚持扩总量与提质量并重。面对复杂宏观经济环境，稳中求进，全区工业平稳发展。全力推进项目建设，完成投入201.5亿元，实施工业项目146项，发展规模企业，新增规模以上企业15家；2016年底全区规模以上工业企业183家，全年主营业务收入超亿元企业80个；超10亿元企业22个；超百亿元企业4个。推进科技创新，全年技术创新项目和新产品开发项目19项，总投入4.6亿元，其中市百项新产品开发项目10项。推动综合利用及挖潜改造。规模以上工业企业完成总产值1552亿元，比上年增长5.6%，完成增加值332.2亿元，增长7.3%，营业收入 1705.4亿元，实现利润39.3亿元，增长185%，创汇62578.6万美元，增长28.4%，完成全年各项指标任务。

经营体制

【国有企业】　2016年，丰南区国有企业1个，为唐山市丰南区供电分公司，隶属于国网冀北电力有限公司，担负全区15个乡镇、1个街道办事处、495个村（居）以及唐山港丰南港区、丰南经济开发区、丰南临港经济开发区、小集经济开发区的工农业生产和居民生活供电任务，供电面积1312平方千米，用电客户23.18万户。丰南供电范围内共有500千伏变电站1座、220千伏变电站4座、110千伏变电站10座、35千伏变电站22座，有35千伏线路31条229.116千米、10千伏线路220条2122.269千米、10千伏配电变压器7666台、低压线路2338.846千米．全年工业营业收入13.5亿元，利润总额下降466万元。

【股份合作制企业】　2016年，丰南区有股份合作制企业1家，全义矿山机械配件厂，该厂主要提供机械加工厂的加工毛坯，兼做加工业务，该厂现有0.5、1，2吨中频炉各一套．全年工业营业收入2277万元，利润总额12万元。

【股份制企业】　2016年，丰南区有唐山国丰钢铁有限公司、唐山瑞丰钢铁（集团）有限公司、唐山梦牌瓷业有限公司、白龙（唐山）面粉集团有限公司、唐山正元管业有限公司、天地（唐山）矿业科技有限公司、唐山友发钢管制造有限公司、唐山榕丰钢铁有限公司、唐山贺翔机电股份有限公司、惠达卫浴有限公司等股份制企业151个。股份制企业全年工业营业收入1576亿元，利润总额36.6亿元。

【外商及港澳台商投资企业】　2016年，丰南区有唐山顶津饮品有限公司、唐山宝丰管桩有限公司、理研华通（唐山）线缆有限公司、唐山大明陶瓷有限公司、唐山亚利陶瓷有限公司、唐山三商食品有限公司、百威英博（唐山）啤酒有限公司、空气化工产品（唐山）有限公司、唐山达丰焦化有限公司、唐山优胜丰华瓷业有限公司10家外商投资企业及港澳台商投资企业。全年工业营业收入86亿元，利润总额1.9亿元。

【其他企业】　2016年，丰南区另有唐山市长江泥厂、唐山市丰南区小集镇圈地制釉厂、唐山市丰南区第一盐场、唐山市丰南区小集镇嘉谊机械铸造加工厂、唐山市丰南区双赢金属结构厂、唐山市丰南区增强材料厂、唐山市丰南区宏言焊管厂、唐山市丰南区生华机械厂、唐山市丰南区中建高频焊管厂、唐山市丰南区金桥铸件厂、

唐山惠达卫浴股份有限公司新建模型生产车间

唐山市丰南区鑫源炉料厂、唐山市丰南区新丰石灰厂、唐山市丰南区北阳钢铁原料厂、唐山市丰南区鑫发机械制造厂、唐山亚华冶金机械厂、唐山市丰南区华利制罐厂、唐山市丰南区正泰矿粉加工厂、唐山市丰润区新金兴焊管厂、唐山市丰南区国丰耐火材料厂、唐山市丰南区铁路交通器材厂企业20家，其他企业全年完成营业收入29.7亿元，利润总额8349万元。

行业及运行特点

【概况】 2016年，丰南区规模以上工业企业主要有钢铁、陶瓷、化工、食品饲料、线缆、装备制造六大主导行业，钢铁重点培育精深加工，精密管材；陶瓷加快发展精品陶瓷；化工发展精细化工产品；装备制造加快发展整机装备制造。六大主导行业全年完成增加值307.34亿元，实现利润35.34亿元，增加值、利润分别占全区规模以上工业增加值和利润的92.5%和89.9%。

【钢铁行业及运行特点】 钢铁是丰南支柱产业，2016年，全区有规模以上钢铁企业18家，从业人员3.2万人，资产总额387亿元。主要以热轧卷板、热轧带钢、螺纹钢、冷轧镀锌板、型钢等为主，较高附加值产品所占比例38.6%，成为全国重要带钢生产基地。2016年，全区产铁1487.3万吨、钢1473.5万吨、材1800.6万吨，同比分别下降0.01%、0.01%和0.3%；完成增加值136.6亿元，同比增长-7.1%；实现利润22.9亿元。

2016年，钢铁行业挖掘潜力，拓宽盈利空间。抓住市场回暖良机，以需求为导向，开发适销产品，抢抓订单，以销促产，实现生产运行稳步向好。钢材价格走出低位震荡—暴涨—暴跌—震荡上涨—弱势回调态势，于12月12日达到全年最高点，普碳方坯、热轧带钢、热轧卷板、螺纹钢每吨含税价分别为3110元、3440元、3940元和3420元，较年初分别上涨101.9%、93.3%、105.2%和81.9%。2016年，因国丰北区、贝钢关停及唐山世园会举办、大气治理等停限产措施，全区钢铁产量同比不同幅度下降，但随着钢市回暖及加大挖潜降本、强化精细管理等措施，实现控产增效，国丰、瑞丰等6家钢铁企业铁、钢、材产量分别为1912.3万吨、1911万吨和1900.6万吨，同比分别增长-13.7%、-12.4%和-7.7%，其中瑞丰铁、钢、材产量分别增长6.7%、-0.5%和1.3%，东华分别增长0.2%、0.4%和18.2%，经安分别增长23.9%、26%和-8%，国丰分别增长-24.1%、-16.8%和-16.7%，凯恒（凯新）铁、钢产量均增长-96.1%，粤丰钢材产量-63.2%；实现利润22.3亿元，同比增加45.5亿元（2015年同期亏损23.1亿元），其中国丰实现利润8.3亿元（上年同期亏损16.7亿元）；瑞丰实现利润10.5亿元，同比增长2707.2%；2016年，面对产能过剩、供需失衡形势，加快开拓市场，实现产销平稳，库存低位运行。6家重点冶炼企业产销率96%，主营业务收入450.2亿元，同比增长2.5%；产成品库存17.2万吨，同比增长7.5%。国丰公司产品销售率和货款回收率保持两个100%；国丰、东华等企业研发适销产品，开拓国外市场，国丰出口创汇2亿美元，同比增长28.4%；东华通过中间商向韩国、越南等地区出口方钢230万吨，占总产量80%以上。

【陶瓷行业及运行特点】 陶瓷是丰南传统优势产业，2016年，全区有规模以上陶瓷企业11家，总资产46亿元，从业人员1.7万人。年生产能力卫生陶瓷2250万件、日用瓷860万件、工业瓷7800万件、艺术瓷3万件、建筑瓷400万平方米，形成以卫生瓷、日用瓷、建筑瓷、特种工业瓷、工艺美术瓷为主陶瓷生产体系，以及与之配套水箱配件、座便器盖板、浴缸、淋浴房、五金配件、橱柜、釉料等主辅行业门类齐全、上下游产业链衔接较为完整产业基础。按照打造国家级全产业链陶瓷产业基地目标，以惠达、梦牌为龙头，引进国内外知名陶瓷企业落户，规划建设陶瓷家居产业园和特种工业瓷园区。2016年，生产卫生瓷1748.3万件，同比增长-3.3%；完成增加值12.1亿元，同比增长-5.1%；实现利润3.5亿元，同比增长37%。

2016年，陶瓷行业借力供给侧结构性改革和现有企业品牌优势，乘势发力，推进全行业稳中向好。总体呈现生产平稳、效益增长态势，同时，受东南亚市场冲击和国外市场萎缩影响，出口小幅下降。惠达、梦牌、丰华、北方瓷都4家重点陶瓷企业生产卫生瓷1537.1万件，同比增长-6.4%；完成销售收入34亿元，同比增长5.3%。完成出口创汇24376万美元，同比增长-9.5%，其中惠达出口创汇10551

启明星玻璃生产的各种产品

万美元，同比增长-17.7%；梦牌瓷业出口创汇10795万美元，同比增长3.9%；北方瓷都出口创汇1284万美元，同比增长17.8%；4家陶瓷企业实现利润4.6亿元，同比增长53.3%。其中，惠达实现利润2.7亿元，同比增长60.4%；梦牌公司整体运营平稳，投入技改资金1.2亿元，对第一工厂及第三工厂进行技术改造，加快传统手工劳动向机械化、自动化升级，改造完成后年产能由400万件提高至450万件，产品由普通向高价值产品转变，实现利润1.9亿元，同比增长51%；

【装备制造业及运行特点】 2016年，丰南区有规模以上装备制造企业77家，从业人员1.4万人，资产总额125.4亿元。主要生产煤炭机械、陶瓷成套装备、汽车装备等，形成与钢铁产业良性互动发展格局。2016年，装备制造业完成增加值129.7亿元，同比增长8.7%；实现利润6亿元，同比增长-9.9%。

国内第一条具有自主知识产权的唐山国丰钢铁有限公司1450毫米中薄板坯连铸连轧生产线

2016年，装备制造行业经营形势严峻，但铁路配件、焊管、水泥罐车、陶瓷设备、采选设备、冶金设备、铸造等企业出现分化，喜忧参半。焊管企业受钢铁市场带动，整体形势趋好。顺捷冷弯型钢盈利859万元，同比增长-7.6%；友发钢管盈利6406万元（上年同期亏损102万元）。正元公司通过加强对标，狠抓产品质量、提升品牌价值，研发大棚管、消防管等高附加值产品，全年生产镀锌管96.1万吨，同比增长13.6%；实现销售收入30.3亿元，同比增长31.2%；利润5423万元，同比增长7.4%。水泥罐车企业受房地产市场低迷影响，搅拌车市场饱和，唐鸿重工公司积极开发环卫设备，逐步实现转型升级，全年生产搅拌车及半挂车2344辆，同比增长77.7%；实现销售收入4.3亿元，同比增长87.9%；实现利润4124万元，同比增长84.8%。智能电表企业，紫光智能公司紧跟市场走势，加大科技投入，研发高附加值智能电表产品，生产经营情况较好。全年生产智能电表11万块，同比增长1%；实现销售收入1950万元，同比增长4.8%；实现利润175.5万元，同比增长6%。陶瓷设备企业，受房地产业投资放缓影响，国内卫生陶瓷项目减少，贺祥公司开拓东南亚市场，抢抓订单保生产，全年生产卫生陶瓷机械成套设备654台（套），同比增长-7.1%；实现销售收入1.3亿元，同比增长-17.5%；利润1530万元，同比增长-2.8%。选煤设备企业生产下滑，销售趋缓，企业效益减少。2016年，天地（唐山）矿业生产选煤设备141台，同比增长-13.5%；实现销售收入7672万元，同比增长-9.2%；亏损1079万元（上年同期盈利325万元）。铸造企业，随着国家经济调整政策实施，冶矿、建材、发电、环保设备等行业出现低迷走势，导致市场空间萎缩，矿山、机械配件企业生产经营下滑；受基建项目投资拉动，铁路配件企业效益增长。华运铁路生产桥梁支座3649孔，同比增长-5.8%；实现销售收入1.1亿元，同比增长-10.6%；实现利润420万元，同比增长100.9%。

【化工行业及运行特点】 2016年，丰南区有规模以上化工企业11家，资产总额41.4亿元，从业人员3300余人。以煤化工、空气化工、防水涂料为主，世界500强企业美国空气化工有限公司落户本区，以集团化、精细化、循环化、绿色化为主攻方向，做大煤化工规模，并向精细高端方向延伸产业链条。2016年，化工行业完成增加值19.2亿元，同比增长4.2%；实现利润1.8亿元，同比增长-10.8%。

2016年，化工行业受化工产品市场逐步复苏拉动，企业生产经营形势逐步好转。宝铁煤化工生产工业萘等化工产品33.8万吨，同比增长10.8%；实现销售收入21.7亿元，同比增长5.2%；利润2645万元，同比增长298.3%。达丰焦化焦炭价格维持高位，全年生产焦炭164.1万吨，同比-0.1%；实现销售收入19.7亿元，同比增长3.4%；实现利润2.2亿元（上年同期亏损7875.6万元）。榕丰钢铁生产焦炭44.5万吨，同比-13.7%；实现销售收入8.3亿元，同比增长11.7%；利润45.3万元（上年同期

惠达洁具

亏损264万元）。空气化工2016年生产氧氮氩气体149.1万吨，同比增长6.3%；实现销售收入4.1亿元，同比增长7.8%；利润1亿元，同比增长72.2%。东方雨虹生产防水卷材4120.9万平米，同比增长735.6%，防水涂料2.7万吨；实现销售收入7.3亿元，同比增长618.9%；实现利润1.5亿元，同比增长691.8%。

【特种线缆及运行特点】 2016年，丰南区有规模以上线缆企业4家，从业人员960人，总资产21.5亿元，主要生产船舶、风电、动车、核电、电梯、通讯等领域专用线缆。华通线缆集团与世界500强美国通用电气公司合资合作，油泵线缆占全球市场份额30%，拥有国家级CNSA实验室，参与13项国家标准和行业标准认定，入选河北省“三个一百工程”领军企业和“百家优势企业”，2016年在“新三板”成功上市。2016年，线缆企业生产各种线缆12.4万千米，同比增长11.8%；线缆行业完成增加值3.7亿元，同比增长1.4%；实现利润9606万元，同比增长-23.4%。

【食品行业及运行特点】 2016年，丰南区有规模以上食品加工企业14家，从业人员1736人，主要产品有白酒、啤酒、粮食、蔬菜加工、海产品冷冻加工等。重点企业有百威英博（唐山）啤酒有限公司、唐山施尔得肉制品有限公司、唐山燕泉啤酒有限公司、唐山三商食品有限公司、丰南鼎新蔬菜出口加工有限公司等。全年完成增加值6.04亿元，同比增长5.4%，实现利润1.79亿元，同比增长-5.1%。

2016年，丰南区施尔得、百威啤酒等企业生产效益稳步提升，施尔得，由于中央厨房、冷链物流等项目投入运营，并拓展外地市场，销售实现稳步增长。全年，生产熟食制品690.6吨，同比增长2.6%；实现销售收入1.3亿元，同比增长3.6%；亏损213万元（上年同期盈利12万元）。

【存在主要问题】 2016年，面对复杂国内外经济形势，丰南区工业运行中仍存在着一些突出矛盾和问题。经济下行压力依然较大。受北方雾霾天气增多影响，《唐山市2016年今冬明春大气污染防治强化措施》的实施，钢铁、焦化、水泥、铸造等企业停限产，支撑转型升级的立区兴区大项目偏少，对经济增长拉动力不强。流动资金紧张，企业生产压力加大。受市场低迷、银行政策等影响，企业资金运转紧张。2016年，规模以上工业产成品存货和应收账款103.6亿元，同比增长1.7%，重点钢铁企业三项费用为15.9亿元，同比增长5.3%。投入放缓，发展后劲减弱。2016年，项目个数减少和投入强度减弱，全区共完成工业投资201.5亿元、技改投资173.6亿元，同比均-5.4%。天地矿业二期、榕丰焦化二期等一批技改项目止步不前，新增规上企业后劲不足，影响发展速度。

企业选介

【唐山国丰钢铁有限公司】 2016年，唐山国丰钢铁有限公司总资产158亿元，从业人员8400人，是集烧结、炼铁、炼钢、轧钢于一体大型钢铁联合企业。铁、钢、材产能分别为716万吨、728万吨、850万吨，主要生产热轧卷板、热轧带钢、热轧带肋钢筋，是全国最大的 SPHC 热轧卷板生产商和供应商，位列 2014 年全国民营企业 500 强第 145 位，热轧卷板产品获得中钢协“冶金产品实物质量达国际先进水平金杯奖”，主导产品市场占有率 2.28%。2016 年，铁、钢、材产量分别为 638 万吨、690 万吨、680 万吨，完成产值 178 亿元，上缴税金 5.7 亿元，利润 8.3 亿元。

【唐山瑞丰钢铁（集团）有限公司】 2016 年，唐山瑞丰钢铁（集团）有限公司总资产 82.4 亿元，从业人员 5800 人。铁、钢、材产能分别为 557 万吨、528 万吨、630 万吨，主要生产热轧带钢，市场占有率 7%，是中国带钢专业制造企业，成为国内市场“风向标”，具有市场定价话语权，位列 2016 年中国制造业企业 500 强第 118 位。2016 年，铁、钢、材产量分别为 649 万吨、626 万吨和 683 万吨，完成产值 143 亿元，上缴税金 4.8 亿元，实现利润 10.5 亿元。

【唐山惠达卫浴股份有限公司】 前身是黄各庄镇办陶瓷厂，始建于 1982 年，原有固定资产 28 万元，经过 30 多年发展，到 2016 年拥有总资产 32.6 亿元，员工 1 万余人，年卫生陶瓷生产能力 1000 万件，淋浴房、浴缸 7 万套，形成中高档 200 多个系列数千个品种，连续 11 年产销量居全国首位，成为全国最大、世界第五卫生陶瓷生产企业，入选河北省“三个一百工程”领军企业和“百家优势企业”。“惠达”商标和品牌获中国驰名商标、中国名牌产品，出口卫生瓷获得国家免验资格，惠达品牌价值 114.68 亿元，居全国同行业首位，是代表河北的“十大最具影响力品牌”之一；2011 年被工信部、财政部、科技部确定为全国首批“两型”（环境友好型、资源节约型）试点企业，2012 年被确定为国家住宅产业化基地，2010 年在沿海工业区兴建惠达国际家居园，2011 年投入运营。2016 年，生产卫生瓷 750 万件，完成产值 20.2 亿元，出口创汇 1.1 亿美元，实现利润 2.7 亿元，上缴税金 3 亿元。

【唐山梦牌瓷业有限公司】 是专业从事卫浴产品研发、生产和销售的国家高新技术企业，有丰南区西葛镇、大新庄镇和南堡开发区三个生产基地，总资产 8 亿元，员工 3000 余人，年卫生陶瓷生产能力 450 万件，为国内第三大卫生陶瓷生产企业，产品主要销往北美、欧洲、澳大利亚等国家和地区。2016 年，生产卫生瓷 384.5 万件，完成产值 7.5 亿元，出口创汇 1.1 亿美元，实现利润 1.74 亿元，上缴税金 4970 万元。

【天地（唐山）矿业科技有限公司】 由中国煤炭科工集团有限公司投资建设，主要生产大型替代进口露天成套选煤设备及吊装设备。计划总投资 60 亿元，分三期建设，投资 5.5 亿元一期工程于 2012 年建成投产；投资 7.5 亿元二期工程开工在建。项目全部建成后，丰南将成为全国最大选煤设备生产基地。2016 年，生产选煤机械 3132 台（套），完成产值 9371 万元，利润 -1079 万元，上缴税金 982 万元。

【唐山贺祥机电股份有限公司】 唐山贺祥机电股份有限公司成立于 1999 年 1 月 21 日，注册资本 3500 万元，2016 年资产总额 3.2 亿元，在册员工 240 名。企业性质为“股份制有限公司”，2012 年 6 月 28 日在上海股交中心挂牌。企业占地面积 8 公顷，拥有现代化“生产联合车间、中心实验室、研发大楼、职工公寓和文体中心”。建有“河北省企业技术中心”“河北省工业设计中心”“河北省卫生陶瓷机械工程技术研究中心”“唐山市无机非金属粉体技术研究中心”。企业主要生产设备包括焊接机器人、五轴加工中心、数控机床、各种切削机床、全自动火焰切割机、全自动喷涂线等。具有年产 1000 台（套）高科技卫生陶瓷机械成套设备生产能力。企业自 2002 年推行 ISO 9001 质量体系管理，产品技术先进、质量稳定、性能可靠，分别获“河北省名牌产品”和“河北省中小企业名牌产品”。企业研制开发“HX 系列卫生瓷高压成型机”产品，在国内陶瓷行业大中型卫生陶瓷企业高端市场占有率 60% 以上，连续五年稳居行业龙头地位。2016 年，生产卫生陶瓷机械成套设备 818 台，完成产值 1.85 亿元，实现利润 1685 万元，上缴税金 423 万元。

【唐山达丰焦化有限公司】 2016 年，唐山达丰焦化有限公司总资产 17 亿元，员工 1320 人。主要产品为焦炭、焦油、煤气、粗苯、硫铵等，焦炭产能 180 万吨，通过干熄焦余热年发电量 2.5 亿千瓦时。2016 年，生产焦炭 165 万吨，完成产值 18 亿元，实现利润 2.2 亿元，上缴税金 5326 万元。

【唐山宝铁煤化工（集团）有限公司】 唐山宝铁煤化工（集团）有限公司下设宝铁、宝翔、宝顺、华熠、万丰兴、佳跃、兴宝 7 家化工生产企业和 1 家商贸公司，总资产 16.3 亿元，员工 1200 余人。主要生产燃料油、工业萘、洗油、纯苯、甲苯、二甲苯、顺酐、苯酐、减水剂、炭微球、硫酸、粗蒽等 56 种产品，产品链条居全国前列。2016 年，生产化工产品 33.8 万吨，完成产值 20.9 亿元，实现利润 2645 万元，上缴税金 5882 万元。

【空气化工产品（唐山）有限公司】 为美国空气化工产品有限公司设立独资企业，总投资 1.2 亿美元，采用国际先进设备及工艺，主要生产和销售高纯度氧气、氮气、液氧及液氩。氧气供应总量 72000 标准立方米 / 时，液氧 640 吨 / 天，液氩 666 吨 / 天。2016 年，生产氧氮氩气体 149 万吨，完成产值 4.1 亿元，实现利润 1 亿元，上缴税金 7147 万元。

【百威英博（唐山）啤酒有限公司】 由比利时百威英博啤酒公司投资建设，总投资 1.4 亿美元，于 2011 年 12 月建成投产，主要生产百威、哈啤、唐啤三大系列 60 余种啤酒，包括唐啤特制 12 度、唐山纯生、百威劲爽、百威冰啤等，年产量 60 万吨，成为华北地区最大的啤酒生产商。2016 年，生产啤酒 28.8 万千升，完成产值 7.3

亿元，实现利润 6763 万元，上缴税金 4582 万元。

【唐山施尔得肉制品有限公司】 是集肉制品研发、生产、销售、冷链物流为一体综合性食品企业，总资产 1.16 亿元，员工 600 名，肉制品年生产能力 8000 吨，先后获“河北省名牌产品”“河北省著名商标”“河北省消费者信得过产品”“中国放心食品信誉品牌”“中国绿色健康放心食品”等称号。2016 年，生产熟食制品 690 吨，完成产值 1.3 亿元，实现利润 -213 万元，上缴税金 350 万元。

【河北华通线缆集团有限公司】 创建于 1993 年，占地面积 22 万多平方米，总资产 12 亿元，员工 800 多人，其中各类专业技术人员 100 多人，是以科技为先导、以科学管理为基础的现代化民营企业，有生产设备 420 多台套，检验、检测设备 250 多台套，为国内特种线缆行业综合性大中型企业之一。该公司通过 ISO 9001 质量管理体系、ISO 14001 环境管理体系和 GB/T 28001-2001 职业健康安全管理体系认证，与国际先进管理接轨，是河北省高新技术企业、河北省质量信得过企业，获得河北省名牌产品称号。主导产品为矿用电缆、潜油泵电缆、机车车辆电缆、船用电缆、核电站电缆等 15 个系列上万多种规格。产品应用于电力、煤炭、冶金、石油化工、铁路、国防、建筑、航天、交通等行业及国家重点工程。产品畅销全国各地，并出口到美国、荷兰、意大利、俄罗斯、英国、澳大利亚、新西兰、埃塞俄比亚、加纳、刚果、中东、东南亚等国家和地区。2016 年，生产各类特种线缆 14815 万米，同比增长 35.6%；实现销售收入 20.7 亿元，同比增长 -5%；利润 9605 万元，同比增长 19%。

（毕洪杰　杨立群）

建筑业

【概况】 2016 年初，丰南区有入统等级内建筑业企业 41 个，其中有限责任公司 40 个。到年底，有入统等级内建筑企业 43 个，其中，有限责任公司 42 个，全民所有制企业 1 个，年末从业人数 4536 人，自有机械设备 1118 台、总功率 29888 千瓦。2016 年，全区资质以上建筑企业 23 家，总资产 17.3 亿元，全年完成建筑总产值 7.7 亿元，比上年下降 28.2%，年内房屋施工面积 46.6 万平方米，竣工面积 29.4 万平方米。

经营体制

【有限责任公司】 2016 年初，丰南区有唐山市丰南区胥各庄建筑工程有限公司、唐山市丰南区利达建筑安装有限公司、唐山市丰南区天友建筑安装有限公司、唐山市丰南区兴盛建筑安装有限公司、唐山市丰南区银丰建筑有限公司、河北欧远建设工程有限公司、唐山诚信建筑工程有限公司、唐山市金地建筑工程有限公司、唐山市丰南区宏兴建筑工程有限公司、唐山市丰南区振华建设工程有限公司、唐山市丰南区惠达建筑工程有限公司、唐山兴达交通工程有限公司、唐山市丰南区房屋建筑安装工程有限公司、唐山市丰南区宝成建筑工程有限公司、唐山市永昌工程建设有限公司、唐山市正宏水利建筑工程有限公司、唐山万达铁路工程有限公司、唐山京兆科技开发有限公司、唐山市丰南区金华装饰有限责任公司、唐山市丰南区百特装饰有限责任公司、唐山市林兴装饰有限公司、唐山市丰南区盛丰建筑装饰工程有限公司、唐山群利起重机械制造有限公司、唐山国丰钢结构安装有限公司、唐山国丰机械工程有限公司、唐山云祥吊装工程有限公司、唐山市国航电力建筑安装有限公司、唐山通源电力工程有限公司、唐山市丰南区恒丰机电设备安装有限公司、唐山德建电力工程有限公司、唐山市丰南区宏运建筑安装工程有限公司、唐山鑫鼎起重设备安装租赁有限公司、唐山市丰南区国航劳务有限公司、唐山顺恒劳务分包有限公司、唐山市丰南区忠誉建筑劳务分包有限公司、唐山盛鼎混凝土有限公司、唐山市海越混凝土有限公司、唐山市丰南区金维混凝土有限公司、唐山英迈混凝土有限公司、唐山冀东水泥胥建混凝土有限公司 40 家。年内增加唐山神农水利工程有限公司、唐山市同成建设工程有限公司 2 家，到年底共有 42 家。

【全民所有制企业】 2016 年，丰南区有 1 家全民所有制建筑企业，为唐山市丰南区市政园林绿化工程公司。该公司前身是建于 1980 年丰南市政工程队，1992 年扩建为丰南市政工程公司。该公司主要承担市内排水道路、桥梁安装等工程设施建设。到 2016 年，公司拥有固定资产 2000 万元，流动资金 2534 万元，有专业工程技术人员 106 人，各种机械设备原值 1163 万元，公司设技术科、设备科、实验室、生产经营科、施工队等，总人数 506 人。

行业分类

【建筑工程及建筑安装企业】 2016 年，丰南区建筑工程及建筑安装企业有唐山市丰南区胥各庄建筑工程有限公司、唐山市丰南区利达建筑安装有限公司、唐山市丰南区天友建筑安装有限公司、唐山市丰南区兴盛建筑安装有限公司、唐山市丰南区银丰建筑有限公司、河北欧远建设工程有限公司、唐山诚信建筑工程有限公司、唐山市金地建筑工程有限公司、唐山市丰南区宏兴建筑工程有限公司、唐山市丰南区振华建设工程有限公司、唐山市丰南区惠达建筑工程有限公司、唐山市丰南区房屋建筑安装工程有限公司、唐山市丰南区宝成建筑工程有限公司、唐山市永昌工程建设有限公司、唐山市同成建设工程有限公司 15 家。建筑安装企业有唐山云祥吊装工程有限公司、唐山鑫鼎起重设备安装租赁有限公司 2 家，年内增加建筑工程企业 1 家。

【建筑装饰和其他建筑企业】 2016 年，丰南区建筑装饰和其他建筑企业有唐山市丰南区金华装饰有限责任公司、唐山市丰南区百特装饰有限责任公司、唐山市林兴装饰有限公司、唐山兴达交通工程有限公司、唐山市正宏水利建筑工程有限公司、唐山万达铁路工程有限公司、唐山市丰南区市政园林绿化工程公司、唐山京兆科技开发有限公司、唐山市丰南区盛丰建筑装饰工程有限公司、唐山群利起重机械制造有限公司、唐山国丰钢结构安装有限公司、唐山国丰机械工程有限公司、唐山市国航电力建筑安装有限公司、唐山通源电力工程有限公司、唐山市丰南区恒丰机电设备安装有限公司、唐山德建电力工程有限公司、唐山市丰南区宏运建筑安装工程有限公司、唐山市丰南区国航劳务有限公司、唐山顺恒劳务分包有限公司、唐山市丰南区忠誉建筑劳务分包有限公司、唐山盛鼎混凝土有限公司、唐山市海越混凝土有限公司、唐山市丰南区金维混凝土有限公司、唐山英迈混凝土有限公司、唐山冀东水泥胥建混凝土有限公司、唐山神农水利工程有限公司26家，年内增加装饰企业1家。

（王娇）

企业及优质工程选介

【唐山市丰南区胥各庄建筑工程有限公司】 2002年2月经河北省建设厅批准为房屋建筑工程施工总承包贰级。2016年，有高、中、初级技术和经济管理人员163人，有一级建造师1人、二级建造师19人，有塔吊、施工升降机、装载机、搅拌机、汽车等动力机械设备465台（件），机械设备总功率5952千瓦，技术装备率7791元/人，动力装备率4千瓦/人。公司遵循“以质量求生存，以质量求发展”宗旨，强化企业内部管理，完善经营机制，从实际出发，制定“质量兴业”的具体措施和完善企业质量管理制度，确立“质量、效益、科技、管理、文明”型企业经营战略，企业连年被唐山市建委评为“建筑工程质量管理优胜单位”，并连续获得由唐山市建筑工程施工安全监督站组织的“百日安全无事故活动”金杯奖。被唐山市人民政府授予“四强工程优胜单位”，被河北省工商行政管理学会评为“重质量守信誉示范单位”。2006、2007年度被河北省建筑协会评为河北省先进建筑施工企业，完成建筑工程260多个，建筑面积130多万平方米，工程交验合格率100%，优良率87%，获河北省优质工程1项，河北省用户满意工程4项，唐山市级优质工程14项，唐山市级文明工地27项，完成建筑业总产值20多亿元。

【唐山市丰南区惠达建筑工程有限公司】 公司始建于1982年，原为惠达建筑工程有限公司，2003年7月更名为唐山市丰南区惠达建筑工程有限公司。企业注册资本金2009.1万元，主项资质建筑工程施工总承包贰级。到2016年，公司拥有各种机械设备91套，总功率1582千瓦。有各类工程技术人员155人，其中高级工程师3人、工程师27人、二级建造师20人，施工员、质量员等持证上岗人员40余人。一线600余名员工均经过专业技术培训。公司建立生产、质量、安全、财务、物资采购管理一整套行之有效管理制度。先后承建惠达住宅小区、文慧园、惠祥园、黄各庄三村、宣庄一街、红花园等新民居小区住宅楼，惠达医院、惠达敬老院、惠达宾馆、惠达职工公寓等公益项目，达丰焦化厂、惠达科技园、惠达工业园等工业项目。所建工程全部合格，部分项目被授予市级文明工地和市优质工程。

（王娇）

【唐山凯伦建设防水卷材生产线项目工程】 唐山市城市建筑工程总公司承建，2016年5月24日开工。该工程位于唐山市丰南临港经济开发区，占地面积66660平方米，一期建筑面积24249平方米。共有7个单体建筑（1#、2#车间、办公楼、员工及倒班宿舍、附房、配电房、锅炉房）和两套国外进口生产线，一套年产1200万平方米的改性沥青卷材生产（有胎）线，一套年产1200万平方米改性沥青卷材生产（无胎）线。总投资3亿元人民币，主要生产设备：4T导热油锅炉、1T导热油锅炉、胶体磨、密闭沥青储料罐、保温计量配料罐；国外设备：改性沥青有胎生产线、无胎生产线、自动码垛机。该工程于2016年12月被评为河北省主体结构优质工程。

（张云雁）

行业管理

【建筑企业格局】 2016年，丰南区有建筑施工企业43家，建筑工程施工总承包企业15家，市政公用工程施工总承包企业2家，水利水电工程施工总承包企业2家，冶金施工总承包企业1家，输变电工程专业承包企业4家，铁路工程施工总承包企业1家，建筑装修装饰工程专业承包企业3家，起重设备安装工程专业承包企业1家，建筑机电安装工程专业承包企业1家，预拌混凝土专业承包企业5家，劳务企业6家，钢结构工程专业承包企业2家。

【工程建设监理】 2016年，丰南区有唐山联发工程招标管理有限公司、唐山鑫源工程项目管理有限公司2家。唐山联发工程招标管理有限公司为房屋建筑工程监理甲级和市政公用工程监理甲级资质，唐山鑫源工程项目管理有限公司为房屋建筑工程监理乙级和市政公用工程监理乙级资质。两公司有从业人员162人，其中高中级职称技术人员74名，含高级工程师42名、工程师61名；国家注册监理工程师35名，造价工程师9名，一级建造师17名。全年监理工程项目30个。

（王　娇）

【建筑节能推进】 2016年，丰南区建筑企业执行新建民用建筑65%节能标准和公共建筑50%节能标准。完成节能备案手续12项，完成施工图联合审查项目34项，完成墙改基金征收22项，征收金额为392.64万元，返还墙改基金7项，返还墙改基金217.90万元。推广可再生能源在建筑工程中应用，2016年新增太阳能应用面积10.12万平方米，浅层地能建筑应用面积1.07平方米。完成既有居住建筑节能改造5万平方米，完成上级下达目标任务。

（金龙灿）

【工程安全管理】 2016年，丰南区安监站贯彻“安全生产、预防为主、综合整治”方针，实施综合治理，建立安全生产管理长效机制。年初，全区在建工程春季安全生产检查。4月，组织丰南区住建系统在2016世园会期间开展安全生产及扬尘治理。6月，结合“安全生产月”组织在建项目建筑安全管理人员培训。9月份实施全区建设工程安全生产及扬尘治理检查。10月，在西城区棚户区拆迁改造一期工程现场召开全区建筑施工安全生产文明施工暨及扬尘治理现场观摩会。11月至12月结合江西“11·24”坍塌事故，开展冬季施工安全生产全面检查活动，内容涉及到消防、安全用电、起重设备及施工现场临建设施安全管理等。“元旦”“春节”“世园会”“恶劣天气”“汛期”等特殊时期专项检查6次。全年监督指导在建工程55项，面积302.55万平方米；建筑工程安全备案18项，建筑起重机械使用登记45项，吊篮使用登记18项，起重机械安拆告知87项；落实《河北省建筑施工扬尘防治新15条标准》，施工扬尘得到有效控制，扬尘治理达标率97%以上；施工现场安装视频监控占主城区建筑工程总量的100%，无安全事故发生。

（王爱华）

【建筑工程招投标】 2016年，丰南区招标办公室（以下简称区招标办）贯彻《中华人民共和国招投标法》及相关法律法规，按照《河北省建设工程工程量清单招标评标规则》实施建筑工程招投标，全年完成房屋建筑和基础设施项目招标8项，中标金额3186.4万元。应招标工程招标率为100%，应公开招标工程公开招标率100%。制定《唐山市丰南区住房和城乡建设“一问责八清理”专项行动招标投标不规范问题清理工作实施方案》，召开专题会议。对2014年以后在本区开展招标代理业务11家招标代理机构业务开展情况清理，涉及区招标办监管项目67个，清理8类78个存在问题，其中退还2015年以前保证金23家265.9万元，退还54家投标单位保证金银行同期存款利息1.59万元。10底通过省招投标专项清理领导小组验收。此次专项治理，促进招投标市场健康有序发展。

（董艳秋）

【工程质量监督】 2016年，丰南区监督在建工程55项，建筑面积302.5万平方米，其中新开工20项，建筑面积56.5万平方米。办理质量监督备案44项，单位工程153个；竣工验收17项，竣工验收备案22项，单位工程67个；签订八方责任主体承诺书35份；获省结构优质工程1项。对受监工程依据工程情况和各方责任主体信用情况实行“差别化”管理，按工程进展分阶段把关。事前控制各责任主体建立终身责任制档案、质量终身责任承诺书。工程开工前实行工程质量样板引路制度，施工单位按照样板标准施工。施工过程中对工程质量实施抽查、抽测、巡查，随机查、飞行检查，专项检查和综合检查相结合。工程完工实体抽测、分户验收竣工验收专家评价，通过检测数据、专业技术等多方面对工程质量把关。

（张云雁）

【清欠工作】 2016年，丰南区新开工20个项目全部实行农民工工资预储金制度，计缴存1.27亿元。为建设单位开具无拖欠工程款证明70份，为建筑施工企业开具无拖欠农民工工资证明55份。解决拖欠农民工工资投诉案件12起，涉及工人173人，涉及拖欠金额204.68万元。

（孟繁华）

商贸服务业

Shang Mao Fu Wu Ye

责任编辑：张子成

综　述

2016 年，丰南区商贸服务业继续保持繁荣稳定发展态势，企业规模不断壮大，市场秩序日益规范，流通网络创新、招商引资、出口创汇进一步拓展，一批新兴服务迅速崛起，市场繁荣，商品流通购销两旺。到年底，丰南区有各类交易市场 87 个，商贸流通网点 19634 个，营业总面积 94.5 万平方米，其中城区商业网点 5366 个，营业面积 16098 万平方米。丰南区实现社会消费品零售总额 191.5 亿元，同比增长 10.1%，其中：批发业 14.03 亿元，同比增长 3.9%；零售业 162.05 亿元，同比增长 10.3%；住宿业 1.16 亿元，同比增长 7.5%；餐饮业 14.3 亿元，同比增长 14.9%。招商引进市外资金 121.67 亿元，其中入统省外资金 100.1 亿元，完成市达全年任务的 101.1%。完成进出口交易额 15 亿美元，其中出口 7.2 亿美元。丰南区商贸流通服务业实现增加值 211.48 亿元，同比增长 8.0%，占地区生产总值 34.3%。

批发零售业

【概况】 2016 年，丰南区批发零售业以城区繁商区、小城镇聚集区、乡镇村商业集贸区为主的商贸流通格局进一步拓宽，丰南商厦、荣大购物广场、通达城、国盛商贸城、家万佳超市、诚誉购物中心、通达建材博览城、唐山皮革城等大型商场成为城镇居民商品消费重要卖场。荣盛未来城商贸项目总建筑面积 41 万平方米，总投资 40 亿元，成为城市商贸综合体，到 2016 年整个工程项目全部竣工并投入运营。到年底，丰南区有批发零售网点 859 个，住宿餐饮网点 1048 家，星级酒店 2 家，其中五星级 1 家（唐山国丰维景国际大酒店），三星级 1 家（丰南宾馆贵宾楼）。全年争取到中央外贸商贸流通发展专项资金 75 万元。

【经营体制】 2016 年，丰南区入统限额以上批发和零售业法人企业 46 家，从业人数 3256 人。批发业 30 家，其中国有控股 2 家、集体控股 1 家、私人控股 22 家、其他 5 家。零售业 16 家，其中私人控股 8 家、其他 8 家。实现批发和零售额 147276.7 万元，同比增长 10.4%。2016 年，丰南区共登记各类市场主体 27640 户，其中企业 5566 户、个体 21112 户，农民专业合作社 962 户，主体净增量 3791 户，有限责任公司、私营企业、个体商户成为商贸流通经营主体。

【企业规模】 2016 年，丰南区在入统限额以批发零售业法人企业 46 家中，年销售额 1 亿元以上的 14 家，5000 万元以上至 1 亿元的 3 家，1000 万元以上至 5000 万元的 7 家。年销售额 1 亿元以上的企业主要有：唐山众生实业有限公司、唐山家万佳超市、唐山市丰南燃气有限公司、东煜商贸、润丰商贸、丰南商厦等。年销售额 5000 万元以上至 1 亿元的有唐山先科燃气有限公司、唐山银丰油品有限公司、唐山三鑫农机加油有限公司等。到年底，限额以上批发和零售业法人企业总额产 569610.6 万元，比上年增长 -2%，年商品销售总额 147276.7 万元，比上年增长 10.4%，限额以下批发和零售业年销售额 1768602.1 万元，比上年增长 10.1%。

【经营业态】 2016 年，丰南区批发贸易业形成以“仓库 + 门市”等物流配送为主要特征的营业状态；零售

丰南商厦集团公司荣大购物广场

贸易业形成商贸城、超市、食品店、便利店、专卖店、连锁店、厂家、厂家直销、购物中心、网上购物商品等经营业态；农副产品经营形成产地直销、自主营销，专业合作社经纪人中介，组织外销、农超对接等模式，网上购商品成为消费者和购物群体的新趋势，同时，快递业的迅速发展，成为商品流通的重要渠道。

【商品经营】 2016年，丰南区烟草、食盐实行专卖，进入流通领域，烟草爆竹实行“统一经营（供销社）、归口管理（安监局），粮食收购和食品、药品、酒类、卷烟、农资、石油产品等实行许可证制度。其他商品全部由市场调节，价格随行就市。2016年，丰南区有农家店、农资站覆盖丰南区98%以上的行政村。丰南商厦集团在丰南区乡村建立连锁超市服务平台，设立4万余种商品网上配送中心，初步形成“连锁经营、电子商务、物流配送”为一体的农村现代商品经营流通网络模式，有力推动农村现代物流网络的发展。

（赵小坚、赵茂林）

粮食流通

【概况】 2016年，丰南区粮食局在通过国家粮食局“全国粮食流通监督检查示范单位”复核的基础上，发挥带头示范作用，实施“粮安工程”，推进“危仓老库”维修改造；抓粮食流通领域监督检查；办理“粮食收购许可证”；做好粮食统计；完成丰南区“粮食安全责任制”考核自评等重点工作，确保丰南区粮食市场安全和稳定。

【“危仓老库”维修改造】 鉴于丰南区粮库年久失修，存在安全隐患的情况，粮食局2016年妥善利用上级配套资金，投资580万元（其中省财政配套232万元，区财政配套203万元，企业自筹145万元）对下属国有仓储企业唐山市丰南区宝达粮油资产经营管理有限公司管辖城区南库、大新庄粮库两个库点维修。维修内容主要包括仓房维修改造、库内地坪翻修、添置机械设备及粮情检测系统等，工程于9月份全部完工并通过验收，切实有效的改善丰南区储备粮的仓储条件及进出库能力。

【粮食市场管理】 2016年，丰南粮食局坚持做好服务工作，高效办理《粮食收购许可证》，严格执行国家粮食流通统计制度和最高最低粮食库存量核定制度，确保企业依法依规收储。11月，组织全区26家粮食经营企业负责人、统计人员综合业务培训，提高粮食行业从业人员整体业务素质。同时在丰南区范围内施行“粮食企业动态分级监管”，每三个月核定一次企业动态级别，从而对监管单位做到有针对性的执法检查，一年来先后出动执法人员186人次，监管粮食经营企业26家，有效维护丰南区粮食流通领域经营秩序。

【储备粮安全】 2016年，丰南区拥有储备粮××吨，其中原粮储备××吨(小麦),成品粮储备××吨(面粉、大米）。原粮储存于唐山市丰南区宝达粮油资产经营管理有限公司；成品粮分别由白龙（唐山）面粉集团有限公司、龙强面业有限公司、隆达粮食加工厂、欣龙精制米有限公司4家企业代储。为保证储备粮账库相符、账账相符，区粮食行政管理部门每月对上述企业储备粮库存检查，确保储备粮安全。

（王 磊）

供销商业

【概况】 2016年，丰南区供销商业深化供销社改革、加大“三农”服务，结合本区实际，采取有效措施，坚持强农惠农、夯实基础，全面深入推进农业农村发展。年内，丰南区新发展农民专业合作社40家，入社社员9467户，带动农民32686户，覆盖率97%。

【供销合作社综合改革】 2016年，丰南区供销社与区政府农办结合丰南区实际起草《唐山市丰南区深化供销合作社综合改革工作实施方案》，经区领导专题讨论、区深化改革领导小组专题会议讨论研究，最终定稿并于9月30日下发。10月10日，丰南区深化供销合作社综合改革工作会召开，明确部署各项改革工作与具体任务，为丰南区下一步深化供销合作社综合改革工作指明方向。

【农民专业合作社发展】 2016年，丰南区在合作社建设过程中，一抓发展、二抓规范，既有数量的增长，又有质量的提升，新发展农民专业合作社40家，总数284家，其中种植社160家、养殖社75家、其他专业合作社49家。为更好发挥各类农民专业合作社助农增收作用，按照《中华人民共和国农民专业合作社法》及《2014年唐山市农民合作社规范化建设标准》指导农民专业合作社做到“六有标准”和“四统一服务”。10月份，丰南区森丰农民专业合作社、秀荣农民专业合作社和本庄农民专业合作社被认定为省级标准农民专业合作社示范社。

【供销合作社基层组织完善】 2016年，丰南供销社按照区《深化供销合作社综合改革实施方案》要求，采取开放办社，与村委会、农业龙头企业、农民专业合作社等合作方式组建基层供销社，到年底，丰南区15个乡镇均建成新型基层供销社。同时，以建立“资源共享、优势互补、社农紧密联合”的区域型合作经济组织为目标，区级供销农民合作社联合社于3月注册成立，年内丰南区15个乡镇供销农民专业合作社联合社均注册成立。

【农村产权交易中心建设】 按照《省政府（冀政办〔2014〕87号）》文件精神，根据唐山市《关于开展土地流转收益保证贷款试点工作的指导意见（试行）》（唐农组〔2014〕1号），丰南区被确定为土地流转收益保证贷款试点县区，2016年1月，经区政府批准建立农村产权交易中心。年内，公司注册、场所设置、人员配置、办公用品购置、与省平台对接等工作全部完成，进入试营业阶段，发布出让、受让信息12条，组织农户承包土地经营权流转交易2宗，涉及土地11.73公顷；合同鉴证4宗，涉及土地面积21.8公顷，被市供销社授予“农村产权交易中心建设先进单位”称号。

【“菜篮子进社区工程”】 2016年，丰南区社与森丰果蔬种植专业合作社合作成立“丰南区供销合作社果蔬进社区平价连锁店”，积极为农民销售蔬菜提供便利，解决农民卖菜难问题，解决市民买菜难问题，先后与双汇冷鲜肉，施尔得熟食等供货商合作，逐步增加生肉、熟食等品种，使超市经营品种更全面，市民吃上安全、优质、价廉新鲜的果蔬商品。到年底，在丰南城区和唐山市区共设主门店15个。随着市场竞争激烈化程度的不断升级，以平价超市为主体，于2016年2月份成立电子商务平台，实施线上线下为一体的经营模式，9月份全面上线。

（李醒民）

烟草专卖

【概况】 2016年，丰南区烟草专卖局不断改进服务手段，持续强化专卖管理，规范经营行为，促进烟草专卖经营开展，至年底，实现卷烟销售额49633万元，比上年增长-11%，实现不含税毛利12253万元，比上年增长4.6%，全年清理无证经营户15户，查处各类违规经营案206件，罚没收入12.68万元。

【烟草经营】 截至2016年底，丰南烟草共完成总销量106241件，全市排名第五位，实现毛利12253万元，全市排名第四位，单箱值23359元。省产卷烟销售方面，全年钻石（细支尚风）、钻石（软绿）城网上柜任务超额完成；钻石（经典纯和），钻石（平安），钻石（硬迎宾）分别完成82%、53%、69%。按照市局（公司）网建工作方案“一县一形象、一镇一特色、一村一乡情”要求选取形象店1户、乡镇16户、农村486户作为网建工作重点，截至12月底，安装自动采集系统扫码枪307户，完成6处酒店陈列，建成形象店1户、特色终端17户，以及37户乡情终端，建成5处吸烟点。

【专卖管理】 2016年，丰南烟草进一步重视同各单位的协调，充分发挥联合打假机制作用，采取突击检查与日常监管相结合方法，有针对性地在节假日、重点区域等不法分子相对活动频繁的时间段、地段开展联合打假工作。组织专项执法行动2次，出动执法人员450人次，发现违规户16户，查扣卷烟277.3条，案值2.62万元，卷烟市场净化率得到进一步提高，明摆明售现象和无证经营现象得到有效控制。截至12月底，共查获违规卷烟案件206起，比上年增长77.58%；查获卷烟条数8558.6条，比上年增长19%，收缴罚没款12.68万元，比上年增长97.5%。西部辖区卷烟案件起数2015年22起，到2016年增至50起，查获违规卷烟条数2015年221条，到2016年增至981.8条，查获违规卷烟初见成效。行政许可管理上，加大办证力度，提高办证效率，同时扎实开展许可证延续工作，保障辖区稳定。截至12月底，共新办烟草专卖许可证210户，变更1户，延续49户，歇业28户，停业整顿7户，整顿终结6户，注销312户。

（王　楠）

仓储物流业

【概况】 2016年，丰南区物流业增加值（交通运输、仓储业）完成77.1亿元，比上年增长3.0%。占丰南区服务业比重36.5%，占丰南区GDP比重12.5%。年内丰南区新建物流项目7个，总占地面积102.2公顷，总投资37.1亿元。广丰贸易有限公司新建商贸物流项目、唐山盈升国贸物流发展有限公司建设物流交易园项目、唐山胡子物流园区建设项目、唐山市鼎立物流有限公司鼎立物流项目于2016年底投入使用。

【唐山钢铁谷有限公司】 成立于2016年3月，是由唐山市人民政府推动，20家钢铁企业和非钢企业发起成立，依托互联网、物联网、大数据，集物流、电商、金融、资讯、技术研发与应用、产业链延伸为一体的开放式共享生态综合服务平台。项目建设总面积9100平方米，其中：信息平台、电商平台、物流平台及数据中心5000平方米，金融业务平台1000平方米，科研环保研发中心2100平方米，办公及附属设施1000平方米。项目购置信息服务、电商和物流三大平台系统及其相关电子设备，金融平仓库监控和云监管系统，科研研发设施和相关技术平台。可提供就业岗位2000个以上。

【唐山盈山国贸物流发展有限公司物流园项目】 总投资3亿元，占地面积58.2公顷，分两期建设，第一期占地38.1公顷，建设大型钢材交易市场

2016年新增省级示范专业合作社

名称	地点	主营产品	备注
丰南区秀荣畜牧养殖专业合作社	柳树瞿阝镇戟门村	猪	河北省农业厅
丰南区森丰果蔬种植专业合作社	南孙庄乡南孙庄村	黄瓜、西红柿	河北省农业厅
丰南区本庄小麦种植专业合作社	王兰庄镇高家庄村	小麦	河北省农业厅

荣盛未来城

及周边商业街、大型二手车交易市场，第二期20.1公顷，建设大型工业装备产品交易博览城。另规划占地14.7公顷，建设汽配城交易园区。2016年，园区引进特种钢铁材料销售及定型高新技术产品生产与销售的科技型企业及LED封装胶等高科技、新能源项目。全年园区投入5000万元，主营业务收入5000万元，实现利润500万元。

（张连书）

对外开放

【概况】 2016年，丰南区对外开放、招商引资成果显著，有渤海钢铁项目、保利科技有限公司物流园项目、新希望六和集团农业产业化项目、通威渔光一体水产科技园项目、华中新工贸有限公司人民币方位荧光粉项目等46个签约项目，其中亿元以上项目11个，5亿元以上项目5个，10亿元以上项目3个，总投资603亿元。16个项目年内落地，总投资36.92亿元。充分利用外资，丰南区有外商投资企业21家，其中，外商独资企业10家，合资企业11家，主要投资领域为钢铁、陶瓷等劳动密集型产业，其中陶瓷行业4家、钢铁行业3家、食品行业3家、其他行业11家。重点企业有：哈尔滨啤酒集团有限公司、空气化工产品（中国）投资有限公司、日本三商株式会社、日本理研电线株式会社等。年内，丰南区实际利用外资1.7亿美元，完成市达全年任务的121.4%。全力招商引资，2016年丰南区上报入统市外资金121.67亿元，其中入统省外资金100.1亿元，完成市达全年任务的101.1%。有北京金隅集团北方瓷都项目、黑龙江华丹乳液高档奶粉项目、环球嘉年华（北京）投资有限公司东方神龙乐园项目、东方雨虹总部基地项目、涂料生产集群项目等163个在谈项目。能够确定投资数额的项目121个，计划投资总额1107.81亿元。其中一产项目14个、二产项目90个、三产项目59个；10亿元以上项目22个，投资额在5亿至10亿元的项目15个，投资额在5亿元以下项目84个。163个在谈项目中，广东华恒盛重包装集团有限公司生产重包装项目，河北万海农业新能源有限公司甲醇清洁燃料建设项目，北京金隅集团卫生瓷、日用瓷、特种陶瓷提升改造项目等22个重点项目投资314.9亿元。

【招商政策】 2016年，丰南区制发《唐山市丰南区招商引资奖励办法（试行）》《唐山市丰南区鼓励大众创新创业的政策措施》《唐山市丰南区鼓励支持高新技术产业发展的暂行办法（试行）》等一系列政策文件，营造富商安商良好氛围。同时着力落实帮办工作机制，印发《帮办工作实施意见》，制定《帮办人综合考评办法》，成立帮办工作领导小组和领导小组办公室；抽调职能部门精干力量组成帮办人才库；明确41个帮办项目，相关企业派入41个帮办小组。制定《唐山市丰南区招商引资项目评审办法》，对联系洽谈项目按产业类型全面评价，对不符合落地条件的及时终止项目洽谈；对符合落地条件的，坚持“一个项目、一名领导、一个班子、一套方案、一抓到底”，并加强项目跟踪服务，采取周上报、月通报、季调度办法，强化从项目洽谈到签约、落地到开工全过程跟踪，紧盯不放，直至项目签约、落地、投产。切实提高合同履约率、资金到位率、项目开工率。设立北京、天津、上海、深圳4个招商处，开展定点招商。扩大招商队伍，通过选拔抽调、公开招聘等形式，精选35人充实到招商队伍，在各乡镇、区直经济主管部门分别设立招商中心和招商办，丰南区专兼职招商人员276人。构建以招商局和招商中心为中心，各乡镇、开发区、区直部门和区内骨干企业为主体，驻外招商处为辐射，聘用招商顾问和社会中介机构为外延的立体式招商网。

【招商领域拓宽】 2016年，丰南区坚持“一、二、三产业并举、工业化城镇化同步”，一产以发展城郊型现代农业为方向，引进高效益、带动性强的特色项目，引进国电远鹏农光互补一体化等项目；二产以六大优势产业和电子信息、新材料等为重点，相继引进开普瑞精密冷轧项目、高速高铁护栏板项目、东方雨虹二期等一批优质项目；三产围绕建设唐山市新型现代商务区，引进电子商务、休闲旅游、健康养老、现代物流等新兴业态项目，打造特色城市品牌和产业项目集群，推进顺风速运项目、双赢公司物流配送项目等重点项目。

【招商方式】 2016年，丰南区在土地价格、税收政策、基础设施不占优势的背景下，突出小团组招商、会议招商、以商招商、网上招商等有机结合，逐步实施立体化、网络化、专业化招商，提高招商成效。区领导率先垂范，赴北京、上海、江苏、四川、重庆、湖北、浙江、黑龙江等地开展小团组招商活动共计48批次，拜访企业81家，推动通威渔光一体高效

通达韩国城

智能水产科技园项目、甲醇清洁燃料项目、印刷产业园项目等签约。各乡镇、园区、有关区直单位开展小团组招商活动511批次，其中乡镇358批次，三个园区81批次，有关区直单位72批次。区招商局赴北京、上海、天津等地开展招商活动28批次，接待客商38批次。全区全年接待客商430批次1800余人。区4个招商处先后走访553家企业、机构，参加各种会议，拜访666名重要客商，邀请162批464人在丰南区考察，推动44个项目的进展。共举办北京丰南经贸洽谈会、对接全国温度仪表专业协会暨投资洽谈会等14次招商活动。11月，丰南区在北京市唐山大厦举行（北京）招商推介会暨签约仪式。会上集中签约15个招商项目。

【外贸增长点培育】 2016年，丰南区新增唐山泽信实业有限公司等12家对外贸易经营者备案企业，对外贸易企业增至185家，有进出口实绩企业53家，其中出口实绩企业37家，进口实绩企业16家。年内省市对出口工作异常重视，7.2亿美元的市达任务因国际国内经济形势下滑致使完成难度较大，为此区商务局深入到各出口企业采取隔天调度的方法，11月、12月进度明显加快，全年基本完成市达年度任务。加快“走出去”步伐，鑫丰热电投资4.5亿元在澳大利亚建设环保能源和市政工程项目。华通线缆集团在坦桑尼亚和赞比亚投资建厂，坦桑尼亚项目年底完成施工，赞比亚工厂计划投资500万美元，项目分三个阶段实施，预计2017年建成。抓好丰南区出口钢铁产品质量安全示范区创建工作，30家入区企业全部建立出口产品质量安全控制体系，贺祥机电和东华钢铁两家获中国驰名商标，“国丰”钢铁，“联强”轧辊等12家获河北著名商标。丰南区被授予“省级出口工业产品质量安全示范区”。

（赵小坚、赵茂林）

【争取中央资金】 2016年，丰南区发改局将唐山国丰钢铁有限公司原料场封装改造项目、河北省2016重点防护林工程、2016年丰南区田间工程建设项目、丰南区公安局新建东田庄和岔河派出所业务用房项目、唐山梦牌瓷业有限公司一期技术改造工程等项目争列进中央投资计划，共争取中央到位资金1.12亿元，同比增长120.2%。2016年，商务局争取上级扶持资金1219.5万元，惠达卫浴、华通线缆等6家企业外贸转型升级，申报中央外贸发展专项资金获批13.6万元，线缆出口基地获扶持资金41.86万元，物流标准化获扶持资金400万元；商贸流通发展专项资金75万元，农村电商全覆盖扶持资金262.2万元，商务局连续5年获区文明单位，连续两次获市级文明建设先进单位。

（刘彩芹、赵小坚、赵茂林）

住宿餐饮业

【概况】 2016年，丰南区共有持许可证餐饮服务单位357家，其中大型餐饮22家、中型餐饮110家、中央厨房1家、小型餐饮123家、学校及托幼机构食堂76家、其他食堂25家。持许可证餐饮服务单位全部纳入量化分级管理，B级以上172家，占总数的48%，“明厨亮灶”完成率为100%，清洁厨房建设完成率为96.15%，信息公示牌悬挂率100%；丰南区大中型餐饮、学校食堂等120家餐饮单位配备食品安全快速检测箱，并组织快检培训；学校食品升级改造工作按要求全部完成。

【小餐饮登记管理】 2016年，丰南区认真落实小餐饮登记管理制度，积极开展《河北省食品小作坊小餐饮小摊贩管理条例》（2016年7月1日实施）宣传贯彻工作，截至年底，对符合条件的小餐饮发放备案登记证416个（含农村集体取餐流动厨房135个）。

【餐厨废弃物处置】 唐山环洁能源有限公司作为餐厨废弃物无害处置单位自2015年9月试运行以来，丰南区有532家餐饮单位餐厨废物由唐山环洁能源有限公司统一收购运输处置，城区餐饮100%纳入收入范围；丰南区有381家餐饮单位安装油水水离装置，城区餐饮单位全部安装。

（赵亚芳）

居民服务业

【概况】 随着第一、第二产业发展，居民消费需求变化，居民服务业传统和新兴服务业门类更加齐全，功能日臻完善，领域不断拓宽，极大满足不同层次消费者的需求。美容美发、出租客运、汽车修理、劳务中介、家政、装潢、快递、物业、婚庆服务等保持快速发展势头。到2016年，丰南区共有居民服务业注册登记1021家，其中私营401家、个体620家，从业人员5800人。在促进丰南区服务业多样性发展的同时，极大满足不同消费人群的需求。

【租赁和商务服务业及拍卖业】 2016年，丰南区服务项目有汽车租赁、建筑工程机械租赁、农机租赁等。年内共有各类业主986家，从业人员2051人，极大的方便各类商业主体经营。拍卖业从事企业3家，员工36人，注册会计师3名，全年举办拍卖会29场次，委托金额14.94亿元。

【信息传输与计算机服务和娱乐业】 2016年，丰南区信息传输与计算机服务业共有各类业主456户，行业具有从业人员年轻化、专业化特点，为各类市场主体经营发展提供强有力的业务和技术支撑。娱乐业，丰南区共有网吧54家、酒吧61家、专业健身场所5个，全年实现增加值1345万元。

（赵亚芳）

商务管理

【概况】 丰南区商务局是区政府主管内外贸易和国际经济合作，招商引资等工作的部门，主要负责贯彻落实国家和省市有关内外贸易、国际合作、招商引资等商务领域的发展战略、方针、政策及相关法律、法规，拟定丰南区相应的发展规划及规定办法和措施。2016年，商务管理主要包括推动重点商贸项目竣工营业，市场运行分析和监测，同时协同有关职能部门做好市场监管工作。

【重点商贸项目】 2016年，丰南区有万众创业孵化基地、政务中心、招商中心、365总部、国商信联财富投资管理（北京）有限公司、河北永信股权投资基金管理有限公司等入驻；荣盛·未来城项目总建筑面积41万平方米，总投资40亿元，为城市综合体项目，年内整体工程竣工并投入运营。大力推进农村电子商务全覆盖工作。年内建设公共电商服务中心和跨电商体验中心，丰南区农村“好乡亲365”电商服务站建设除7个拆迁村外实现全区覆盖。

【成品油市场管理】 成品油监管，成品油市场监管包括加油站年检、办理企业名称及法人变更等业务，开展成品油市场日常执法检查等。2016年，丰南区成品油加油站80个，加油点10个，年内查出7家加油站的油气回收装置未能正常运行，2家消防器材不能正常使用，12家安全制度不健全、缺少应急预案、没有责任到人，1家存在安全隐患。对这22家加油站下达整改通知，年内全部整改到位。经日常执法检查和群众举报，共查出4家黑加油站和1辆黑加油车，全部取缔。

【酒类市场监管】 2016年，丰南区有酒类经销户3980家。酒类市场监管包括办理酒类零售许可证，对酒类批发企业实施随附单管理，开展酒类执法检查。年内办理酒类商品流通备案121件，查办违反酒类流通随附单案件34起，处理金额3.71万元。为重点打击销售假冒劣酒行为，全年共出动执法车450辆次，执法人员1500余人次。

【零售商促销监管】 2016年，丰南区对区内3000平方米商场促销活动加强监管，要求组织促销活动后在15日内到商务局备案。对辖区内丰南商厦集团、华盛超市、万隆服装城、通达集团等就规范零售商促销、公平交易、单用途商业预付卡行为签订承诺书，并全程监控促销活动，维护正常的经营秩序。

【市场运行分析和监测】 2016年，丰南区为确保商品流通平稳有序，严格按照上级要求，定期和不定期对各类商场、超市、农贸市场及部分企业市场供应、价格情况进行调查和监测。挑选区内唐山家万佳超市有限公司和丰南通达水产品批发市场2家监测样本企业，建立生活必需品和重点流通企业监测系统，通过积极组织市场运行监测人员业务培训，提高监测人员工作技能和业务水平，并督促信息员及时准确上报当期数据，为市场运行监测工作顺利开展奠定良好基础。同时，为更好向政府、企业和消费者提供信息服务，加强对市场运行情况的分析，按每周、每月、半年、全年分段撰写市场运行分析、黄金周市场分析总结和市场异常波动信息等，2016年上报运行监测总结63次，监测显示生活必需品和重点流通企业运行平稳。

（赵小坚、赵茂林）

【生猪屠宰监管】 2016年，丰南区农牧局加强生猪屠宰监管，进一步规范产地和屠宰检疫行为，严格执行猪只产地检疫申报制度，坚持产地检疫与“瘦肉精”同步抽测制度。严格执行官方兽医派驻屠宰场检疫监管及宰前6小时检疫申报制度，切实把好入场查物验证、待宰巡查、同步检疫、无害化处理监管等重要关口，确保屠宰环节猪肉品质安全。规范开展病死猪只集中无害化处理工作，依照有关文件要求，采取定时、定点、定场车辆、统一收集方式，严密组织病死猪只集中无害化处理工作。年内，全区组织3次季节性集中免疫行动，共免疫生猪55.3万头。完成4次季节中防疫消毒活动，消毒规模场、屠宰加工点等面积达900万平方米，监测样本3790份，建立防疫标准化防疫示范场36家，全年开展执法检查78次，出动人数198人次，抽样饲料样品78批次。

（张　伟）

【食品安全监管】 2016年，丰南区市场监管局针对区内获证食品生产企业43家、食品经营销售单位1091家、餐饮持证单位357家开展食品安全监督抽检工作，共完成抽检2054批次，不合格92批次，合格率95.5%。将1840批次抽检结果在区政府信息网公开公示，公示率89.6%。对经抽查不合格的1份食品及66份餐具样品所涉及的51家经营单位相应处置，其中立案查处7户次，警告44家。完善“三小”登记管理工作，结合《河北省食品小作场小餐饮小摊贩管理条例》颁布实施和全市“迎世园会、创食安市”百日攻坚行动，纵深推进“三小”食品业态系列专项整治行动，对辖区内“三小”行业规范化管理，完善“三小”行业登统工作，登记小摊点147家、小作坊66家、小餐饮416家，共计629家。推进餐厨废弃物处置，自2015年9月试运行后，丰南区有532家餐饮单位餐厨废弃物由唐山环洁能源有限公司统一收购运输处置，城区餐饮100%纳入收运范围，381家餐饮单位安装油水分离装置，城区餐饮单位全部安装。对学校、托幼机构门口100米范围内及学校、户外公共场所内沿街食品摊贩规范化管理，改善校园周边食品卫生现状，杜绝食品中毒隐患。

（赵亚芳）

科学技术

KeXue JiShu

责任编辑：张子成

综 述

2016年，丰南区科技创新工作取得重要进展，年内共承担上级科技计划项目10项，成功转化科技成果12项，全区新增高新技术企业4家，新认定科技型中小企业110家，新认定科技小巨人企业8家，新建省级工程技术研究中心1家，专利申请量和授权量分别为266件和230件。区科技局先后被省科技厅、省人力资源和社会保障厅、省知识产权局评为河北省科技管理工作先进集体和河北省专利权质押贷款工作先进集体，被区委、区政府评为领导班子综合考评优秀单位、文明单位、后进村治理整顿工作先进单位、招商引资和项目建设先进单位。

科研机构与队伍

【概况】 截至2016年，丰南区重点培育、扶持企业技术研究中心12个，其中省级工程技术研究中心3个，即河北省卫生陶瓷工程技术研究中心、河北省特种线缆工程技术研究中心、河北省农业信息技术集成应用工程技术研究中心；市级工程技术研究中心9个，即唐山市卫生陶瓷机械设备工程技术研究中心、唐山市农业信息技术集成应用工程技术研究中心、唐山市肉类食品产业研究开发中心、唐山市冶金轧辊工程技术研究中心、唐山市无机非金属粉体工程技术研究中心、唐山市电信电缆工程技术研究中心、唐山市卫生陶瓷工程技术研究中心、唐山市物联网费控管理终端及智能电表工程技术研究中心、唐山市耐磨钢铁材料铸造工程技术研究中心。

【科技创新团队】 2016年，丰南河北华通线缆集团有限公司上官丰收博士带领唐山市特种线缆科技创新团队开展深海连续管的管缆整体性能分析与仿真模拟、连续管缆结构单元的设计、管道截面设计，开发出一体型管缆系列产品，实现3000米以上大长度连续作业，具备输油气、动力传输、化学助剂传输、信号传送、井下安全阀门控制、机组结构清洗等多种功能的一体型管缆。为我国深海能源开发及复杂井况开采提供关键技术配套。唐山市特种线缆科技创新团队获市级科技创新团队建设经费15万元。

【孵化器众创空间】 2016年，创客汇·创客天下（唐山）科技有限公司“创客汇·唐山工业互联网创新创业基地”被认定为国家级众创空间，唐山市丰南区光彩实业有限公司“丰南区光彩创新创业科技孵化器”被认定为省级科技企业孵化器。其中创客汇·创客天下（唐山）科技有限公司获得省级支持资金30万元，列入市级科技创新创业平台计划，获得市级支持资金20万元。两个孵化器入孵互联网+、IT公司、文化创意产业等企业80余家，引进创新型人才45人，举办创新创业培训22次、项目投资路演和宣传推介活动10次，举办科技创新创业赛事1次，服务创业人员600人次。为充分利用各级农技专家的优势，建立农业技术专家库，吸纳全区15名有正高级职称的农技专家为首批入选专家库专家，发挥他们直接面对农民、服务农民、对农村情况比较熟悉的优势。专家承担的主要职责是参与、指导农业技术相关的项目申报、实施和验收，确保项目顺利实施发挥效益；参与制定当地农业技术推广计划并组织实施新技术、新品种、新材料引进、试验、示范和推广，为粮油菜高产创建增加后劲；开展培训和职业技能鉴定工作，培养农民技术员，为实施现代农业培养新型人才。2016年，全区引进“圣尼斯303番茄”“汉姆7号番茄”“德瑞特80黄瓜”“皇后芹菜”“红颜草莓”等品种，为农业发展搞好技术储备。

【知识产权管理】 2016年，丰南区科技局利用“科技活动周”“保护知识产权宣传周暨‘4·26’世界知识产权日”等宣传活动，通过印发宣传资料等方式，重点宣传《专利法》、《河北省专利保护条例》以及知识产权在经济发展中的地位和作用、申报专利的方法、如何保护知识产权等，教育群众如何保护知识产权，树立知识产权保护意识。全年获唐山市专利奖2项，其中唐山国丰钢铁有限公司的“热轧钢快速冷却工艺”与唐山市润捷机械设备制造有限公司的“连铸板坯上去毛刺机”获市三等奖。海森电子股份有限公司获中信银行专利权质押贷款1000万元。全年全区专利授权230项，其中发明专利32项，实用新型专利174项，外观设计专利24件，发放专利补贴款46.18万元。

科技交流与引进推广

【概况】 2016年，丰南区华通线缆与韩国名人线缆合作开发”多功能型海洋装备线缆”项目，投资1800万元开发出高阻燃、抗寒、耐燃烧、低烟无卤、无毒，且能抗各类海域泥浆侵蚀的耐蚀多功能线缆，年产1500千米，新增产值8000万元。唐山东方华盛优耐高科股份有限公司与佳木斯大学及美国河岸工程有限公司三方合作开发“三金属双液双硬度复合破碎机锤头”项目，产品采用三金属双液双硬度复合浇铸工艺，使用寿命可比高铬铸铁及合金钢锤头提高3～6倍。唐山希锐自动化设备有限公司与华北科技大学签订战略合作伙伴框架协议，共建华北理工大学研究生创新实践基地，联合研发“高炉渣成纤”项目，针对钢厂冶金矿渣处理难、价值低的问题，研究开发冶金渣的再利用，使冶金矿渣成为高附加值的保温建材。

【科技引进推广】 2016年，惠达卫浴成功引进佛山市新鹏机器人技术有限公司“卫生陶瓷机器人自动修坯生产线”，推广应用后，可将半成品修坯效率提升50%以上。唐山亨通科技引进南开大学“VOCs处理技术与设备研制开发”项目，针对VOC气体高效治理，开发系列先进水、气处理装备，新增销售收入可达3000万元.

科技项目申报

【概况】 2016年，丰南区申报市以上科技计划项目30项，被批准8项，共争取上级科技资金支持525万元，其中列入省级科技计划项目4项，分别是天地（唐山）矿业科技有限公司“煤用机械搅拌式浮选机研发及产业化”获得支持资金150万元，唐山海森电子股份有限公司“SPWT（类机翼涡轮）流量传感器”项目获得支持资金100万元，唐山施尔德肉制品有限公司“低温休闲肉制品技术中试与示范”项目获得支持资金80万元，唐山科硕特种陶瓷制造有限公司“水处理用密集型通道多空氧化铝陶瓷管”项目获得支持资金30万元。列入市级计划项目4项，分别是惠达卫浴股份有限公司“卫生瓷石膏模型微波连续干燥系统研发及产业化”项目获得项目资金50万元，华通线缆“采油专用一体型复合管缆的研发及产业化”项目获得支持资金50万元，东方雨虹“改性沥青防水卷材的研发与产业化”项目获得支持资金50万元，亿联盛轧辊“高韧性高速钢复合轧辊研制”项目获得支持资金15万元。2016年，丰南区申请专利266项，授权专利230项。

【科技贷款补贴】 2016年，唐山市丰南区华信精密制管有限公司、唐山鑫实胶面滚筒有限责任公司、唐山海森电子股份有限公司、唐山市施尔得肉制品有限公司、唐山市丰南区宏丰米业有限公司5家企业获得市科技金融贷款补贴44万元。

【科技成果获奖】 惠达卫浴股份有限公司“薄壁轻量化卫生陶瓷产品的开发”分别获得河北省科技进步三等奖、唐山市科技进步一等奖。

授权专利一览表

序号	申请号	发明名称	专利权人名称	专利类型	专利权人类型
1	2015208673654	一种深海油田用的管缆装置	信达科创（唐山）石油设备有限公司	实用新型	企业
2	2014102334435	带干馏段单出口煤气发生炉煤气净化冷却及油水分离工艺	唐山科源环保技术装备有限公司	发明	企业
3	2015208105143	一种地表水污染水体底泥原位修复的移动式投药装置	唐山柯林环保科技有限公司	实用新型	企业
4	201520638352X	座便器提升成型机双微压管道托架组合	唐山贺祥锆业有限公司	实用新型	企业
5	2015207670470	饲料粉碎机整体套筒转子结构	孟维安	实用新型	个人
6	2015206580000	新型全能水密封环冷机上部水密封结构	河北华通重工机械制造有限公司	实用新型	企业
7	2015206573825	新型全能水密封环冷机台车车轮处密封结构	河北华通重工机械制造有限公司	实用新型	企业

授权专利一览表

续表（1）

8	2014103124400	一种钢制轮毂冷冲压模具的制备方法	唐山市丰南区天泽科技有限公司	发明	企业
9	2015208358753	一种球团矿造球加水装置	唐山国丰钢铁有限公司	实用新型	企业
10	2015208310839	一种闪光焊机的组网连接结构	唐山国丰钢铁有限公司	实用新型	企业
11	2015207287977	自动添加保护渣装置	唐山瑞丰钢铁（集团）有限公司	实用新型	企业
12	2015207948062	铁水包加盖装置	唐山瑞丰钢铁（集团）有限公司	实用新型	企业
13	201520795925X	冷却塔均匀布水装置	唐山瑞丰钢铁（集团）有限公司	实用新型	企业
14	2015207962267	轧钢中水冷却带钢装置	唐山瑞丰钢铁（集团）有限公司	实用新型	企业
15	2015208002734	精轧机架间带钢冷却装置	唐山瑞丰钢铁（集团）有限公司	实用新型	企业
16	2015206851905	一种预制架空蒸汽保温管道	唐山丰南君业节能保温材料有限公司	实用新型	企业
17	2014101707560	管子自动打包机	唐山正元管业有限公司	发明	企业
18	2014101271049	集成喂料器	孟维安	发明	个人
19	2015208658531	新型销齿传动环冷机台车	河北华通重工机械制造有限公司	实用新型	企业
20	201520865938X	新型全能环冷机的销齿传动结构	河北华通重工机械制造有限公司	实用新型	企业
21	2015208654333	新型销齿传动水密封环冷机	北华通重工机械制造有限公司	实用新型	企业
22	2015203882615	酒精燃烧器型蒸熏炉	唐山市施尔得肉制品有限公司	实用新型	企业
23	2015300237652	多功能压花面条机	王海霞	外观设计	个人
24	201520902813X	农村生活用水净水装置	李林喜	实用新型	个人
25	2015208293655	室内多功能综合健身机	肖彦民	实用新型	个人
26	2015207944269	用于拆卸液压缸端盖的装置	唐山瑞丰钢铁（集团）有限公司	实用新型	企业
27	2015207287996	混合机刮料装置	唐山瑞丰钢铁（集团）有限公司	实用新型	企业
28	2015207789475	皮肤切口保护器	靳绍东	实用新型	个人
29	2015208041777	用于沥青储罐的进料装置	唐山东方雨虹防水技术有限责任公司	实用新型	企业
30	201520768525X	防水卷材离子渗透性测试装置	唐山东方雨虹防水技术有限责任公司	实用新型	企业

授权专利一览表

续表（2）

31	2015207901776	真空系统过滤器以及包括该真空系统过滤器的真空系统	唐山东方雨虹防水技术有限责任公司	实用新型	企业
32	2015208764367	多功能手势感应厨房水龙头	唐山惠达（集团）洁具有限公司	实用新型	企业
33	2015208762963	具有电子手势控制装置的淋浴花洒	唐山惠达（集团）洁具有限公司	实用新型	企业
34	2015209005161	新型电子浴缸龙头	唐山惠达（集团）洁具有限公司	实用新型	企业
35	201520775834X	组装件缝隙填充结构	唐山惠达（集团）洁具有限公司	实用新型	企业
36	2015208762978	激光投影操控淋浴器	唐山惠达（集团）洁具有限公司	实用新型	企业
37	2015208674021	一种海上油田生产用的带液控管的管缆	信达科创（唐山）石油设备有限公司	实用新型	企业
38	2014105862315	座便器陶瓷坯体输送装置	唐山贺祥机电股份有限公司	发明	企业
39	2014104344003	低速旋转驱动机构	唐山市丰南区双义饲料机械有限公司	发明	企业
40	2015206644286	一种钢渣处理用冷却粒化床装置	唐山泽丰机械加工有限公司	实用新型	企业
41	2015206644303	一种钢渣处理用熄渣池装置	唐山泽丰机械加工有限公司	实用新型	企业
42	2015304007560	洗盆（艺术碗 A051）	惠达卫浴股份有限公司	外观设计	企业
43	2015304007791	洗盆（艺术碗 A052）	惠达卫浴股份有限公司	外观设计	企业
44	201530400821X	洗盆（LP520A/B）	惠达卫浴股份有限公司	外观设计	企业
45	2015304008510	挂坐便器（C520WH）	惠达卫浴股份有限公司	外观设计	企业
46	2015304008900	靠墙妇洗器（B520BTW）	惠达卫浴股份有限公司	外观设计	企业
47	2015304009867	靠墙坐便器（C520BTW）	惠达卫浴股份有限公司	外观设计	企业
48	2015304009922	洗盆（艺术碗 A053）	惠达卫浴股份有限公司	外观设计	企业
49	2015304010686	洗盆（艺术碗 A054）	惠达卫浴股份有限公司	外观设计	企业
50	2015304011091	挂妇洗器（B520WH）	惠达卫浴股份有限公司	外观设计	企业
51	2015304032365	洗盆（艺术碗 A055）	惠达卫浴股份有限公司	外观设计	企业
52	2015304033067	坐便器（C520P/C+S520）	惠达卫浴股份有限公司	外观设计	企业
53	2015304045115	坐便器（HDC6206）	惠达卫浴股份有限公司	外观设计	企业
54	2014101739167	塔式大高度建筑拆除机	樊硕	发明	个人

授权专利一览表

续表（3）

55	2014104941428	内爬升式大高度建筑拆除机	樊硕	发明	个人
56	2015210007539	多功能便携式播种机	张之力	实用新型	个人
57	2014101009713	一种精矿粉配加除尘灰焙烧球团矿工艺	唐山国丰钢铁有限公司	发明	企业
58	2015209022881	一种柔性传动式机械限位装置	唐山国丰钢铁有限公司	实用新型	企业
59	201410152167X	一种建筑模板拉片用钢及其生产工艺	唐山国丰钢铁有限公司	发明	企业
60	201520958158X	一种 RH 精炼脱氧处理系统	唐山国丰钢铁有限公司	实用新型	企业
61	2014108275591	一种 2- 萘酚连续精馏工艺	唐山市丰南区佳跃化工产品有限公司	发明	企业
62	2015209406237	瓦斯爆炸动物实验装置	华北理工大学	实用新型	大专院校
63	2014106608059	一种采油专用一体型管缆及其制造方法	河北华通线缆集团有限公司	发明	企业
64	2015210780654	一种振动筛皮带轮减速传动装置	天地（唐山）矿业科技有限公司	实用新型	企业
65	2015210772997	分级破碎机大皮带轮连接装置	天地（唐山）矿业科技有限公司	实用新型	企业
66	2015210773928	分级破碎机挡板装置	天地（唐山）矿业科技有限公司	实用新型	企业
67	2015304033194	浴缸（HD1138）	惠达卫浴股份有限公司	外观设计	企业
68	201410260996X	一种冷拔内模的修复方法	唐山市丰南区天泽科技有限公司	发明	企业
69	2015206184189	一种分层装箱机	赵东明	实用新型	个人
70	2015206186822	一种马铃薯等地下块茎作物集成分选机中的分级包装机	赵东明	实用新型	个人
71	2014100038070	一种耐候钢生产工艺	唐山国丰钢铁有限公司	发明	企业
72	2015210672908	一种烧结料面压料装置	唐山东华钢铁企业集团有限公司	实用新型	企业
73	2015210672823	气动环保节能皮带自动取样机	唐山东华钢铁企业集团有限公司	实用新型	企业
74	2014102720967	大型铸钢长筒件补缩工艺方法	唐山东方华盛优耐高科股份有限公司	发明	企业
75	2014107234768	一种铬污染场地原位修复方法及专用水处理装置	唐山柯林环保科技有限公司	发明	企业
76	2014105862279	柜盆高压成型机取坯装置	唐山贺祥机电股份有限公司	发明	企业
77	2015210302506	一种青坯立体存储输送线	惠达卫浴股份有限公司	实用新型	企业

授权专利一览表

续表（4）

78	2015210457047	一种机器人自动施釉设备	惠达卫浴股份有限公司	实用新型	企业
79	2016300026891	电热炉灶	张福才	外观设计	个人
80	2013101323744	一种移动破碎装车机	天地（唐山）矿业科技有限公司	发明	企业
81	2014102311908	双向三齿轮泵	樊硕	发明	个人
82	2014108171408	用于海洋结构物快速装卸的连接装置	吴昊	发明	个人
83	2016200028919	磁选机入料缓冲装置	开滦（集团）有限责任公司钱家营矿业分公司	实用新型	企业
84	2016200379953	矿车跟车工摘挂链距离调放工具	薛俊国	实用新型	个人
85	2016200044555	一种轴流式鼓风机送风节能装置	唐山国丰钢铁有限公司	实用新型	企业
86	201620004456X	一种光整机高压清洗喷淋行走装置	唐山国丰钢铁有限公司	实用新型	企业
87	2016200331507	一种热镀锌三辊六臂带钢导向装置	唐山国丰钢铁有限公司	实用新型	企业
88	2015206943288	多功能救生篷筏	李光仁	实用新型	个人
89	2014100512743	新型生态木及其制备方法	唐山市唯森新材料有限公司	发明	企业
90	2014101707556	弯曲导杆矫直装置	唐山正元管业有限公司	发明	企业
91	201620036935X	内置电缆的连续管装置	信达科创（唐山）石油设备有限公司	实用新型	企业
92	201620015230X	一种可调整角度的振动筛减振支撑装置	天地（唐山）矿业科技有限公司	实用新型	企业
93	201630053367X	果蔬箱	陈岷	外观设计	个人
94	2014105863568	一种双金属复合辊环的制造工艺	唐山联强冶金轧辊有限公司	发明	企业
95	2015210136347	一种可升降的分体结构浴缸	惠达卫浴股份有限公司	实用新型	企业
96	2016202098494	干雾洗扫车	唐鸿重工专用汽车股份有限公司	实用新型	企业
97	2014100464044	一种自动控制系统中设备故障信号的检测方法	唐山国丰钢铁有限公司	发明	企业
98	2016201612118	一种炼钢结晶器水流量控制系统	唐山国丰钢铁有限公司	实用新型	企业
99	2016201612141	一种测宽仪远程监视系统	唐山国丰钢铁有限公司	实用新型	企业
100	2016201779366	一种炼钢方坯拉钢同步控制系统	唐山国丰钢铁有限公司	实用新型	企业
101	2016201779440	一种炼钢氩气底吹管卷筒自动控制装置	唐山国丰钢铁有限公司	实用新型	企业

授权专利一览表

续表（5）

102	2016201612137	一种烧结机台车篦条自动清料装置	唐山国丰钢铁有限公司	实用新型	企业
103	2015101072355	微孔树脂模具清洗系统	唐山梦牌瓷业有限公司	发明	企业
104	2016201658681	集合有四种功能的淋浴器	唐山惠达（集团）洁具有限公司	实用新型	企业
105	2016201658713	三功能淋浴器结构	唐山惠达（集团）洁具有限公司	实用新型	企业
106	2016201658732	嵌套式双管路淋浴柱	唐山惠达（集团）洁具有限公司	实用新型	企业
107	2016201658643	明装淋浴柱主体靠墙无缝安装结构	唐山惠达（集团）洁具有限公司	实用新型	企业
108	2016202572264	一种用于振动筛的入料端梁	天地（唐山）矿业科技有限公司	实用新型	企业
109	2016202572279	一种用于振动筛的出料端梁	天地（唐山）矿业科技有限公司	实用新型	企业
110	2016200785181	分级破碎机破碎齿结构	天地（唐山）矿业科技有限公司	实用新型	企业
111	2016203138338	低阻高效饲料粉碎机套筒转子结构	唐山市丰南区双义饲料机械有限公司	实用新型	企业
112	2016200105309	一种竹物质连续炭化炉	唐山希锐自动化设备有限公司	实用新型	企业
113	2016202989075	一种扇形铝合金导体软电缆	唐山华通特种线缆制造有限公司	实用新型	企业
114	2016201816670	一种利用微波预干燥的卫生瓷石膏模具干燥窑	惠达卫浴股份有限公司	实用新型	企业
115	2016200732061	一种陶瓷修坯流水线	惠达卫浴股份有限公司	实用新型	企业
116	2016200431331	一种可翻转的高压坐便器圈成型机	惠达卫浴股份有限公司	实用新型	企业
117	2016201961142	一种卫生陶瓷釉料粉末连续生产线	惠达卫浴股份有限公司	实用新型	企业
118	2016200529132	一种陶瓷产品悬挂输送线的自动装卸装置	惠达卫浴股份有限公司	实用新型	企业
119	2014103123535	一种液压支架立柱的制备方法	唐山市丰南区天泽科技有限公司	发明	企业
120	2016202098475	洗扫车动力装置	唐鸿重工专用汽车股份有限公司	实用新型	企业
121	2015100788226	氮气蓄能液压缸	樊硕	发明	个人
122	2016201139779	一种氯代碳酸乙烯酯生产搅拌装置	唐山汉伯化工有限公司	实用新型	企业
123	2016202294269	煤矿巷道粉尘冲刷装置	开滦（集团）有限责任公司钱家营矿业分公司	实用新型	企业
124	2016202418435	连铸机切割钢坯用单级闭环液化气流量控制装置	唐山国丰钢铁有限公司	实用新型	企业
125	2016201779370	能源介质计量无线传输装置	唐山国丰钢铁有限公司	实用新型	企业

授权专利一览表

续表（6）

126	2016202585137	一种除尘器用压缩空气输气管道过滤装置	唐山国丰钢铁有限公司	实用新型	企业
127	2016202418420	一种泥浆搅拌池压缩空气控制装置	唐山国丰钢铁有限公司	实用新型	企业
128	2014103356450	薄板坯连铸连轧工艺生产的热轧钢板的退火工艺	唐山渤海钢铁有限公司	发明	企业
129	2014102126678	冷轧热镀锌用热轧带钢生产工艺	唐山瑞丰钢铁（集团）有限公司	发明	企业
130	2016300963023	红酒瓶（荷花）	韦晨	外观设计	个人
131	2016201658639	单孔龙头安装结构	唐山惠达（集团）洁具有限公司	实用新型	企业
132	2016201658696	明装双水路顶喷结构	唐山惠达（集团）洁具有限公司	实用新型	企业
133	2016201658677	明装淋浴柱四功能单独控制主体结构	唐山惠达（集团）洁具有限公司	实用新型	企业
134	2016201408756	一种熔融沥青残余颗粒观察装置	唐山东方雨虹防水技术有限责任公司	实用新型	企业
135	2016201431409	车间生产线环保设备防火联动系统	唐山东方雨虹防水技术有限责任公司	实用新型	企业
136	2015102725058	一种铝合金导体机车电缆及其制作方法	河北华通线缆集团股份有限公司	发明	企业
137	2014103792820	交联聚乙烯绝缘非挤压绝缘屏蔽中压电力电缆生产工艺	河北华通线缆集团股份有限公司	发明	企业
138	201620363038X	一种加强型复合橡套扁型软电缆	河北华通线缆集团股份有限公司	实用新型	企业
139	201620353271X	开合式实验台架	毕秀荣	实用新型	个人
140	2016204307653	空气动力高压模型柔性开启系统	唐山贺祥机电股份有限公司	实用新型	企业
141	2016204031357	存坯车输送装置	唐山贺祥机电股份有限公司	实用新型	企业
142	2016204031342	卫生陶瓷工厂连续自动带压补浆送浆系统	唐山贺祥机电股份有限公司	实用新型	企业
143	2016204031323	座便器提升成型机中专用的中部导向轮组	唐山贺祥机电股份有限公司	实用新型	企业
144	2016204031319	侧模气动取模机	唐山贺祥机电股份有限公司	实用新型	企业
145	2016204031304	导向立柱装置	唐山贺祥机电股份有限公司	实用新型	企业
146	2016204349497	一种岩棉生产容重调解装置	唐山希锐自动化设备有限公司	实用新型	企业
147	2016204332439	一种炉内具有挡渣装置的电弧炉	唐山希锐自动化设备有限公司	实用新型	企业
148	2016204143704	防风型室外套门	李连栓	实用新型	个人

授权专利一览表

续表（7）

149	2016202744580	一种坐便器自动装卸窑装置	惠达卫浴股份有限公司	实用新型	企业
150	2016200529255	一种移出脱模的坐便器高压成型机	惠达卫浴股份有限公司	实用新型	企业
151	2016200293929	一种宽体卫生陶瓷隧道窑的快速降温节能装置	惠达卫浴股份有限公司	实用新型	企业
152	2016200682185	一种搬运座便器的助力设备	惠达卫浴股份有限公司	实用新型	企业
153	2016203485757	一种反应釜供气搅拌集成装置	唐山汉伯化工有限公司	实用新型	企业
154	2016203454570	反应罐体保温套	唐山汉伯化工有限公司	实用新型	企业
155	201620392925X	翻箱机	唐山市丰南区矿钱机械厂	实用新型	企业
156	201620402802X	自行车	李红亮	实用新型	个人
157	2016203439852	儿童安全提示灯	张春迎	实用新型	个人
158	2016301185221	红酒瓶（荷花）	韦晨	外观设计	个人
159	2016200975006	类机翼涡轮无线流量计	唐山海森电子股份有限公司	实用新型	企业
160	2016204307649	陶瓷工业干燥房的加湿器输水装置	唐山贺祥机电股份有限公司	实用新型	企业
161	2016204709543	机器人施釉系统自动气动转臂	唐山贺祥机电股份有限公司	实用新型	企业
162	2016204816530	陶瓷厂石膏模型制备过程中的称量装置	唐山贺祥机电股份有限公司	实用新型	企业
163	2016204857047	座便器提升成型机液压提升系统	唐山贺祥机电股份有限公司	实用新型	企业
164	2016204709454	座便器提升成型机的单人单缸自动翻模车	唐山贺祥机电股份有限公司	实用新型	企业
165	2016204709492	座便器提升成型机的挂钩装置	唐山贺祥机电股份有限公司	实用新型	企业
166	2016204709558	注浆管道拉浆塞	唐山贺祥机电股份有限公司	实用新型	企业
167	2016204710818	气动翻转取坯系统	唐山贺祥机电股份有限公司	实用新型	企业
168	2016205576093	一种发电型环冷机密封结构	唐山瑞泰机械有限公司	实用新型	企业
169	2016205247965	一种混合导体环保型低烟无卤阻燃正方型电缆	唐山华通特种线缆制造有限公司	实用新型	企业
170	2016204995988	一种扁平铜丝嵌入护套式屏蔽中高压电缆	唐山华通特种线缆制造有限公司	实用新型	企业
171	2016302786004	洗面盆（A057）	惠达卫浴股份有限公司	外观设计	企业
172	2016203597184	一种卫生陶瓷梭式窑装窑吸尘气动升降平台	惠达卫浴股份有限公司	实用新型	企业

授权专利一览表

续表（8）

173	2016302785904	洗面盆（A056）	惠达卫浴股份有限公司	外观设计	企业
174	2016203562556	一种具有节能监测功能的预制直埋保温管	唐山丰南君业节能保温材料有限公司	实用新型	企业
175	2016204995831	自动止水的洗衣机龙头	唐山惠达（集团）洁具有限公司	实用新型	企业
176	2016204995846	两功能洗衣机龙头	唐山惠达（集团）洁具有限公司	实用新型	企业
177	2016206531812	一种油井用耐高温钢管热电偶电缆	河北华通线缆集团股份有限公司	实用新型	企业
178	2016205399224	一种具有交叉式无震动伸缩逢的轨道结构	段采标	实用新型	个人
179	2016204760535	组合式全自动升降式模内粘圈座便高压成型系统	唐山贺祥机电股份有限公司	实用新型	企业
180	201620482031X	座便器立浇线可翻转主机架装置	唐山贺祥机电股份有限公司	实用新型	企业
181	2016204709473	交叉皮带连续式釉坯擦底机	唐山贺祥机电股份有限公司	实用新型	企业
182	201620476054X	座便体高压成型机侧型开闭机同步机构	唐山贺祥机电股份有限公司	实用新型	企业
183	2016206531259	一种建筑用铝合金连锁铠装电缆	唐山华通特种线缆制造有限公司	实用新型	企业
184	2016206107558	一种加强抗拉汽车专用电缆	唐山华通特种线缆制造有限公司	实用新型	企业
185	2016206452308	电动平车集电器机构	唐山瑞丰钢铁（集团）有限公司	实用新型	企业
186	201620634822X	工业滚筒洗衣机	唐山东华钢铁企业集团有限公司	实用新型	企业
187	2016206343724	一种自动喷雾装置	唐山东华钢铁企业集团有限公司	实用新型	企业
188	2016206347477	一种双管耐高温测温枪	唐山东华钢铁企业集团有限公司	实用新型	企业
189	2016206344676	防短路的碳刷架杆	唐山东华钢铁企业集团有限公司	实用新型	企业
190	2016206344411	一种压缩空气管道脱水器	唐山东华钢铁企业集团有限公司	实用新型	企业
191	2016206344394	一种可拆卸加长直爬梯	唐山东华钢铁企业集团有限公司	实用新型	企业
192	2016206348130	水池自动除油装置	唐山东华钢铁企业集团有限公司	实用新型	企业
193	2016206348111	一种连铸自控液面传感器顶紧装置	唐山东华钢铁企业集团有限公司	实用新型	企业
194	2016206344445	热钢坯计数器	唐山东华钢铁企业集团有限公司	实用新型	企业

授权专利一览表

续表（9）

195	2016206343546	一种炼钢转炉二文喉口自动调节装置	唐山东华钢铁企业集团有限公司	实用新型	企业
196	2016207944583	电线过载检测仪	唐山华通新型材料有限公司	实用新型	企业
197	2016204031287	圈体机器人粘接全自动座便器高压成型机	唐山贺祥机电股份有限公司	实用新型	企业
198	201620472691X	在小空间实现大行程范围的取坯装置	唐山贺祥机电股份有限公司	实用新型	企业
199	2016206775361	座便器提升成型机副线翻转装置	唐山贺祥机电股份有限公司	实用新型	企业
200	2016206896718	适用于冷却机的链条结构	河北华通重工机械制造有限公司	实用新型	企业
201	2016204143687	多功能室外门	李连栓	实用新型	个人
202	2016205655625	一种坐便器清洗枪运动装置	惠达卫浴股份有限公司	实用新型	企业
203	201620502067X	一种焦炉荒煤气余热回收利用的换热式上升管	杨承诣	实用新型	个人
204	2016205018843	一种高效反应釜	杨承诣	实用新型	个人
205	2016206004265	一种焦炉荒煤气余热回收利用的重力热管换热式上升管	杨承诣	实用新型	个人
206	2016207846222	智能净水控制装置	唐山海森电子股份有限公司	实用新型	企业
207	2016204673452	刚柔混合式斜巷防跑车装置	梅洪微	实用新型	个人
208	201620732918X	一种精确调整转炉二次除尘风机转速的装置	唐山国丰钢铁有限公司	实用新型	企业
209	2016207567188	专用铣床	唐山国丰钢铁有限公司	实用新型	企业
210	2016206175112	一种通用型背心式汽车座椅套	宋海强	实用新型	个人
211	2016206175127	一种背心式汽车座椅套	宋海强	实用新型	个人
212	2016204397607	移动式自动钢带打包机	唐山正元管业有限公司	实用新型	企业
213	2016302475857	水龙头（洗衣机用）	唐山惠达（集团）洁具有限公司	外观设计	企业
214	2016205130059	旋钮的间隙补偿结构	唐山惠达（集团）洁具有限公司	实用新型	企业
215	2016302145518	防呆托盘	唐山惠达（集团）洁具有限公司	外观设计	企业
216	2016207079767	新型防臭地漏	唐山惠达（集团）洁具有限公司	实用新型	企业
217	2016208199554	一种方形单芯金属护套潜油泵电缆	河北华通线缆集团股份有限公司	实用新型	企业
218	2016207513900	一种环保型高强度同轴电力软电缆	河北华通线缆集团股份有限公司	实用新型	企业

授权专利一览表

续表（10）

219	2016208224965	一种紧密型阻燃耐候扁电缆	河北华通线缆集团股份有限公司	实用新型	企业
220	2016303474230	电线过载检测仪控制面板	唐山华通新型材料有限公司	外观设计	企业
221	2016302785798	恒温淋浴器 （HDB209LY）	惠达卫浴股份有限公司	外观设计	企业
222	2016208539274	一种镀锌机组热风烘干系统	唐山国丰钢铁有限公司	实用新型	企业
223	2016208141765	结晶物自动过滤装置	唐山瑞丰钢铁（集团）有限公司	实用新型	企业
224	2016208537599	一种镀锌机组电解槽	唐山国丰钢铁有限公司	实用新型	企业
225	2016207514528	一种防风侵蚀户外电缆	唐山华通新型材料有限公司	实用新型	企业
226	2016207513898	一种高强度耐高温阻燃型软电缆	河北华通线缆集团股份有限公司	实用新型	企业
227	2015103511018	座便器提升成型机的风筒装置	唐山贺祥机电股份有限公司	发明	企业
228	2016208212633	一种铁路弹条防转垫圈、防松螺母以及防松装置	唐山市华运铁路交通器材有限公司	实用新型	企业
229	2016207864339	一种方坯连铸机上应用的铸坯去毛刺装置	唐山市润捷机械设备制造有限公司	实用新型	企业
230	2016207942516	一种加强抗拉扁形视频电梯电缆	河北华通线缆集团股份有限公司	实用新型	企业

（董全凤）

新能源开发

【概况】 2016年，丰南区继续大力推广清洁燃烧炉具，2014年炉具项目确定13个乡镇推广秸秆压块直燃炉具4600台，推广清洁型煤炉具5000台；2015年炉具项目确定12个乡镇推广高效清洁燃烧炉具。通过确定重点村免费安装试验示范炉具，积极开展宣传发动，全区累计推广2.38万台，2016年6月3日圆满完成全部炉具项目的抽检验收工作。做好炉具验收及项目资金的拨付，按照省市业务部门要求，为加快2015年全区农村能源清洁开发利用工程资金的拨付，按照实际要求，于2016年6月3日抽检验收完毕，6月20日将资金拨付完毕。做好大气污染防治工作，成立局大气污染防治领导小组办公室，大力开展农村清洁炉具推广等相关工作，按照区大气办要求及时健全档案，并做好统计、上报和备查等工作。

【政策扶持】 2016年《唐山市人民政府办公厅关于印发唐山市散煤污染整治专线行动方案的通知》；唐山市丰南区人民政府办公室关于印发《唐山市丰南区2016年农村地区散煤压减替代清洁能源开发利用工程实施方案》的通知；唐山市丰南区农牧局《关于预拨2016年高效清洁燃烧炉具推广安装费补助的通知》。对散煤污染整治，散煤压减替代清洁能源开发利用和高效清洁燃烧炉具推广安装等方面给予政策扶持。

【项目建设】 完成2016年高效清洁燃烧炉具项目。2016年下达全区高效清洁燃烧炉具共计2万台，于10月21日完成高效清洁燃烧炉具产品招标工作。全区确定13家企业为炉具供货商，分13个标段分别为全区15个项目乡镇提供炉具产品和推广服务产品，价格定在708元/台，2016年高效清洁燃烧炉具每台补贴700元，全区拿出120万元配套安装资金，每台补贴安装费60元，并于12月底完成炉具推广工作。完成2016年农村清洁能源开发利用项目。2015年全区推广27户太阳能采暖房，先进太阳能采暖技术得到广大农户普遍认可。2016年全区推广太阳能采暖房于12月底完工并验收。煤改电取暖11户，于12月底完工并验收。推广生物质成型燃料2万吨，于12月27日完成招标工作并开始推广。完成洁净型煤推广项目。2016年市政府下达全区农村地区推广洁净型煤6.1万吨，截至12月31日，全区完成订购配送6.14万吨，完成任务的100.5%，超额完成预定任务。

【沼气安全管理】 按照河北省农业厅下发的《关于开展沼气工程安全隐患排查工作的通知》要求，办公室不定期对全区户用沼气及20～30立方米沼气工程实施安全排查，尤其是重大节假日前重点检查，对存在问题的农户予以指正，并建立沼气工程档案卡，对检查出安全隐患的企业下达《整改通知书》并明确整改期限，确保沼气使用安全。

（李会全）

气象测报与地震监测

【气象测报】 丰南区气象局所设气象观测站为国家一般气象站，负责丰南区地面气象观测、天气预报、灾害性天气预警和气象服务工作。地面气象观测工作的基本任务包括观测、数据处理和文件上传。2016 年，观测项目有能见度、天气现象、气压、空气温度和湿度、风向和风速、降水、日照、地面温度（含草温）、雪浅层（5、10、15、20 厘米深）和雪深层（40、80、160、320 厘米深）地温。2016 年，在原有 18 个两要素（气温、降水）区域自动气象站、4 个四要素（气温、降水、风向、风速）区域自动气象站和 2 个六要素（气温、降水、风向、风速、气压、空气湿度）区域自动气象站、1 个水质监测站和 2 个小气候自动气象站的基础上，在沿海工业区新建 1 个六要素区域自动气象站，增加丰南沿海地区气象监测能力。

（刘　丹）

【地震监测】 2016 年，丰南区深入开展防震减灾宣传教育活动，以学校为试点，将防震减灾知识纳入中小学教育内容，在全区普及防震减灾知识，实现防震减灾知识的全覆盖；结合《条例》3 月 1 日颁布实施日、“5·12”防灾减灾日、“7·28”唐山地震纪念日、“11·9”消防宣传日、“12·4”全国法制宣传日等节日，开展大型系列宣传活动，营造防震减灾宣传教育活动的良好氛围，扎实做好地震监测预报工作，重点加强 3 个国家强震台和岳 42 号观测井的基础设施维护，保证监测数据正常传输，提高地震监测预报水平，每天上报观测井水位变化情况，结合水位数据，高质量参加市局组织的月会商、半年会商、年度会商，加强 16 个镇乡街道办事处的群测群防“三网一员”建设，完善地震宏观测报网职责、地震灾情宏观速报网职责、地震知识宣传职责和乡镇防震减灾助理员职责。推进建设工程抗震设防管理，完善防震减灾法规体系，严格落实人员密集场所建设工程抗震设防要求，全年对 18 项建设工程出具抗震设防要求审批意见书。全面提升地震应急救援能力，完善丰南区地震应急预案，加强九河公园、文化广场 2 个国家三类标准应急避难场所建设，进一步推进全区地震安全示范工程和示范企业建设。

（肖　柠）

教　育

Ji Yu

责任编辑：张子成

综　述

2016年，丰南区教育工作坚持“打造品牌教育，建设教育强区”发展战略，以品牌建设为主线，不断改善办学条件，着力提升教育质量，促进教育均衡、协调发展。丰南区教育教学工作得到市委、市政府主要领导充分肯定和高度认可。全区学前三年教育平均入园率97.5%，小学适龄儿童入学率、巩固率均为100%；初中入学率、在校生巩固率分别为100%和99.2%；残疾儿童入学率95%。丰南区被评为第一批国家级农村职业教育和成人教育示范区、全国第六批社区教育实验区，获得国家义务教育均衡发展先进区、高中教育先进区、学前三年教育先进区等称号，区一中、区二中获得高中教育先进校称号。承办全国初中生女子篮球赛、首届京津冀教育协作研讨会、京苏粤浙卓越教师高级研修班现场教研等大型省级以上会议和活动。在全国农村职成教育推进会、河北省教育工作会、河北省教研工作会上，丰南作为唯一的县区作典型发言。

教育结构

【概况】　截至2016年底，丰南区拥有各级各类学校199所（不含教育培训机构35所），全日制学校182所，包含幼儿园94所（国办69所，民办25所）、小学61所、初中14所、九年一贯制学校5所、普通高中4所、职业学校3所、特教学校1所。非全日制学校32所，包含成人学校15所、丰南教研训中心1所、丰南电大1所（与丰南成人中专同址同一套班子）、农广校1所、乡镇社区教育中心15所（与成人学校同址同一套班子）。各级各类学校在校生总计8.28万人。学前教育在园幼儿2.03万人（含民办幼儿园在园幼儿0.5万人），小学在校生3.3万人，初中在校生1.67万人，普通高中在校生0.95万人，中等职业技术学校在校生0.54万人，农广校在校生0.33万人。

（徐建　袁育红）

【学前教育】　2016年，丰南区有公办幼儿园69所，在园幼儿15316名；民办幼儿园25所，在园幼儿4996名。有省级示范园8所、农村示范园25所、农村一类园20所。全区幼儿学前三年教育平均入园率97.5%。以创建“全国学前教育实验区”为契机，加快推进第二个“学前教育三年行动计划”，按照“附属园独立化、独立园日托化”思路，完成寺坨、毕家瞿阝等12所独立园改扩建任务，雁翎庄幼儿园、大齐幼儿园等5所幼儿园具备申报省城市示范园的条件。大力开展园本教研，80%的幼儿园形成地域化、特色化、人文化的园本教材。实施优质园与薄弱园携手共建工程，形成覆盖城乡的帮扶共建体系，促进学前教育均衡发展。2月15日召开的河北省教育工作会议上，丰南区就学前教育工作作典型发言。

【义务教育】　2016年，丰南区有学校80所，在校生4.97万人，其中：小学61所，在校生2.76万人；初中14所，在校生1.27万人；九年一贯制学校5所，小学在校生0.54万人、初中在校生0.4万人；全区小学适龄儿童入学率、巩固率均为100%；初中生入学率、在校生巩固率分别为100%和99.3%；在全省率先开通农村小学生免费校车的基础上，为胥各庄小学购置专用校车4辆，总数89辆。坚持义务教育优质均衡发展，大力实施素质教育。严格规范学生在校时间、家庭作业量，开齐开足音体美课程，积极推进“一校一品”“阳光体育”“体育艺术2+1”等项目，学生综合素质明显提升。代表河北省出色完成教育部学生音美质量监测和学生体质监测两项重大任务。有7所学校被评为全国校园足球重点校，8所学校被评为市级校园足球重点校。全区连续5年

黄各庄惠达幼儿园

2016年4月21日丰南区职校学生军训

被唐山市教育局评为基础教育管理先进单位、学校体育艺术教育工作先进单位。实验小学西校区获得全国“机器人足球”项目比赛冠军后，代表中国在印度新德里参加世界级大赛，成功跻身世界32强，取得中国在该项目中的最好成绩。

【普通高中教育】 2016年，丰南区有高中4所（区第一中学、第二中学、唐坊高中、唐山惠丰高级中学），在校生9444人。坚持“一年高考，三年备考”理念，统筹安排三个年级的师资和资源，针对高考新一轮改革形势，主动与上海、浙江等高考实验区交流学习，不断加强高考改革研究，全区高考重点上线人数和上线率均居全市各县区第一，连续16年位居唐山市榜首。区一中2016高考应届重点上线率75.45%，超出排名第二的滦南一中20.15个百分点。区二中和唐坊高中二本以上上线人数和上线率也较往年有大幅度提高。

【中等职业教育】 2016年，丰南区有区职教中心、区成人中专、区农中3所公办职业技术学校，在校生5374名。全区职业学校毕业生共1254人，经学校推荐及学生自主择业共1149人就业，就业率92%，骨干专业就业率100%，就业巩固率72%，与2015年相比，就业率提高3个百分点，就业巩固率提高5%。区职业类学校计划招生1730人，实际完成1896人，超额近10%。

【成人教育、社区教育】 2016年，丰南区有乡镇成人学校（社区教育中心）15所。成人教育，积极开展新型职业农民培养工作，探索出典型引领、现场指导、跟踪服务等培养方式。大力推进引培推工程，引进种养殖新品种试验26项，试验成功12项。社区教育，为区电大社区教育分院配置云教室、信息化录播室、现代化图书馆等，打造丰南镇、黄各庄镇等5个示范性乡镇社区教育中心和林子里、崔庄户等18个示范性村民学校，全面实施“235”社区教育师资建设计划，建立并完善社区教育队伍师资库。建成“读书指导”“养生保健”“技能培训”“文体活动”4个社区教育基地，共组织各类培训400余次，参与人数达3.3万人次。全区高标准通过全国第六批社区教育实验区、河北省第二批社区教育示范区验收，新华、新兴社区和西葛镇社区教育中心成功入围首批省级社区教育实验基地建设行列。12月7—9日，丰南区承办唐山市社区教育推进现场会，全市14个县区领导和唐山市社区教育分院负责人分别在丰南区黄各庄、东田庄、西葛社区教育中心和新兴、新华、河头里社区市民学校参观考察。

【民办教育】 2016年，丰南区有民办幼儿园25所，教师512人，在校生4996人。民办培训学校35所。全区大力鼓励民办教育发展，坚持学前教育国办与民办同等看待，引领民办教育杜绝小学化倾向。完善民办教育教学质量和安全评估体系，落实“周抽查、月巡检，年检查”制度，实行年度末位警告和连续两年警告退出制度，促进民办教育健康发展。

【特殊教育】 2016年，丰南区有特教学校1所，在校生49人。残疾儿童入学率95%。坚持“身体与心理并重、生存与生活并进、文化与技能并举”的原则，实行个性化教学，建立帮扶助学机制，在学习文化知识的同时，促进心理、思想等各方面的健康发展。同时，以区特教中心为龙头，在胥各庄小学、王兰庄学校等5所学校建立随班就读资源教室，初步构建随班就读体系。

【农广校教育】 2016年，丰南区有河北省农业广播电视学校丰南分校（简称农广校）1所，在校学生3336人，教师32人。农广校充分发挥自身特点和自身优势，坚持面向农校，立足农业、服务农民，对农村党员干部、基层农校人员和新职业农民实施正规化学历教育。全年完成各类招生1257人，其中中专261人、大专727人、本科269人，实现招生人数连续10年超千人的记录。新型职业农民“培训+中职教育+技能鉴定”三级贯通受到省农广校肯定，顺利通过省教育厅函授站学习中心年检。2016年，丰南区农广校被四川大学评为网教联合办学先进集体，被丰南区委、区政府评为“2016年度优秀领导班子”，被唐山市农牧局评为农业广播电视教育先进集体。

（袁育红）

教师队伍

【概况】 丰南区教职工由在编教职工、聘用制教职工、劳务派遣教职工三部分组成。到2016年底，全区各级各类学校共有教职工7532人，其中国办教师5383人。国办教师中，专任教师5312人。幼儿园专任教师304人；小学专任教师1991人；初中专任教师

黄各庄中心小学

1638 人，幼儿园教职工比例 27.3%、小学教职工比例 97.5%、初中教职工比例 95.39%，普通高中专任教师 919 人，中等职业学校和成人学校专任教师 460 人，高中职教比例 93.2%，中等职业学校和成人学校教职工比例 93.2%。

【学历结构】 2016 年，丰南区幼儿园专任教师 304 人，学历达标率 100%，其中本科学历占 49%。小学专任教师 1991 人，学历达标率 100%，本科以上学历占 61.3%，有研究生 13 人。初中专任教师 1638 人，大专以上学历 1596 人，学历达标率 97.4%，本科以上学历占 72%，有研究生 14 人。高中阶段专任教师 1379 人，本科以上学历 1287 人，学历达标率 93.3%，有研究生 111 人。

【年龄、性别结构】 2016 年，丰南区幼儿园专任教师 25 岁以下 26 人，26 ～ 30 岁 57 人，31 ～ 35 岁 22 人，36 ～ 40 岁 37 人，41 ～ 45 岁 23 人，46 ～ 50 岁 45 人，51 ～ 54 岁 65 人，55 ～ 59 岁 18 人。小学专任教师 25 岁以下 133 人，26 ～ 30 岁 350 人，31 ～ 35 岁 194 人，36 ～ 40 岁 438 人，41 ～ 45 岁 210 人，46 ～ 50 岁 207 人，51 ～ 54 岁 346 人，55 ～ 59 岁 113 人。初中专任教师 25 岁以下 61 人，26 ～ 30 岁 155 人，31 ～ 35 岁 150 人，36 ～ 40 岁 368 人，41 ～ 45 岁 285 人，46 ～ 50 岁 250 人，51 ～ 54 岁 278 人，55 ～ 59 岁 94 人。高中阶段专任教师 25 岁以下 35 人，26 ～ 30 岁 105 人，31 ～ 35 岁 158 人，36 ～ 40 岁 399 人，41 ～ 45 岁 221 人，46 ～ 50 岁 277 人，51 ～ 54 岁 147 人，55 ～ 59 岁 33 人。幼儿园专任教师男女比例 29.9%，小学专任教师男女比例 36.6%，初中专任教师男女比例 63.8%，高中阶段专任教师男女比例 57.4%。

【职称结构】 至 2016 年底，丰南全区有幼儿园专任教师 304 人，其中高级职称 13 人，中级职称 140，初级职称 97 人，未定职称 48 人。小学专任教师 1991 人，其中高级职称 78 人，中级职称 764 人，初级职称 845 人，未定职称 211 人。初中专任教师 1638 人，其中高级职称 342 人，中级职称 661 人，初级职称 485 人，未定职称 71 人。高中阶段专任教师 1379 人，其中高级职称 401 人，中级职称 647 人，初级职称 260 人，未定职称 71 人。

教育经费与校舍装备

【教育经费】 2016 年，丰南区政府在财力紧张的情况下，对教育的投入不减反增，全年教育总支出达 10.41 亿元，征收城市教育费附加 6869 万元并全部用于教育事业，确保教育经费的“三个增长”。严格落实生均公用经费，按照小学 600 元，初中 800 元，普通高中 803 元，特殊教育小学 6000 元、初中 8000 元的标准及时足额拨付到位。同时，实现教育投入的“五个全部纳入”：将 200 万元的中心校所需经费、700 万元的高中阶段学校教师超工作量补贴、1000 万元的装备及维修款、4000 万元的学校和幼儿园烤火费、7000 万元的学校临时用工人员工资及保险 5 个方面全部纳入财政预算，实现教育投入不断档、教育发展不停步。

【学校幼儿园建设】 2016 年，丰南区为促进教育均衡发展，积极争取上级专项资金 3725 万元，进行中小学、幼儿园新建、改造项目。其中投入 1500 万元完成占地面积 2.7 万平方米，建筑面积 4816 平方米的大新庄镇滩沟小学新建项目。投入 457 万元新建横沽幼儿园及完成教学楼基础施工，投入 1000 万元，完成黄各庄中学，城坨小学等 13 个薄弱学校改造项目，投入 668 万元，完成大新庄镇，雁翎庄等 28 个幼儿园的改造项目。投入 100 万元改建特教学校，使丰南区的特殊教育由原来的全市下游水平，一跃上升到全市领先，带动优化区电大、实验小学西校区、群立小学、青少年活动中心等整体资源，解决区电大宿舍不足、实小西校区教室紧张、群立小学撤并、青少年活动中心不达标等问题，进一步扩大办学优势。

【教育装备】 2016 年，丰南区完成区职教中心高考考点改造任务，更新区一中高考设施。在区财政紧张的情况下，争取财政资金 550 万元，为部分学校幼儿园添置钢琴、多媒体等设备，为区二中更换或添置床铺、课桌椅、计算机等。

【校园绿化文化】 2016 年，丰南区坚持“文化指导绿化、绿化渗透文化”的理念，实施校园文化绿化提升工程，打造胥各庄小学、实验学校、银丰学校等 28 所园林式精品学校，学校外显环境发生历史性的跨越。通过文化绿化的搭建，使外在环境的优美和内在质量的提升完美结合，提升环境育人效果。

教育成果

【高考实现历史性突破】 2016 年，丰南全区共有 2842 名普高考生参考，应届一批上线人数 780 人，上线率 36.7%，上线人数和上线率均居全市第一。其中，上线人数比上年增加 346 人，上线率比上年增长 15.4 个百分点。全区二批本科以上上线人数为 2284 人，上线率 80.4%。区内三所高中高考成绩均创历史最好成绩。其中，区第一中学参考考生 1071 人，应届一批本科上线 710 人，比上年增加 284 人，上线率 75.5%，同比增长 29.5 个百分点。二批本科以上上线 1069 人，上线率 99.8%。应届纯文理二本上线率 100%，其中 8 名考生进入全市前 50 名。区第二中学参考考生 1106 人，二批本科上线 777 人，比上年增加 159 人，其中文化课上线 503 人。唐坊高中参考考生 288 人，二批本科上线 138 人，比上年增加 66 人。

【国家级教育实验区创建】 2015 年 3 月，教育部办公厅认定丰南区为“首批特殊教育随班就读实验区”，实验周期为两年，实验任务共两项：一是特殊教育随班就读模式的积累，二是特殊教育随班就读的推广与运用。2016 年 2 月，教育部办公厅认定丰南区为“国家学前教育改革发展实验区”，实验周期为三年，实验任务共三项：一是扩大普惠性资源，二是建立幼儿园教师队伍培养和补充机制，三是健全学前教育教研制度。2015 年 10 月，教育部认定丰南区为“第六批全国社区教育实验区”，实验周期为两年，实验任务共两项：一是社区教育如何向农村延伸发展，二是地域特色校本教材的研发。丰南区成为全市唯一同时创建国家级三个教育实验区的县区。

【职教中心承担国家、省级重大任务】 丰南区职教中心 2015 年被确定为河北省精品校创建单位，获此殊荣的单位全省只有 20 家，2016 年被确定为国家中职教学诊断与改进试点单位，获此项殊荣的单位全省只有 3 家。职教中心制定《精品校创建三年建设规划》。以发展电子商务、美容美体、汽车维修 3 个新置专业为重点，大力改善办学条件。以“6S 班级管理模式”、社团活动为载体，不断完善德育管理模式。制定美容、美发、电子商务 3 个专业的人才培养模式改革方案和电子商务、美容、美发、汽修、机电 5 个专业的课程体系改革方案，启动《电子技术基础》《protel》等 10 个校本课程的开发工作。

丰南一中

【承办全国初中生女子篮球赛】 2016 年 7 月 13 ～ 21 日，由丰南区承办的第十三届 CSBA 全国初中女子篮球锦标赛在丰南区银丰学校召开，此项赛事由中国中学生体育协会、中国篮球协会主办。开幕式上全国中学生体育协会篮球分会副主席蒋贤俊、竞赛委员会主任董邕宁等领导出席，区相关学校花式篮球、霸王鞭、威风锣鼓等 13 个“一校一品”项目展示，会场共有 1200 余人参加。山东济南第八中学、重庆南开中学、北京清华附属中学等 19 个代表队角逐。丰南区银丰中学代表队获得亚军。

【丰南区被评为第一批国家级示范县】 2016 年 12 月 15 日，教育部职成司在北京召开全国农村职成教育推进会，教育部、科学技术部、水利部、农业部、国家林业局和国家粮食局 6 部委联合公布第一批创建合格的国家级农村职业教育和成人教育示范区（县）名单，全省获此殊荣的仅 3 个县区，丰南区以全省第一的成绩榜上有名。丰南区于 2014 年以全省第一的成绩被确定为创建单位，期限为 3 年。三年中不断加大投入，在区职教中心新建可容纳 3000 人同时开展实训的综合实训中心，在农中新建集实训、生产、科研为一体的农业示范园区，形成“经济发展助推职成教育，职成教育回馈经济发展”的良好态势。

【京苏粤浙卓越教师高级研修班现场会承办】 2016 年 10 月 20 日，在唐山市丰南区胥各庄小学召开京苏粤浙卓越教师高级研修班现场教研活动小学语文专场。活动举办简短的欢迎仪式，唐山市教育局局长刘绍辉致欢迎词，北京教育学院副院长汤丰林发言，丰南区教育局局长董国才主持会议。来自京苏粤浙四地小学语文名师 48 人和丰南区语文骨干教师 154 人共同参加课例展示、教学研讨、学校观摩等活动。

教育管理

【教育改革】 2016年，丰南区稳步推进人事分配制度改革。绩效工资改革在两轮试点的基础上，全面实行超岗低聘、大幅度提高班主任费和课时补贴、从义务教育学校调往其他类学校停发绩效工资等改革措施，使教师间绩效工资的年最高差距1万多元，促进教育队伍的稳定和教学水平的提高。全面实施课堂教学改革。各校研究课程标准、研究教材的意识普遍增强，初步形成独具特色的学校教学模式、学科教学模式和“自主合作探究”的学习模式。落实财务管理改革。规定各校年初预留办公经费的20%集中用于偿还债务和学校发展，2016年，全区各校共偿还债务200余万元，同时严格落实新《中华人民共和国预算法》，增强预算的计划性和开支的规范性。创新教师招聘方法改革。实施“定乡镇、定学校、定学科”的招聘方法，年内为农村学校引进新教师175名，有效保障缺编学校的人才供给，有效改善边远学校师资的年龄、学历和学科结构。实行干部教师交流制度改革。制定优惠政策，鼓励城区学校干部教师到农村学校援教，在学校管理、教育教学等方面为农村学校带去先进经验和前沿理念，提高农村学校的办学水平，促进城乡之间学校的均衡发展，年内交流干部教师40余人，教师130余人。

【德育工作】 2016年，丰南区坚持立德树人。出台《丰南区教育局关于深入开展培育和践行社会主义核心价值观主题教育活动的实施意见》，围绕12个教育点，开展少队会、班会、诵读、竞赛等活动，加强价值观培树。加强养成教育。通过演讲、说唱、征文等形式，把《小学生守则》《中学生守则》的教育点自觉融入到教育教学实践，促进学生养成良好习惯。同时，开展法制教育、国防教育、心理健康教育等活动，提升学生综合素质。在河北省文明城创建活动中，区一中、黄各庄小学的青少年思想道德建设获得评估组一致好评。丰南区获得第25届中国金鸡百花电影节中小学影评优秀组织奖、唐山市青少年爱国主义读书教育活动组织特等奖。

【高效课堂创建】 2016年，丰南区全面落实“211”工程，大力开展学校框架式、学科多元化、教师精品课“三级建模”活动，20%教师能上精品课。坚持校长抓教学，开展观摩、评比、论坛等活动，形成浓厚的教学教研氛围。2016年，郑德贤老师被评为第九届全国英语优秀园丁，获此荣誉的教师全省仅28人。刘冬梅等20多名教师代表河北省参加全国教学大赛并摘金夺银。承办首届京津冀教育协作研讨会、京苏粤浙卓越教师高级研修班现场会等大型活动。

【学校安全稳定】 2016年，丰南区抓好学校安全。落实安全管理主体责任，牢固树立校园安全红线意识，确保学校安全无死角。以防溺水、交通、消防、校车等为重点，经常性开展安全教育和应急演练。丰南区连续11年被评为“唐山市学校安全卫生工作先进单位”。同时，确保信访稳定，积极做好信访隐患的排查和化解工作，有效化解信访案件，没有引发集体访、越级访等事件，营造和谐稳定的发展环境。

【教师队伍建设】 2016年，丰南区加强师德师风建设。以正面教育为主，开展师德报告会、讲讲身边的故事等系列教育活动，查处有偿家教、体罚和变相体罚学生等违反师德行为，进一步树立教育良好形象。促进教师专业化发展。通过全员培训、国培、省培等方式，完成教师培训8000余人次。与北师大等教师专业培训机构合作，邀请20多名全国教育专家在丰南区开展信息技术、智慧课堂、创新管理、幼儿教育、特殊教育等培训，有力提升教师素质。推进“三名”缔造工程。通过大力实施“名师、名校、名校长”创建工程，全面提升教育内在品质，在唐山市首批评选的50位名校长中丰南区占6人，33所名校中丰南区占5所。李淑惠、翟国胜等名师应邀赴北京、天津等地讲学，提升丰南教育的知名度。同时评选出“丰南区首批学科带头人”105人，为名师队伍储备人才。

（徐　建）

读书节活动

园校简介

【丰南区第一实验小学】 占地面积2.56万平方米，建筑面积1.4万平方米，2016年有教学班40个，学生2460人，教职工137人。在多年的探索中建立以德育、课堂、课程、活动、制度、环境为六大支柱的君子文化教育体系，形成“经典育君子 书香润校园”的鲜明办学特色。2016年组队参加世界青少年奥林匹克机器人大赛，挺进世界32强，创中国该项目历史最好成绩；“校园花式篮球”获全国阳光体育运动优秀案例奖；大型诵读节目《少年中国说》曾登上过中央电视台激情广场的舞台，并获全国诵读大赛一等奖。学校先后被评为全国特色建设百强校、全国教科研先进集体、全国小作家培训基地、全国作文教改实验校、中华经典诗文诵读实验校、全国语文教师专业发展基地校、河北省电化教育先进单位、河北省科技教育示范校、河北省依法治校示范校，课题“大语文教育实践与研究”获教育部基础教育成果三等奖、“让读书成为习惯”获河北省基础教育成果二等奖。

【丰南区实验小学东校区】 始建于1905年，2016年有教学班60个，在校生3800人，教职工215人。学校占地面积3.6万平方米，建筑面积2.05万平方米。学校全面贯彻党的教育方针，坚持“和融化育，自主发展”的发展理念，构建“学生喜欢的学校，家长满意的学校，教师幸福的学校”。在和融理念指导下，学校德育工作以“月主题教育”为载体 、“星级评价”为杠杆，探索出自主体验工作模式。依托常规教育，开展军训、有序行进等活动，培养良好习惯；通过主题教育，开展保护母亲河、水韵丰南等活动，开展生态文明教育。多年来，学校先后被评为全国“红旗大队”、全国作文教改实验校、中华经典诗文诵读实验校、全国整体建构和谐教育实验校、全国传统教育先进单位、全国明星学校、河北省电化教育先进校、河北省教师专业化发展示范校、唐山市体育传统学校、唐山市素质教育先进校、唐山市和谐学校。2000年9月9日，原全国政协副主席王兆国在校视察并题词“为国育才”。著名作家管桦赞誉学校是“人才摇篮”。河北作协主席关仁山为学校题词“百年和融”。

【丰南区胥各庄小学】 2013年9月正式投入使用，占地面积4.23公顷，建筑面积2万平方米，建设总投资4600万元。2016年有42个教学班，在校生2115人，教师110名。教师学历合格率100%，省、市各级骨干教师占教师总数的51%。2015年，学校以全省第一的成绩，高标准通过河北省素质教育示范校验收，学校先后被授予河北省素质教育示范校、河北名校、唐山市名校、丰南区首批“品牌建设优秀学校”，被评为教育部课题研究基地、全国体育示范校、河北省教师专业化成长示范校、河北省校本课程示范校、河北省优秀少先大队先进集体、河北省传统文化示范校、河北省教育名师团实验基地学校、中国张裕钊书道研究会全国唯一“书法教育基地”、全国首家AC米兰足球俱乐部（中国）青训营足球培训基地等称号。吸引省内外30多批次2000多人参观考察，迎接澳大利亚、意大利、日本、韩国教育团体到校访问。

【丰南实验学校（丰南区三中）】 2008年投资2亿元建成，占地面积8公顷，建筑面积4万余平方米，整合周边7所学校。2016年有学生3600人、教师260人。有教学楼三栋，多功能艺体馆一栋，高标准操场一个。实现多媒体班班通和教师人手一机。基本实现现代化，在河北省乃至全国同类学校堪称一流。学校高度关注教师专业化发展，教师田绍荣、安兰香获评国家级英语园丁，李素娟获评全国英语教学能手，刘雪玲获省级优秀教师、优秀班主任、省级校园十佳追梦人称号；李彩霞、张乃云、安兰香、郑德贤、耿志焕等多位教师在国家级教学比赛中获得一等奖。学校先后接待副省长龙庄伟、省教育厅厅长刘教民、市教育局局长李全民，以及国家媒体记者团、秦皇岛海港区教育局等各级领导和兄弟单位参观学习近2000人次；先后承办国家级图书馆现场会、唐山市一校一品推介会，2014年承办全国和谐杯高效课堂展示交流会；先后获得国家级和谐校园、全国百强特色学校、省依法治校示范校、省语言文字规范示范学校、唐山市绿色学校、唐山市基础教育管理先进单位、唐山市“继续教育、德育工作、控辍保学、卫生工作”先进单位等荣誉称号等。

【丰南区银丰学校】 九年一贯制学校，2016年有在校生4800人、教职工268人。学校占地面积10.14万平方米，建筑面积3.2万平方米，其中绿化面积3.1万平方米。学校建有教学楼、科技楼、艺术楼、多功能体育馆和2万平方米塑胶运动场，各类专业教室31个，其中省一级图书馆1600平方米，藏书15万册。银丰学校着力打造“1361芷兰学子”教育品牌，即通过1个品牌定位，立体“教师队伍建设、德育阵地构筑、教学模式探寻”3大维度，构筑“心语文学、经典阅读、翰墨艺苑、创新科技、校园篮球、特色足球”6大行为支撑，实现培养“德才兼备的芷兰学子”1个美好愿景。银丰学校先后获得的各级各类荣誉有：全国特色学校、全国教科研优秀实验学校、全国学校体育工作示范校、全国篮球示范校、全国首批足球特色学校、全国学生体质健康调研先进集体、全国教科研优秀实验学校、全国首届平安校园建设优秀成果评选三等奖、河北省体育传统学校、河北省依法治校示范校、唐山市首批名校、唐山市现代教育技术先进单位。同时，银丰校连续13年被评为丰南区十星级学校等。

【丰南区一中】 始建于1950年3月，是河北省首批开办的159所中学之一，省级示范性高中。学校位于唐山市丰南区滨河南大街99号，占地11公顷，总建筑面积7.86万平方米。2016年有74个教学班，在校生4300名，教职员工411名。2016年，学校坚持科学投入，提速设施升级，优化育人环境。投资185万元用于电子白板教室多媒体系统的安装，14万元用于教师继续教育和培训。投资60余万元用于教学楼卫生间改造和食堂空调更新，30万元完成校园西门建设，近10万元用于校园绿化升级。不断提升教学质量，学校高考一本、二本入段率位居唐山市10县区一中之首。学校连续获评河北省文明单位，被唐山市人民政府命名为首批中小学名校，获评全国优秀文学校园和写作教学示范校、唐山市教师教育工作先进单位等。

【丰南区职教中心】 始建于1992年，1995年被确定为国家级重点中等职业学校，2013年成为首批国家中等职业教育改革发展示范学校，2016年被命名为河北省精品中等职业学校，并被确定为首批全国中等职业教育教学工作诊断与改进试点学校。学校占地15.1公顷，建筑面积7.8万平方米，2016年有在校生3568人、教职工425人。开设有数控、焊接、机电等12个专业，其中数控、焊接等5个专业为河北省骨干专业，美容与美体、美发与形象设计为特色专业。学校建有2.1万平方米的大型综合性实训中心，能容纳2600名学生同时实习，设备总值达3300万元。其中数控专业实训基地被确定为国家级示范性实训基地，电子电工实训基地被确定为省级示范性实训基地。学校毕业生一次性就业率一直保持在96%以上，骨干专业就业率达100%，学生双证书率98%。建校25年来，为社会培养实用型技术技能人才4万多名。学校先后被授予全省教育系统创先争优先进基层党组织、第四届河北省教育系统志愿服务先进单位、河北省“五四”红旗团委、河北省学校国防教育先进集体等称号，2014年，被教育部、科技部等6部委授予“全国职业教育先进单位”称号，在人民大会堂召开的全国职业教育工作会议上接受表彰。

【丰南区特殊教育学校】 2016年9月正式迁入新校区，位于迎宾大道与粮食街交叉口，占地1.3公顷，配有微机室、绘本室、言语语言训练室、精细动作室、心理咨询室、感统训练室、阳光课堂、个训室等功能教室。有学生65人、教师20人，学历合格率为100%。三类残疾儿童入学率99%。被评为“唐山市特殊教育先进单位”。落实“三级责任架构管理模式”，实现领导包组、班主任包班、专业教师包个训室。以培养学生技能为核心，以康复训练为主线，以个别化训练为补充，全面开展主题化教育教学活动，使学生“残而不废，残而自立”。毕业生中聋哑生就业率90%，智障生就业率50%以上。组织随班就读教师赴石家庄、天津、上海、南京等地知名特教学校考察学习，开展随班就读学校校长教师培训、绘本教学培训、全员讲课指导、综合主题教学分享等活动，打造高素质教师团队。

【丰南区第一幼儿园】 创建于1956年，由丰南区政府投资主办。幼儿园占地1.67公顷，建筑面积8100平方米。设21个教学班，2016年有770名幼儿、教职工106人，学历100%达标。园内设有感统训练室、舞蹈室、幼儿阅览室、美工室、科学探究室、奥尔夫音乐教室、幼儿微机室等专用教室，实现教学现代化和教师办公自动化。秉承“爱在我们手中传递”的核心理念，发展成为办园条件优越、师资队伍优化、管理规范严谨、彰显办园特色的幼儿园，2006年成功晋升为“河北省示范幼儿园”，2007年被授予“迎省督导评估优秀单位”称号，2007年至2016年4次被授予“唐山市学前教育工作先进集体”称号，2011年获得“省园林式单位”称号，被省教科所和中国教育学会先后命名为“学前教育研究实验基地”，2016年评为唐山市名园。

（徐　建）

综　述

2016 年，丰南区文化设施建设加大投入力度，使区、镇、村三级公共文化服务能力得到提升。群众文化活动丰富多彩，组织“两节”期间各类文艺表演、艺术展览、读书活动、游艺活动等 100 场以上，组织第十一届城乡文化艺术节丰南区大型群众文化活动 20 多场，丰富广大群众文化生活。精品创作硕果累累，以“本土 + 原创 + 精品”为战略目标，开展精品文艺创作和精英人才培养，成效显著，26 件艺术作品获得各级各类奖励，其中国家级 4 个、省级 8 个。地方文物和非物质文化遗产得到有效保护和传承。百花艺术团在丰南区送文化下乡、进社区、进军营、进企业演出 60 场次，图书馆“书香丰南动车组”流动服务全年出车 100 余次。审批职能不断完善，执法力度不断加大，文化市场健康规范。区广播电视工作依托自办节目，发挥主流媒体的舆论导向作用，实现优质播出 1.314 万小时。旅游业完成《丰南唐津运河生态旅游度假景区整合提升规划》《丰南全域乡村旅游发展规划》初稿编制，对沿海旅游产业发展做初步规划，运河唐人街实施整体提升工程，唐津运河生态旅游度假景区知名度进一步提升。丰南区以加快体育设施建设标准化、增强体育队伍规范化、体育活动品牌化为出发点，广泛开展体育健身活动，丰南区各类学校普遍推行《国家体育锻炼标准》，在校学生达标率 98%。丰南区有乒乓球、羽毛球等单项体育协会 14 个，有会员近千人。各类体育队伍 430 支，社会体育指导员 465 人。举办大型群众体育活动 17 次，参加市以上体育比赛 15 次，均取得较好成绩。

文　化

【概况】　2016 年，丰南区文化基础硬件设施逐步完善，节日文化、文艺赛事、文化下乡、文化交流、文艺表演活动丰富多彩。文艺创新成果显著，书报市场、演出市场、文艺培训市场、书画市场、工艺品市场、文化娱乐市场进一步发展，广播电视、电影业发展迅速，广播电视节目编播从模拟方式进入数字化，有线电视网络覆盖全区，覆盖率 100%。

【文化基础设施建设】　2016 年，丰南区投资 27 万元实施数字文化馆初始建设，建立数字化服务平台、文化艺术资源库，利用手机客户终端和微信公众平台组织比赛、展览、表演展示等各类文化活动。投资 17.03 万元为全区 444 个村农家书屋补充更新图书。投资 12.8 万元为全区 444 个行政村各安装固定光纤宽带 1 条，满足村级资源共享工程基层服务点上网需求。完成黑沿子镇 9 个村边疆万里数字文化长廊数字文化驿站建设，为其数字文化服务点公共电子阅览室配备公共文化一体机、平板电脑、网络电视互动播出终端各 1 套，每套 2.5 万元，共计 9 套，费用 22.5 万元，并通过由文化部公共文化司、国家图书馆、文化部全国公共文化发展中心、河北省文化厅组成的联合考核组考核。截至 2016 年底，完成 159 个村综合文化服务中心建设。

（毕苏靖）

【文学创作】　2016 年，丰南区文联与民建唐山市委、唐山市委宣传部、唐山市文联联合出版《四十年、四十人》一书。丰南区文联在 7 月推出一本纪念唐山丰南抗震 40 周年的《芦笛》专刊，全年按计划出版 4 期《芦笛》，刊登小说、散文、诗歌、报告文学、剧本等文学作品 320 余篇，计 96 万余字。《芦笛》受到省、市文联部门和同级刊物杂志的一致好评，在 2015 年底获得河北省作家协会评选的优秀内刊奖。

（黄　永）

【艺术创作】　2016 年，丰南区有 26 件艺术作品获得各级各类奖励，其中国家级 4 个、省级 8 个。其中，孙守廷作词、刘亦敏作曲的《盛开的栀子花》获河北省委宣传部、河北网信办、河北省音协联合举办的河北省第二届网络文化作品“五个一”音乐类优秀作品奖，刘亦敏作曲、么健演唱的《你是我的海，我是你的船》获河北省“心中的歌儿唱给你”歌曲征集优秀奖，刘亦敏作曲、么健演唱的《烟雨白石山》获河北省省音协“美丽河北”歌曲征集二等奖，么健演唱的《你的身影》获河北省委宣传部“太行山的红苹果”歌曲征集二等奖。董卫民的作品《秋生呢喃》获河北省青少年书画大赛青年组二等奖，李秀春的剪纸作品《带着奶奶逛花园》入选“行孝道善家风中国·天津 2016‘西岸’”剪纸艺术展，作品《百花齐放迎奥运》入选第六届中国剪纸艺术节暨“中国梦·东奥情”全国剪纸艺术精品展。此外，丰南区京剧票友苏会英演唱的《谢瑶环》获第十三届“和平杯”京剧邀请赛二等奖，孙杰等表演的《重回汉唐》获第十二届辉煌港澳艺术交流银奖。百花艺术团和合唱团共同完成合唱《对花》《闹花灯》，参加首届中国电视合唱大赛，获得原创、表演、演唱、指挥、伴奏、创意、组织团体等9项大奖。改编后的《对花》参加“中国梦·民歌情”第二届河北省民歌演唱大赛暨首届京津冀鲁晋蒙民歌展演获得三等奖。《渔民号子》参加央视《合唱先锋》栏目的录制。

（张素玲）

【文化活动】 2016年1月15日，丰南区在群众文化活动中心举办“湖畔春风”新春联欢会，拉开“两节”活动序幕。丰南区2016年春节联欢晚会经过演职人员近700人共同努力，为全区群众献上一场精美的文化大餐；“春之韵”丰南区青少年舞蹈专场演出、丰南区“美丽天使”少儿歌舞晚会、丰南区友谊百花评剧团专场演出、兴帝百花民乐团戏曲音乐会等均受到群众广泛好评；丰南区老物件展览共展出作品1000余件，充分展示出丰南浓厚的民俗文化底蕴；正月十一至正月十三在丰南大剧院举办丰南区新春评戏专场演出，依次上演《牧羊圈》《打金枝》《秦香莲》3场大戏；组织全区书画家“写春联、送春联”走基层活动。2月份，在运河唐人街西岸唐人大舞台举办春节花会秧歌展演，全区各乡镇27支秧歌花会队伍近千人表演献技。据统计，“两节”期间，全区性群众文化活动14次，吸引观众5万人次。积极举办各类大型书画、摄影作品展。主要有“与古为新”刘洪宝中国画作品展、“冀情豫意动芳菲—刘军、高宜军花鸟画新作联展”、“艺蕴丰南”丰南区新春书画展、第二届“美丽乡村·微笑丰南”摄影展以及周智慧大海艺术作品展、纪念毛泽东诞辰123周年书画作品展等。5月3日，“通达杯”丰南区群众广场舞大赛暨丰南区第十一届城乡文化艺术节开幕式在通达商贸城南门举办，全区15个乡镇及胥各庄街道的44支代表队800人参加比赛。7月份，举办丰南区纪念抗震40周年专场文艺演出、“舞在世园”唐山·丰南2016全国体育舞蹈公开赛暨唐山市第三届体育舞蹈锦标赛、“掌上明珠家居”杯丰南区广场舞大赛以及“迎国庆”丰南区群众文化活动中心金秋文艺展演。6月3日、4日晚，组织丰南兴帝百花民乐团在燕山影剧院剧场举办“梦回红楼”红楼梦组曲音乐会。从6月1日开始，在唐人大舞台东侧广场组织制作8个精美灯箱，分别展示孙氏银器、丰南篓子灯、黄氏布浮雕、刘氏铁画、翟氏锔瓷、渔民号子以及乐亭大鼓、皮影、评剧等市、区级项目的非物质文化遗产。5月28—29日，举办“舞韵丰南”城乡群众广场舞展演暨丰南区大集隆重开集活动，来自全区各乡镇及胥各庄街道的37支代表队、近800名广场舞爱好者参加展演活动。

（毕苏靖）

【文化下乡】 2016年，丰南区百花艺术团在全区送文化下乡及进社区、进军营、进企业演出60场次，并积极配合唐山世园会搞好演出活动。岔河镇四神庄小学被作为丰南区非遗项目“篓子秧歌”的传承基地。区图书馆积极下农村进基层组织阅读推广活动，全年联合唐坊中心校、小王庄时还书屋、胥各庄街道办事处、王兰庄镇等单位开展公益讲座、阅读推广精品课、爱心暑托班等活动9场，新建丰南六幼、唐坊中心小学、蒲子泊小学、张山庄小学、岔河中心小学、杨庄幼儿园、四神庄小学、柳树瞿阝小学8个基层服务点，使区图书馆基层服务点增加到18个，进一步拓展区图书馆的服务范围。全年出车100余次，外借图书5000余册次，服务群众6万余人次，随车开展阅读推广下乡讲座7次。深入开展电影惠民工程，在15个乡镇放映电影6000场。

（张素玲 刘志大）

全民健身日文体活动展演

【文艺表演】 2016年，丰南区有专业艺术表演团体国丰百花艺术团，另有老同志合唱团、百花民乐团、百花评剧团、凤凰皮影团、草根皮影社、北阳腰鼓队、雪莲湾评剧团、西葛联村评剧团、老兵红歌演出团等一批有规模业余表演团体。国丰百花艺术团在唐山世园会期间举行多场大型专场演出，9月参加第33届大众电影百花奖获奖提名者表彰颁奖仪式演出。老同志合唱团在10月份参加中央电视台音乐频道“歌声万里行”节目录制，并参加中央电视台首届电视合唱大赛，获老年组金奖。6月3日、4日晚，百花民乐团在燕山影剧院举办“梦回红楼”红楼梦组曲音乐会。2016年，实现全区村村都有自己的群众文化队伍，主要包括花会、秧歌、广场舞、舞龙、评戏、皮影、扇舞、棒操、乐亭大鼓、踩高跷、威风锣鼓、腰鼓、民乐等，表演形式多样，农村文化队伍平均人数40人，参与群众近2万人。

（毕苏靖）

【文化市场】 2016年，丰南区受理并办结文化类行政许可审批事项12件。至年底，全区有证文化企业总数152家，其中，出版物零售单位30家，印刷企业50家，互联网上网服务营业场所（网吧）27家，网络文化企业（网络游戏开发）2家，网络电视企业1家，娱乐场所经营单位23家，演出场所经营单位1家，文艺表演团体4家，电影放映单位4家，艺术品经营单位8家，境外卫星电视接收用户单位1家，连续性内部资料出版物单位1家。

（张敬政）

【文化市场管理】 2016年，丰南区严格执行《中华人民共和国行政处罚法》等各项法律法规，加大执法力度，加强对网吧、娱乐场所的监管。全年出动执法检查人员1105人次，检查网吧、歌舞厅、电子游艺场所259家次，删除违禁歌曲32首，立案查处违规经营网吧1家，现场整改35家。实施演出专项整治，规范营业性演出，取缔无证经营演出5家。积极开展“扫黄打非”和校园周边整治行动，全年检查出版物市场、印刷复印企业236家次，收缴各类非法书刊156册，取缔书报刊非法游商8家。

（闫东宝、张海龙、李清照）

【图书发行阅览】 2016年，丰南区新华书店为配合全区“两学一做”学习教育活动，积极组织全体员工进机关、企业、农村征订发行《知之深爱之切》5150册、《习近平总书记系列重要讲话读本》5660册、《安全观读本》100册、《胡锦涛文选》132套，全年门市一般图书销售200万元，全年销售2535万元，实现利润296万元，任务目标超额完成。区图书馆不断完善管理，努力强化队伍建设，进一步拓展和深化服务，提升效能，取得阶段性的成绩。通过强化微建设与微服务，积极拓展“互联网+”的服务模式，微信总点击量达23.96万人次，在“清博指数”平台全国图书馆榜单中，区图书馆微信影响力一直稳定在县区图书馆排名前十位。2016年新增持证读者3998人，读者量接近43万人次，比上年同期增加3万余人次；外借量达41万册次，比上年同期增加2万册次。年内提交的服务案例获2015年度河北省图书馆学会一等奖，图书馆获河北省宣传部“服务农民、服务基层”先进集体称号，获共青团唐山市委、唐山市少工委颁发的唐山市第六届少年儿童国学朗读大赛优秀组织奖，获评丰南区2015年度文明单位、中图学会2015年度全民阅读先进单位、河北省图书馆学会2015—2016年度“先进会员单位”、河北省图书馆学会2016年度“学术活动优秀组织奖”，被唐山市妇联等部门联合授予“唐山市示范家长学校”称号。

区图书馆少儿借阅部

（高海燕、刘志大）

【文物保护与管理】 2016年3月，完成公布唐山市丰南区第三次全国文物普查50处不可移动文物名录工作。6月，按照可移动文物普查工作口径，完成丰南区图书馆馆藏的426套3089册民国时期古籍图书的信息采集和上报工作。10月，完成唐山市丰南区2016文物安全隐患排查整治专项行动。

（王雨辰）

广播电视

【概况】 2016年，丰南区广播电视事业依托自办节目，切实找准宣传工作的切入点和着力点，策划实施系列主题宣传活动，充分发挥主流媒体的舆论引导力，实现安全优质播出1.314万小时。同时，与区电信、联通等相关部门沟通协调，有序推进本台节目在6万多IPTV用户的全面覆盖工作。新兴媒体与传统媒体深度融合呈现新亮点，实现微信公共平台、企鹅媒体平台、QQ公众号3个账号同时编辑发布消息，提高本台咨讯的推广度和覆盖率。

【电视设施设备】 2016年，丰南区广电台电视编播设备有固态发射机1套，摄像机松下DVC200MC、AG-HPX393MC、AG-HPX303MC、AG-HPX800MC、松下280、SONYDXF-801CE、SONYPSR-600R，硬盘播出系统、非线性编辑系统、节目采集系统、节目上载系统、硬盘存储系统、演播厅灯光系统、音响系统、导播系统等设备共计50多台套。

【电视节目编播】 2016年，丰南区电视台自办节目有《丰南新闻》《德风化雨》《惠丰湖畔》《金土地》《娱乐丰南》《点播台》。《丰南新闻》节目开辟《机关作风整顿》《大众创业、万众创新》《民生实事解读》《齐心协力 办好世园会》《唐山丰南 我们的四十年》《依法信访 打击非访》《全民共创文明城》《“两学一做”学习教育》等专栏，全年共制作播出260余期，采编新闻稿件1380多篇，播发新闻快报630多篇，内容涉及项目建设、结构调整、民生改善、城镇建设、“三农”工作、文明城创建、安全生产、换届选举、社会事业等多个方面和领域。专题节目《德风化雨》《惠丰湖畔》《金土地》制作156期，播出312期。配合区委、区政府相关部门和单位制作专题片10余部，其中《舌尖上的唐山》获河北省奔马奖一等奖，5部作品获得唐山市优秀电视新闻节目一等奖。全年播出各类公益广告1500余条，播出《娱乐丰南》360期，《点播台》360余期，安排播出电视剧50

余部、电影360余部，实现安全优质播出1.314万小时。2016年底，丰南台节目全面覆盖电信丰南分公司、联通丰南分公司6万多家IPTV用户。官方微博发布561次图文消息，“粉丝”发展到1.304万人；微信公众平台发布381次图文消息，“粉丝”发展到2000人；腾讯视频上传丰南台自办节目点击量为12万余次。

（席久勋）

旅　游

【概况】 2016年，丰南区加快推进鑫湖农业园、惠丰生态园、紫雁庄园等乡村旅游企业的发展，对全区15个乡镇的乡村旅游资源做全面梳理，共统计乡村旅游资源35项、人文景观资源2项、文物类资源50项。对唐津运河以及涉及10个乡镇的乡村旅游资源做全面调研，完成《丰南区全域乡村旅游发展规划》初稿。紫雁庄园被评为唐山市乡村旅游示范点，并在“寻找河北最美乡村休闲游”活动中获得第六名。鑫湖情生态餐厅被评为三星级农家星级酒店，鑫湖生态园、凯云生态园被评为“中国乡村旅游金牌农家乐”，鑫湖生态园负责人张鑫被评为全国乡村旅游致富带头人。2016年，区文广新局对沿海旅游资源初步调研，对沿海旅游产业发展做初步规划，谋划发展休闲渔业。

【旅游行业管理】 2016年，丰南区组织全区所辖旅游企业签订《安全生产承诺书》以及《旅游安全目标管理责任书》，开展世园会期间安全生产大检查、旅游市场专项整治以及汛期安全生产工作大检查等活动，出动检查人员50余人次，排查整治各类问题隐患20余处，对检查出问题的相关企业责令整改。友谊宾馆顺利通过二星级饭店评定，成为丰南区第三家星级饭店；景区管理公司被国家旅游局确定为第三批全国旅游标准化试点单位；维景酒店、丰南宾馆贵宾楼通过星级酒店复核，并被评为“首批唐山市旅游定点餐馆”“首批2016唐山世界园艺博览会指定接待酒店”，在“2016·唐山市星级饭店服务技能大赛”中，维景酒店获得二等奖，丰南宾馆贵宾楼获得三等奖。2016年，旅游系统有7名员工、6家企业获得各级荣誉称号，区文广新局获得2次优秀组织奖。完成旅行社服务网点审批工作。

【运河唐人街景区】 是丰南区唐津运河生态旅游度假景区第一景区的标志性景区，坐落于唐津运河生态旅游度假景区北端，唐津运河两岸，总长度2500米，总体定位为“集品牌餐饮、购物休闲、古玩字画、旅游观光为一体的文化旅游商业街”。在景观设计上，运河唐人街景区采用明清仿古建筑与民国建筑特色渐变的风格，充分利用唐津运河难得的水资源，做足水文章，加之景区内风格各异的七座景观桥，使景区浓郁的商业氛围与绚丽的夜色景观融为一体。湖映星月，夜色生香，美丽的夜景吸引着大批八方来客。游客在“赏景、观奇、享乐、品美食”过程中尽可领略“北方秦淮景、运河不夜城”的独特魅力。运河唐人街一期自2011年开放后，相继被评为“唐山八景”“河北省十佳风貌街区”“河北省十佳景区”以及“中国特色商业街”。

【景区维护整改】 2016年，丰南区以维护维修、整改提升为重点，对运河唐人街景区设施整改提升，对唐人街10座牌楼、23家公用及未售出商铺、2座景观亭、对座高标准洗手间及其西岸南北两侧2座污水泵站进行专业油漆粉刷。经与原设计施工单位多次咨询及现场查看论证，对市民广场灯带和14座大方柱灯整体维修。对景区200块标志标牌和170多个树木围栏（木花碗）、9000平方米木栈道按标准维护，制作安装若干导引牌、标识系统，同时油漆修缮。维修更换“运河唐人街不夜城”灯柱及环湖老化破损宫灯，更新或维修保养公务接待船只、电瓶车巡逻快艇。对唐人街东西两岸破损的青砖地面约300平方米维修，对市民广场2000平方米透水混凝土地面修缮喷漆，对350平方米健身广场路面翻修后亚光喷漆。完成图书馆、大剧院、电视台周边及唐人街四座景观桥亮化维修。唐人街购置鼓型仿古果皮箱80个，市民广场、惠丰湖、兆丰山、人民公园更新果皮箱230个。惠丰湖音乐喷泉实施年度检修，保证喷泉控制正常运行，对气爆和灯光系统维护维修，更换部分水泵、电机、驱动器、LED灯。维修加固惠桥、丰桥桥体，解决2座拱桥下侧壁画及其固定钢板部分老化脱落问题。

（赵文媛）

体　育

【概况】 2016年，丰南区体育工作按照满足多样化的群众体育需求，加快体育设施建设标准化、增强体育队伍规范化、体育活动品牌化为出发点，广泛开展各类全民体育健身活动。建有小型全民健身中心1个、体育主题公园3个、“环京津”全民健身户外基地1个、河北省体育精品公园1个。群众性体育组织得到规范和发展，截至年底，全区有体育总会1个，乒乓球运动协会、羽毛球运动协会等单项体育协会14个，有会员近千人。全区15个乡镇均有文体站，有全民健身指导站469个，社会体育指导员853人，

畅游惠丰湖

5 月 13 日，受国家体育总局、省体育局、市体育局委托，由万科企业股份有限公司主办，在惠丰湖畔举办了以“跑出快乐、跑出健康、跑出友谊”为主题的第二届“唐山・城市乐跑赛”，共有来自唐山市的 50 多支队伍 1000 余人参加

各类体育队伍 430 支，全民健身志愿者 110 人，体育协管员 465 人。群众性体育活动日趋活跃，举办全区大型群众体育活动 17 次，小型活动百余场。参加市级以上体育赛事 15 次，均取得优异成绩。不断加强学校体育，全区有 8 所传统项目学校，一个国家级青少年俱乐部，各级各类学校全面推行《国家体育锻炼标准》，积极开展“阳光体育”，打造“一校一品”，并积极向上级体育部门输送优秀人才。

【体育设施】 2016 年，丰南区对体育馆维修改造，主要对馆内座椅更换，对地面重新粉刷亮化，安装大型电子屏等，对九河公园健身器材维修与更换，并新安装两条健身路径。结合“美丽乡村”工作，在 43 个村建设农民体育健身工程。在丰南镇大岔河村建设高标准多功能运动场，为群众的健身活动提供便利场所。同时，对全区健身路径巡检，对存在问题的健身器材维修，有效提高器材的安全性。

【体育活动】 2016 年“两节”期间，丰南区举办 2016 年“迎新春“健身活动展演，全区 25 个指导站共 400 人参加。5 月 13 日，受国家体育总局、省体育局、市体育局委托，在惠丰湖畔举办以“跑出快乐、跑出健康、跑出友谊”为主题的第二届“唐山・城市乐跑赛”，唐山市 50 多支队伍 1000 余人参加。6 月 11 日，举办“河套老窖杯”第一届唐山市青少年“王中王”武术争霸赛，唐山市近 500 余名选手参加。6 月 21—22 日，举办“三商杯”2016 年丰南区第十五届乒乓球比赛，150 人参加。7 月 31 日，在丰南区体育馆举办“舜丰银行杯”2016 年丰南区全民健身业余篮球比赛，整个赛事持续近一个月。8 月 6 日，在运河唐人街举办八点商贸“酒篓子杯”2016 年丰南区第二届半程马拉松赛，全市 450 人参加。8 月 8 日，举办丰南区“庆全民健身日”文体活动展演，全区 30 个指导站近 500 人参加活动。9 月 17 日，与唐山市体育总会联合承办“2016‘捷安特杯’自行车公路赛暨全民健身骑行嘉年华”活动，29 支队伍近 500 人参加正式专业比赛，近 300 人参加趣味比赛。10 月 19 日，在丰南区门球场举办“丰南门球邀请赛”，唐山市 15 支队伍近 210 人参加。11 月 5 日，举办 2016 年丰南区“珑鑫钟表杯”第三届羽毛球赛，吸引 16 支队伍近百人参加。11 月 9—13 日，举办 2016 年唐山市第一届“运河地产杯”篮球邀请赛。

【体育赛事】 2016 年，丰南区业余体校代表丰南区参加 2016 年“香港杯”U13 小篮球赛，获得女子组冠军；参加唐山市中学生运动会，获得团体总分第五名；参加中国“耐克杯”三对三篮球赛河北赛区比赛，获得女子组第二名；参加由中国中学生体育协会、中国篮球协会举办的全国 CSBA 初中女子篮球锦标赛，获得第二名。5 月份，海之韵舞蹈队代表丰南区参加由唐山市体育局，首届“荣盛地产杯广场健身操（舞）大赛”获得第二名优异成绩。年内，长跑协会代表丰南区参加秦皇岛马拉松比赛，获得 65 岁以上组第五名；参加北京顺义“城俱杯”中韩明星登山对抗赛暨“城俱杯”登山对抗赛，获得第二名。

（梁雪芳）

综　述

2016年，丰南区医疗卫生事业稳步发展，政府办基层医疗卫生机构继续执行国家基本药物零差率销售，全区三级卫生服务网络覆盖城乡，在全市率先实现村级卫生室100%规范化和村级医疗卫生保障全覆盖；规范整治医疗市场秩序，广泛开展群众满意的乡镇卫生院评选活动，使医疗卫生环境进一步改善，人民群众健康得到保障；积极谋划新思路，召开县级医疗机构能力建设座谈会，利用京津冀医疗一体化的有利时机，主动与合作项目单位对接，延伸京津和省会的优势技术资源，提升全区医疗保障能力；公共卫生服务体系进一步完善，疾病预防、卫生应急、妇幼保健水平进一步提高。截至年底，全区共有政府办卫生机构26所，其中二级甲等医院2所，乡镇卫生院15所，卫生监督所、疾病预防控制中心、妇幼保健院各1所，社区卫生服务中心（站）6所，另有村级医疗机构843所（其中包含规范化建设达标的村级卫生室439个），民营医院4所，个体诊所97家。卫生机构床位1583张，卫生技术人员2404名，其中乡村医生532名。

爱国卫生运动健康开展。以巩固卫生城市创建成果，改善民众生活环境，提高民众健康素质为目标，以解决群众关心的公共卫生热点和难点问题为切入点，深入开展“爱国卫生月”活动，全面推进公共场所禁烟控烟，积极组织病媒生物防治，强化全民健康教育，大力开展环境卫生集中整治行动，严格落实“门前三包、门内达标”责任制，区爱国卫生工作走在全市前列。

（田　强）

医疗机构

【概况】　2016年，丰南区共有政府办卫生机构26所，其中二级综合医院1所，即唐山市丰南区医院（以下简称区医院）；二级中医医院1所，即唐山市丰南区中医医院（以下简称区中医医院）；乡镇卫生院15所，分别是胥各庄镇中心卫生院、黄各庄镇中心卫生院、唐坊镇中心卫生院、柳树瞿阝中心卫生院、大新庄镇中心卫生院、小集镇中心卫生院、钱营镇中心卫生院、岔河镇卫生院、黑沿子镇卫生院、大齐各庄镇卫生院、西葛镇卫生院、王兰庄镇卫生院、尖字沽乡卫生院、南孙庄乡卫生院、东田庄乡卫生院；社区卫生服务中心（站）6所，分别为胥各庄街道社区卫生服务中心、滨河社区卫生服务站、东兴社区卫生服务站、新兴社区卫生服务站、新华社区卫生服务站及物资村社区卫生服务站。

【社会办医疗机构】　2016年，丰南区有社会办医疗机构505所，其中一级综合医院2所，即唐山百信医院、唐山丰南福民医院；一级专科医院2所，即唐山市丰南胥各庄中西医结合医院、唐山丰南长生血液透析医院；个体诊所97家；村卫生室843个。

（田　强）

医疗队伍

【概况】　2016年，丰南区卫生和计划生育局高度重视人才队伍建设，着力充实城乡医疗卫生队伍，鼓励专业技术人员参加继续教育，组织开展多种形式和层次的业务培训，专业技术人员素质明显提升。截至2016年12月底，全区卫生计生系统共有在岗人员2128人，其中区医院793人，区中医医院310人，卫监所和疾控中心105人，妇幼保健院46人，计划生育

2016年，丰南区纪念第105个护士节专场文艺晚会

技术服务站46人，基层医疗卫生单位（各乡镇卫生院、社区卫生服务机构）759人，局机关69人。2016年新招聘非在编合同制管理身份卫生专业技术人员共122名。

【职称机构】 2016年，丰南区卫生系统有专业技术人员1855人、行政管理人员52人、工勤人员221人。专业技术人员占系统总人数的87%，其中：城区医疗卫生机构正高级职称27人、副高级职称102人、中级职称428人、初级职称580人、无职称66人；基层医疗卫生机构副高级职称18人、中级职称140人、初级职称471人、无职称23人。专业技术人员中，硕士研究生学历45人，本科学历863人，大专学历804人，中专及以下学历143人。2016年评审的高等专业技术资格人员名单（共31人）：正高级职称：孙贺、霍文玲、李霞、唐永靖；副高级职称：么孝政、童海潮、赵彩艳、李林权、付长中、孙秀英、赵长胜、孙助敏、王翠敏、郝玉凤、臧宝丽、李秀丽、董泽凯、佟苏东、李隽、赵慧玉、李双奎、李丽、董孟权、么亮、韩东玲、赵东海、韩乃良、王庆艳、孙广峰、郑柏军、赵淑蕊。

【城乡分布】 2016年，丰南区卫生系统专业技术队伍青黄不接，技术骨干面临退休，新的技术骨干队伍尚未形成。基层医疗卫生机构无正高职人员。个别乡镇卫生院受困于人员短缺，存在兼职现象，一些日常业务不能开展，城乡医疗资源配置不尽合理。

（董志伟 张 莹）

医疗设施设备

【概况】 2016年，丰南区卫生系统医疗设施建设得到进一步加强，完成区医院基建项目投资11075万元，全区卫生院修缮及国医堂建设投入86万元。

【医疗设备】 2016年，丰南区医疗设备购置投入1714.6万元，新增5万元以上设备28台件。其中：区医院新增15台，价值975万元；中医院新增3台，价值560.5万元；计划生育服务站新增3台，价值47万元；基层医疗机构新增7台，价值132.1万元。

（杜玉娇）

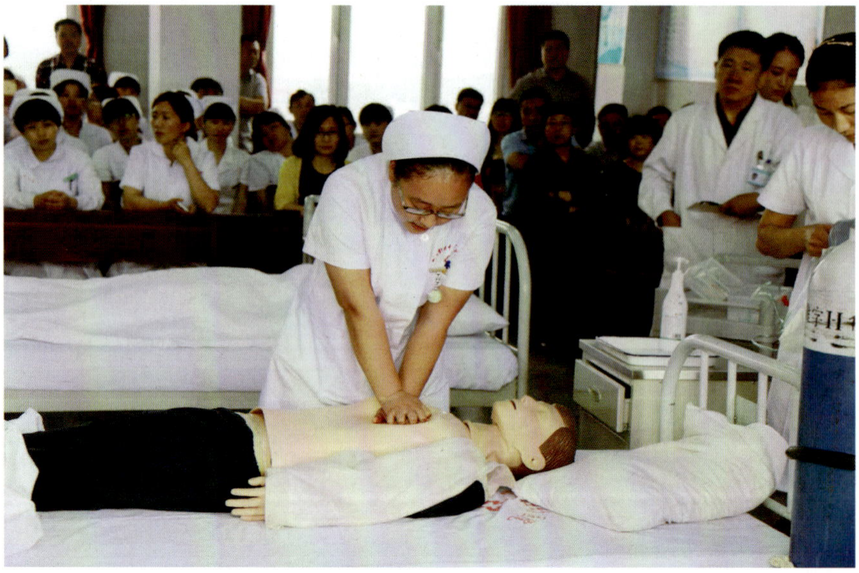

丰南区医疗系统基层岗位练兵

医疗技术

【概况】 2016年，丰南区卫生系统开展端正办院宗旨和方向，强化医疗安全意识全面提升医疗服务质量和医疗技术水平，重视专科建设，各项新技术、新项目不断增加和完善。区医院、中医院相继开展内外妇儿等专科的现代医疗技术介入治疗和微创外科手术，介入治疗科、脑外科、泌尿外科、胸外科、神经内科、普通外科、妇产科、骨科、心血管内科、呼吸内科、儿科等能够解决本专业各种疑难、危重疾病。同时耳鼻喉科、眼科、口腔科、内分泌科、老年病科、肛肠外科、感染性疾病科等治疗均达到同级医院水平，各中心卫生院具备腹部外科、产科常见手术能力，对内儿科常见病，特别是心脑血管疾病诊疗水平均明显提高。其他卫生院立足完善诊治常见多发病，基本医疗服务职能不断完善能满足当地居民基本医疗服务需求。

【西医】 2016年，丰南区医院获得中国卒中学会卒中中心授牌，相继开展双腔永久起搏器植入术、急性心肌梗死急诊PTCA+支架术、双下肢静脉血栓置管溶栓术、急性心肌梗死患者冠脉内溶栓、冠心病慢性闭塞病变冠脉内旋磨、冠心病患者PTCA+支架术再狭窄球囊切割术3、冠心病患者复杂病变支架术、甲状腺经皮微波消融术、椎间孔镜治疗腰椎间盘突出症、关节镜手术、发育性髋关节发育不良（DDH）全髋关节置换术、膝关节镜下伸膝装置粘连松解术、膝关节置换术后假体周围骨折切开复位内固定术、股浅静脉瓣膜修复术、自然腔道的微创手术、无痛分娩术及无创动脉血压监测技术、胎儿产前筛查及胎儿心脏超声规范化检查技术、个体化透析（低钙透析液、调整钠曲线及降机温等）。

【中医】 2016年，丰南区中医医院突出中医特色，重点加强专科专病建设，推广实施中医特色疗法。不孕不育科发展壮大为独立的市级重点专科，突破不孕症诊治上的瓶颈，使妊娠率突破70%。中医骨伤科对颈肩腰腿痛患者实施手法治疗、中药贴敷、熏蒸、针刀等特色治疗方法，避免手术的痛苦和长期服药带来的毒副作用，显示中医治疗骨病的优势。中医养生膏方、三伏贴、三九贴疗法等中医特色疗法进一部推广。各病区修订完善20余种中医整体护理工作方案，积极推广耳穴埋豆、艾灸等多种中医护理技术，促进中医优势的发展。内一科与唐山工人医院心内科实现科室对接，冠心病、心衰等多种急症的诊治、急救技术攀升新台阶。妇产科腹腔镜微创技术、阴式手术得到逐步推广。骨外科开展骨盆、髋臼骨折切开复位内固定术、双膝关节置换术、前中足重度脱套伤清创固定术等一系列新手术。新开设康复科，以传统的中医经络辩证为基础，结合传统开展针刺、艾灸、火罐、梅花针、埋针、放血疗法、刮痧治疗、耳针疗法、穴位贴敷治疗、头皮针治疗、推拿按摩治疗、电针治疗、眼针治疗、穴位注射等技术。郭艳霞主持开展的“参麻通络胶囊质量标准中的含量测定及毒理学研究”、郭艳霞参与开展的“枳香和胃胶囊质量标准控制及毒理学研究”、王爱玲主持开展的“自理理论在老年人肝脏疾病患者术后护理中的应用”、翟月华主持开展的“重症胰腺炎患者早期实施空肠内营养的护理”等项目，均获2016年河北省中医药学会科学技术奖二等奖。

（董宏爽　张晓杰）

妇幼保健

【概况】　2016年，丰南区根据国家基本公共卫生服务规范2011版要求，将0～36个月儿童健康管理服务扩大到6周岁，儿童及孕产妇全部建立健康管理档案。儿童系统管理率93.91%。孕产妇系统管理率94.64%。组织孕产妇及儿童死亡评审2次，5岁以下儿童死亡率3.4‰，婴儿死亡率2.4‰，孕产妇死亡率0。

【孕产妇保健服务】　2016年，丰南区继续实施农村孕产妇住院分娩补助及妇女孕前、孕早期增补叶酸预防神经管缺陷重大公共卫生服务项目，严格项目资金管理，对各医院上报的补助对象认真审核，对异地分娩产妇的补助及时发放，并按上级主管部门要求及时上报各种数据。全年共补助孕产妇3765人，发放农村孕产妇住院分娩补助款112.95万元，完成率93.3%。为6422名妇女发放叶酸，服药率119.6%。

【依法执业管理】　2016年，丰南区开展全区母婴保健技术服务执业许可校验工作，组织召开母婴保健技术培训班，共有166人参加培训并通过考核，提升母婴保健技术服务质量。

（王建芳）

社区卫生服务

【概况】　2016年，丰南区社区卫生服务机构严格按照《国家基本公共卫生服务项目规范》要求，认真落实基本公共卫生服务项目，加强公共卫生服务队伍建设，圆满完成各项工作任务。社区卫生服务机构成立居民档案工作领导小组，制定实施方案，采取逐户调查统一体检的方式为辖区居民建立健康档案，全年共为5.23万名居民建立健康档案，并全部实施纸质及电子化双重管理。

【老年人健康管理】　2016年，丰南区结合居民健康档案，对辖区内65岁及以上老年人登记并纳入管理，每年为老年人提供1次健康管理服务，包括生活方式和健康状况评估、体格检查、辅助检查和健康指导。对已确诊的原发性高血压和2型糖尿病患者纳入相应的慢病患者管理，对存在危险因素且未纳入其他疾病管理的老年居民定期按时随访，并告知该居民一年后参加下一次免费健康检查。年内，共登记管理65岁及以上老年人6360人，并按要求录入居民电子健康档案系统。

【高血压患者管理】　2016年，丰南区通过开展35岁及以上居民首诊测血压、诊疗过程中测血压、健康体检测血压和健康档案建立过程中询问等方式发现原发性高血压患者。对确诊的原发性高血压患者登记并提供每年4次面对面随访，每次随访询问病情、测量血压并对用药、饮食、运动、心理等提供健康指导，对已经登记管理的原发性高血压患者进行一次免费健康体检（含一般体格检查和血糖测试等）。全年共登记管理并提供随访高血压患者5634人，并按要求录入居民电子健康档案系统。

【糖尿病管理】　2016年，丰南区通过健康体检、高危人群筛查检测血糖、建立居民健康档案过程中询问等方式发现糖尿病患者。对确诊的2型糖尿病患者登记并提供每年4次面对面随访，每次随访询问病情，进行空腹血糖和血压测量等检查，对用药、饮食、运动、心理等提供健康指导，对已经登记管理的2型糖尿病患者进行一次免费健康体检（含一般体格检查和血糖测试等）。年内，登记管理并提供随访糖尿病患者2161人，并按要求录入居民电子健康档案系统。

【健康教育】　2016年，丰南区各社区卫生服务机构采取发放宣传材料、开展健康知识讲座、候诊大厅播放影音资料、开展公众健康教育咨询及设置宣传栏等方式，对重点人群、重点疾病及健康危险因素控制等内容开展健康教育及健康促进活动。全年共举办各类知识讲座和健康咨询活动80余次，发放包括《基本公共卫生服务项目宣传手册》在内的各类宣传材料10万余份（册），播放影音资料40余种，更换宣传栏40余块。

（杨国强）

【重性精神病患者管理】　2016年，丰南区建成覆盖全区、功能完善的重性精神病患者管理系统和网络直报系统，开展严重精神障碍患者大筛查活动，落实严重精神障碍患者监护人以奖代补政策，共筛查出严重精神障碍患者515人。年内登记并录入患者2520人，建档率100%，检出率4.61‰，患者管理率84.07%。

（杨顺成）

【免疫规划】　2016年，丰南区免费接种卡介苗、乙肝疫苗、脊灰疫苗（灭活脊灰疫苗、二价脊灰减毒活疫苗）、

全民健康检查

百白破疫苗、麻疹类疫苗（麻风疫苗、麻腮风疫苗）、流脑疫苗（A群流脑疫苗、A+C流脑疫苗）、乙脑疫苗、甲肝疫苗、白破疫苗共8类12种疫苗。加强接种门诊建设，促进信息化建设，提高接种率，及时上报疑似预防接种异常反应，对国家免疫规划内疫苗可预防疾病主动监测。

（刘春瑛）

【传染病防治】 2016年，丰南区定期对辖区医疗卫生单位和村医进行传染病防治知识、技能的培训，同时加强对居民传染病防治知识的宣传教育，提高居民传染病防治知识的知晓率。

（郑洪潮）

农村医疗保健

【概况】 2012—2016年，丰南区按照唐山市人民政府《关于加快推进医改重点工作的实施方案》、市医改办《唐山市村卫生室建设实施方案》及《唐山市村医配置及选任指导意见》，制定《唐山市丰南区村卫生室建设与管理规定》《唐山市丰南区村卫生室人员配置及选任实施方案》，共完成全区439个行政村集体产权村卫生室的建设任务，选任村医532人，其中男村医316人、女村医216人；执业助理医师以上131人，注册乡村医生401人。对所有集体产权村卫生室实行统一行政管理、统一人员管理、统一业务管理、统一财务管理、统一药械管理、统一绩效考核管理和财务独立核算、风险独立承担为主要内容的乡村卫生一体化管理。

【村卫生室标准化建设】 丰南区集体产权村卫生室建设用地由村委会无偿提供，每个村卫生室建设资金由市、区两级各补助5万元共计10万元。按照《河北省村卫生室建设标准图集》的相关要求，统一建设标准，所建村卫生室面积80平方米，诊断室、治疗室、观察室、药房及公共卫生室5室分开。同时按照省市要求“填平补齐”的原则为每个村卫生室配齐43台件的基本设备，所配设备纳入当地乡镇卫生院固定资产管理，房屋及设备由选任村医无偿使用。为保障集体产权村卫生室正常运转，按每年每个行政村2000元的标准，由区财政给予村卫生室运行定额补贴，纳入区财政预算。到2016年底，4年发放运行补助资金累计355万元。

【乡村医生队伍建设】 2016年，丰南区强化乡村医生管理，以提高专业技能为重点，以实施培训和组织进修为主要学习形式，不断提高乡村医生的整体素质和服务能力。利用市、区两级资金开展集中培训，全年共计培训4期，参训乡村医生达2400余人次；严格执行村卫生室人员月上站培训制度，认真落实辖区乡村医生培训工作；加强技术培训，自2016年起每年选派100名乡村医生到区医院及区中医院进修学习实用技能，进一步提升乡村医生服务能力。制定并下发《关于进一步规范村级医疗机构执业行为的通知》，严格按照《乡村医生从业管理条例》及《医疗机构管理条例》规范乡村医生诊疗行为，重点加强对乡村医生执业范围、门诊登记、处方书写、医疗垃圾处理等项目进行执法检查，实行违规行为月报制度，保障村级医疗机构各项业务的规范开展。按照自愿原则，鼓励乡村医生入保医疗责任险。自2013年起，共计1817人次入保乡村医生医疗责任险，减轻乡村医生医疗风险负担，解决乡村医生的后顾之忧。落实乡村医生补助和基本公共卫生服务补助，结合基本公共卫生服务各项目实际内容，合理调整乡镇卫生院与村卫生室基本公共卫生服务工作承担比重，将基本公共卫生服务项目补助资金 40% 用于村卫生室开展基本公共卫生服务工作的支出和乡村医生承担工作的补助，以加强村级基本公共卫生服务工作，补助的发放根据村卫生室实际完成工作数量、质量和群众满意度等指标，按照考核结果拨付。实施基本药物制度补助，区集体产权村卫生室全部实施药品零差率销售，补助标准按照行政村人口数分三个等级（300 人以下、300 ～ 500 人、500 人以上）核定，分别为每年 4500 元、7000 元和按人口每人每年 12 元（不足 7000 元的补足），实际补助资金按照绩效考核结果发放。建立乡村医生养老保险补贴制度，丰南区自 2013 年起对辖区内符合加入城乡居民养老保险条件的村医按实际缴费额 50% 予以补贴（最高不超过 500 元 / 年），补贴资金纳入区财政预算，4 年区财政共计补助资金 22.74 万元。落实原“赤脚医生”养老补助，按照河北省下发的原“赤脚医生”养老补助文件精神，结合丰南区实际，制定并下发《唐山市丰南区原“赤脚医生”养老补助实施办法》，主要流程包括个人申报、镇（乡）初审、区级复审及公示，至 2016 年底全区共申报 1329 人，进入区级复审阶段。

（杨国强）

卫生监督

【概况】 2016 年，丰南区卫生监督所有干部职工 23 人，设有办公室、财务科、医疗卫生科、监督一科、监督二科、稽查科等业务科室，另设询问调查听证室、快速检测分析室、罚没物品暂存室、档案室等辅助性用房。承担医疗卫生、公共场所卫生、学校卫生、饮水卫生、传染病防控、职业卫生以及健康相关产品等方面的卫生监督工作。拥有 ATP 荧光检测仪、空气甲醛分析仪、CO 分析仪、余氯测定仪、数字照度计、声级计等 30 多台快速监测设备。年内，认真开展日常监督检查工作和专项监督执法工作，在打击非法行医、公共场所卫生整治、学校卫生服务、传染病防控监督、放射卫生执法检查和饮水卫生安全保障等方面成效显著。

（童海潮）

【生活饮用水卫生监督】 2016 年，丰南区对 2 家市政供水单位、2 家自建供水单位和 23 家二次供水单位监督管理，按照要求对供水单位开展水井周围环境、水源防护、水质消毒情况的监督检查。设立城区管网供水末梢水监测点 10 个，开展现场水质快速监测 4 次。按照省、市工作部署，2016 年对城区全部市政供水单位、二次供水单位和 22 家农村小型集中式供水单位专项监督抽检，确保广大居民饮水安全。

（李东瑞）

【公共场所卫生监督】 2016 年，国务院印发《关于整合调整餐饮服务场所的公共场所卫生许可证和食品经营许可证的决定》，取消卫生行政部门对饭馆、咖啡馆、酒吧、茶座 4 类公共场所的卫生许可，公共场所卫生监督范围由原来的 7 类 24 种变为 7 类 20 种。年度内丰南区纳入监管范围的公共场所 367 家，其中住宿场所 92 家、美容美发场所 193 家、洗浴场所 70 家、文化娱乐场所（影剧院、游艺厅、舞厅）8 家、游泳场馆 2 家、图书馆和书店各 1 家。全年共发放公共场所卫生许可证 121 个，督促 4350 名从业人员办理健康证明。开展公共场所卫生监督抽检和游泳场馆专项检查等常规性工作，经常性卫生监督 849 个频次，监督覆盖率 100%，并依照河北省公共场所卫生信誉度等级评定办法，对辖区内各类公共场所实行量化分级管理。按照市创城办和区委、区政府要求，开展唐山市创建全国文明城市“五小行业”专项整治工作。区卫生监督所打破科室格局，抽调精干力量，强化监督检查，创城工作共出动人员 246 人次、车辆 85 辆次，检查美容美发店、旅馆、浴池、歌厅等公共场所 300 多家，其中警告 45 家、限期整改 30 家、停业整顿 12 家，以优异的成绩完成全国文明城市测评任务。唐山举办世界园艺博览会期间，市卫计委抽调区卫生监督所 4 名卫生监督员开展园区卫生安全保障工作，此项保障任务历时 6 个月，全区卫生监督员承接监督保障任务 40 次，出动保障车辆 40 辆次、卫生监督人员 80 人次，圆满完成此项工作。

（童海潮）

【学校卫生监督】 2016 年，丰南辖区内共有学校 87 所，其中小学 60 所、初中 19 所、高中 6 所、高校 2 所。全年重点开展学校卫生专项监督抽检工作，对学校传染病防控、教室环境卫生和学校饮水卫生全方位监督检查，并对 12 所学校卫生综合监督评价。丰南区被河北省确定为学校卫生监督信息公开试点县区，年内在区政府网站发布学校卫生法律法规 3 次，通过《今日丰南》报刊登学校卫生监督信息 3 篇，依托丰南区卫生监督所微信公众平台发布学校卫生法律法规标准、检查信息 5 次，并通过校内信息公开栏对学校卫生相关内容公布。

（宋春伟）

【医疗市场整治】 2016 年，丰南区制发《关于开展预防接种专项监督检查工作的通知》《关于开展全区放射卫生专项监督检查的通知》《关于开展医疗机构依法执业专项监督检查工作的通知》等文件。医疗市场专项整治工作中落实全过程执法记录工作制度，监督过程中充分利用移动执法终端和执法记录仪，提高卫生监督执法效率。全年出动执法人员 360 人次、车辆 125 辆次，医疗卫生、传染病防控、放射卫生监督覆盖率 100%。检查二类疫苗预防接种点 18 家，许可开展放射诊疗项目的医疗机构 22 家，并对城区 100 家个体诊所（其中包含 15 家一般卫生室）开展经常性监督检查。创新推出个体医疗机构执业信息二维码识别举措，方便就医群众识别正规诊疗机构。对日常监督发现、群众举报以及部门移交的案件线索经调查属实后均依法作出行政处罚，年内共立案并处罚6起，涉及无证行医、任用非卫生技术人员、无证开展放射诊疗活动、生活美容场所违规开展医疗美容行为等，共计罚没1.03万元。在唐山市举办的重大自然灾害卫生监督应急拉练、全市优秀案卷评查和卫生计生综合监督执法微课大赛中获佳绩。

（徐晓海）

疾病预防控制

【概况】　2016年，丰南区疾病预防控制中心内设办公室、传染病防治科、免疫规划科、慢性病防治科、公共卫生科、性病艾滋病防治科、健康教育科、检验科、体检科、财务科10个科室，拥有数字化医用X射线摄影系统（DR机）、进口原子吸收分光光度计、气相色谱、全自动血细胞分析仪、尿液分析仪、彩色超声诊断仪、诊断型纯音听力测试仪等大型仪器设备。负责组织实施辖区的疾病控制计划，组织对重大疫情、传染病爆发流行的调查，负责疾病预防和控制的信息整理、统计分析、综合评价并反馈和报告疫情，实施免疫规划、消毒和虫媒生物控制工作，开展职业卫生、学校卫生、饮用水卫生和食品风险监测工作，负责辖区内突发公共卫生事件的调查报告和具体控制措施落实，指导辖区内基层医疗开展卫生防病工作，对从事疾病控制相关工作人员培训以及开展健康宣传教育和健康促进活动，承担卫生检验任务。其宗旨是为全区人民身体健康提供防疫保障。

（么孝政）

【传染病防治】　2016年，丰南区加强卫生应急演练，进一步完善组织制度与各类应急预案，更新购进应急物资，有针对性开展应急演练活动。完善区、乡、村三级防控体系，三级疫情网络畅通。切实加强手足口病防治，流行前期印制手足口病宣传单1万份，下发至辖区5岁以下儿童家长手中，多次召开辖区医疗机构院长及托幼机构负责人会议，分析、部署手足口病防控工作要求，年内全区报告手足口病病例××例，无重症及死亡病例，托幼机构无聚集性病例。坚持做好霍乱防治，开展以霍乱防治为重点的肠道传染病监测工作，对区内医疗机构肠道门诊督导检查，促进医疗机构的肠道门诊设施改善，做到逢疑必检，逢疑必报。5～10月份，全区18家肠道门诊共登记腹泻患者520人，共收集标本402份，3例副溶血弧菌（+），其余检验结果为（-），采集外环境水36份，食品60份，霍乱弧菌培养检验结果均为（-）。为全区有效防控霍乱提供科学的依据。开展消除疟疾工作，全年共对“三热”病人50人进行RDT快速检测，检测结果全部阴性，同时做好发热病人血检质量控制。广泛开展健康教育与健康促进活动，提高居民的疟疾防护意识、自我保护意识。全力做好疫情网络直报和信息反馈工作，全年全区共报告法定传染病2411例，发病率455.19/10万人。每月对辖区内传染病发病及报告情况分析、汇总，根据传染病的流行形势做出准确的判断。

（郑洪潮）

【免疫规划】　2016年，丰南区18家预防接种门诊中，有示范接种门诊6家、规范接种门诊6家、合格接种门诊6家，完成常规免疫接种13.50万人次，建卡建证率100%，各种疫苗接种率均符合国家要求。开展预防接种规范管理专项整顿活动，规范预防接种告知和宣传行为、规范疫苗和冷链管理工作，落实规范预防接种单位设置和资质管理，完成预防接种单位指定、服务职能区域划分和入托、入学儿童预防接种证查验工作。加强规范监测和疫情处置工作，全年上报处理疑似预防接种异常反应44例，报告及时率和覆盖率均为100%，上报调查处置急性迟缓性麻痹1例。进一步推进免疫规划信息化管理疫苗监管系统建设，做到扫码接种，疫苗全程可追溯。开展麻疹类疫苗集中查漏补种活动，全年全区无麻疹病例发生。加强疾控冷链系统监测，冷链系统正常运转12个周期，安全冷链运送疫苗11.42万支。

（刘春瑛）

【地方病防治】　丰南区地方病主要是碘缺乏病（俗称“粗脖子病”）和地方性氟中毒（氟斑牙、氟骨症）。2016年年初起，按照“全国碘盐监测方案”要求，对区盐业公司所批发食盐每月采集样品9份，全年共采集盐样品108份，经检测全部合格。同时，随机抽取5个乡镇20个村300户居民的食用盐，每户采1份共计300份检测，碘盐覆盖率、碘盐合格率、合格碘盐使用率分别是100%、94%、94%。户盐检测结果均符合国家标准要求。另外，对44个高氟村饮用水作动态监测，水氟含量结果全部合格。对碘缺乏病的地方性氟中毒调查，均未发现地方性甲状腺病和地方性氟中毒病例。

（耿　挺）

【艾滋病防治】　2016年，丰南区全面落实各项艾滋病和性病预防控制措施，扩大干预措施的覆盖面，降低艾滋病和性病新发感染；扩大免费抗艾滋病病毒治疗覆盖面，提高救治质量和水平，降低艾滋病病人的死亡率，提高他们的生活质量。VCT检测1200人份，新入监的监管人员检测523人份，对500余家次娱乐服务场所开展高危行为干预。开展全方位的宣教工作，向大众发放性病艾滋病防治宣传资料1万余份，在全区高等院校、职技校、成人学校、中学设置宣传栏，发放学生读本，对科级以上干部宣讲干部读本，对妇女实施“面对面”专场培训，极大程度上提高全民对艾滋病的认知程度。

（范月冬）

【职业病防治】　2016年，丰南区48家企业组织接触职业病危害因素的职工6325人进行上岗前、在岗期间、离岗时的职业健康检查，共查出疑似职业病3人，查出职业禁忌症16人，企业按相关规定要求复查和调离工作岗位。采用微信、公众场所摆放展牌、

5·12 职工知识竞赛

发放宣传资料、举办培训班等多种形式，开展职业病防治宣传，共发放宣传材料 2000 份，接受群众咨询 300 人次，各有关单位悬挂职业病防治宣传标语 50 余幅，举办企业负责人培训班 1 次，参加人数 100 余人，通过宣传培训使《中华人民共和国职业病防治法》进一步深入人心，企业负责人和广大职工的法律意识进一步加强，为全区职业病防治工作奠定基础。

（马希环）

【结核病防治】 2016 年，丰南区完善新型结核病防治体系，做好结核病防治工作。开展广泛宣传，出动宣传人员 67 人次、宣传车 9 辆次，制作主题条幅 2 面、宣传展牌 8 块，发放结核病防治知识传单 1 万张、宣传画 9800 余张。全区 2016 年登记活动性肺结核病人 178 例，其中涂阳肺结核病人 22 例，涂阴肺结核病人 156 例。对新涂阳肺结核病人的密切接触者筛查结核病，登记接触者 70 例，筛查 70 例，涂阳肺结核病人密切接触者筛查率 100%。病人的系统管理率 98.3%，涂阳患者治愈率为 96.3%，涂阴病人的治疗完成率为 99.2%。

（郑洪潮）

【生活饮用水和食品安全风险监测】 2016 年，丰南区对全区 439 个饮水工程全面调查，建立档案，设立 34 个农村饮用水监测点，对监测点的出厂水、末梢水监测，在丰水期、枯水期对监测点采集水样各检测一次；采集食品样品 10 批次，采样数量 75 份；采集养殖环节鱼类 10 批次，采样数量 20 份，全部样品均按照市疾控中心要求准时送达检验单位，完成率 100%，保障广大群众饮水和食品安全。

【学校卫生】 2016 年，丰南区对全区中小学学生常见病调查，调查体检 1200 人，视力不良的患病率为 0.11%，其中轻度视力低下患病率为 0.07%，中度视力低下患病率为 0.02%，重度视力低下患病率为 0.02%，龋齿的患病率为 0.23%，未发现传染病病例。

（安程靖）

医疗卫生管理

【概况】 2016 年初，丰南区为基层医疗机构统一印制门诊登记本、医生护士交接班记录本及《抗菌药物临床应用指导原则》，开展经常性督导检查，规范各医疗机构诊疗活动记录。3 月，为扎实“三基”（基础知识、基本理论、基本技能）训练，卫计局购置心肺复苏、组合式高级护理人和成人气管插管三套模型，设置专门的技能训练室。4 月，在各级医疗机构开展“三基”知识竞赛，最终选出 12 家医疗机构的 24 名医护人员参加决赛。引导广大医护人员重视基础知识、基本理论、基本技能的学习，营造争先创优氛围，改善服务，提高质量，保障安全。7 月份，对各级医疗机构住院病历评审，随机抽取内外科常见病病历 135 份，由唐山职业技术学院、区医院专家分别对二级、一级医院病历集中评审。10 月份，召开病历质量点评专题会议，从病历书写的规范性与内涵质量、核心制度落实情况以及临床用药的合理性等方面给予详细的指导，为提升基层医院病历书写水平起到很好作用。11 月和 12 月份，组织专家下乡指导 2 次，确保病历质量安全问题整改措施有效落实，促进首诊负责、三级医师查房、术前讨论和手术安全核查等核心制度落实，保障医疗质量的持续改进。

【专业技术人员培训】 2016 年，丰南区制定《2016 年丰南区卫生技术人员培训方案》。1 月份，召开加强风险防范减少医疗纠纷培训会，特邀全国医疗纠纷资深调解员冯海容作《加强风险防范减少医疗纠纷》讲座。2 月份，由于计划生育政策逐步开放，为保证母婴安全和出生人口质量，减少医疗纠纷，组织召开产科医疗安全专题会议。3 月份，安排各级医疗机构开展寨卡病毒病疫情防治知识及诊疗方案全员培训。做好预检分诊工作，确保早发现、早报告、早诊断、早治疗。10月份，组织开展基层卫生岗位练兵和技能竞赛，并推选获胜选手参加市级竞赛，丰南区代表队孙久权、付春萍和贾双云3名选手获团体一等奖，个人组分别获得二等奖2名和三等奖1名。

【护理工作】 2016年，丰南区各级医疗机构明确护理管理责任人，统一护理工作标准，组织二级医院护理部主任多次下乡指导，使全区护理工作整体面貌、重点科室管理、护理制度的执行等方面都有很大改观。利用组合式高级护理模型，在基层医疗机构开展常用护理技术操作培训，夯实基础护理服务，促进18项核心制度落实。4月份，举办“5·12”国际护士节职工知识竞赛暨表彰大会，区中医院、钱营镇中心卫生院和尖字沽乡卫生院代表队获得一等奖，通报表彰全区在护理工作岗位上表现突出的54名优秀护士及4名市级优秀护理工作者。5月份，为纪念“5·12”护士节，召开“天使风采”大型文艺节目展演，市委宣传部、市卫计委主要领导，区委、区人大、区政府、区政协等部门主要负责人出席，副区长刘子泉讲话，激励全区广大护理工作者为医疗卫生事业作出更大贡献。在加强基层医院护理工作管理的同时，督促二级医院深化优质护理服务，区医院全部科室和中医院近半数临床科室实施整体护理。

【依法执业管理】 2016年，丰南区规范执业行为，加强对全区各级各类医疗机构的指导、监督和管理，规范医疗机构和医务人员执业行为，重点清理非法行医和超范围行医行为。建立常态长效监督考核机制，将医院巡查与评审评价相结合，督促医疗机构建立完善医疗质量安全管理体系。积极推进合理检查、合理用药、合理用血、合理治疗，控制医疗费用不合理增长，强化医疗技术准入与临床应用管理，加强抗菌药物、辅助用药、门诊输液、抗肿瘤药物以及毒、麻、精、放等药品管理，加大合理用药的培训教育和违规用药的通报处罚力度，重点推进抗菌药物临床应用专项整治。严格医师考核，加强执业医师管理，提高医师素质，保证医疗质量和安全。

【院感控制】 2016年，丰南区加强基层医疗机构医院感染管理工作，落实《基层医疗机构医院感染管理基本要求》，开展全区医院感染管理培训，完善医疗机构医院感染管理体系，实施全区医院感染的常态化管理，做好重点部门和重点环节医院感染管理。按照《医疗废物管理条例》，加强对医疗废物的分类、暂存及处理的督导检查，有效预防和控制医院感染事件发生。

【药事管理】 2016年，丰南区开展合理用药整治活动，着力解决抗菌药物临床应用中存在的问题，完善抗菌药物临床应用管理的有效措施和长效机制，规范医疗机构合理用药，加强临床路径管理，实施单病种管理，推进合理诊疗，逐步降低医疗机构药占比。加强对毒、麻药品的监管，对全区医疗机构麻醉药品管理及使用情况定期抽查，防范和打击麻醉药品和精神药品流入非法渠道以及非法制贩、滥用行为。推进基层医疗机构药房规范化管理，从管理制度、人员培训、设施设备、采购验收、使用调剂、储存养护等环节多次督导检查。7月份，抽查基层医疗机构处方1000张，针对存在问题召开处方点评专题会议，促进基层医疗机构合理用药，保证医疗安全。

【城乡对口支援】 2016年，丰南区依据《唐山市丰南区二级医院对口支援乡镇卫生院项目实施方案(2015—2017年)》，帮助乡镇卫生院完善管理，培养人才，提高医疗服务水平。支援单位与受援单位建立起稳定帮扶关系，派驻医师通过开展业务学习讲座、教学查房、手术示教、疑难危重病例讨论、会诊等形式帮助受援单位提高医师医疗技术水平。全年派驻医师完成门诊1000余人次，开展手术100余例，参加疑难病例讨论30余次，帮助受援单位开展新技术10项，健康查体近千人次，接收受援医院医务人员进修17人次。

【“群众满意乡镇卫生院”创建】 2016年，丰南区全面深化医药卫生体制改革，充分发挥乡镇卫生院“贴近基层、贴近群众、服务百姓”的重要作用，合理定位乡镇卫生院功能，完善新的运行机制，开展“群众满意的乡镇卫生院”创建活动，加强乡镇卫生院内涵建设，推进规范化、精细化、科学化管理，全面提升服务能力和水平，让人民群众就近获得较高质量、较低价格的基本医疗、公共卫生和中医药服务。7月份，组织黄各庄镇中心卫生院、柳树瞿阝镇中心卫生院申报国家级“群众满意的乡镇卫生院”，组织大新庄镇中心卫生院、唐坊镇中心卫生院、小集镇中心卫生院、钱营镇中心卫生院、岔河镇卫生院和东田庄乡卫生院申报省级“群众满意的乡镇卫生院”，督导医院各项工作达标完成。12月份，顺利通过国家和省级评估验收。

【“国医堂”建设】 2016年，丰南区进一步推进全区医疗机构中医药综合服务区建设，完善基层中医药服务体系，提升基层中医药服务能力，新增丰南区东田庄乡卫生院和胥各庄街道社区卫生服务中心为区“国医堂”建设单位。全区7个乡镇（中心）卫生院和社区卫生服务中心对诊疗科室集中设置，“国医堂”面积均达200平方米以上，内外部装饰为中式风格，中医药文化氛围浓厚，以多种中医药方法和手段提供中医药医疗预防保健综合服务，圆满完成“国医堂”建设任务。中医药饮片种类从300种增加到577种，中医药服务种类从6种增加到12种，门诊中医处方占比增加到平均26%，中医药收入占比增加到31%。各建设单位从不同角度注重中医药文化建设，运用多种手段宣传中医药文化和中医养生保健知识，营造浓厚的中医药文化氛围。部分医院采取有效方式引进中医药人才，增添中医药诊疗设备，拓宽中医药适宜技术种类，强化并完善中药房建设，充分利用康复理疗区，增加中医就诊量，提高经济收入。

【医疗纠纷处置】 2016年，丰南区通过开展“平安医院”创建活动，改善各医疗机构执业环境，提高医疗服务质量，医院内部医患纠纷调解机制逐步完善，做到依法依规、以情化解，避免恶性信访事件发生。全年共处理医疗投诉、纠纷11起，第三方调解纠纷6起，答复信访事件10余起。年内，区医院参加医疗责任保险。

【卫生应急保障与医疗保健】 2016年，丰南区成立卫生应急工作领导小组、医疗应急工作专家小组、医疗应急工作现场救援小组、突发公共卫生事件应急处置小组等，全力组织辖区二级医疗机构做好唐山市世界园艺博览会、第三次中国—中东欧国家地方领导人会议以及高考、中考、春节等重点时段医疗保健及卫生应急保障工作。

【医疗保健活动】 2016年6月6日全国“爱眼日”期间， 丰南区组织辖区各级医疗机构开展内容丰富的眼保健知识宣传，进行健康咨询、健康教育专题讲座、免费视力筛查及验光等活动，组织群众观看宣传横幅、浏览电子展板，增强青少年学生爱眼护眼意识，减少屈光不正导致的视力损伤，收到良好的社会效果。6月26日，在九河公园举行禁毒宣传活动，提高广大人民群众防毒、禁毒意识，在全区范围内营造“珍惜生命，远离毒品”良好社会氛围，取得很好宣传效果。9月份，组织区医院、区中医医院、妇幼保健院内、外、妇、儿、中医等科室专家12人，在第二批发市场开展以“传承长征精神，义诊服务百姓，建设美丽丰南”为主题大型义诊活动

【名医评选】 2016年，丰南区大力弘扬祖国医药优秀传统文化，挖掘和保护中医优秀人才，推动中医事业持续健康发展，唐山市卫生和计划生育委员会在全市评选医德医风良好、中医理论功底深厚、临床经验丰富、有独到技术专长的优秀中医人才，编制《唐山名中医》一书，丰南区朱思纯、刘华峰、王云凯入选为首届唐山市名中医，郑桂玲入选河北省优秀中医人才。按照《唐山市开展“树名医、建名科、创名院”活动实施方案》和《关于做好新一轮“名医、名护、名科”推荐评选工作的通知》要求，市卫生计生委组织评选新一轮“名医、名护、名科”。丰南区郭庆新被评为“唐山市名医”，宋树坤被评为“唐山市名护”，杜玉波被评为“唐山市乡村名医”（乡镇卫生院组），杨印国被评为“唐山市乡村名医”。

（董宏爽　张晓杰）

爱国卫生运动

【概况】 2016年，丰南区爱国卫生运动委员会办公室（以下简称爱卫办）在区政府具体领导及市爱卫办精心指导下，以巩固卫生城市创建成果、改善民众生活环境、提高民众健康素质为目标，以解决群众关心的公共卫生热点和难点问题为切入点，深入开展爱国卫生运动，全面推进公共场所禁烟控烟，积极组织病媒生物防治，强化全民健康教育，大力开展环境卫生集中整治行动，严格落实“门前三包、门内达标”责任制，区爱国卫生工作走在全市前列。

【爱卫月宣传】 2016年4月是全国第28个“爱国卫生月”，活动主题是“灭蚊防病、健康你我”。4月14日，丰南区爱卫办组织区交通运输局、环保局、住建局、教育局、丰南镇、国网冀北唐山市丰南区供电公司和胥各庄街道办事处等单位在文化广场举办大型宣传活动。唐山市卫计委副调研员刘玉国、丰南区政府副区长刘子泉在活动现场指导工作，区卫计局党组书记、局长徐春来陪同参加宣传活动。活动现场共设立宣传站8个，悬挂条幅16条，摆放宣传展牌42块，发放各类宣传单5000余份、宣传手提袋3000个、宣传手册4000册，受益群众2万余人。通过悬挂横幅、发放宣传单等形式宣传爱国卫生运动，利用新闻媒体宣传爱国卫生运动的重要意义，唤起全区各行各业参与爱国卫生工作的热情，使爱国卫生活动家喻户晓，人人皆知，形成全民动手，人人参与的良好局面，迅速在全区掀起爱国卫生月活动的高潮。

【禁烟控烟】 2016年，在《唐山市防止二手烟草烟雾危害管理条例》实施两周年之际，丰南区爱卫办坚持“以人为本、改善民生”的理念，认真落实控烟管理工作。精心设计制作“禁止吸烟”宣传标识，免费发放禁烟标识4000余块，重点张贴在服务窗口单位、“五小”门店、商场超市、网吧、图书馆、车站等公共场所，提高广大市民的控烟意识。利用政府信息平台向公众发送禁烟控烟短信1.2万条，指导各单位广泛开展控烟知识宣传教育，建立完善控烟管理制度，撤掉会议室、办公室等公共场所的烟灰缸，同时配备专兼职控烟劝阻员，对辖区内的吸烟行为劝阻、制止。在城区显著位置设置健康教育宣传栏，刊登有关控烟的文章和图片，利用保险大厦、邮政大楼和万力皮革城3处大型LED电子显示屏循环播放《被动吸烟，我不干》公益视频3000余分钟，增强控烟社会氛围，使行人能随时学到控烟有关知识，自觉树立控烟文明理念。区爱卫办与各相关责任部门联合电视台，于12月份督导检查城区范围内医院、学校、银行、住宿、餐饮、商场、超市、网吧、酒吧及其他服务窗口等176家单位禁烟控烟情况，通过督导检查，不仅提高广大吸烟者在公共场所禁烟控烟的意识，也提高公共场所经营管理者的责任意识，取得令人满意的效果。

【环境卫生整治】 2016年，丰南区爱卫办以“迎接世园盛会、巩固创卫成果、清洁城乡环境”为主线，深入开展环境卫生整治活动。组织爱卫会各成员单位彻底清理城区环境卫生死角的垃圾、杂物等，清除河渠两岸及河道内的垃圾污物；增补、更新垃圾箱等环卫设施，做到生活垃圾日产

日清；整治烟尘，控制扬尘污染；修整绿地花坛，清理枯死树木和补栽缺损苗木；修缮整理各类城区公共设施，清洗候车亭，粉饰道路交通护栏；清理私搭乱建、乱堆乱放、乱贴乱画等城市牛皮癣和不规范的牌匾、广告；全面整治主次干道、背街小巷、城乡结合部、农村坑塘沟渠，国道、省道、乡道两侧，学校、公园、广场、农贸市场、车站周边和繁华商业地区，以及居民区内的各类垃圾杂物。全年城区各责任单位出动人员 8.2 万余人次，出动各种车辆 4 万台次，清运生活垃圾 7 余吨，清理建筑垃圾及废墟 8 万余立方米，清除杂草 10 万余平方米，平整场地 50 万余平方米。通过开展城乡环境卫生整治活动，使城区及村镇环境面貌焕然一新。

（李爱勇）

【健康教育】 2016 年，丰南区进一步巩固“健康丰南、幸福人民”行动成果，持续深化和推进健康教育进医院、进学校、进社区、进企业、进机关、进农村、进家庭“七进”模式，逐步形成全方位、立体式、大纵深的健康教育格局，组织开展经常性宣传教育活动。以第 28 个“爱国卫生月”“世界无烟日”“世界卫生日”等各类健康主题日活动为契机，充分利用广播、电视、报刊、专栏等多种宣传工具，广泛宣传和普及健康知识，活动中发放健康教育知识手册 9000 册、宣传单 1.5 万张，设立宣传展牌 25 块，悬挂条幅 60 余条，发放禁烟标识手提袋 3000 个。

【灭鼠和蚊蝇蟑消杀】 春夏之交是病媒生物繁殖的高峰期，丰南区紧紧围绕春季易发传染病特点，深入组织和发动群众，将爱国卫生运动与疾病防治工作紧密结合，有针对性的开展春季灭鼠等防控工作，清除病媒生物孳生场所，使病媒生物密度控制在国家规定的标准以内，同时做好寨卡病毒、流行性出血热、疟疾等虫媒传染病的防控。广泛宣传普及以春季传染病预防为重点的卫生知识，教育群众树立良好卫生习惯，不断提高广大群众文明卫生意识和自我防病能力。“爱卫月”活动期间，区爱卫办组织园林处、环卫处工作人员，在城区公园、绿地、公厕、垃圾中转站、垃圾处理厂等公共场所开展大规模消杀投药活动，共投放鼠药 1.5 吨、蚊蝇蟑药 0.5 吨。

【“门前三包、门内达标”责任制】 2016 年，丰南区全面提升城区“门前三包”工作水平。细致排查摸底，随着新建楼群的增加，部分临街单位、商铺未签订“门前三包”责任书，针对这一情况重新登记造册并签订责任书，3 月份至年底登记录入新建门店 123 家。大力推行“门前三包”工作协议制，与沿街门店重新签订责任状 146 份。全面实行全员分段包干和上门服务责任制，对应城区主次干道临街经营户实行分段包干、点对点服务，责成其商户落实卫生责任制，实行管理与服务相统一。对不合格者下达限期整改督办单，对到期未整改或整改不达标的通报批评。认真开展“门前三包，门内达标”评比活动，到 12 月共评出三星级单位 3 家。

（安红艳）

综　述

2016 年，丰南区区社会事业工作坚持“以民为本、为民所用、为民服务”工作方针，加强管理，细化措施，层层落实，全区社会事业取得显著成效，居民生活水平进一步提高。

社会保障工作，严格落实上级各项社保政策，加大社保征缴扩面力度，企业养老保险、失业保险、工伤保险、城乡居民医疗保险四项指标已分别达到 14.31 万人、5.69 万人、9.56 万人、41.67 万人，完成市达保险扩面任务，位居全市先列。全区共收缴各类保险基金 12.85 亿元，其中企业养老保险基金 7.1 亿元、失业保险基金 3590 万元、工伤保险基金 6660 万元、医疗保险基金 3 亿元、机关事业保险基金 1.50 亿元、城乡居民养老保险金 2252.8 万元、社会保险基金征缴工作位居全市第一位。社会保险基金发放率 100%，为 2.09 万名企业离退休人员发放养老金 4.36 亿元，为 8.47 万名待遇领取人员发放城乡居民基础养老金 1.19 亿元，发放失业保险金 4058 万元，为工伤职工落实工伤待遇 7100 元，离退休人员社会化管理服务率和养老金发放率均达 100%。

社会福利事业认真履行“上为政府分担，下为群众解愁”的重要职责，社会求助，双拥优抚安置，社会治理和专项社会事务等各项工作稳步发展。全区 16 所福利机构总床位 1846 张，入住老人 855 人，其中乡镇办敬老院床位 1584 张，入住老弱病残人数 695 人，全部为河北省星级敬老院，并取得国家级养老护理资格证书，区光荣院所为国家甲级光荣院，床全 56 张，入住孤老优抚对象 14 人，全区共发放城乡低保金 4613.87 万元，其中为 912 户 1266 人发放城镇低保金 612.07 万元，为 1.08 万户 1.41 万人发放农村低保金 4001.8 万元。为 4809 名重度残疾人发放护理补贴 277.15 万元，全年共对求助困难群众 3439 人（户）发放救助资金 549.58 万元。民政部门把社会事业管理作为“和谐丰南”的重要环节，认真做好婚姻、民间组织、地名管理、收养登记、孤儿认定、老龄人员、殡葬等各项管理工作，依法管理，社会事业管理水平不断提高。全年落实“人才强区”战略，向唐山市主管部门推荐专业技术职称任职资格 859 名，引进各类人才 298 人，其中高层次人才 19 人，培训各专业人才 2725 人，为用人单位推荐各类专业人才 3300 人（次）成功 1300 人。

2016 年，城乡居民生活水平进一步提高，农村居民人均纯收入 1.47 万元，城镇居民人均可支配收入 3.43 万元，分别比上年增长 8.2% 和 8.4%，农村居民人均消费性支出 1.18 万元，比上年增长 11.5%；城镇居民人均消费性支出 2.27 万元，比上年增长 9.1%。农村居民人均住房使用面积 25 平方米，比上年增长 -7.7%；城镇居民人均住房使用面积 38.1 平方米，比上年增长 7.3%。

社会保障

【概况】　2016 年，丰南区社保部门采取措施，加大社保征缴扩面力度，落实各项社保待遇，全区社保工作取得较好成绩，为全区经济社会发展做出贡献。截至年底，养老保险覆盖人数 15.53 万人，新增扩面 6850 人，征缴基金 7.1 亿元，分别完成市达指标的 101.7%、112.2%、82.5%。

【企业职工养老保险】　2016 年，丰南区企业职工养老保险覆盖人数 14.31 万人，完成全年任务的 100%，新增扩面 5789 人，收缴养老保险基金 7.1 亿元；为 1181 名参保人员办理转出、转入手续，一次性结清 91 人。

【机关事业单位养老保险】　2016 年，丰南区机关事业单位参保人数 1.22 万人；征缴基本养老保险基金 1.49 亿元，基金收缴率 100%；机关事业单位离退休退职人员 5481 人（其中机关单位 1433 人，全额拨款单位 3360 人，自收自支单位 688 人），按时足额发放养老金 2.73 亿元，养老金社会化发放率 100%。

【城乡居民养老保险】　2016 年，丰南区城乡居民养老保险参保人数 26.77 万人，参保率 97%；办理养老金领取资格审批 6523 人，为 8.47 万名待遇领取人员发放城乡居民保险养老金 1.18 亿元，其中为 1.21 万人发放计划生育补贴 158.05 万元；为 2.02 万名从事过民办教师工作，现已超过 60 周岁人员按月发放教龄补贴 346.45 万元；办理 1 宗征地保障手续，收取社会保障费 59.94 万元，风险基金 8.71 万元。

失业与工伤保险

【失业保险】　2016 年，丰南区失业保险参保人数 5.69 万人；征缴失业保险基金预计 3600 万元。新接收失业职工4751人；发放失业保险金4058.15万元，为35家企业发放稳岗补贴330万元。

【工伤保险】 2016年，全区有628家企事业单位参加工伤保险，参保人数9.56万人，其中农民工参保人数3.41万人；收缴工伤保险基金预计6100万元，支出工伤保险基金预计7100万元。

城乡医疗保险

【概况】 2016年，丰南区城镇居民医保与原农村合作医疗整合为城乡居民医保，并以此为契机加大宣传力度，创新服务方式及强化管理制度。截至年底城乡居民参保人数为：

城镇职工基本医疗保险参保人数为9.99万人，城镇职工生育保险参保人数为3.40万人。

【城镇职工基本医疗保险】 2016年，丰南区城镇职工基本医疗保险参保人数9.99万人，全年职工医疗保险基金收入征缴医保基金4.14亿元。支出2.44亿元，基金结余8.47亿元，收支平衡。

【城乡居民基本医疗保险】 2016年，丰南区城镇居民基本医疗保险参保人数3.42万人，征缴医保基金2521.78万元，支出1203.63万元，结余4573万元。新农合参保人数38.27万人。2016年8月将新农合与城镇居民医保合并，统称为城乡居民医疗保险，截至年底，城乡居民医疗保险参保人数为41.67万人，参保率100%。

（翟向利）

社会福利

【概况】 2016年底，全区共有养老福利机构16所，总床位1846张，入住老人855人，其中政府出资兴办的乡镇敬老院11所，床位数1584张，入住特困对象736人，全部为河北省星级敬老院；光荣院1所，为国家级甲级光荣院，床位56张，入住孤老优抚对象14人；截瘫疗养院1所，床位50张，入住截瘫人员39人；个人出资兴办的老年公寓3所，床位114张，入住老人73人。

【老年服务设施】 2016年，全区现有民办养老机构3家，床位114张入住老人73人。落实政府补贴政策，分别为丰南区慈恩老年公寓、丰南区建设楼爱心助残托老所发放运营补贴6.35万元、3.75万元。组织年度检查并安全督导，督导检查全区3家民办老年公寓安全运营情况，3所民办养老机构自筹18.1万元开展消防设施设备改造和添置，消除安全隐患。

【五保供养】 2016年，全区农村特困对象770人，其中入院集中供养736人，分散供养34人，集中供养率96%。供养标准为集中供养每人每年8000元、分散供养每人每年5000元。全年发放“五保”供养经费618.08万元，电费补贴7.36万元。制定《丰

丰南区敬老院基本情况一览表

机构名称	地　址	所有制形式	入住人数
中心敬老院	丰南区民政北街8号	公办	44
小集镇敬老院	小集镇大韩庄	公办	114
黄各庄镇民政服务中心	黄各庄镇惠达宾馆西	公办	78
西葛镇敬老院	西葛镇东葛村	公办	22
大新庄镇敬老院	大新庄镇大李路西侧	公办	86
钱营镇敬老院	钱营镇钱营村西北	公办	57
唐坊镇民政服务中心	唐坊桥村邱柳线公路南侧	公办	86
王兰庄镇敬老院	王兰庄中学东侧	公办	78
柳树瞿阝镇敬老院	柳树瞿阝镇夏新庄村北	公办	54
黑沿子镇敬老院	黑沿子镇雪莲湾社区东侧	公办	26
大齐镇敬老院	大齐镇政府西	公办	50
丰南区慈恩老年公寓	丰南区杨贵庄别墅区2排1号	民办	39
丰南区安康老年公寓	丰南区王兰庄镇董代庄205国道往西200米	民办	15
丰南区建设楼爱心助残托老所	唐山市丰南区建设路49号	民办	19

南区民政局关于加强敬老院规范化管理的实施细则》，推行规范化管理。全区11所敬老院有工作人员144人，其中117名护理人员参加唐山市民政局、唐山市人力资源和社会保障局举办的养老护理员职业技能培训，取得国家级养老护理资格证书，敬老院工作人员服务技能全面提升。

【社会养老“幸福工程”】 2016年，全区有农村互助幸福院444个，居家养老服务站38个。改扩建43个美丽乡村建设重点村农村互助幸福院。下拨省级运营奖补资金50万元，建设补助资金12.27万元；市级建设补助资金25.5万元。

【特殊民政对象供养】 丰南区民政事业服务中心建设项目规划总占地面积3.33公顷，总建筑面积1.86万平方米，总床位500张，总投资8000万元。新建5栋3～5层民政事业服务中心。其中1栋5层服务中心楼6400平方米；1栋4层老年公寓楼2900平方米；1栋4层优抚疗养楼3800平方米；1栋3层社会福利楼2200平方米；1栋3层综合服务楼3320平方米。

将独立运行的区光荣院、区截瘫疗养院、区救助管理站、区军休所、丰南镇敬老院和区社会福利院、区残疾人康复中心整合在一起，建成集优抚优待、截瘫疗养、社会救助、军干休养、五保敬老、社会福利、残疾康复“七位一体”的区民政事业服务中心，为“五保”对象、优抚对象、军休干部、社会老人、残疾人、孤儿及困难群众提供供养、日常护理、康复医疗、休闲娱乐等方面的服务。初步形成资源共享、分区明确、布局合理、功能完善、统一管理、服务优质的社会福利服务设施体系，区中心于2012年12月28日开工建设，2016年5月18日正式投入运营。

【福利企业生产】 2016年，全区福利企业13家，职工总数506人，其中残疾职工217人。主要生产机械配件、金属加工等，年创产值2.34亿元，实现增加值2737万元，利润89万元，应退免税金额210万元，未退免税金额10万元。为残疾职工发放工资570万元、缴纳社会保险221万元。

（刘芳　张文奎）

生活救助

【概况】 2016年，丰南区城镇低保标准由每人/月500元提高到550元，农村低保标准由每人/年3550元提高到3912元。全年共发放城乡低保金4613.87万元，其中为912户1266人发放城镇低保金612.07万元，为1.08万户1.41万人发放农村低保金4001.8万元。按省、市相关文件精神，从2016年1月1日起，全面建立困难残疾人生活补贴和重度残疾人护理补贴制度，对低保对象中的残疾人发放每人每月55元的生活补贴，对符合条件的一、二级重度残疾人发放每人每月50元的护理补贴。全年为6096名低保残疾人发放生活补贴407.36万元，为4809名重度残疾人发放护理补贴277.15万元。全年救助困难群众3439人（户），发放救助资金549.58万元。其中临时救助城乡困难群众197户602人，发放救助金77.4万元；慈善救助683户，发放救助金161.18万元，接收捐助物品45件；“一站式”医疗救助共救助困难群众2154人次，发放救助金311万元。救助流浪乞讨人员251人，发放救助金和返乡路费8800元。全年拨付85万元冬春救灾资金。

【低保救助】 2016年，全区城镇居民低保标准为550元1月，农村低保标准3912元1年，全区城镇低保对象912户1266人，保障率1%，1—4月，发放保障金612万元，发放取暖补贴72.16万元。农村低保对象1.08万户1.41万人，保障率3.61%，发放保障金4001.78万元。对享受城乡低保待遇的人员，根据家庭收入和人员变化等实际情况定期核定、调整，实行动态管理，做到应保尽保，应退尽退。全区于2016年6月启动残疾人“两项补贴”工作，即对辖区内最低生活保障家庭中，持有第二代“中华人民共和国残疾人证”的残疾人，可领取困难残疾人生活补贴，月标准55元每1人。持有第二代“中华人民共和国残疾人证”的一、二级残疾人，可领取重度残疾人护理补贴，月标准50元1人，截至年底，符合政策的两残人员1.09万人，其中领取生活补贴的6091人，领取护理补贴的4797人，总计发放补贴款684万元。

【流浪乞讨和生活无着落人员救助】 2016年，丰南区落实《流浪乞讨人员和未成年人救助管理办法》。规范生活无着落流浪乞讨人员救助管理。救助流浪乞讨人员251人，发放救助金和返乡路费8800元。

【救灾救济】 2016年，全区4个乡镇报灾，受灾人口1.55万人；农作物受灾面积2760.64公顷，其中农作物成灾面积1890.63公顷，其中农作物绝收面积193.96公顷；造成直接经济损失1104万元，其中农业经济损失1080.5万元，家庭财产损失23.5万元。全年拨付85万元冬春救灾资金，重点用于解决受灾群众缺口粮、衣被、取暖等生活困难问题，确保灾民有饭吃、有衣穿、有水喝。

【扶贫开发】 2016年，丰南区按照市委、市政府关于印发《开展精准扶贫工作的实施方案》的通知要求，精准扶贫小集镇钱庄村，并确定由乡镇主管领导及工作人员组成的3人驻村干部。

【慈善项目救助】 2016年，丰南区按照唐山市丰南区人民政府办公室转发区慈善协会《关于实施慈善救助的暂行办法》的通知《唐山市丰南区慈善协会章程》（草案）《唐山市丰南区慈善协会资金管理办法》（草案）的规定，开展慈善助困、慈善助医、慈善助学和其他救助活动，并在16个镇乡、街道建立慈善工作站，在502各村、居建立慈善联络点，有兼职人员1439名（工作站45人，联络点1394人）。募集善款4535.33万元，其中为汶川、舟曲和玉树灾区募集善款2293.89万元。社会救助项目涉及助困、助医、助学、助老、建房等项目。全年收到捐款23.35万元，发放善款151.55万元。其中，助困569户117.63万元；助医56人30.6万元；助学53人3.35万元。充分发挥社会救助的补充作用。

（毕伯海 张海波）

医疗救助

【概况】 2016年，丰南区为减轻低收入群体医疗经济负担，提高重大疾病抵御风险能力，开始对特困群体和重大疾病患者医疗救助。“一站式”医疗救助共救助困难群众2154人次，发放救助金311万元。

【特困群众医疗救助】 丰南区从2014年4月启动困难群众医疗救助“一站式”即时结算服务。对本辖区内困难群众，在定点医疗机构住院产生的医疗费用，经新农合或城镇基本医疗保险首次报销后，剩余的个人自付费用，再次给予60%的救助，单次救助最高金额6500元1人，全年救助最高总金额3万元1人。全年全区“一站式”救助困难群众2154人次，发放救助金约311万元。救助因病致贫家庭77户256人次36.7万元。

（张海波）

社会事务

【概况】 2016年，区民政部门把加强社会事务管理作为构建“和谐丰南”重要环节，认真履行婚姻登记、民间组织、地名管理、收养登记、孤儿认定、老龄人口、殡葬管理等社会职能，依法管理社会事务，行政管理及公共服务水平不断提升。

【婚姻登记】 2016年，全区办理婚姻登记6626对，其中结婚登记3412对，补发结婚证1655对，离婚登记1410对，补发离婚证149对，婚姻登记合格率100%；办理收养登记6对，解除收养登记3对；调解离婚夫妻1771对，当场劝和361对。

【老龄工作】 2016年，全区60周岁以上老年人9.5万名。4月19日，召开全区老龄工作会，开展“助老健康御险”活动，全区8.84万名老年人参保，收取保费9.91万元，位居全市首位、全省前列，赔付82.7万元，251名老年人因此受益，减轻老年人因意外伤害造成的家庭负担，丰南区被评为全市“助老健康御险”工作先进单位。开展走访慰问活动。重阳节期间投入4.8万元资金，为84名困难老人和12名百岁老人送去500元慰问金。春节期间投入3.2万元资金，为50名困难老人和14名百岁老人送去500元慰问金。完成高龄津贴发放工作，为全区1.14万名80周岁以上老年人发放高龄津贴894.42万元。

【殡葬管理】 2016年，区殡仪馆投入资金468.8万元，新建建筑面积1400平方米的综合性服务大厅，内设两个追悼大厅、3个休息室、1个服务大厅。全年火化尸体5428具，减免火化费278.3万元。清明节祭扫高峰期间，丰南陵园和区殡仪馆及早谋划、超前准备，适时启动应急预案，协调公安、交警、卫生等相关部门密切配合，应对特殊情况，实现平安清明、文明祭祀。共接待祭扫人员5000多人、车辆700多辆。深入各乡镇指导农村红白理事会建设，倡导丧葬新风。

【地名管理】 2016年，丰南区加强地名标牌日常巡视和维护管理。全年新设楼牌16块、单元牌16块、层牌300块、户牌789块、中门牌97块，维修更换街路牌20余处，确保城区459块街路牌、1785块楼牌、4657块沿街门牌外观整洁、字迹清晰、无破损、无剥落、无移位。对新建楼盘沿街商业编制门牌编码，重新整理新、老城区河头里底商160余家沿街商业、企业门牌编码。并为办理房屋所有权证、国有土地使用证、企业法人营业执照的近67家企业或个人出具标准地名告知书、证明信。全年完成2份地名批复，分别是丰南绿景商务中心命名和翠竹苑C区更名为荣盛·锦绣花苑二期的批复。开展《地名文化丛书》第三、四册编纂工作，截至8月底，已将丛书第三、四册初稿报送市局。截止8月，按照省民政厅、市民政局要求，编纂《中华人民共和国标准地名词典》·河北篇（丰南部分），经反复多次研究，最终确定区级词条1条，乡镇、街道词条33条。

【民间组织管理】 2016年，丰南区依据《社会团体登记管理条例》《民办非企业单位登记管理暂行条例》，注册登记社会团体2家、民办非企业单位2家。截至年底，全区社会团体56家、民办非企业单位36家。按照规定，对上述社会团体、民办非企业单位全部年检。

（陈玉石 魏凤军）

拥军优抚

【概况】 2016年，全区接收2016年退役士兵231人，其中自主就业退役士兵229人，符合安排工作2人，在接收工作中，认真审核档案，尤其是做好伤病残退役士兵的接收，准确把握政策。

【拥军优抚工作】 2016年，丰南区开展双拥慰问工作。年初对全区691名重点优抚对象走访慰问并发放一次性优待金，春节和“八一”期间对抗日战争复员军人、抗日战争伤残军人、烈属、1～4级在乡残疾军人、孤老优抚对象重点慰问，春节和“八一”期间由区领导带队走访慰问市、区两级10家驻军单位，送去慰问品。全面落实优待抚恤政策，全区享受抚恤定补的重点优抚对象5083人，全年发放抚恤定补款2125.04万元，包干药费110.9万元；为52名困难优抚对象发放临时救助款9万元；为94名重点优抚对象发放丧葬费补助款38万元；为194名住院重点优抚对象报销医疗费27.9万元；为73名城镇义务兵和

409名农村义务兵发放优待金778万元。

【退役士兵与军休干部安置】 2016年，丰南区做好退役士兵接收安置工作，接收2016年秋季退役士兵173人，组织有培训意愿的58名2016年秋季退役士兵报名参加市民政局举办的退役士兵技能培训班。抓好军休干部“两个待遇”的落实，全年发放离退休费、补发工资、文明奖307.57万元；离休、伤残军休干部报销药费18.23万元；发放门诊药费10.85万元。报销军休干部住院伙补0.6万元。发放遗属补助30.92万元。出资1.25万元为军休干部体检，为每位军休干部建立健康档案。

（韩淑金　赵建东）

民族宗教管理

【概况】 截至2016年年底，全区少数民族29个，常住人口1.95万人，占全区总人口的3.7%。其中满族1.58万人、壮族1945人、蒙古族601人、苗族178人、朝鲜族56人、布依族227人、土家族35人、彝族23人、侗族13人、藏族2人、瑶族94人、白族7人、锡伯族6人、达斡尔族13人、黎族16人、傣族8人、仫佬族52人、畲族3人、水族12人、羌族3 人、佤族58人、拉姑族7人、布朗族25人、鄂伦春族1人、毛南族5人、回族303人、土族1人、赫哲族1人、川青人3人。少数民族村9个，分布在4个镇，分别是丰南镇东台村，大齐各庄镇大齐村、小齐村，大新庄镇的佟一村、佟二村、佟三村、佟庄子村、东滩沟村和芝麻坨村，均为满族村。佛教、伊斯兰教、天主教和基督教，有宗教场所9处，其中寺观教堂5处即：药王寺、玉洪寺、清真寺、南孙庄天主教堂、小岔河天主教堂；其他固定场所4处分别是：王兰庄镇王一村基督教点、黄各庄镇五相庄基督教点、大新庄镇大新庄一村基督教点和丰南镇八街基督教点。全区现有信教群众2000多人，约占全区总人口的0.38%，其中佛教600多人，天主教500多人，基督教500多人，伊斯兰教400多人，有宗教教职人员31名。

【宣传教育活动】 2016年，丰南区按照省厅、市局要求，从宗教团体、宗教教职人员、宗教活动场所、宗教活动4个方面入手，开展调查研究，掌握全区宗教活动场所基本情况和存在的问题。依据政策法规，对“调研、检查”过程中摸排出的隐患和问题实行“台账式”动态管理，全面梳理和分析研判，明确优先方向，细化工作措施，集中力量解决主要矛盾和主要问题，做到边查边改、立查立改。同时，督促各宗教团体和宗教活动场所负责人对隐患和问题按照规范化管理的标准限期整改到位，初步做到宗教团体工作规范、教职人员符合标准、宗教活动场所管理到位、宗教活动规范有序的效果。宗教界“坚持中国化，共筑中国梦活动”，制发实施方案，在宗教界开展“凝聚智慧，共促发展”思想智慧火花征集活动。组织宗教界人士围绕坚持中国化和坚持爱国爱教两个方面，结合宗教活动、政治活动和社会活动的思考，用自己的语言谈体会。

【推进城市民族工作】 2016年，丰南区结合社区实际，建立《城市民族工作创建社区干事档案》，指导新华社区谋划确定流动少数民族群众体检工作、开展环境卫生整治、免费体检等4项实事，并按照工作要求稳步推进，圆满完成。走访流动少数民族群众，关切询问生活状况，解经营、子女就学等情况，受到少数民族群众的称赞。

【民族工作示范村创建】 2016年，丰南区争取省、市帮扶资金10万元，用于大新庄镇佟庄子村饮水工程。指导帮助9个民族村实施民族文化展室建设、道路硬化、民族文化墙建设、民族文化广场绿化、打井等6个项目，着力改善民族村村容村貌及生产生活条件，加强精神文化阵地建设，得到群众赞扬和领导肯定。

【加强管理 维护稳定】 2016年，丰南区通过座谈、走访、电话沟通、参加宗教纪念活动等方式加强与宗教界人士的联系，特别是在重大节假日等敏感期，坚持对宗教活动场所、宗教信众聚居村及相关的场店走访，认真听取他们对宗教工作的想法和建议，相互沟通，增进感情，并适时宣传民族宗教政策，做到提前预防，防患于未然。

【宗教界公益活动】 2016年，区药王寺组织在春节和中秋节，帮扶困难家庭89户，花费7.90万元，有米、面、油、和扶贫款等；基督教信教徒在节假日期间自发捐款捐物慰问区养老院老人，物品合计约2万元。

【为民族宗教界办实事】 2016年，丰南区严格落实河北省关于照顾少数民族考生优惠政策，开具少数民族考生证明信163封。为保障清真寺正常开展活动，拨付2万元房屋修缮补贴资金。

（陈玉石）

城镇居民生活

【概况】 2016年，丰南区城镇居民人均可支配收入3.44万元，比上年增长8.4%。从构成可支配收入的各项指标看，工资性收入比重明显上升，人均2.85万元，比上年增长25.2%，占可支配收入的比重由上年的71.9%上升至83%；人均经营性净收入4387元，比上年-25.2%，占可支配收入的比重12.8%；财产性净收入2976元，比上年增长-8.8%，占可支配收入的比重8.7%。城镇居民人均消费支出2.25万元，比上年增长8.3%。在城镇居民人均消费支出构成中，教育文化娱乐消费支出2836元，增长9.9%；交通通信支出3250元，增长9.2%；生活用品及服务支出2091元，增长8.6%；居住支出4630元，增长8.3%；食品烟酒支出5014元，增长8.3%；医疗保健支出1474元，增长8.0%；衣着支出 2252 元，增长 6.2%；其他用品和服务支出 950 元，增长 6.1%。

【恩格尔系数】 2016 年，丰南区城镇居民人均食品支出 5014 元，占居民消费支出的比重（恩格尔系数）22.3%，与上年持平；同比增长 8.2%，增速在消费支出中居第 5 位。

【居住】 2016 年，丰南区城镇居民人均住房面积 38.1 平方米，比上年增加 3.6 平方米。

城镇居民人均收支情况一览表

指标名称	单位	2016 年	2015 年	增减 %
一、可支配收入	元	34357	31695	8.40
（一）工资性收入	元	28514	22775	25.20
1. 工资	元	27178	22143	22.74
2. 实物	元	0	6	—100.00
3. 其他	元	1336	626	113.22
（二）经营净收入	元	4387	5858	—25.11
1. 第一产业净收入	元	-1	0	0
2. 第二产业净收入	元	3553	4880	—27.20
3. 第三产业净收入	元	836	979	—14.59
（三）财产净收入	元	2976	3263	—8.8
（四）转移净收入	元	—1520	—201	656.2
二、消费支出	元	22498	20771	8.31
（一）食品烟酒	元	5014	4632	8.25
（二）衣着	元	2252	2121	6.2
（三）居住	元	4630	4274	8.33
（四）生活用品及服务	元	2091	1926	8.57
（五）交通通信	元	3250	2978	9.13
（六）教育文化娱乐	元	2836	2581	9.88
（七）医疗保健	元	1474	1365	7.99
（八）其他用品和服务	元	950	895	6.15
三、人均住房使用面积	平方米	38.1	35.5	7.3

【耐用品拥有量】 2016年，丰南区每百户城镇居民拥有家用汽车87.1辆，摩托车6.6辆，电冰箱103.2台，洗衣机100台，热水器100台，空调137.1台，彩电100台，摄像机20.2台，照相机50.4台，计算机100.2台，中高档乐器6.5架，固定电话63.1部，移动电话216.4部。

城镇居民家庭每百户年末耐用消费品拥有量一览表

指标名称	单位	2016年	2015年	增减%
（一）家用汽车	辆	87.1	80.2	8.64
（二）摩托车	辆	6.6	6.6	0.00
（三）电冰箱（柜）	台	103.2	106.7	—3.25
（四）洗衣机	台	100.0	103.5	—3.35
（五）热水器	台	100.0	96.8	3.34
其中：太阳能热水器	台	9.7	19.6	—50.60
（六）空调	台	137.1	124.3	10.26
（七）彩色电视机	台	100.0	106.9	—6.48
（八）摄像机	台	20.2	20.2	0.00
（九）照相机	台	50.4	50.6	—0.47
（十）计算机	台	100.2	106.5	—5.98
其中：接入互联网的计算机	台	86.8	89.9	—3.50
（十一）中高档乐器	架	6.5	6.5	0.00
（十二）固定电话	部	63.1	86.7	—27.25
（十三）移动电话	部	216.4	210.2	2.92
其中：接入互联网的移动电话	部	130.3	86.5	50.73

【食品消费量】 2016年，据区城调队调查资料显示，2016年城镇每百户居民家庭人均主要食品粮食消费量93.7千克，比上年减少12.61%；油脂类消费量9.66千克，比上年减少7.5%；蔬菜及菜制品消费量62.97千克，比上年减少5.37%；肉类消费量9.66千克，比上年增长0.55%；禽类消费量3.85千克，比上年减少15.78%；水产品消费量15.38千克，比上年减少51.4%；蛋类及蛋制品14.46千克，比上年减少14.73%；干鲜瓜果类81.13千克，比上年增长7.19%；糖果糕点类10.66千克，比上年增长3.57%；饮料0.16千克，比上年减少11.43%；烟叶消费量25.06千克，比上年增长10.79%；酒14.8千克，比上年减少22.86%。

城镇居民家庭人均主要食品消费量一览表

单位：千克

指标名称	2016年	2015年	增减%
一、粮食消费量	93.70	107.22	—12.61
（一）谷物消费量	86.40	99.65	—13.30
（二）薯类消费量	2.48	2.47	0.37
（三）豆类消费量	4.82	5.10	—5.43
二、油脂类消费量	9.66	10.45	—7.50
三、蔬菜及菜制品消费量	62.97	66.54	—5.37
四、肉类	24.91	24.78	0.55
五、禽类	3.85	4.57	—15.78
六、水产品	15.38	16.22	—5.14
七、蛋类及蛋制品	11.46	13.44	—14.73
八、奶和奶制品	15.34	17.27	—11.16
九、干鲜瓜果类	81.13	75.69	7.19
十、糖果糕点类	10.66	10.29	3.57
十一、饮料	0.16	0.18	—11.43
十二、烟叶消费量	25.06	22.62	10.79
十三、酒	14.18	18.33	—22.68

农村居民生活

【概况】 2016年，农村居民人均可支配收入1.47万元，比上年增长8.2%。从构成可支配收入的各项指标看，工资性收入1.06万元，比上年增长11.5%，占可支配收入的比重由上年的70.1%上升至72.3%；经营性收入3705元，比上年增长44.8%，占可支配收入的比重由上年的18.8%上升至25.2%；财产性收入202元，比上年减少84.6%，占可支配收入的比重1.4%；转移性收入163元，比上年减少13.3%，占可支配收入的比重1.1%。农村居民人均消费支出1.15万元，比上年增长8.5%。在农村居民人均消费支出构成中，居住支出2302元，增长9.9%；教育文化娱乐消费支出1486元，增长9.7%；交通通信支出1954元，增长9.0%；医疗保健支出626元，增长8.9%；食品烟酒支出3019元，增长8.0%；生活用品及服务741元，增长7.9%；其他用品和服务支出249元，增长6.4%；衣着支出1111元，增长5.3%。

【恩格尔系数】 2016年，丰南区农村居民人均食品支出3019元，占居民消费支出的比重（恩格尔系数）26.3%，比上年下降0.1个百分点；增速在消费支出中居第5位。

【居住】 2016年，丰南区农村居民人均住房面积25.1平方米，比上年减少2.1平方米。

农村居民人均收支情况一览表

指标名称	单位	2016 年	2015 年	增减 %
一、可支配收入	元	14696	13582	8.20
（一）工资性收入	元	10625	9525	11.54
1. 工资	元	10535	9386	12.24
2. 实物	元	2	2	7.77
3. 其他	元	88	138	-36.03
（二）经营净收入	元	3705	2558	44.85
1. 第一产业净收入	元	2674	1624	64.65
2. 第二产业净收入	元	153	40	280.01
3. 第三产业净收入	元	879	894	—1.68
（三）财产净收入	元	202	1310	—84.56
（四）转移净收入	元	163	189	-13.32
二、消费支出	元	11488	10587	8.51
（一）食品烟酒	元	3019	2795	8.01
（二）衣着	元	1111	1055	5.31
（三）居住	元	2302	2094	9.93
（四）生活用品及服务	元	741	687	7.86
（五）交通通信	元	1954	1793	8.98
（六）教育文化娱乐	元	1486	1355	9.67
（七）医疗保健	元	626	575	8.87
（八）其他用品和服务	元	249	234	6.41
三、人均住房使用面积	平方米	25	27.2	7.1

【耐用品拥有量】 2016 年，丰南区每百户农居民拥有家用汽车 61.3 辆，摩托车 31.4 辆，电冰箱 97.8 台，洗衣机 95.7 台，热水器 91.3 台，空调 67.8 台，彩电 103.6 台，摄像机 7.9 台，照相机 28.4 台，计算机 84.6 台，固定电话 53.7 部，移动电话 235.1 部。

农村居民家庭每百户年末耐用消费品拥有量一览表

指 标 名 称	单位	2016 年	2015 年	增减 %
（一）家用汽车	辆	61.3	58.0	5.71
（二）摩托车	辆	31.4	40.2	—21.83
（三）电冰箱（柜）	台	97.8	97.9	—0.03
（四）洗衣机	台	95.7	97.8	—2.13
（五）热水器	台	91.3	91.3	0.00
其中：太阳能热水器	台	89.8	81.8	9.77
（六）空调	台	67.8	53.1	27.60
（七）彩色电视机	台	103.6	104.2	—0.57
（八）摄像机	台	7.9	10.0	—21.06
（九）照相机	台	28.4	34.6	-17.90
（十）计算机	台	84.6	58.8	43.91
其中：接入互联网的计算机	台	79.5	48.9	62.64
（十一）中高档乐器	架	0.0	2.1	—100.00
（十二）固定电话	部	53.7	46.2	16.21
（十三）移动电话	部	235.1	224.9	4.54
其中：接入互联网的移动电话	部	87.6	71.5	22.60

【食品消费量】 2016 年，据区城调队调查资料显示，丰南区农村每百户居民家庭人均粮食消费量 173.45 千克，比上年增长 37.47%，其中谷物消费量 165.68 千克，比上年增长 38.87%；薯类消费量 2.26 千克，比上年增长 12.52%；豆类消费量 5.51 千克，比上年增长 13.38%；油脂类消费量 8.49 千克，比上年减少 7.23%；蔬菜及菜制品消费量 44.36 千克，比上年增长 1.34%；肉类 16.45 千克，比上年减少 7.37%；禽类 3.84 千克，比上年增长 27.81%；水产品 14.57 千克，比上年减少 20.2%；蛋类及蛋制品 8.61 千克，比上年增长 13.22%；奶和奶制品 7.23 千克，比上年增长 38.24%；干鲜瓜果类 60.98 千克，比上年增 0.74%；糖果糕点类 8.73 千克，比上年增长 24.25%；饲料 0.07 千克，比上年增长 55.38%；烟叶消费量 46.41 千克，比上年减少 12.79%；酒 16.14 千克，比上年增长 12.77%。

农村居民家庭人均主要食品消费量一览表

单位：千克

指 标 名 称	2016 年	2015 年	增减 %
一、粮食消费量	173.45	126.17	37.47
（一）谷物消费量	165.68	119.31	38.87
（二）薯类消费量	2.26	2.01	12.52
（三）豆类消费量	5.51	4.86	13.38
二、油脂类消费量	8.49	9.15	—7.23
三、蔬菜及菜制品消费量	44.36	43.77	1.34
四、肉类	16.45	17.76	—7.37
五、禽类	3.84	3.01	27.81
六、水产品	14.57	18.25	—20.20
七、蛋类及蛋制品	8.61	7.61	13.22
八、奶和奶制品	7.23	5.23	38.24
九、干鲜瓜果类	60.98	60.54	0.74
十、糖果糕点类	8.73	7.03	24.25
十一、饮料	0.07	0.04	55.38
十二、烟叶消费量	46.41	53.21	—12.79
十三、酒	16.14	14.31	12.77

（刘宝明）

丰南镇

【概况】 丰南镇是中国近代工业的发祥地。早在清光绪年间，这里就延伸出中国第一条自建标准轨距铁路—唐胥铁路，诞生中国第一台蒸汽机车—“龙号”机车。镇域面积 74.17 平方千米，耕地面积 5.12 万公顷，辖 31 个行政村，17 个社区，总户数 20451 户，人口 7.77 万人。全镇完成地区生产总值 197.09 亿元，比上年下降 5.8%，其中第一产业增加值 1.14 亿元，比上年下降 25.5 %，第二产业增加值 121.13 亿元，比上年下降 13.2%，第三产业增加值 74.82 亿元，比上年增长 10%；完成工业总产值 573.41 亿元，比上年增长 5.4%；完成农林牧业总产值 1.93 亿元，比上年下降 28.7%；完成全社会固定资产投资 128.84 亿元，比上年下降 18.9%；完成公共预算收入 6.7 亿元；全部财政收入 17.30 亿元，比上年下降 5.5%；粮食总产量 1.05 万吨；农民人均纯收入 1.74 万元，比上年增加 1.58 元。2016 年丰南镇被评为丰南区“农业产业化经营先进乡镇”“唐山市基层平安建设先进单位”等称号。

【农业生产】 2016 年，丰南镇以大王庄、高庄子、大岔河等村为重点，开展粮食高产示范田建设。全镇粮食作物播种面积 1602 公顷，粮食总产量 1.05 万吨。以于庄子、魏家庄村为重点，抓好设施蔬菜建设。全镇蔬菜播种面积 280 公顷，建成“一村一品”特色村、专业村 7 个，农民专业合作社 20 家，完成认定新型农业经营主体 33 个。按照扩大总量、提高质量的原则，加快畜牧业规模化、标准化、安全化建设进程，形成发展特色。全镇规模牛羊养殖场 3 个，肉牛存栏 1359 头，奶牛存栏 902 头，羊存栏 2138 只；规模养猪场 63 座，猪存栏 1.97 万头；蛋鸡养殖户 6 户，禽类总存栏 4.25 万只。唐山南湖现代生态农业旅游观光科技示范基地项目、唐山意隆农业世博风情园等重点农业项目，使农业经济实力不断壮大。林地面积为 522 公顷，林木覆盖率为 31.6%。2016 年，完成农业总产值 1.93 亿元，其中农业产值 9019 万元，占总产值的 46.7%；畜牧产值 9409 万元，占总产值的 48.73%；林业产值 462 万元，总产值的 2.4%；农林牧副渔服务业产值 418 万元，占总产值的 2.17%。

【工商贸业】 2016 年，丰南镇共有项目 31 个，计划投资 519.8 亿元。其中完工项目 9 个，总投资 26.3 亿元。包括联强轧辊有限公司除尘改造、鑫丰热力南城区供热管网铺设工程等项目。在建项目 22 个，包括新开工项目 10 个，续建项目 12 个，计划投资 493.5 亿元。新开工项目主要有意隆农业世博园、南湖现代生态农业旅游观光科技示范基地、泽信商务创业中心、锦绣观邸等项目；续建项目主要有荣盛未来城、西城区棚户区拆迁改造、嘉诚华庭等项目。截至年底，全镇共有工业企业 272 家，完成工业总产值 573.41 亿元，比上年增长 5.4%。其中，规模以上工业企业 57 个，完成企业产值 558.4 亿元，比上年增长 5.8%。全镇三产服务网点 5379 个、1.96 万人，完成第三产业增加值 74.82 亿元，比上年增长 10%。

【新农村建设】 2016 年，丰南镇以美丽乡村建设为载体，坚持因村制宜，打造“一村一品”，形成特色品牌。抓巩固提升，对已完成美丽乡村建设村，建立长效管理机制，重点抓好软硬环境的监管与维护。对 2016 年确定的西台、大王庄、小翟庄、翟三 4 个美丽乡村建设重点村全方位打造，投资 550 余万元，实施路面硬化 1.4 万平方米，铺设便道砖 1.2 万平方米、路岩石 5700 延长米，栽植乔木 650 株、绿地 900 平方米、花草灌木 1200 平方米；实施村址改造、便民服务中心建设、村民广场建设以及多功能厅装修等工程；新建雨水井 23 座，排污管道 500 米；新打农用机井 4 眼，架设线路 6000 米，安装变压器 1 台，建井房 1 座；实施卫生室改造、文化墙、屋顶防水等工程。“两改一清一拆”（改造城中村和永久保留村，改造危旧住宅、旧厂房；清理垃圾和残垣断壁，拆除违章建筑）效果显著，完成村庄改造 1 个，涉及 641 户，清理垃圾杂物 6.13 万立方米，清理庭院 1.15 万户。年内实施电商服务平台建设工程，建设电商平台网点 24 个。

【社会稳控】 2016 年，丰南镇加强社会治安防控体系建设，开展“六无（无信访案件，无群体性事件，无安全事故，无非法组织，无治安案件，无刑事案件）”村（居）创建，创建率 70% 以上，“六五”普法成绩突出，被评为市级“六五”普法先进集体；群众工作站、室规范化建设 100%，人民调解成功率率 95% 以上，行政调解成功率 75% 以上；“六无”村居创建率高达 67.9%。全力开展信访攻坚、安全生产大检查，没有发生重大信访案件和安全事故，全镇社会面保持稳定；推广社区网格化管理经验，积极推进农村网格化管理工作，将城乡管理、社会管理和公共服务事项纳入网格化管理；严格落实“两个代办”和村干部坐班制度，便民服务站覆盖率100%。

【社会各项事业】 2016年，丰南镇现有学校、幼儿园9所。其中，成人学校1所，初中1所，中小学九年一贯制学校1所，小学2所，独立幼儿园4所。现有教职工1100人，在校生近1.16万人。初中适龄人员入学率、小升初升学率、九年义务教育覆盖率均100%。坚持教育优先发展战略，围绕打造“全国教育强镇”目标，实施教育提升工程，调整教育布局，改善办学条件，培育名师名校。投资500余万元加强校园软硬件环境建设，完成群立小学撤并。胥各庄小学代表河北省参与举办京津冀同课异构精品展示，银丰学校承办全国初中生女子篮球比赛，并取得全国亚军的优异成绩。卫生和计划生育服务管理水平进一步提升，两孩政策全面实施，出生人口素质明显提高，医疗卫生一体化管理进一步规范。城乡居民基本医疗保险深入人心，参保人口4.63万人，参保资金729.39万元，参保率96%。民生保障工作稳步推进，在“应保尽保”的基础上，落实低保提标扩面，形成覆盖城乡的动态化规范化社会保障体系。截至年底，共有城乡低保1062户1423人，共发放低保金552.5万元。文化事业蓬勃发展，持续开展“唱响美丽乡村”送文艺下乡、“欢乐旋律”秧歌展演及图书下乡等活动。

中共镇委书记：董连庆
镇　　　　长：董金海

（浦秀艳）

黄各庄镇

【概况】 黄各庄镇地处丰南区中部，是丰南区委、区政府重点建设的工业强镇，国家六部委确定为国家重点镇。曾经荣获河北省“十佳文明小城镇建设先进集体”称号和“河北省人居环境奖”。总面积68.3平方千米，耕地面积4066.67公顷，辖55个行政村，1个居委会，人口5.2万人。2016年，全镇完成规模以上工业总产值118.6亿元、增加值27亿元、利润3.68亿元，比上年分别增长16.1%、6%和5.6%；财政收入4.22亿元，其中公共预算收入1.53亿元，比上年增长13.2%；完成地区生产总值53亿元；出口创汇1.08亿美元；全社会固定资产投资24.6亿元，比上年增长5.6%；限额以上贸易企业销售额为5.8亿元，比上年增长14.7%；农民人均纯收入1.09万元，比上年增长4.8%。第一产业增加值4.8亿元，比上年增长10.6%，第二产业增加值32亿元，比上年增长4.23%，第三产业增加值8亿元，比上年增长4.17%。2016年，黄各庄镇党委被区委、区政府评为优秀乡镇党委，黄各庄镇被评为区级美丽乡村建设先进单位、农业产业化经营先进单位、安全生产目标管理先进单位等镇荣誉。

【农业生产】 2016年，黄各庄镇以王家盘子、西城坨、黄各庄三村等为重点，开展千亩粮食高产示范区建设，全镇粮食作物播种面积3065公顷，粮食总产1.94万吨。以双坨、韩家博乐、董家博乐、李家博乐、张家博乐、范家岗村等为重点，抓好设施蔬菜建设。全镇无公害蔬菜播种面积1067公顷，建成“一村一品”特色村、专业村10个，农民专业合作社37家。全镇牛羊规模养殖场（区）2个，50头以上规模养猪场40座，生猪存栏3.3万头，2000只以上蛋鸡养殖户10户，蛋鸡存栏9.5万只，农业经济实力不断扩大。年末，全镇完成农林牧业总产值7.208亿元，比上年增长9.1%。其中，农业产值5.242亿元，占72.7%，林业产值353万元，占0.5%，牧业产值1.858亿元，占25.8%，农林牧渔服务业731万元，占1%。

【工商贸业】 2016年，黄各庄镇投资1000万元以上项目5个，实现投资2.94亿元，接转项目2个。惠达模型分厂项目总投资0.8亿元，该项目采用先进工艺，改善传统的注模和烘干方式，降低人力成本20%，目前该项目已完工；投资0.5亿元的惠达卫浴3.5万件木门项目，项目投产后可实现销售收入7000万元，利税2000万元，该项目目前已完成投资。新开工项目3个，2016年度已完成投资1.22亿元。其中宝铁煤化工有限公司建设J酸、吐氏酸项目总投资0.89亿元，建设J酸、吐氏酸生产线一条，项目已完成投资8000万元；现代化封闭料厂项目总投资0.55亿元，项目内容包括达丰焦化有限公司新建2座环保型贮煤场；惠达健身游泳馆项目总投资0.2亿元，建成高标准的室内健身游泳馆一座。计划开工的惠达卫浴技改项目，总投资1.8亿元，占地2万平方米。该项目建设两条以宽断面节能隧道窑为主的卫生陶瓷产品生产线，建成投产后，年可新增卫生陶瓷280万件，节水型坐便器70万件，年可实现销售收入5.45亿元，年均利润总额1.20亿元，该项目正在施工设计，预计2017年开工建设。截至年底，全镇有工业企业139个，完成工业总产值130.45亿元。其中规模以上企业16个，全镇从事三产3768户、1.22万人。其中，镇内沿主街3000米，遍布固定商业、服务业网点593余个，形成1个集贸市场，1个固定市场，年交易额1.78亿元，完成第三产业增加值5337万元，比上年增长18%。11月，唐山华熠化工有限公司在新三板上市。

【小城镇建设】 2016年，黄各庄镇被列入河北省重点建设的100个特色城镇之一。按照“河北省特色城镇”“唐山市卫星镇”的要求，结合本镇实际，立足于高起点、特色化，编制完成《2015年～2030年黄各庄镇总体规划》，镇区将逐步构建“一带、一心、三区、四轴”城镇空间布局，促进小城镇可持续发展。“一带”即依托陡河自然水系，加强两岸景观的培育管理，融入陶瓷文化，建设沿河景观带。“一心”即在镇政府和惠达广场区域形成行政服务中心。“三区”即以惠联大街和陡河为界把镇区分为南、中、北三个发展区，南部位于惠联大街以南，总面积2.3平方千米，就业人员1.5万人，形成以卫生陶瓷、煤化工产业为主导的产业聚集区；中部位于老陡河以南，惠联大街以北，总面积1.3平方千米，规划居住人口2.8万人，形成以行政管理、文化教育、医疗保健、生态居住为主的综合服务区；北部位于老陡河以北，总面积1.2平方千米，规划居住人口2.2万人，形成以商业、商务、购物为主的更新区。“四轴”即在镇区形成惠联大街、惠中路、河涧路、惠民路“两横两纵”城镇发展轴线。全年实施基础设施、公共服务设施和危房改造建设项目总投资2200万元。其中，投资100万元，完成镇区供暖管网改造1.2千米，解决供暖管网老化问题。投资2000万元，在镇区完成一座室内封闭式游泳场馆，并建成室内健身和蓝球场馆。投资100万元，完成农村贫困户危房改造17户，其中翻建户7户，维修户10户，争取上级支持资金41.5万元。积极推进镇区黄一村和黄二村平改项目和楼庄子村祥瑞家园新民居小区2个项目进程，完成拆迁安置方案制定和小区规划方案的编制。进一步加强小城镇建设管理水平，完成镇55个村的环境卫生市场化运作，建立长效监督管理机制。完成全镇人居环境和危房情况统计建立档案，并录入系统。辖区内建设项目严格执行《黄各庄镇总体规划》，并落实工程招标、施工许可等基本建设规范，有效保证城镇建设的有序发展。

【社会各项事业】 2016年，黄各庄镇乡镇二级视频监控平台与区指挥中心联网互通100%；群众工作站、室规范化建设100%，人民调解成功率率95%以上，行政调解成功率75%以上；“六无”村居创建率82%。开展信访攻坚、安全生产大检查，没有发生重大信访案件和安全事故，全镇社会面保持稳定。农村“四个覆盖”工作组织机构健全，日常管理规范到位；农村网格化工作确定王洪庄、作城庄为试点村，搭建区、镇、村三级平台；严格落实“两个代办”和村干部坐班制度，便民服务站覆盖率100%。全镇共发放居民社会保障卡1.48万张，又为346名新参保城镇居民医疗保险的人员新申请办理社会保障卡；全年16～59周岁参保缴费人数为1.29万人，收缴保费169.5万元，参保率为99.4%；收缴城镇居民医疗保险815人，保费12.4万元，参保率为100%；新增农村低保对象326户，人口342人。

中共镇委书记：张国春

镇　　　长：董秀国

（张蕊）

小集镇

【概况】 小集镇位于丰南区东南方向25千米，地处沙河两岸。全镇辖48个行政村，镇域面积77.5平方千米，常住人口3.95万人，户籍人口3.6万人。镇区规划面积11.14平方千米，建成区面积2平方千米，人口1.6万人。现有建设用地1667公顷，一般农田1067公顷，基本农田2933公顷，未利用地263公顷。工业以钢铁冶炼及深加工、装备制造、陶瓷等为主导产业。2016年，全镇共计完成地区生产总值104亿元；社会固定资产投资34.35亿元；主营业务收入660亿元；财政收入5.73亿元，其中公共预算收入2.3亿元；人均纯收入1.14万元。

【农业生产】 2016年，小集镇按照“东农西工”镇区产业结构布局，逐步探索适应本镇农业产业的发展路径。截至2016年，已建成或在建各类养殖小区21个，其中较大的有顶佳牧业园区、漠尚客骆驼养殖园等。先后引进绿谷生态园、家万佳生态园、唐丰颐园生态园、瑞丰生态园等农业企业，带动农村区域土地实现集约经营、规模生产。2016年，重点推进唐丰颐园食用菌、虫草栽培项目、钱庄村CSA农场有机蔬菜项目。完成小集镇综合畜牧养殖园区项目前期谋划工作，该项目占地13公顷，计划投资1000万元，是集饲料供应、疫病防治、饲养管理、技术服务、畜禽外销于一体综合养殖园区。加快顶佳牧业仔猪圈舍续建项目，年内主体工程已完工。推广新能源清洁炉具3264台，超额完成1764台，推广太阳能采暖房8户，并在全区率先完成4800吨洁净型煤推广工作。新打机井40眼，完成管灌安装1133公顷，新修涵洞2座。完成环企绿化3.3公顷、农田林网18.7公顷、村庄绿化3公顷、生态片林22.7公顷、经济林4.7公顷，更新造林103公顷。培训农民工500人，开展农民技术培训1500人次，新型农民培训80人次，新建科普宣传栏2个，开展科普宣传6次。

【工业生产】 2016年，小集镇规模以上企业21家，规模以上工业总产值458.6亿元，规模以上工业增加值96.5亿元，规模以上工业利润6.4亿元。已形成以钢铁、陶瓷、装备制造业为支撑的产业发展基地。全年新开工工业项目10个，投资37.35亿元。唐山市丰南区凯恒钢铁有限公司产品结构调整技术装备升级改造项目，投资23.24亿元。唐山钢研环境资源开发有限公司新建40万吨固废回收综合利用项目，投资5.06亿元。唐山瑞丰钢铁（集团）有限公司2×80兆瓦高温超高压煤气发电工程，投资3.05亿元。唐山市东华钢铁企业集团有限公司环保料场工程项目，投资2.65亿元。唐山市东华钢铁企业集团有限公司80兆瓦发电项目，总投资1.6亿元。北京云创铁路机械配件制造有限公司铁路配件项目，投资5000万元。唐山市丰南区凯恒钢铁有限公司建设环保料场项目，总投资4500万元。唐山雷诺瓷业有限公司100万件卫生陶瓷生产线节能技改项目，投资4000万元。河北隆玛驰科技有限公司建设移动防火基站新材料项目，投资2000万元。唐山市丰南区盈鸿金属制品厂建设金属拔丝镀锌项目，投资2000万元。年初与辖区内行政村和企业负责人签订安全生产目标责任书。突出检查监管并将安全生产检查常态化，开展百日攻坚、“世园会”安全生产大检查、打非治违等专项行动，全年共检查重点企事业单位105家次，发现安全隐患564项，并下达隐患整改通知书，隐患整改率100%，共投入整改资金500余万元。组织开展警示教育、“安全生产月”等系列活动。全年组织警示教育500人次，宣传咨询300人次，比武演练50人次，有奖征文3篇。加强环境保护，强力推进减排工程。瑞丰钢铁5号6号烧结机已完成湿法电除尘改造。4号7号烧结机钢结构已完工，除尘器本体正在制作。东华钢铁2号烧结机已完成除雾器除尘改造。凯恒钢铁112平方米烧结机采用除雾器除尘，主体工程已基本完工。198平方米烧结深度治理主体工程已基本完工。对全辖区范围内排放不能稳定达标的涉气企业一律停止排放污染物。对10家重点涉气企业责令减少排放污染物50%以上。积极开展专项整治行动。对30余家汽修厂、补胎店、废品站等垃圾焚烧隐患单位严格督导，对10余家露天烧烤店完成整治，对3家混凝土搅拌站责令停产，对9家砂石料场料堆苫盖，对10多家洗浴锅炉督导整改，对10家环保违规项目清查，督促完善手续，对条件不合格单位关停。

【美丽乡村建设】 2016年，小集镇龙湾村、杨庄村、深港村、大孙庄村和骚古庄村确定为2016年美丽乡村建设重点村。在创建过程中，协助各村争取帮扶资金20万元，在杨庄村、龙湾村各打吃水井1眼，实现24小时供水，解决村民饮用水的问题。投入资金143万元硬化村内主干道2.06万平方米。完成双瓮式厕所改造199座。全镇所有村完成“两改一清一拆工作”，共清理垃圾杂物1.87万立方米，清理庭院1.34万户，清理残垣断壁20处，改造危旧住宅3户，投资40万元，合理采购冬青球、金叶垂榆、法国梧桐等树种，完成环村林带等村外绿化247平方米，村内绿化4667平方米。投资155.6万元，完成临街立面整治1.78万平方米，绘制农村文化墙2100平方米，建设文化广场2800平方米，设置体育设施5处、村庄标识2处。各村普遍实行环境卫生清理物业化管理长效机制，村庄卫生得到有效治理。

【社会事业】 2016年，小集镇按照经济发展普惠于民的原则，加大民生工程建设，提高群众幸福指数。教育质量不断提高，2016年升入高中人数151人，其中升入重点高中139人。医疗卫生不断改善，小集镇中心卫生院搬迁投入使用，新址占地1公顷，成为集医疗、预防、保健、教学为一体的综合性乡镇卫生院，是国家一级甲等医院。社会保障不断加强，全年发放各类优抚款共计420.18万元、发放农村低保保障金1412.22万元、发放城镇低保保障金27.8万元、发放高龄津贴237.26万元。协调区政府为5户困难群众提供救助资金15.5万元，完成困难群众的危房改造工作。完成新农保保费的收缴工作，完成转移就业300人。积极组织镇内各文化活动团体参加各类节庆活动，成功举办小集镇“小集大酒店杯”广场舞大赛，小集镇郑家坨村“品粽香、庆佳节”文艺汇演和小集镇老干部“两学一做”学习教育工作推进暨文体协会成立一周年才艺展演活动。

小集镇委书记：兰绍光
镇　　　　长：姚宝富

（陈立刚）

钱营镇

【概况】 钱营镇位于丰南区东部，辖50个行政村，镇域面积114.67平方千米，总户数1.15万户，人口4.10万人。2016年，全镇完成地区生产总值49.97亿元，比上年增长3.5%，其中第一产业增加值872亿元，比上年增长3.2%；第二产业增加值6207亿元，比上年增长1.95%；第三产业增加值9720亿元，比上年增长7.1%。完成规模以上工业总产值114亿元，比上年增长5.87%，农业总产值5.52亿元，比上年增长3.5%，固定资产投资12.1亿元，比上年增长12.04%，大口径财政收入1.5亿元，比上年增长53.13%，一般公共预算收入7022万元，农民人均纯收入1.04万元。2016年，钱营镇被丰南区委、政府评为“美丽乡村建设先进乡镇”，刘庄子村被评为“美丽乡村建设先进村”。

【农业发展】 2016年，钱营镇以发展环市郊现代农业为主导，推进农田基础设施建设。投资340万元安装节水管灌500公顷，新打机井18眼，硬化后打蔬菜标准园区道路1.2万元平方米，完成植树造林153公顷。推进设施农业发展。投资2000万元，新建大棚100公顷。其中聚鑫育苗基地新建占地4公顷的联栋育苗温室和占地6.7公顷的连栋温室，后打蔬菜标准园新建日光温室70个，鑫湖生态园新建24栋草莓育苗冷棚，陶梓艺家庭农场新建46座日光温室。推进农业产业化发展。镇政府组织7家蔬菜合作社参加北京农展会和唐山农展会，引进葡萄、西红柿、草莓新品种9个。新发展农民专业合作社7家，累计达到86家。新建陶梓艺、朔新小院家庭农场 2个。培育农产品品牌。已注册“后打”牌蔬菜、“钱营”牌鲜桃、“转金莲”草莓、“蜜韵仙源”雪桃、“北苗香油”“碾子庄烧鸡”“钱泽湖鱼”“宜居地”露地菜、“明珠”牌鸡蛋9个农产品品牌，初步形成“龙头示范、规模经营、品牌带动”的现代农业生产格局。

【项目建设】 2016年，钱营镇完成续建项目2个。其中，投资1.04亿元完成北阳洗煤炼焦环保减排项目，投资1000万元完成北阳洗煤炼焦有限公司燃气输配工程。新开工项目5个。其中，总投资1.8亿元的经安公司50兆瓦煤气燃烧发电项目，完成土建工程施工，各项设备已经陆续进厂。总投资1.5亿元的经安钢铁公司高炉冲渣水余热工程完成主厂房建设，正在铺设厂内主管道。总投资0.52亿元的丰南区永强新型墙体材料有限公司页岩砖项目完成隧道窑主体工程，正在厂房及钢结构施工。总投资0.32亿元的经安钢铁高炉系统、制氧系统节能改造工程完成热风炉自动烧炉主厂房建设。总投资0.31亿元的经安公司环保除尘、冷却循环水系统节能改造工程全面完工。狠抓治污减排。落实强化空气质量保障措施。严控工业源污染，拆除清泉钢铁公司45吨转炉2座，化解产能130万吨。投资3000万元完成经安公司6个封闭料棚建设；严治燃煤污染，拆除胜林洗煤公司锅炉1台，完成6家浴池生物质锅炉加布袋除尘器的改造。

【城镇发展】 2016年，钱营镇作为唐山市小城镇建设重点镇，推进美丽乡村建设。投入资金3700万元，重点打造刘庄子村、汤毫村、西桥北坨村、徐街村、陆庄子村等5个省级重点村和24个村市级美丽乡村重点片区建设。其中5个美丽乡村省级重点村投资1012.7万元，植街道树5115棵，安装路灯219盏，建村标7座，建多功能厅2355平方米，铺设便道砖5.15万平方米，街道硬化1.41万元平方米，铺设路沿石1.20万米。改厕50座，改造民居3户。新建村民中心270平方米，文化广场5100平方米，绘制文化墙1.34万平方米。修排水沟和护坡2200米，铺设供水管道4000米。加快压煤村搬迁。全力启动岭上村搬迁及近期搬迁村撤险。在原有方案基础上，由区支重办、区房征办、钱营镇和钱营矿共同完善制定《钱营镇压煤搬迁方案》和《钱营镇岭上、罗各庄村过渡安置补偿方案》，为全面开展搬迁撤险工作做好前期准备工作。

【社会稳控】 2016年，钱营镇依靠法治实施社会管理，维护社会稳定。加强法治宣传教育。深入开展法律“八进”活动，进一步完善法治文化广场、法制一条街建设，新建刘庄子村法治漫画墙。利用集市组织开展法律宣传6次。50个村全面推行村级法律顾问制度，对19个村法律顾问调整。办理法律援助案件3件，解答咨询79人次，代书11份，调解各类纠纷41起。提高社会治理法治化水平。全力推进“六无”村居创建工作，创建率60%。认真贯彻落实区委、区政府关于安全生产工作的一系列重要部署，以健全安全生产责任体系、推动安全生产责任落实为主线，巩固安全生产基层基础，深化隐患排查、督导检查，推动隐患专项治理，完善安全监管体系，全镇安全生产形势持续稳定，各项指标均控制在区下达指标之内。加强食品安全管理，对协管员每季度食品安全法律、法规专业知识培训，配合市场监督管理局钱营分局开展联合执法检查活动8次。

【社会事业】 2016年，钱营镇投资200万元改善中小学、幼儿园办学条件，提升教育教学水平；投资38万元加强钱营中心卫生院建设，新建口腔科，完善中医科、放射科和手术室建设。开展45周岁三高人员及65岁以上老年人免费体检，新农合参合率为98%；投资20万元加强村级文化阵地建设，新建文体广场1400平方米，灯光篮球场2个，安装健身器材67件。投资200万元新建多功能厅4个。配合区新华书店完成50个村图书配送，共8500册。投资60万元镇域道路养护，投资418万元完成小李线、唐港线—赞各庄、钱五路—草各庄和太毕路共8.1千米道路翻修工程。全面落实各项计生惠民政策，为459人开展免费孕前优生健康检查，为我镇555名流动人口提供均等化服务，为97名农村独生子女办理中高考加分，为2363人发放独生子女父母奖金27.28万元。强化优抚及社会保障。为370人次发放优抚款112.4万元。为907户1138人兑现低保金318万元，为66人低保户发放一站式救助资金22万元。为7274名60周岁以上老人助老御险投保，收缴保费7.73万元。为1546名困难人员发放救济款25万元。

中共镇委书记：张翠艳
镇　　　长：尹大钊

（琚香雪）

大新庄镇

【概况】 大新庄镇位于丰南区东南部，东连滦南县，南接曹妃甸区，西邻小集镇，北靠钱营镇。省道唐曹公路和唐港高速公路横贯全镇，县级公路大李路贯穿南北连接唐曹公路与唐乐公路。全镇有62个行政村，人口5.68万人，总面积136.8平方千米，耕地面积7066公顷。农业生产较为发达，二三产业发展水平一般。2016年完成固定资产投资11.7亿元，比上年增长21.5%；实现公共预算收入收入2993万元，比上年下降20%；农民人均纯收入9330元，比上年增长5.1%。文教、卫生、社会保障等各项事业稳步发展，乡村文化事业日益繁荣，镇域环境水平和群众生活幸福指数逐步提高。

【农业产业化】 2016年，大新庄镇坚持“蔬菜生产规模化、畜禽养殖园区化、结构调整多元化”积极培育主导产业和产业龙头，大力发展城郊型现代农业。唐山市天合亿农业发展有限公司投资2000万元建设现代农业产业集约化育苗基地项目；北方城市冬季设施蔬菜基地经过两年建设，年内全部竣工，全年新增日光温室1042栋；新建成大新庄三村周军肉牛养殖场、存栏肉牛500头。博乐坨顺发肉牛养殖场、存栏肉牛400头。寺坨村巴马香猪生态养殖园，存栏香猪800头。唐山市顺意面粉有限公司投资2000万元，新建年产2万吨面粉生产线，项目已经投产。休闲农业开始起步，新三村建成占地3.3公顷的鲜桃、葡萄、大樱桃采摘园。截至年底，全镇棚菜面积2000公顷，年产鲜菜35万吨。500头以上规模奶牛养殖园区5个，全镇共存栏奶牛4800多头，日产鲜奶超过12吨。拥有年出栏万头以上云兴养猪场和全区最大的新海种公猪站，全镇年出栏商品猪12万头。新型农业经营主体不断壮大，截至年底注册农业专业合作社91家。2016年全镇实现农业增加值4.9亿元，比上年增长8.3%。

【工业生产】 2016年，大新庄镇把招商引资和项目建设做为富民强镇的中心工作，唐山市重点项目开工仪式在大新庄镇举行。年内在建、建成投资1000万元以上工业项目共4个，其中唐山梦牌瓷业有限公司投资5.5亿元，建设年产320万件精品洁具项目一期工程已完成形象进度40%。河北新展交通设施有限公司投资5100万元，扩建年产6万吨道路立柱护栏项目；唐山市丰南区新岭新型建材厂投资5000万元，建设年产1亿块粉煤灰、自燃型烧结标砖生产线项目；唐山市丰南区盛达纸业有限公司投资8000万元，建设年产12万吨高强度瓦楞纸项目年内在建。全镇拥有河北省新展交通设施有限公司、河北省国燕橡胶制品有限公司、唐山市贺祥机电股份有限公司、唐山市三商食品有限公司、丰南区盛达纸业有限公司、丰南区鑫发机械制造厂6家规模以上企业。2016年，全镇实现工业增加值14.7亿元，比上年增长13.8%。

【第三产业】 建成唐山市正源果蔬加工有限公司和鹭路兴煤炭有限公司两个三产龙头；利用唐曹公路改建之机提高沿路商贸企业经营档次，服装鞋帽、汽车维修、餐饮等行业快速发展。年内新登记个体工商户236家，62个村365连锁店已全部建设完成，并通过验收。全年实现三产增加值13.4亿元，比上年增长9.6%。

【美丽乡村建设】 2016年，大新庄镇博乐坨、小裴庄、东八户、西八户和渠坨等5个村被确定为区级重点村，重点村硬化街道11.8万平方米，安装路灯278盏，绿化植树18万多株，整饬墙体6万多平方米，绘制文化墙1万多平方米，建设文化广场6000多平方米，多功能厅近400平方米，改造危房100平方米。全镇新打人畜饮水井9眼，受益人口近1万人；投资5万元检修水利设施；更新农田机井61眼，铺设节水管道15万米。绿化造林200公顷。完成改厕616座。完成新建、翻建困难群众危房16户；新建健身广场2400多平方米，完善5个村健身设施，农家书屋新增图书1.04万册，文体活动蓬勃开展，被评为省级老年体育示范镇，爽三村被评为省级示范村。

【社会事业】 2016年，大新庄镇确保就业稳定，组织68名待就业人员参加丰南区人才招聘会；为55户创业者提供担保贷款350多万元。持续提高社会保障水平，城乡养老保险缴费人数2.16万人，参保率98%；向重特大疾病等困难群众发放救助款38万余元。建成西八户等4个村文化广场，配发图书2.4万册；落实二孩政策，开展免费生殖健康检查9412例，孕前优生健康检查351例，办理一胎登记144人，二胎登记145人，再生育审批6人。实施低保扩面工程，1365户、1779人纳入低保范围。实施残疾人救助工程，入户为35名困难残疾人办理残疾证；为436名重残人员发放就业补助款26.1万元。

中共镇委书记：王宏升

镇　　　　长：么洪生

（裴立新）

黑沿子镇

【概况】 黑沿子镇位于环渤海经济区前沿，属河北省30个小城镇改革发展重点镇和10个农村现代化建设试点镇之一，是唐山市区唯一沿海乡镇，辖9个行政村，总面积120平方千米，耕地面积857.71公顷，总户数6745户，总人口2.37万人。南临渤海，有海岸线23.5千米；东邻亚洲第一大盐场（南堡盐场）、中国第二大碱厂（唐山碱厂）和河北省唐山市曹妃甸区。西部与天津接壤；境内路网纵横，有唐南公路、沿海公路、汉南铁路、高等级丰碱公路和沿海高速公路等主要交通干线。农业以海洋捕捞，水产养殖、水产育苗、水稻种植为基础。2016年，完成地区生产总值18.4亿元，比上年增长1.77%，其中第一产业增加值5.5亿元，比上年下降4%，第二产业增加值5.4亿元，比上年增长1.6%，第三产业增加值7.5亿元，比上年增长4.1%。完成工业总产值12.7亿元，比上年增长1.6%；完成农林牧业总产值9.6亿元，比上年下降4%；完成公共预算收入0.12亿元，比上年增长7.6%；完成固定资产投资13.70亿元，比上年增长6.1%。粮食总产量0.34万吨。

【捕捞养殖】 2016年，黑沿子镇通过引进技术、改善条件，促进农业产业持续健康发展。海洋捕捞相对平稳，全镇共有渔船545艘，渔业捕捞产量2105吨，渔业产值1.03亿元。海水育苗不断发展，拥有育苗室115家，约19.3万立方水体，共孵化南美白对虾苗88.5亿尾、东方对虾苗2.1亿尾，实现育苗孵化产值8021万元。海淡水养殖逐渐扩大，唐山市丰南区肯尼德农业有限公司投资1200万元，占地5.33公顷，新建高位池大棚16个，单棚南美白对虾最高产量4100千克，亩产最高2000千克，相当于普通池塘养殖产量的26倍，年实现产值253万元、效益87万元。全镇海淡水养殖面积2015公顷，其中海水养殖面积1061公顷，主要养殖品种为南美白对虾。2016年，养殖产量840吨，实现产值3360万元。开展集中防疫。在春夏畜禽防疫方面，实现畜禽防疫密度100%，并对12个规模养殖场、90户养殖散户集中消毒，涉及面积74.4万平方米。

【招商引资】 2016年，黑沿子镇赴广东、四川、江苏、北京等地开展小组团招商40次，接待客商45批次，洽谈项目12个。全镇共有重点项目9个，其中，投资5000万元的春信生物质燃料项目、总投资1200万元的唐山肯尼德农业科技有限公司智能高效养殖基地项目一期工程。在建项目1个：投资8亿元的通威渔光一体高效智能水产养殖园项目。谋划洽谈项目6个：分别是江苏三元轮胎有限公司投资2亿元的大型轮胎项目；广东宏蒲投资管理有限公司投资23.8亿元的临港物流产业园项目；北京清芸阳光能源科技有限公司投资4亿元的光伏发电项目；河北航鹰科技发展有限公司投资1.5亿元的海产品交易市场项目；中国能源建设集团有限公司投资建设风光农一体化科技产业园项目；唐山华润燃气有限公司投资建设天燃气分布式能源电站项目。

【第三产业】 2016年，黑沿子镇伴随着丰南港区和滨海小镇的开发建设，商贸、流通、餐饮、旅游等服务业顺势而起，在吸引外来人口的同时，带动全镇三产经济实现强势增长。同时，随着海上休闲游品牌的日益成熟，京津等地游客流动频繁，看海景、做渔民、品海鲜，尽享海上休闲时光，促使黑沿子的对外知名度进一步提升。现有旅游船只9条，单船单次可接待游客20人，年接待游客2万人左右，实现旅游收入600余万元，成为第三产业新的增长点，同时对改进全镇传统产业结构产生积极影响。

【美丽乡村建设】 2016年，黑沿子镇美丽乡村建设重点村是毕东村。现有501户、1723人。按照省、市、区美丽乡村行动的总体要求，投资554万元完成8个改造提升重点项目：投资150万元建成500平方米多功能厅一座及居家养老院、卫生室300平方米；投资300万元完成道路硬化5500平方米；新修排水沟3800延长米；投资19万元完成庭院绿化树栽植1400棵，购置树箱120个、树120棵；投资16万元新建文化墙1300平方米，绘制主题宣传画200平方米；投资15万元新打吃水井一眼，铺设饮水管道3000延长米；投资15万元，粉刷墙体1200平方米，安装新型装饰板材480平方米；投资19万元安装路灯36盏，更换维修路灯100盏；投资20万元新修残垣断壁17处。全镇共评选出“美丽庭院”4250户，“美丽庭院”标兵户350户。

【社会事业】 2016年，黑沿子镇全面发展社会事业，提升群众幸福指数。抓好食品安全工作。健全网络，明确职责，成立以镇长为组长的食品安全工作领导小组，每个村配备两名食品安全监管员，明确职责，制定应急预案，健全食品安全监管网络。抓好教育事业发展。以“抓内涵建设、促办学品味提升，抓均衡发展、促办学资源整合，抓队伍建设，促办学水平提高”为思路，以课堂教学改革为抓手，全面提升全镇教育发展水平。投资120万元，实施毕家瞿阝幼儿园专用教室建设、黑沿子中心园教育教学装备添置和经安中学绿化及基建工程。抓好社会保障工作。推进农村困难群众安居保障工程，投资24.1万元完成11户危房改造工作。认真完成新农保工作，完成8926名居民的基本养老保险缴费98.14万元，参保率100%；办理就业失业证213份，办理小额贷款申报手续20人、涉及款项200万元。高效完成2016年度助老御险工作，在全区率先为全镇3696名60周岁以上老人缴纳保险金3.79万元；开展医疗救助工作，2016年救助60人，发放救助款1.38万元；开展春荒救灾工作，共救助133户、305人，发放救助款4万元。

中共镇委书记：王海丰
镇　　　　长：孙　雷

（王俊英）

唐坊镇

【概况】 唐坊镇位于丰南区西部，镇域面积48.71平方千米，辖18个行政村，总户数4733户，人口1.8万人，耕地面积2000公顷。唐津、京沈高速公路纵横南北，京哈铁路贯通东西，205国道穿过境内，镇内全部实现村村通公路，交通十分便利。2016年，全镇完成地区生产总值19.19亿元，固定资产投资4.3亿元，实现规模以上工业增加值8.27亿元，一般公众预算收入852万元，全镇农村居民人均可支配收入1.45万元。2016年被评为美丽乡村建设先进单位。双港村连续三年被评为“丰南区红旗党支部”。

【农业生产】 2016年，唐坊镇作为全区棉花、辣椒、蔬菜的主产区，坚持推进农业项目建设，提高产业化经营水平。调整种植结构，突出特色产业，发展无公害设施菜及露地菜，棚菜种植面积33公顷，棉花高产核心示范田83公顷。白龙面粉集团总投资1.3亿元，新建专用粉生产线，项目占地2.66万平方米，年实现年销售收入10亿元，利税3500万元；组织实施农机深松作业，刁家庄、翟家庄、唐坊桥、挡水捻、南刘套等5个村，深松耕地267公顷；投资50万元，完成煤河新河庄至刁家庄段河道清淤2000米，新建挡水捻、唐坊桥、赵翎庄3个扬水点，解决抗旱排涝问题，涉及9个村耕地1000公顷。

【工业生产】 2016年，唐坊镇建成并投入运营的项目有投资5.3亿元的唐丰防护用品厂绝缘靴、鞋、工矿靴及绝缘手套（乳胶）生产项目。项目占地6.7公顷，投产后，年产各类绝缘靴、鞋1200万双、手套及杂品120万双、下水裤30万套，年销售收入6.7亿元，利税5000万元。签约项目有：投资5500万元的唐山慧生亨源冶金辅料厂项目，建成后年生产高活性冶金炉料30万吨。投资1.26亿元的庆丰五金标准件制造加工厂项目，占地面积约3.5公顷，日产电镀锌标准件80吨，其中滚镀标准件70吨，挂镀标准件10吨。还有位于临港经济开发区的唐山锡丰实业有限公司热镀锌项目，该项目占地6.7公顷，年产热镀锌带40万吨，冷轧带钢10万吨。唐山坤丰带钢精密纵剪加工项目，投资500万元，建筑面积2885平方米。谋划洽谈项目：北京送变电公司线路器材厂搬迁项目。线路器材厂是北京送变电公司的下属企业，拥有公司大部分的业务，目前已经达成初步合作意向强化环保治理。开展网格化环境监管，对不符合环保要求企业下达停产通知。结合电力部门对志盛保温材料厂断电。对辖区沙石料经销点、物料堆场排查，下达取缔通告，由其单位自行停产。强化燃煤锅炉淘汰和清洁能源置换。对涉及到的12台锅炉全部拆除和改造。同时加强环保违规项目整顿。对已经取缔的鑫悦、普惠、东升水泥厂等沙石料厂生产设备拆除，对13家涉及环保违规项目清理。其中亚华冶金机械厂、唐丰防护制品有限公司等四家企业正在办理涉及环评各项手续。目前，全镇现有工业企业44家，其中规模以上企业8个，初步形成钢铁、铸造、机械加工、防护用品等四大产业基地。

【美丽乡村建设】 2016年，唐坊镇莲花沽村确定为美丽乡村建设重点村，先后投资200余万元，完成村民中心179.9平方米，多功能厅329平方米，铺设便道砖2500平方米、路缘石2400米、沥青5284平方米、水泥路150平方米，铺设自来水管道6000米，栽植各种果树300株、卫矛4万棵。建立农村卫生保洁长效管理机制，实现物业化管理。所辖18个村全部与唐山至尚物业服务有限公司签订《唐坊镇农村环境卫生清扫保洁合同》，每120户配备1名保洁员，将每日集中清扫与日常维护相结合，改善村庄环境卫生。

【社会事业】 2016年，唐坊镇有高中1所，中学1所，中心小学1所，完全小学2所，幼儿园2所，在校高中学生1189人，中学生397人，小学生786人，幼儿417人。规范和完善低保申请、入户调查、民主评议、审核审批等工作环节程序，实现动态管理下的应保尽保。截至年底，全镇享受农村低保462户，560人；城镇低保12户，22人。农村低保标准提高到3912元，为困难群众生产生活提供保障。成人学校开展“冬春培训”“阳光培训”，已有5000多人次接受冬春培训，为农村发展起到较好的辐射带动作用。全面推进医药卫生体制改革、扩大人才队伍、改善就医环境，规范医疗行为。为全镇就医患者建立1.8万份健康档案，建档率达98%。坚持不懈抓好计划生育，出生人口政策符合率稳定在89.77%，出生人口性别比得到有效遏制，群众对计生工作的满意率90%以上，免费孕前优生检查目标人群覆盖率94%以上，积极构建有利于计划生育家庭发展的支持服务体系，确保孕产妇安全，进一步降低出生缺陷率。

中共镇委书记：孔凡玉（2016.11任）
镇长：孔凡玉（2016.10免）

（张　强）

王兰庄镇

【概况】 王兰庄镇位于丰南区西南部，距城区14千米，耕地面积3532公顷，辖30个行政村。总户数9560户，人口3.96万人，人口自然增长率4.39‰，出产率12.53‰。完成地区生产总值24.2亿元，比上年增长5%。其中第一产业增加值2.7亿元，比上年增长5%。第二产业增加值6.8亿元，比上年增长3%。第三产业增加值14.7亿元，比上年增长6%。完成工业总产值14.3亿元，比上年增长4%。完成农林牧业总产值6.4亿元，比上年增加4%。完成财政收入3575万元，其中地税2134万元，国税1441万元。营业税357万元，增值税1374万元，企业所得税67万元，个人所得税206万元。完成固定资产投资4.8亿元，比上年下降21%。

【农业生产】 2016年，王兰庄镇粮食作物播种面积750公顷，总产6750吨。棉花播种面积2275公顷，总产量3400吨。各类蔬菜播种面积1832公顷，总产量19.49万吨。全镇50头以上的养猪厂发展到220家，养猪出栏4.30万头。2000只以上的蛋、肉鸡养殖厂32家，家禽出栏41.55万只，存栏41.78万只。毕武庄村民毕建国，经营养猪厂，总投资260万元，现存栏母猪100头，育肥猪720头，年出栏育肥猪1500头，年产值300多万元，纯利润40万元。西杨庄村民孙宝刚，建有占地2.7公顷，养殖面积5000平方米的大型蛋鸡养殖厂，存栏蛋鸡10万只，年产值740万元，利润100万元，为农业部定点养鸡厂，每年给予20万元的经济补贴。淡水养殖兴旺发达，全镇有淡水精养鱼池220公顷，水产品产量6602吨。随着养殖技术的不断提高，养殖管理不断规范，养殖品种不断增加，除四大家鱼外，兼养南美白对虾、罗非鱼、白鲳鱼、武昌鱼、泥鳅鱼和部分观赏鱼。王兰庄镇三草加工由来已久，以苇草、蒲草、稻草加工为主的产品，行销北京、天津、唐山、廊坊等大中城市郊区，为错季蔬菜生产提供保温材料，同时为砖厂、参厂提供砖薄和参薄。以西杨庄为轴心，辅以岔道口、董恩庄、将军庄、董唐庄、王兰庄一、二、三村，从业人员2000人，加工各类草薄、草帘700万片，产值3000万元。2016年，启动丰南区地下水采集综合治理工程，地表水节水灌溉项目，工程总投资4530万元，河道全长13946米，流经王兰庄镇全境9746米，本年度已经完成立项，施工设计资金拨付。

【项目建设】 2016年，王兰庄镇实施“小规模，大群体”的发展战略，多方融资，多元投入，强力推进项目建设，打造“两翼”发展格局。一翼是巩固和提升205国道沿线企业发展，对现有企业通过技术改造，资金重组，产业对接等方式，扩充规模，提升档次，实现企业效益最佳，对现有闲置建设用地，废弃厂房，三产网点，通过多种方式利用，培育新的经济增长点，另一翼是做大做强镇中小企业工业园区，初步形成布局科学设施配套，功能齐备的现代化中小企业发展集群，现有15家企业入驻，占地面积50公顷，项目固定资产12亿元。年内与新希望六和饲料股份有限公司签订50万头生猪养殖项目，建设地点在刘迁庄村和将军庄村，占地247公顷，其中项目建设占地47公顷，其它为隔离区带的农作物种植用地，项目投资6.6亿元。建设年出栏50万头的种猪和商品育肥猪场，其中包括年产18万吨的饲料加工车间，2万头的父母代种猪，3000头祖代种猪，年出栏15万头商品猪，500头种公猪及相关配套附属设施。现已完成签约、立项、征地等前期工作。2017年正式运作。引进中电丰南生物质发电项目，该项目总投资4.5亿元，占地18.66公顷，落户在镇中小企业工业园区，年实现产值2.4亿元，利税1200万元，电厂以作物秸秆，农林废弃物为燃料，每年需25万吨～30万吨生物质燃料，仅燃烧收购一项每年为当地农民增收约8000万元，2016年已完成立项、审批、征地等工作。

【美丽乡村建设】 2016年，王兰庄镇美丽乡村建设涉及横沽四村，董代庄村、王兰庄三村，将军庄村，董唐庄村，马家庄村六个村。全年投入资金2800.14万元，其中国家补贴资金1321.49万元，完成连村路工程2.80万平方米，街道路面硬化12.24万平方米，街道排水沟1.69万延长米，建多功能大厅5个，2179.4平方米，文化墙6289.36平方米，便道砖2.95万平方米，路缘石2.59万平方米。拆除民宅6处，建多功能大厅征地0.4公顷，拆除占道厕所560个，围墙700延长米。

【社会事业】 2016年，王兰庄镇坚持教育优先发展战略，推进素质教育，优化教育教学环境，投资5599万元的王兰庄学校、将原王兰庄中学、毕武庄中学、王一小学、将军庄小学合并，总建筑面积2.34万平方米，可容纳中学20个教学班，小学22个教学班，学生2000余人。年内升入高中的126人，其中重点高中52人。初中适龄人口入学率，小学升初中升学率，九年教育覆盖率均达100%，新型农村合作医疗参合人口3.41万人，参合资金563.152万元，参合率100%。新型农村养老保险参保人数1.37万人，参保率98.5%。年内共办理农村低保148户，165人，发放低保金27万元，危房改造16户，发放危房改造款37万元。社会治安综合治理和信访矛盾纠纷摸排，调处落到实处，年内镇民调委员会共受理民事调解案件87件，除部分疑难案件引入司法程序外，均得到解决。受理服刑人员社区矫正20人，管理规范。

中共镇委书记：马德元
镇　　　长：李润东

（魏殿稳）

西葛镇

【概况】 西葛镇位于丰南区中部，陡河、沙河穿境而过，南临万亩草泊。全镇面积49.7平方千米，耕地面积2157公顷，辖18个行政村，总户数6405户，人口2.49万人，人口自然增长率3.95‰，出生率11.01‰。2016年，完成地区生产总值27.87亿元，比上年增长5%，其中第一产业增加值1.87亿元，比上年增长0.7%，第二产业增加值16.8亿元，比上年增长6.5%，第三产业增加值9.21亿元，比上年增长3.1%。完成农业总产值2.85亿元，比上年增长0.8%。完成出口创汇1.06亿美元，比上年下降1.2%。完成一般公共预算收入0.36亿元，比上年增长5.2%。完成固定资产投资7.1亿元，比上年增长11.3%。粮食总产量4.09万吨。2016年被丰南区委、区政府授予“农业产业化经营先进乡镇”称号。

【农业生产】 2016年，西葛镇实施“一村一品”战略，发展传统水稻同时，推进特色农业发展。充分利用水域面积，创新养殖品种，发展莲藕种植10公顷。扶持丰越泥鳅养殖基地建设，人工繁殖由技术试验探索转为规模生产，并已报备省级水产良种场及泥鳅出口备案。年内新发展泥鳅养殖户200户，新增养殖面积53公顷，总面积达到133.3公顷，淡水养殖面积面积480公顷。抓好水稻万亩高产示范区建设，引进6个水稻新品种试验。扩大机械化作业面积。水稻机插秧面积3466公顷，作业率达100%，小麦机收机种面积1000公顷，作业率达100%。加强农业基础设施建设，新打农田机井26眼，改善灌溉面积86.7公顷，清理田间沟2.5万米，改善除涝面积167公顷。对境内草泊稻田主要道路实施硬化，完成陡河左堤除险加固；对刘李扬水站全面维修。强化农业技术培训及推广，鼓励农民开展自主创业，组建选聘18人的农业技术员队伍，组织农业实用技术培训100场次，受训人数1250人。

【工业生产】2016年，西葛镇按照“项目先行、产业优先、加快发展”的思路，加快项目建设。年内洽谈项目42个，总投资155亿元，落地项目20个，完成投资40亿元。其中丰源香米业有限公司万吨仓储库项目，投资4500万元，仓储量1.2万吨，该项目于2月开工建设，7月设备安装完工，年销售收入2500万元，利润210万元。唐山东方雨虹防水技术股份有限公司防水材料项目，主要生产防水涂料及沥青乳液。占地18公顷，计划总投资12亿元。 全年完成投资8亿元，建成投产4亿万吨防水涂料项目和20万吨砂浆生产线。截至年底，该项目实现产值6亿元，利润1.5亿元。

【美丽乡村建设】 2016年，西葛镇深化美丽乡村建设，重点打造东葛村、沙坨子村、李各庄村等八个村的美丽乡村建设，总投资达1800余万元。重点打造多功能厅、文化广场、立面整治、街道硬化、亮化、美化等工程，按照“两改一清一拆”工作需求，组织清理残垣断壁、拆违章建筑。完善道路交通网络，完成米宋路7.1千米的翻新改造，对沙尖路拓宽升级，实施“户户通”工程，硬化路面10万平方米。加快生态造林步伐，实施绿色生态工程建设，重点实施村庄绿化、环厂企绿化、更新造林工程等，使全镇森林覆盖率达30%以上。

【社会事业】 2016年，西葛镇坚持教育优先发展战略，深化教育体制改革，推进素质教育。医疗卫生环境及医疗水平显著提高，全镇有卫生院1所，执业（助理）医师5人，医疗卫生一体化管理进一步规范。新型农村合作医疗参保2.05万人，参保金额33.69万元，参保率100%。城乡居民基本养老保险参保1.47万人，参保金额17.48万元，参保率96.34%。城乡居民最低生活保障人数844人，资助困难群众生活费20万元。

中共镇委书记：刘立生
镇　　　长：胡兆健

（韩磊）

柳树瞿阝镇

【概况】 柳树瞿阝镇全镇面积103平方千米，共辖14个行政村，总8722户，人口3.02万人，人口出生率13.22‰，人口自然增长率为5.32‰。耕地面积4720公顷，养殖水面733公顷，素有“鱼米之乡，金鳞紫蟹随手可得”的美称。2016年，地区生产总值14.23亿万元，比上年增长3.8%，其中第一产业增加值2.43万元，比上年增长1.3 %，第二产业增加值57400元，比上年增长3.6%，第三产业增加值6.06万元，比上年增长5%。完成农业总产值4.87亿元，比上年增长2.3%；镇内各类企业59个，完成规模以上工业总产值4.38亿元，比上年增长7.9%，规模以上工业增加值1.15亿元，比上年增加9.2%。完成公共预算收入2092.7万元，比上年增长23%完成固定资产投资14.30亿元，比上年增长3.2%。粮食总产量32060吨。2016年，柳树瞿阝镇被评为丰南区“2016年度农业产业化经营先进单位”“丰南区“2016年度安全生产目标管理先进单位”“丰南区“2016年度综治维稳及‘六无村居’创建工作先进集体”。

【农业生产】 2016年，柳树瞿阝镇镇种植面积4720公顷，粮食作物以水稻、玉米为主；经济作物包括棉花241公顷、水稻1805公顷、玉米2534公顷。全镇水产养殖面积1055公顷，其中精养鱼790公顷、南美白对虾203公顷、稻田养蟹267公顷。全镇现有粮棉油种植大户93户、农机大户14户、畜牧大户2户、合作社11个、农业龙头企业1个。2016年，新增种植大户2户，合作社11个；加快养殖池塘标准化建设，完成标准棚室养虾3.3公顷，中央排污池塘改造20公顷；新打农田机井1眼，人饮机井3眼；完成柳北、柳前、柳东等5个村的土地深松项目，深松面积800公顷；型煤推广任务3945吨，节能炉具推广任务1150台、煤改太阳能取暖8户，煤改电取暖4户。鸿丰米业项目占地1公顷，投资1300万元，该项目是集水稻生产、加工、销售为一体，主要以绿色大米为主，年产量近万吨。绿色生产基地计划面积200公顷，年生产绿色大米700吨，带动周边种植166.7公顷，年生产无公害大米9000吨。宏升水产品加工项目占地1公顷，坐落在戟门村北，固定资产投入1050万元，建筑面积2000平方米，冷库库容800吨，加工能力每天25吨，主要加工南美白对虾及海产品等，年利润180万元。林发水产专业合作社注册资金2000万元，其中固定投资1200万元，拥有水产养殖面积147公顷，位于草泊水库，主要养殖鲤鱼、四大家鱼、南美白对虾等。依托丰富的资源优势，培育淡水养殖、“合同鸡”养殖、生猪养殖三大特色产业，打造三个“丰南之最”，即丰南最大的淡水养殖基地，丰南最大的合同鸡养殖基地，丰南建设标准最高、科技含量最高的生猪养殖基地。与区农牧局合作从中科院南海水产研究所等地引进中科1号、科海1号、桂海1号和海南1代等南美白对虾新品种，并在全镇首次试养，养殖面积33公顷。充分利用水体资源和鱼虾的生活习性，大力推广鱼虾套养模式，面积333公顷，拓宽农民增收渠道。重点培育“文清”绿色食品、“正达”绿色放心肉等特色品牌。2016年，全镇农业支持保护补贴4626公顷。

【工业生产】 2016年，柳树瞿阝镇依托临港经济开发区，探索实施产业招商、外驻招商、人情招商、以商招商等一系列举措，效果显著。目前，镇内投资过亿元的项目17个，包括建筑材料、钢铁加工、卫生洁具、电力工程等各行业，所有项目均已开工投产，完成固定资产投资14.3亿元。全镇共有各类项目9个，在建项目2个，续建2个，在谈5个。在建项目2个。唐山瑞通模架工程有限公司模板支撑系统加工项目。该项目总投资1.5亿元，占地3.3公顷，主要建设主体车间及配套设施，年可生产加工盘扣式脚手架9万吨。年内各项手续已办理，先期租赁达润达6000平方米车间试生产。唐山恒鑫金属制品有限公司金属制品项目。该项目总投资1.2亿元，占地1.33公顷，主要建设4000平方米主体车间3座，个人研制开发冲压机器人8台。该项目年实现销售收入1.6 亿元，实现利税2800万元，年生产各种罐盖2.2亿个。主体车间已基本竣工。续建项目2个。唐山市明辉新型建材制造有限公司项目。该项目总投资2亿元，主要生产各种保温耐火材料，年产大口径聚乙烯排水排污管400万米，外墙保温板15万立方米，聚乙烯外套400万延长米，直埋保温管75万延长米。目前，办公楼、综合楼已装修，主体生产车间已完成基本框架。唐山市坤烁电力设备有限公司建设新型消失模耐磨材料项目。该项目总投资1亿元，占地3.3公顷，建设铁模覆沙生产线一条，购置中频炉、造型设备、退火设备等相关配套设备153台。1号主体车间和办公楼已装修完毕，二号主体车间建设中。在谈项目5个。北京大基康明医疗设备有限公司生产治疗癌症设备项目。该项目计划总投资10亿元，占地13.3公顷。浙江石油化工有限公司石油提炼项目。该项目计划总投资3.5亿元，占地13 公顷。浙江同景新能源有限公司鱼光互补智能光伏电站项目。该项目计划总投资10亿元，占地200公顷，建设70千伏光伏电站。重庆泰格石油天然气工程有限公司投资兴建天然气户户通项目。该项目总投资2.14亿元，建设周期一年。天津德派科技有限公司生产智能化多功能机械人项目。该项目计划总投资1.6亿元，由临港经济开发区免费提供一座500平方米组装车间与办公一体化综合建筑。该项目总部在天津市武清孵化园区，公司自主研发的智能化、多功能的机器人，其内涵的多项功能甚至超越德日国家的机器人，实现我国同类产品质的飞跃，属于国家专利项目。年末，全镇共有规模以上企业4 个，完成工业总产值4.38亿元，比上年增长7.9%。

【第三产业】 2016年，柳树瞿阝镇充分发挥依托临港经济开发区的集聚、辐射和带动效应，发展物流运输、餐饮、娱乐等配套服务业。全镇从事三产3265人。其中镇内遍布固定商业、服务业网点964个，形成5个集贸市场，年交易额27.42亿元。依托临港经济开发区、曹妃甸工业区、天津滨海新区的基建建设，利用镇内大型挖掘机、推土机的规模优势，组建宏达机械设备公司，形成集土方运输、工程建筑为一体的百人服务团体，形成团组式发展模式。

【美丽乡村建设】 2016年，柳树瞿阝镇廒里村是美丽乡村重点村，位于柳树瞿阝镇南部，东临陡河、东排干、唐胥路从村西经过、西距丰碱公路1000米、与丰南临港经济开发区毗邻，南部与黑沿子镇接壤，全村共253户，827人，村支部党员45名，村民代表22名。村两委班子成员6人。全村耕地面积140公顷，村庄面积24公顷，村内水资源丰富，老陡河穿村经过，村内农业以水稻种植为主，农业和劳务输出为村民的主要经济收入来源。廒里投入资金373万元用于美丽乡村的十二项工程，按主次和施工难度合理安排工期。“两改一清一拆”和垃圾处理施工面积1300平方米；其中绘画面积600平方米，粉刷面积700平方米．上述工程投资125万元。

【社会事业】 2016年，柳树瞿阝镇强化人口与计划生育管理，本年度全镇共办理第一子女登记132例；二胎登记129例；办理独生子女光荣证50例；办理中高考加分66例。应享受独生子女2050人，涉及资金23.28万元；奖扶348人，涉及资金33.41万元；特扶17人，涉及资金12.49万元；组织14个村318对新婚夫妇免费孕前优生健康检查，查出高危家庭11对；参加已婚育龄妇女免费检查4848人，查出疾病的590人，全镇平均妇检率79.86%。完善社会保障，全镇共25269人参加医疗保险，收缴保险费419.15万元，参保率100%；今年共有10046人缴纳新农保，其中审核特殊照顾人群114人，合计收取金额123.43万元。关注弱势群体，为全镇209名受灾户发放春荒救灾资金5万元，发放低保金282.44万元，发放优抚款91.56万元。为低保住院人员发放“一站式”救助金额15.89万元，共5046名60周岁以上的老人缴纳“助老御险金”。办理慈善救助17户，救助资金3.9 万元。全年发放残疾人两项补贴39.94万元，发放轮椅40个。推进文化建设，举办各类群众文艺展演7场，开展“最美柳树瞿阝人”评选活动。对45周岁以上三高人员和60周岁人员免费体检5000余人，体检率91%，对慢性病人员随访4000余人，全部建立档案。

中共镇委书记：侯荣奎
镇　　　　长：边　江

（王子娟）

大齐各庄镇

【概况】 大齐各庄镇位于丰南区东部，西邻路南区，北接开平区。镇域面积39.86平方千米，耕地面积2211公顷，辖19个行政村，总人口1.66万人，户籍人口1.39万人，寄住人口2648人。全年完成地区生产总值22.54亿，比上年增长5%，其中第一产业增加值1.47亿元，比上年增长15%；第二产业增加值16.52亿元，比上年增长4.8%；第三产业增加值4.56亿元，比上年增长3%。全社会固定资产投资预计完成17.6亿元，比上年增长11.4%。规模以上工业总产值62.23亿元，比上年增长5.8%。大口径财政收入5900万元，一般公共预算收入3175万元。

【农业生产】 2016年，大齐各庄镇致力于发展特色种植、规模养殖、休闲采摘农业，打造农业发展新优势。为改善农业生产条件，新打机井26眼，新增节水灌溉面积186公顷，改善除涝面积186公顷，节水灌溉面积2066公顷，实现节水灌溉全域覆盖。打造特色农产品基地。按照“一村一品、数村一业”的发展思路，在发展以露地菜种植为主导产业的基础上，全镇形成东部奶牛养殖、南部生猪养殖和屠宰、中部蓝莓、蒜黄和菊苣特色种植、西部果树、棚桃种植新格局。其中，大齐各庄镇雪丰果蔬种植专业合作社投资1050万元的雪丰二期项目、新梅果业40公顷果品生产基地以及元泰恒蓝莓基地的休闲观光、绿色采摘项目已初具规模。多元化规模养殖不断壮大。以新源奶牛养殖为带动，加快建设规模养殖场，截至年底，奶牛存栏6000头，生猪养存栏9000头，家禽年饲养量6.75万只。

【工业生产】 2016年，大齐各庄镇以陶瓷、钢铁、焦化、建材为主导产业，新开工项目6个，分别是投资1亿元的唐山丰华陶瓷有限公司窑炉技改项目；投资1亿元的唐山赫潼生物质能源开发有限公司生物质能源开发项目；投资0.5亿元的唐山铸锐科技有限公司钢木贴面模板项目；投资0.2亿元的唐山市燃气集团有限公司燃气输配工程项目；投资0.35亿元的唐山市丰南区华港赫潼加气站项目；投资0.3亿元的河北省中海润达新材料科技有限公司项目。成功签约项目4个，重点推进中海润达新型保温材料项目、蓝星（北京）化工科技有限公司碳纤维搬迁、北京光谷科技园外迁、和榕丰干熄焦发电项目。截至年底，全镇共有企业37家，丰华陶瓷、榕丰钢铁、永旺工贸等规模以上工业企业8家，企业职工4319人。

【美丽乡村建设】 2016年，大齐各庄镇有6个村被确定为省级美丽乡村建设重点村，其中大长春、占屯、赵各庄三个村被确定为市级美丽乡村建设节点村。截至年底，6个重点村投入创建资金3500万元，其中三个节点村投入2740万元。在创建过程中，注重环境提升，加宽道路67条，硬化水泥路面9.72万平方米，沥青盖被10万平方米，铺设便道砖11万平方米。注重环境治理，清运垃圾杂物3.88万立方米，拆除残垣断壁及违章建筑192处，墙体立面水泥抹光5.06万平方米，砌砖墙8000长米，墙帽5600米。

与国网冀北供电公司沟通，投资200余万元对大长春、赵各庄两个村实施低压线路改造工程。联通、广电、移动、电信4家单位相继投入120万元，完成主街道线路入地工程。注重公益设施建设，投资410万元，新建大长春村民中心和赵各庄、占屯等5座多功能厅。注重村庄美化，投资41.3万元，安装村庄仿古标识3个；投资260万元，栽植绿化苗木56万株。结合美丽乡村建设，认真发掘历史文化，投资80万元打造赵各庄党史陈列室及红色文化广场—追梦园；考证辽金时期春水狩猎文化，大长春村投资75万元建设长春行宫纪念馆及行宫纪念广场。

【社会各项事业】 2016年，大齐各庄镇推进劳动保障，优化服务功能，完善就业信息，转移剩余农村劳动力245人；城乡居民养老保险、城镇居民医疗保险参保率分别达97.01%和97%。落实各项惠民政策，发放各类计生奖扶资金56.3万元，组织全镇2000余名已婚育龄妇女和“三高人群”免费查体，体检率99%。强化求助体系，年内新增低保户76户，为11户困难家庭实施危房改造，镇慈善协会发放慈善救助资金3.5万多元。实施镇村物业化管理，以夏庄屯、王楼、林屯、大田港为试点，投资74万元全面推广村级物业化管理模式，投资18万元对公路沿线卫生实施物业化管理。不断丰富群众文化生活，打造文化广场6个，设立善行功德榜6个，新建文艺表演队4支，举办文艺演出9场、各类主题培训8次。开展电商服务攻坚行动，结合“好乡亲365”，各村普遍建立农村电子商务网点，电商服务网点实现全覆盖。

中共镇委书记：佟赞利
镇　　　长：田　勇

（张　晨）

东田庄乡

【概况】 东田庄乡位于环京津和环渤海双重经济圈，西距首都北京190千米、天津港55千米，东距秦皇岛港150千米、京唐港70千米，南距曹妃甸50千米，北距唐山市三女河机场40千米。京山铁路和205国道从境内平行穿越，津唐高速在境内设有出口。全乡总面积73.1平方千米，辖27个行政村，耕地面积3600公顷。种植业以棉花为主，种植面积3300公顷。全乡总户数4864户，人口1.7万人，共有党支部37个，党员972人，乡机关在编干部52人，农村“两委”干部156人。2016年，全乡完成固定资产投资3.18亿元，占年计划的100.4%；完成规模以上企业总产值14.21亿元，占年计划100.5%；完成规模以上企业增加值3.86亿元，占年计划100.1%；完成规模以上企业利润2979，占年计划100.3%；完成地区生产总值15亿元，占年计划100.2%；完成财政收入725.9万元，完成公共预算收入345.8万元。

【工业生产】 2016年，东田庄乡加大招商引资力度，先后30多次组织招商人员赴北京、天津、江苏、山东等地开展招商引资活动，与国电远鹏、金富木业、山东高美、江苏海雷德蒙集团等客商就项目建设、投资政策等事宜接洽。同时全力服务项目手续跑办工作，全程跟踪服务项目手续办理流程，为客商提供一站式服务，力促洽谈项目尽快签约落地。推动在谈项目签约。2016年，东田庄乡签约的项目共5个，包括2个亿元项目和3个千万元项目。国电远鹏高效设施农业和60兆瓦太阳能农光互补一体化项目总投资约5.1亿元，占地146公顷，拟引进昌盛日电高效农业模式，结合远鹏光伏产业、终端农业销售及农科院院士专家人才引进，建成集生态农业、光伏发电、科普旅游于一体的综合项目。新能源冷暖通用设备有限公司项目总投资5亿元，引进德国先进技术，通过特殊介质用电取暖，是专门针对北方雾霾天气研发的一款取代燃煤、燃气取暖方式的新产品，具有耗能低、零排放、零污染等优势，已签署框架协议。另外投资4900万元的长安加气站、投资4800万元的星河棉花收购加工、投资4000万元的粮源饲料玉米压块等项目也相继签约。加速项目开工建设。2016年东田庄乡新开工项目共4个，其中远鹏东田农业科技有限公司项目已投资4500万元，完成土地流转136公顷，正在办理国家光伏发电指标等手续；长安加气站项目占地1公顷，选址东田庄乡付庄子村，由唐山南堡中燃燃气有限公司开发建设，截至年底，项目所有手续已经完备，设备采购招投标工作已完成，正在开工前期准备工作；源饲料玉米压块项目占地0.5公顷，已完成各项手续跑办并开工建设，正在地基处理和厂区硬化，生产设备正在采购中；星河棉花收购加工项目占地1.3公顷，已经开工建设，厂房及办公设施已基本完工，正在设备安装调试。另外续建项目方面，总投资1.2亿元的重建药王寺古建筑项目今年完成投资2500万元，项目主体工程、附属设施、硬化绿化、内外装修等工程已基本完工，工程进入收尾阶段；六合蔬菜种植专业合作社投资4000万元进一步完善紫雁庄园项目建设。

【农业生产】 2016年，东田庄乡巩固壮大棉花生产，不断扩大棉花规模化生产经营，通过棉花技术合作社等社会团体，积极鼓励棉农包地种植，共种植棉花3333.3公顷。改良作物品种和管理模式，引进“GK991”“国欣9”“农大601”等棉花新品种，推广统一播种、统一覆膜、统一除草、统一施药的“四统一”科学管理模式，对农田增产农民增收起到积极作用。探索发展特色农业。六合蔬菜种植专业合作社投资4000万元对紫雁庄园提档升级，完成归园田居48个大棚及村舍、水上餐厅、垂钓园、采摘园重新装修扩建，并新建陈列馆、动物园、游泳池等娱乐设施，对东田庄乡发展生态旅游农业起到较强的带动作用。

食用菌示范基地以琛海食用菌种植有限公司为龙头，以河北农业大学园艺学院技术为依托，逐渐发展集食用菌生产、研发、育种、销售、推广、示范为一体的综合性新型农业基地，并辐射带动周边30户村民发展经营食用菌大棚。禾木源农业生态园区项目抢抓国际园艺博览会历史契机，种植黑松、法桐等树木4.5万株及多种花卉。加强农田基础设施建设。新打韩庄子吃水井1眼，新建王打刁水点1座，并对全乡河道拉网式隐患排查，对排涝设施检测调试，全面检修保养，消除安全隐患，确保河道通畅。

【美丽乡村建设】 2016年，东田庄乡韩庄子、新集两个村被确定为美丽乡村示范村，全面开展路面硬化、乡村绿化、饮水安全等一系列美丽乡村惠民工程。截至年底，投入资金485万元，完成硬化道路1万平方米、铺设便道砖1.6万平方米，新建路沿石1850米、隔离墙500米、排水管网建设7800米、改造186户自来水管网2500延长米，种植法桐、金叶槐1200余株，粉刷墙体3000平方米、绘制文化墙300平方米，安装路灯40盏，完成护坡花墙、院墙整治、改厕及村庄标识建设，新建多功能厅2座、文化广场2座，新修村委会280平方米。除两个试点村建设外，东田庄乡还开展一系列美化乡村建设，共完成路边树木刷白3万棵，新修长城墙2300米，新建排水沟4000米，铺石渣硬化路肩1万平方米，对提升全乡整体环境面貌起到积极作用。截至年底，东田庄乡美丽乡村建设完成率为88.9%，共建成24个村，其中包括23个省级重点村和1个区级重点村。

【社会事业】 2016年，东田庄乡结合“两改一清一拆”等活动，开展环境整治。组织开展2次全乡范围的卫生攻坚行动，共投入210余万元，出动人员2500余人次、运输车辆90多辆、抓钩机50余台，清理垃圾杂物3万立方米，铲除卫生死角60多处，清理庭院4400多户，铲除残垣断壁20多处，并重点治理津秦高铁、铁路两侧垃圾杂物1500立方米。东田庄乡认真落实秸秆禁烧、砂石料厂整治等工作，通过广泛宣传、严防死守、昼夜巡查、依法治理等手段，基本杜绝全乡焚烧秸秆现象，关停非法砂石料厂20多家，使全乡环卫水平得到整体提升。强化对困难群众的帮扶力度，结合区相关职能部门，通过认真筛选，共投入资金25万元，正在对11户困难家庭实施危房改造工程；投资11万元对4户危房抗震改造，已全部完工。与区建设局联合筹集善款2万余元，用于对贫困儿童及贫困家庭的救助款；先后为8个经济困难的女孩家庭发放救助金4400元，为3名贫困女孩发放羽绒服、学习用品等。实施“民心工程”，完成全乡育龄妇女免费查体2833人，占应查人数100%，并对患病妇女跟踪服务治疗；免费为130对新婚和持指标待孕的夫妻提供孕前体检，进一步提高优生优育水平。全年度共计出生162人，出生率为10.49‰，符合政策生育率94.4%，高标准完成年度任务目标；共计死亡98人，死亡率为6.35‰。加大教育事业投入力度，每年投入30万元，保障6辆校车安全运转。现有幼儿园3所，在园幼儿360余人；小学3所，在校学生840人；初中1所，在校学生450人，专职教师46人，入学率、九年义务教育覆盖率均达100%，一中录取率列居全区第二。强化医疗救助和低保工作。开展医疗救助40人次，支出10.36万元。民政部门资助参加合作医疗713人次。农村最低生活保障户数为502户，人数为629人，国家抚恤补助各类优抚对象153人，其中伤残军人10人、军烈属5人、复员军人5人、带病还乡退伍军人36人、老年退役士兵92人等。

中共乡党委书记：王艳玲
乡　　　　长：马红帜

（纪梦阳）

南孙庄乡

【概况】 南孙庄乡东距区政府9千米，辖28个行政村，辖区总面积93.14平方千米，人口2.56万人。境内有唐津、唐曹、唐港、京沈、承唐等高速入口，与205、112、102国道等相通，沿河路、邱柳线、南岳路、南胥路穿境而过。南孙庄乡地下水质优良，为丰南城区饮用水水源地。2016年，全乡完成财政收入922万元，地区生产总值11.95亿元，固定资产投资11.01亿元，出口创汇65万美元。

【农业生产】 2016年，南孙庄乡拥有在册耕地3538公顷，全乡农业以种植业为主。2016年实现农业总产值6.24亿元，其中种植业5.40亿元，畜牧业6587万元，服务业1266万元，林业476万元。粮食播种面积285公顷，总产1805吨；棉花播种面积1860公顷，总产2100吨；蔬菜播种面积2970公顷，总产19万吨。驴存栏20头，骆驼120头。牛存栏950头，出栏650头；猪存栏1.6万头，出栏1.75万头；羊存栏4400只，出栏5200只；家禽存栏16.4万只，出栏1.4万只。奶类产量2880吨，蛋类产量1637吨，肉类产量1478.8吨。2016年，全乡植树154公顷。在马新庄建设优质桃种植基地35.7公顷，种植北京晚蜜、京宝、北京八号、吉祥红等桃树3.74万棵。在赵新庄发展优质桃种植基地31公顷，种植春雪、北京晚蜜、蟠桃15、绿化9等桃树3.29万棵。在赵四牛、小张庄、教军场、深井、马辛庄等村推广燕麦草种植333公顷，亩效益在1500元以上。全乡新增农村专业合作社9家，全乡农业合作社达到47家。利用省农地整理资金，投资736万元完成无名泊等十二个村高标准基本农田建设，涉及土地2267公顷，基本农田1600公顷。投资150万元为小张庄、何仓庄、深井、东张稳、西张稳、马新庄、东街等村修桥涵9座，打机井6眼，清淤河道4500米。邀请昌黎果树研究所专家来乡为群众果树田间管理及病虫害防治培训。组织赵新庄等村果农赴北京农科院果树研究所参观考察。乐水庄园项目已投资3500万元建成办公用房、8个日光温室、2个高效智能温室，配套设施建设正在建设完善中。

【新民居建设】 2016年，南孙庄乡坚持把新民居建设项目作为“一号工程”，举全乡之力积极稳妥推进，主动做好协调、配合、服务工作。新民居一期67栋住宅楼主楼于10月底竣工，内装修正在收尾，外网、小区内道路、电力正在施工。二期工程约投入资金2.7亿元，21栋住宅楼主体完工，正在内外装修。九年一贯制学校已达到使用条件。

【社会事业】 2016年，南孙庄乡关注民生，协调民政局发放救灾资金20万元；结合区慈善协会为因病因灾32户群众发放救助款5.9万元；为全乡享受低保的群众778户1011人月发放低保补贴22.3万元；乡慈善协会救助困难学生和大病家庭83户23.4万元。关注食品安全，选聘村级食品药品安全协管员36人，协调食药监部门开展协管员培训3次，结合开展创城、创县活动，对乡中学食堂及周边食品药品安全治理，全乡未发生食品药品安全事故。扩大养老和医疗保险参保规模，养老保险参保人数达1.32万人，入保总金额108万元，领取养老金人员4382人；合作医疗参保人数2.09万人，参保金额284.8万元。投资50万元，对邱柳路至薛家埝、南田路至北元庄、胥岳线二站至北刘埝段、小王庄至南田路修补。强化责任，加强督查，全乡共计投入资金 87万元，彻底清理卫生死角死面。积极推进煤改生物质锅炉改造工作，推广洁净型煤745.2吨，清洁燃烧炉具746台。

中共乡党委书记：刘志贵
乡　　　　　长：郝连兴

（肖印连）

尖字沽乡

【概况】 尖字沽乡位于丰南中部，总面积44.25平方千米，耕地面积1830公顷，辖9个行政村，人口1.77万人。2016年，完成地区生产总值7.4亿元，比上年增长2%，其中一产增加值完成1亿元，比上年下降3%；二产增加值完成1.31亿元，比上年增长9.3%，三产增加值完成5.80亿元，比上年增长2.8%。农业总产值完成1.69亿元，比上年下降6%；规模以上工业增加值完成8107万元，比上年增长20.6%；规模以上工业总产值完成2.38亿元，比上年增长15.4%。全社会固定资产投资完成6.35亿元。大口径财政收入完成2046万元，比上年增长41.2%。一般公共预算收入完成923万元，比上年增长8.97%。

【农业生产】 2016年，尖字沽乡全乡种植面积1830公顷，粮食作物以玉米、水稻为主，种植玉米900公顷、水稻105公顷、小麦25公顷；经济作物主要种植棉花400公顷。农业产业化项目持续投入，丰南区晟橙畜牧养殖合作社蛋鸡养殖二期项目投资500万元，建成2栋2400平方米养殖鸡舍，现已完工。玉婷园林公司投资500万元，占地5.3公顷，栽植法桐、海棠、紫叶榆等各种名贵树种3.5万株。绿化攻坚持续发力，全年完成造林135公顷，其中廊道树6.7公顷，农田林网667公顷，片林16.7公顷，经济林40公顷，更新4.7公顷，超额完成造林任务。农业基础设施不断改善，投资150万元，新打农用井4眼，架设农业电力线路10千米，沟渠清淤6000米，新建、维修闸涵水点15处，改善灌溉除涝面积400公顷，投资75万元对雁翎庄排灌站修善维护。

【工业生产】 2016年，尖字沽乡完工的项目有投资2亿元的唐山荣源设备结构有限公司装备制造项目、投资1亿元的鑫丰集团塑料制品有限公司再生塑料项目及投资5500万元的宏恩科技有限公司机械加工项目。新开工项目5个，投资4.46亿元。包括投资2亿元的唐山洁城有限公司危险废弃物综合处理处置中心项目、投资2000万元的唐山环洁能源有限公司沼气发电项目、投资3000万元的唐山百容模板有限公司项目、投资8000万元的唐山宏焰塑料制品科技有限公司塑料颗粒生产项目、投资6500万元的天津大港油田滨海新能油气有限公司天然气压缩母站项目。截至年底，全乡共有企业35家，以机械加工为主，其中规模企业5家。有转接项目3个，总投资3.05亿元。被评为全区项目建设先进单位。强化安全生产监管。坚持“党政同责、一岗双责、齐抓共管、失职追责”，持续开展安全隐患排查整治和“打非治违”专项行动，乡主要领导带队，先后组织10多次安全生产大检查行动，年内没有发生安全生产事故。

【美丽乡村建设】 2016年，尖字沽村被确立为全区美丽乡村建设重点村，按照“四化四美”的要求，重点实施“六改六建”（改房、改水、改路、改厕、改绿、改厨和建设环卫体系、建污水处理设施、建富民产业、建电商平台、建文明乡风、建基层组织），落实“十二项专项行动”，投入建设资金268万元，其中投资180万元，新建村民中心、多功能厅和文化广场；投资56万元，铺设便道砖、新建排水沟和墙面立体整治，投资21万元，村庄绿化，投资10余万元，安装高清摄像头监控和路灯。通过乡村两级和帮扶单位的共同努力，尖字沽村完成美丽乡村建设各项目标。

【社会稳控】 2016年，尖字沽乡为解决信访矛盾突出问题，打造稳定和谐的社会环境。乡党政班子下大力气狠抓维稳工作。妥善化解群众矛盾纠纷。加强“三位一体”大调解和人民调解“两化”模式建设，防范和控制社会风险；落实班子成员轮流坐班接访制度；开展“依法信访法制宣传月”，加大信访秩序整顿力度；建立联合办案机制，协同区职能部门一起研究处理重点信访案件。建立民调组织，聘请有威望、会做群众工作的人员担当信访调解员，有效化解信访难题。深化平安丰南创建。健全社会治安立体化防控体系，依法严厉打击各类违法犯罪活动。加强普法宣传教育，组织司法所、妇联、共青团、综治、食安办等部门，先后在雁翎庄村尖字沽、和望大村集贸市场开展大型法制宣传活动，增强全民法治意识。继续深入开展基层平安创建活动，“六无”村创建率80%以上。

【社会事业】 2016年，尖字沽乡着眼于民生所需，发展社会事业。协调区交通局，修复望雁路破损路段，投资70万元，修复路面1.2万平方米；投资30万元，对河涧路乡政府门前和尖字沽村路段绿化亮化。美化校园环境，投资155万元对全乡中小学校、幼儿园全面绿化、美化，教学质量不断提升，年内有18名学生考入一中，超额完成指标，乡中学被评为全区“十星级学校”和星级学校建设先进单位。加大对困难群众的帮扶力度，年内新增低保户36个，发放低保救助金157万元、优抚资金59万元，为困难群众提供医疗救助金10万元。对11户农村困难群众住房新建或维修改造，并全部完成验收。落实各项计生惠民政策，稳定低生育水平。出台《尖字沽乡人口和计划生育工作目标考核实施细则》，做到奖惩到位；全年长效节育措施落实率、统计求实率和免费优生检测等指标全部达标。为49周岁以下育龄妇女免费查体，共查体2500人次，开展待孕夫妇孕前免费优生检测活动，服务育龄夫妇192对。加快劳动力转移，利用成人学校等、道德大讲堂、多功能厅等场所，举办各类培训班12期，培训农民5000多人次，转移劳动力460人，结合全乡新增企业较多的实际，为辖区龙泉机械、鑫丰静脉园等企业输送合格劳动力136名；为18名新毕业大学生提供就业岗位，提供创业基金贷款55万元。推进全民素质培育工程，积极组织各村花会队和健身队开展经常性的活动，健身操表演多次在区级比赛中获奖，丰富群众文化生活，传递正能量；积极开展文明村、道德模范创建评选活动。搞好典型培树，各村开设好人榜。唐山龙泉机械有限公司经理陈兵、蒲台河村村民陈荣秀被评选为2016年区级道德模范。

中共乡党委书记：董正福
乡　　　　　长：杨承伟

（孙凤义）

岔河镇

【概况】 岔河镇位于丰南区西北部，东距区政府4.8千米，镇域面积43.38平方公里，辖26个行政村，总户数8131户，人口2.8万人，耕地面积3228.3公顷。地理位置优越，交通便捷。2016年，全社会固定资产投资1.9亿元，规模以上工业总产值8.98亿元，工业增加值完成2.19亿元。全年一般公共预算收入完成906.7万元，占全年任务958万的94.6%，其中国税完成149万元，占全年计划142万元的105%；地税完成757.7万元，占全年计划816万元的93%。居民人均纯收入1.5万元。集贸市场4个，运销农户850多户，构成粮油运销、畜禽蔬菜贩运、交通运输并举格局。

【农业生产】 按照现代农业的发展要求，加快农业结构调整步伐，走特色、规模、生态发展之路，形成了奶牛、生猪养殖、蔬菜、水稻、棉花种植五大农业经济板块。总投资1.7亿元的唐山利民荣丰辣椒深加工及辣椒生产基地建设项目、已完成投资2000余万元的中大农民种植专业合作社项目、投资达到2000万元的东鑫扬养殖农民专业合作社胚胎移植项目、中奥奶牛养殖有限公司项目、建国家庭农场建设项目等一批重点农业产业化项目相继建成投入使用。其中，利民荣丰辣椒深加工及辣椒生产基地厂区占地4公顷，项目依托天津利民调料有限公司在全镇流转的213公顷辣椒生产基地，可带动农户1100户，直接安排就业500人。中大农民种植专业合作社项目日光温室大棚29座，后续建设温室大棚15座，棚室占地面积8公顷，主要种植各种桃树及应季蔬菜。在推进农业设施建设的同时，建设养老社区2900平方米，床位200张；东鑫扬养殖农民专业合作社作为优质杜泊羊繁育基地，引进内蒙古受体母羊5000只，黑头杜泊供体母羊600只、种公羊50只，新建胚胎移植中心已经完工。中奥奶牛养殖有限公司存栏奶牛4500头，日产鲜奶32吨，主要销往迁安三元食品有限公司。建国家庭农场土地流转已达到666.67公顷，农场主要以种植小麦和玉米为主，以种植蔬菜和果树为辅。年底，全镇奶牛存栏6700头，年产奶量达21.45万吨，生猪存栏1.6万头，出栏 2.7万头。农业产值3.18万元，比2015年增长0.07%。蔬菜播种面积达588公顷，总产量3.52万吨。

【工业生产】 充分发挥优势，以“增加总量、提升质量、加快进度、提升效率”为目标，全方位招商引资，着力抓好项目推进和落实。全年新开工项目6个，总投资超过4亿元，其中引进区外项目4个，总投资达到2.2亿元，作为全镇第一家独资企业，投资40万美元的澳大利亚固体燃料项目已投产达效；投资1.7亿元的天津利民项目已开工建设；投资8000万元的中唐田园假日项目、投资3000万元的内蒙古赛诺羊业公司优质种养繁育基地项目、投资3000万元的鼎润再生资源项目、投资2000万元的中大田园假日居家养老项目都在抓紧建设之中。签约项目有4个，唐山市丰南区中大农民种植专业合作社计划投资1000万元建设果蔬保鲜库一座，预计年储藏保鲜蔬菜1500吨、水果1300吨，年经济收入可达1200万元。唐山市丰南区鼎润再生资源加工厂投资3000万元，新建聚酯切片生产线2条、热塑性再生塑料颗粒生产线两条及配套附属设施，每年生产聚酯切片3万吨，热塑性再生塑料颗粒5000吨。唐山布莱克饭店用品有限公司扩大生产，新增建筑面积1.8万平方米，年产饭店用品1300万个。唐山市丰南区金翔化纤有限公司库房扩建项目：建筑面积18万平方米，项目建成后，成品库年储存涤纶短纤8万吨，原料库年储存聚酯瓶片8.8万吨，燃料库年储存生物质颗粒2万吨。

【美丽乡村建设】 加快城乡道路建设，投资850万元对邱柳公路进行翻修，年内建成通车；投资96万元对岔胥路实施全面提升，已如期竣工。以孙庄子、岔河一村为重点的美丽乡村建设顺利推进，全镇省级面貌提升村达到7个。年内新建多功能厅4个，健身娱乐广场6个，2个村改厕136个，同时还对8个村18条道路进行亮化。结合美丽乡村建设，各村普遍建立对外承包和有效的管理机制。

【社会事业】 统筹发展各项社会事业，千方百计改善保障民生。不断改善办学条件，岔河中学新建宿舍楼项目已立项，正在加紧完善手续；中心幼儿园建设方案已经上级批准，正在筹备前期工作。城乡居民养老保险参保人数达到1.77万人，参保率达98%。新农合参保率98%。全年共有低保户743户、1033人，共发放保障金292万元。实施贫困户危房改造2处。推广洁净型煤4651.56吨，涉及26村，3747户。

中共乡党委书记：唐永田
乡　　　　长：张　伟

（韩小杰）

2016年岔河镇各村基本情况表

单位	户数	人口	总耕地面积（公顷）	其中水田水浇地（公顷）
杨义口头一村	323	1222	171.3	171.3
杨义口头二村	293	1036	157.1	152.8
杨义口头三村	360	1231	194.0	192.5
么义庄村	422	1619	185.2	176.4
宋家口头村	392	1630	158.4	129.3
刘庄子村	289	1079	91.0	89.8
岔一村	335	1163	90.2	90.2
岔二村	348	1232	80.8	80.8
蒲庄子村	219	832	62.5	62.5
高坨村	314	1125	164.3	164.3
王各庄一村	237	789	121.6	120.1
王各庄二村	205	663	95.1	95.1
王各庄三村	220	728	111.0	111.0
王各庄四村	229	723	104.1	104.1
三神庄村	565	2026	240.7	234.0

2016 年岔河镇各村基本情况表

续表

四神庄一村	345	1106	117.4	117.4
四神庄二村	352	1152	114.5	114.5
大荣各庄村	1026	3059	255.7	255.7
小荣各庄村	294	940	83.9	83.9
小稻地村	332	1225	112.2	106.7
张富庄村	172	620	113.5	71.7
朱新庄村	108	396	34.8	20.9
孙庄子村	193	629	98.0	98.0
冬庄子村	84	256	64.0	33.4
赵家口头村	250	906	148.1	137.6
崔庄子村	74	270	58.8	25.1

注：全镇人均生活水平 14696 元

胥各庄街道

【概况】 胥各庄街道是丰南区唯一的一个街道。做为区委区政府的派出机构，受区委区政府领导，依据法律、法规的规定，在本辖区内承担着基层党建、民政救助、劳动保障、计划生育、信访维稳、环境卫生、文教宣传、食品安全、武装、其他临时性工作等10大类、153项工作，纷繁复杂。街道机关驻丰南区青年路82号。辖新兴、新华、东兴、滨河、河头、路南、曙光、建设楼、银城、御景、金都、金惠、物资村、丽水、御达、荷风苑、湖岸龙城、御园、御兴、锦绣花苑、锦绣天地21个社区居委会，123个生活小区，代管君熙太和、嘉城华府2个小区，总户数3。98万户，总人口10.34万人。

【党建工作】 2016年，街道党工委在开展“三会一课”“五个一”月度工作法和“三带两包一承诺”活动的基础上，发挥党组织和党员在“网格”中的服务作用，创新载体，打造“星级党建”“楼宇党建”“守望党建”三大特色品牌。培树“星级党建”品牌，实现党员管理机制的创新。建立党员“分类管理、积分考核、星级评定”综合机制。根据党员的年龄、职务、身份、居住状况、身体状况的不同，将社区党员划分为A、B、C、D、E五个类别，建立积分管理机制，实行百分制管理，细化量化积分考核细则，建立“积分台账”，将党员履行义务、参与组织生活情况作详细记录，党员积分情况作为评议不合格党员和党员评先评优的重要依据；综合运用积分考核结果，对党员星级划分为五个等次，进行评定。培树“楼宇党建”品牌，各社区根据党员居住区域，以楼栋为单位成立“楼宇党支部”，为党员就近学习，就近活动，就近发挥作用提供方便。围绕楼宇居民所关心的热点、难点问题，开展“居民说事”“党内关爱周”“说句心里话”等活动，把党的工作覆盖到楼宇，实现“支部建在楼宇，组织就在眼前，党员就在身边，奉献就在社区”。培树“守望党建”品牌，完善党员管理制度创新。对辖区内因年龄较大、体弱多病、行动不便而不能参加组织生活的102名老党员，各社区以网格为单位，进行摸排、结对、造册，实行“组织生活信息卡”传递制度。由本支部内政治觉悟高、认真负责的党员每月按时将党和国家的方针政策以及街道、社区的各项工作传递给他们，并听取他们对社区建设的意见和建议，使老党员们能及时了解党的方针政策和街道社区的工作情况，架起党组织和党员的“连心桥”，做到党员活动全覆盖。

【精神文明】 以服务居民为主线，广泛开展丰富多彩的文化活动，打造社区文化精品，提升社区品味。开办社区大讲堂，夯实全民素质培育工程基础。组织老干部宣讲团深入社区、走进网格，开展各种时政理论宣讲活动；针对居民多样化学习需求，依托网格讲堂、社区讲堂、楼宇讲堂、客厅讲堂、露天讲堂五大讲堂和丽洁培训学校、爱心工艺坊等，开展道德、礼仪、健康、法治、心理、电脑、手工、文明劝诫等特色教育，不断丰富居民生活，年内已举办各类讲座190余场。开展多种形式的文体活动，丰富居民文化生活。今年重点扶植好妈妈合唱团、酷妈舞蹈队和模特队，逐渐壮大形成规模。年内，街道共有40支文体队达5000余人，分别在九河公园、文化广场、城建怡园搭建三个居民快乐大舞台唱红歌、搞健身，开展群众性文化活动，举办了“第五届邻居节”“第十二届群众歌咏演唱会”“我们的节日”礼仪展，首届网络春晚等大型活动140场次，开展网格文艺展演等多彩的活动200场次。培树典型，强化示范作用。举办“第五届社区道德模范评选”活动，根据《胥各庄街道道德之星评选实施方案》，经过社区评选、街道审核，选树挖掘典型人物和先进事迹，先后推选出社区模范代表李德洪、孙兆春等78名，并将涌现出来的这些典型人、典型事迹，分门别类建立典型库，并编辑成小册子，通过媒体、社区报、社区网络等进行宣传，引导社区居民学典型、争当模范，全面提升居民素质。

【环境综合整治】 为提高街道环境卫生管理水平，改善小区环境卫生状况，对123个生活小区环境卫生实施精细化管理，建立健全环境管理长效机制。采取志愿者劝导、党员义务劳动方式，重点抓好居民小区清扫保洁、绿化养护、卫生死角、乱堆乱放和小广告的清理，做到巡查、自查、督查“三到位”，为居民营造出干净整洁的生活环境。年内，街道各社区共开展环境卫生专项整治活动6次，共清运装修垃圾40吨，清除绿化带中杂物100余车，卫生死角25处，清理乱堆乱放320处，乱栽乱种100余处，清除乱贴乱画6000余处，保障各生活小区环境整洁。

【社会稳控】 以矛盾纠纷少、治安秩序良好、辖区和谐稳定为目标，建立街居综治网络体系，认真开展矛盾纠纷排查调处。落实领导班子成员轮流接访制度，认真接待解决居民反映的问题，做到能当场化解的，当场化解；不能当场化解的，在做好群众思想工作的基础上，明确解决时限。年内共接待来访群众30余人次，受理群众反映的各类问题20余起，办理人民来信件4件，解决群众合理诉求20余起。社区书记作为具体稳控负责人，落实相关责任机制，做到各司其职、责任明确、责任到人，确保“小事不出社区、大事不出街道”，确保了辖区社会稳定，为居民营造了安定、祥和的生活环境。开展“六无”社区创建活动，抓好各类法制宣传和教育，开展好警示教育、重点人员帮教等工作，增强社区居民的民主、法制、安全意识，提高突发公共事件应急处置水平。

【社会事业】 把服务居民作为所有工作的出发点和落脚点，着力解决与居民群众生活密切相关的问题，办实事、办好事，努力提高居民的幸福指数。低保金和优抚款每月及时足额发放到位，两项款项全年累计发放320万元；一次性发放款项及时足额发放到位，全年为13名自主择业退役士兵发放一次性经济补助款44万余元，为20名城镇非农业义务兵发放优待金36万元。为街道599名80周岁以上老年人发放高龄津贴40.88万元。2016年春节期间，街道共慰问辖区内各类困难家庭537户次，慰问金30.44万元。为25名优抚对象发放拐杖、坐便椅、助视器、矫形58件；为50名残疾人员发放了轮椅、手杖、腋杖、助听器、助行器50件，把特殊人员需求落到实处。年内街道有在册育龄妇女9971人。年内出生人口771人，其中一孩生育413人，二孩生育343人，多孩生育8人，政策外出生7人。实施计划生育手术33例，其中：放置宫内节育器21例，人工流产12例；政策生育率99.07%；育龄妇女综合避孕节育率100%。

中共街道工委书记：冯立国
办　事　处　主　任：唐秀德

（张建新）

道德模范

苏铁恩

苏铁恩，男，汉族，1946年生，中共党员，高中文化。2016年任唐山宝铁煤化工有限公司董事长、唐山华熠实业股份有公司副董事长。2004年经他主持由唐山国丰钢铁有限公司、惠达陶瓷集团强强联合创办唐山宝铁煤化工有限公司，并先后建成星宝建筑材料、万丰兴化工、宝翔化工、华熠化工、佳跃化工、宝顺化工等7家子公司，创造独具特色的产业链条不断延伸的模式。2016年，宝铁煤化工固定资产达8.8亿元，员工1100余名，

产品远销全国各地及俄罗斯、印度、韩国等国家。苏铁恩热心公益事业，履行社会责任，企业先后拿出1000多万元支持本村兴建村民住宅楼、农田水利建设、办电、修路等项活动。1996、2007年苏铁恩两次获“唐山市劳动模范”称号。

杜恩庆

杜恩庆，男，汉族，1965年4月生，中共党员，大专文化，丰南区信访局副局长。杜恩庆在信访工作岗位上十几年，以“追求工作一流，群众满意”为座右铭，做信访群众的贴心人，赢得各界的一致好评，杜恩庆从事信访

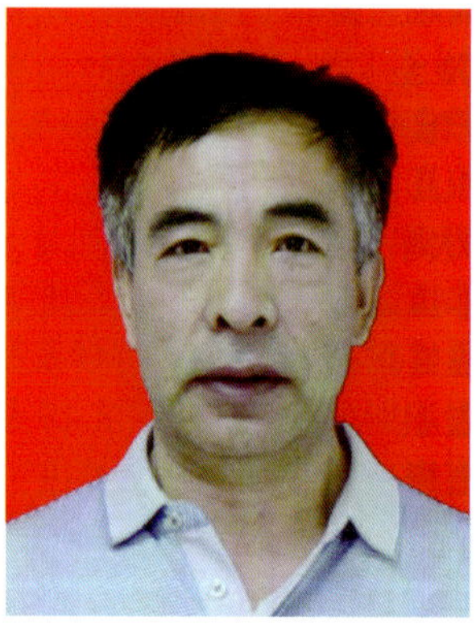

工作以来，先后参与化解丰南企业改制到破产及压产能、企业关停，以及特殊群众维权和非法集资诈骗、民间借贷等引发的一系列群众信访案件，接待信访群众6000余人次，协调解决信访案件1200件次，参与解决重大疑难信访案件190余件，参与处置化解集体上访、群众性事件70多起，协调解决农民工工资涉案金额5亿多元，获“唐山市委信访工作先进个人”“唐山市信访系统十佳标兵”“振兴唐山三等功”“优秀共产党员”等称号，2015年被评为“丰南区劳动模范”。

陈秀荣

陈秀荣，女，汉族，1967年2月生，群众，小学文化，尖字沽蒲台河村民。陈秀荣夫妻婚后一直未生育，1999年1月1日抱养一个女孩，精心养护。然而，孩子个子比同龄儿童小，

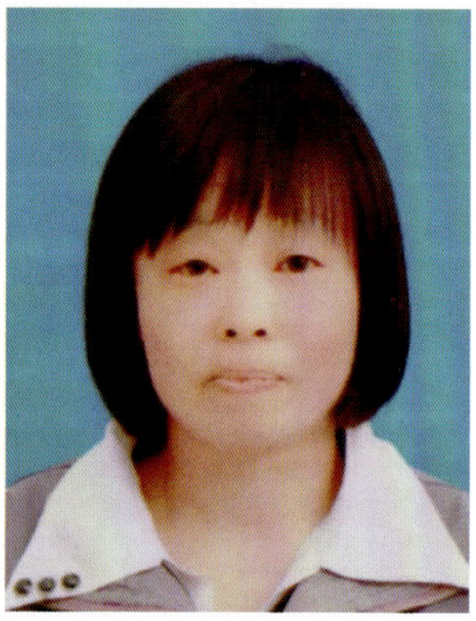

经常感冒、咳嗽发烧，1周岁多不能走路、说话，被确诊为法鲁氏四联症，是一种先天性心脏病、先天性内腭裂病。限于孩子年龄和家庭经济条件，2007年，女儿8岁时在石家庄医大二院做心脏手术，住院42天，花治疗费7万多元。为女儿做完心脏手术1年后，又为女儿做腭裂手术，各种费用花去5000多元。随着病情的发展，女儿生活仍不能自理，全靠陈秀荣夫妻俩照料。夫妇俩15年如一日，不离不弃，精心护理，受到村民称赞。

高海英

高海英，女，汉族，1974年3月生，中共党员，本科，胥各庄小学校长。高海英从教20多年来，勇于教

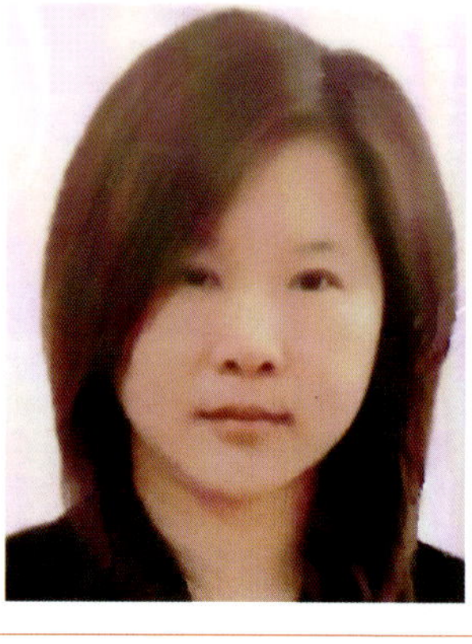

改，在课堂教学方面形成独特的教学风格。在参加全国小学课堂教学比赛中获得一等奖三次。参加河北省教学比赛中先后获一、二等奖五次。为唐山市、丰南区做引路课、示范课等达50余节。省内交流送课遍及8个市17所学校，应邀唐山市10个县区做示范课、专题报告15场次。论文发表于国家刊物12篇，省级刊物75篇。先后被评为唐山市优秀教师，唐山市首批名师，唐山市建功产业巾帼标兵，唐山市三八红旗手、丰南区优秀校长等称号。在教育部“十一五”“十二五”教育课题研究中，主研的八个课题均被评为国家、省一等奖，获教育部课题研究先进个人称号。2015年12月胥各庄小学以全省最高分、高标准通过河北省素质教育示范学验收，成为河北省素质教育示范学校、河北名校。

陈广岭

陈广岭，男，汉族，1964年9月生，中共党员，大学文化。丰南区民营企业家，天津友发集团副总裁，唐山正元管业有限公司总经理（法人代表），党支部书记。2005年，陈广岭提议天津友发集团高层领导买断国丰钢管厂，成立唐山友发钢管制造有限公司，并任常务副总经理；2008年，陈广岭主持收购稻地镇新利达钢管厂，并被任命为总经理，2010年，陈广岭在丰南沿海工业区征地27公顷，投资10.5亿元，建设唐山正元管业有限公司。经过十几年的打拼，三家钢管企业年产量连续多年保持在350万吨以上，直缝焊管与热镀锌钢管产销量排名河北省第一，2016年纳税5900万

元，陈广岭在发展企业的同时，不忘带动当地群众致富，安排300多名群众就业，年可增加收入1800多万元，2012年至2015年公司党支部多次被丰南区委评为先进单位，陈广岭多次被评为丰南区、唐山市劳动模范。

刘桂营

刘桂营，男，汉族，1980年4月生，中专文化，唐山国丰钢铁有限公司职工，2003年7月进入国丰钢铁公司，负责公司原煤，焦炭的接站看护及下站押送工作。由于工作积极，多次被公司评为优秀员工。1998年，刘桂营在部队服役时，当地医院急需“B”型血，请求部队支援，刘桂营毫不犹豫地挽起衣袖，检验后，献出平生第一

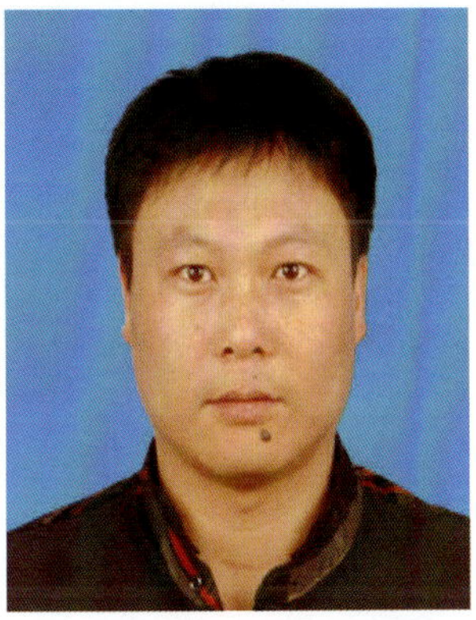

次“血”。刘桂营的第二次献血是在复员后的2010年6月，在城区的丰南礼堂门前的无偿献血车捐献400毫升全血。半年后的一天，刘桂营接到唐山市中心血站的电话，准时到达血站，献出两人份的机采血小板。从2003年以来，他共捐献成分血达84人份，相当于捐献全血33200毫升，近似9个正常成年人全身血液之和。由于献血表现突出，他被授予“丰南区最美职工”称号。

么虹亦

么虹亦，女，汉族，2002年12月生，共青团员，丰南区银丰学校八7班，在校初中学生。2013年2月23日，么虹亦刚过完10周岁生日，第二天清晨6点多钟，突感后背疼痛，双腿麻木，不能动弹，大小便失禁。经北京天坛医院确诊为脊髓硬膜外血管出血，压迫脊髓神经，导致高位截瘫。如不及时手术就会有生命危险，在北京医院从早晨6点多钟发病到晚上10

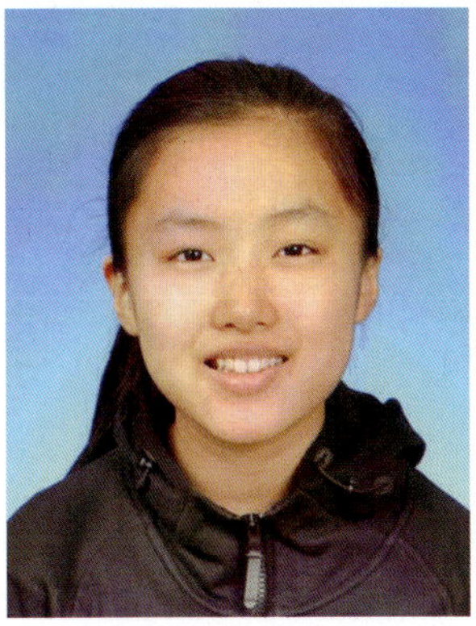

点半，手术成功结束，16个小时她没有哭闹过一声。她通过三年半的刻苦康复训练，已经能摆脱轮椅，徒步上学，坚持带病上学，每次的考试成绩都很优秀，么虹亦的《读国学，论“活”着》被区教育局评为二等奖。2016年，先后被评为“校内星级少年”“市级三好学生”。

陈 兵

陈兵，男，汉族，1974年10月生，群众，中专文化，唐山市龙泉机械有限公司经理。公司于2010年从唐山迁入尖字沽乡投资4000万元建厂。主要生产重型汽车牵引座，并通过国际质量认证，年可创产值1亿元，利税1600万元。陈兵坚持信用至上的企业经营理念，诚实守信。2016年，公司与安徽华菱重卡、江淮重卡、徐工重卡、上汽依维柯红岩重卡、北京福田中国重汽济宁商用车等六大公司签

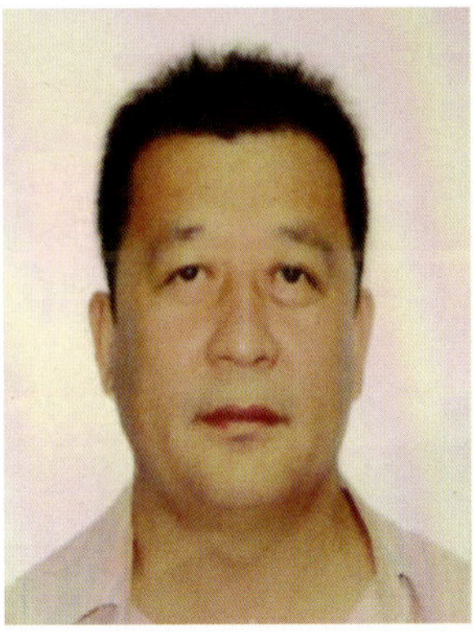

订9份订单合同，履约率达100%，产品客户满意率为100%。公司严格遵守劳动合同法，维护职工合法权益，为公司所有168名员工，签订劳动合同，并足额缴纳社会保险金，他积极捐资公益和教育事业，2016年以来，先后捐资4万元为雁翎庄村添置办公用品和校园建设。

关夏微

关夏微，男，汉族，1989年6月生，中共预备党员，中专文化，东田庄乡派出所警务辅助员。2015年12月27日下午6时30分，关夏微下班开车途经唐津运河东岸时，突然看见河里一个钓鱼的人跌入冰窟窿里，发出呼救声（溺水者姓刘），关夏微来不及脱掉身上的衣服拿起绳子向落入冰窟窿中的刘某跑去，由于冰薄他也掉进冰

水中，但关夏微不顾一切，奋力用手肘砸冰，向刘某游去，接近后，将绳子系在刘某的腰上向岸边拉去，在路过岸边群众的协助下，将刘某救上岸来，他不顾冰冷的身体，用车将其送回家，被救刘某的家属非常感动，拿出2000元钱表示感谢，关夏微婉言谢绝。2016年3月，关夏微被丰南区政府政法委授予“2015年见义勇为先进个人”称号。

刘志红

刘志红，女，汉族，1970年出生，初中，群众，西葛镇西尖坨村民。刘志红1987年出生的儿子安朋飞是一名先天性脑瘫患者，不能站立行走，也没有平常人应具备的语言表达能力。丈夫安敬亮在2005年时，因脑出血也瘫痪在床，生活不能自理。每年两父子的医药花费需1万多元，多年医药

开销，让家庭背负几万元欠债，面对脑瘫的孩子和瘫痪在床的丈夫，刘志红没有怨天尤人，始终保持乐观的心态，一面打工赚钱养家，一面照料儿子和丈夫的饮食起居，一个人扛起整个家庭的重担。从儿子8岁起刘志红就教会他读书写字，用坚强乐观的精神为儿子、为丈夫支撑起一片天空。

（李金声）

优秀教师

张建平

张建平，女，汉族，1982年12月出生，本科，群众，丰南区王兰庄学校教师。张建平自2000年参加工作以来，爱岗敬业，以身作则，用爱心、细心、耐心教育每一位学生，在班主任岗位上坚守16个年头。做为教研组长，认真钻研课堂，带领教师摸索

创新出一套符合学生实际的英语课堂模式，在全区“创建高效课堂，推进三级建模”活动展示中，张建平的英语课堂模式受到全区同行的认可和好评。在第六届、第七届全国初中英语教师技能大赛中获一等奖，第九届全国初中英语教师基本功大赛优秀课展评中荣获国家级一等奖。2016年，被评为“丰南区首届英语学科带头人”。

肖 静

肖静，女，汉族，1976年10月出生，本科，共产党员，丰南区经安中学教师。肖静作为一名普通的农村地理老师、班主任、教研组长、年级组长，始终把自己作为一个服务者来看待，为学生服务、为同事服务、为

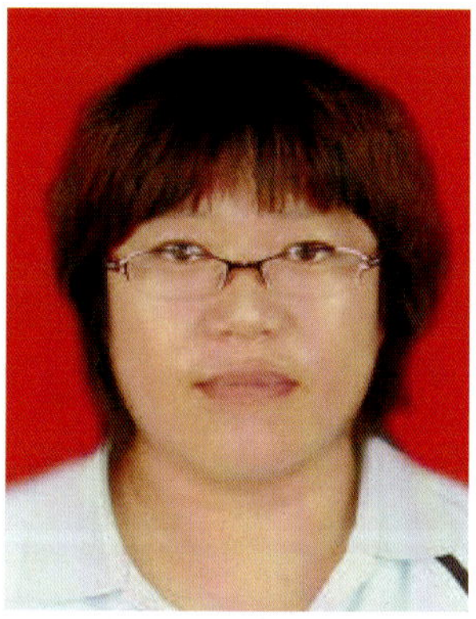

学校服务、为教育事业服务。在2016年3月份“一师一优课”评比活动中凭借《干旱的宝地——塔里木盆地》课程，获得“部级优质课”称号。2014年参加河北省校本课程说课活动，以《与海洋生物亲密接触》课程，获得一等奖，获得区级政府三等功。

王莉丽

王莉丽，女，汉族，1979年8月出生，本科，群众，丰南区第二中学教师。王莉丽自从参加工作后，一直奋战在教育教学第一线，并担任着班主任工作。因业绩突出，三次荣立三等功，两次获政府嘉奖，四次被评为区优秀教师、优秀班主任，两个年度所带的班级被评为省市区级先进班集体。作为任课教师，积极投身教学改革，从“优化课堂结构，提高课堂效率”

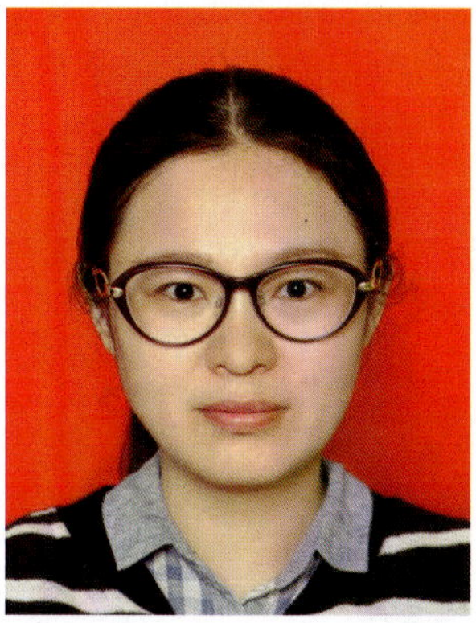

入手，一边出入图书馆，深入探索科学实用的教学方法，2016年高考所带班级虽然是理科B班，但二本上段率67%，创下有史以来的最好成绩。有7节课被评为区级优质课，2节课被评为市级优质课，4个教学设计分获市级、区级奖励。在各级各类刊物发表论文10篇。

佟建民

佟建民，男，满族，1977年7月出生，本科，中共党员，丰南区职业技术教育中心教师。十多年来，在丰南职教中心，佟建民一直从事班主任工作，摸爬滚打中他渐渐熟悉教师这个行业，在师德方面，遵纪守法，模范地遵守师德规范，爱岗敬业，在教学方面，教书育人，严谨治学，潜心钻研，乐于从教，勤奋工作，不断创新。所带的班级曾多次获得校级“五星级班集体”“五星级团支部”“学风建设先进班”“技能大赛一等奖”“丰南区先进班集体”“唐山市先进班集体”“河北省先进班集体”等称号。2013年入选为河北省首届百名优秀班主任人才库。取得区政府嘉奖四次、

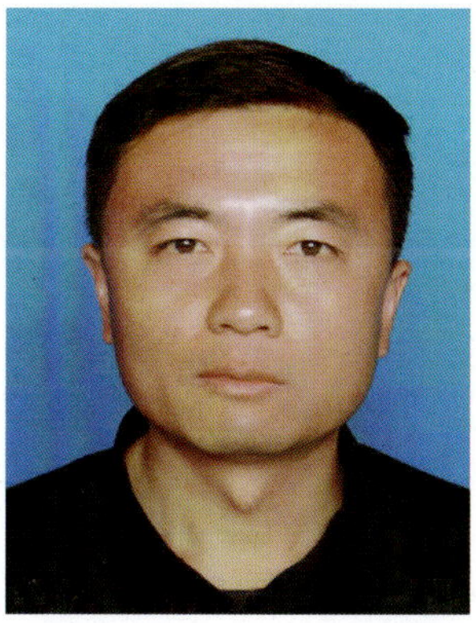

三等功一次，“唐山市职业教育先进工作者”“区师德标兵”“唐山市优秀班主任”“省级德育先进工作者”等称号。

刘艳秋

刘艳秋，女，汉族，1975年9月出生，本科，群众，丰南区实验学校高级教师，1994年8月参加工作。刘艳秋用耐心、爱心、诚心感化教育每一个学生和家长。在工作中师生平等、

生生平等，不分厚薄地对待学生，经常与学生谈心，做学生的良师益友。耐心与家长沟通，争取在学困生转化上取得家长的理解与支持。刘艳秋管理的班级在各项活动中都取得较好的成绩，在班级量化评比中每周都名列前茅。2016年中考，班里有17人考入丰南一中，其中有15人考进全区前300名，被丰南一中实验班录取。

齐彩颖

齐彩颖，女，汉族，1979年6月出生，本科，群众，丰南区银丰学校教师。1999年8月参加工作至2016

年6月担任班主任，在多年班主任生涯中，多次获得丰南区政府嘉奖，多次被评为区级、市级优秀教师、区级教学能手，所讲的课多次获得省级、市级、区级优质课，其中《浮力》获河北省物理说课大赛一等奖，所撰写的论文多次获得国家、省、市级一等奖。所管理的班级曾多次被评为校级、市级、省级星级班集体荣誉称号。

李文兰

李文兰，女，汉族，1979年9月出生，本科，群众，丰南区第一实验小学教师，1998年8月参加工作。明确的目标，详细的方法，细致的分工，是李文兰班主任的工作艺术，所带班级各项工作均名列前茅。她在参加丰南区第三届、第五届、第六届班主任大赛中获优胜奖，参加唐山市第五届

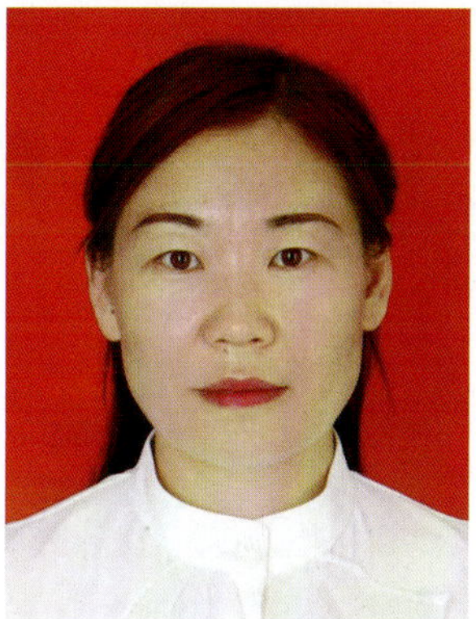

中小学班主任基本功大赛获二等奖。2002年记丰南区三等功，6次荣立丰南区政府嘉奖，多次被评为唐山市优秀班主任、唐山市优秀教师、唐山市优秀教研组成员、丰南区优秀班主任、丰南区优秀教师、丰南区师德标兵等称号。所带班级体多次被评为河北省先进班集体、唐山市先进班集体、丰南区十星级班集体等称号。

赵福才

赵福才，男，汉族，1979年1月出生，本科，中共党员，丰南一中教师，教务处副主任，国家二级心理咨询师，2003年8月参加工作。赵福才平时善于思考，勇于创新，在教学和管理中均成绩斐然。2016年，高考所带班级

高考成绩一本入段率81%，在十县区一中领先。2003～2012年一直担任

班主任工作，班级成绩优异，教学方面努力思考，形成具有自己特色的教学模式。多次获全国、省教学比赛一等奖，曾参加全国高中信息技术与学科融合课大赛、河北省地理学科优质课大赛、河北省课件大赛等均获一等奖。被评为河北省优秀班主任、唐山市骨干教师、唐山教研室高中地理命题组成员、丰南区首届学科带头人，多次获得丰南区政府嘉奖、丰南区优秀教师、丰南区师德标兵等荣誉。

董君梅

董君梅，女，汉族，1979年9月出生，本科，中共党员，丰南区实验小学东校区高级教师，董君梅始终坚守自己的职业操守，时时为学生着想，处处维护学校的形象。董君梅不断地从书本中汲取营养，在不断累积和丰富着自己的教育教学经验，经过多年

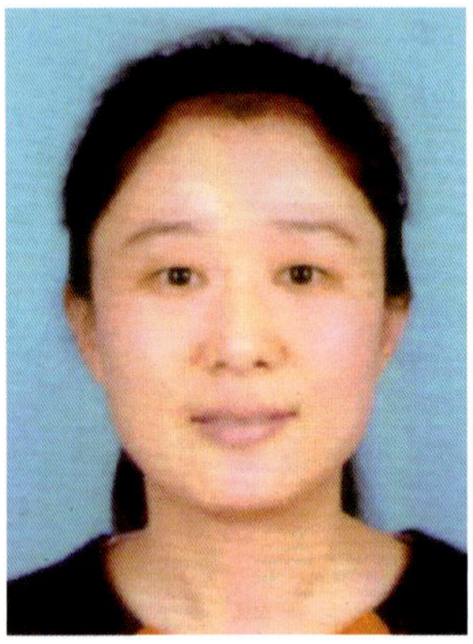

的积累，出版第一本专著《我的语文世界》；论文《找准“触点”教语文》《学好语文“读”为先》《烹调语文课堂的良方》等三篇文章先后在《教育实践与研究》上发表，《刷子李》《伯牙绝弦》等二十余节课在各级各类比赛中获奖，先后两次为唐山市骨干教师做专题报告，主持、参与的唐山市《语文教学中组织学生自主学习途径的研究》，“十二五”《网络教研促进教师专业成长的实践研究》两个课题结题。指导三名教师在全国、全市比赛中获奖。

李 惠

李惠，女，汉族，1980年7月出生，本科，群众，丰南区第四中学教师。从1999年8月参加工作以来，李惠就一直担任班主任工作，曾4次被

评为“丰南区十星级班主任”，6次荣获政府嘉奖，2次记三等功。李惠工作的单位是一所农村寄宿制学校。每天坚持六点到校，中午不回家，陪孩子上晚自习，对学生严而有度，用爱与学生交流，用真诚与学生相处，尤其是面对特殊生，更是从细节入手，不厌其烦，用真情感化一批批学生，赢得学生的尊重和家长的认可。李惠多次在市、区级的比赛课和展示课中获一等奖，多次被评为市级、区级先进教学工作者，所带班级被评为“丰南区十星级班集体”。

郑连生

郑连生，男，汉族，1979年6月出生，大专学历，中共党员，丰南区大齐各庄中学副校长，1998年8月参加工作。从教十八年来，郑连生严于律己，率先垂范，遵守师德，以饱满的热情、求真务实的工作态度，圆满完成各项教育教学任务，连续五年被评为“优秀”， 三次记功表彰，三次

被评为丰南区优秀教师，一次被评为丰南区优秀班主任，五次获唐山市中学先进教学工作者，指导的学生有五人次获省级荣誉。2013年参加在成都举行的全国实验课例展演获一等奖，指导教师乔建晶参加河北省实验案例评比获省一等奖；2014年指导学生参加河北省第十一届自制教具比赛，两件作品获省一等奖，三件作品获省二等奖，郑连生作为唐山市初中学校唯一代表在全市装备会上做典型发言，2016年参加河北省实验课例展演获一等奖。

（徐 建）

2016年度区管领导班子和领导干部及机关事业单位科级以下工作人员综合考评结果

丰南字〔2017〕2号

一、领导班子

（一）优秀领导班子

1. 乡镇：小集镇、丰南镇、黄各庄镇、大齐各庄镇、柳树瞿阝镇。

2. 区直单位：区委办、区人大机关、区政府办、区政协机关、区纪委（监察局）、区委组织部、区委宣传部、区委政法委、区委农工委、区委统战部、一中、区妇联、区行政服务中心、区信访局、区职校、区供电公司、区农广校、区机关事务管理局（接待办）、中医院、团区委、区编办、区委老干部局、区医院、二中、区委党校、区工商联、区公安局、区法院、区检察院、区教育局、区发改局、区人资社保局、区卫计局、区司法局、区工信局、区安监局、区国土局、区环保局、区商务局、区地税局、区交通运输局、区民政局、区住建局、区国税局、区科技局、区市场监督管理局、区统计局、区水务局、区林业局、区规划局、区审计局。

3. 经济开发区：小集经济开发区、临港经济开发区、丰南经济开发区。

4. 街道：胥各庄街道。

（二）良好领导班子

1. 乡镇：王兰庄镇、黑沿子镇、大新庄镇、岔河镇、东田庄乡、尖字沽乡、南孙庄乡、钱营镇、西葛镇、唐坊镇。

2. 区直单位：区直机关党工委、区总工会、区广播电视台、区防范办、区文联、区残联、区供销总社、区科协、区委党研室、区联通公司、区气象局、丰南烟草、邮政丰南公司、区文广新局（旅游局）、区城管局、区农牧局、区财政局。

二、区管干部

（一）优秀区管干部（273名）

1. 2016年度区管领导干部综合考评优秀人员名单（181名）

（1）公务员及参照管理人员（166名）

考评为优秀等次记三等功奖励（26名）：李玉祥、李红明、董彪、董喜春、董进宏、孙海芬、王成如、崔凤国、王印文、班有胜、郑卫东、徐敬成、董焕德、崔立民、孙长林、董国才、李国平、徐春来、尹铁安、陈强、董文明、董连庆、翟志达、姚宝富、田勇、侯荣奎。

连续三年考评为优秀等次记三等功奖励（16名）：张宗普、么存柱、安鑫、李继忠、张彦军、王贵东、张兆华、陈久武、曹立新、王长春、杨利元、朱润高、赵洪生、董秀国、孙志林、于树权。

嘉奖（124名）：郑立更、李顺民、李亚荣、王子山、杨龙昌、李银竹、李昌山、翟雁历、苗建喜、田宝生、刘利民、胡克杰、黄作铁、李荣庆、李春丽、翟维利、刘祚合、佟建新、杨军、张玉春、赵亚林、李玉玲、孟令稳、张翠娟、毕志安、刘凤文、李德宏、高武胜、刘景平、董淑艳、董薇、郑新波、王爱英、韩冬、田静敏、安秀山、刘洪生、张立锁、张艳春、孙满强、孙满宗、孙立强、崔红、陈柱、张学军、毕春星、史有胜、王鸿程、邢承勇、田树鹏、董旭军、刁莉、董成全、王得礼、汪印合、董丽砚、刘育文、郑春、杨子海、董愈生、王成、张凤国、张大忠、李宗林、肖德满、王秀玲、李健、赵树民、白桂敏、闫宝全、张增勇、张全胜、董文再、郑明策、杨卫星、李龙彦、董秀凤、毕加宁、李晓杰、佟艳军、张成志、孙丽娟、董刚、李国旺、王彦力、佟建民、冯立国、张焕合、么洪权、张宗申、魏凤林、王燕波、冯彦军、刘少春、李小先、田淑俊、黄永、董金海、张福增、赵明博、薄增双、王志刚、曹振存、刘文杰、王宏升、梁爱军、孙东军、王海丰、孙雷、董志华、李益民、马德园、李任东、胡兆健、李术胜、赵永林、唐永田、张伟、王艳玲、马红帜、郝连兴、李栋、杨承伟、张广暖。

（2）事业人员奖励（15名）

考评为优秀等次记大功奖励（2名）：崔建生、刘天悦。

记功奖励(5名)：王立军、于善光、肖泽亮、张荣江、佟国敏。

连续三年考评为优秀等次记功奖励（3名）：董福胜、郑丽萍、张全忠。

嘉奖（5名）：张立民、肖泽利、王立祥、王顺宝、毕星涛。

2. 2016年度后进村治理整顿活动考评优秀区管干部人员名单（79名）

（1）考评为优秀记三等功奖励（18名）：闫志强、李春生、于春海、韩雪松、李凤雷、毕会军、张爱民、王仕权、刘存福、王亦国、孙怀文、李凤新、王鸿海、安冬青、赵昌明、李连明、赵昌勇、刘立军。

（2）连续三年考评为优秀等次记三等功奖励（9名）：郑印红、吴国清、韩凤友、杜子胜、李立业、刘建全、裴志勇、张乃辉、刘振平。

（3）嘉奖（52名）：李劲松、吴志勇、张德强、郑云平、林学军、孟晓春、郅月光、董毅、毕义江、郑鹏利、郑立新、王会义、肖佐勇、翟志刚、邢军、郑玉和、孙长柱、张海峰、赵丽稳、安淑花、邢文才、李艳玉、张进、张鑫、王增学、何普、李建奎、赵东辉、范春明、刘文江、郑立生、黄宝金、肖素霞、赵子旭、马宝坤、孟美杉、单志刚、谢志新、董鹏飞、王国江、王怀成、佟建宝、王保儒、么建军、马顺利、孙乐平、李继忠、邢合新、冯天骄、郑兴、刘建、孙树江。

3.2016年度美丽乡村建设工作考评优秀区管干部人员名单（13名）

（1）连续三年考评为优秀等次记三等功奖励（3名）：肖子成、王砚耕、刘艳彬。

（2）嘉奖（10名）：王玉全 、薄立新、王长军、李俊平、李守安、吴祝卿、张浩、樊立昌、郑金勇、肖佐成。

（二）称职领导干部（564名，名单略）

（三）不称职领导干部（2名）：孙善利、么殿猛。

三、科级以下工作人员

（一）党群、政府系统一般工作人员综合考评优秀人员名单（1488名）

1. 公务员及参照管理人员（208名）

考评为优秀等次记三等功奖励（3名）：张英健、苗润开、肖长永。

连续三年考评为优秀等次记三等功奖励（19名）：安春生、孟令伍、肖爱国、刘志勇、张照丹、刘佳庆、孙晓美、李凤阔、陈桂香、吴太银、王云霄、吴雨桐、毕顺喜、刘侠、刘国旺、翟红、佟继宏、赵建华、孟剑。

嘉奖（186名）：孙田生、闫志刚、郗春义、肖良辉、李凤庆、王晓霞、毕晓琴、吴铁君、刁艳新、张永、孙绪伟、徐国军、王丽敏、李炜、李正宝、冯晓勇、杨英、高晓琳、杨桂芝、周亚敏、付振兴、李玉芬、韩振力、浦秀艳、赵嘉、李印菊、李莉、孙正国、张萍、毕立刚、田军华、杜善悦、郑金宇、娄鑫、刘立全、王久顺、李宝胜、冬艳丰、张健、李欣、刘仕明、杨兆海、王子龙、付敬生、吴冬祥、李智杰、陈志坚、孙国胜、李明、刘忠恒、王斌、任雪亮、付宝峰、王新宇、王浩、安若冰、么彦阔、毛仕文、贺雅丽、杜爱国、李栋梁、郑建兵、王立军、孙荣生、王洪峰、刘彦双、刘志强、王冰、刘懿、汪建平、谷中强、董振辉、李国庆、么增文、董学利、王桂颖、薄秀云、董辉、方昊、卢爱青、陈玉石、张国永、冯婧、高春雷、陆良胜、万飞、何宇、韩亚雪、邱悦、郑国宏、刘超泽、李辉、冬洁、刘倬业、王建立、毕海、徐涛、赵素丽、田文山、冬蕊、任志红、刘婷、刘立华、王立成、杨洁、刘小娜、高俊玉、李磊、闫东宝、孙艳凤、齐凯杰、李奂莹、赵胜宇、郭建利、孙立冬、王宏丽、陈晨、刘丽伟、朱振玲、成振兴、韩冬兰、王志军、张远生、陈荣云、欧颖、李振川、薛炜、贾依依、周慧、刘丽娜、刘春霞、陈颖、赵惠锦、吴硕、董建英、郑威、孙善春、张进军、李子辉、李建江、李金定、马翠艳、张学民、肖斌、郝国庆、贾春生、董立臣、郭壮、张祥全、刘勇、王欢欢、李长富、侯立军、李延生、任雅坤、包铁军、马艳军、肖春宝、李久喜、高学林、夏学东、郑卫全、肖长华、郑立武、李京、李志宏、孙玉梅、魏树龙、王宝敏、郑金洁、陈雪梅、王志福、李德胜、王凤琴、张学会、毕俊东、杨胜昌、董连国、王丽红、卞晨、徐宏、耿双莲、李海荣、孙昌菊、董丽丽、张莉。

2. 事业人员奖励（1280名）

考评为优秀等次记大功奖励（24名）：靳玉君、李荣娟、董成旭、单守刚、李国华、琚春玲、毕双强、董佳顺、王林、李怡红、臧宝丽、田爱钊、赵东海、董志伟、赵福才、王强、王晓全、翟国胜、韩志刚、刘永顺、钱洪涛、么守岐、杨秀伟、琚兆辉。

记功奖励(145名)：刘宏业、么琦、么瑞君、宋辉、魏凤武、杨占威、侯丽平、董宝玉、孙肖楠、吴玉红、边立顺、杜兴、高军良、刘宗魁、闫绍永、赵云一、毕伯海、李佳梅、刘翠芝、孟艳萍、王彬、张伟、焦春良、赵永生、董跃华、张国庆、蔡玉学、孟东辉、赵立颖、王丽珠、薄永安、石绍新、杨学军、董志刚、张秀梅、韩敬、杨哲、张英、刘双双、刘玉明、杨静、孙艳君、赵恩静、李梅、王秀玲、刘立忠、王立娟、杜美容、刘庆英、张乃波、刘艳丽、张在林、董清、刘少然、韩乃良、侯海春、宋丽丽、赵彩艳、孙岩、杨国强、计月华、杜艳香、刘义功、付宝强、孙晨娜、陈雪、李来艳、肖立军、杨喜龙、白少松、刘海川、刘荣福、王志昌、郑鑫、王春生、黄军成、董卫东、赵淑芬、赵秀山、刘庆勇、武玉红、张建华、郭海华、张桂敏、赵淑莲、赵光明、吴丽娜、杜亦国、毕晓光、董立明、郗静、张玉莲、孙士尊、郑巍、孙雪莲、肖刚、孟玉玲、李淑云、关丽玲、裴海霞、毕卫东、董金凤、李晓娟、孟献波、董利杰、张秀稳、田文先、李柏蕊、刘东、董旭玲、王双、王圣宇、刘爱军、信淑春、李郝、赵海明、王明、杨艳泽、刘巧玲、郑伟颖、张艳茹、窦忠华、庞凤、孙莹、董爱云、孙海柱、施建立、李丽、刘惠娟、陈双志、李海杰、高久悦、郑付娟、王艳华、钱云艳、张志超、陈桂芬、梁艳红、张亚男、孟娅、孙东宝、孙海敏、孙振兵、李艳玲、李根。

连续三年考评为优秀等次记功奖励(130名)：边立建、冯树林、柳静波、陆向峰、李斌、孙荣礼、姚金霞、孙志国、王彩艳、王雪梅、郑硕、彭会玲、王磊、肖茂臣、杜爱刚、李卫东、梁义敏、刘洋、张瑞宝、毕新民、王荣平、林娜、董建英、柳东芝、魏淑芬、高艳香、李福国、李少柱、李志涛、梁蔚、裴树军、孙桂民、肖延栋、张俊强、付建秀、刘作花、张菊、毕赵军、高双福、董淑娜、李会全、刘洪文、魏爱彬、贾建波、梁立山、王春伟、王海涛、王慧英、赵文新、毕艳升、曹建春、高贺会、李卫峰、王俊娟、赵军伟、薄洪生、王洪颖、陈俊利、么翠梅、高长宏、李健华、裴立军、董金凤、李小爽、徐志宏、董来军、梁玉喜、刘英、宋焕乐、王生福、韩国富、吴井东、王庆艳、孙秀英、王金艳、薄爱菊、孙福祥、张庆福、赵海军、李凤银、霍文玲、么亮、刘淑利、付守梅、王金平、孙艳芬、刘艳平、王佃彬、娄冰、佟陈亮、屈俊立、王建坤、尹志强、张剑林、孟章良、王正义、王海英、董江威、丁利民、刘蕊、车凤莹、董淑君、孟军玲、卢建旺、王金山、周再钊、高海英、李志生、孙然、高多多、么素霞、李秀玲、刘会兰、毕绍艳、王秀云、安兰香、钱春英、王利亚、董俊秀、李苹、宋志刚、李金凤、赵安春、王恩生、徐新华、高淑琴、李刚、黄宝辉、毕羽飞、齐永胜。

嘉奖（981名）：杨秀军、边少玉、曹维群、陈爱平、陈宝永、董翠英、董庆骅、董玉海、高海英、何文忠、李洪武、刘翠敏、吕宝力、马丙亮、马志敏、孟维俊、孙亮、孙贵忠、孙俊平、孙立山、王春艳、王晓倩、崔文彪、李东生、刘健、么玉海、任长双、宋佩华、王浩臣、薛建伟、殷利亮、刘春光、焦国兰、李海霞、孙会军、于清华、刘艳丽、李涛、李金才、李瑞、李振勃、孟琳、王立全、王丽平、王文军、张志平、赵文录、郑福利、郑晓山、孙静红、杨敏慧、孙金玲、班立成、毕志军、徐桂山、张宝莹、张春前、张洪建、赵俊兴、周士军、高大成、解建军、李宏杰、刘彩芹、刘志伟、孟淑荣、董凤瑞、刘倬锋、毕丽丽、董嫦、董鹏、董廷和、董云涛、杜桂月、谷忠玉、郭春艳、李灵、李震、李海江、李艳君、梁丽娜、刘海超、刘雅丽、刘玥萍、刘志国、马艳敏、孙时杰、佟凤芹、王芳、王俊、王霞、王增奎、肖德强、杨志军、张新华、张艳霞、赵红霞、朱冬宇、朱明蕊、贾大成、刘继刚、孟繁垒、毕国宾、毕志兴、高文艳、王红霞、王晓龙、周卓凯、高东山、郭俊庆、李学懂、孙浩、王宇、吴慧敏、闫平、赵茉含、董洁、董振全、高克艳、胡亮、刘建丽、么志强、宋小静、孙月霞、王彩虹、王长兴、王春艳、王敬毅、王云飞、闫宝明、杨金芝、张建玮、张月、毕利国、王东良、李凤娇、曹海厅、陈海蓉、褚建新、李春和、李海新、李加庆、刘晨、刘志更、柳宝军、唐颖、田胜勇、王际洪、王树林、夏宝新、熊志庆、杨泽利、尹小军、翟支君、张付征、张桂颖、张建刚、李莉、赵金磊、王婷婷、王云姝、尹骥、赵建勇、霍美荣、梁超、汪林华、郑秋香、董立娟、付春雨、宋建军、毕爱军、毕介稳、毕卫华、陈志刚、刘文猛、王宝柱、王志刚、张凤喜、郑林霞、刘少芬、卢成年、王党生、王守文、王树申、王秀兰、姚荣华、赵建东、李玉明、刘晨、刘娟、田殿仓、王晓会、王振军、冯秋阳、宋海燕、孙肖宾、王艳凤、袁育红、白文山、毕爱菊、董爱玲、董耀勇、范红印、冯俊亮、高国昌、胡小双、李俊跃、李立军、李秀蕊、李艳华、梁小东、刘华、刘兴海、乔宪春、宋靖、宋振河、孙艳香、田伟、王福新、王伟、吴学军、杨艳涛、翟洪卫、张珏、张政存、赵树旺、董刚、李莲芝、齐颖、田芳、王娟、王彩云、王艳玲、闫广爱、赵昌安、董立梅、王学红、王尊丽、常文义、高鑫龙、李全胜、石洪、吴金权、董钰、周丽英、白剑、毕卫忠、佟伯生、张晔、郑庆新、孙丽金、边绍辉、卜镇宇、段永彬、樊亚夫、付志秀、高娜、胡可欣、季蕊、刘玮、马静、宋涛、孙秋影、王涛、王谢军、王雪飙、肖丹丹、杨占龙、郑影、朱蒙、董建军、董子满、冯立娟、黄立强、黄绍波、李保光、李国春、武保国、张丽君、周悦波、王忠、安文军、孙广文、王振宝、高俊权、王志力、周贺水、刘晓颖、高冬梅、李宝清、李翠玲、罗硕、岳春香、赵春丽、褚奎红、潘杰、王小艳、毕思朝、董晖、董绍荣、闫振平、于宝岗、张志荣、赵飞、刘继满、曹颖、陈殿旭、陈青涛、董子玉、李玲、李智、李明芹、么健、张素玲、董立杰、李彬、刘磊、卢红香、孟玲、田丰、王玉明、卫华、翟国亮、郑印友、邸亦茹、李涛、李春林、李金明、李新会、刘进、卢建华、马振旺、孟月、孙宝仲、孙晓霞、田松、田连兴、郑新才、陈萍、柳松、陶水英、董琳萍、邓立忠、董博、董恩华、董桂芹、董正武、孙宝录、董书迪、高军、李心、李光莹、李树新、李维山、刘秋萍、裴罗虎、商振东、孙鹏、王世义、王树龙、闫凤利、杨艳红、张田仁、赵宝荣、朱景利、赵晓芬、李晓妹、王爱华、付文翠、薛荣梅、李萌、刘娜、齐艳辉、周明静、艾素玲、张莉莉、林立、董金娜、付金艳、姚红霞、刘淑玲、熊淑娟、王立忠、冯秋生、杨小放、刘立鑫、毕经香、张国立、王素玲、李秋梅、杜玉苗、王丽茹、孙桂霞、赵丽英、张立霞、佟克杰、陈志茹、杨丽英、田仕娟、李艳丽、周伟丽、梁玉娇、李冬梅、张莉、孙立恒、郑爱丽、张国辉、田庆杰、孙静、刘小艳、孙腊香、谢坤楠、裴立秋、徐红、李占玲、井丽娟、赵宝龙、吴喜梅、李晓霞、陈蕊、李蒙娟、肖东蕊、马彬彬、薛宝山、张爱军、朱庆军、杨冬、孔维颖、郑柏军、刘艳梅、郑桂玲、韩秀莲、肖爱玉、王玖珍、李树娟、田小勃、王爱玲、董林林、赵清华、李春杰、刘辉、张双玲、毕锦秀、闫庆莉、董愈悦、齐连云、李彬、王云云、王丽娟、刘宝霞、张震丽、庄守存、李景垣、董会宇、马庆德、郑铎、张新春、刘秀玲、付东成、李志存、刘春瑛、薄秀清、姚向辉、薄双旺、杜玉波、王志茹、裴立国、耿海洋、孙帅、孙立永、刘志旺、卢海燕、孙志军、张学武、韩树宝、李玉明、刘西海、杨惠云、王伯兰、李俊青、付久芹、钱金荣、董倩、赵淑玲、刘顺英、常红梅、毕益柱、毕树友、王会媛、唐举、门继存、高艳春、赵贺宝、王伟、史利刚、赵兰生、郑占海、安玉曼、高娜、赵珊珊、高瑞顺、李爱林、王爱军、陶玉君、付长中、刘爱民、周建华、黄术柱、王瑞杰、刘琪、李俊民、孙贺、魏丽媛、张雅洁、王建芳、肖春玲、王星蕊、吴颖、吴红杰、张国彩、杜桂芹、韩晓艳、薛彤艳、李建波、吴小川、王鑫姣、王丽艳、翟国胜、刘存权、孟淑贤、卢翠艳、冯宝媛、李仕迪、李丽敏、王健、马艳、李新武、李春红、毛利海、刘合美、刘金明、杨林、马震安、周洪英、张勇、张春胜、裴巨刚、王伴兵、朱学艳、李振、邸彦忠、刘永英、王莉丽、李宝东、王桂元、李俊辉、孙丽红、马连涛、秦春庭、刘志新、马永波、刘静、王长亮、闫红杰、闫满岐、郭中华、王国利、张庆山、靳志文、费海路、安全民、卜连宇、韩桂金、王建凤、王瑞娟、赵金宝、赵振辉、许翠芹、朱秀芝、尹倩、苗云桥、张春兰、张双成、张印波、刘俊强、闫继兵、王林林、翟成宝、黄利强、李金杰、王雅丽、杨悦、赵平、郑玉秋、李艳菲、胡静萍、梁云磊、高洪涛、宋维国、肖涵、耿新、张爱玲、王华、王林丽、徐静、荣彩艳、田明、韩广军、佟建民、毕双进、李守瑞、安卫军、魏民、王海静、柯玫芳、薄晓丽、李利民、张杰、郑春荣、孙丽静、刘冬梅、王立春、李文兰、梁玉华、路晓见、律素香、郭海峰、甘会芹、卢涛、肖慧、许小卫、孙爱英、刘金卓、高莲、庞学江、崔丽立、张庆冬、曹会玲、郭靖坤、高建合、陶建新、郑惠云、耿玉梅、翟倩、赵金杰、邓海红、周英、张彦军、马立宽、王艳红、周少波、刘振军、郑瑞环、王文君、刘希刚、张立国、董玉凤、佟海山、董慧、董玉胜、董振杰、陆艳华、李永文、翟立春、李凤山、薄丽梅、王全生、马爱艳、王伯全、石卫东、刘海滨、刘万金、黄树明、孟维庆、袁东顺、高绍山、任守义、王连明、孟晓华、卢廷娟、冯汉友、张克文、高淑春、闫继山、马玉凤、田秀梅、纪秀香、万春、李飞、张萍、李艳杰、王卫红、李素芬、尹满红、王小弟、董红梅、董志秀、董国文、裴玉娟、徐洁、杨彩莲、李晓燕、王俊平、董佐英、张建新、刘桂萍、赵建邦、李顺杰、董凯慧、李丽平、李素娟、张志焕、许春梅、董慧媛、王雪玲、张威、赵方明、刘雪玲、张伟、曹红霞、冯艳丽、刘伟、王玉珊、田立秀、张玉惠、高建新、杜平、董继华、王冬梅、张婷、郑继梅、毕平兰、肖毅、张丽丽、张娜、周绍玲、张永霞、王丽仁、孙彩虹、任雪霞、韩文君、王素军、杨明、刘佳珍、王丽娜、肖爱霞、朱青、侯学静、王金金、付力敏、张建平、马赫、李艳兰、刘欣、董长翠、毕丽艳、毕平稳、董红英、薄慧颖、兰少洪、陈瑞新、赵凌云、肖丹、张卫臣、王利江、陈媛媛、杨凤文、信桂荣、赵晚琪、国洪云、李秀清、李树国、刘秀娟、刘秀霞、黄洁玉、王丽丽、刘淑娟、刘宝忠、田仕裕、甄文秀、刘耀丽、田春梅、徐玉清、钱小艳、李红霞、张金玲、苏建秋、李荣芬、刘立新、董学亭、付涛、刘红霞、董洪亮、刘凤芹、李亚旺、刘亦秋、王春错、陈冬静、董介文、李其晔、董秀菊、董坤、刘春霞、张丹、柳本增、冯阁平、王晓林、王超、田甜、杜海艳、赵立新、耿国辉、李丽红、李晓玲、黄立冬、李莉、李志花、蔡秀玉、张桂文、么曦、薛林强、张美娜、么文刚、王晓慧、张红玉、任继伟、古小利、王秀红、雷贺娟、施彩红、张磊、么英艳、边娇建、孟彩媛、靳卫东、肖路、胡洁丽、李惠、李艳丽、檀丽雪、王爱萍、张东莲、刘凤霞、韩素萍、杜兴武、张嘉宝、杜国美、李志颖、王玉梅、毕立婧、张涛、陈焕军、郑陆、李荣华、郝建萍、李泾洁、张飞翼、董兴华、毕晓月、王欢、董友利、李翠、张亚男、李宝华、王艳丽、孙爱丽、王俊会、王慧、薛淑娜、张凤香、宋红梅、毕兰兰、高孟丽、边春荣、关海燕、佟苏美、郑学勇、贾莉菲、乔建晶、张国光、安海舟、边金玲、陈凤荣、刘艳花、燕金岭、张欢、郑爱敏、张继兴、张淑艳、赵小明、唐华建、崔巧雨、李靖、赵爱凤、董雅丽、赵艳红、王桂玲、王海玲、马丽玲、赵国红、陈久艳、肖丽娟、安宁、贾安全、李永梅、徐秀杰、陈宝会、佟桂霞、佟素君、杨作国、郑丽丽、李树义、郑润元、李路路、郭印才、李文娟、李涛、薄春明、孟东光、王春芝、孟江月、孙小康、李珍、马珊珊、孙桂艳、孙慧敏、刘桂君、孙会兰、王平、孙庆贺、王春英、檀翠红、马素英、朱岩、赵会云、勾振海、马俊海、郑莉、宋建国、王连君、王国涛、董兴维、王作团、郑毅、姚秀红、高学安、杨洁、王颖、吴琼、席久勋、李爽、姚四平、金玉宝、李淑兰、毕丽霞、张劲松、王爱刚、毕望、杨丽明、肖颖、卢小刚、李金山、孙洁、李凤爽、孙荣进、董子顺、肖进军、毕婷、董连存、李凯庆、张建存、王茜、么锟、高明远、张回震、佟建勇、裴春文、刘建生、胡永建、毕美文、孔令成。

（二）后进村治理整顿活动考评优秀一般工作人员名单（59 名）

1. 考评为优秀记三等功（记功）奖励（11 名）：李雪良、李存忠、于连新、夏学勇、佟继明、翟福松、王建凤、王晓剑、佟雪宁、高俊锁、王福康。

2. 连续三年考评为优秀等次记三等功（记功）奖励（11 名）：赵永志、孙继伟、李爱勇、张一腾、张立昆、刘秀冬、张强、袁爽、郑爱君、孟岩、张亚男。

3. 嘉奖（37 名）：张绍莉、刘术东、王黎明、李凤宝、白若玉、于富宽、董丽君、毕久志、李沛文、洪江涛、张震、康秀叶、董启林、边文波、连庆国、刘爱民、张宁、李一平、王宏永、郑静云、毛学伦、李超、韩铁兵、樊婧、赵龙军、李明扬、王陆云、董宝强、万秀菊、李国柱、孙朋立、李东雨、王紫薇、薛志国、么心怡、李玉环、闫春辉。

（三）美丽乡村建设工作考评优秀一般工作人员名单（20 名）

1. 连续三年考评为优秀等次记三等功（记功）奖励（2 名）：舒立新、赵文亮。

2. 嘉奖（18 名）：刘磊、李抒玲、丁贺艳、李志军、张涛、郑爱玲、毕双江、徐小姣、张立国、孙丽珍、李晓龙、孟维振、安洪祥、姚志伟、张菁、高晓兵、郑树珍、边建材。

（四）素质办考评优秀一般工作人员名单（3 名）

嘉奖（3 名）：杨志仓、李金生、李新颖。

（五）群众工作中心考评优秀一般工作人员名单（2 名）

嘉奖（2 名）：张玉新、李一村。

（六）一般工作人员因受处分影响考核结果人员名单（24名）

1. 参加考核、不得确定为优秀等次，考核结果为称职、合格人员名单（12名）：李冬梅、郑玉合、孙凌岩、王素芳、曹学军、李项军、王泽颂、王胜泉、高景深、王瑞全、孙长明、刘凤权。

2. 基本合格（1名）：李丽。

3. 不定等次（4名）：李超、张永才、赵安忠、李向远。

4. 不合格（7名）：朱丽敏、刘连全、裴会臣、孟中华、张宝春、王化强、李怀志。

当前，全区上下正深入贯彻党的十八届六中全会精神和省九次党代会、市委九届八次全会、区第四次党代会精神，牢固树立和落实新发展理念，强力推进“沿海强区、美丽丰南”建设。区委对考核优秀的领导班子、领导干部和工作人员进行表扬，希望受表扬的单位和个人发扬成绩、再接再厉、再创佳绩；考核靠后的要见贤思齐、查找问题，加强整改、奋起直追。各级领导班子和广大干部职工要在区委、区政府的正确领导下，全面贯彻落实区第四次党代会精神，登高望远，奋发作为，不忘初心、继续前进，按照“四个干”工作机制要求，把夙兴夜寐、激情工作、只争朝夕的干劲鼓起来，把抢抓机遇、争创一流、增比进位的心气提起来，把求真务实、稳扎稳打、实干实政的作风树起来，紧紧围绕区第四次党代会确定的各项目标任务，转变观念、精准发力、合力攻坚、逆势突破，努力为再创丰南经济社会发展新辉煌作出新的更大贡献。

2016 年度农业农村工作先进单位和先进个人

2016 年，全区上下认真贯彻落实区委、区政府各项工作部署，齐心协力，攻坚克难，“三农”工作实现了“十三五”良好开局，继续保持稳中有进的良好态势，工作中涌现出一批先进单位和先进个人。

为弘扬先进，经研究，决定授予丰南镇、大新庄镇、黑沿子镇、西葛镇、柳树瞿阝镇、岔河镇、南孙庄乡等 7 个乡镇“农业产业化经营先进乡镇”荣誉称号；

授予唐山施尔得肉制品有限公司、唐山三商食品有限公司、丰南区丰越泥鳅养殖有限公司、白龙（唐山）面粉集团有限公司、丰南区利民荣丰农业发展有限公司等 5 家企业“农业产业化经营先进龙头企业”荣誉称号；

授予丰南区丰源香菇种植专业合作社、丰南区缘中园果蔬产销专业合作社、丰南区鼎晨畜牧养殖专业合作社、丰南区树增农作物种植专业合作社、丰南区本庄小麦种植专业合作社等 5 个专业合作社“农业产业化先进农民专业合作社”荣誉称号；

授予丰南区建国家庭农场、丰南区爱丽缘家庭农场、丰南区舒氏家庭农场、丰南区王氏家庭农场、丰南区文明家庭农场等 5 个家庭农场“农业产业化先进家庭农场”荣誉称号；

授予区发改局、财政局、审计局、国土局、交通运输局、水务局、林业局、司法局、卫计局、科技局、总工会、供电公司等 12 个区直单位“美丽乡村建设先进区直单位”荣誉称号；

授予黄各庄镇、小集镇、钱营镇、唐坊镇、王兰庄镇、大齐各庄镇、东田庄乡等 7 个乡镇“美丽乡村建设先进乡镇”荣誉称号；

授予黄各庄镇老庄子村、张建庄村，小集镇龙湾村、杨庄村，钱营镇刘庄子村、西桥北坨村，大新庄镇小裴庄村、渠坨村，唐坊镇莲花沽村，王兰庄镇将军庄村、横沽四村，柳树瞿阝镇廒里村，大齐各庄镇大长春村、赵各庄村、詹家屯村，岔河镇孙庄子村，东田庄乡新集村等 17 个村“美丽乡村建设先进村”荣誉称号；

授予张贵峰、王彦华、孙国忠等 31 名同志“农业产业化经营先进个人”荣誉称号；

授予韩凤友、李俊静、岳金钟等 38 名同志“美丽乡村建设先进个人”荣誉称号。

受到表彰的先进单位和先进个人是全区“三农”工作战线的杰出代表，他们的模范事迹集中展示了奋发有为、无私奉献的精神风貌，充分体现了开拓创新、勇于争先的工作作风，是全区各地各单位和广大干部群众学习的楷模、赶超的榜样。希望受到表彰的先进单位和先进个人珍惜荣誉，戒骄戒躁，再接再厉，争取更大成绩。各地各单位和广大干部群众要以先进为榜样，学习他们立足本职、埋头苦干的奉献精神；学习他们求真务实、创先争优的敬业精神；学习他们拼搏进取、勇于开拓的创新精神，紧紧围绕区第四次党代会精神，转变观念、精准发力、合力攻坚、逆势突破，努力为推动全区农业农村经济发展做出新的更大贡献。

唐山市丰南区 2016 年度农业产业化经营先进个人名单

张贵峰	丰南区利民荣丰农业发展有限公司经理
曹艳菊	丰南区润达农产品物流有限公司副总经理
朱　凌	唐山施尔得肉制品有限公司总经理
白军文	唐山三商食品有限公司副总经理
刘宝平	丰南区黄各庄镇中奥调味品厂总经理
张　鑫	唐山鑫湖农业开发有限公司经理
张海峰	丰南区丰越泥鳅养殖有限公司总经理
毕永平	唐山肯尼德科技有限公司总经理
王彦华	丰南区小集镇嘉谊蔬菜专业合作社理事长
赵云伍	丰南区后打蔬菜专业合作社理事长
张　帅	丰南区唐坊忠祥辣椒专业合作社理事长
董爱彬	丰南区森丰果蔬种植专业合作社理事长
孙国忠	丰南区大新庄镇种植大户
孙浩臣	丰南区南孙庄乡惠丰园区种植大户
郑　越	丰南区东田庄乡食用菌种植大户
李　芳	丰南区丰南镇高庄子村养殖大户
宫　波	丰南区南孙庄乡赵新庄村养猪大户
毕俊辉	丰南区柳树瞿阝镇西河一村水产养殖大户
孙庆国	丰南区大新庄镇大岭子村水稻种植大户
付素玲	丰南区绿佳果园家庭农场
李志全	丰南区志全家庭农场
佟春利	丰南区金满棚家庭农场
牛　睿	丰南区百草情缘家庭农场
吴立爱	丰南区市外桃园家庭农场
王永辉	大齐各庄镇大长春村村主任
张存山	黄各庄镇双坨村党支部书记
郑昌林	大新庄镇博乐坨村村主任
赵　民	钱营镇后打弓村村主任
王荣明	黑沿子镇黑东村党支部书记
李跃生	柳树瞿阝镇柳北村村主任
王树春	大新庄镇西崔坨村党支部书记

唐山市丰南区 2016 年度美丽乡村建设先进个人名单

韩凤友	区财政局驻唐坊镇莲花沽村工作组组长
郑金永	区水务局驻黑沿子镇毕家瞿阝东村工作组组长
李俊平	区交通运输局驻钱营镇刘庄子村工作组组长
李守安	区科技局驻黄各庄镇老庄子村工作组组长

孙贵丰　区土地局驻岔河镇岔一村工作组组长
么大军　区总工会驻大齐各庄镇小史马村工作组组长
吴祝卿　区林业局驻王兰庄镇横沽四村工作组组长
周贺立　区文广新局驻尖字沽乡尖字沽村工作组组长
李俊静　丰南镇农办主任
董　岩　黄各庄镇农办科员
孙　宇　小集镇美丽办工作人员
张立旺　钱营镇美丽办工作人员
李金才　大新庄镇美丽办工作人员
郑付高　黑沿子镇美丽办工作人员
张立昆　唐坊镇美丽办工作人员
毕思朝　王兰庄镇农办主任
韩雅梅　西葛镇美丽办工作人员
高晓兵　柳树瞿阝镇人大秘书
王晓杰　大齐各庄镇美丽办工作人员
么小刚　东田庄乡经济发展办主任
边建才　尖字沽乡农办主任
岳金忠　黄各庄镇老庄子村党支部书记
陈福胜　黄各庄镇张建庄村党支部书记
刘向臣　小集镇龙湾村党支部书记
李继云　小集镇杨庄村党支部书记
葛玉宝　钱营镇刘庄子村党支部书记
于树成　钱营镇西桥北坨村党支部书记
裴巨高　大新庄镇小裴庄村村委会主任
郭昌会　大新庄镇渠坨村村委会主任
陈梦军　唐坊镇莲花沽村党支部书记
李广伟　王兰庄镇将军庄村村委会主任
张朋林　王兰庄镇横沽四村党支部书记
高兴卫　柳树瞿阝镇廒里村党支部书记
刘俊海　大齐各庄镇大长春村党支部书记
张百丰　大齐各庄镇赵各庄村党支部书记
刘为民　大齐各庄镇詹家屯村党支部书记
么安卓　岔河镇孙庄子村党支部书记
吴太喜　东田庄乡新集村党支部书记

中共唐山市丰南区委
唐山市丰南区人民政府
2017 年 2 月 28 日

唐山市丰南区人民代表大会常务委员会工作报告

—2016 年 3 月 2 日在丰南区第五届人民代表大会第六次会议上

唐山市丰南区人大常委会副主任　张国庆

各位代表：

我受区五届人大常委会委托，向大会报告工作，请予审议，并请列席会议的同志提出意见。

2015 年的主要工作

2015 年，区人大常委会在中共丰南区委的正确领导下，认真贯彻落实党的十八大和十八届三中、四中、五中全会以及习近平总书记系列重要讲话精神，紧紧围绕区委三届六次全会决策部署，聚焦“一府两院”工作重点和人民群众普遍关心的热点问题，主动作为，依法履职，圆满完成了区五届人大四次会议确定的目标任务。全年召开常委会议 7 次，审议通过议题 28 个，补选市人大代表 2 人；召开区五届人大五次会议，补选了区人民政府区长；开展执法检查、视察、专题调研 19 项；配合上级人大在我区开展执法检查和调研活动 7 项。为促进全区经济社会发展作出了积极贡献。

一、强化监督，努力推动经济社会稳中向好发展

2015 年是“十二五”规划的收官之年，也是我区面对严峻复杂的宏观形势和改革发展繁重任务的一年。面对新形势新任务，区人大常委会按照“在监督中服务，在服务中监督”的工作思路，力主监督与服务并重，有力地推动了经济社会稳中向好发展。

（一）强化经济工作监督。一是积极参与项目建设，深度关注项目的合法性和规范性。按照区委统一安排，区人大常委会各位主任共分包 10 个重点项目，通过深入项目单位进行调研，了解情况，加强协调指导，帮助解决实际问题，促进了这 10 个项目紧张有序推进，其中唐山港丰南港区建设已取得了突破性进展。二是主动应对经济形势下行压力，密切关注国民经济运行情况。以审查监督国民经济和社会发展计划执行情况为契机，组织力量深入区直单位、乡镇和企业，在充分了解我区国民经济和社会发展计划执行方面存在问题的基础上，提出了扩大有效投资，充分发挥投资的支撑和带动作用，抢抓京津冀协同发展机遇，紧抓项目建设和产业转型升级，努力提升经济发展后劲等建议。三是直接深入乡镇，贴近关注区委重大决策贯彻落实。区人大常委会各位主任主动深入所分包乡镇，与当地党委、政府一起贯彻落实全区农村工作会议和经济工作会议精神，并围绕经济建设中心督促各地信访稳定、安全生产、生态文明、美丽乡村建设等重点工作的开展，有效地促进了区委重大决策部署的贯彻落实。

（二）强化法律工作监督。一是规范依法行政。常委会组织开展了《治安管理处罚法》执法检查，首次提前通过电视、报纸向社会发布检查公告，广泛征求人大代表及社会各界的意见建议，为搞好执法检查奠定了基础。通过执法检查及后期跟踪整改，区公安局进一步完善了执法权力运行机制，改进了执法方式，逐渐将依法行政转化为自觉。组织开展了城市管理行政执法工作情况视察，提出进一步厘清执法职责，消除执法“盲区”，文明执法和严格执法相结合等建议。区政府及城管局认真落实视察意见，全区共取缔外溢摊点 150 多个，明显改善了瑞明街早市周边交通拥堵、卫生环境差等状况，受到了广大群众的称赞。二是促进公正司法。听取审议了区人民法院审务公开和区人民检察院检务公开工作情况报告，督促“两院”牢固树立司法为民和公平正义的司法理念，并利用电视、广播、报刊、网络等媒体加强宣传，增进了人民群众对司法公开工作的了解和参与，促进了“两院”公正司法水平的提高。三是认真对待信访诉求。坚持运用法治思维和法治方式，依法依规协调处理来信来访 86 件（次），并在信访工作中总结出经验材料，被全国人大刊物登载，提高了人大在人民群众当中的良好声誉。

（三）强化民生工作监督。一是围绕“三农”工作开展监督。组织开展了《中华人民共和国土地管理法》执法检查，针对人民群众反映的宅基地供求问题，建议区政府建立科学、可持续发展的土地利用管理制度，加大对违法、违规用地的查处力度，正视宅基地的民生需求，积极创造条件逐步加以解决。按照区委《2015 年农

村面貌改造提升行动实施方案》要求，常委会各位主任深入所联镇村，围绕实现农村“八化”目标，认真开展调研，督促落实帮扶资金，协调解决存在问题，圆满完成了8个村的改造提升任务，村庄面貌发生了显著变化。二是围绕改善生态环境开展监督。组织开展了《中华人民共和国大气污染防治法》和《河北省大气污染防治条例》执法检查。聚焦钢铁、水泥、热电等行业，围绕稳步实施产业结构调整，加快绿色、循环、低碳现代化产业体系建设步伐，严格落实传统重污染行业整治计划等工作提出建议。常委会已连续3年针对环保问题开展执法检查，督促区政府有关部门加大力度，落实整改措施，争取早日还百姓碧水蓝天。三是围绕食品药品安全问题开展监督。针对直接关系群众切身利益的药品市场监管不够、“违法药品广告”查处不到位和农村药品监管网络不完备等问题，组织开展了《中华人民共和国药品管理法》执法检查，向区政府提出了继续加强宣传引导、加大药品市场监管力度、加强监管队伍建设等建议。促进了全区食品药品安全工作更加规范、有序开展。四是围绕教师队伍建设开展监督。为提高审议质量，增强监督实效，常委会提前组织相关人员到区教育局、职教中心及部分中小学校进行走访调研，通过实地查看、发放调查问卷、听取情况汇报和召开座谈会等形式，全面了解全区《中华人民共和国教师法》贯彻执行情况。在此基础上，常委会议专题听取和审议了全区《中华人民共和国教师法》贯彻执行情况的报告，督促区政府重点围绕完善教师培养机制，提高教师综合素质，优化教师资源配置，保障教师福利待遇等方面完善相关政策措施，及时解决存在问题。

二、坚持原则，依法行使重大事项决定权和人事任免权

一年来，区人大常委会着重选择事关全局和群众关心的重大事项，先后作出了《关于批准唐山市丰南区2015年度全社会固定资产投资计划调整的决定》《关于批准唐山市丰南区2015年度财政预算调整的决定》和《同意将部分银行借款列入预算的决定》，并建议区政府要严格执行新《预算法》，加强预算管理，提高年初预算支出的科学性、合理性。此外，根据唐山市部分行政区划调整安排，常委会作出了《同意将岔河镇由丰润区划入丰南区行政区域管辖的决定》。

坚持党管干部与人大依法任免有机统一，严格任免程序，规范任免工作。一是任前审查更加深入、全面。切实加强同区委组织部、区委政法委的联系与沟通，座谈了解拟任命人员的工作情况现实表现，广泛征求相关人员意见建议，严格审核拟任命人员的任职资格和条件，为常委会决定任免提供充分依据。二是任中审议更加科学、民主。坚持“一府两院”主要负责人向区人大常委会提请，拟任命人员表态发言，常委会组成人员无记名填写表决票等制度，确保常委会组成人员能够公正、客观表达自己的意愿。三是任后监督更加具体、有效。常委会后，任免名单及时通过区电视台、报纸向社会公告，让任职人员广泛接受社会监督。全年，共依法任免国家机关工作人员21人次，其中，决定区政府代理区长1人，决定任命副区长（挂职）2人，决定任免区政府组成部门主要领导7人，任免法院工作人员6人，任免检察院工作人员5人；任命人民陪审员6名，为“一府两院”开展工作提供了有力的组织保障。

三、创新机制，激励代表充分发挥主体作用

以主题活动为载体，激发代表履职活力。组织代表深入开展“适应新常态，抢抓新机遇，多做新贡献”活动，为人大代表建言献策、依法履职创造条件，搭建平台。活动开展以来，全区人大代表通过走访选民，收集到意见建议100多条，梳理汇总出涉及米宋路修缮、宅基地审批、农业基础设施改善等方面的12条建议转交相关部门进行办理。扩大代表对人大工作的参与，累计邀请72名区人大代表列席常委会议、参加法院旁听庭审、民主评议等活动。健全向代表通报常委会重要工作情况制度，并就有关工作征询代表意见建议。

以完善制度为抓手，增强代表履职动力。制定出台了《唐山市丰南区人大常委会办理代表建议、批评和意见的办法（试行）》，为代表依法行使提出意见建议的权利提供了保障。区五届人大四次会议期间和闭会期间共收到代表建议、批评和意见86件，区人大常委会按照《办法》要求，由主任会议研究确定重点建议，会同区政府进行跟踪督办；要求区政府在当年十月底前，将代表建议答复情况向区人大常委会反馈；对代表认为答复不满意的建议，由区政府召集承办单位向主任会议说明原因；要求各承办单位把握好办理方案、办理期限、进展情况、最终效果四个环节，确保代表建议办理工作水平不断提高。据统计，代表建议按时答复率100%，答复规范率100%，政府部门回访率96%，代表满意率95%，解决问题率85%。

以素质建设为基础，提升代表履职能力。加强代表学习培训工作。全年累计对区人大代表、乡镇人大主席进行专题培训100余人次；组织21名驻区市人大代表参加市人大业务培训班和市人大工作座谈会。落实代表联系选民制度，密切代表与群众关系。全区16个代表接待站、82个代表接待室共接待选民140余人次，全区人大代表累计走访联系群众1600余人次，收集到各类意见建议100余条；组织代表开展调研、视察、执法检查、代表述职等活动22次，拉近了代表与选民的距离，切实增强了代表履职实效。

四、固本强基，着力加强常委会自身建设

加强思想政治建设。深入学习习近平总书记系列重要讲话精神。认真开展“三严三实”专题教育，深入查摆“不严不实”问题，采取针对性措施认真整改，党员干部的理想信念、

党性观念明显增强。扎实开展“解放思想、抢抓机遇、奋发作为、协同发展”大讨论活动。着力解决思想观念、工作机制、方式方法等方面存在的问题。通过开展活动，进一步凝聚了思想共识，激发了常委会组成人员和机关干部的干事创业热情。

加强业务能力建设。围绕人大业务知识和新修订的法律法规，加强了对常委会组成人员和机关干部的培训，提高了干部理论素养和履职能力。主动适应新形势新任务要求，修订了《区人大常委会机关工作制度》，进一步规范了机关工作人员行为标准和工作程序；制定出台了《唐山市丰南区人大常委会关于进一步加强和改进人大监督工作的意见》，进一步规范了人大监督工作。改进和加强了人大新闻宣传工作，出版了《唐山人大工作》丰南专刊，推介了我区政治、经济、文化、地域优势和特色，介绍了我区人大工作的先进经验，为我区对外宣传工作起到了积极作用。

加强作风纪律建设。常委会组成人员和机关工作人员认真学习党章和党的廉洁自律准则、党的纪律处分条例，严格落实党风廉政建设“两个责任”，严格执行中央“八项规定”，机关作风明显好转。坚决反对“四风”，进一步加强对三公经费和公务活动管理，努力营造勤俭节约光荣、奢侈浪费可耻的良好氛围。把纪律和规矩挺在前面，让守纪律、懂规矩成为常态。常委会组成人员和机关干部以身作则、率先垂范，既严格要求自己，又严格要求下属，把作风纪律建设贯穿于人大工作始终，形成了风清气正、廉洁勤政的政治生态。

各位代表，区人大常委会一年来所取得的成绩，是区委正确领导的结果，是全体代表共同努力的结果，是区“一府两院”协同配合的结果，是全区人民、社会各界大力支持的结果。在此，我谨代表区人大常委会，向大家表示衷心的感谢和崇高的敬意！

回顾一年的工作，我们也清醒认识到，常委会的工作与新时期新形势的新要求，与各位代表和人民群众的新期待还有一定差距。今后，我们将更加自觉地接受人民群众和人大代表的监督，更加虚心听取各方意见，更加自觉改进工作，努力提高工作水平。

2016 年的主要任务

2016 年是十三五规划的开局之年，也是全面贯彻落实中央和省市委关于加强县乡人大工作重大决策部署的关键之年。区人大常委会将认真贯彻党的十八届三中、四中、五中全会和习近平总书记系列重要讲话精神，坚持党的领导，坚持以人民为中心的工作导向，紧紧围绕区委重大决策部署，进一步解放思想，奋发作为，努力推进全区经济社会发展实现新突破。

一、把握大势，在推进民主法治建设上要有新成效。把坚持依法治区，维护《中华人民共和国宪法》和法律权威作为区人大常委会的重要职责，摆上日程，狠抓落实。充分发挥人大在推进民主法治建设方面的优势和作用，深入开展以《中华人民共和国宪法》为主的法治宣传教育，组织好“宪法日”活动和新选举任命干部向《中华人民共和国宪法》宣誓仪式。加强规范性文件备案审查，督促区政府及相关工作部门规范执法、透明执法、公正执法；支持“两院”推进司法改革，组织人大代表调研司法机关改革工作，及时将改革成果信息通过人大代表向社会传递。加强对人大任命干部监督，督促“一府两院”加强法制队伍建设，提升依法行政能力，努力做到以法治思维和法治方式推进各项工作。要紧紧围绕全区工作大局，依法行使重大事项决定权，及时把区委的重大决策部署转化为全区人民的共同意志，全力推进依法治区迈上新台阶、取得新成效。

二、完善机制，在增强监督实效上要有新举措。综合运用视察调查、执法检查、预算审查、听取专项工作报告、专题询问以及述职评议、满意度测评等监督手段，把专项监督与综合监督有机结合，把监督与服务有机统一，切实增强监督的针对性和实效性。2016 年，重点对《中华人民共和国食品安全法》、《中华人民共和国职业教育法》进行执法检查。适时听取区人民检察院专项工作报告、区公安局基层派出所规范化建设情况报告。采取组织人大代表旁听庭审，组织专家、学者、律师评查案卷等方式对法官、检察官进行工作评议。围绕全区中心工作，重点对全区“园区”建设、重点项目建设、农田水利设施管理、大气环境改善等工作情况进行调查、视察和询问，并选择事关改革、发展、稳定的重大问题作出决议。适时听取审议区政府国民经济和社会发展计划执行情况、财政预算执行及审计情况、建投公司融资和资金使用情况等报告。按照新预算法的要求，搞好全口径预算监督、推进预算决算公开、审计结果公开。

三、优化服务，在发挥代表主体作用上要有新亮点。充分尊重代表主体地位，认真做好代表履职服务保障工作。加强代表培训工作，拓展培训内容，创新培训方式，适时组织代表参加专题培训班并赴外地学习考察。创新代表履职平台，完善代表履职机制，充分发挥代表密切联系群众，凝聚改革合力的重要作用。加强代表建议办理工作，努力在加大督办力度上下功夫，在提高办理质量上下功夫，在解决问题上下工夫，力促代表建议由“答复满意”向“落实满意”转变。加强代表履职监督工作。健全代表述职评议、代表履职考核、代表评先制度及代表退出机制。组织代表填报《履职手册》，建立代表履职档案，让代表履职实效看得见、摸得着、记得住。完善常委会组成人员联系代表，代表联系选民制度，切实把“我当代表为人民”的要求落实到工作之中。

四、求实创新，在自身建设上要有新进步。深化“三严三实”专题教育活动，严肃认真落实整改措施，力促工作作风更扎实，工作成效更明显。学习贯彻省委及省委办公厅批转的省人大党组“关于加强县乡人大工作和建设的意见”和“关于河北省各级人大代表联系人民群众的意见”两个文件精神，在创新人大工作机制，保障代表依法履职以及代表密切联系群众等方面迈出新步伐。加强人大机关规范化建设，健全纪律规矩约束机制，完善各项规章制度，优化人大干部队伍结构，着力提高人大干部整体素质。加强对乡镇人大工作的指导，努力提升区乡两级人大工作水平。

各位代表，新形势新任务对人大工作提出了更高的要求，做好今年乃至“十三五”时期的各项工作，我们责任重大、使命光荣。让我们在中共丰南区委的坚强领导下，紧紧依靠全区人民，以更加强烈的责任意识、更加炽热的为民情怀、更加务实的工作作风，依法履职、改革创新，为实现“十三五”良好开局，加快推进“经济强区、美丽丰南”建设作出更大贡献！

中国人民政治协商会议唐山市丰南区第五届委员会常务委员会工作报告

2016年2月29日在政协唐山市丰南区第五届委员会第五次会议上　高 树 春

各位委员、同志们：

我受政协唐山市丰南区第五届委员会常务委员会的委托，向大会报告工作，请予审议，并请列席会议的同志提出意见。

2015年工作回顾

2015年，区政协常委会在中共丰南区委的正确领导下，团结带领政协各参加单位和全体政协委员，深入学习习近平总书记系列重要讲话精神，紧紧围绕区委三届六次全会和区政协五届四次会议部署，务实创新、扎实履职，为建设“经济强区、美丽丰南”作出了积极贡献。

一、围绕中心，在助推改革发展上展现新作为

常委会坚持把服务改革发展作为首要任务，聚焦重点，主动作为，助推经济社会发展。一是紧贴改革发展献策。紧紧围绕区委十项重点工作，确定10个重点调研课题，组织委员深入调查研究，形成10篇建言献策成果，全部转化为党政推进改革发展的实际举措。其中，《关于加快我区科技型中小企业发展的对策建议》，得到了区委、区政府高度重视，推动我区出台了《关于加快我区科技型中小企业发展的措施》。二是紧盯四大战略建言。围绕推动我区“工业强区、港口兴区、三产活区、依法治区”战略的深入实施，选定4个议题，组织委员深入调查研究，形成了4篇专题报告。其中，《关于我区基层法庭建设情况的视察报告》，得到了区委领导高度重视，区法院对报告提出的问题进行认真研究落实，有效促进了我区基层法庭建设。三是紧扣实干兴区出力。按照区委“招商引资引智突破年”部署，政协委员积极挖掘人脉资源，投身引进人才、项目、资金活动，共推荐外地客商27名，提供招商信息46条，在谈项目9个。企业界委员加强合作、创新发展，新上5000万元以上项目11个，完成投资47.14亿元。

二、服务大局，在协商议政上取得新成效

常委会着力完善协商机制，选准协商重点，开展深度协商议政。一是围绕重大问题开展专题协商。运用常委会议、主席会议平台，就“加快经济结构调整”“推进创新驱动”等4个议题，进行深层次协商。针对我区钢铁行业存在的困难，进行专题协商议政，形成了《关于加快我区钢铁产业转型升级的调查与思考》，为我区加快钢铁行业转型升级提供了重要参考。二是关注重点问题开展界别协商。充分发挥界别委员专业优势，围绕“推动农业产业化发展、美丽乡村建设”开展调研协商，形成的《关于我区工商资本投资现代农业的调查与思考》，受到区委、区政府重视，助推了工商资本投资现代农业。三是强化委员提案办理协商。确定《引导企业科技创新，提升核心竞争力的建议》等为重点的10件督办提案，分别由区委、区政府主要领导批示督办、主席会议成员分包督办，分包领导、承办单位和提案委员在提案办理中及办理后视察督办、评议协商。探索形成了以重点提案办理带动所有提案落实的提案办理模式。目前，区政协五届四次会议以来163件立案提案已全部办结，委员满意率达到98.8%，20件提案被评为优秀提案，涌现出10个承办提案先进单位。

三、履职为民，在推动民生改善上收获新成果

常委会坚持把维护民利、改善民生，作为政协履职的出发点和落脚点。一是延伸委员履职触角。进一步拓展社情民意收集渠道，开展“城区委员进社区”活动，组织城区30名委员深入11个社区，发放委员联系卡150张，联系居民150户，收集梳理意见建议60余条，经整理形成社情民意信息25篇，提交有关部门，在具体工作中得到落实。二是深化真情惠民行动。以界别活动月为载体，组织界别委员发挥自身优势，开展送健康下乡、送科技下乡等活动38次，受益群众4000余人次。引导委员积极参与捐资助学、扶贫济困，献爱心、送温暖，累计捐款捐物价值800余万元。三是助推民生工程落实。围绕助推“繁荣城乡文化”“农村饮水安全”等民生工程的落实，组织开展专题视察3次，委员提出意见建议30余条，得到相关部门的重视与落实。各乡镇工作组围绕群众关注的医疗卫生、环境保护等民生问题，组织开展专项视察16次，提出建议27条，部分意见建议当场落实。

四、增进团结，在促进社会和谐上实现新突破

常委会充分发挥政协联系面广、渠道畅通的优势，努力为我区经济社会发展凝聚强大合力。一是注重激发党派团体的履职积极性。坚持邀请各民主党派、工商联和无党派人士参加区政协组织的调研视察活动，重点安排他们作会议发言、报送他们的意见建议。组织召开“在依法治区中发挥

党派团体作用”恳谈会，形成的意见建议，得到有关领导和部门高度重视。配合民进唐山市委，成功举办庆祝中国民进成立70周年暨唐山民进成立30周年纪念活动。二是认真做好团结联谊工作。加强与民族宗教界代表人士的联系，关注少数民族生产生活，先后走访慰问少数民族贫困群众25名。注重发挥侨联、三胞眷属委员的作用，营造和谐稳定的政治氛围。三是突出发挥文史宣传引领作用。组织编撰《丰南史志资料选编（第八辑）》，挖掘弘扬丰南奋斗精神。在《今日丰南》《委员园地》刊发委员事迹、调研文章和参政议政成果，激发委员履职积极性。区政协被省政协评为2015年度宣传工作先进单位。

五、强基固本，在履职能力建设上得到新加强

常委会立足新常态，适应新形势，把握新要求，大力推进自身建设。一是着力提升委员履职能力。组织政协委员认真学习中共十八届三中、四中、五中全会和习近平总书记系列重要讲话精神，增进政治共识，明确履职方向。学习人民政协理论和参政议政知识，全面提升委员素质。二是着力调动委员履职积极性。继续扩大委员年终述职覆盖面，新增4个工作组为委员述职试点。严格落实委员履职和委员工作组考核评价，评价结果作为评选优秀委员的重要依据。三是着力提高服务委员水平。区政协机关深入开展“三严三实”专题教育，正自身、扬清风，切实改进履职作风。开展“走近委员、服务委员”活动，主席会议成员与机关干部走访部分委员企业征求意见，帮助委员解决实际问题。

各位委员、同志们，区政协一年来取得的成绩，是中共丰南区委正确领导，区人大、区政府和社会各界大力支持的结果；是全区政协参加单位和政协委员共同努力的结果。在此，我代表区政协常委会，向关心、支持政协工作的各级领导、各民主党派、工商联、各族各界人士及全体政协委员，表示衷心的感谢和诚挚的敬意！

与此同时，我们也清醒地认识到，区政协工作与区委的要求、社会各界的期望和新常态的需要还有一定差距：发挥协商民主作用的探索不够深入，载体形式还需丰富；常委和委员作用发挥不够充分，委员履职能力仍需提升；调查研究成果的转化机制不够健全，跟踪问效还需加强。这些问题，需要在今后工作中认真研究，着力改进。

2016年工作安排

2016年是“十三五”开局之年，区政协工作的总体思路是：深入学习贯彻中央和省、市委新要求，紧紧围绕区委三届七次全会部署，牢固树立和落实五大发展理念（创新、协调、绿色、开放、共享），突出三项重点任务（促进发展、关注民生、增进团结），以七项重点活动（“助推‘十三五’、争创新业绩”主题实践活动、创建奉献型政协、提案办理落实率和满意率双提升活动、委员大调研、委员大走访、界别活动月、民主恳谈会）为载体，全面提升履职水平和成效，努力为建设“实力更强、产业更优、环境更美、百姓更富”的新丰南贡献智慧和力量。按照这一思路，全年要抓好以下五方面工作：

一、把握要务，扎实履职，为转型发展、创新发展聚智出力。聚焦发展开展主题实践。开展“助推‘十三五’，争创新业绩”主题实践活动，动员全区政协委员，在“十三五”开局之年，增强责任感、使命感，在宏观经济形势错综复杂，经济下行压力持续增大的形势下，进一步解放思想、勇于担当，在转型发展、创新发展上建功立业。关注发展开展大调研。围绕区委确定的“八件大事”，组织开展“开局‘十三五’”委员大调研活动，选定“供给侧结构性改革”、“工业转型升级”、“创新驱动”等八个重要课题，深入调查研究，为我区发展提出有价值的意见建议。服务发展开展民主恳谈。选定“大众创业、万众创新”、“去产能、去库存、去杠杆”等专题，组织企业界、金融界委员与相关部门开展政企、银企恳谈会，共议转型、共谋创新、共商发展。

二、优化平台，倾力履职，为协调发展、绿色发展议政协商。提高协商站位高度。贯彻中央、省、市委关于加强社会主义协商民主的新要求，准确把握政协协商民主在社会主义协商民主中的定位和作用，努力形成“党委主导、政府支持、政协主办、各方参与”的协商民主大格局。加大专题协商力度。围绕促进沿海、城市、农村三大经济板块协调发展等内容，开展常委会、主席会协商，为党政决策提供参考。突出对口协商精度。加强与政府职能部门的联系沟通，掌握部门工作动态，利用对口协商平台，重点针对“一港、三区、三个中心”协调同步发展，促进形成绿色生产和消费方式等开展对口协商，助推难题解决。提升提案协商水平。继续关注中心、关注民生选题调研，撰写提案精品。以环保类提案办理为带动，开展提案落实率、满意率双提升活动，建立政协、提案人和承办单位“三结合”的提案协商机制，抓好办前、办中、办后沟通，促进提案满意率提升和成果转化。

三、发挥优势，和谐履职，为开放发展凝心聚力。联系各界人士。坚持主席会议成员定期走访各民主党派、无党派人士、各人民团体、港澳台同胞和归侨侨眷，加强与民族宗教和新社会阶层人士的团结，支持他们通过政协舞台合作共事，引导他们为我区扩大双向开放，招商引资和招才引智牵线搭桥。集中各方智慧。定期召开各民主党派、无党派人士、各人民团体征求意见座谈会，围绕发展更高层次的开放经济建言献策。理顺各方关系。坚持与各界别、各阶层群众加强联系沟通，协助党委、政府做好协调关系、理顺情绪、化解矛盾工作，增进团结，营造政通人和的社会氛围。

四、以民为本，亲民履职，为共享发展献策建言。在联系群众中关注民生。动员委员开展“知民情、解民忧、暖民心”大走访活动，进社区、入农户、察民情。综合委员收集的社情民意及

时反馈给党委、政府及有关部门，畅通民情民意渠道。在民主监督中保障民生。制定《区政协加强民主监督的工作规程》，规范监督内容、形式和范围，实现政协民主监督全覆盖。重点加强对直接面对群众的窗口单位、便民服务大厅、基层所站的监督，提出建设性意见，促进公共服务能力和共享水平的提升。在履职尽责中改善民生。热切关注教育事业、医疗卫生、社会保障等民生工程，优先将民生类提案列为重点提案，把民生类议题做为重点视察、评议内容，促进惠民工程落到实处，让人民群众在共享发展中获得更多实惠。集中6月份一个月时间，专题开展“创建奉献型政协”界别活动月，组织委员下乡服务、结对帮扶、回报社会，在履职奉献中体现价值。

五、夯实基础，规范履职，为政协事业增添活力。突出常委会核心作用。完善常委会议事规则、常委联系委员制度和常委履职情况交流机制，发挥常委会勤学善思、履职尽责的表率作用。注重委员主体作用。健全委员学习培训、履职管理等机制，通过多种形式学习教育，增强委员使命感、责任感，强化政治意识、大局意识、核心意识、看齐意识，在思想上、政治上、行动上同以习近平为总书记的中共中央保持高度一致，实现委员履职能力的全面提升。下半年开始，分期分批组织委员到全国政协培训机构集中培训。强化机关保障作用。加强机关作风建设和业务素质培养，不折不扣落实党风廉政建设“两个责任”，整治“四风”不放松，厉行节约不懈怠；完善成果转化跟踪问效机制，促进委员建言献策成果的转化。

各位委员、同志们，“十三五”规划描绘了丰南未来五年发展的宏伟蓝图，也为政协委员履行职责提供了广阔的舞台。让我们在中共丰南区委的正确领导下，以更加坚定的信念、更加振奋的精神、更加扎实的举措、更加务实的作风，为建设“实力更强、产业更优、环境更美、百姓更富”的新丰南，做出新的更大贡献！

唐山市丰南区人民检察院工作报告

——2016 年 3 月 2 日在丰南区第五届人民代表大会第六次会议上
唐山市丰南区人民检察院检察长　李 瑛

各位代表：

现在，我代表区人民检察院向大会报告工作，请予审议。并请各位政协委员和其他列席同志提出意见。

2015 年，我院在区委和市检察院的正确领导下，在区人大及其常委会的有力监督和区政府、区政协及社会各届的大力支持下，围绕全区中心工作，全面履行法律监督职责，各项检察工作取得新的进展。

一、打击刑事犯罪，全力维护社会和谐稳定

始终将维护稳定作为首要责任，严厉打击各类刑事犯罪，深入化解社会矛盾。一是依法严惩严重刑事犯罪。共受理公安机关提请批准逮捕 185 案 232 人，批准逮捕 158 案 194 人，证据不足不批捕 11 案 15 人；受理移送审查起诉 334 案 429 人，提起公诉 318 案 402 人，证据不足不起诉 3 案 3 人。二是贯彻宽严相济刑事政策。因无逮捕必要决定不批捕 16 案 18 人；因犯罪情节轻微决定不起诉 20 案 20 人、附条件不起诉 3 人。三是努力解决群众涉检诉求。实施案件风险评估、办案质量检查、不捕不诉说理等制度，推行 12309 举报电话、“一站式”受理接待等便民利民措施，妥善处理群众来信 23 件次、来访 219 人次；息诉经审查法院裁决并无不当的民事申诉案件 5 件。四是加强青少年遵纪守法教育。开展“送法进校园、送报进班级”活动，向唐山劳动技师学院赠送《河北法制报》100 份，并组织开展了法律知识班级对抗赛、模拟法庭等活动，实施预防青年少犯罪“六个一工程”，有效提高了在校学生的道德水平和法制素质。

二、查办和预防职务犯罪，促进反腐倡廉建设

坚持贯彻落实中央“继续保持惩治腐败的高压态势”、“坚持有腐必反、有贪必肃”的决策部署，加大查办和预防职务犯罪工作力度。一是严肃查处职务犯罪。2015 年，我院查办职务犯罪有突破性进展。共立案侦查贪污贿赂犯罪案件 19 件 19 人，大要案 18 件 18 人；立案侦查渎职侵权犯罪案件 3 件 5 人。通过办案共为国家挽回经济损失 1.7 亿元。立案侦查了邢台市交通局党委副书记兼邢台路桥建设公司总经理李某某与邢台路桥房地产开发有限公司法定代表人石某某合伙贪污 1.4 亿元的特大案件。此案的查办避免了国家财产的巨大损失，彰显了检察机关办案政治效果、法律效果和社会效果的高度统一。此外，以我院干警为主协助省、市检察院立案侦查职务犯罪案件 4 件 5 人，其中正厅级 1 人、副厅级 2 人，涉案金额 1 亿元。一年来，省纪委、省检察院、市纪委、市检察院将多件重大复杂“专案”交由我院办理，并对我院干警给予了很高的评价，树立了丰南检察品牌。二是深化职务犯罪预防。录入行贿犯罪记录 8 人次，开展行贿犯罪档案查询 625 次，发现 2 家单位有行贿犯罪记录，招标单位取消了其报名资格；先后对区国税局、教育局、丰南镇、西葛镇等单位开展警示教育 6 次，受教育人数达 400 余人。

三、履行诉讼监督职责，努力维护社会公平正义

一是强化立案监督和侦查监督。共监督公安机关立案 30 案 35 人、撤案 8 案 8 人，追捕 7 人，追诉 15 人、追诉漏罪 6 起，发出《纠正违法通知书》95 份，提前介入公安机关侦查 35 次。在审查逮捕、起诉王某某涉嫌猥亵儿童一案时，发现王某某还实施了强奸儿童的行为，遂依法追加起诉。法院以犯强奸罪、猥亵儿童罪数罪并罚判处王某某有期徒刑十年六个月，保障了未成年人的合法权益，收到了良好的法律效果和社会效果。二是强化审判监督。提出刑事抗诉 1 件，纠正违法 61 件，发出检察建议 3 件；受理当事人不服人民法院一审生效民事行政判决 24 件，立案 15 件，提请抗诉 10 件，发出检察建议 368 件。三是强化刑罚执行和监管活动监督。共纠正看守所监管活动违法 20 件，发出检察建议 25 份；对监管场所及法院超期审理案件书面下达纠正违法通知书 15 件；通过羁押必要性审查依法改变强制措施 6 件 6 人；监督法院财产刑（罚金）执行案件 6 件，涉及罚金 8 万余元，均已执行终结。

四、规范行使检察权，切实提高司法公信力

加强司法规范化建设，强化内外部监督制约，着力提升办案透明度和司法公信力。一是进一步规范行使检察权。扎实开展规范司法行为专项整治活动，坚持问题导向，深入进行自查、互查、督导检查，着力解决办案程序不规范、执行办案纪律不严格、适用强制措施不合规等 5 个方面问题，并认真加以整改。二是进一步深化检务公开。举办“检察开放周”活动，30 名人大代表、政协委员、法律工作者、企业员工、社区居民、媒体记者走进我院，多角度、零距离监督检察工作。充分发挥检务公开大厅和网

上公开系统的作用，公开程序性信息270条、法律文书289件，为案件当事人和社会各界提供了便捷服务。三是进一步强化内部监督。通过统一业务应用系统，实现了对案件的全程动态监督。全面开展案件质量评查和抽样评估，及时监督纠正执法不规范问题。四是进一步强化外部监督。向区人大常委会专题汇报检务公开工作，并按照要求改进。深化代表联络工作，全年走访市、区人大代表86人次。

五、加强检察队伍建设，夯实检察事业发展根基

始终坚持“强班子、抓队伍、强素质、促工作”的总体思路，努力营造“团结、奋进、务实、高效”的良好氛围，检察队伍整体素质明显提高，各项检察业务工作不断向前发展。全年共有33人立功受奖，其中市级以上16人。2015年12月，我院荣获河北省“模范检察院”荣誉称号。一是强化理想信念和职业道德建设。扎实开展“三严三实”专题教育，引导检察干警牢牢把握为人民服务的宗旨不动摇，聚焦执法办案中突出问题，在思想认识、理想信念、执法作风、工作落实等方面都取得了实效。二是深入推进科技强检、提高队伍综合素质。探索检察业务实训机制，组织业务技能、岗位素能培训比武3次。与华北理工大学签署“检校合作”框架协议，双方在丰南警示教育基地共建心理服务中心，举办了以“快乐工作、健康生活，做自己的心理管理师”为主题的心理健康讲座。三是狠抓纪律作风建设。健全检务督察机制建设，对检察干警坚持严格教育、严格管理、严格监督。强化日常检务督查工作，落实上下班刷卡制度，整顿工作作风，开展执法办案安全、禁酒令、警车使用管理等检务督查，增强检规检纪的严肃性。

回顾过去的一年，我们取得了一定成绩，也深切感受到检察工作还存在一些问题和不足：服务大局的能力需要进一步提高；法律监督水平与人民群众对公平正义的新期待还有差距；队伍专业化职业化水平与司法改革的新格局还不匹配，检察人员的专业能力、职业素养还需要进一步强化。对此，我们将认真加以解决。

各位代表，2016年我院将以新理念引领新发展，以新举措适应新常态，找准服务我区经济社会发展大局的切入点和着力点，全面履行好各项检察职责。

一是全力服务丰南经济发展。贯彻落实区委战略部署，更加注重服务重大工程项目、新型城镇化和美丽乡村建设、生态环境建设；更加注重平等保护各种所有制企业产权和合法权益；更加注重依法打击各类破坏市场经济秩序犯罪。

二是全力促进平安丰南建设和法治丰南建设。依法惩治危害公共安全、民生民利等各类犯罪活动，妥善化解矛盾纠纷，确保社会安宁有序。依托新建成的丰南预防警示教育基地，加大预防警示教育力度，努力从源头上减少职务犯罪和青少年犯罪案件的发生。

三是全力加强检察公信力建设。继续开展规范司法行为专项活动，深化检务公开，落实办案质量终身负责制和错案责任追究制，扎实做好案件质量评查和抽样评估工作，持续推动检察干警养成规范司法的行为习惯和行动自觉。

四是全力提高检察队伍整体素质。强化政治建检，自觉坚持党的领导，主动接受人大监督、政协民主监督和人民群众监督。加强司法作风建设，坚持把纪律和规矩挺在前面，严格落实“两个责任”，强化自身监督制约，全面推进从严治检。严格职业准入，优化队伍结构，提升专业素养，健全职业保障，努力建设一支忠诚、担当、干净、实干的检察队伍。

各位代表，在新的一年里，我院将以奋发有为的精神状态，依法履职、开拓创新，为“经济强区、美丽丰南”建设作出新的更大的贡献！

唐山市丰南区人民法院工作报告

——2016年3月2日在丰南区第五届人民代表大会第六次会议上
唐山市丰南区人民法院院长　郝金生

各位代表：

现将丰南区人民法院2015年主要工作和2016年工作安排报告如下，请予审议，并请各位列席人员提出意见。

2015年，在区委领导，人大监督，政府、政协和社会各界关心、支持下，我院坚持公正司法、司法为民工作主线，以努力让人民群众在每一个司法案件中都感受到公平正义为目标，积极开展审判、执行等各项工作，着力为丰南经济发展和社会稳定提供有力司法保障和司法服务。

一、强化执法办案，维护社会公平正义

全年共受理审判执行案件6022件；结案5121件，比去年同期增加904件，结案数同比上升21.44%；结案率85.04%。

刑事审判坚持惩罚犯罪和保障人权并重，全年共受理刑事案件380件，结案318件，结案率83.7%。其中审结抢劫、抢夺、盗窃等犯罪29件86人，贪污贿赂、挪用公款、渎职等职务犯罪9件11人。我院被区纪委确定为庭审警示教育基地，区纪委两次组织副科级以上领导干部及村干部100余人观摩庭审。工作中，积极推进轻刑快办工作机制，协同检察院、公安局、司法局研究制定了具体操作规范；积极推进刑事案件繁简分流机制，疑难复杂案件实行专人负责，轻微刑事案件实施独任审判；积极推进量刑规范化，严格落实庭前会议制度和公诉案件和解程序；积极推进少年审判工作，发挥全省优秀青少年维权岗示范作用，深入开展法制进校园活动。在尖字沽小学开展法制讲座，受教育青少年600余人。

民商事审判注重依法保护公民、法人和其他组织合法权益，全年共受理民事案件4501件，同比上升35.26%；结案3778件，比去年同期增加760件，同比上升25.18%；结案率83.9%。面对案件大幅上升的新情况，我院整合优化审判资源，将综合部门具有审判资格和通过司法考试的干警充实到业务庭，增加了一线审判力量；推广专业化审判，加强民商事典型案例指导，开展调解规范化、送达规范化、庭审笔录制作规范化、裁判文书规范化“四个规范化”活动。期间我院干警李贺玲裁判文书被市中院评选为双十佳裁判文书；积极推进人民调解、行政调解、司法调解与审判有机衔接，依法维护人民群众合法权益。市委常委、政法委书记刘建国，区委常委、政法委书记付占广对我院妥善处理一起涉军维权案件分别作出肯定批示，省高院简报刊发了我院做法。

行政、审监工作积极推进，全年共审结申诉再审案件11件，行政诉讼案件12件，非诉执行案件87件。工作中，认真落实新行政诉讼法，完善诉前协调、诉中协调、诉后协调“三个协调”工作机制，积极开展非诉执行工作，有效维护行政相对人合法权益，支持行政机关依法行政。

执行工作不断强化，全年共执结案件915件，比去年同期增加68件，执结到位款21000万元。工作中，开展了转变执行作风、规范执行行为专项活动，将248名“老赖”列入失信被执行人“黑名单”，有145人主动或经做工作到法院履行了判决义务。全年开展集中清理执行积案专项行动3次，一批难案得以执结，唐山劳动日报进行了专题报道。

二、强化服务大局，保障经济平稳发展

严厉打击破坏经济发展犯罪。把握经济发展新常态下各类市场主体司法需求新特点，为依法治区提供坚强司法保障，依法严厉打击破坏经济发展犯罪和危害经济发展环境犯罪。全年共审理非法经营、非法集资、金融诈骗等经济犯罪案件19件，食品药品安全犯罪8件，污染环境犯罪1件。7月份，我院审理的首例污染环境案件，被省高院收集为典型案例集中公布，法律效果和社会效果良好。

保障招商引资和项目建设。以区委招商引资引智突破年为契机，加大对重点项目及工业园区建设司法服务力度，先后十几次参加区领导主持召开的办公会议，积极提供法律咨询和法律建议。同时，开通绿色诉讼通道，对重点项目案件坚持优先审查、优先立案、优先审理、优先执行。全年共化解投资消费、环境治理、征地拆迁等矛盾纠纷145起。我院被区委区政府评为服务项目建设先进单位。

服务传统企业转型升级。研究制定服务企业转型升级实施意见，主动加强企业改制相关案件审理，妥善处理资产处置、债务化解、农民工工资拖欠等问题。我院协调政府有关部门妥善调解一起建设工程合同纠纷案件，为128名农民工追回拖欠工资390万元。同时，加大对传统企业司法帮扶力度，搭建院企互动平台，构建联席会议机制，开展法律咨询和服务，先后深入相关重点企业走访调研8次，办理涉企案件124件，涉案标的6.3亿元。我院首例公司法人人格混同担责案件经公开审判，涉及标的932万元的买卖合同纠纷得到妥善处

理。

三、强化司法为民，努力推进阳光司法

全面推进立案登记改革。五月份实行立案登记制以来，共登记立案4110件，仅5、6月登记立案713件，同比上升73.9%。工作中，在全市率先建成诉讼服务中心，整合诉讼事项，为当事人提供一站式、综合性诉讼服务，区司法局安排律师在我院诉讼服务中心窗口为当事人提供咨询公益性服务；我院开通12368服务热线，全年为当事人提供诉讼咨询、申诉信访、投诉举报、意见建议等人工语音服务1580人次。市中院院长李彦明带领班子成员和基层法院院长参观了我院诉讼服务中心建设，给予充分肯定。

大力推进司法公开工作。坚持信息化建设和新媒体应用两手抓。工作中，投资80万元新建数字法庭7个，全部实现与省、市两级法院网络对接，共网络直播现场开庭案件184件；在中国裁判文书网公开裁判文书2564份，文书上网率100%；全面启用文书批注与电子签章模块，案件信息完成网上流转。同时，开通“两微一网”，通过法院网站公布审务信息240余篇，通过官方微博和微信发布各类信息180余条，通过最高院执行信息网公布了全部执行信息，我院信息化建设取得突破性进展。

积极推进涉诉信访改革。强化诉访分离，注重协调配合，健全工作机制，形成依法解决涉法涉诉信访问题合力。全年共办理上级交转办涉诉信访案件74件，远程视频接访9次，信访事项导入法律监督程序9件，成功化解多起信访案件。

四、强化队伍管理，提升干警综合素质

我院注重在实践中强化教育和管理，队伍始终保持了积极向上的精神状态和奋发有为的工作精神，今年有17名法官办案超百件，其中孟德玉同志办结321件。

深入开展素质提升年活动。组织了新民诉法解释、新行政诉讼法、刑法修正案（九）培训；开展了法官经验交流、新招录书记员及人民陪审员岗位培训；举办了“做快乐法官、做快乐干警”心理辅导讲座，全面提升干警身心健康指数。我院被省高院评为全省法院文化建设示范单位，被省高院评为全省法院信息工作先进单位，被市中院评为全市先进基层法院，在丰南区文明礼仪知识竞赛（决赛）中获一等奖。

深入开展“三严三实”专题教育。严格落实中央八项规定，认真开展规范公车管理和清理办公用房工作；健全干警廉政执法档案，开展专题警示教育。最高人民法院党建专刊《政工通讯》刊发了我院《创新党建机制 推进司法为民公正司法》经验，我院被区委评为优秀基层党组织。

深入开展解放思想大讨论活动。坚持对照先进查摆问题，坚持开门听音征求意见，主动适应社会各界对司法工作的新需求，自觉将服务大局、敢于担当融入审判工作。期间，我院组织民事法官在新兴等社区开展法官进社区活动。

五、强化党委领导，自觉接受人大监督

我院认真贯彻落实区委重大决策部署，自觉接受区人大及常委会监督，积极开展人大代表走访活动，倾听对法院工作意见和建议。区人大常委会为我院任命人民陪审员6名，经区委区政府批准公开招录书记员27名，基本形成“一审一书”（1名审判员+1名书记员）工作模式，有效缓解法官审判压力。同时，区人大常委会听取了我院司法公开情况工作报告并给予充分肯定，区政协对我院基层法庭建设情况进行专门视察并给予大力支持。我院举办法院开放周活动，邀请人大代表、政协委员及华北理工大学学生代表54人观摩庭审活动，官方微博进行同步直播；举行立案登记制度改革情况新闻发布会，向丰南电视台、今日丰南报社等新闻媒体发布立案登记改革相关情况，23名政协委员、律师代表和群众代表参加发布会。

存在问题：在总结成绩同时我们也清醒地认识到，我院工作还存在一些问题和困难。一是案件数量大幅上升，新收案件数比去年同期增加1573件，同比上升51.37%，案多人少矛盾更加突出。二是一线法官工作压力过大，2015年法院审结的案件数量是2012年的两倍，去年法官因退休、病逝减少5人，审判人员同比减少9.8%，法官断层问题十分严峻。三是面对新形势新要求，有些干警思想观念还不适应，司法改革力度还不够。上述问题及困难，我院将采取有效措施加以解决。

六、2016年主要工作

总体要求：以党的十八届三中、四中、五中全会精神为指导，全面落实上级政法、法院工作会议要求，紧紧围绕区委三届七次全会确定的目标，牢固树立五大发展理念，主动适应经济发展新常态，把防控风险、服务发展和破解难题、补齐短板摆在更加突出位置，充分发挥审判职能作用，为实现十三五时期丰南经济社会良好开局提供有力司法服务和司法保障。

一是强化服务大局。把握京津冀协同发展下经济社会发展新常态，服务依法治区。严厉打击危害丰南经济社会发展各类犯罪，自觉延伸司法服务，依法为政府决策、重点项目建设、企业转型升级保驾护航，服务民营企业发展。二是推进司法改革。完善落实司法责任，严格落实“让审理者裁判、由裁判者负责”制度，推进以审判为中心的诉讼制度改革，确保法院队伍健康稳定。三是完善司法公开。积极推进新媒体下司法公开三大平台建设，增强审判工作透明度，最大限度保障人民群众对法院工作的知情权和监督权。四是深化司法为民。进一步完善诉讼服务中心建设，提高审判质效，妥善解决群众合法合理诉求，提升人民群众对法院工作信任感和满意度。五是严格队伍管理。加强司法规范化建设，提高干警专业素养和业

务水平；整合司法资源，深挖干警潜能，努力建设一支信念坚定、执法为民、敢于担当、清正廉洁的干警队伍。

各位代表，面对新形势、新任务，我院将认真落实本次大会决议，奋发进取，扎实工作，为建设经济强区、美丽丰南做出新的贡献！

国民经济主要指标

指标名称	计量单位	本年	上年	比上年 ±%
总户数	户	146768	147274	-0.3
总人口	人	532640	529762	0.5
地区生产总值	万元	6193554	6135317	6.9
其中：第一产业	万元	483438	471462	2.0
第二产业	万元	3595292	3714337	6.9
第三产业	万元	2114824	1949518	8.0
人均地区生产总值	元	113124	112040	6.9
农林牧渔业总产值	万元	777168	760675	2.0
粮食总产量	吨	246138	245977	0.1
棉花总产量	吨	10397	10466	-0.7
油料总产量	吨	30188	23684	27.5
蔬菜总产量	吨	1703607	1703148	-
肉类总产量	吨	49796	48691	2.3
禽蛋总产量	吨	14360	12483	15.0
奶类总产量	吨	79584	73746	7.9
水产品总产量	吨	73050	76859	-5.0
规模以上工业总产值	万元	15525283	14699800	5.6
规模以上工业增加值	万元	3322471	3190698	7.3
规模以上工业利润	万元	393260	137987	185.0
规模以上工业企业用电量	万千瓦时	895339	884506	1.2
生铁产量	万吨	1487.3	1487.5	-
粗钢产量	万吨	1473.5	1473.7	-
钢材产量	万吨	1800.6	1806.2	-0.3
卫生陶瓷产量	万件	1748.3	1807.6	-3.3
全社会固定资产投资	万元	3207189	3531173	-9.2
其中：固定资产投资	万元	3189070	3439009	-7.3
社会消费品零售总额	万元	1915879	1740129	10.1
实际利用外资	万美元	16978	18501	-8.2
进出口总额	万美元	152185	172221	-11.6
其中：出口	万美元	66674	69972	-4.7
全部财政收入	万元	549866	508265	8.2
区级一般公共预算收入	万元	315208	290948	8.3

国民经济主要指标

续表

一般公共预算支出	万元	457453	410245	11.5
各项税收	万元	424786	415484	2.2
金融机构各项存款余额	万元	4847018	4683723	3.5
金融机构各项贷款余额	万元	2032409	2084821	-2.5

乡村户数及从业人员情况

镇乡名称	乡村户数（户）	乡村从业人员(人)	#男（人）	从业人员按产业划分（人）		
				第一产业	第二产业	第三产业
总　计	125047	251165	139222	95655	105993	49517
丰南镇	9435	19306	10860	3532	12100	3674
岔河镇	8131	14200	7700	6500	5747	1953
小集镇	10600	18905	10455	8545	8733	1627
黄各庄镇	13256	27918	16750	3907	18418	5593
西葛镇	6364	13315	7639	1571	8311	3433
大新庄镇	15994	31969	17305	19571	7702	4696
钱营镇	11727	20359	11297	8001	8147	4211
唐坊镇	4733	9213	4828	4082	3171	1960
王兰庄镇	10584	24836	13649	4228	14405	6203
柳树瞿阝镇	8725	16720	8669	7390	5599	3731
黑沿子镇	6748	11510	7310	5597	2120	3793
大齐镇	3870	6544	3710	1599	3531	1414
南孙庄乡	6123	14210	7273	8390	3930	1890
东田庄乡	4282	12880	6837	8240	2265	2375
尖字沽乡	4475	9280	4940	4502	1814	2964

主要农作物播种面积及产量

单位： 面积：公顷
单产：公斤
总产：吨

农作物名称	2016年			2015年			2016年比2015增减			
	播种面积	播种单产	总产量	播种面积	播种单产	总产量	单产		总产量	
							绝对数	%	绝对数	%
农作物总播种面积	78214	–	–	78214	–	–	–	–	–	–
一、粮食作物	36907	6669	246138	37740	6518	245977	151	2.3	161	0.1
1. 夏收粮食	9468	5626	53263	9452	5618	53100	8	0.1	163	0.3
# 小麦	9468	5626	53263	9452	5618	53100	8	0.1	163	0.3
# 冬小麦	9458	5626	53211	9450	5618	53088	8	0.1	123	0.2
2. 秋收粮食	27439	7029	192875	28288	6818	192877	211	3.1	-2	0.0
# 稻谷	8151	8764	71434	7949	8716	69285	48	0.5	2149	3.1
玉米	19100	6334	120970	20077	6121	122891	213	3.5	-1921	-1.6
豆类	158	1987	314	232	2345	544	-357	-15.2	-230	-42.3
二、油料（花生）	7393	4083	30188	6747	3510	23684	573	16.3	6504	27.5
三、棉花（皮棉）	8442	1232	10397	8907	1175	10466	57	4.8	-69	-0.7
四、蔬菜（含菜用瓜）	24411	69788	1703607	24527	69440	1703148	349	0.5	459	0.0
五、瓜果类	274	47920	13130	283	49237	13934	-1317	-2.7	-804	-5.8
六、其他作物	787	–	–	10	–	–	–	–	–	–

全年粮食面积及产量

单位： 面积：公顷
单产：公斤
总产：吨

镇乡名称	播种面积	播种单产	总产量
总　计	36907	6669	246138
丰南镇	1602	6561	10510
岔河镇	3099	6401	19836
小集镇	4067	6198	25207
黄各庄镇	3065	6327	19391
西葛镇	5056	8069	40798
大新庄镇	6875	6457	44389
钱营镇	3860	6158	23770
唐坊镇	665	6200	4123

全年粮食面积及产量

续表

单位： 面积：公顷
单产：公斤
总产： 吨

王兰庄镇	795	6483	5154
柳树瞿阝镇	3724	7212	26856
黑沿子镇	418	8206	3430
大齐镇	1990	5689	11322
南孙庄乡	285	6333	1805
东田庄乡	200	6200	1240
尖字沽乡	1030	6527	6723
国营	176	9000	1584

夏收粮食播种面积及产量

单位： 面积：公顷
单产：公斤
总产： 吨

镇乡名称	夏收粮食			# 小麦			# 冬小麦		
	播种 面积	播种 单产	总产量	播种 面积	播种 单产	总产量	播种 面积	播种 单产	总产量
总计	9468	5626	53263	9468	5626	53263	9458	5626	53211
丰南镇	503	5895	2965	503	5895	2965	503	5895	2965
岔河镇	677	5693	3854	677	5693	3854	667	5700	3802
小集镇	1770	5789	10247	1770	5789	10247	1770	5789	10247
黄各庄镇	1459	5437	7933	1459	5437	7933	1459	5437	7933
西葛镇	780	5624	4387	780	5624	4387	780	5624	4387
大新庄镇	2026	5512	11167	2026	5512	11167	2026	5512	11167
钱营镇	1600	5775	9240	1600	5775	9240	1600	5775	9240
唐坊镇	–	–	–	–	–	–	–	–	–
王兰庄镇	45	6200	279	45	6200	279	45	6200	279
柳树瞿阝镇	–	–	–	–	–	–	–	–	–
黑沿子镇	–	–	–	–	–	–	–	–	–
大齐镇	583	5216	3041	583	5216	3041	583	5216	3041
南孙庄乡	–	–	–	–	–	–	–	–	–
东田庄乡	–	–	–	–	–	–	–	–	–
尖字沽乡	25	6000	150	25	6000	150	25	6000	150
国营	–	–	–	–	–	–	–	–	–

秋收粮食播种面积及产量

单位：面积：公顷
单产：公斤
总产：吨

镇乡名称	秋收粮食			#稻谷			#玉米		
	播种面积	播种单产	总产量	播种面积	播种单产	总产量	播种面积	播种单产	总产量
总计	27439	7029	192875	8151	8764	71434	19100	6334	120970
丰南镇	1099	6865	7545	260	8558	2225	839	6341	5320
岔河镇	2422	6599	15982	300	8473	2542	2122	6334	13440
小集镇	2297	6513	14960	160	9000	1440	2127	6342	13490
黄各庄镇	1606	7134	11458	497	8990	4468	1100	6330	6963
西葛镇	4276	8515	36411	3289	9150	30094	987	6400	6317
大新庄镇	4849	6851	33222	1263	8430	10647	3586	6295	22575
钱营镇	2260	6429	14530	60	7500	450	2200	6400	14080
唐坊镇	665	6200	4123	–	–	–	665	6200	4123
王兰庄镇	750	6500	4875	–	–	–	750	6500	4875
柳树瞿阝镇	3724	7212	26856	1718	8250	14174	2000	6330	12660
黑沿子镇	418	8206	3430	323	9000	2907	95	5505	523
大齐镇	1407	5886	8281	–	–	–	1244	6342	7889
南孙庄乡	285	6333	1805	–	–	–	285	6333	1805
东田庄乡	200	6200	1240	–	–	–	200	6200	1240
尖字沽乡	1005	6540	6573	105	8600	903	900	6300	5670
国营	176	9000	1584	176	9000	1584	–	–	–

棉花、油料播种面积及产量

单位：面积：公顷
单产：公斤
总产：吨

镇乡名称	棉花（皮棉）			油料（花生）		
	播种 面积	播种 单产	总产量	播种 面积	播种 单产	总产量
总　计	8442	1232	10397	7393	4083	30188
丰南镇	3	1333	4	7	6000	42
岔河镇	100	1430	143	185	5249	971
小集镇	20	1000	20	1237	3750	4639
黄各庄镇	5	1200	6	26	4500	117
西葛镇	6	1167	7	140	4200	588
大新庄镇	100	1050	105	2079	4875	10135
钱营镇				3140	3750	11775
唐坊镇	768	1125	864	–	–	–
王兰庄镇	2275	1270	2889	–	–	–
柳树瞿阝镇	242	1066	258	–	–	–
黑沿子镇	88	1534	135	–	–	–
大齐镇	–	–	–	579	3318	1921
南孙庄乡	1860	1129	2100	–	–	–
东田庄乡	2575	1245	3206	–	–	–
尖字沽乡	400	1650	660	–	–	–
国营	–	–	–	–	–	–

蔬菜、瓜果播种面积及产量

面积：公顷
单位：　单产：公斤
总产：　吨

镇乡名称	蔬菜（含菜用瓜）			瓜果类		
	播种 面积	播种 单产	总产量	播种 面积	播种 单产	总产量
总　计	24411	69788	1703607	274	47920	13130
丰南镇	280	112082	31383	–	–	–
岔河镇	588	60000	35280	–	–	–
小集镇	1988	59259	117807	73	51836	3784
黄各庄镇	2969	91061	270360	–	–	–
西葛镇	390	61551	24005	–	–	–
大新庄镇	4964	65020	322758	63	44984	2834
钱营镇	1500	73950	110925	50	46800	2340
唐坊镇	2610	62000	161820	–	–	–
王兰庄镇	2123	92128	195588	16	24375	390
柳树瞿阝镇	134	66194	8870	16	55000	880
黑沿子镇	–	–	–	–	–	–
大齐镇	1725	44806	77290	50	51440	2572
南孙庄乡	2970	63973	190000	2	15000	30
东田庄乡	1970	70553	138990	–	–	–
尖字沽乡	200	92655	18531	4	75000	300
国营	–	–	–	–	–	–

干鲜果、林业生产情况

镇乡名称	一、干鲜果品总产量（吨）	1、干果产量（吨）	2、鲜果产量（吨）	二、鲜果果园面积（公顷）	三、当年造林面积（公顷）	#经济林（公顷）	四、当年义务植树（万株）	五、当年育苗面积（公顷）
总　计	26280	-	26280	1093.93	1976.4	236.67	90	212.87
丰南镇	2739	-	2739	81	133.33	-	7	100
岔河镇	867	-	867	27	106.67	-	4	8
小集镇	4390	-	4390	1164.67	120	115	8	3.6
黄各庄镇	3041	-	3041	98.57	120	4.33	7	39.33
西葛镇	456	-	456	15	120	10.67	4	-
大新庄镇	3883	-	3883	163.33	200	3	9	30
钱营镇	4151	-	4151	222	153.33	17.67	9	-
唐坊镇	653	-	653	20.2	106.67	14	5	6.67
王兰庄镇	1012	-	1012	40	133.33	24	7	-
柳树瞿阝镇	716	-	716	16.67	153.33	-	7	-
黑沿子镇	-	-	-	-	53.33	-	4	-
大齐镇	777	-	777	36	16.67	24	4	-
南孙庄乡	1487	-	1487	154.37	153.33	73.33	5	-
东田庄乡	1723	-	1723	48	106.67	18	4	23.33
尖字沽乡	385	-	385	55.33	133.33	40	6	1.93
其他	-	-	-	-	49.83	-	-	-

渔业生产情况

单位：吨、公顷

镇乡名称	水产品总产量	#养殖产量	1. 海水产量	#养殖产量	2. 内陆产量	#养殖产量	水产养殖面积	海水养殖	内陆养殖
总计	73050	56615	15360	510	57690	56105	4010	702	3308
丰南镇	–	–	–	–	–	–	–	–	–
岔河镇	786	786	–	–	786	786	70	–	70
小集镇	4503	4478	–	–	4503	4478	199	–	199
黄各庄镇	–	–	–	–	–	–	–	–	–
西葛镇	2223	2223	–	–	2223	2223	500	–	500
大新庄镇	2385	2385	–	–	2385	2385	240	–	240
钱营镇	660	660	–	–	660	660	150	–	150
唐坊镇	222	177	–	–	222	177	13	–	13
王兰庄镇	6726	6566	–	–	6726	6566	219	–	219
柳树瞿阝镇	13675	12720	–	–	13675	12720	926	–	926
黑沿子镇	37040	22190	15360	510	21680	21680	1476	702	774
大齐镇	–	–	–	–	–	–	–	–	–
南孙庄乡	–	–	–	–	–	–	–	–	–
东田庄乡	1600	1200	–	–	1600	1200	35	–	35
尖字沽乡	3230	3230	–	–	3230	3230	182	–	182
国营	–	–	–	–	–	–	–	–	–

机电井情

单位：眼

镇乡名称	年初实有	年内增加	年内减少	年末实有	#配套井	机配井	电配井
总　计	9115	213	271	9057	9057	-	9057
丰南镇	466	15	7	474	474	-	474
岔河镇	891	1	-	892	892	-	892
小集镇	1165	39	39	1165	1165	-	1165
黄各庄镇	963	7	-	970	970	-	970
西葛镇	389	1	10	380	380	-	380
大新庄镇	1592	115	99	1608	1608	-	1608
钱营镇	1685	18	-	1703	1703	-	1703
唐坊镇	170	-	-	170	170	-	170
王兰庄镇	269	-	-	269	269	-	269
柳树瞿阝镇	264	-	-	264	264	-	264
黑沿子镇	23	-	19	4	4	-	4
大齐镇	527	15	4	538	538	-	538
南孙庄乡	564	-	-	564	564	-	564
东田庄乡	132	2	87	47	47	-	47
尖字沽乡	15	-	6	9	9	-	9
国营	-	-	-	-	-	-	-

农、林、牧、渔业、农林牧鱼服务业总产值（按现行价格计算）

单位：万元

镇乡名称	合计	农业	林业	牧业	渔业	农林牧渔服务业
总　计	777168	451071	5632	171333	122249	26883
丰南镇	19308	9019	462	9409	-	418
岔河镇	31881	15382	217	14785	774	723
小集镇	46665	30758	406	10463	4437	601
黄各庄镇	72079	52420	353	18575	-	731
西葛镇	29020	18187	339	8042	2259	193
大新庄镇	128058	92678	630	31969	2620	161
钱营镇	53643	40341	510	11951	650	191
唐坊镇	38388	31448	267	6062	219	392
王兰庄镇	63700	38949	430	15235	8131	955
柳树瞿阝镇	44774	9614	510	14711	18890	1049
黑沿子镇	99973	1388	134	2706	78526	17219
大齐镇	28131	19804	208	7928	-	191
南孙庄乡	62349	54020	476	6587	-	1266
东田庄乡	41735	29615	393	7341	2100	2286
尖字沽乡	16916	6900	297	5569	3643	507
国营	548	548	-	-	-	-

地区生产总值构成项目（按现行价格计算）

单位：万元

行业名称	增加值	劳动者报酬	生产税净额	固定资产折旧	营业盈余
地区生产总值	6175610	2249368	637994	676973	2611275
第一产业	483438	459360	0	24078	0
第二产业	3577371	655336	479601	394627	2047807
第三产业	2114801	1134672	158393	258268	563468
农、林、牧、渔业	495532	464802	181	25360	5189
农　业	338044	320804	0	17240	0
林　业	3368	3195	0	173	0
畜牧业	76105	72604	0	3501	0
渔　业	65921	62757	0	3164	0
农林牧渔服务业	12094	5442	181	1282	5189
工业	3457571	603971	451145	380373	2022082
按规模划分					
规模以上	3322471	587745	433582	367133	1934011
规模以下	135100	16226	17563	13240	88071
建筑业	119800	51365	28456	14254	25725
批发和零售业	480545	94388	89470	23118	273569
交通运输、仓储及邮政业	771318	586112	25593	54495	105118
住宿和餐饮业	64161	50427	3234	6338	4162
信息传输、软件和信息服务技术业	52463	11904	2869	16446	21244
金融业	211292	80796	14751	13472	102273
房地产业	113691	6510	14429	89925	2827
租赁和商务服务业	20497	9268	655	2380	8194
科学研究和技术服务业	10391	3999	435	464	5493
水利、环境和公共设施管理业	12530	3055	410	1036	8029
居民服务、修理和其他服务业	102239	67735	3071	19389	12044
教育	52727	44839	163	7725	0
卫生和社会工作	75436	51263	3119	5888	15166
文化、体育和娱乐业	1821	1370	13	278	160
公共管理、社会保障和社会组织	133596	117564	0	16032	0

不变价格计算的地区生产总值

单位：万元

行业名称	绝对额		以上年为100的速度	
	本年	上年	本年	上年
地区生产总值	6557342	6135317	106.9	106.2
第一产业	480997	471462	102.0	102.0
第二产业	3971745	3714337	106.9	107.1
第三产业	2104600	1949518	108.0	105.0
农、林、牧、渔业	492970	482175	102.2	102.1
农　业	331251	316961	104.5	100.3
林　业	3108	3152	98.6	106.8
畜牧业	71426	67008	106.6	96.0
渔　业	75212	84341	89.2	112.2
农林牧渔服务业	11973	10713	111.8	105.8
工　业	3849749	3594537	107.1	107.1
按规模划分				
规模以上	3712620	3460037	107.3	107.4
规模以下	138306	134500	102.8	102.3
建筑业	121996	119800	101.8	106.1
批发和零售业	476258	446950	106.6	109.9
交通运输、仓储及邮政业	772792	749992	103.0	103.5
住宿和餐饮业	62508	58499	106.9	109.0
信息传输、软件和信息服务技术业	51811	35855	144.5	104.3
金融业	210870	193814	108.8	107.0
房地产业	115461	106962	107.9	99.6
租赁和商务服务业	20242	14078	143.8	114.0
科学研究和技术服务业	10217	14230	71.8	115.4
水利、环境和公共设施管理业	12318	8880	138.7	107.2
居民服务、修理和其他服务业	100966	69803	144.6	85.9
教育	51846	47868	108.3	117.8
卫生和社会工作	74175	67860	109.3	113.1
文化、体育和娱乐业	1798	1244	144.5	107.7
公共管理、社会保障和社会组织	131365	122770	107.0	118.0

规模以上工业主要经济指标

单位：万元

单位名称	总产值			增加值		
	累计完成	去年同期	同比增减%	累计完成	去年同期	同比增减%
合计	15525283	14699800	5.6	3322471	3190698	7.3
临港经济开发区	2824725	2542865	11.1	575241	524735	11.9
丰南经济开发区	3485207	2732496	27.5	729900	598316	10.2
小集经济开发区	4522941	4227145	7.0	950873	975763	7.0
一．乡镇工业	15272258	14500053	5.3	3172415	3139671	7.3
丰南镇	5584032	5476048	2.0	1170358	1175234	5.7
小集镇	4585894	4290419	6.9	965346	990372	6.2
黄各庄镇	1185659	1021660	16.1	270383	250588	6.0
西葛镇	603011	569822	5.8	154181	139380	7.1
钱营镇	1143235	1076814	6.2	236249	220272	8.5
大齐镇	622301	588155	5.8	160759	151198	7.5
大新庄镇	92870	117515	-21.0	19260	24765	-5.8
唐坊镇	353100	336499	4.9	74494	70819	6.5
王兰庄镇	128874	123649	4.2	24700	24249	2.7
南孙庄乡	43756	41422	5.6	9242	8782	5.6
东田庄乡	142911	134278	6.4	32075	30158	8.6
柳树瞿阝镇	43798	40584	7.9	11485	10240	9.2
黑沿子镇	57486	64761	-11.2	13784	15869	-4.3
尖字沽乡	23823	20657	15.3	8107	6969	10.5
岔河镇	89800	84865	5.8	21993	20779	11.2
二．其它工业	253024	199747	26.7	45150	34166	15.2

规模以上工业主要经济指标（续 1）

单位：万元

单位名称	企业单位数	资产合计	负债合计	营业收入	营业成本	利润总额
总计	183	6799575	3716767	17244797	15489163	393260
临港经济开发区	38	991240	778352	2902140	2425565	59549
丰南经济开发区	27	2231942	1145810	2952607	2628555	147527
小集经济开发区	16	1470289	885487	6678708	6182119	62609
一．乡镇合计	176	6563588	3557743	16369503	14724443	384538
丰南镇	57	2996423	1759376	5002474	4362807	189370
小集镇	21	1486211	897623	6736220	6233085	63600
黄各庄镇	16	742458	294494	1233255	1125582	36948
西葛镇	9	277584	105948	617883	575325	19231
钱营镇	6	567539	187693	1144342	970580	47956
大齐镇	8	161285	126903	624868	560760	6834
大新庄镇	7	97557	52595	133179	100440	550
唐坊镇	10	38397	24534	359079	307177	3587
王兰庄镇	8	43297	14017	129580	126243	2874
南孙庄乡	5	8955	2470	39650	37906	1489
东田庄乡	5	20548	17785	134966	129422	2979
柳树瞿阝镇	4	9882	8744	44948	39272	4956
黑沿子镇	9	53445	31930	57350	48650	2431
尖子沽乡	5	25925	21828	23823	21554	623
岔河镇	4	34082	11803	87886	85640	1110
二．区直	7	212448	139134	304818	288190	1573

规模以上工业主要经济指标（续2）

单位：万元

指标名称	企业单位数	资产合计	负债合计	营业收入	营业成本	营业利润	利润总额	从业人员平均人数
总计	183	6799575	3716767	17244797	15489163	395447	393260	74321
其中：亏损企业	27	553285	360057	937631	887879	-14189	-12732	8514
一. 按登记注册类型分组								
国有企业	1	82362	37337	134787	136475	-1770	-466	672
集体企业	0	0	0	0	0	0	0	0
股份合作制企业	1	995	737	2277	2234	12	12	57
股份制企业	151	6241269	3493299	15940876	14257315	369584	366525	68698
外商及港澳台投资企业	10	375454	122496	867686	813335	19256	18839	2921
其他企业	20	99495	62900	299172	279804	8365	8349	1973
二. 按控股情况分组								
国有控股	8	315242	253001	275691	248315	-3471	-1920	4091
集体控股	4	1603243	890593	1623007	1449415	100516	94704	9199
私人控股	153	4354523	2366917	14163894	12679450	269233	271362	56620
港澳台商控股	3	191787	80739	737983	718279	3671	3351	1613
外商控股	4	167659	30074	118637	84866	15698	15601	964
其他	11	167122	95444	325586	308838	9800	10162	1834
三. 按行业分组								
黑色金属矿采选业	3	84697	53754	274130	263963	3849	4040	685
非金属矿采选业	1	2400	1630	900	733	90	90	40

规模以上工业主要经济指标(续3)

单位：万元

农副食品加工业	11	65012	20564	134095	113397	10238	10212	1180
食品制造业	1	2062	850	13961	13204	687	687	95
酒、饮料和精制茶制造业	2	121739	20297	79833	59166	6962	6985	461
纺织业	4	17478	8524	51212	49365	831	831	367
皮革、毛皮、羽毛及其制品和制鞋业	1	6885	6258	4462	3787	94	94	150
造纸和纸制品业	1	3557	2043	5391	4938	154	154	96
印刷和记录媒介复制业	1	846	196	2065	2022	6	6	22
石油加工、炼焦和核燃料加工业	2	208089	97505	755715	732859	7758	4267	1622
化学原料和化学制品制造业	8	206048	71567	266792	237761	14317	13642	1730
化学纤维制造业	1	11337	3596	26632	25902	553	553	223
橡胶和塑料制品业	3	32021	9484	76245	55708	2062	2057	448
非金属矿物制品业	38	701618	343536	781125	642405	52924	58488	20212
黑色金属冶炼和压延加工业	16	3670514	1960635	10268067	9319141	228996	220837	30985
金属制品业	32	611304	495180	3139035	2734160	43028	42999	6366
通用设备制造业	24	169818	89100	249398	233343	941	1020	2061
专用设备制造业	14	346515	282570	473587	417812	5961	5085	4108
汽车制造业	3	49511	24153	74388	68803	3949	4233	395
铁路、船舶、航空航天和其他运输设备制造业	4	56479	34395	127230	101983	5238	5405	712
电气机械和器材制造业	5	216344	87869	260886	235840	8881	9454	995
仪器仪表制造业	2	18438	8894	11874	8355	913	1669	214
废弃资源综合利用业	1	12816	1309	9514	8685	165	165	160
电力、热力生产和供应业	5	184047	92858	158259	155831	-3150	286	994

全社会固定资产投资综合情况

单位：万元、平方米

指标名称	合计	建设项目	房地产项目	农村农户
一．本年完成投资	3207189	2975904	213166	18119
二．本年新增固定资产	2657601	2657601	–	–
三．投资按产业分				
1. 第一产业	159893	159730	–	163
2. 第二产业	2014769	2014769	–	–
3. 第三产业	1032527	801405	213166	17956
四．投资按构成分				
1. 建筑工程	2048619	1931732	98931	17956
2. 安装工程	453506	371610	81896	–
3. 设备工器具购置	613479	584188	29128	163
4. 其他费用	91585	88374	3211	–
五．按国民经济行业划分				
1. 农业	159893	159730	–	163
2. 采矿业	5964	5964	–	–
3. 制造业	1758528	1758528	–	–
4. 电力、热力、燃气及水的生产和供应业	250277	250277	–	–
6. 批发与零售业	224922	224922	–	–
7. 交通运输、仓储和邮政业	19794	19794	–	–
9. 信息传输、计算机服务和软件业	55300	55300	–	–
11. 房地产业	322822	91700	213166	17956
12. 租赁与商务服务业	4670	4670	–	–
13. 科学研究、技术服务与地质堪查业	141900	141900	–	–
14. 水利、环境和公共设施管理业	227189	227189	–	–
17. 卫生、社会保障和社会福利业	25000	25000	–	–
18. 文化、体育和娱乐业	10930	10930	–	–
六．本年施工房屋面积	1789779	420794	1368985	–
其中：住宅	959915	1500	958415	–
七．本年竣工房屋面积	320028	273309	46719	–
其中：住宅	44782	1500	43282	–

固定资产投资完成情况

单位：万元

单位名称	本年	上年	比上年 ±%
总　　计	3189070	3439009	-7.3
其中：临港经济开发区	633851	625158	1.4
丰南经济开发区	423226	537187	-21.2
小集经济开发区	360418	337000	6.9
一．乡镇小计	2964584	3246434	-8.7
丰 南 镇	1288448	1589188	-18.9
小 集 镇	373518	370664	0.8
黄各庄镇	246087	233000	5.6
西 葛 镇	79002	71000	11.3
钱 营 镇	121010	108000	12.0
大 齐 镇	150670	158000	-4.6
大新庄镇	117501	104278	12.7
唐 坊 镇	43417	62500	-30.5
王兰庄镇	41542	61073	-32.0
南孙庄乡	110132	100031	10.1
东田庄乡	31827	28500	11.7
柳树瞿阝镇	143000	138500	3.2
黑沿子镇	137030	129100	6.1
尖字沽乡	63500	71000	-10.6
岔 河 镇	17900	21600	-17.1
二．区直	224486	192575	16.6

社会消费品零售总额

单位：万元

项目名称	本年	上年	比上年 ±%
合　　计	1915879	1740129	10.1
1. 批发业	140379	135144	3.9
限额以上	–	–	–
限额以下	140379	135144	3.9
2. 零售业	1620457	1469326	10.3
限额以上	142462	128581	10.8
限额以下	1477995	1340745	10.2
3. 住宿业	11621	10811	7.5
限额以上	2746	2818	-2.6
限额以下	8875	7993	11.0
4. 餐饮业	143422	124847	14.9
限额以上	2069	2048	1.0
限额以下	141354	122800	15.1

城镇居民家庭现金收支情况（人均）

指标名称	单位	2016 年	2015 年	比上年 ±%
一．可支配收入	元	34357	31695	8.4
（一）工资性收入	元	28514	22775	25.2
（二）经营净收入	元	4387	5858	-25.1
（三）财产净收入	元	2976	3263	-8.8
（四）转移净收入	元	-1520	-201	656.2
二．消费支出	元	22498	20771	8.3
（一）食品烟酒	元	5014	4632	8.2
（二）衣着	元	2253	2121	6.2
（三）居住	元	4630	4274	8.3
（四）生活用品及服务	元	2091	1926	8.6
（五）交通通信	元	3250	2978	9.1
（六）教育文化娱乐	元	2836	2581	9.9
（七）医疗保健	元	1474	1365	8.0
（八）其他用品和服务	元	950	895	6.1
三．人均住房使用面积	平方米	38.1	35.5	7.3

农村居民家庭现金收支情况（人均）

指标名称	单位	2016 年	2015 年	比上年 ±%
一．可支配收入	元	14696	13582	8.2
（一）工资性收入	元	10626	9525	11.6
（二）经营净收入	元	3705	2558	44.8
（三）财产净收入	元	202	1310	-84.6
（四）转移净收入	元	163	189	-13.8
二．消费支出	元	11488	10587	8.5
（一）食品烟酒	元	3019	2795	8.0
（二）衣着	元	1111	1055	5.3
（三）居住	元	2302	2094	9.9
（四）生活用品及服务	元	741	687	7.9
（五）交通通信	元	1954	1793	9.0
（六）教育文化娱乐	元	1486	1355	9.7
（七）医疗保健	元	626	575	8.9
（八）其他用品和服务	元	249	234	6.4
三．人均住房使用面积	平方米	25	27.2	-7.7

（田昌海）

丰南区农业生态园简介

鑫湖农业生态园

鑫湖农业生态园位于钱营镇高各庄，规划占地面积14.7公顷，项目总投资5000万。该园以发展高科技生态农业为主导，农业体验为特色，全力打造多功能生态农业。被中国农业大学命名为草莓集成栽培技术示范基地，2014年评为全国三星级休闲农业

企业。园区主要以采摘、垂钓、餐饮、娱乐四大项目为主。采摘区采用科学栽培，全程标准化管理，果实自然成熟。

负责人：张鑫

电　话：13663295268

梧桐树农场

梧桐树农场位于丰南镇么家泊村，西至唐津运河东岸，唐山南环高速以北，高速铁路以西，该项目总投

资2.2亿元。占地33.6公顷，其中房车农场占地约30.3公顷，主要用于绿色无公害农业种植、休闲旅游农业项目。项目配套建设用地约3.3公顷，用于项目配套房产开发。

负责人：孙阳光

联系电话：18600399809

陶梓艺生态采摘园

陶梓艺生态采摘园占地20公顷，总投资3000万，引进正宗马家港“九九”草莓，国家优质果品，绿色食品，健康美味正宗的九九草莓，经三个多月的培育，不催熟，不打膨大剂，挂杀菌罐确保农药零残留，种植过程不使用化学肥料，果实入口即化。园区另有葡萄、樱桃、桃子等各种新鲜蔬果。

负责人：马立渤

联系电话：13903257468

品尚家庭农场

品尚家庭农场自2012年创建，于2014年10月成功注册“惠丰品尚”商标。农场坐落于丰南区南孙庄乡李新庄村南惠丰生态农业园区B3区，占地10公顷，建有温室大棚28个，露地果园1.3公顷，开心农场1.3公顷，坐落及配套占地1公顷，主要生产品种草莓、葡萄、西瓜、桃、梨、甜瓜、哈密瓜、西红柿、叶菜等30多个品种，一年四季均有采摘项目，环境优美，配套设施完善。农场被命名为中国农大科技小院示范基地、唐山海奥有机肥示范基地、大唐绿色果蔬直供成员单位。2015年被命名为新型农业经营主体。2016年品尚家庭农场被评为河北省四星级休闲农业采摘园。

负责人：张　静

联系电话：13931457448

漠尚客牧家游

漠尚客牧家游位于小集镇北刘庄，占地33.3公顷，骆驼圈舍1800平方米，厂房饲料加工700平方米，耕地8.6公顷，林地13.3公顷，并于2015年投资50万新建办公区域500平方米。2013年，组成驼队参加好莱坞史诗电影巨制《最后的战争》拍摄。几年来，通过努力探索，漠尚客牧家

游实现骆驼繁殖平原化，成立漠尚客骆驼养殖合作社，在北京、上海都成立分社。目前，已养殖骆驼400多峰，开发骆驼车游览、沙漠驼队体验，垂钓等休闲娱乐项目。

负责人：郑林林

联系电话：15232703032

爱尚庄园简介

爱尚庄园位于大南湖南侧，G205国道沿线，一期规划面积40公顷，总投资9000万元，园区内移植樱花树6000株，其中“樱花大道”为主题性的主力景观，绕园长度超过1000米，沿线两侧遍植樱花。包含20多个品种其中包括八重红彼岸、江户彼岸、御

衣黄、松月在内的9个世界珍稀品种，种植强度、珍惜性、和观赏性在华北罕有。同时辅以五处超大面积的花海景观集群，南北两侧拥有17°～23°角坡田花海总量10万平方米，中央台地花海约4万平方米，园区的总体花海规模超过20万平方米，近千万株花海景观造型，整体景观要求三季花海、四季常绿。花品种类应季更换，包括冰岛虞美人、薰衣草、油菜花、兰花鼠尾草、马鞭草、波斯菊等十余种应季时花，确保花海的持续观赏性。

负责人：赵丽辉

联系电话：15613861777

爱丽缘采摘园

爱丽缘采摘园位于丰南区惠丰生态农业园区A2区，交通便利，环境优美，毗邻唐津运河，是丰南饮水资源保护地。占地8公顷，投资300多万元建成高效标准化日光温室38座，2014年投资引进并种植成功南方水果—火龙果。年产300吨各种优质、绿色的果蔬，包括火龙果、油桃、草莓、

番茄、黄瓜、葡萄、有机花菜等，产品销往本地及周边地区各大市场、超市，产品供不应求，同时生态餐厅特色农家菜可以满足消费需要。2015年评为河北省四星级休闲农业采摘园。

负责人：张友爱

联系电话：13623153999

唐山紫雁庄园

唐山紫雁庄园位于东田庄乡，唐津运河生态旅游度假景区南端西侧，隶属第三景区，占地1880亩。紫雁庄园交通便利，东邻唐津高速东田庄出口4千米，205国道2000米，唐津运河景观大道直通这里。紫雁庄园旅游资源丰富，是集农家乐、垂钓园、观光采摘园、餐饮服务和参与生产实践为一体的新型农业科技生态园。

负责人：班成进

联系电话：15027628886

源通现代农业

源通现代农业坐落于王兰庄镇，现为唐山地区大樱桃果树种植基地。水果品种丰富多样，有五月中旬上市的美国红提，阿拉伯引进的无花果，以及红颜、章姬、奶油草莓、白色菠萝莓等水果草莓和俄罗斯引进的最新大樱桃，有俄罗斯8、金顶红、沙蜜豆、美早等品种。

负责人：孙陆

联系电话：13731509788

意隆农业生态园简介

意隆农业园区位于唐山西外环高速丰南北出口，总投资4000万元，占地12公顷，环境优美，设施齐全，交通便利。园区突出体验功能，集农业种植、养殖、科研为一体，项目整体为五大区块：露天种植采摘区、内

观赏体验区、稀有动物展示交流区、户外娱乐区、新品种实验展示区。以“新型农业、高效农业、绿色农业、养生农业”为目标的全新型农业种植、展示、养生示范园区是意隆人永恒的追求。

负责人：李　岩

联系电话：13582850033

大齐各庄镇雪丰果蔬种植专业合作社

雪丰果蔬种植位于大齐各庄镇大长春村，这里是辽金时期长春行宫所在地。据历史记载，辽国萧太后及金

国世宗、章宗皇帝曾在此春水狩猎，元世祖忽必烈举办过两次周天大醮仪式。在2016年美丽乡村建设中，新建长春行宫纪念馆及行宫纪念广场。合作社有占地17.3公顷的春雪桃、黄油桃温室大棚42个，农产品保鲜库2100立方米，农商平台物流配送设施6000平方米。合作社本着“质量第一，信誉至上，回归天然，服务健康”的理念，以循环生态农业为基础，以有机种植为着力点，保持产品的品质营养和原汁原味，引领安全健康的生活理念。

负责人：王永辉

联系电话：15369561299